Statistiques de l'OCDE sur les investisseurs institutionnels 2014

OCDE
DES POLITIQUES MEILLEURES POUR UNE VIE MEILLEURE

Cet ouvrage est publié sous la responsabilité du Secrétaire général de l'OCDE. Les opinions et les interprétations exprimées ne reflètent pas nécessairement les vues de l'OCDE ou des gouvernements de ses pays membres.

Ce document et toute carte qu'il peut comprendre sont sans préjudice du statut de tout territoire, de la souveraineté s'exerçant sur ce dernier, du tracé des frontières et limites internationales, et du nom de tout territoire, ville ou région.

Merci de citer cet ouvrage comme suit :
OCDE (2014), *Statistiques de l'OCDE sur les investisseurs institutionnels 2014*, Éditions OCDE.
http://dx.doi.org/10.1787/instinv-2014-fr

ISBN 978-92-64-22591-6 (imprimé)
ISBN 978-92-64-22592-3 (PDF)

Annuel : Statistiques de l'OCDE sur les investissements institutionnels
ISSN 2225-2088 (imprimé)
ISSN 2225-2096 (en ligne)

Les données statistiques concernant Israël sont fournies par et sous la responsabilité des autorités israéliennes compétentes. L'utilisation de ces données par l'OCDE est sans préjudice du statut des hauteurs du Golan, de Jérusalem-Est et des colonies de peuplement israéliennes en Cisjordanie aux termes du droit international.

Les corrigenda des publications de l'OCDE sont disponibles sur : *www.oecd.org/editions/corrigenda*.

Table des matières

Irlande

Israël

Italie

Japon

Corée

Luxembourg

Mexique

Pays-Bas

Norvège

Royaume-Uni

États-Unis

Fédération de Russie

Signes conventionnels et abréviations

Signes et abréviations

.. Non disponible

. Point décimal

0 Nul ou négligeable

Concepts et définitions

Métadonnées (données) :

http://stats.oecd.org/OECDStat_Metadata/ShowMetadata.ashx?Dataset=7IA_A_Q&lang=fr

Métadonnées (indicateurs) :

http://stats.oecd.org/OECDStat_Metadata/ShowMetadata.ashx?Dataset=7II_INDIC&lang=fr

Base de données en ligne

Statistiques de l'OCDE sur les investisseurs institutionnels (*http://dx.doi.org/10.1787/instinv-data-fr*).

Système de comptabilité nationale

Commission des Communautés européennes, Fonds monétaire international, Organisation de coopération et de développement économiques, Nations Unies, Banque mondiale, *Système de comptabilité nationale* 1993, Brussels/Luxembourg, New York, Paris, Washington, DC., 1993, *http://unstats.un.org/unsd/nationalaccount/docs/1993sna.pdf* (en anglais seulement).

Commission Européenne, Fonds monétaire international, Organisation de coopération et de développement économiques, Organisation des Nations Unies, Banque mondiale, *Système de comptabilité nationale* 2008, *http://unstats.un.org/unsd/nationalaccount/docs/SNA2008FR.pdf*.

Abréviations monétaires ISO

Abréviation	Pays	Monnaie
AUD	Australie	dollar
EUR	Autriche	euro
EUR	Belgique	euro
CAD	Canada	dollar
CLP	Chili	peso
CZK	République tchèque	couronne
DKK	Danemark	couronne
EUR	Estonie	euro
EUR	Finlande	euro
EUR	France	euro
EUR	Allemagne	euro
EUR	Grèce	euro
HUF	Hongrie	forint
ISK	Islande	couronne
EUR	Irlande	euro
ILS	Israël	nouveau sheqel
EUR	Italie	euro
JPY	Japon	yen
KRW	Corée	won
EUR	Luxembourg	euro
MXN	Mexique	peso
EUR	Pays-Bas	euro
NOK	Norvège	couronne
PLN	Pologne	zloty
EUR	Portugal	euro
EUR	République slovaque	euro
EUR	Slovénie	euro
EUR	Espagne	euro
SEK	Suède	couronne
CHF	Suisse	franc
TRY	Turquie	nouvelle livre
GBP	Royaume-Uni	livre sterling
USD	États-Unis	dollar
RUB	Fédération de Russie	rouble

Comparaisons internationales

Tableau 1. Actifs financiers des fonds d'investissement à capital variable, en pourcentage du PIB

Pour cent

	2006	2007	2008	2009	2010	2011	2012	2013
Australie	38.0	35.2	21.3	25.6	22.4	16.1	16.8	..
Autriche	63.4	58.2	44.8	49.5	50.7	44.1	46.0	..
Belgique	37.9	36.0	25.4	27.8	26.3	22.0	22.5	..
Canada	52.7	55.0	43.4	54.7	58.0	56.9	62.3	72.0
Chili	11.7	13.5	12.1	18.2	16.3	14.1	13.9	15.0
République tchèque	..	..	..	..	..	..	..	..
Danemark	55.0	58.7	43.0	50.5	71.5	77.8	89.8	100.5
Estonie	..	..	..	..	3.3	2.2	2.2	2.3
Finlande	35.8	36.3	21.8	30.4	33.7	28.8	34.6	..
France	..	..	67.3	76.9	74.0	64.3	66.8	66.1
Allemagne	44.4	43.2	37.2	43.6	45.7	43.4	48.7	..
Grèce	10.7	9.1	3.5	3.5	2.8	1.9	2.3	2.5
Hongrie	9.1	11.5	7.2	10.4	12.9	10.2	10.6	14.1
Islande	37.8	50.7	13.7	12.3	17.5	17.9	18.5	19.1
Irlande	393.4	406.7	357.1	458.4	610.7	649.5	762.2	832.3
Israël[1]	16.4	16.6	12.8	16.4	18.0	15.4	17.2	..
Italie	19.4	15.3	12.4	13.0	11.5	8.9	8.7	..
Japon	..	..	..	..	..	..	..	..
Corée	..	..	..	..	..	..	..	..
Luxembourg	5 706.7	6 021.3	4 622.3	5 546.8	6 052.1	5 513.1	6 012.6	6 407.2
Mexique	6.7	7.5	6.4	7.9	9.3	..	..	..
Pays-Bas	..	..	..	..	..	..	..	..
Norvège	17.7	19.9	12.5	19.0	21.4	19.3	21.0	24.0
Pologne	9.0	11.2	5.5	6.3	7.5	5.6	6.5	7.9
Portugal	17.4	14.6	7.8	9.7	7.8	6.2	7.2	7.2
République slovaque	6.4	6.9	4.4	5.4	5.7	4.6	..	..
Slovénie	6.1	8.3	4.0	5.1	5.7	4.9	5.1	5.1
Espagne	30.0	26.8	18.3	18.5	16.0	14.6	14.2	17.8
Suède	47.0	47.3	32.5	46.5	50.9	44.9	51.4	62.7
Suisse	69.4	72.5	53.9	66.2	69.7	70.8	78.4	86.3
Turquie	3.0	3.2	2.5	3.1	2.8	2.1	2.1	..
Royaume-Uni	32	34	29	35	42	39	44	..
États-Unis	70.6	79.2	65.7	76.0	77.6	74.5	82.3	94.8
Fédération de Russie	0.6	0.6	0.2	0.2	0.3	0.2	0.2	0.2

Note : Voir les métadonnées détaillées sur : http://metalinks.oecd.org/instinv/20141203/956a

Informations sur les données concernant le Luxembourg : http://metalinks.oecd.org/instinv/20141203/58a6

1. Informations sur les données concernant Israël : http://oe.cd/israel-disclaimer.

Tableau 2. Actifs financiers des sociétés d'assurance, en pourcentage du PIB

Pour cent

	2006	2007	2008	2009	2010	2011	2012	2013
Australie	34.9	34.1	27.8	29.1	27.8	26.3	28.2	..
Autriche	32.4	31.1	31.0	34.1	34.3	32.5	32.8	..
Belgique	63.1	63.7	60.7	67.4	67.9	67.3	73.1	..
Canada	36.3	35.4	31.6	36.6	37.6	38.2	39.3	39.6
Chili	15.9	16.3	18.0	18.0	17.0	16.9	17.5	17.8
République tchèque	9.7	9.8	10.0	11.0	11.8	11.2	11.9	..
Danemark	68.8	69.0	69.8	79.1	83.3	90.2	98.2	100.1
Estonie	..	..	..	..	7.2	6.0	5.7	5.4
Finlande	26.8	24.8	21.7	25.7	27.1	24.3	27.9	..
France	83.5	85.6	79.7	90.8	94.8	91.1	99.3	103.2
Allemagne	58.7	56.9	54.0	57.6	57.7	56.2	60.8	..
Grèce	5.4	5.7	5.4	5.8	6.2	6.4	7.2	8.2
Hongrie	8.3	9.0	8.0	9.0	9.0	8.4	8.6	8.4
Islande	14.1	11.5	7.8	8.1	8.4	8.5	8.6	8.7
Irlande	..	..	..	..	..	..	..	..
Israël[1]	28.7	29.5	27.2	31.9	33.4	32.7	34.2	..
Italie	35.2	31.5	29.6	34.2	32.4	31.1	33.7	..
Japon	76.5	73.2	71.2	77.3	78.3	82.4	87.9	..
Corée	36.1	37.9	38.5	42.2	43.1	45.3	..	..
Luxembourg	224.5	228.4	216.8	280.4	307.4	288.1	305.8	325.8
Mexique	2.8	3.1	3.3	3.8	3.9	4.1	4.3	4.6
Pays-Bas	58.5	57.4	53.8	57.5	61.4	64.5	68.6	66.1
Norvège	35.9	37.1	34.2	38.6	39.4	38.6	39.8	42.8
Pologne	10.0	10.6	10.6	10.0	9.9	9.2	9.9	9.9
Portugal	30.2	31.2	31.7	36.1	36.6	33.8	34.9	34.8
République slovaque	7.5	8.5	7.5	8.5	8.9	8.5	..	..
Slovénie	11.6	13.1	11.8	13.7	14.8	14.4	17.3	18.1
Espagne	22.2	20.8	20.7	22.2	22.0	23.0	24.4	26.4
Suède	81.1	79.4	71.7	83.2	83.8	80.1	85.6	89.8
Suisse	81.1	82.5	73.1	80.7	80.7	82.8	86.9	86.6
Turquie	1.3	1.5	1.5	1.7	1.4	1.3	1.5	..
Royaume-Uni	94	95	83	91	88	85	89	..
États-Unis	43.5	43.8	39.5	43.0	43.6	43.3	43.7	44.8
Fédération de Russie	2.3	2.1	1.9	2.2	1.9	1.7	1.7	1.8

Note : Voir les métadonnées détaillées sur : http://metalinks.oecd.org/instinv/20141203/d310

Informations sur les données concernant le Luxembourg : http://metalinks.oecd.org/instinv/20141203/6ca0

1. Informations sur les données concernant Israël : http://oe.cd/israel-disclaimer.

Tableau 3. Actifs financiers des fonds de pension autonomes, en pourcentage du PIB

Pour cent

	2006	2007	2008	2009	2010	2011	2012	2013
Australie	86.4	97.4	74.6	87.1	85.9	81.8	92.3	..
Autriche	4.6	4.6	4.0	4.8	5.1	4.8	5.2	..
Belgique	3.8	3.9	2.9	3.6	3.8	3.5	3.5	..
Canada	61.8	60.8	50.2	58.3	62.7	61.8	65.4	70.1
Chili	57.5	61.0	49.8	62.0	62.6	58.0	59.8	62.2
République tchèque	3.9	4.3	4.6	5.3	5.7	6.0	6.6	..
Danemark	48.5	48.4	55.4	63.5	71.5	75.4	75.5	69.2
Estonie	..	..	..	..	7.9	7.4	8.9	10.0
Finlande	3.0	3.0	2.3	2.8	2.2	2.9	1.7	..
France	..	..	..	..	..	..	..	..
Allemagne	11.0	11.6	11.7	13.3	13.7	14.0	14.6	..
Grèce	..	..	..	..	..	..	..	..
Hongrie	9.7	10.9	9.8	13.6	15.1	4.0	4.1	4.1
Islande	124.2	122.7	102.6	111.1	117.0	123.0	134.5	141.7
Irlande	..	..	..	..	..	..	..	..
Israël[1]	29.7	27.0	30.1	34.6	35.7	35.0	37.2	..
Italie	1.2	1.4	1.3	1.6	1.9	1.9	2.1	..
Japon	25.4	23.8	22.6	24.7	23.7	24.4	26.3	..
Corée	3.7	3.7	3.4	3.8	4.0	3.9	..	..
Luxembourg	1.1	1.1	1.0	2.3	2.3	2.3	2.5	2.7
Mexique	7.0	7.6	7.6	9.5	10.4	..	14.1	14.8
Pays-Bas	120.5	115.2	95.3	110.5	119.2	125.7	146.7	149.3
Norvège	6.9	7.2	6.2	7.7	8.0	7.5	7.8	8.2
Pologne	11.0	11.9	10.9	13.4	15.6	14.7	17.0	18.2
Portugal	11.9	12.2	10.9	12.0	10.4	8.4	8.1	8.3
République slovaque	1.7	1.3	4.7	6.2	7.7	8.2	..	..
Slovénie	3.8	4.0	3.8	4.8	5.5	6.0	5.7	5.8
Espagne	9.9	9.8	8.7	9.7	9.8	9.8	10.4	11.1
Suède	13.6	14.2	10.7	15.0	15.2	15.0	17.4	20.8
Suisse	98.1	94.0	80.3	91.0	92.5	91.6	97.2	103.2
Turquie	0.5	0.6	0.6	0.7	0.7	0.7	0.7	..
Royaume-Uni	77	74	62	74	81	87	95	..
États-Unis	87.9	88.6	82.2	91.3	97.2	96.1	97.3	100.7
Fédération de Russie	1.9	1.8	1.4	1.9	1.9	2.1	2.5	3.3

Note : Voir les métadonnées détaillées sur : http://metalinks.oecd.org/instinv/20141203/a5db

1. Informations sur les données concernant Israël : http://oe.cd/israel-disclaimer.

Tableaux par pays

AUSTRALIE

Tableau 1. Actifs financiers des investisseurs institutionnels, 2012

Millions AUD

		Total	Fonds d'investissement			
			Fonds d'investissement à capital variable (fonds communs de placement)			Fonds d'investissement à capital fixe
			Total	Fonds d'investissement sur le marché monéaire	Autres fonds communs de placement	Total
2	Actifs financiers	270 283	256 066	31 604	224 462	69 826
2.1	Numéraire et dépôts	20 466	18 003	9 253	8 750	2 463
2.2	Titres autres qu'actions, non compris les produits financiers dérivés	84 498	85 061	19 233	65 828	2 672
2.2.1	Titres à court terme	30 054	29 928	17 831	12 097	374
2.2.2	Titres à long terme	54 444	55 133	1 402	53 731	2 298
2.2.3	Titres émis par les résidents	66 641	67 345	19 233	48 112	2 531
2.2.4	Titres émis par les non-résidents	17 857	17 716	0	17 716	141
2.3	Crédits	22 765	3 532	3	3 529	19 331
2.3.1	Crédits à court terme	0	0	0	0	0
2.3.2	Crédits à long terme	22 765	3 532	3	3 529	19 331
2.3.3	Crédits accordés aux résidents	19 063	2 670	3	2 667	16 491
2.3.4	Crédits accordés aux non-résidents	3 702	862	0	862	2 840
2.4	Actions et autres participations	139 567	147 720	3 072	144 648	44 123
2.4.1	Actions émises par les résidents	113 850	129 415	3 072	126 343	36 711
2.4.2	Actions émises par les non-résidents	25 717	18 305	0	18 305	7 412
2.5	Autres, non classés ailleurs	2 987	1 750	43	1 707	1 237

		Total	Sociétés d'assurance et fonds de pension autonomes			
			Sociétés d'assurance			Fonds de pension autonomes
			Total	Sociétés d'assurance vie	Sociétés d'assurance non-vie	Total
2	Actifs financiers	1 644 720	428 861	249 347	179 514	1 403 716
2.1	Numéraire et dépôts	240 937	29 719	12 949	16 770	211 218
2.2	Titres autres qu'actions, non compris les produits financiers dérivés	292 869	115 334	42 198	73 136	177 628
2.2.1	Titres à court terme	76 886	23 496	8 365	15 131	53 390
2.2.2	Titres à long terme	215 983	91 838	33 833	58 005	124 238
2.2.3	Titres émis par les résidents	225 556	101 451	34 949	66 502	124 198
2.2.4	Titres émis par les non-résidents	67 313	13 883	7 249	6 634	53 430
2.3	Crédits	19 437	9 252	2 537	6 715	10 185
2.3.1	Crédits à court terme	4	4	0	4	0
2.3.2	Crédits à long terme	19 433	9 248	2 537	6 711	10 185
2.3.3	Crédits accordés aux résidents	18 028	7 862	2 283	5 579	10 166
2.3.4	Crédits accordés aux non-résidents	1 409	1 390	254	1 136	19
2.4	Actions et autres participations	1 045 939	239 390	187 028	52 362	818 940
2.4.1	Actions émises par les résidents	794 826	214 254	177 628	36 626	592 963
2.4.2	Actions émises par les non-résidents	251 113	25 136	9 400	15 736	225 977
2.5	Autres, non classés ailleurs	45 538	35 166	4 635	30 531	185 745

Note : Voir les métadonnées détaillées sur : http://metalinks.oecd.org/instinv/20141203/7e4c

AUSTRALIE

Tableau 2. Actifs financiers des fonds d'investissement

Millions AUD

		2006	2007	2008	2009	2010	2011	2012	2013
	Fonds d'investissement								
2	Actifs financiers	376 984	414 974	303 297	341 053	323 531	264 121	270 283	..
2.1	Numéraire et dépôts	18 321	19 635	23 681	17 633	22 072	19 014	20 466	..
2.2	Titres autres qu'actions, non compris les produits financiers dérivés	112 159	128 200	109 980	95 322	84 991	87 409	84 498	..
2.2.1	Titres à court terme	60 264	74 702	54 899	43 552	34 993	34 697	30 054	..
2.2.2	Titres à long terme	51 895	53 498	55 081	51 770	49 998	52 712	54 444	..
2.2.3	Titres émis par les résidents	97 668	113 991	94 937	80 623	69 849	72 345	66 641	..
2.2.4	Titres émis par les non-résidents	14 491	14 209	15 043	14 699	15 142	15 064	17 857	..
2.3	Crédits	29 442	35 507	35 177	30 195	29 425	24 462	22 765	..
2.3.1	Crédits à court terme	0	0	0	0	0	0	0	..
2.3.2	Crédits à long terme	29 442	35 507	35 177	30 195	29 425	24 462	22 765	..
2.3.3	Crédits accordés aux résidents	25 659	30 083	28 821	25 752	25 662	20 594	19 063	..
2.3.4	Crédits accordés aux non-résidents	3 783	5 424	6 356	4 443	3 763	3 868	3 702	..
2.4	Actions et autres participations	214 449	228 589	131 001	194 246	183 231	130 260	139 567	..
2.4.1	Actions émises par les résidents	181 286	184 125	102 182	154 276	147 949	104 209	113 850	..
2.4.2	Actions émises par les non-résidents	33 163	44 464	28 819	39 970	35 282	26 051	25 717	..
2.5	Autres, non classés ailleurs	2 613	3 043	3 458	3 657	3 812	2 976	2 987	..
	Fonds d'investissement à capital variable (fonds communs de placement)								
2	Actifs financiers	413 104	415 183	268 489	331 351	315 512	239 270	256 066	..
2.1	Numéraire et dépôts	16 690	17 645	20 666	13 678	18 668	17 053	18 003	..
2.2	Titres autres qu'actions, non compris les produits financiers dérivés	114 500	128 578	109 335	94 704	84 425	87 927	85 061	..
2.2.1	Titres à court terme	62 326	75 664	55 328	43 350	34 823	35 491	29 928	..
2.2.2	Titres à long terme	52 174	52 914	54 007	51 354	49 602	52 436	55 133	..
2.2.3	Titres émis par les résidents	100 480	114 997	95 216	80 650	69 657	73 187	67 345	..
2.2.4	Titres émis par les non-résidents	14 020	13 581	14 119	14 054	14 768	14 740	17 716	..
2.3	Crédits	10 826	11 669	9 905	8 251	6 445	5 335	3 532	..
2.3.1	Crédits à court terme	0	0	0	0	0	0	0	..
2.3.2	Crédits à long terme	10 826	11 669	9 905	8 251	6 445	5 335	3 532	..
2.3.3	Crédits accordés aux résidents	9 267	9 877	8 280	7 035	5 222	4 168	2 670	..
2.3.4	Crédits accordés aux non-résidents	1 559	1 792	1 625	1 216	1 223	1 167	862	..
2.4	Actions et autres participations	269 758	255 982	126 851	212 326	203 908	127 265	147 720	..
2.4.1	Actions émises par les résidents	255 863	236 668	121 596	186 009	180 297	112 063	129 415	..
2.4.2	Actions émises par les non-résidents	13 895	19 314	5 255	26 317	23 611	15 202	18 305	..
2.5	Autres, non classés ailleurs	1 330	1 309	1 732	2 392	2 066	1 690	1 750	..
	Fonds d'investissement sur le marché monéaire								
2	Actifs financiers	50 310	57 346	54 053	40 799	32 281	29 954	31 604	..
2.1	Numéraire et dépôts	7 303	7 749	10 812	5 410	7 292	6 388	9 253	..
2.2	Titres autres qu'actions, non compris les produits financiers dérivés	39 660	46 225	40 087	32 423	22 492	21 027	19 233	..
2.2.1	Titres à court terme	36 829	43 155	37 365	30 034	21 268	19 742	17 831	..
2.2.2	Titres à long terme	2 831	3 070	2 722	2 389	1 224	1 285	1 402	..
2.2.3	Titres émis par les résidents	39 660	46 225	40 087	32 423	22 492	21 027	19 233	..
2.2.4	Titres émis par les non-résidents	0	0	0	0	0	0	0	..
2.3	Crédits	5	7	9	476	0	3	3	..
2.3.1	Crédits à court terme	0	0	0	0	0	0	0	..
2.3.2	Crédits à long terme	5	7	9	476	0	3	3	..
2.3.3	Crédits accordés aux résidents	5	7	9	476	0	3	3	..
2.3.4	Crédits accordés aux non-résidents	0	0	0	0	0	0	0	..
2.4	Actions et autres participations	3 239	3 269	3 054	2 437	2 433	2 485	3 072	..
2.4.1	Actions émises par les résidents	3 239	3 269	3 054	2 437	2 433	2 485	3 072	..
2.4.2	Actions émises par les non-résidents	0	0	0	0	0	0	0	..
2.5	Autres, non classés ailleurs	103	96	91	53	64	51	43	..
	Autres fonds communs de placement								
2	Actifs financiers	362 794	357 837	214 436	290 552	283 231	209 316	224 462	..
2.1	Numéraire et dépôts	9 387	9 896	9 854	8 268	11 376	10 665	8 750	..
2.2	Titres autres qu'actions, non compris les produits financiers dérivés	74 840	82 353	69 248	62 281	61 933	66 900	65 828	..
2.2.1	Titres à court terme	25 497	32 509	17 963	13 316	13 555	15 749	12 097	..
2.2.2	Titres à long terme	49 343	49 844	51 285	48 965	48 378	51 151	53 731	..
2.2.3	Titres émis par les résidents	60 820	68 772	55 129	48 227	47 165	52 160	48 112	..
2.2.4	Titres émis par les non-résidents	14 020	13 581	14 119	14 054	14 768	14 740	17 716	..
2.3	Crédits	10 821	11 662	9 896	7 775	6 445	5 332	3 529	..
2.3.1	Crédits à court terme	0	0	0	0	0	0	0	..
2.3.2	Crédits à long terme	10 821	11 662	9 896	7 775	6 445	5 332	3 529	..
2.3.3	Crédits accordés aux résidents	9 262	9 870	8 271	6 559	5 222	4 165	2 667	..
2.3.4	Crédits accordés aux non-résidents	1 559	1 792	1 625	1 216	1 223	1 167	862	..
2.4	Actions et autres participations	266 519	252 713	123 797	209 889	201 475	124 780	144 648	..
2.4.1	Actions émises par les résidents	252 624	233 399	118 542	183 572	177 864	109 578	126 343	..
2.4.2	Actions émises par les non-résidents	13 895	19 314	5 255	26 317	23 611	15 202	18 305	..
2.5	Autres, non classés ailleurs	1 227	1 213	1 641	2 339	2 002	1 639	1 707	..

Tableau 2. Actifs financiers des fonds d'investissement *(suite)*

Millions AUD

		2006	2007	2008	2009	2010	2011	2012	2013
	Fonds d'investissement à capital fixe								
2	Actifs financiers	86 371	111 133	96 178	88 093	86 295	77 542	69 826	..
2.1	Numéraire et dépôts	1 631	1 990	3 015	3 955	3 404	1 961	2 463	..
2.2	Titres autres qu'actions, non compris les produits financiers dérivés	2 937	3 752	3 756	2 959	3 158	2 571	2 672	..
2.2.1	Titres à court terme	493	476	665	574	720	84	374	..
2.2.2	Titres à long terme	2 444	3 276	3 091	2 385	2 438	2 487	2 298	..
2.2.3	Titres émis par les résidents	2 466	3 124	2 832	2 314	2 784	2 247	2 531	..
2.2.4	Titres émis par les non-résidents	471	628	924	645	374	324	141	..
2.3	Crédits	20 115	25 603	26 078	22 597	23 129	19 348	19 331	..
2.3.1	Crédits à court terme	0	0	0	0	0	0	0	..
2.3.2	Crédits à long terme	20 115	25 603	26 078	22 597	23 129	19 348	19 331	..
2.3.3	Crédits accordés aux résidents	17 891	21 971	21 347	19 370	20 589	16 647	16 491	..
2.3.4	Crédits accordés aux non-résidents	2 224	3 632	4 731	3 227	2 540	2 701	2 840	..
2.4	Actions et autres participations	60 405	78 054	61 603	57 317	54 858	52 376	44 123	..
2.4.1	Actions émises par les résidents	41 137	52 904	38 039	43 664	43 187	41 527	36 711	..
2.4.2	Actions émises par les non-résidents	19 268	25 150	23 564	13 653	11 671	10 849	7 412	..
2.5	Autres, non classés ailleurs	1 283	1 734	1 726	1 265	1 746	1 286	1 237	..

Note : Voir les métadonnées détaillées sur : http://metalinks.oecd.org/instinv/20141203/7e4c

Tableau 3. Actifs financiers des sociétés d'assurance et fonds de pension autonomes

Millions AUD

		2006	2007	2008	2009	2010	2011	2012	2013
	Sociétés d'assurance et fonds de pension autonomes								
2	Actifs financiers	1 127 379	1 351 049	1 130 406	1 324 271	1 416 705	1 432 038	1 644 720	..
2.1	Numéraire et dépôts	89 594	124 879	150 045	165 306	173 590	205 348	240 937	..
2.2	Titres autres qu'actions, non compris les produits financiers dérivés	201 549	218 315	225 011	248 948	241 315	253 781	292 869	..
2.2.1	Titres à court terme	59 665	65 655	58 494	72 446	58 924	63 637	76 886	..
2.2.2	Titres à long terme	141 884	152 660	166 517	176 502	182 391	190 144	215 983	..
2.2.3	Titres émis par les résidents	157 972	167 831	173 562	194 017	186 983	196 936	225 556	..
2.2.4	Titres émis par les non-résidents	43 577	50 484	51 449	54 931	54 332	56 845	67 313	..
2.3	Crédits	15 141	17 732	18 718	16 586	17 583	18 168	19 437	..
2.3.1	Crédits à court terme	212	431	443	0	0	4	4	..
2.3.2	Crédits à long terme	14 929	17 301	18 275	16 586	17 583	18 164	19 433	..
2.3.3	Crédits accordés aux résidents	12 584	15 703	16 322	14 958	15 799	16 337	18 028	..
2.3.4	Crédits accordés aux non-résidents	2 557	2 029	2 396	1 628	1 784	1 831	1 409	..
2.4	Actions et autres participations	800 322	965 259	707 004	867 998	949 295	913 326	1 045 939	..
2.4.1	Actions émises par les résidents	629 213	757 191	534 329	685 906	746 887	694 717	794 826	..
2.4.2	Actions émises par les non-résidents	171 109	208 068	172 675	182 092	202 408	218 609	251 113	..
2.5	Autres, non classés ailleurs	20 773	24 864	29 628	25 433	34 922	41 415	45 538	..
	Sociétés d'assurance								
2	Actifs financiers	379 608	401 587	349 319	377 827	390 755	390 852	428 861	..
2.1	Numéraire et dépôts	14 690	15 157	21 781	23 007	21 337	24 964	29 719	..
2.2	Titres autres qu'actions, non compris les produits financiers dérivés	83 742	80 997	96 095	96 549	94 569	102 801	115 334	..
2.2.1	Titres à court terme	25 883	24 735	21 790	23 869	22 797	25 199	23 496	..
2.2.2	Titres à long terme	57 859	56 262	74 305	72 680	71 772	77 602	91 838	..
2.2.3	Titres émis par les résidents	75 969	73 169	88 338	88 200	86 786	93 374	101 451	..
2.2.4	Titres émis par les non-résidents	7 773	7 828	7 757	8 349	7 783	9 427	13 883	..
2.3	Crédits	9 319	11 116	11 496	8 911	8 977	9 024	9 252	..
2.3.1	Crédits à court terme	212	431	443	0	0	4	4	..
2.3.2	Crédits à long terme	9 107	10 685	11 053	8 911	8 977	9 020	9 248	..
2.3.3	Crédits accordés aux résidents	6 782	9 102	9 129	7 296	7 218	7 210	7 862	..
2.3.4	Crédits accordés aux non-résidents	2 537	2 014	2 367	1 615	1 759	1 814	1 390	..
2.4	Actions et autres participations	258 874	279 837	200 118	234 592	240 752	222 211	239 390	..
2.4.1	Actions émises par les résidents	240 862	260 927	182 455	215 093	221 030	200 051	214 254	..
2.4.2	Actions émises par les non-résidents	18 012	18 910	17 663	19 499	19 722	22 160	25 136	..
2.5	Autres, non classés ailleurs	12 983	14 480	19 829	14 768	25 120	31 852	35 166	..
	Sociétés d'assurance vie								
2	Actifs financiers	250 528	260 360	209 126	234 617	240 051	233 050	249 347	..
2.1	Numéraire et dépôts	5 528	5 398	8 622	9 296	7 850	10 067	12 949	..
2.2	Titres autres qu'actions, non compris les produits financiers dérivés	39 238	35 940	37 606	35 655	36 123	38 704	42 198	..
2.2.1	Titres à court terme	12 960	12 363	9 770	10 169	9 049	9 451	8 365	..
2.2.2	Titres à long terme	26 278	23 577	27 836	25 486	27 074	29 253	33 833	..
2.2.3	Titres émis par les résidents	35 777	32 449	35 182	32 655	33 469	34 381	34 949	..
2.2.4	Titres émis par les non-résidents	3 461	3 491	2 424	3 000	2 654	4 323	7 249	..
2.3	Crédits	4 266	4 655	4 951	3 821	3 561	2 983	2 537	..
2.3.1	Crédits à court terme	0	0	0	0	0	0	0	..
2.3.2	Crédits à long terme	4 266	4 655	4 951	3 821	3 561	2 983	2 537	..
2.3.3	Crédits accordés aux résidents	3 705	4 411	4 542	3 421	3 000	2 346	2 283	..
2.3.4	Crédits accordés aux non-résidents	561	244	409	400	561	637	254	..
2.4	Actions et autres participations	199 201	211 383	154 254	182 439	188 630	76 795	187 028	..
2.4.1	Actions émises par les résidents	191 347	203 362	147 392	175 176	181 793	68 815	177 628	..
2.4.2	Actions émises par les non-résidents	7 854	8 021	6 862	7 263	6 837	7 980	9 400	..
2.5	Autres, non classés ailleurs	2 295	2 984	3 693	3 406	3 887	4 501	4 635	..
	Sociétés d'assurance non-vie								
2	Actifs financiers	129 080	141 227	140 193	143 210	150 704	57 802	179 514	..
2.1	Numéraire et dépôts	9 162	9 759	13 159	13 711	13 487	14 897	16 770	..
2.2	Titres autres qu'actions, non compris les produits financiers dérivés	44 504	45 057	58 489	60 894	58 446	64 097	73 136	..
2.2.1	Titres à court terme	12 923	12 372	12 020	13 700	13 748	15 748	15 131	..
2.2.2	Titres à long terme	31 581	32 685	46 469	47 194	44 698	48 349	58 005	..
2.2.3	Titres émis par les résidents	40 192	40 720	53 156	55 545	53 317	58 993	66 502	..
2.2.4	Titres émis par les non-résidents	4 312	4 337	5 333	5 349	5 129	5 104	6 634	..
2.3	Crédits	5 053	6 461	6 545	5 090	5 416	6 041	6 715	..
2.3.1	Crédits à court terme	212	431	443	0	0	4	4	..
2.3.2	Crédits à long terme	4 841	6 030	6 102	5 090	5 416	6 037	6 711	..
2.3.3	Crédits accordés aux résidents	3 077	4 691	4 587	3 875	4 218	4 864	5 579	..
2.3.4	Crédits accordés aux non-résidents	1 976	1 770	1 958	1 215	1 198	1 177	1 136	..
2.4	Actions et autres participations	59 673	68 454	45 864	52 153	52 122	45 416	52 362	..
2.4.1	Actions émises par les résidents	49 515	57 565	35 063	39 917	39 237	31 236	36 626	..
2.4.2	Actions émises par les non-résidents	10 158	10 889	10 801	12 236	12 885	14 180	15 736	..
2.5	Autres, non classés ailleurs	10 688	11 496	16 136	11 362	21 233	27 351	30 531	..

Tableau 3. Actifs financiers des sociétés d'assurance et fonds de pension autonomes *(suite)*

Millions AUD

		2006	2007	2008	2009	2010	2011	2012	2013
	Fonds de pension autonomes								
2	Actifs financiers	939 951	1 148 584	939 214	1 129 550	1 208 460	1 215 106	1 403 716	..
2.1	Numéraire et dépôts	74 904	109 722	128 264	142 299	152 253	180 384	211 218	..
2.2	Titres autres qu'actions, non compris les produits financiers dérivés	118 168	137 649	129 033	152 452	146 777	151 045	177 628	..
2.2.1	Titres à court terme	33 782	40 920	36 704	48 577	36 127	38 438	53 390	..
2.2.2	Titres à long terme	84 386	96 729	92 329	103 875	110 650	112 607	124 238	..
2.2.3	Titres émis par les résidents	82 364	94 993	85 341	105 870	100 228	103 627	124 198	..
2.2.4	Titres émis par les non-résidents	35 804	42 656	43 692	46 582	46 549	47 418	53 430	..
2.3	Crédits	5 832	6 627	7 234	7 675	8 606	9 144	10 185	..
2.3.1	Crédits à court terme	0	0	0	0	0	0	0	..
2.3.2	Crédits à long terme	5 832	6 627	7 234	7 675	8 606	9 144	10 185	..
2.3.3	Crédits accordés aux résidents	5 812	6 612	7 205	7 662	8 581	9 127	10 166	..
2.3.4	Crédits accordés aux non-résidents	20	15	29	13	25	17	19	..
2.4	Actions et autres participations	561 618	700 562	521 103	649 994	720 207	703 075	818 940	..
2.4.1	Actions émises par les résidents	408 521	511 404	366 091	487 401	537 521	506 626	592 963	..
2.4.2	Actions émises par les non-résidents	153 097	189 158	155 012	162 593	182 686	196 449	225 977	..
2.5	Autres, non classés ailleurs	179 429	194 024	153 580	177 130	180 617	171 458	185 745	..

Note : Voir les métadonnées détaillées sur : http://metalinks.oecd.org/instinv/20141203/7e4c

Tableau 4. Composition du portefeuille par type d'investisseur

Pourcentage du total des actifs financiers

Pour cent

		2006	2007	2008	2009	2010	2011	2012	2013
	Fonds d'investissement								
2	Actifs financiers	100.0	100.0	100.0	100.0	100.0	100.0	100.0	..
2.1	Numéraire et dépôts	4.9	4.7	7.8	5.2	6.8	7.2	7.6	..
2.2	Titres autres qu'actions, non compris les produits financiers dérivés	29.8	30.9	36.3	27.9	26.3	33.1	31.3	..
2.2.1	Titres à court terme	16.0	18.0	18.1	12.8	10.8	13.1	11.1	..
2.2.2	Titres à long terme	13.8	12.9	18.2	15.2	15.5	20.0	20.1	..
2.2.3	Titres émis par les résidents	25.9	27.5	31.3	23.6	21.6	27.4	24.7	..
2.2.4	Titres émis par les non-résidents	3.8	3.4	5.0	4.3	4.7	5.7	6.6	..
2.3	Crédits	7.8	8.6	11.6	8.9	9.1	9.3	8.4	..
2.3.1	Crédits à court terme	0.0	0.0	0.0	0.0	0.0	0.0	0.0	..
2.3.2	Crédits à long terme	7.8	8.6	11.6	8.9	9.1	9.3	8.4	..
2.3.3	Crédits accordés aux résidents	6.8	7.2	9.5	7.6	7.9	7.8	7.1	..
2.3.4	Crédits accordés aux non-résidents	1.0	1.3	2.1	1.3	1.2	1.5	1.4	..
2.4	Actions et autres participations	56.9	55.1	43.2	57.0	56.6	49.3	51.6	..
2.4.1	Actions émises par les résidents	48.1	44.4	33.7	45.2	45.7	39.5	42.1	..
2.4.2	Actions émises par les non-résidents	8.8	10.7	9.5	11.7	10.9	9.9	9.5	..
2.5	Autres, non classés ailleurs	0.7	0.7	1.1	1.1	1.2	1.1	1.1	..
	Sociétés d'assurance								
2	Actifs financiers	100.0	100.0	100.0	100.0	100.0	100.0	100.0	..
2.1	Numéraire et dépôts	3.9	3.8	6.2	6.1	5.5	6.4	6.9	..
2.2	Titres autres qu'actions, non compris les produits financiers dérivés	22.1	20.2	27.5	25.6	24.2	26.3	26.9	..
2.2.1	Titres à court terme	6.8	6.2	6.2	6.3	5.8	6.4	5.5	..
2.2.2	Titres à long terme	15.2	14.0	21.3	19.2	18.4	19.9	21.4	..
2.2.3	Titres émis par les résidents	20.0	18.2	25.3	23.3	22.2	23.9	23.7	..
2.2.4	Titres émis par les non-résidents	2.0	1.9	2.2	2.2	2.0	2.4	3.2	..
2.3	Crédits	2.5	2.8	3.3	2.4	2.3	2.3	2.2	..
2.3.1	Crédits à court terme	0.1	0.1	0.1	0.0	0.0	0.0	0.0	..
2.3.2	Crédits à long terme	2.4	2.7	3.2	2.4	2.3	2.3	2.2	..
2.3.3	Crédits accordés aux résidents	1.8	2.3	2.6	1.9	1.8	1.8	1.8	..
2.3.4	Crédits accordés aux non-résidents	0.7	0.5	0.7	0.4	0.5	0.5	0.3	..
2.4	Actions et autres participations	68.2	69.7	57.3	62.1	61.6	56.9	55.8	..
2.4.1	Actions émises par les résidents	63.5	65.0	52.2	56.9	56.6	51.2	50.0	..
2.4.2	Actions émises par les non-résidents	4.7	4.7	5.1	5.2	5.0	5.7	5.9	..
2.5	Autres, non classés ailleurs	3.4	3.6	5.7	3.9	6.4	8.1	8.2	..
	Fonds de pension autonomes								
2	Actifs financiers	100.0	100.0	100.0	100.0	100.0	100.0	100.0	..
2.1	Numéraire et dépôts	8.0	9.6	13.7	12.6	12.6	14.8	15.0	..
2.2	Titres autres qu'actions, non compris les produits financiers dérivés	12.6	12.0	13.7	13.5	12.1	12.4	12.7	..
2.2.1	Titres à court terme	3.6	3.6	3.9	4.3	3.0	3.2	3.8	..
2.2.2	Titres à long terme	9.0	8.4	9.8	9.2	9.2	9.3	8.9	..
2.2.3	Titres émis par les résidents	8.8	8.3	9.1	9.4	8.3	8.5	8.8	..
2.2.4	Titres émis par les non-résidents	3.8	3.7	4.7	4.1	3.9	3.9	3.8	..
2.3	Crédits	0.6	0.6	0.8	0.7	0.7	0.8	0.7	..
2.3.1	Crédits à court terme	0.0	0.0	0.0	0.0	0.0	0.0	0.0	..
2.3.2	Crédits à long terme	0.6	0.6	0.8	0.7	0.7	0.8	0.7	..
2.3.3	Crédits accordés aux résidents	0.6	0.6	0.8	0.7	0.7	0.8	0.7	..
2.3.4	Crédits accordés aux non-résidents	0.0	0.0	0.0	0.0	0.0	0.0	0.0	..
2.4	Actions et autres participations	59.7	61.0	55.5	57.5	59.6	57.9	58.3	..
2.4.1	Actions émises par les résidents	43.5	44.5	39.0	43.2	44.5	41.7	42.2	..
2.4.2	Actions émises par les non-résidents	16.3	16.5	16.5	14.4	15.1	16.2	16.1	..
2.5	Autres, non classés ailleurs	19.1	16.9	16.4	15.7	14.9	14.1	13.2	..

Note : Voir les métadonnées détaillées sur : http://metalinks.oecd.org/instinv/20141203/bbbc

AUTRICHE

Tableau 1. Actifs financiers des investisseurs institutionnels, 2012

Millions EUR (1999 ATS euro)

		Fonds d'investissement				
		Total	Fonds d'investissement à capital variable (fonds communs de placement)			Fonds d'investissement à capital fixe
			Total	Fonds d'investissement sur le marché monéaire	Autres fonds communs de placement	Total
2	Actifs financiers	125 008	145 932	400	145 532	..
2.1	Numéraire et dépôts	8 083	8 083	0	8 083	..
2.2	Titres autres qu'actions, non compris les produits financiers dérivés	81 189	81 189	397	80 792	..
2.2.1	Titres à court terme	689	689	6	683	..
2.2.2	Titres à long terme	80 500	80 500	391	80 109	..
2.2.3	Titres émis par les résidents	17 527	17 527	76	17 451	..
2.2.4	Titres émis par les non-résidents	63 662	63 662	321	63 341	..
2.3	Crédits	0	0	0	0	..
2.3.1	Crédits à court terme	0	0	0	0	..
2.3.2	Crédits à long terme	0	0	0	0	..
2.3.3	Crédits accordés aux résidents	0	0	0	0	..
2.3.4	Crédits accordés aux non-résidents	0	0	0	0	..
2.4	Actions et autres participations	35 657	56 581	3	56 578	..
2.4.1	Actions émises par les résidents	3 697	24 621	3	24 618	..
2.4.2	Actions émises par les non-résidents	31 960	31 960	0	31 960	..
2.5	Autres, non classés ailleurs	78	78	0	78	..

		Sociétés d'assurance et fonds de pension autonomes				
		Total	Sociétés d'assurance			Fonds de pension autonomes
			Total	Sociétés d'assurance vie	Sociétés d'assurance non-vie	Total
2	Actifs financiers	114 256	104 051	76 272	27 778	16 407
2.1	Numéraire et dépôts	4 262	3 687	2 292	1 396	575
2.2	Titres autres qu'actions, non compris les produits financiers dérivés	46 400	46 851	37 698	9 153	375
2.2.1	Titres à court terme	10	4	4	1	6
2.2.2	Titres à long terme	46 389	46 846	37 694	9 152	369
2.2.3	Titres émis par les résidents	18 812	19 414	15 621	3 793	224
2.2.4	Titres émis par les non-résidents	27 588	27 437	22 076	5 360	151
2.3	Crédits	4 027	7 433	5 749	1 684	31
2.3.1	Crédits à court terme	247	2 829	2 188	641	0
2.3.2	Crédits à long terme	3 780	4 604	3 561	1 043	31
2.3.3	Crédits accordés aux résidents	2 379	5 785	4 475	1 311	31
2.3.4	Crédits accordés aux non-résidents	1 647	1 647	1 274	373	0
2.4	Actions et autres participations	56 055	42 072	29 693	12 378	15 373
2.4.1	Actions émises par les résidents	46 546	34 297	24 206	10 091	13 639
2.4.2	Actions émises par les non-résidents	9 509	7 774	5 487	2 287	1 734
2.5	Autres, non classés ailleurs	3 513	4 009	841	3 168	52

Note : Voir les métadonnées détaillées sur : http://metalinks.oecd.org/instinv/20141203/cded

AUTRICHE

Tableau 2. Actifs financiers des fonds d'investissement

Millions EUR (1999 ATS euro)

		2006	2007	2008	2009	2010	2011	2012	2013
	Fonds d'investissement								
2	Actifs financiers	141 515	137 307	110 172	119 288	125 916	115 841	125 008	..
2.1	Numéraire et dépôts	6 279	8 923	13 932	10 276	10 042	9 410	8 083	..
2.2	Titres autres qu'actions, non compris les produits financiers dérivés	91 183	84 426	72 993	73 291	77 731	75 377	81 189	..
2.2.1	Titres à court terme	313	482	545	667	774	1 118	689	..
2.2.2	Titres à long terme	90 871	83 944	72 448	77 625	76 957	74 259	80 500	..
2.2.3	Titres émis par les résidents	17 361	14 374	15 127	15 062	16 012	16 682	17 527	..
2.2.4	Titres émis par les non-résidents	73 823	70 053	57 866	62 230	61 719	58 695	63 662	..
2.3	Crédits	0	0	0	0	0	0	0	..
2.3.1	Crédits à court terme	0	0	0	0	0	0	0	..
2.3.2	Crédits à long terme	0	0	0	0	0	0	0	..
2.3.3	Crédits accordés aux résidents	0	0	0	0	0	0	0	..
2.3.4	Crédits accordés aux non-résidents	0	0	0	0	0	0	0	..
2.4	Actions et autres participations	44 011	43 868	23 122	30 721	38 055	30 965	35 657	..
2.4.1	Actions émises par les résidents	4 555	4 839	2 555	3 591	4 131	3 396	3 697	..
2.4.2	Actions émises par les non-résidents	39 456	39 029	20 567	27 129	33 874	27 569	31 960	..
2.5	Autres, non classés ailleurs	42	89	125	0	39	89	78	..
	Fonds d'investissement à capital variable (fonds communs de placement)								
2	Actifs financiers	169 065	164 219	130 866	141 721	149 230	136 192	145 932	..
2.1	Numéraire et dépôts	6 279	8 923	13 932	10 276	10 042	9 410	8 083	..
2.2	Titres autres qu'actions, non compris les produits financiers dérivés	91 183	84 426	72 993	73 291	77 731	75 377	81 189	..
2.2.1	Titres à court terme	313	482	545	667	774	1 118	689	..
2.2.2	Titres à long terme	90 870	83 944	72 448	77 625	76 957	74 259	80 500	..
2.2.3	Titres émis par les résidents	17 360	14 374	15 127	15 062	16 012	16 682	17 527	..
2.2.4	Titres émis par les non-résidents	73 823	70 053	57 866	62 230	61 719	58 695	63 662	..
2.3	Crédits	0	0	0	0	0	0	0	..
2.3.1	Crédits à court terme	0	0	0	0	0	0	0	..
2.3.2	Crédits à long terme	0	0	0	0	0	0	0	..
2.3.3	Crédits accordés aux résidents	0	0	0	0	0	0	0	..
2.3.4	Crédits accordés aux non-résidents	0	0	0	0	0	0	0	..
2.4	Actions et autres participations	71 559	70 781	43 815	53 153	61 338	51 315	56 581	..
2.4.1	Actions émises par les résidents	32 102	31 751	23 249	26 024	27 434	23 746	24 621	..
2.4.2	Actions émises par les non-résidents	39 456	39 029	20 567	27 129	33 874	27 569	31 960	..
2.5	Autres, non classés ailleurs	44	89	125	0	39	89	78	..
	Fonds d'investissement sur le marché monéaire								
2	Actifs financiers	2 645	3 562	3 672	2 613	2 400	1 190	400	..
2.1	Numéraire et dépôts	0	0	0	0	0	0	0	..
2.2	Titres autres qu'actions, non compris les produits financiers dérivés	2 645	3 562	3 564	2 526	2 330	1 179	397	..
2.2.1	Titres à court terme	12	0	31	34	22	66	6	..
2.2.2	Titres à long terme	2 634	3 562	3 533	2 493	2 308	1 113	391	..
2.2.3	Titres émis par les résidents	298	426	582	609	539	260	76	..
2.2.4	Titres émis par les non-résidents	2 347	3 137	2 982	1 918	1 791	919	321	..
2.3	Crédits	0	0	0	0	0	0	0	..
2.3.1	Crédits à court terme	0	0	0	0	0	0	0	..
2.3.2	Crédits à long terme	0	0	0	0	0	0	0	..
2.3.3	Crédits accordés aux résidents	0	0	0	0	0	0	0	..
2.3.4	Crédits accordés aux non-résidents	0	0	0	0	0	0	0	..
2.4	Actions et autres participations	0	0	108	87	70	12	3	..
2.4.1	Actions émises par les résidents	0	0	69	83	70	12	3	..
2.4.2	Actions émises par les non-résidents	0	0	39	4	0	0	0	..
2.5	Autres, non classés ailleurs	0	0	0	0	0	0	0	..
	Autres fonds communs de placement								
2	Actifs financiers	166 420	160 657	127 194	139 108	146 829	135 001	145 532	..
2.1	Numéraire et dépôts	6 279	8 923	13 932	10 276	10 042	9 410	8 083	..
2.2	Titres autres qu'actions, non compris les produits financiers dérivés	88 538	80 864	69 429	75 765	75 401	74 199	80 792	..
2.2.1	Titres à court terme	301	482	515	633	752	1 052	683	..
2.2.2	Titres à long terme	88 237	80 381	68 915	75 132	74 649	73 146	80 109	..
2.2.3	Titres émis par les résidents	17 062	13 948	14 546	15 453	15 473	16 423	17 451	..
2.2.4	Titres émis par les non-résidents	71 475	66 916	54 884	60 312	59 928	57 776	63 341	..
2.3	Crédits	0	0	0	0	0	0	0	..
2.3.1	Crédits à court terme	0	0	0	0	0	0	0	..
2.3.2	Crédits à long terme	0	0	0	0	0	0	0	..
2.3.3	Crédits accordés aux résidents	0	0	0	0	0	0	0	..
2.3.4	Crédits accordés aux non-résidents	0	0	0	0	0	0	0	..
2.4	Actions et autres participations	71 559	70 781	43 708	53 067	61 298	51 304	56 578	..
2.4.1	Actions émises par les résidents	32 102	31 751	23 180	25 941	27 424	23 735	24 618	..
2.4.2	Actions émises par les non-résidents	39 456	39 029	20 528	27 126	33 874	27 569	31 960	..
2.5	Autres, non classés ailleurs	44	89	125	0	89	89	78	..

AUTRICHE

Tableau 2. Actifs financiers des fonds d'investissement *(suite)*

Millions EUR (1999 ATS euro)

		2006	2007	2008	2009	2010	2011	2012	2013
	Fonds d'investissement à capital fixe								
2	Actifs financiers	..	..	..	..	..	..	..	..
2.1	Numéraire et dépôts	..	..	..	..	..	..	..	..
2.2	Titres autres qu'actions, non compris les produits financiers dérivés	..	..	..	..	..	..	..	..
2.2.1	Titres à court terme	..	..	..	..	..	..	..	..
2.2.2	Titres à long terme	..	..	..	..	..	..	..	..
2.2.3	Titres émis par les résidents	..	..	..	..	..	..	..	..
2.2.4	Titres émis par les non-résidents	..	..	..	..	..	..	..	..
2.3	Crédits	..	..	..	..	..	..	..	..
2.3.1	Crédits à court terme	..	..	..	..	..	..	..	..
2.3.2	Crédits à long terme	..	..	..	..	..	..	..	..
2.3.3	Crédits accordés aux résidents	..	..	..	..	..	..	..	..
2.3.4	Crédits accordés aux non-résidents	..	..	..	..	..	..	..	..
2.4	Actions et autres participations	..	..	..	..	..	..	..	..
2.4.1	Actions émises par les résidents	..	..	..	..	..	..	..	..
2.4.2	Actions émises par les non-résidents	..	..	..	..	..	..	..	..
2.5	Autres, non classés ailleurs	..	..	..	..	..	..	..	..

Note : Voir les métadonnées détaillées sur : http://metalinks.oecd.org/instinv/20141203/cded

AUTRICHE

Tableau 3. Actifs financiers des sociétés d'assurance et fonds de pension autonomes

Millions EUR (1999 ATS euro)

		2006	2007	2008	2009	2010	2011	2012	2013
	Sociétés d'assurance et fonds de pension autonomes								
2	Actifs financiers	93 291	95 883	94 265	103 516	105 995	105 976	114 256	..
2.1	Numéraire et dépôts	3 008	3 184	5 176	4 078	3 085	4 288	4 262	..
2.2	Titres autres qu'actions, non compris les produits financiers dérivés	32 544	34 298	37 213	40 352	42 597	42 486	46 400	..
2.2.1	Titres à court terme	35	191	223	116	178	67	10	..
2.2.2	Titres à long terme	32 509	34 106	36 990	40 236	42 420	42 419	46 389	..
2.2.3	Titres émis par les résidents	11 575	12 168	13 548	15 622	16 091	16 380	18 812	..
2.2.4	Titres émis par les non-résidents	20 969	22 129	23 665	24 730	26 507	26 106	27 588	..
2.3	Crédits	4 830	5 240	5 105	5 168	4 459	3 989	4 027	..
2.3.1	Crédits à court terme	243	181	87	47	134	222	247	..
2.3.2	Crédits à long terme	4 587	5 059	5 019	5 121	4 325	3 767	3 780	..
2.3.3	Crédits accordés aux résidents	3 814	2 870	2 859	2 959	2 283	2 271	2 379	..
2.3.4	Crédits accordés aux non-résidents	1 015	2 370	2 246	2 209	2 176	1 718	1 647	..
2.4	Actions et autres participations	48 095	48 185	41 613	48 202	51 902	51 589	56 055	..
2.4.1	Actions émises par les résidents	40 236	39 680	35 220	40 810	43 681	43 173	46 546	..
2.4.2	Actions émises par les non-résidents	7 860	8 506	6 394	7 393	8 221	8 415	9 509	..
2.5	Autres, non classés ailleurs	4 814	4 975	5 158	5 716	3 951	3 625	3 513	..
	Sociétés d'assurance								
2	Actifs financiers	86 339	87 865	90 627	97 692	100 812	100 184	104 051	..
2.1	Numéraire et dépôts	2 835	2 902	4 386	3 538	2 663	3 644	3 687	..
2.2	Titres autres qu'actions, non compris les produits financiers dérivés	32 592	34 291	37 334	40 516	43 005	42 849	46 851	..
2.2.1	Titres à court terme	35	113	177	82	123	31	4	..
2.2.2	Titres à long terme	32 557	34 178	37 156	40 434	42 882	42 817	46 846	..
2.2.3	Titres émis par les résidents	11 757	12 374	13 863	15 995	16 761	16 957	19 414	..
2.2.4	Titres émis par les non-résidents	20 835	21 917	23 471	24 522	26 244	25 892	27 437	..
2.3	Crédits	6 990	7 362	7 257	7 177	7 313	7 078	7 433	..
2.3.1	Crédits à court terme	2 379	2 323	2 056	1 862	2 192	2 262	2 829	..
2.3.2	Crédits à long terme	4 611	5 039	5 201	5 315	5 121	4 816	4 604	..
2.3.3	Crédits accordés aux résidents	5 974	4 992	5 011	4 968	5 137	5 360	5 785	..
2.3.4	Crédits accordés aux non-résidents	1 015	2 370	2 246	2 209	2 176	1 718	1 647	..
2.4	Actions et autres participations	38 641	37 784	35 957	40 265	43 411	42 711	42 072	..
2.4.1	Actions émises par les résidents	31 953	30 878	30 367	33 902	36 362	35 411	34 297	..
2.4.2	Actions émises par les non-résidents	6 688	6 907	5 590	6 362	7 050	7 299	7 774	..
2.5	Autres, non classés ailleurs	5 282	5 526	5 694	6 195	4 419	3 903	4 009	..
	Sociétés d'assurance vie								
2	Actifs financiers	62 387	64 592	59 990	66 497	73 444	73 536	76 272	..
2.1	Numéraire et dépôts	1 854	1 897	2 981	2 091	1 578	2 159	2 292	..
2.2	Titres autres qu'actions, non compris les produits financiers dérivés	28 388	29 215	31 852	33 985	34 307	34 793	37 698	..
2.2.1	Titres à court terme	30	96	151	69	98	25	4	..
2.2.2	Titres à long terme	28 358	29 118	31 701	33 916	34 209	34 768	37 694	..
2.2.3	Titres émis par les résidents	10 240	10 542	11 828	13 416	13 371	13 769	15 621	..
2.2.4	Titres émis par les non-résidents	18 148	18 673	20 024	20 569	20 936	21 024	22 076	..
2.3	Crédits	4 082	5 058	3 801	3 617	5 656	5 308	5 749	..
2.3.1	Crédits à court terme	1 389	1 596	1 077	938	1 695	1 697	2 188	..
2.3.2	Crédits à long terme	2 693	3 462	2 724	2 679	3 961	3 612	3 561	..
2.3.3	Crédits accordés aux résidents	3 489	3 430	2 625	2 504	3 973	4 020	4 475	..
2.3.4	Crédits accordés aux non-résidents	593	1 628	1 176	1 113	1 683	1 288	1 274	..
2.4	Actions et autres participations	27 551	27 900	20 360	23 985	30 785	30 289	29 693	..
2.4.1	Actions émises par les résidents	22 782	22 774	16 594	19 660	25 786	25 112	24 206	..
2.4.2	Actions émises par les non-résidents	4 769	5 125	3 766	4 325	4 999	5 176	5 487	..
2.5	Autres, non classés ailleurs	512	522	996	2 819	1 118	987	841	..
	Sociétés d'assurance non-vie								
2	Actifs financiers	23 952	23 273	30 637	31 195	27 369	26 648	27 778	..
2.1	Numéraire et dépôts	981	1 005	1 405	1 447	1 085	1 485	1 396	..
2.2	Titres autres qu'actions, non compris les produits financiers dérivés	4 204	5 076	5 482	6 531	8 698	8 056	9 153	..
2.2.1	Titres à court terme	4	17	26	13	25	6	1	..
2.2.2	Titres à long terme	4 200	5 060	5 455	6 518	8 673	8 050	9 152	..
2.2.3	Titres émis par les résidents	1 517	1 832	2 035	2 579	3 390	3 188	3 793	..
2.2.4	Titres émis par les non-résidents	2 688	3 244	3 447	3 953	5 308	4 868	5 360	..
2.3	Crédits	2 908	2 304	3 456	3 560	1 657	1 769	1 684	..
2.3.1	Crédits à court terme	990	727	979	924	497	566	641	..
2.3.2	Crédits à long terme	1 918	1 577	2 477	2 636	1 161	1 204	1 043	..
2.3.3	Crédits accordés aux résidents	2 485	1 562	2 386	2 464	1 164	1 340	1 311	..
2.3.4	Crédits accordés aux non-résidents	422	742	1 070	1 096	493	429	373	..
2.4	Actions et autres participations	11 090	9 884	15 597	16 280	12 626	12 422	12 378	..
2.4.1	Actions émises par les résidents	9 170	8 104	13 773	14 242	10 576	10 299	10 091	..
2.4.2	Actions émises par les non-résidents	1 919	1 782	1 824	2 037	2 050	2 123	2 287	..
2.5	Autres, non classés ailleurs	4 770	5 004	4 698	3 376	3 302	2 916	3 168	..

Tableau 3. Actifs financiers des sociétés d'assurance et fonds de pension autonomes *(suite)*

Millions EUR (1999 ATS euro)

		2006	2007	2008	2009	2010	2011	2012	2013
	Fonds de pension autonomes								
2	Actifs financiers	12 247	12 887	11 614	13 671	15 014	14 808	16 407	..
2.1	Numéraire et dépôts	173	282	790	539	422	644	575	..
2.2	Titres autres qu'actions, non compris les produits financiers dérivés	244	323	286	384	451	452	375	..
2.2.1	Titres à court terme	0	78	45	34	55	36	6	..
2.2.2	Titres à long terme	244	245	241	350	396	416	369	..
2.2.3	Titres émis par les résidents	111	111	92	176	188	238	224	..
2.2.4	Titres émis par les non-résidents	133	212	194	208	263	214	151	..
2.3	Crédits	27	21	18	17	12	10	31	..
2.3.1	Crédits à court terme	0	0	0	0	0	0	0	..
2.3.2	Crédits à long terme	27	21	18	17	12	10	31	..
2.3.3	Crédits accordés aux résidents	27	21	18	17	12	10	31	..
2.3.4	Crédits accordés aux non-résidents	0	0	0	0	0	0	0	..
2.4	Actions et autres participations	11 755	12 219	10 422	12 678	14 070	13 649	15 373	..
2.4.1	Actions émises par les résidents	10 584	10 620	9 618	11 647	12 899	12 533	13 639	..
2.4.2	Actions émises par les non-résidents	1 172	1 599	804	1 030	1 171	1 116	1 734	..
2.5	Autres, non classés ailleurs	48	43	98	53	59	53	52	..

Note : Voir les métadonnées détaillées sur : http://metalinks.oecd.org/instinv/20141203/cded

Tableau 4. Composition du portefeuille par type d'investisseur

Pourcentage du total des actifs financiers

Pour cent

		2006	2007	2008	2009	2010	2011	2012	2013
	Fonds d'investissement								
2	Actifs financiers	100.0	100.0	100.0	100.0	100.0	100.0	100.0	..
2.1	Numéraire et dépôts	4.4	6.5	12.6	8.6	8.0	8.1	6.5	..
2.2	Titres autres qu'actions, non compris les produits financiers dérivés	64.4	61.5	66.3	65.6	61.7	65.1	64.9	..
2.2.1	Titres à court terme	0.2	0.4	0.5	0.6	0.6	1.0	0.6	..
2.2.2	Titres à long terme	64.2	61.1	65.8	65.1	61.1	64.1	64.4	..
2.2.3	Titres émis par les résidents	12.3	10.5	13.7	13.5	12.7	14.4	14.0	..
2.2.4	Titres émis par les non-résidents	52.2	51.0	52.5	52.2	49.0	50.7	50.9	..
2.3	Crédits	0.0	0.0	0.0	0.0	0.0	0.0	0.0	..
2.3.1	Crédits à court terme	0.0	0.0	0.0	0.0	0.0	0.0	0.0	..
2.3.2	Crédits à long terme	0.0	0.0	0.0	0.0	0.0	0.0	0.0	..
2.3.3	Crédits accordés aux résidents	0.0	0.0	0.0	0.0	0.0	0.0	0.0	..
2.3.4	Crédits accordés aux non-résidents	0.0	0.0	0.0	0.0	0.0	0.0	0.0	..
2.4	Actions et autres participations	31.1	31.9	21.0	25.8	30.2	26.7	28.5	..
2.4.1	Actions émises par les résidents	3.2	3.5	2.3	3.0	3.3	2.9	3.0	..
2.4.2	Actions émises par les non-résidents	27.9	28.4	18.7	22.7	26.9	23.8	25.6	..
2.5	Autres, non classés ailleurs	0.0	0.1	0.1	0.0	0.1	0.1	0.1	..
	Sociétés d'assurance								
2	Actifs financiers	100.0	100.0	100.0	100.0	100.0	100.0	100.0	..
2.1	Numéraire et dépôts	3.3	3.3	4.8	3.6	2.6	3.6	3.5	..
2.2	Titres autres qu'actions, non compris les produits financiers dérivés	37.7	39.0	41.2	41.5	42.7	42.8	45.0	..
2.2.1	Titres à court terme	0.0	0.1	0.2	0.1	0.1	0.0	0.0	..
2.2.2	Titres à long terme	37.7	38.9	41.0	41.4	42.5	42.7	45.0	..
2.2.3	Titres émis par les résidents	13.6	14.1	15.3	16.4	16.6	16.9	18.7	..
2.2.4	Titres émis par les non-résidents	24.1	24.9	25.9	25.1	26.0	25.8	26.4	..
2.3	Crédits	8.1	8.4	8.0	7.3	7.3	7.1	7.1	..
2.3.1	Crédits à court terme	2.8	2.6	2.3	1.9	2.2	2.3	2.7	..
2.3.2	Crédits à long terme	5.3	5.7	5.7	5.4	5.1	4.8	4.4	..
2.3.3	Crédits accordés aux résidents	6.9	5.7	5.5	5.1	5.1	5.4	5.6	..
2.3.4	Crédits accordés aux non-résidents	1.2	2.7	2.5	2.3	2.2	1.7	1.6	..
2.4	Actions et autres participations	44.8	43.0	39.7	41.2	43.1	42.6	40.4	..
2.4.1	Actions émises par les résidents	37.0	35.1	33.5	34.7	36.1	35.3	33.0	..
2.4.2	Actions émises par les non-résidents	7.7	7.9	6.2	6.5	7.0	7.3	7.5	..
2.5	Autres, non classés ailleurs	6.1	6.3	6.3	6.3	4.4	3.9	3.9	..
	Fonds de pension autonomes								
2	Actifs financiers	100.0	100.0	100.0	100.0	100.0	100.0	100.0	..
2.1	Numéraire et dépôts	1.4	2.2	6.8	3.9	2.8	4.3	3.5	..
2.2	Titres autres qu'actions, non compris les produits financiers dérivés	2.0	2.5	2.5	2.8	3.0	3.1	2.3	..
2.2.1	Titres à court terme	0.0	0.6	0.4	0.2	0.4	0.2	0.0	..
2.2.2	Titres à long terme	2.0	1.9	2.1	2.6	2.6	2.8	2.2	..
2.2.3	Titres émis par les résidents	0.9	0.9	0.8	1.3	1.3	1.6	1.4	..
2.2.4	Titres émis par les non-résidents	1.1	1.6	1.7	1.5	1.8	1.4	0.9	..
2.3	Crédits	0.2	0.2	0.2	0.1	0.1	0.1	0.2	..
2.3.1	Crédits à court terme	0.0	0.0	0.0	0.0	0.0	0.0	0.0	..
2.3.2	Crédits à long terme	0.2	0.2	0.2	0.1	0.1	0.1	0.2	..
2.3.3	Crédits accordés aux résidents	0.2	0.2	0.2	0.1	0.1	0.1	0.2	..
2.3.4	Crédits accordés aux non-résidents	0.0	0.0	0.0	0.0	0.0	0.0	0.0	..
2.4	Actions et autres participations	96.0	94.8	89.7	92.7	93.7	92.2	93.7	..
2.4.1	Actions émises par les résidents	86.4	82.4	82.8	85.2	85.3	84.6	83.1	..
2.4.2	Actions émises par les non-résidents	9.6	12.4	6.9	7.5	7.3	7.5	10.6	..
2.5	Autres, non classés ailleurs	0.4	0.3	0.8	0.4	0.4	0.4	0.3	..

Note : Voir les métadonnées détaillées sur : http://metalinks.oecd.org/instinv/20141203/bbbc

BELGIQUE

Tableau 1. Actifs financiers des investisseurs institutionnels, 2012

Millions EUR (1999 BEF euro)

		Fonds d'investissement				
		Total	Fonds d'investissement à capital variable (fonds communs de placement)			Fonds d'investissement à capital fixe
			Total	Fonds d'investissement sur le marché monéaire	Autres fonds communs de placement	Total
2	Actifs financiers	77 710	87 180	999	86 181	..
2.1	Numéraire et dépôts	7 804	7 804	147	7 656	..
2.2	Titres autres qu'actions, non compris les produits financiers dérivés	25 492	25 492	829	24 662	..
2.2.1	Titres à court terme	1 627	1 627	373	1 254	..
2.2.2	Titres à long terme	23 865	23 865	457	23 408	..
2.2.3	Titres émis par les résidents	1 641	1 641	274	1 366	..
2.2.4	Titres émis par les non-résidents	23 851	23 851	555	23 296	..
2.3	Crédits	0	0	0	0	..
2.3.1	Crédits à court terme	0	0	0	0	..
2.3.2	Crédits à long terme	0	0	0	0	..
2.3.3	Crédits accordés aux résidents	0	0	0	0	..
2.3.4	Crédits accordés aux non-résidents	0	0	0	0	..
2.4	Actions et autres participations	39 930	49 400	5	49 395	..
2.4.1	Actions émises par les résidents	4 646	14 116	0	14 116	..
2.4.2	Actions émises par les non-résidents	35 284	35 284	5	35 279	..
2.5	Autres, non classés ailleurs	4 484	4 484	17	4 467	..

		Sociétés d'assurance et fonds de pension autonomes				
		Total	Sociétés d'assurance			Fonds de pension autonomes
			Total	Sociétés d'assurance vie	Sociétés d'assurance non-vie	Total
2	Actifs financiers	292 464	283 940	..	..	13 602
2.1	Numéraire et dépôts	9 373	9 049	..	..	324
2.2	Titres autres qu'actions, non compris les produits financiers dérivés	198 769	197 032	..	..	1 737
2.2.1	Titres à court terme	1 024	1 024	..	..	0
2.2.2	Titres à long terme	197 745	196 008	..	..	1 737
2.2.3	Titres émis par les résidents	83 169	82 610	..	..	559
2.2.4	Titres émis par les non-résidents	115 600	114 422	..	..	1 178
2.3	Crédits	16 830	17 903	..	..	124
2.3.1	Crédits à court terme	4 739	4 914	..	..	0
2.3.2	Crédits à long terme	12 090	12 989	..	..	124
2.3.3	Crédits accordés aux résidents	16 794	17 868	..	..	124
2.3.4	Crédits accordés aux non-résidents	35	35	..	..	0
2.4	Actions et autres participations	55 232	44 189	..	..	11 117
2.4.1	Actions émises par les résidents	22 725	18 899	..	..	3 900
2.4.2	Actions émises par les non-résidents	32 507	25 290	..	..	7 216
2.5	Autres, non classés ailleurs	12 260	15 767	..	..	300

Note : Voir les métadonnées détaillées sur : http://metalinks.oecd.org/instinv/20141203/7112

BELGIQUE

Tableau 2. Actifs financiers des fonds d'investissement

Millions EUR (1999 BEF euro)

		2006	2007	2008	2009	2010	2011	2012	2013
	Fonds d'investissement								
2	Actifs financiers	115 206	115 785	86 188	91 388	87 826	75 225	77 710	..
2.1	Numéraire et dépôts	29 580	22 961	19 468	15 672	11 588	9 936	7 804	..
2.2	Titres autres qu'actions, non compris les produits financiers dérivés	26 846	35 597	34 174	32 446	31 617	30 112	25 492	..
2.2.1	Titres à court terme	2 344	3 117	3 550	3 220	2 173	2 947	1 627	..
2.2.2	Titres à long terme	24 502	32 481	30 624	29 227	29 444	27 165	23 865	..
2.2.3	Titres émis par les résidents	4 008	5 920	5 651	4 629	3 617	3 230	1 641	..
2.2.4	Titres émis par les non-résidents	22 839	29 677	28 524	27 818	28 001	26 881	23 851	..
2.3	Crédits	0	0	0	0	0	0	0	..
2.3.1	Crédits à court terme	0	0	0	0	0	0	0	..
2.3.2	Crédits à long terme	0	0	0	0	0	0	0	..
2.3.3	Crédits accordés aux résidents	0	0	0	0	0	0	0	..
2.3.4	Crédits accordés aux non-résidents	0	0	0	0	0	0	0	..
2.4	Actions et autres participations	50 604	47 160	26 236	37 320	39 131	30 508	39 930	..
2.4.1	Actions émises par les résidents	8 206	7 725	4 372	4 907	4 873	3 612	4 646	..
2.4.2	Actions émises par les non-résidents	42 398	39 436	21 864	32 412	34 252	26 896	35 284	..
2.5	Autres, non classés ailleurs	8 176	10 067	6 311	5 950	5 490	4 668	4 484	..
	Fonds d'investissement à capital variable (fonds communs de placement)								
2	Actifs financiers	124 167	124 377	90 147	97 260	96 132	83 427	87 180	..
2.1	Numéraire et dépôts	29 580	22 961	19 468	15 672	11 583	9 936	7 804	..
2.2	Titres autres qu'actions, non compris les produits financiers dérivés	26 846	35 597	34 174	32 446	31 617	30 112	25 492	..
2.2.1	Titres à court terme	2 344	3 117	3 550	3 220	2 173	2 947	1 627	..
2.2.2	Titres à long terme	24 502	32 481	30 624	29 227	29 444	27 165	23 865	..
2.2.3	Titres émis par les résidents	4 008	5 920	5 651	4 629	3 617	3 230	1 641	..
2.2.4	Titres émis par les non-résidents	22 839	29 677	28 524	27 818	28 001	26 881	23 851	..
2.3	Crédits	0	0	0	0	0	0	0	..
2.3.1	Crédits à court terme	0	0	0	0	0	0	0	..
2.3.2	Crédits à long terme	0	0	0	0	0	0	0	..
2.3.3	Crédits accordés aux résidents	0	0	0	0	0	0	0	..
2.3.4	Crédits accordés aux non-résidents	0	0	0	0	0	0	0	..
2.4	Actions et autres participations	59 565	55 753	30 194	43 192	47 433	38 711	49 400	..
2.4.1	Actions émises par les résidents	17 167	16 317	8 330	10 779	13 185	11 815	14 116	..
2.4.2	Actions émises par les non-résidents	42 398	39 436	21 864	32 412	34 252	26 896	35 284	..
2.5	Autres, non classés ailleurs	8 176	10 067	6 311	5 950	5 490	4 668	4 484	..
	Fonds d'investissement sur le marché monéaire								
2	Actifs financiers	3 217	6 271	5 535	1 945	1 920	4 376	999	..
2.1	Numéraire et dépôts	527	1 166	812	287	250	535	147	..
2.2	Titres autres qu'actions, non compris les produits financiers dérivés	2 565	4 696	4 539	1 594	1 627	3 755	829	..
2.2.1	Titres à court terme	1 273	1 452	2 187	1 101	709	1 106	373	..
2.2.2	Titres à long terme	1 292	3 244	2 353	493	919	2 649	457	..
2.2.3	Titres émis par les résidents	825	2 202	2 188	596	607	1 226	274	..
2.2.4	Titres émis par les non-résidents	1 740	2 494	2 351	998	1 020	2 529	555	..
2.3	Crédits	0	0	0	0	0	0	0	..
2.3.1	Crédits à court terme	0	0	0	0	0	0	0	..
2.3.2	Crédits à long terme	0	0	0	0	0	0	0	..
2.3.3	Crédits accordés aux résidents	0	0	0	0	0	0	0	..
2.3.4	Crédits accordés aux non-résidents	0	0	0	0	0	0	0	..
2.4	Actions et autres participations	2	97	0	29	21	0	5	..
2.4.1	Actions émises par les résidents	1	59	0	15	6	0	0	..
2.4.2	Actions émises par les non-résidents	1	38	0	14	15	0	5	..
2.5	Autres, non classés ailleurs	124	312	184	35	22	86	17	..
	Autres fonds communs de placement								
2	Actifs financiers	120 950	118 106	84 612	95 315	94 212	79 052	86 181	..
2.1	Numéraire et dépôts	29 053	21 795	18 656	15 385	11 338	9 402	7 656	..
2.2	Titres autres qu'actions, non compris les produits financiers dérivés	24 282	30 901	29 635	30 852	29 990	26 356	24 662	..
2.2.1	Titres à court terme	1 071	1 664	1 363	2 119	1 464	1 841	1 254	..
2.2.2	Titres à long terme	23 210	29 237	28 272	28 734	28 525	24 516	23 408	..
2.2.3	Titres émis par les résidents	3 183	3 718	3 462	4 032	3 009	2 004	1 366	..
2.2.4	Titres émis par les non-résidents	21 098	27 183	26 173	26 820	26 981	24 352	23 296	..
2.3	Crédits	0	0	0	0	0	0	0	..
2.3.1	Crédits à court terme	0	0	0	0	0	0	0	..
2.3.2	Crédits à long terme	0	0	0	0	0	0	0	..
2.3.3	Crédits accordés aux résidents	0	0	0	0	0	0	0	..
2.3.4	Crédits accordés aux non-résidents	0	0	0	0	0	0	0	..
2.4	Actions et autres participations	59 563	55 656	30 194	43 162	47 417	38 711	49 395	..
2.4.1	Actions émises par les résidents	17 166	16 258	8 330	10 764	13 179	11 815	14 116	..
2.4.2	Actions émises par les non-résidents	42 397	39 398	21 864	32 398	34 238	26 896	35 279	..
2.5	Autres, non classés ailleurs	8 053	9 754	6 126	5 915	5 468	4 583	4 467	..

BELGIQUE

Tableau 2. Actifs financiers des fonds d'investissement *(suite)*

Millions EUR (1999 BEF euro)

		2006	2007	2008	2009	2010	2011	2012	2013
	Fonds d'investissement à capital fixe								
2	Actifs financiers	..	..	..	..	..	..	..	..
2.1	Numéraire et dépôts	..	..	..	..	..	..	..	..
2.2	Titres autres qu'actions, non compris les produits financiers dérivés	..	..	..	..	..	..	..	..
2.2.1	Titres à court terme	..	..	..	..	..	..	..	..
2.2.2	Titres à long terme	..	..	..	..	..	..	..	..
2.2.3	Titres émis par les résidents	..	..	..	..	..	..	..	..
2.2.4	Titres émis par les non-résidents	..	..	..	..	..	..	..	..
2.3	Crédits	..	..	..	..	..	..	..	..
2.3.1	Crédits à court terme	..	..	..	..	..	..	..	..
2.3.2	Crédits à long terme	..	..	..	..	..	..	..	..
2.3.3	Crédits accordés aux résidents	..	..	..	..	..	..	..	..
2.3.4	Crédits accordés aux non-résidents	..	..	..	..	..	..	..	..
2.4	Actions et autres participations	..	..	..	..	..	..	..	..
2.4.1	Actions émises par les résidents	..	..	..	..	..	..	..	..
2.4.2	Actions émises par les non-résidents	..	..	..	..	..	..	..	..
2.5	Autres, non classés ailleurs	..	..	..	..	..	..	..	..

Note : Voir les métadonnées détaillées sur : http://metalinks.oecd.org/instinv/20141203/7112

Tableau 3. Actifs financiers des sociétés d'assurance et fonds de pension autonomes

Millions EUR (1999 BEF euro)

		2006	2007	2008	2009	2010	2011	2012	2013
	Sociétés d'assurance et fonds de pension autonomes								
2	Actifs financiers	216 486	231 031	222 746	244 700	257 103	263 732	292 464	..
2.1	Numéraire et dépôts	11 559	10 669	12 733	9 557	8 490	11 163	9 373	..
2.2	Titres autres qu'actions, non compris les produits financiers dérivés	113 652	132 250	139 524	158 422	170 901	177 817	198 769	..
2.2.1	Titres à court terme	899	483	1 251	1 130	958	818	1 024	..
2.2.2	Titres à long terme	112 752	131 767	138 273	157 292	169 943	177 000	197 745	..
2.2.3	Titres émis par les résidents	27 735	25 769	30 721	37 105	43 194	65 977	83 169	..
2.2.4	Titres émis par les non-résidents	85 917	106 480	108 803	121 317	127 707	111 841	115 600	..
2.3	Crédits	10 294	10 470	11 759	11 705	11 890	12 384	16 830	..
2.3.1	Crédits à court terme	2 837	3 132	3 599	3 646	3 611	3 598	4 739	..
2.3.2	Crédits à long terme	7 457	7 339	8 161	8 059	8 279	8 785	12 090	..
2.3.3	Crédits accordés aux résidents	10 264	10 430	11 696	11 636	11 833	12 355	16 794	..
2.3.4	Crédits accordés aux non-résidents	30	40	64	70	57	28	35	..
2.4	Actions et autres participations	73 864	68 899	48 426	54 087	54 943	49 561	55 232	..
2.4.1	Actions émises par les résidents	25 197	19 078	15 387	18 650	17 537	17 293	22 725	..
2.4.2	Actions émises par les non-résidents	48 667	49 821	33 039	35 437	37 406	32 268	32 507	..
2.5	Autres, non classés ailleurs	7 117	8 742	10 303	10 930	10 879	12 807	12 260	..
	Sociétés d'assurance								
2	Actifs financiers	206 428	219 699	215 356	235 762	248 360	255 545	283 940	..
2.1	Numéraire et dépôts	11 257	10 359	12 235	9 134	7 974	10 845	9 049	..
2.2	Titres autres qu'actions, non compris les produits financiers dérivés	112 964	131 197	138 634	157 371	169 369	176 112	197 032	..
2.2.1	Titres à court terme	899	483	1 251	1 130	958	818	1 024	..
2.2.2	Titres à long terme	112 064	130 714	137 383	156 241	168 411	175 294	196 008	..
2.2.3	Titres émis par les résidents	27 280	25 240	30 356	36 688	42 730	65 428	82 610	..
2.2.4	Titres émis par les non-résidents	85 684	105 957	108 278	120 682	126 539	110 683	114 422	..
2.3	Crédits	10 596	10 727	11 832	12 609	13 074	13 543	17 903	..
2.3.1	Crédits à court terme	2 944	3 234	3 684	3 730	3 750	3 734	4 914	..
2.3.2	Crédits à long terme	7 652	7 492	8 148	8 879	9 324	9 809	12 989	..
2.3.3	Crédits accordés aux résidents	10 566	10 686	11 768	12 539	13 018	13 515	17 868	..
2.3.4	Crédits accordés aux non-résidents	30	40	64	70	57	28	35	..
2.4	Actions et autres participations	62 664	57 067	40 335	43 753	43 908	38 948	44 189	..
2.4.1	Actions émises par les résidents	20 271	14 019	12 397	14 639	13 317	13 463	18 899	..
2.4.2	Actions émises par les non-résidents	42 393	43 048	27 938	29 114	30 591	25 485	25 290	..
2.5	Autres, non classés ailleurs	8 947	10 349	12 320	12 896	14 035	16 098	15 767	..
	Sociétés d'assurance vie								
2	Actifs financiers	..	..	..	..	..	..	..	..
2.1	Numéraire et dépôts	..	..	..	..	..	..	..	..
2.2	Titres autres qu'actions, non compris les produits financiers dérivés	..	..	..	..	..	..	..	..
2.2.1	Titres à court terme	..	..	..	..	..	..	..	..
2.2.2	Titres à long terme	..	..	..	..	..	..	..	..
2.2.3	Titres émis par les résidents	..	..	..	..	..	..	..	..
2.2.4	Titres émis par les non-résidents	..	..	..	..	..	..	..	..
2.3	Crédits	..	..	..	..	..	..	..	..
2.3.1	Crédits à court terme	..	..	..	..	..	..	..	..
2.3.2	Crédits à long terme	..	..	..	..	..	..	..	..
2.3.3	Crédits accordés aux résidents	..	..	..	..	..	..	..	..
2.3.4	Crédits accordés aux non-résidents	..	..	..	..	..	..	..	..
2.4	Actions et autres participations	..	..	..	..	..	..	..	..
2.4.1	Actions émises par les résidents	..	..	..	..	..	..	..	..
2.4.2	Actions émises par les non-résidents	..	..	..	..	..	..	..	..
2.5	Autres, non classés ailleurs	..	..	..	..	..	..	..	..
	Sociétés d'assurance non-vie								
2	Actifs financiers	..	..	..	..	..	..	..	..
2.1	Numéraire et dépôts	..	..	..	..	..	..	..	..
2.2	Titres autres qu'actions, non compris les produits financiers dérivés	..	..	..	..	..	..	..	..
2.2.1	Titres à court terme	..	..	..	..	..	..	..	..
2.2.2	Titres à long terme	..	..	..	..	..	..	..	..
2.2.3	Titres émis par les résidents	..	..	..	..	..	..	..	..
2.2.4	Titres émis par les non-résidents	..	..	..	..	..	..	..	..
2.3	Crédits	..	..	..	..	..	..	..	..
2.3.1	Crédits à court terme	..	..	..	..	..	..	..	..
2.3.2	Crédits à long terme	..	..	..	..	..	..	..	..
2.3.3	Crédits accordés aux résidents	..	..	..	..	..	..	..	..
2.3.4	Crédits accordés aux non-résidents	..	..	..	..	..	..	..	..
2.4	Actions et autres participations	..	..	..	..	..	..	..	..
2.4.1	Actions émises par les résidents	..	..	..	..	..	..	..	..
2.4.2	Actions émises par les non-résidents	..	..	..	..	..	..	..	..
2.5	Autres, non classés ailleurs	..	..	..	..	..	..	..	..

Tableau 3. Actifs financiers des sociétés d'assurance et fonds de pension autonomes *(suite)*

Millions EUR (1999 BEF euro)

		2006	2007	2008	2009	2010	2011	2012	2013
	Fonds de pension autonomes								
2	Actifs financiers	12 301	13 338	10 347	12 453	13 854	13 442	13 602	..
2.1	Numéraire et dépôts	302	310	499	423	515	319	324	..
2.2	Titres autres qu'actions, non compris les produits financiers dérivés	688	1 053	890	1 051	1 532	1 706	1 737	..
2.2.1	Titres à court terme	0	0	0	0	0	0	0	..
2.2.2	Titres à long terme	688	1 053	890	1 051	1 532	1 706	1 737	..
2.2.3	Titres émis par les résidents	455	530	365	417	415	549	559	..
2.2.4	Titres émis par les non-résidents	233	523	524	634	1 117	1 157	1 178	..
2.3	Crédits	8	4	139	147	111	122	124	..
2.3.1	Crédits à court terme	0	0	0	0	0	0	0	..
2.3.2	Crédits à long terme	8	4	139	147	111	122	124	..
2.3.3	Crédits accordés aux résidents	8	4	139	147	111	122	124	..
2.3.4	Crédits accordés aux non-résidents	0	0	0	0	0	0	0	..
2.4	Actions et autres participations	11 200	11 832	8 616	10 726	11 591	11 001	11 117	..
2.4.1	Actions émises par les résidents	4 926	5 058	3 515	4 402	4 776	4 217	3 900	..
2.4.2	Actions émises par les non-résidents	6 274	6 773	5 101	6 323	6 815	6 783	7 216	..
2.5	Autres, non classés ailleurs	104	140	203	107	104	295	300	..

Note : Voir les métadonnées détaillées sur : http://metalinks.oecd.org/instinv/20141203/7112

Tableau 4. Composition du portefeuille par type d'investisseur

Pourcentage du total des actifs financiers

Pour cent

		2006	2007	2008	2009	2010	2011	2012	2013
	Fonds d'investissement								
2	Actifs financiers	100.0	100.0	100.0	100.0	100.0	100.0	100.0	..
2.1	Numéraire et dépôts	25.7	19.8	22.6	17.1	13.2	13.2	10.0	..
2.2	Titres autres qu'actions, non compris les produits financiers dérivés	23.3	30.7	39.7	35.5	36.0	40.0	32.8	..
2.2.1	Titres à court terme	2.0	2.7	4.1	3.5	2.5	3.9	2.1	..
2.2.2	Titres à long terme	21.3	28.1	35.5	32.0	33.5	36.1	30.7	..
2.2.3	Titres émis par les résidents	3.5	5.1	6.6	5.1	4.1	4.3	2.1	..
2.2.4	Titres émis par les non-résidents	19.8	25.6	33.1	30.4	31.9	35.7	30.7	..
2.3	Crédits	0.0	0.0	0.0	0.0	0.0	0.0	0.0	..
2.3.1	Crédits à court terme	0.0	0.0	0.0	0.0	0.0	0.0	0.0	..
2.3.2	Crédits à long terme	0.0	0.0	0.0	0.0	0.0	0.0	0.0	..
2.3.3	Crédits accordés aux résidents	0.0	0.0	0.0	0.0	0.0	0.0	0.0	..
2.3.4	Crédits accordés aux non-résidents	0.0	0.0	0.0	0.0	0.0	0.0	0.0	..
2.4	Actions et autres participations	43.9	40.7	30.4	40.8	44.6	40.6	51.4	..
2.4.1	Actions émises par les résidents	7.1	6.7	5.1	5.4	5.6	4.8	6.0	..
2.4.2	Actions émises par les non-résidents	36.8	34.1	25.4	35.5	39.0	35.8	45.4	..
2.5	Autres, non classés ailleurs	7.1	8.7	7.3	6.5	6.3	6.2	5.8	..
	Sociétés d'assurance								
2	Actifs financiers	100.0	100.0	100.0	100.0	100.0	100.0	100.0	..
2.1	Numéraire et dépôts	5.5	4.7	5.7	3.9	3.2	4.2	3.2	..
2.2	Titres autres qu'actions, non compris les produits financiers dérivés	54.7	59.7	64.4	66.7	68.2	68.9	69.4	..
2.2.1	Titres à court terme	0.4	0.2	0.6	0.5	0.4	0.3	0.4	..
2.2.2	Titres à long terme	54.3	59.5	63.8	66.3	67.8	68.6	69.0	..
2.2.3	Titres émis par les résidents	13.2	11.5	14.1	15.6	17.2	25.6	29.1	..
2.2.4	Titres émis par les non-résidents	41.5	48.2	50.3	51.2	51.0	43.3	40.3	..
2.3	Crédits	5.1	4.9	5.5	5.3	5.3	5.3	6.3	..
2.3.1	Crédits à court terme	1.4	1.5	1.7	1.6	1.5	1.5	1.7	..
2.3.2	Crédits à long terme	3.7	3.4	3.8	3.8	3.8	3.8	4.6	..
2.3.3	Crédits accordés aux résidents	5.1	4.9	5.5	5.3	5.2	5.3	6.3	..
2.3.4	Crédits accordés aux non-résidents	0.0	0.0	0.0	0.0	0.0	0.0	0.0	..
2.4	Actions et autres participations	30.4	26.0	18.7	18.6	17.7	15.2	15.6	..
2.4.1	Actions émises par les résidents	9.8	6.4	5.8	6.2	5.4	5.3	6.7	..
2.4.2	Actions émises par les non-résidents	20.5	19.6	13.0	12.3	12.3	10.0	8.9	..
2.5	Autres, non classés ailleurs	4.3	4.7	5.7	5.5	5.7	6.3	5.6	..
	Fonds de pension autonomes								
2	Actifs financiers	100.0	100.0	100.0	100.0	100.0	100.0	100.0	..
2.1	Numéraire et dépôts	2.5	2.3	4.8	3.4	3.7	2.4	2.4	..
2.2	Titres autres qu'actions, non compris les produits financiers dérivés	5.6	7.9	8.6	8.4	11.1	12.7	12.8	..
2.2.1	Titres à court terme	0.0	0.0	0.0	0.0	0.0	0.0	0.0	..
2.2.2	Titres à long terme	5.6	7.9	8.6	8.4	11.1	12.7	12.8	..
2.2.3	Titres émis par les résidents	3.7	4.0	3.5	3.3	3.0	4.1	4.1	..
2.2.4	Titres émis par les non-résidents	1.9	3.9	5.1	5.1	8.1	8.6	8.7	..
2.3	Crédits	0.1	0.0	1.3	1.2	0.8	0.9	0.9	..
2.3.1	Crédits à court terme	0.0	0.0	0.0	0.0	0.0	0.0	0.0	..
2.3.2	Crédits à long terme	0.1	0.0	1.3	1.2	0.8	0.9	0.9	..
2.3.3	Crédits accordés aux résidents	0.1	0.0	1.3	1.2	0.8	0.9	0.9	..
2.3.4	Crédits accordés aux non-résidents	0.0	0.0	0.0	0.0	0.0	0.0	0.0	..
2.4	Actions et autres participations	91.0	88.7	83.3	86.1	83.7	81.8	81.7	..
2.4.1	Actions émises par les résidents	40.0	37.9	34.0	35.3	34.5	31.4	28.7	..
2.4.2	Actions émises par les non-résidents	51.0	50.8	49.3	50.8	49.2	50.5	53.1	..
2.5	Autres, non classés ailleurs	0.8	1.0	2.0	0.9	0.8	2.2	2.2	..

Note : Voir les métadonnées détaillées sur : http://metalinks.oecd.org/instinv/20141203/bbbc

CANADA

Tableau 1. Actifs financiers des investisseurs institutionnels, 2013

Millions CAD

		Fonds d'investissement				
		Total	Fonds d'investissement à capital variable (fonds communs de placement)			Fonds d'investissement à capital fixe
			Total	Fonds d'investissement sur le marché monéaire	Autres fonds communs de placement	Total
2	Actifs financiers	1 353 896	1 353 896	30 903	1 322 993	..
2.1	Numéraire et dépôts	14 216	14 216	4 186	10 030	..
2.2	Titres autres qu'actions, non compris les produits financiers dérivés	343 022	343 022	26 279	316 743	..
2.2.1	Titres à court terme	43 261	43 261	21 336	21 925	..
2.2.2	Titres à long terme	299 761	299 761	4 943	294 818	..
2.2.3	Titres émis par les résidents	265 880	265 880	25 534	240 346	..
2.2.4	Titres émis par les non-résidents	77 142	77 142	745	76 397	..
2.3	Crédits	7 180	7 180	0	7 180	..
2.3.1	Crédits à court terme	..	..	..	..	..
2.3.2	Crédits à long terme	..	..	..	..	..
2.3.3	Crédits accordés aux résidents	..	..	..	..	..
2.3.4	Crédits accordés aux non-résidents	..	..	..	..	..
2.4	Actions et autres participations	918 295	918 295	313	917 982	..
2.4.1	Actions émises par les résidents	638 900	638 900	307	638 593	..
2.4.2	Actions émises par les non-résidents	279 395	279 395	6	279 389	..
2.5	Autres, non classés ailleurs	71 183	71 183	125	71 058	..

		Sociétés d'assurance et fonds de pension autonomes				
		Total	Sociétés d'assurance			Fonds de pension autonomes
			Total	Sociétés d'assurance vie	Sociétés d'assurance non-vie	Total
2	Actifs financiers	2 063 427	745 534	604 101	141 433	1 317 893
2.1	Numéraire et dépôts	37 719	9 158	5 163	3 995	28 561
2.2	Titres autres qu'actions, non compris les produits financiers dérivés	707 204	268 011	192 991	75 020	439 193
2.2.1	Titres à court terme	31 092	17 590	14 659	2 931	13 502
2.2.2	Titres à long terme	676 112	250 421	178 332	72 089	425 691
2.2.3	Titres émis par les résidents	648 692	264 538	190 854	73 684	384 154
2.2.4	Titres émis par les non-résidents	58 512	3 473	2 137	1 336	55 039
2.3	Crédits	120 610	72 366	71 176	1 190	48 244
2.3.1	Crédits à court terme	..	..	..	..	..
2.3.2	Crédits à long terme	..	..	..	..	..
2.3.3	Crédits accordés aux résidents	..	..	..	..	..
2.3.4	Crédits accordés aux non-résidents	..	..	..	..	..
2.4	Actions et autres participations	993 388	276 014	252 836	23 178	717 374
2.4.1	Actions émises par les résidents	629 503	251 162	230 500	20 662	378 341
2.4.2	Actions émises par les non-résidents	363 885	24 852	22 336	2 516	339 033
2.5	Autres, non classés ailleurs	204 506	119 985	81 935	38 050	84 521

Note : Voir les métadonnées détaillées sur : http://metalinks.oecd.org/instinv/20141203/0693

Tableau 2. Actifs financiers des fonds d'investissement

Millions CAD

		2006	2007	2008	2009	2010	2011	2012	2013
	Fonds d'investissement								
2	Actifs financiers	783 598	860 858	715 081	857 592	964 804	1 001 353	1 133 091	1 353 896
2.1	Numéraire et dépôts	8 047	8 968	5 229	11 413	8 898	10 953	14 218	14 216
2.2	Titres autres qu'actions, non compris les produits financiers dérivés	188 783	214 991	232 787	241 936	257 502	300 545	320 051	343 022
2.2.1	Titres à court terme	52 022	61 319	81 531	53 569	40 086	45 618	40 356	43 261
2.2.2	Titres à long terme	136 761	153 672	151 256	188 367	217 416	254 927	279 695	299 761
2.2.3	Titres émis par les résidents	157 790	183 111	207 360	206 173	214 866	245 817	259 604	265 880
2.2.4	Titres émis par les non-résidents	30 993	31 880	25 427	35 763	42 636	54 728	60 447	77 142
2.3	Crédits	4 640	3 371	3 136	4 184	4 897	6 177	6 739	7 180
2.3.1	Crédits à court terme	..	..	..	..	..	..	..	..
2.3.2	Crédits à long terme	..	..	..	..	..	..	..	..
2.3.3	Crédits accordés aux résidents	..	..	..	..	..	..	..	..
2.3.4	Crédits accordés aux non-résidents	..	..	..	..	..	..	..	..
2.4	Actions et autres participations	552 507	613 481	436 496	572 424	666 145	650 065	733 938	918 295
2.4.1	Actions émises par les résidents	364 074	399 582	301 462	411 531	484 116	481 220	534 978	638 900
2.4.2	Actions émises par les non-résidents	188 433	213 899	135 034	160 893	182 029	168 845	198 960	279 395
2.5	Autres, non classés ailleurs	29 621	20 047	37 433	27 635	27 362	33 613	58 145	71 183
	Fonds d'investissement à capital variable (fonds communs de placement)								
2	Actifs financiers	783 598	860 858	715 081	857 592	964 804	1 001 353	1 133 091	1 353 896
2.1	Numéraire et dépôts	8 047	8 968	5 229	11 413	8 898	10 953	14 218	14 216
2.2	Titres autres qu'actions, non compris les produits financiers dérivés	188 783	214 991	232 787	241 936	257 502	300 545	320 051	343 022
2.2.1	Titres à court terme	52 022	61 319	81 531	53 569	40 086	45 618	40 356	43 261
2.2.2	Titres à long terme	136 761	153 672	151 256	188 367	217 416	254 927	279 695	299 761
2.2.3	Titres émis par les résidents	157 790	183 111	207 360	206 173	214 866	245 817	259 604	265 880
2.2.4	Titres émis par les non-résidents	30 993	31 880	25 427	35 763	42 636	54 728	60 447	77 142
2.3	Crédits	4 640	3 371	3 136	4 184	4 897	6 177	6 739	7 180
2.3.1	Crédits à court terme	..	..	..	..	..	..	..	..
2.3.2	Crédits à long terme	..	..	..	..	..	..	..	..
2.3.3	Crédits accordés aux résidents	..	..	..	..	..	..	..	..
2.3.4	Crédits accordés aux non-résidents	..	..	..	..	..	..	..	..
2.4	Actions et autres participations	552 507	613 481	436 496	572 424	666 145	650 065	733 938	918 295
2.4.1	Actions émises par les résidents	364 074	399 582	301 462	411 531	484 116	481 220	534 978	638 900
2.4.2	Actions émises par les non-résidents	188 433	213 899	135 034	160 893	182 029	168 845	198 960	279 395
2.5	Autres, non classés ailleurs	29 621	20 047	37 433	27 635	27 362	33 613	58 145	71 183
	Fonds d'investissement sur le marché monéaire								
2	Actifs financiers	48 489	58 011	78 172	61 424	42 241	39 591	33 337	30 903
2.1	Numéraire et dépôts	3 633	3 715	1 757	6 556	4 950	4 509	4 388	4 186
2.2	Titres autres qu'actions, non compris les produits financiers dérivés	43 981	53 092	73 869	50 938	34 459	32 879	28 357	26 279
2.2.1	Titres à court terme	33 776	41 949	62 796	38 373	25 228	24 526	22 232	21 336
2.2.2	Titres à long terme	10 205	11 143	11 073	12 565	9 231	8 353	6 125	4 943
2.2.3	Titres émis par les résidents	38 325	49 881	73 396	49 571	33 714	32 365	28 176	25 534
2.2.4	Titres émis par les non-résidents	5 656	3 211	473	1 367	745	514	181	745
2.3	Crédits	0	0	0	0	0	0	0	0
2.3.1	Crédits à court terme	..	..	..	..	-	..	..	..
2.3.2	Crédits à long terme	..	..	..	..	-	..	..	..
2.3.3	Crédits accordés aux résidents	..	..	..	..	-	..	..	..
2.3.4	Crédits accordés aux non-résidents	..	..	..	..	-	..	..	..
2.4	Actions et autres participations	350	860	1 339	583	397	332	383	313
2.4.1	Actions émises par les résidents	350	847	1 311	556	376	332	383	307
2.4.2	Actions émises par les non-résidents	0	13	28	27	21	0	0	6
2.5	Autres, non classés ailleurs	525	344	1 207	3 347	2 435	1 871	209	125
	Autres fonds communs de placement								
2	Actifs financiers	735 109	802 847	636 909	796 168	922 563	961 762	1 099 754	1 322 993
2.1	Numéraire et dépôts	4 414	5 253	3 472	4 857	3 948	6 444	9 830	10 030
2.2	Titres autres qu'actions, non compris les produits financiers dérivés	144 802	161 899	158 918	190 998	223 043	267 666	291 694	316 743
2.2.1	Titres à court terme	18 246	19 370	18 735	15 196	14 858	21 092	18 124	21 925
2.2.2	Titres à long terme	126 556	142 529	140 183	175 802	208 185	246 574	273 570	294 818
2.2.3	Titres émis par les résidents	119 465	133 230	133 964	156 602	181 152	213 452	231 428	240 346
2.2.4	Titres émis par les non-résidents	25 337	28 669	24 954	34 396	41 891	54 214	60 266	76 397
2.3	Crédits	4 640	3 371	3 136	4 184	4 897	6 177	6 739	7 180
2.3.1	Crédits à court terme	..	..	..	..	..	..	..	..
2.3.2	Crédits à long terme	..	..	..	..	..	..	..	..
2.3.3	Crédits accordés aux résidents	..	..	..	..	..	..	..	..
2.3.4	Crédits accordés aux non-résidents	..	..	..	..	..	..	..	..
2.4	Actions et autres participations	552 157	612 621	435 157	571 341	665 748	649 733	733 555	917 982
2.4.1	Actions émises par les résidents	363 724	398 735	300 151	410 975	483 740	480 888	534 595	638 593
2.4.2	Actions émises par les non-résidents	188 433	213 886	135 006	160 366	182 008	168 845	198 960	279 389
2.5	Autres, non classés ailleurs	29 096	19 703	36 226	24 288	24 927	31 742	57 936	71 058

CANADA

Tableau 2. Actifs financiers des fonds d'investissement *(suite)*

Millions CAD

		2006	2007	2008	2009	2010	2011	2012	2013
	Fonds d'investissement à capital fixe								
2	Actifs financiers	..	..	..	..	..	..	..	..
2.1	Numéraire et dépôts	..	..	..	..	..	..	..	..
2.2	Titres autres qu'actions, non compris les produits financiers dérivés	..	..	..	..	..	..	..	..
2.2.1	Titres à court terme	..	..	..	..	..	..	..	..
2.2.2	Titres à long terme	..	..	..	..	..	..	..	..
2.2.3	Titres émis par les résidents	..	..	..	..	..	..	..	..
2.2.4	Titres émis par les non-résidents	..	..	..	..	..	..	..	..
2.3	Crédits	..	..	..	..	..	..	..	..
2.3.1	Crédits à court terme	..	..	..	..	..	..	..	..
2.3.2	Crédits à long terme	..	..	..	..	..	..	..	..
2.3.3	Crédits accordés aux résidents	..	..	..	..	..	..	..	..
2.3.4	Crédits accordés aux non-résidents	..	..	..	..	..	..	..	..
2.4	Actions et autres participations	..	..	..	..	..	..	..	..
2.4.1	Actions émises par les résidents	..	..	..	..	..	..	..	..
2.4.2	Actions émises par les non-résidents	..	..	..	..	..	..	..	..
2.5	Autres, non classés ailleurs	..	..	..	..	..	..	..	..

Note : Voir les métadonnées détaillées sur : http://metalinks.oecd.org/instinv/20141203/0693

CANADA

Tableau 3. Actifs financiers des sociétés d'assurance et fonds de pension autonomes

Millions CAD

		2006	2007	2008	2009	2010	2011	2012	2013
	Sociétés d'assurance et fonds de pension autonomes								
2	Actifs financiers	1 458 778	1 506 761	1 346 370	1 488 057	1 667 546	1 760 960	1 905 174	2 063 427
2.1	Numéraire et dépôts	14 189	15 001	16 443	25 129	27 040	31 457	34 295	37 719
2.2	Titres autres qu'actions, non compris les produits financiers dérivés	518 108	554 925	530 395	580 432	619 752	704 533	693 550	707 204
2.2.1	Titres à court terme	38 346	40 535	39 653	34 192	27 639	26 534	27 907	31 092
2.2.2	Titres à long terme	479 762	514 390	490 742	546 240	592 113	677 999	665 643	676 112
2.2.3	Titres émis par les résidents	470 363	494 910	474 185	532 268	569 152	648 702	642 266	648 692
2.2.4	Titres émis par les non-résidents	47 745	60 015	56 210	48 164	50 600	55 831	51 284	58 512
2.3	Crédits	88 782	93 627	107 175	112 182	114 673	112 618	115 474	120 610
2.3.1	Crédits à court terme	..	..	..	..	..	..	..	..
2.3.2	Crédits à long terme	..	..	..	..	..	..	..	..
2.3.3	Crédits accordés aux résidents	..	..	..	..	..	..	..	..
2.3.4	Crédits accordés aux non-résidents	..	..	..	..	..	..	..	..
2.4	Actions et autres participations	705 675	726 551	554 539	669 731	781 354	775 593	859 276	993 388
2.4.1	Actions émises par les résidents	488 574	503 208	384 969	476 486	548 247	530 460	584 703	629 503
2.4.2	Actions émises par les non-résidents	217 101	223 343	169 570	193 245	233 107	245 133	274 573	363 885
2.5	Autres, non classés ailleurs	132 024	116 657	137 818	100 583	124 727	136 759	202 579	204 506
	Sociétés d'assurance								
2	Actifs financiers	539 808	554 714	519 324	574 072	624 441	673 116	715 393	745 534
2.1	Numéraire et dépôts	5 777	5 590	10 130	7 390	7 285	7 796	9 215	9 158
2.2	Titres autres qu'actions, non compris les produits financiers dérivés	224 674	214 001	208 209	231 138	242 643	263 011	265 933	268 011
2.2.1	Titres à court terme	18 767	17 220	15 939	18 755	16 985	17 521	17 300	17 590
2.2.2	Titres à long terme	205 907	196 781	192 270	212 383	225 658	245 490	248 633	250 421
2.2.3	Titres émis par les résidents	222 011	212 581	205 951	229 069	240 663	261 467	263 087	264 538
2.2.4	Titres émis par les non-résidents	2 663	1 420	2 258	2 069	1 980	1 544	2 846	3 473
2.3	Crédits	58 167	63 050	64 823	67 659	70 209	72 718	72 019	72 366
2.3.1	Crédits à court terme	..	..	..	..	..	..	..	..
2.3.2	Crédits à long terme	..	..	..	..	..	..	..	..
2.3.3	Crédits accordés aux résidents	..	..	..	..	..	..	..	..
2.3.4	Crédits accordés aux non-résidents	..	..	..	..	..	..	..	..
2.4	Actions et autres participations	197 619	212 383	164 541	206 741	233 926	230 990	258 056	276 014
2.4.1	Actions émises par les résidents	185 287	189 748	145 477	184 741	211 167	212 646	235 811	251 162
2.4.2	Actions émises par les non-résidents	12 332	22 635	19 064	22 000	22 759	18 344	22 245	24 852
2.5	Autres, non classés ailleurs	53 571	59 690	71 621	61 144	70 378	98 601	110 170	119 985
	Sociétés d'assurance vie								
2	Actifs financiers	417 476	435 646	400 447	454 705	498 976	545 137	580 022	604 101
2.1	Numéraire et dépôts	2 799	2 943	4 763	4 146	4 163	4 882	5 681	5 163
2.2	Titres autres qu'actions, non compris les produits financiers dérivés	162 396	154 070	146 568	165 507	175 063	193 950	193 253	192 991
2.2.1	Titres à court terme	15 291	13 032	12 722	15 122	13 312	14 977	14 437	14 659
2.2.2	Titres à long terme	147 105	141 038	133 846	150 385	161 751	178 973	178 816	178 332
2.2.3	Titres émis par les résidents	159 974	152 799	144 626	163 793	173 442	192 735	191 554	190 854
2.2.4	Titres émis par les non-résidents	2 422	1 271	1 942	1 714	1 621	1 215	1 699	2 137
2.3	Crédits	57 483	62 392	64 174	66 971	69 570	72 009	71 089	71 176
2.3.1	Crédits à court terme	..	..	..	..	..	..	..	..
2.3.2	Crédits à long terme	..	..	..	..	..	..	..	..
2.3.3	Crédits accordés aux résidents	..	..	..	..	..	..	..	..
2.3.4	Crédits accordés aux non-résidents	..	..	..	..	..	..	..	..
2.4	Actions et autres participations	170 063	186 871	143 460	186 645	211 395	210 357	235 370	252 836
2.4.1	Actions émises par les résidents	159 322	165 903	126 313	167 173	191 227	194 480	215 486	230 500
2.4.2	Actions émises par les non-résidents	10 741	20 968	17 147	19 472	20 168	15 877	19 884	22 336
2.5	Autres, non classés ailleurs	24 735	29 370	41 482	31 436	38 785	63 939	74 629	81 935
	Sociétés d'assurance non-vie								
2	Actifs financiers	122 332	119 068	118 877	119 367	125 465	127 979	135 371	141 433
2.1	Numéraire et dépôts	2 978	2 647	5 367	3 244	3 122	2 914	3 534	3 995
2.2	Titres autres qu'actions, non compris les produits financiers dérivés	62 278	59 931	61 641	65 631	67 580	69 061	72 680	75 020
2.2.1	Titres à court terme	3 476	4 188	3 217	3 633	3 673	2 544	2 863	2 931
2.2.2	Titres à long terme	58 802	55 743	58 424	61 998	63 907	66 517	69 817	72 089
2.2.3	Titres émis par les résidents	62 037	59 782	61 325	65 276	67 221	68 732	71 533	73 684
2.2.4	Titres émis par les non-résidents	241	149	316	355	359	329	1 147	1 336
2.3	Crédits	684	658	649	688	639	709	930	1 190
2.3.1	Crédits à court terme	..	..	..	..	..	..	..	..
2.3.2	Crédits à long terme	..	..	..	..	..	..	..	..
2.3.3	Crédits accordés aux résidents	..	..	..	..	..	..	..	..
2.3.4	Crédits accordés aux non-résidents	..	..	..	..	..	..	..	..
2.4	Actions et autres participations	27 556	25 512	21 081	20 096	22 531	20 633	22 686	23 178
2.4.1	Actions émises par les résidents	25 965	23 845	19 164	17 568	19 940	18 166	20 325	20 662
2.4.2	Actions émises par les non-résidents	1 591	1 667	1 917	2 528	2 591	2 467	2 361	2 516
2.5	Autres, non classés ailleurs	28 836	30 320	30 139	29 708	31 593	34 662	35 541	38 050

Tableau 3. Actifs financiers des sociétés d'assurance et fonds de pension autonomes *(suite)*

Millions CAD

		2006	2007	2008	2009	2010	2011	2012	2013
	Fonds de pension autonomes								
2	Actifs financiers	918 970	952 047	827 046	913 985	1 043 105	1 087 844	1 189 781	1 317 893
2.1	Numéraire et dépôts	8 412	9 411	6 313	17 739	19 755	23 661	25 080	28 561
2.2	Titres autres qu'actions, non compris les produits financiers dérivés	293 434	340 924	322 186	349 294	377 109	441 522	427 617	439 193
2.2.1	Titres à court terme	19 579	23 315	23 714	15 437	10 654	9 013	10 607	13 502
2.2.2	Titres à long terme	273 855	317 609	298 472	333 857	366 455	432 509	417 010	425 691
2.2.3	Titres émis par les résidents	248 352	282 329	268 234	303 199	328 489	387 235	379 179	384 154
2.2.4	Titres émis par les non-résidents	45 082	58 595	53 952	46 095	48 620	54 287	48 438	55 039
2.3	Crédits	30 615	30 577	42 352	44 523	44 464	39 900	43 455	48 244
2.3.1	Crédits à court terme	..	..	..	..	..	..	..	..
2.3.2	Crédits à long terme	..	..	..	..	..	..	..	..
2.3.3	Crédits accordés aux résidents	..	..	..	..	..	..	..	..
2.3.4	Crédits accordés aux non-résidents	..	..	..	..	..	..	..	..
2.4	Actions et autres participations	508 056	514 168	389 998	462 990	547 428	544 603	601 220	717 374
2.4.1	Actions émises par les résidents	303 287	313 460	239 492	291 745	337 080	317 814	348 892	378 341
2.4.2	Actions émises par les non-résidents	204 769	200 708	150 506	171 245	210 348	226 789	252 328	339 033
2.5	Autres, non classés ailleurs	78 453	56 967	66 197	39 439	54 349	38 158	92 409	84 521

Note : Voir les métadonnées détaillées sur : http://metalinks.oecd.org/instinv/20141203/0693

CHILI

Tableau 2. Actifs financiers des fonds d'investissement *(suite)*

Millions CLP

		2006	2007	2008	2009	2010	2011	2012	2013
	Fonds d'investissement à capital fixe								
2	Actifs financiers	1 899 014	3 009 824	2 422 847	2 933 830	4 417 686	4 920 089	5 344 940	5 321 488
2.1	Numéraire et dépôts	25 052	81 803	37 506	35 384	39 414	..	..	..
2.2	Titres autres qu'actions, non compris les produits financiers dérivés	288 039	354 319	654 687	653 907	916 087	1 130 406	1 324 132	1 490 074
2.2.1	Titres à court terme	..	..	..	..	..	..	..	..
2.2.2	Titres à long terme	..	..	..	..	..	..	..	..
2.2.3	Titres émis par les résidents	..	..	..	..	..	..	..	..
2.2.4	Titres émis par les non-résidents	..	..	..	..	..	..	..	..
2.3	Crédits	0	0	0	0	0	0	0	..
2.3.1	Crédits à court terme	..	..	..	..	..	..	..	..
2.3.2	Crédits à long terme	..	..	..	..	..	..	..	..
2.3.3	Crédits accordés aux résidents	..	..	..	..	..	..	..	..
2.3.4	Crédits accordés aux non-résidents	..	..	..	..	..	..	..	..
2.4	Actions et autres participations	1 368 696	2 172 254	1 406 194	1 917 904	3 031 817	3 015 928	3 201 472	2 920 450
2.4.1	Actions émises par les résidents	..	..	..	..	..	..	..	..
2.4.2	Actions émises par les non-résidents	..	..	..	..	..	..	..	..
2.5	Autres, non classés ailleurs	217 226	401 447	324 459	326 634	430 367	773 756	819 336	910 963

Note : Voir les métadonnées détaillées sur : http://metalinks.oecd.org/instinv/20141203/c1e5

Tableau 3. Actifs financiers des sociétés d'assurance et fonds de pension autonomes

Millions CLP

		2006	2007	2008	2009	2010	2011	2012	2013
	Sociétés d'assurance et fonds de pension autonomes								
2	Actifs financiers	60 246 614	69 895 713	63 639 593	77 165 524	88 432 500	90 877 847	100 200 407	109 816 623
2.1	Numéraire et dépôts	8 369 662	10 291 265	9 812 344	4 540 265	3 459 297	4 636 104	5 257 952	5 419 912
2.2	Titres autres qu'actions, non compris les produits financiers dérivés	23 546 139	25 436 313	30 815 561	30 831 302	34 480 168	43 879 415	47 544 941	52 142 676
2.2.1	Titres à court terme	1 550 959	1 298 704	1 529 322	1 541 816	1 444 613	1 637 471	1 569 942	2 248 840
2.2.2	Titres à long terme	21 995 180	24 137 609	29 286 240	29 289 487	33 035 555	42 241 944	45 975 000	49 893 836
2.2.3	Titres émis par les résidents	..	..	..	..	..	..	..	..
2.2.4	Titres émis par les non-résidents	..	..	..	..	..	..	..	..
2.3	Crédits	1 400 774	1 650 179	2 289 874	2 291 632	2 179 307	2 235 578	2 424 619	2 667 290
2.3.1	Crédits à court terme	49 705	56 888	301 245	341 269	304 748	330 516	363 942	388 357
2.3.2	Crédits à long terme	1 351 069	1 593 291	1 988 629	1 950 363	1 874 559	1 905 062	2 060 677	2 278 934
2.3.3	Crédits accordés aux résidents	..	..	..	..	..	..	..	..
2.3.4	Crédits accordés aux non-résidents	..	..	..	..	..	..	..	..
2.4	Actions et autres participations	25 641 274	30 645 085	20 416 001	36 891 979	45 252 181	37 795 891	43 165 752	47 822 325
2.4.1	Actions émises par les résidents	10 332 507	11 260 679	8 431 075	10 617 815	13 976 198	12 380 242	13 091 646	11 574 903
2.4.2	Actions émises par les non-résidents	15 308 768	19 384 406	11 984 926	26 274 165	31 275 983	25 415 648	30 074 105	36 247 422
2.5	Autres, non classés ailleurs	1 288 765	1 872 870	305 812	2 610 345	3 061 548	2 330 859	1 807 143	1 764 420
	Sociétés d'assurance								
2	Actifs financiers	13 059 939	14 722 561	16 888 706	17 380 187	18 909 047	20 500 428	22 657 166	24 450 038
2.1	Numéraire et dépôts	53 833	77 527	93 922	72 012	182 537	139 679	303 521	357 889
2.2	Titres autres qu'actions, non compris les produits financiers dérivés	9 283 827	10 222 547	11 757 146	11 737 513	12 655 624	14 032 726	15 978 528	17 152 340
2.2.1	Titres à court terme	468 488	414 336	546 238	411 848	555 337	650 585	625 880	753 938
2.2.2	Titres à long terme	8 815 339	9 808 210	11 210 908	11 325 665	12 100 287	13 382 140	15 352 648	16 398 402
2.2.3	Titres émis par les résidents	..	..	..	..	..	..	..	..
2.2.4	Titres émis par les non-résidents	..	..	..	..	..	..	..	..
2.3	Crédits	1 400 774	1 650 179	2 289 874	2 291 632	2 179 307	2 235 578	2 424 619	2 667 290
2.3.1	Crédits à court terme	49 705	56 888	301 245	341 269	304 748	330 516	363 942	388 357
2.3.2	Crédits à long terme	1 351 069	1 593 291	1 988 629	1 950 363	1 874 559	1 905 062	2 060 677	2 278 934
2.3.3	Crédits accordés aux résidents	..	..	..	..	..	..	..	..
2.3.4	Crédits accordés aux non-résidents	..	..	..	..	..	..	..	..
2.4	Actions et autres participations	1 032 994	1 128 860	867 114	1 162 583	1 480 123	1 428 731	2 238 374	2 440 729
2.4.1	Actions émises par les résidents	795 989	888 509	703 382	913 448	1 072 976	1 155 013	1 642 334	1 690 581
2.4.2	Actions émises par les non-résidents	237 005	240 351	163 732	249 135	407 147	273 718	596 040	750 148
2.5	Autres, non classés ailleurs	1 288 511	1 643 447	1 880 650	2 113 447	2 411 456	2 663 714	1 712 124	1 831 789
	Sociétés d'assurance vie								
2	Actifs financiers	12 714 064	14 291 642	16 363 381	16 804 682	18 206 334	19 715 047	21 535 538	23 258 761
2.1	Numéraire et dépôts	26 874	41 748	47 880	34 009	50 034	54 069	140 224	202 488
2.2	Titres autres qu'actions, non compris les produits financiers dérivés	9 017 302	9 866 327	11 314 516	11 263 092	12 175 436	13 445 474	15 249 156	16 324 277
2.2.1	Titres à court terme	388 646	309 048	406 123	303 485	471 470	526 032	484 362	571 764
2.2.2	Titres à long terme	8 628 656	9 557 279	10 908 394	10 962 607	11 704 026	12 919 442	14 764 794	15 752 513
2.2.3	Titres émis par les résidents	8 560 034	9 176 167	10 497 261	10 559 278	11 210 434	12 029 151	13 592 133	14 148 434
2.2.4	Titres émis par les non-résidents	457 268	690 160	817 255	706 814	965 092	1 416 323	1 657 023	2 175 844
2.3	Crédits	1 400 774	1 650 179	2 289 791	2 291 605	2 179 302	2 235 578	2 422 143	2 665 091
2.3.1	Crédits à court terme	49 705	56 888	301 245	341 269	304 748	330 516	363 942	388 357
2.3.2	Crédits à long terme	1 351 069	1 593 291	1 988 545	1 950 336	1 874 554	1 905 062	2 058 200	2 276 734
2.3.3	Crédits accordés aux résidents	..	..	..	..	..	..	..	..
2.3.4	Crédits accordés aux non-résidents	..	..	..	..	..	..	..	..
2.4	Actions et autres participations	980 603	1 091 941	833 797	1 099 536	1 392 914	1 318 904	2 162 789	2 392 136
2.4.1	Actions émises par les résidents	748 254	862 668	672 147	857 306	992 727	1 050 586	1 571 023	1 650 335
2.4.2	Actions émises par les non-résidents	232 349	229 273	161 649	242 230	400 187	268 318	591 766	741 801
2.5	Autres, non classés ailleurs	1 288 511	1 641 446	1 877 397	2 113 441	2 408 559	2 661 022	1 561 227	1 674 770
	Sociétés d'assurance non-vie								
2	Actifs financiers	345 875	430 919	525 325	575 505	702 683	785 381	1 121 628	1 191 277
2.1	Numéraire et dépôts	26 959	35 779	46 041	38 003	132 443	85 609	163 297	155 401
2.2	Titres autres qu'actions, non compris les produits financiers dérivés	266 525	356 220	442 629	471 421	480 128	587 252	729 372	828 062
2.2.1	Titres à court terme	79 842	105 288	140 115	108 364	83 866	124 554	141 518	182 174
2.2.2	Titres à long terme	186 683	250 931	302 514	363 057	396 262	462 698	587 853	645 888
2.2.3	Titres émis par les résidents	..	..	..	..	..	..	..	..
2.2.4	Titres émis par les non-résidents	..	..	..	..	..	..	..	..
2.3	Crédits	0	0	83	27	5	0	2 477	2 199
2.3.1	Crédits à court terme	0	0	0	0	0	0	0	0
2.3.2	Crédits à long terme	0	0	83	27	5	0	2 477	2 199
2.3.3	Crédits accordés aux résidents	0	0	..	..	..	..	..	..
2.3.4	Crédits accordés aux non-résidents	0	0	..	..	..	..	..	..
2.4	Actions et autres participations	52 391	36 919	33 318	63 047	87 210	109 827	75 586	48 593
2.4.1	Actions émises par les résidents	47 736	25 842	31 235	56 142	80 249	104 427	71 312	40 246
2.4.2	Actions émises par les non-résidents	4 656	11 078	2 083	6 906	6 960	5 400	4 274	8 347
2.5	Autres, non classés ailleurs	0	2 001	3 253	3 007	2 897	2 692	150 897	157 020

Tableau 3. Actifs financiers des sociétés d'assurance et fonds de pension autonomes *(suite)*

Millions CLP

		2006	2007	2008	2009	2010	2011	2012	2013
	Fonds de pension autonomes								
2	Actifs financiers	47 186 675	55 173 152	46 750 887	59 785 337	69 523 453	70 377 419	77 543 241	85 366 585
2.1	Numéraire et dépôts	8 315 829	10 213 738	9 718 423	4 468 254	3 276 760	4 496 426	4 954 431	5 062 023
2.2	Titres autres qu'actions, non compris les produits financiers dérivés	14 262 312	15 213 767	19 058 416	19 093 790	21 824 543	29 846 689	31 566 413	34 990 336
2.2.1	Titres à court terme	1 082 471	884 368	983 084	1 129 967	889 276	986 886	944 061	1 494 902
2.2.2	Titres à long terme	13 179 842	14 329 399	18 075 332	17 963 822	20 935 268	28 859 804	30 622 352	33 495 434
2.2.3	Titres émis par les résidents	14 051 176	14 713 692	17 804 018	19 001 942	21 432 752	29 452 996	31 393 051	34 391 712
2.2.4	Titres émis par les non-résidents	211 136	500 075	1 254 398	91 847	391 792	393 693	173 362	598 624
2.3	Crédits	0	0	0	0	0	0	0	..
2.3.1	Crédits à court terme	..	..	..	..	..	..	..	..
2.3.2	Crédits à long terme	..	..	..	..	..	..	..	..
2.3.3	Crédits accordés aux résidents	..	..	..	..	..	..	..	..
2.3.4	Crédits accordés aux non-résidents	..	..	..	..	..	..	..	..
2.4	Actions et autres participations	24 608 280	29 516 225	19 548 887	35 729 396	43 772 057	36 367 159	40 927 377	45 381 596
2.4.1	Actions émises par les résidents	9 536 518	10 372 169	7 727 693	9 704 367	12 903 222	11 225 229	11 449 312	9 884 322
2.4.2	Actions émises par les non-résidents	15 071 763	19 144 055	11 821 194	26 025 030	30 868 836	25 141 930	29 478 066	35 497 274
2.5	Autres, non classés ailleurs	254	229 422	-1 574 838	493 897	650 092	-332 855	95 019	-67 369

Note : Voir les métadonnées détaillées sur : http://metalinks.oecd.org/instinv/20141203/c1e5

Tableau 4. Composition du portefeuille par type d'investisseur

Pourcentage du total des actifs financiers

Pour cent

		2006	2007	2008	2009	2010	2011	2012	2013
	Fonds d'investissement								
2	Actifs financiers	100.0	100.0	100.0	100.0	100.0	100.0	100.0	100.0
2.1	Numéraire et dépôts	0.9	1.2	1.0	1.4	1.2	..	..	..
2.2	Titres autres qu'actions, non compris les produits financiers dérivés	68.9	61.9	76.0	71.3	62.4	69.4	70.7	74.3
2.2.1	Titres à court terme	..	..	..	..	..	..	..	..
2.2.2	Titres à long terme	..	..	..	..	..	..	..	..
2.2.3	Titres émis par les résidents	..	..	..	..	..	..	..	..
2.2.4	Titres émis par les non-résidents	..	..	..	..	..	..	..	..
2.3	Crédits	0.0	0.0	0.0	0.0	0.0	0.0	0.0	..
2.3.1	Crédits à court terme	..	..	..	..	..	..	..	..
2.3.2	Crédits à long terme	..	..	..	..	..	..	..	..
2.3.3	Crédits accordés aux résidents	..	..	..	..	..	..	..	..
2.3.4	Crédits accordés aux non-résidents	..	..	..	..	..	..	..	..
2.4	Actions et autres participations	27.2	33.6	19.4	24.4	33.5	26.0	24.6	21.1
2.4.1	Actions émises par les résidents	..	..	..	..	..	..	..	..
2.4.2	Actions émises par les non-résidents	..	..	..	..	..	..	..	..
2.5	Autres, non classés ailleurs	2.9	3.3	3.6	3.0	2.9	4.6	4.8	4.6
	Sociétés d'assurance								
2	Actifs financiers	100.0	100.0	100.0	100.0	100.0	100.0	100.0	100.0
2.1	Numéraire et dépôts	0.4	0.5	0.6	0.4	1.0	0.7	1.3	1.5
2.2	Titres autres qu'actions, non compris les produits financiers dérivés	71.1	69.4	69.6	67.5	66.9	68.5	70.5	70.2
2.2.1	Titres à court terme	3.6	2.8	3.2	2.4	2.9	3.2	2.8	3.1
2.2.2	Titres à long terme	67.5	66.6	66.4	65.2	64.0	65.3	67.8	67.1
2.2.3	Titres émis par les résidents	..	..	..	..	..	..	..	..
2.2.4	Titres émis par les non-résidents	..	..	..	..	..	..	..	..
2.3	Crédits	10.7	11.2	13.6	13.2	11.5	10.9	10.7	10.9
2.3.1	Crédits à court terme	0.4	0.4	1.8	2.0	1.6	1.6	1.6	1.6
2.3.2	Crédits à long terme	10.3	10.8	11.8	11.2	9.9	9.3	9.1	9.3
2.3.3	Crédits accordés aux résidents	..	..	..	..	..	..	..	..
2.3.4	Crédits accordés aux non-résidents	..	..	..	..	..	..	..	..
2.4	Actions et autres participations	7.9	7.7	5.1	6.7	7.8	7.0	9.9	10.0
2.4.1	Actions émises par les résidents	6.1	6.0	4.2	5.3	5.7	5.6	7.2	6.9
2.4.2	Actions émises par les non-résidents	1.8	1.6	1.0	1.4	2.2	1.3	2.6	3.1
2.5	Autres, non classés ailleurs	9.9	11.2	11.1	12.2	12.8	13.0	7.6	7.5
	Fonds de pension autonomes								
2	Actifs financiers	100.0	100.0	100.0	100.0	100.0	100.0	100.0	100.0
2.1	Numéraire et dépôts	17.6	18.5	20.8	7.5	4.7	6.4	6.4	5.9
2.2	Titres autres qu'actions, non compris les produits financiers dérivés	30.2	27.6	40.8	31.9	31.4	42.4	40.7	41.0
2.2.1	Titres à court terme	2.3	1.6	2.1	1.9	1.3	1.4	1.2	1.8
2.2.2	Titres à long terme	27.9	26.0	38.7	30.0	30.1	41.0	39.5	39.2
2.2.3	Titres émis par les résidents	29.8	26.7	38.1	31.8	30.8	41.9	40.5	40.3
2.2.4	Titres émis par les non-résidents	0.4	0.9	2.7	0.2	0.6	0.6	0.2	0.7
2.3	Crédits	0.0	0.0	0.0	0.0	0.0	0.0	0.0	..
2.3.1	Crédits à court terme	..	..	..	..	..	..	..	..
2.3.2	Crédits à long terme	..	..	..	..	..	..	..	..
2.3.3	Crédits accordés aux résidents	..	..	..	..	..	..	..	..
2.3.4	Crédits accordés aux non-résidents	..	..	..	..	..	..	..	..
2.4	Actions et autres participations	52.2	53.5	41.8	59.8	63.0	51.7	52.8	53.2
2.4.1	Actions émises par les résidents	20.2	18.8	16.5	16.2	18.6	16.0	14.8	11.6
2.4.2	Actions émises par les non-résidents	31.9	34.7	25.3	43.5	44.4	35.7	38.0	41.6
2.5	Autres, non classés ailleurs	0.0	0.4	-3.4	0.8	0.9	-0.5	0.1	-0.1

Note : Voir les métadonnées détaillées sur : http://metalinks.oecd.org/instinv/20141203/bbbc

RÉPUBLIQUE TCHÈQUE

Tableau 1. Actifs financiers des investisseurs institutionnels, 2012

Millions CZK

		Total	Fonds d'investissement				
			Fonds d'investissement à capital variable (fonds communs de placement)			Fonds d'investissement à capital fixe
			Total	Fonds d'investissement sur le marché monéaire	Autres fonds communs de placement	Total
2	Actifs financiers	164 852	..	2 790	..	..
2.1	Numéraire et dépôts	34 391	..	1 566	..	..
2.2	Titres autres qu'actions, non compris les produits financiers dérivés	63 593	..	1 223	..	..
2.2.1	Titres à court terme	3 904	..	505	..	..
2.2.2	Titres à long terme	59 689	..	718	..	..
2.2.3	Titres émis par les résidents	..	..	..	..	..
2.2.4	Titres émis par les non-résidents	..	..	..	..	..
2.3	Crédits	4 479	..	0	..	..
2.3.1	Crédits à court terme	542	..	0	..	..
2.3.2	Crédits à long terme	3 937	..	0	..	..
2.3.3	Crédits accordés aux résidents	..	..	..	..	..
2.3.4	Crédits accordés aux non-résidents	..	..	..	..	..
2.4	Actions et autres participations	57 334	..	0	..	..
2.4.1	Actions émises par les résidents	..	..	..	..	..
2.4.2	Actions émises par les non-résidents	..	..	..	..	..
2.5	Autres, non classés ailleurs	5 055	..	1	..	..

		Total	Sociétés d'assurance et fonds de pension autonomes			
			Sociétés d'assurance			Fonds de pension autonomes
			Total	Sociétés d'assurance vie	Sociétés d'assurance non-vie	Total
2	Actifs financiers	750 664	481 826	..	..	268 838
2.1	Numéraire et dépôts	61 084	34 422	..	..	26 662
2.2	Titres autres qu'actions, non compris les produits financiers dérivés	497 511	261 609	..	..	235 902
2.2.1	Titres à court terme	12 528	5 094	..	..	7 434
2.2.2	Titres à long terme	484 983	256 515	..	..	228 468
2.2.3	Titres émis par les résidents	400 828	..	..	..	..
2.2.4	Titres émis par les non-résidents	96 683	..	..	..	..
2.3	Crédits	3 454	3 454	..	..	0
2.3.1	Crédits à court terme	0	0	..	..	0
2.3.2	Crédits à long terme	3 454	3 454	..	..	0
2.3.3	Crédits accordés aux résidents	3 454	..	..	..	..
2.3.4	Crédits accordés aux non-résidents	0	..	..	..	..
2.4	Actions et autres participations	107 747	103 799	..	..	3 948
2.4.1	Actions émises par les résidents	45 324	..	..	..	..
2.4.2	Actions émises par les non-résidents	62 423	..	..	..	..
2.5	Autres, non classés ailleurs	80 868	78 542	..	..	2 326

Note : Voir les métadonnées détaillées sur : http://metalinks.oecd.org/instinv/20141203/87b6

Tableau 2. Actifs financiers des fonds d'investissement

Millions CZK

		2006	2007	2008	2009	2010	2011	2012	2013
	Fonds d'investissement								
2	Actifs financiers	158 781	192 575	147 597	154 407	172 532	167 801	164 852	..
2.1	Numéraire et dépôts	21 838	33 837	23 114	25 479	25 107	29 648	34 391	..
2.2	Titres autres qu'actions, non compris les produits financiers dérivés	94 924	101 168	87 053	76 215	80 383	72 215	63 593	..
2.2.1	Titres à court terme	18 716	15 959	6 853	17 607	24 015	18 929	3 904	..
2.2.2	Titres à long terme	76 208	85 209	80 200	58 608	56 368	53 286	59 689	..
2.2.3	Titres émis par les résidents	..	..	..	..	..	..	..	..
2.2.4	Titres émis par les non-résidents	..	..	..	..	..	..	..	..
2.3	Crédits	17	639	3 413	964	2 456	5 366	4 479	..
2.3.1	Crédits à court terme	0	71	2 444	95	742	1 028	542	..
2.3.2	Crédits à long terme	17	568	969	869	1 714	4 338	3 937	..
2.3.3	Crédits accordés aux résidents	..	..	..	..	..	..	..	..
2.3.4	Crédits accordés aux non-résidents	..	..	..	..	..	..	..	..
2.4	Actions et autres participations	40 353	54 542	31 613	49 172	61 739	54 890	57 334	..
2.4.1	Actions émises par les résidents	..	..	..	..	..	..	..	..
2.4.2	Actions émises par les non-résidents	..	..	..	..	..	..	..	..
2.5	Autres, non classés ailleurs	1 649	2 389	2 404	2 577	2 847	5 682	5 055	..
	Fonds d'investissement à capital variable (fonds communs de placement)								
2	Actifs financiers	..	..	..	..	..	..	..	..
2.1	Numéraire et dépôts	..	..	..	..	.	..	..	..
2.2	Titres autres qu'actions, non compris les produits financiers dérivés	..	..	..	..	.	..	..	..
2.2.1	Titres à court terme	..	..	..	..	.	..	..	..
2.2.2	Titres à long terme	..	..	..	..	.	..	..	..
2.2.3	Titres émis par les résidents	..	..	..	..	.	..	..	..
2.2.4	Titres émis par les non-résidents	..	..	..	..	.	..	..	..
2.3	Crédits	..	..	..	..	.	..	..	..
2.3.1	Crédits à court terme	..	..	..	..	..	..	..	..
2.3.2	Crédits à long terme	..	..	..	..	..	..	..	..
2.3.3	Crédits accordés aux résidents	..	..	..	..	-	..	..	..
2.3.4	Crédits accordés aux non-résidents	..	..	..	..	-	..	..	..
2.4	Actions et autres participations	..	..	..	..	-	..	..	..
2.4.1	Actions émises par les résidents	..	..	..	..	-	..	..	..
2.4.2	Actions émises par les non-résidents	..	..	..	..	-	..	..	..
2.5	Autres, non classés ailleurs	..	..	..	..	..	..	..	..
	Fonds d'investissement sur le marché monéaire								
2	Actifs financiers	77 868	77 380	56 185	47 233	43 698	12 480	2 790	..
2.1	Numéraire et dépôts	14 241	15 764	11 594	13 007	13 716	3 813	1 566	..
2.2	Titres autres qu'actions, non compris les produits financiers dérivés	60 682	58 393	42 102	33 338	29 548	8 667	1 223	..
2.2.1	Titres à court terme	10 204	46 343	33 770	23 095	11 268	3 637	505	..
2.2.2	Titres à long terme	50 478	12 050	8 332	10 743	18 280	5 030	718	..
2.2.3	Titres émis par les résidents	..	..	..	..	..	..	..	..
2.2.4	Titres émis par les non-résidents	..	..	..	..	..	..	..	..
2.3	Crédits	0	9	2 043	0	0	0	0	..
2.3.1	Crédits à court terme	0	9	2 043	0	0	0	0	..
2.3.2	Crédits à long terme	0	0	0	0	0	0	0	..
2.3.3	Crédits accordés aux résidents	..	..	..	..	..	..	..	..
2.3.4	Crédits accordés aux non-résidents	..	..	..	..	..	..	..	..
2.4	Actions et autres participations	2 657	2 862	216	315	313	0	0	..
2.4.1	Actions émises par les résidents	..	..	..	..	..	..	..	..
2.4.2	Actions émises par les non-résidents	..	..	..	..	..	..	..	..
2.5	Autres, non classés ailleurs	288	352	230	73	121	0	1	..
	Autres fonds communs de placement								
2	Actifs financiers	..	..	..	..	..	..	..	..
2.1	Numéraire et dépôts	..	..	..	..	..	..	..	..
2.2	Titres autres qu'actions, non compris les produits financiers dérivés	..	..	..	..	..	..	..	..
2.2.1	Titres à court terme	..	..	..	..	..	..	..	..
2.2.2	Titres à long terme	..	..	..	..	..	..	..	..
2.2.3	Titres émis par les résidents	..	..	..	..	..	..	..	..
2.2.4	Titres émis par les non-résidents	..	..	..	..	..	..	..	..
2.3	Crédits	..	..	..	..	..	..	..	..
2.3.1	Crédits à court terme	..	..	..	..	..	..	..	..
2.3.2	Crédits à long terme	..	..	..	..	..	..	..	..
2.3.3	Crédits accordés aux résidents	..	..	..	..	..	..	..	..
2.3.4	Crédits accordés aux non-résidents	..	..	..	..	..	..	..	..
2.4	Actions et autres participations	..	..	..	..	..	..	..	..
2.4.1	Actions émises par les résidents	..	..	..	..	..	..	..	..
2.4.2	Actions émises par les non-résidents	..	..	..	..	..	..	..	..
2.5	Autres, non classés ailleurs	..	..	..	..	..	..	..	..

RÉPUBLIQUE TCHÈQUE

Tableau 2. Actifs financiers des fonds d'investissement *(suite)*

Millions CZK

		2006	2007	2008	2009	2010	2011	2012	2013
	Fonds d'investissement à capital fixe								
2	Actifs financiers	..	..	..	..	..	..	..	..
2.1	Numéraire et dépôts	..	..	..	..	..	..	..	..
2.2	Titres autres qu'actions, non compris les produits financiers dérivés	..	..	..	..	..	..	..	..
2.2.1	Titres à court terme	..	..	..	..	..	..	..	..
2.2.2	Titres à long terme	..	..	..	..	..	..	..	..
2.2.3	Titres émis par les résidents	..	..	..	..	..	..	..	..
2.2.4	Titres émis par les non-résidents	..	..	..	..	..	..	..	..
2.3	Crédits	..	..	..	..	..	..	..	..
2.3.1	Crédits à court terme	..	..	..	..	..	..	..	..
2.3.2	Crédits à long terme	..	..	..	..	..	..	..	..
2.3.3	Crédits accordés aux résidents	..	..	..	..	..	..	..	..
2.3.4	Crédits accordés aux non-résidents	..	..	..	..	..	..	..	..
2.4	Actions et autres participations	..	..	..	..	..	..	..	..
2.4.1	Actions émises par les résidents	..	..	..	..	..	..	..	..
2.4.2	Actions émises par les non-résidents	..	..	..	..	..	..	..	..
2.5	Autres, non classés ailleurs	..	..	..	..	..	..	..	..

Note : Voir les métadonnées détaillées sur : http://metalinks.oecd.org/instinv/20141203/87b6

RÉPUBLIQUE TCHÈQUE

Tableau 3. Actifs financiers des sociétés d'assurance et fonds de pension autonomes

Millions CZK

		2006	2007	2008	2009	2010	2011	2012	2013
	Sociétés d'assurance et fonds de pension autonomes								
2	Actifs financiers	478 317	537 093	586 416	642 271	693 854	693 156	750 664	..
2.1	Numéraire et dépôts	41 399	54 149	55 004	58 020	50 883	49 063	61 084	..
2.2	Titres autres qu'actions, non compris les produits financiers dérivés	313 848	336 142	383 396	436 360	469 880	473 881	497 511	..
2.2.1	Titres à court terme	9 767	9 687	7 387	3 995	3 390	1 551	12 528	..
2.2.2	Titres à long terme	304 081	326 455	376 009	432 365	466 490	472 330	484 983	..
2.2.3	Titres émis par les résidents	251 706	270 524	310 559	356 589	382 542	377 154	400 828	..
2.2.4	Titres émis par les non-résidents	62 142	65 618	72 837	79 771	87 338	96 727	96 683	..
2.3	Crédits	2 058	6 706	2 995	922	805	2 698	3 454	..
2.3.1	Crédits à court terme	0	0	0	0	0	0	0	..
2.3.2	Crédits à long terme	2 058	6 706	2 995	922	805	2 698	3 454	..
2.3.3	Crédits accordés aux résidents	2 058	6 706	2 995	922	805	2 698	3 454	..
2.3.4	Crédits accordés aux non-résidents	0	0	0	0	0	0	0	..
2.4	Actions et autres participations	73 542	80 012	74 809	75 605	91 302	91 110	107 747	..
2.4.1	Actions émises par les résidents	12 178	15 608	16 627	28 778	34 630	33 215	45 324	..
2.4.2	Actions émises par les non-résidents	61 364	64 404	58 182	46 827	56 672	57 895	62 423	..
2.5	Autres, non classés ailleurs	47 470	60 084	70 212	71 364	80 984	76 404	80 868	..
	Sociétés d'assurance								
2	Actifs financiers	341 626	374 006	402 088	432 504	466 848	450 326	481 826	..
2.1	Numéraire et dépôts	32 064	38 079	37 434	34 284	33 154	29 692	34 422	..
2.2	Titres autres qu'actions, non compris les produits financiers dérivés	198 056	209 356	232 150	264 313	275 945	263 012	261 609	..
2.2.1	Titres à court terme	3 035	3 017	1 689	2 660	1 135	518	5 094	..
2.2.2	Titres à long terme	195 021	206 339	230 461	261 653	274 810	262 494	256 515	..
2.2.3	Titres émis par les résidents	..	..	..	..	..	..	..	..
2.2.4	Titres émis par les non-résidents	..	..	..	..	..	..	..	..
2.3	Crédits	2 058	6 706	2 995	922	805	2 698	3 454	..
2.3.1	Crédits à court terme	0	0	0	0	0	0	0	..
2.3.2	Crédits à long terme	2 058	6 706	2 995	922	805	2 698	3 454	..
2.3.3	Crédits accordés aux résidents	..	..	..	..	..	..	..	..
2.3.4	Crédits accordés aux non-résidents	..	..	..	..	..	..	..	..
2.4	Actions et autres participations	63 926	62 628	62 916	65 198	80 737	83 919	103 799	..
2.4.1	Actions émises par les résidents	..	..	..	..	..	..	..	..
2.4.2	Actions émises par les non-résidents	..	..	..	..	..	..	..	..
2.5	Autres, non classés ailleurs	45 522	57 237	66 593	67 787	76 207	71 005	78 542	..
	Sociétés d'assurance vie								
2	Actifs financiers	..	..	..	..	..	..	..	..
2.1	Numéraire et dépôts	..	..	..	..	..	..	..	..
2.2	Titres autres qu'actions, non compris les produits financiers dérivés	..	..	..	..	..	..	..	..
2.2.1	Titres à court terme	..	..	..	..	..	..	..	..
2.2.2	Titres à long terme	..	..	..	..	..	..	..	..
2.2.3	Titres émis par les résidents	..	..	..	..	..	..	..	..
2.2.4	Titres émis par les non-résidents	..	..	..	..	..	..	..	..
2.3	Crédits	..	..	..	..	..	..	..	..
2.3.1	Crédits à court terme	..	..	..	..	..	..	..	..
2.3.2	Crédits à long terme	..	..	..	..	..	..	..	..
2.3.3	Crédits accordés aux résidents	..	..	..	..	..	..	..	..
2.3.4	Crédits accordés aux non-résidents	..	..	..	..	..	..	..	..
2.4	Actions et autres participations	..	..	..	..	..	..	..	..
2.4.1	Actions émises par les résidents	..	..	..	..	..	..	..	..
2.4.2	Actions émises par les non-résidents	..	..	..	..	..	..	..	..
2.5	Autres, non classés ailleurs	..	..	..	..	..	..	..	..
	Sociétés d'assurance non-vie								
2	Actifs financiers	..	..	..	..	..	..	..	..
2.1	Numéraire et dépôts	..	..	..	..	..	..	..	..
2.2	Titres autres qu'actions, non compris les produits financiers dérivés	..	..	..	..	..	..	..	..
2.2.1	Titres à court terme	..	..	..	..	..	..	..	..
2.2.2	Titres à long terme	..	..	..	..	..	..	..	..
2.2.3	Titres émis par les résidents	..	..	..	..	..	..	..	..
2.2.4	Titres émis par les non-résidents	..	..	..	..	..	..	..	..
2.3	Crédits	..	..	..	..	..	..	..	..
2.3.1	Crédits à court terme	..	..	..	..	..	..	..	..
2.3.2	Crédits à long terme	..	..	..	..	..	..	..	..
2.3.3	Crédits accordés aux résidents	..	..	..	..	..	..	..	..
2.3.4	Crédits accordés aux non-résidents	..	..	..	..	..	..	..	..
2.4	Actions et autres participations	..	..	..	..	..	..	..	..
2.4.1	Actions émises par les résidents	..	..	..	..	..	..	..	..
2.4.2	Actions émises par les non-résidents	..	..	..	..	..	..	..	..
2.5	Autres, non classés ailleurs	..	..	..	..	..	..	..	..

Tableau 3. Actifs financiers des sociétés d'assurance et fonds de pension autonomes *(suite)*

Millions CZK

		2006	2007	2008	2009	2010	2011	2012	2013
	Fonds de pension autonomes								
2	Actifs financiers	136 691	163 087	184 328	209 767	227 006	242 830	268 838	..
2.1	Numéraire et dépôts	9 335	16 070	17 570	23 736	17 729	19 371	26 662	..
2.2	Titres autres qu'actions, non compris les produits financiers dérivés	115 792	126 786	151 246	172 047	193 935	210 869	235 902	..
2.2.1	Titres à court terme	6 732	6 670	5 698	1 335	2 255	1 033	7 434	..
2.2.2	Titres à long terme	109 060	120 116	145 548	170 712	191 680	209 836	228 468	..
2.2.3	Titres émis par les résidents	..	..	..	..	..	..	..	..
2.2.4	Titres émis par les non-résidents	..	..	..	..	..	..	..	..
2.3	Crédits	0	0	0	0	0	0	0	..
2.3.1	Crédits à court terme	0	0	0	0	0	0	0	..
2.3.2	Crédits à long terme	0	0	0	0	0	0	0	..
2.3.3	Crédits accordés aux résidents	..	..	..	..	..	..	..	..
2.3.4	Crédits accordés aux non-résidents	..	..	..	..	..	..	..	..
2.4	Actions et autres participations	9 616	17 384	11 893	10 407	10 565	7 191	3 948	..
2.4.1	Actions émises par les résidents	..	..	..	..	..	..	..	..
2.4.2	Actions émises par les non-résidents	..	..	..	..	..	..	..	..
2.5	Autres, non classés ailleurs	1 948	2 847	3 619	3 577	4 777	5 399	2 326	..

Note : Voir les métadonnées détaillées sur : http://metalinks.oecd.org/instinv/20141203/87b6

DANEMARK

Tableau 2. Actifs financiers des fonds d'investissement *(suite)*

Millions DKK

		2006	2007	2008	2009	2010	2011	2012	2013
	Fonds d'investissement à capital fixe								
2	Actifs financiers	..	..	..	..	..	..	..	..
2.1	Numéraire et dépôts	..	..	..	..	..	..	..	..
2.2	Titres autres qu'actions, non compris les produits financiers dérivés	..	..	..	..	..	..	..	..
2.2.1	Titres à court terme	..	..	..	..	..	..	..	..
2.2.2	Titres à long terme	..	..	..	..	..	..	..	..
2.2.3	Titres émis par les résidents	..	..	..	..	..	..	..	..
2.2.4	Titres émis par les non-résidents	..	..	..	..	..	..	..	..
2.3	Crédits	..	..	..	..	..	..	..	..
2.3.1	Crédits à court terme	..	..	..	..	..	..	..	..
2.3.2	Crédits à long terme	..	..	..	..	..	..	..	..
2.3.3	Crédits accordés aux résidents	..	..	..	..	..	..	..	..
2.3.4	Crédits accordés aux non-résidents	..	..	..	..	..	..	..	..
2.4	Actions et autres participations	..	..	..	..	..	..	..	..
2.4.1	Actions émises par les résidents	..	..	..	..	..	..	..	..
2.4.2	Actions émises par les non-résidents	..	..	..	..	..	..	..	..
2.5	Autres, non classés ailleurs	..	..	..	..	..	..	..	..

Note : Voir les métadonnées détaillées sur : http://metalinks.oecd.org/instinv/20141203/b353

DANEMARK

Tableau 3. Actifs financiers des sociétés d'assurance et fonds de pension autonomes

Millions DKK

		2006	2007	2008	2009	2010	2011	2012	2013
	Sociétés d'assurance et fonds de pension autonomes								
2	Actifs financiers	1 971 675	2 040 627	2 248 995	2 444 049	2 782 233	3 029 668	3 242 707	3 194 079
2.1	Numéraire et dépôts	23 121	34 087	63 736	62 282	33 274	49 547	51 650	50 844
2.2	Titres autres qu'actions, non compris les produits financiers dérivés	1 015 755	1 011 807	1 287 667	1 395 737	1 340 888	1 347 388	1 383 213	1 238 627
2.2.1	Titres à court terme	1 761	3 371	3 871	1 455	3 797	6 293	1 500	4 358
2.2.2	Titres à long terme	1 013 994	1 008 435	1 283 796	1 394 283	1 337 090	1 341 096	1 381 713	1 234 268
2.2.3	Titres émis par les résidents	..	..	..	..	..	..	..	..
2.2.4	Titres émis par les non-résidents	..	..	..	..	..	..	..	..
2.3	Crédits	8 603	6 519	19 309	13 935	61 296	74 479	62 509	76 370
2.3.1	Crédits à court terme	8 382	6 332	7 259	12 326	60 621	74 022	61 988	75 293
2.3.2	Crédits à long terme	221	187	12 050	1 609	675	456	521	1 077
2.3.3	Crédits accordés aux résidents	..	..	..	..	..	..	..	..
2.3.4	Crédits accordés aux non-résidents	..	..	..	..	..	..	..	..
2.4	Actions et autres participations	829 485	896 227	666 442	824 024	1 193 998	1 262 103	1 448 257	1 611 304
2.4.1	Actions émises par les résidents	..	..	..	..	..	..	..	..
2.4.2	Actions émises par les non-résidents	..	..	..	..	..	..	..	..
2.5	Autres, non classés ailleurs	94 711	91 987	211 841	148 071	152 777	296 151	297 078	216 934
	Sociétés d'assurance								
2	Actifs financiers	1 157 421	1 200 721	1 253 941	1 356 567	1 497 500	1 652 949	1 833 536	1 888 541
2.1	Numéraire et dépôts	16 972	24 215	41 825	45 121	24 338	42 167	43 304	44 223
2.2	Titres autres qu'actions, non compris les produits financiers dérivés	629 076	625 638	728 216	753 773	621 432	627 238	646 634	598 321
2.2.1	Titres à court terme	1 091	2 084	2 189	785	1 759	2 929	701	2 104
2.2.2	Titres à long terme	627 985	623 553	726 027	752 987	619 672	624 309	645 933	596 217
2.2.3	Titres émis par les résidents	..	..	..	..	..	..	..	..
2.2.4	Titres émis par les non-résidents	..	..	..	..	..	..	..	..
2.3	Crédits	7 582	5 409	5 085	7 786	5 360	8 122	7 282	8 104
2.3.1	Crédits à court terme	7 543	5 384	5 062	7 763	5 347	8 111	7 272	8 097
2.3.2	Crédits à long terme	39	24	23	23	14	11	10	8
2.3.3	Crédits accordés aux résidents	..	..	..	..	..	..	..	..
2.3.4	Crédits accordés aux non-résidents	..	..	..	..	..	..	..	..
2.4	Actions et autres participations	439 721	480 180	373 970	475 681	767 839	847 088	998 457	1 122 593
2.4.1	Actions émises par les résidents	..	..	..	..	..	..	..	..
2.4.2	Actions émises par les non-résidents	..	..	..	..	..	..	..	..
2.5	Autres, non classés ailleurs	64 071	65 279	104 846	74 206	78 501	128 335	137 859	115 301
	Sociétés d'assurance vie								
2	Actifs financiers	1 007 571	1 051 276	1 113 129	1 203 874	1 340 903	1 488 300	1 669 605	1 726 591
2.1	Numéraire et dépôts	11 422	16 650	31 112	34 202	18 038	36 743	38 476	38 749
2.2	Titres autres qu'actions, non compris les produits financiers dérivés	549 890	549 188	652 601	679 515	535 040	536 902	557 694	518 481
2.2.1	Titres à court terme	953	1 830	1 962	708	1 515	2 508	605	1 823
2.2.2	Titres à long terme	548 937	547 359	650 639	678 807	533 525	534 394	557 089	516 657
2.2.3	Titres émis par les résidents	..	..	..	..	..	..	..	..
2.2.4	Titres émis par les non-résidents	..	..	..	..	..	..	..	..
2.3	Crédits	5 932	3 878	2 883	5 671	3 372	6 307	5 346	5 876
2.3.1	Crédits à court terme	5 932	3 878	2 883	5 671	3 372	6 307	5 346	5 876
2.3.2	Crédits à long terme	0	0	0	0	0	0	0	0
2.3.3	Crédits accordés aux résidents	..	..	..	..	..	..	..	..
2.3.4	Crédits accordés aux non-résidents	..	..	..	..	..	..	..	..
2.4	Actions et autres participations	392 168	433 603	334 538	429 251	721 915	801 511	949 197	1 070 449
2.4.1	Actions émises par les résidents	..	..	..	..	..	..	..	..
2.4.2	Actions émises par les non-résidents	..	..	..	..	..	..	..	..
2.5	Autres, non classés ailleurs	48 159	47 955	91 995	60 235	62 537	106 837	118 892	93 036
	Sociétés d'assurance non-vie								
2	Actifs financiers	149 851	149 445	140 812	147 693	156 596	164 650	163 931	161 951
2.1	Numéraire et dépôts	5 550	7 565	10 712	10 920	6 330	5 424	4 828	5 474
2.2	Titres autres qu'actions, non compris les produits financiers dérivés	79 185	76 449	75 616	74 257	86 391	90 336	88 940	79 840
2.2.1	Titres à court terme	137	255	227	77	244	421	96	280
2.2.2	Titres à long terme	79 048	76 194	75 388	74 180	86 147	89 915	88 844	79 560
2.2.3	Titres émis par les résidents	..	..	..	..	..	..	..	..
2.2.4	Titres émis par les non-résidents	..	..	..	..	..	..	..	..
2.3	Crédits	1 649	1 530	2 201	2 115	1 988	1 815	1 936	2 228
2.3.1	Crédits à court terme	1 610	1 506	2 179	2 092	1 974	1 804	1 927	2 221
2.3.2	Crédits à long terme	39	24	23	23	14	11	10	8
2.3.3	Crédits accordés aux résidents	..	..	..	..	..	..	..	..
2.3.4	Crédits accordés aux non-résidents	..	..	..	..	..	..	..	..
2.4	Actions et autres participations	47 553	46 577	39 432	46 429	45 923	45 577	49 260	52 144
2.4.1	Actions émises par les résidents	..	..	..	..	..	..	..	..
2.4.2	Actions émises par les non-résidents	..	..	..	..	..	..	..	..
2.5	Autres, non classés ailleurs	15 912	17 324	12 850	13 972	15 964	21 499	18 967	22 264

Tableau 3. Actifs financiers des sociétés d'assurance et fonds de pension autonomes *(suite)*

Millions DKK

		2006	2007	2008	2009	2010	2011	2012	2013
	Fonds de pension autonomes								
2	Actifs financiers	815 967	841 151	996 484	1 087 926	1 285 523	1 382 556	1 409 474	1 305 674
2.1	Numéraire et dépôts	6 149	9 872	21 911	17 160	8 906	7 381	8 345	6 622
2.2	Titres autres qu'actions, non compris les produits financiers dérivés	386 688	386 178	559 461	641 974	719 458	720 150	736 579	640 308
2.2.1	Titres à court terme	671	1 287	1 682	669	2 038	3 364	799	2 255
2.2.2	Titres à long terme	386 018	384 891	557 778	641 304	717 420	716 786	735 780	638 053
2.2.3	Titres émis par les résidents	..	..	..	..	..	..	..	..
2.2.4	Titres émis par les non-résidents	..	..	..	..	..	..	..	..
2.3	Crédits	1 021	1 110	14 225	6 149	55 936	66 357	55 227	68 266
2.3.1	Crédits à court terme	839	947	2 198	4 563	55 275	65 912	54 715	67 197
2.3.2	Crédits à long terme	182	163	12 027	1 586	661	445	512	1 069
2.3.3	Crédits accordés aux résidents	..	..	..	..	..	..	..	..
2.3.4	Crédits accordés aux non-résidents	..	..	..	..	..	..	..	..
2.4	Actions et autres participations	389 764	416 046	292 472	348 344	426 160	415 015	449 800	488 712
2.4.1	Actions émises par les résidents	..	..	..	..	..	..	..	..
2.4.2	Actions émises par les non-résidents	..	..	..	..	..	..	..	..
2.5	Autres, non classés ailleurs	32 345	27 945	108 415	74 300	75 063	173 654	159 523	101 767

Note : Voir les métadonnées détaillées sur : http://metalinks.oecd.org/instinv/20141203/b353

Tableau 4. Composition du portefeuille par type d'investisseur

Pourcentage du total des actifs financiers

Pour cent

		2006	2007	2008	2009	2010	2011	2012	2013
	Fonds d'investissement								
2	Actifs financiers	100.0	100.0	100.0	100.0	100.0	100.0	100.0	100.0
2.1	Numéraire et dépôts	2.6	2.9	5.3	3.7	2.7	3.5	2.9	3.2
2.2	Titres autres qu'actions, non compris les produits financiers dérivés	46.7	46.8	55.0	56.3	59.5	61.5	59.4	55.4
2.2.1	Titres à court terme	..	..	..	..	..	..	..	..
2.2.2	Titres à long terme	..	..	..	..	..	..	..	..
2.2.3	Titres émis par les résidents	..	..	..	..	..	..	..	..
2.2.4	Titres émis par les non-résidents	..	..	..	..	..	..	..	..
2.3	Crédits	0.0	0.0	0.0	0.0	0.0	0.0	0.0	0.0
2.3.1	Crédits à court terme	0.0	0.0	0.0	0.0	0.0	0.0	0.0	0.0
2.3.2	Crédits à long terme	0.0	0.0	0.0	0.0	0.0	0.0	0.0	0.0
2.3.3	Crédits accordés aux résidents	..	..	..	..	..	..	..	..
2.3.4	Crédits accordés aux non-résidents	..	..	..	..	..	..	..	..
2.4	Actions et autres participations	49.5	48.9	37.4	38.2	34.1	33.7	34.6	39.5
2.4.1	Actions émises par les résidents	..	..	..	..	..	..	..	..
2.4.2	Actions émises par les non-résidents	..	..	..	..	..	..	..	..
2.5	Autres, non classés ailleurs	1.2	1.4	2.4	1.7	3.8	1.2	3.1	1.8
	Sociétés d'assurance								
2	Actifs financiers	100.0	100.0	100.0	100.0	100.0	100.0	100.0	100.0
2.1	Numéraire et dépôts	1.5	2.0	3.3	3.3	1.6	2.6	2.4	2.3
2.2	Titres autres qu'actions, non compris les produits financiers dérivés	54.4	52.1	58.1	55.6	41.5	37.9	35.3	31.7
2.2.1	Titres à court terme	0.1	0.2	0.2	0.1	0.1	0.2	0.0	0.1
2.2.2	Titres à long terme	54.3	51.9	57.9	55.5	41.4	37.8	35.2	31.6
2.2.3	Titres émis par les résidents	..	..	..	..	..	..	..	..
2.2.4	Titres émis par les non-résidents	..	..	..	..	..	..	..	..
2.3	Crédits	0.7	0.5	0.4	0.6	0.4	0.5	0.4	0.4
2.3.1	Crédits à court terme	0.7	0.4	0.4	0.6	0.4	0.5	0.4	0.4
2.3.2	Crédits à long terme	0.0	0.0	0.0	0.0	0.0	0.0	0.0	0.0
2.3.3	Crédits accordés aux résidents	..	..	..	..	..	..	..	..
2.3.4	Crédits accordés aux non-résidents	..	..	..	..	..	..	..	..
2.4	Actions et autres participations	38.0	40.0	29.8	35.1	51.3	51.2	54.5	59.4
2.4.1	Actions émises par les résidents	..	..	..	..	..	..	..	..
2.4.2	Actions émises par les non-résidents	..	..	..	..	..	..	..	..
2.5	Autres, non classés ailleurs	5.5	5.4	8.4	5.5	5.2	7.8	7.5	6.1
	Fonds de pension autonomes								
2	Actifs financiers	100.0	100.0	100.0	100.0	100.0	100.0	100.0	100.0
2.1	Numéraire et dépôts	0.8	1.2	2.2	1.6	0.7	0.5	0.6	0.5
2.2	Titres autres qu'actions, non compris les produits financiers dérivés	47.4	45.9	56.1	59.0	56.0	52.1	52.3	49.0
2.2.1	Titres à court terme	0.1	0.2	0.2	0.1	0.2	0.2	0.1	0.2
2.2.2	Titres à long terme	47.3	45.8	56.0	58.9	55.8	51.8	52.2	48.9
2.2.3	Titres émis par les résidents	..	..	..	..	..	..	..	..
2.2.4	Titres émis par les non-résidents	..	..	..	..	..	..	..	..
2.3	Crédits	0.1	0.1	1.4	0.6	4.4	4.8	3.9	5.2
2.3.1	Crédits à court terme	0.1	0.1	0.2	0.4	4.3	4.8	3.9	5.1
2.3.2	Crédits à long terme	0.0	0.0	1.2	0.1	0.1	0.0	0.0	0.1
2.3.3	Crédits accordés aux résidents	..	..	..	..	..	..	..	..
2.3.4	Crédits accordés aux non-résidents	..	..	..	..	..	..	..	..
2.4	Actions et autres participations	47.8	49.5	29.4	32.0	33.2	30.0	31.9	37.4
2.4.1	Actions émises par les résidents	..	..	..	..	..	..	..	..
2.4.2	Actions émises par les non-résidents	..	..	..	..	..	..	..	..
2.5	Autres, non classés ailleurs	4.0	3.3	10.9	6.8	5.8	12.6	11.3	7.8

Note : Voir les métadonnées détaillées sur : http://metalinks.oecd.org/instinv/20141203/bbbc

ESTONIE

Tableau 1. Actifs financiers des investisseurs institutionnels, 2013

Millions EUR (2011 EEK euro)

		Total	Fonds d'investissement			
			Fonds d'investissement à capital variable (fonds communs de placement)			Fonds d'investissement à capital fixe
			Total	Fonds d'investissement sur le marché monéaire	Autres fonds communs de placement	Total
2	Actifs financiers	619	439	..	439	180
2.1	Numéraire et dépôts	56	21	..	21	35
2.2	Titres autres qu'actions, non compris les produits financiers dérivés	70	69	..	69	1
2.2.1	Titres à court terme	0	0	..	0	0
2.2.2	Titres à long terme	70	69	..	69	1
2.2.3	Titres émis par les résidents	2	0	..	0	2
2.2.4	Titres émis par les non-résidents	68	69	..	69	-1
2.3	Crédits	32	0	..	0	32
2.3.1	Crédits à court terme	7	0	..	0	7
2.3.2	Crédits à long terme	25	0	..	0	25
2.3.3	Crédits accordés aux résidents	28	0	..	0	28
2.3.4	Crédits accordés aux non-résidents	4	0	..	0	4
2.4	Actions et autres participations	448	344	..	344	104
2.4.1	Actions émises par les résidents	89	5	..	5	84
2.4.2	Actions émises par les non-résidents	359	339	..	339	20
2.5	Autres, non classés ailleurs	14	5	..	5	9

		Total	Sociétés d'assurance et fonds de pension autonomes			
			Sociétés d'assurance			Fonds de pension autonomes
			Total	Sociétés d'assurance vie	Sociétés d'assurance non-vie	Total
2	Actifs financiers	2 883	1 007	..	..	1 876
2.1	Numéraire et dépôts	555	238	..	..	317
2.2	Titres autres qu'actions, non compris les produits financiers dérivés	776	390	..	..	386
2.2.1	Titres à court terme	1	0	..	..	1
2.2.2	Titres à long terme	775	390	..	..	385
2.2.3	Titres émis par les résidents	57	0	..	..	57
2.2.4	Titres émis par les non-résidents	719	390	..	..	329
2.3	Crédits	0	0	..	..	0
2.3.1	Crédits à court terme	0	0	..	..	0
2.3.2	Crédits à long terme	0	0	..	..	0
2.3.3	Crédits accordés aux résidents	0	0	..	..	0
2.3.4	Crédits accordés aux non-résidents	0	0	..	..	0
2.4	Actions et autres participations	1 476	305	..	..	1 171
2.4.1	Actions émises par les résidents	279	167	..	..	112
2.4.2	Actions émises par les non-résidents	1 197	138	..	..	1 059
2.5	Autres, non classés ailleurs	77	75	..	..	2

Note : Voir les métadonnées détaillées sur : http://metalinks.oecd.org/instinv/20141203/9301

ESTONIE

Tableau 2. Actifs financiers des fonds d'investissement

Millions EUR (2011 EEK euro)

		2006	2007	2008	2009	2010	2011	2012	2013
	Fonds d'investissement								
2	Actifs financiers	..	..	..	..	530	442	502	619
2.1	Numéraire et dépôts	..	..	..	..	27	22	48	56
2.2	Titres autres qu'actions, non compris les produits financiers dérivés	..	..	..	..	67	67	75	70
2.2.1	Titres à court terme	..	..	..	..	0	1	0	0
2.2.2	Titres à long terme	..	..	..	..	67	65	75	70
2.2.3	Titres émis par les résidents	..	..	..	..	3	5	3	2
2.2.4	Titres émis par les non-résidents	..	..	..	..	64	62	72	68
2.3	Crédits	..	..	..	..	20	18	14	32
2.3.1	Crédits à court terme	..	..	..	..	19	7	2	7
2.3.2	Crédits à long terme	..	..	..	..	1	11	12	25
2.3.3	Crédits accordés aux résidents	..	..	..	..	0	10	11	28
2.3.4	Crédits accordés aux non-résidents	..	..	..	..	20	8	3	4
2.4	Actions et autres participations	..	..	..	..	457	333	357	448
2.4.1	Actions émises par les résidents	..	..	..	..	28	37	53	89
2.4.2	Actions émises par les non-résidents	..	..	..	..	429	296	304	359
2.5	Autres, non classés ailleurs	..	..	..	..	9	2	7	14
	Fonds d'investissement à capital variable (fonds communs de placement)								
2	Actifs financiers	..	..	..	..	486	362	384	439
2.1	Numéraire et dépôts	..	..	..	..	19	13	12	21
2.2	Titres autres qu'actions, non compris les produits financiers dérivés	..	..	..	..	58	59	73	69
2.2.1	Titres à court terme	..	..	..	..	0	0	0	0
2.2.2	Titres à long terme	..	..	..	..	58	59	73	69
2.2.3	Titres émis par les résidents	..	..	..	..	2	0	0	0
2.2.4	Titres émis par les non-résidents	..	..	..	..	56	59	73	69
2.3	Crédits	..	..	..	..	0	0	0	0
2.3.1	Crédits à court terme	..	..	..	..	0	0	0	0
2.3.2	Crédits à long terme	..	..	..	..	0	0	0	0
2.3.3	Crédits accordés aux résidents	..	..	..	..	0	0	0	0
2.3.4	Crédits accordés aux non-résidents	..	..	..	..	0	0	0	0
2.4	Actions et autres participations	..	..	..	..	404	288	297	344
2.4.1	Actions émises par les résidents	..	..	..	..	8	8	9	5
2.4.2	Actions émises par les non-résidents	..	..	..	..	396	281	288	339
2.5	Autres, non classés ailleurs	..	..	..	..	5	2	3	5
	Fonds d'investissement sur le marché monéaire								
2	Actifs financiers	..	..	..	..	..	..	..	..
2.1	Numéraire et dépôts	..	..	..	..	..	..	..	..
2.2	Titres autres qu'actions, non compris les produits financiers dérivés	..	..	..	..	..	..	..	..
2.2.1	Titres à court terme	..	..	..	..	..	..	..	..
2.2.2	Titres à long terme	..	..	..	..	..	..	..	..
2.2.3	Titres émis par les résidents	..	..	..	..	..	..	..	..
2.2.4	Titres émis par les non-résidents	..	..	..	..	..	..	..	..
2.3	Crédits	..	..	..	..	..	..	..	..
2.3.1	Crédits à court terme	..	..	..	..	..	..	..	..
2.3.2	Crédits à long terme	..	..	..	..	..	..	..	..
2.3.3	Crédits accordés aux résidents	..	..	..	..	..	..	..	..
2.3.4	Crédits accordés aux non-résidents	..	..	..	..	..	..	..	..
2.4	Actions et autres participations	..	..	..	..	..	..	..	..
2.4.1	Actions émises par les résidents	..	..	..	..	..	..	..	..
2.4.2	Actions émises par les non-résidents	..	..	..	..	..	..	..	..
2.5	Autres, non classés ailleurs	..	..	..	..	..	..	..	..
	Autres fonds communs de placement								
2	Actifs financiers	..	..	..	..	486	362	384	439
2.1	Numéraire et dépôts	..	..	..	..	19	13	12	21
2.2	Titres autres qu'actions, non compris les produits financiers dérivés	..	..	..	..	58	59	73	69
2.2.1	Titres à court terme	..	..	..	..	0	0	0	0
2.2.2	Titres à long terme	..	..	..	..	58	59	73	69
2.2.3	Titres émis par les résidents	..	..	..	..	2	0	0	0
2.2.4	Titres émis par les non-résidents	..	..	..	..	56	59	73	69
2.3	Crédits	..	..	..	..	0	0	0	0
2.3.1	Crédits à court terme	..	..	..	..	0	0	0	0
2.3.2	Crédits à long terme	..	..	..	..	0	0	0	0
2.3.3	Crédits accordés aux résidents	..	..	..	..	0	0	0	0
2.3.4	Crédits accordés aux non-résidents	..	..	..	..	0	0	0	0
2.4	Actions et autres participations	..	..	..	..	404	288	297	344
2.4.1	Actions émises par les résidents	..	..	..	..	8	8	9	5
2.4.2	Actions émises par les non-résidents	..	..	..	..	396	281	288	339
2.5	Autres, non classés ailleurs	..	..	..	..	5	2	3	5

ESTONIE

Tableau 2. Actifs financiers des fonds d'investissement *(suite)*

Millions EUR (2011 EEK euro)

		2006	2007	2008	2009	2010	2011	2012	2013
	Fonds d'investissement à capital fixe								
2	Actifs financiers	..	..	..	..	94	80	118	180
2.1	Numéraire et dépôts	..	..	..	..	8	9	36	35
2.2	Titres autres qu'actions, non compris les produits financiers dérivés	..	..	..	..	9	8	2	1
2.2.1	Titres à court terme	..	..	..	..	0	1	0	0
2.2.2	Titres à long terme	..	..	..	..	9	6	2	1
2.2.3	Titres émis par les résidents	..	..	..	..	1	5	3	2
2.2.4	Titres émis par les non-résidents	..	..	..	..	8	3	-1	-1
2.3	Crédits	..	..	..	..	20	18	14	32
2.3.1	Crédits à court terme	..	..	..	..	19	7	2	7
2.3.2	Crédits à long terme	..	..	..	..	1	11	12	25
2.3.3	Crédits accordés aux résidents	..	..	..	..	0	10	11	28
2.3.4	Crédits accordés aux non-résidents	..	..	..	..	20	8	3	4
2.4	Actions et autres participations	..	..	..	..	53	45	61	104
2.4.1	Actions émises par les résidents	..	..	..	..	20	29	44	84
2.4.2	Actions émises par les non-résidents	..	..	..	..	33	16	16	20
2.5	Autres, non classés ailleurs	..	..	..	..	4	0	5	9

Note : Voir les métadonnées détaillées sur : http://metalinks.oecd.org/instinv/20141203/9301

ESTONIE

Tableau 3. Actifs financiers des sociétés d'assurance et fonds de pension autonomes

Millions EUR (2011 EEK euro)

		2006	2007	2008	2009	2010	2011	2012	2013
	Sociétés d'assurance et fonds de pension autonomes								
2	Actifs financiers	..	..	..	..	2 221	2 201	2 584	2 883
2.1	Numéraire et dépôts	..	..	..	..	382	435	527	555
2.2	Titres autres qu'actions, non compris les produits financiers dérivés	..	..	..	..	532	708	770	776
2.2.1	Titres à court terme	..	..	..	..	1	2	2	1
2.2.2	Titres à long terme	..	..	..	..	531	706	768	775
2.2.3	Titres émis par les résidents	..	..	..	..	23	30	51	57
2.2.4	Titres émis par les non-résidents	..	..	..	..	508	679	719	719
2.3	Crédits	..	..	..	..	2	16	0	0
2.3.1	Crédits à court terme	..	..	..	..	0	0	0	0
2.3.2	Crédits à long terme	..	..	..	..	2	16	0	0
2.3.3	Crédits accordés aux résidents	..	..	..	..	2	16	0	0
2.3.4	Crédits accordés aux non-résidents	..	..	..	..	0	0	0	0
2.4	Actions et autres participations	..	..	..	..	1 216	968	1 214	1 476
2.4.1	Actions émises par les résidents	..	..	..	..	134	137	157	279
2.4.2	Actions émises par les non-résidents	..	..	..	..	1 082	832	1 057	1 197
2.5	Autres, non classés ailleurs	..	..	..	..	90	75	72	77
	Sociétés d'assurance								
2	Actifs financiers	..	..	..	..	1 062	982	1 008	1 007
2.1	Numéraire et dépôts	..	..	..	..	275	241	276	238
2.2	Titres autres qu'actions, non compris les produits financiers dérivés	..	..	..	..	335	403	377	390
2.2.1	Titres à court terme	..	..	..	..	0	0	0	0
2.2.2	Titres à long terme	..	..	..	..	335	403	377	390
2.2.3	Titres émis par les résidents	..	..	..	..	0	0	0	0
2.2.4	Titres émis par les non-résidents	..	..	..	..	335	403	377	390
2.3	Crédits	..	..	..	..	2	16	0	0
2.3.1	Crédits à court terme	..	..	..	..	0	0	0	0
2.3.2	Crédits à long terme	..	..	..	..	2	16	0	0
2.3.3	Crédits accordés aux résidents	..	..	..	..	2	16	0	0
2.3.4	Crédits accordés aux non-résidents	..	..	..	..	0	0	0	0
2.4	Actions et autres participations	..	..	..	..	404	255	284	305
2.4.1	Actions émises par les résidents	..	..	..	..	82	78	68	167
2.4.2	Actions émises par les non-résidents	..	..	..	..	322	177	216	138
2.5	Autres, non classés ailleurs	..	..	..	..	46	67	71	75
	Sociétés d'assurance vie								
2	Actifs financiers	..	..	..	..	..	..	..	..
2.1	Numéraire et dépôts	..	..	..	..	..	..	..	..
2.2	Titres autres qu'actions, non compris les produits financiers dérivés	..	..	..	..	..	..	..	..
2.2.1	Titres à court terme	..	..	..	..	..	..	..	..
2.2.2	Titres à long terme	..	..	..	..	..	..	..	..
2.2.3	Titres émis par les résidents	..	..	..	..	..	..	..	..
2.2.4	Titres émis par les non-résidents	..	..	..	..	..	..	..	..
2.3	Crédits	..	..	..	..	..	..	..	..
2.3.1	Crédits à court terme	..	..	..	..	..	..	..	..
2.3.2	Crédits à long terme	..	..	..	..	..	..	..	..
2.3.3	Crédits accordés aux résidents	..	..	..	..	..	..	..	..
2.3.4	Crédits accordés aux non-résidents	..	..	..	..	..	..	..	..
2.4	Actions et autres participations	..	..	..	..	..	..	..	..
2.4.1	Actions émises par les résidents	..	..	..	..	..	..	..	..
2.4.2	Actions émises par les non-résidents	..	..	..	..	..	..	..	..
2.5	Autres, non classés ailleurs	..	..	..	..	..	..	..	..
	Sociétés d'assurance non-vie								
2	Actifs financiers	..	..	..	..	..	..	..	..
2.1	Numéraire et dépôts	..	..	..	..	..	..	..	..
2.2	Titres autres qu'actions, non compris les produits financiers dérivés	..	..	..	..	..	..	..	..
2.2.1	Titres à court terme	..	..	..	..	..	..	..	..
2.2.2	Titres à long terme	..	..	..	..	..	..	..	..
2.2.3	Titres émis par les résidents	..	..	..	..	..	..	..	..
2.2.4	Titres émis par les non-résidents	..	..	..	..	..	..	..	..
2.3	Crédits	..	..	..	..	..	..	..	..
2.3.1	Crédits à court terme	..	..	..	..	..	..	..	..
2.3.2	Crédits à long terme	..	..	..	..	..	..	..	..
2.3.3	Crédits accordés aux résidents	..	..	..	..	..	..	..	..
2.3.4	Crédits accordés aux non-résidents	..	..	..	..	..	..	..	..
2.4	Actions et autres participations	..	..	..	..	..	..	..	..
2.4.1	Actions émises par les résidents	..	..	..	..	..	..	..	..
2.4.2	Actions émises par les non-résidents	..	..	..	..	..	..	..	..
2.5	Autres, non classés ailleurs	..	..	..	..	..	..	..	..

Tableau 3. Actifs financiers des sociétés d'assurance et fonds de pension autonomes *(suite)*

Millions EUR (2011 EEK euro)

		2006	2007	2008	2009	2010	2011	2012	2013
	Fonds de pension autonomes								
2	Actifs financiers	..	..	..	..	1 159	1 220	1 576	1 876
2.1	Numéraire et dépôts	..	..	..	..	106	194	252	317
2.2	Titres autres qu'actions, non compris les produits financiers dérivés	..	..	..	..	197	305	393	386
2.2.1	Titres à court terme	..	..	..	..	1	2	2	1
2.2.2	Titres à long terme	..	..	..	..	196	303	391	385
2.2.3	Titres émis par les résidents	..	..	..	..	23	30	51	57
2.2.4	Titres émis par les non-résidents	..	..	..	..	174	276	342	329
2.3	Crédits	..	..	..	..	0	0	0	0
2.3.1	Crédits à court terme	..	..	..	..	0	0	0	0
2.3.2	Crédits à long terme	..	..	..	..	0	0	0	0
2.3.3	Crédits accordés aux résidents	..	..	..	..	0	0	0	0
2.3.4	Crédits accordés aux non-résidents	..	..	..	..	0	0	0	0
2.4	Actions et autres participations	..	..	..	..	812	713	931	1 171
2.4.1	Actions émises par les résidents	..	..	..	..	52	58	89	112
2.4.2	Actions émises par les non-résidents	..	..	..	..	760	655	841	1 059
2.5	Autres, non classés ailleurs	..	..	..	..	44	8	1	2

Note : Voir les métadonnées détaillées sur : http://metalinks.oecd.org/instinv/20141203/9301

Tableau 2. Actifs financiers des fonds d'investissement *(suite)*

Millions EUR (1999 FIM euro)

		2006	2007	2008	2009	2010	2011	2012	2013
	Fonds d'investissement à capital fixe								
2	Actifs financiers	1 809	2 208	2 300	2 500	2 687	2 935	..	..
2.1	Numéraire et dépôts	0	0	0	0	0	0	..	..
2.2	Titres autres qu'actions, non compris les produits financiers dérivés	0	0	0	0	0	0	..	..
2.2.1	Titres à court terme	..	..	..	..	..	..	..	..
2.2.2	Titres à long terme	..	..	..	..	..	..	..	..
2.2.3	Titres émis par les résidents	..	..	..	..	..	..	..	..
2.2.4	Titres émis par les non-résidents	..	..	..	..	..	..	..	..
2.3	Crédits	819	1 053	1 150	1 250	1 250	1 363	..	..
2.3.1	Crédits à court terme	0	0	0	0	0	0	..	..
2.3.2	Crédits à long terme	819	1 053	1 150	1 250	1 250	1 363	..	..
2.3.3	Crédits accordés aux résidents	819	979	1 150	1 250	1 250	1 363	..	..
2.3.4	Crédits accordés aux non-résidents	0	74	0	0	0	0	..	..
2.4	Actions et autres participations	990	1 155	1 150	1 250	1 437	1 572	..	..
2.4.1	Actions émises par les résidents	990	1 084	1 150	1 250	1 437	1 572	..	..
2.4.2	Actions émises par les non-résidents	0	71	0	0	0	0	..	..
2.5	Autres, non classés ailleurs	0	0	0	0	0	0	..	..

Note : Voir les métadonnées détaillées sur : http://metalinks.oecd.org/instinv/20141203/cc4b

FINLANDE

Tableau 3. Actifs financiers des sociétés d'assurance et fonds de pension autonomes

Millions EUR (1999 FIM euro)

		2006	2007	2008	2009	2010	2011	2012	2013
	Sociétés d'assurance et fonds de pension autonomes								
2	Actifs financiers	..	..	..	..	..	..	..	..
2.1	Numéraire et dépôts	..	..	..	..	..	..	..	..
2.2	Titres autres qu'actions, non compris les produits financiers dérivés	..	..	..	..	..	..	..	..
2.2.1	Titres à court terme	..	..	..	..	..	..	..	..
2.2.2	Titres à long terme	..	..	..	..	..	..	..	..
2.2.3	Titres émis par les résidents	..	..	..	..	..	..	..	..
2.2.4	Titres émis par les non-résidents	..	..	..	..	..	..	..	..
2.3	Crédits	..	..	..	..	..	..	..	..
2.3.1	Crédits à court terme	..	..	..	..	..	..	..	..
2.3.2	Crédits à long terme	..	..	..	..	..	..	..	..
2.3.3	Crédits accordés aux résidents	..	..	..	..	..	..	..	..
2.3.4	Crédits accordés aux non-résidents	..	..	..	..	..	..	..	..
2.4	Actions et autres participations	..	..	..	..	..	..	..	..
2.4.1	Actions émises par les résidents	..	..	..	..	..	..	..	..
2.4.2	Actions émises par les non-résidents	..	..	..	..	..	..	..	..
2.5	Autres, non classés ailleurs	..	..	..	..	..	..	..	..
	Sociétés d'assurance								
2	Actifs financiers	46 287	46 297	41 966	46 602	50 741	47 768	55 467	..
2.1	Numéraire et dépôts	768	762	1 003	757	1 393	1 788	2 345	..
2.2	Titres autres qu'actions, non compris les produits financiers dérivés	19 964	19 240	20 267	19 395	20 820	18 066	21 980	..
2.2.1	Titres à court terme	4 223	5 168	3 479	2 002	2 736	3 077	2 991	..
2.2.2	Titres à long terme	15 741	14 072	16 788	17 393	18 054	14 989	18 989	..
2.2.3	Titres émis par les résidents	5 345	5 387	6 253	5 779	6 047	6 011	9 090	..
2.2.4	Titres émis par les non-résidents	14 619	13 853	14 014	13 616	14 773	12 055	12 890	..
2.3	Crédits	1 406	1 620	1 079	1 256	1 518	1 514	1 428	..
2.3.1	Crédits à court terme	0	0	0	0	0	0	0	..
2.3.2	Crédits à long terme	1 406	1 620	1 079	1 256	1 518	1 514	1 428	..
2.3.3	Crédits accordés aux résidents	1 389	1 598	1 065	1 241	1 504	1 500	1 419	..
2.3.4	Crédits accordés aux non-résidents	17	22	14	15	14	14	9	..
2.4	Actions et autres participations	24 125	24 649	19 235	25 128	26 837	26 124	29 406	..
2.4.1	Actions émises par les résidents	16 261	17 022	13 903	16 666	17 434	14 589	18 228	..
2.4.2	Actions émises par les non-résidents	7 864	7 627	5 332	8 462	9 403	11 535	11 178	..
2.5	Autres, non classés ailleurs	24	26	382	66	173	276	308	..
	Sociétés d'assurance vie								
2	Actifs financiers	..	..	..	..	..	..	..	..
2.1	Numéraire et dépôts	..	..	..	..	..	..	..	..
2.2	Titres autres qu'actions, non compris les produits financiers dérivés	..	..	..	..	..	..	..	..
2.2.1	Titres à court terme	..	..	..	..	..	..	..	..
2.2.2	Titres à long terme	..	..	..	..	..	..	..	..
2.2.3	Titres émis par les résidents	..	..	..	..	..	..	..	..
2.2.4	Titres émis par les non-résidents	..	..	..	..	..	..	..	..
2.3	Crédits	..	..	..	..	..	..	..	..
2.3.1	Crédits à court terme	..	..	..	..	..	..	..	..
2.3.2	Crédits à long terme	..	..	..	..	..	..	..	..
2.3.3	Crédits accordés aux résidents	..	..	..	..	..	..	..	..
2.3.4	Crédits accordés aux non-résidents	..	..	..	..	..	..	..	..
2.4	Actions et autres participations	..	..	..	..	..	..	..	..
2.4.1	Actions émises par les résidents	..	..	..	..	..	..	..	..
2.4.2	Actions émises par les non-résidents	..	..	..	..	..	..	..	..
2.5	Autres, non classés ailleurs	..	..	..	..	..	..	..	..
	Sociétés d'assurance non-vie								
2	Actifs financiers	..	..	..	..	..	..	..	..
2.1	Numéraire et dépôts	..	..	..	..	..	..	..	..
2.2	Titres autres qu'actions, non compris les produits financiers dérivés	..	..	..	..	..	..	..	..
2.2.1	Titres à court terme	..	..	..	..	..	..	..	..
2.2.2	Titres à long terme	..	..	..	..	..	..	..	..
2.2.3	Titres émis par les résidents	..	..	..	..	..	..	..	..
2.2.4	Titres émis par les non-résidents	..	..	..	..	..	..	..	..
2.3	Crédits	..	..	..	..	..	..	..	..
2.3.1	Crédits à court terme	..	..	..	..	..	..	..	..
2.3.2	Crédits à long terme	..	..	..	..	..	..	..	..
2.3.3	Crédits accordés aux résidents	..	..	..	..	..	..	..	..
2.3.4	Crédits accordés aux non-résidents	..	..	..	..	..	..	..	..
2.4	Actions et autres participations	..	..	..	..	..	..	..	..
2.4.1	Actions émises par les résidents	..	..	..	..	..	..	..	..
2.4.2	Actions émises par les non-résidents	..	..	..	..	..	..	..	..
2.5	Autres, non classés ailleurs	..	..	..	..	..	..	..	..

FINLANDE

Tableau 3. Actifs financiers des sociétés d'assurance et fonds de pension autonomes *(suite)*

Millions EUR (1999 FIM euro)

		2006	2007	2008	2009	2010	2011	2012	2013
	Fonds de pension autonomes								
2	Actifs financiers	5 257	5 544	4 429	5 062	4 091	5 790	3 480	..
2.1	Numéraire et dépôts	107	141	184	487	96	378	152	..
2.2	Titres autres qu'actions, non compris les produits financiers dérivés	942	964	1 228	1 042	842	1 243	798	..
2.2.1	Titres à court terme	82	114	242	69	67	138	51	..
2.2.2	Titres à long terme	860	850	986	973	775	1 105	747	..
2.2.3	Titres émis par les résidents	338	410	627	431	337	510	348	..
2.2.4	Titres émis par les non-résidents	604	554	601	611	505	733	450	..
2.3	Crédits	719	548	464	601	298	310	252	..
2.3.1	Crédits à court terme	0	0	0	0	0	0	0	..
2.3.2	Crédits à long terme	719	548	464	601	298	310	252	..
2.3.3	Crédits accordés aux résidents	719	548	464	601	298	301	244	..
2.3.4	Crédits accordés aux non-résidents	0	0	0	0	0	9	8	..
2.4	Actions et autres participations	3 489	3 891	2 552	2 932	2 855	3 859	2 276	..
2.4.1	Actions émises par les résidents	2 584	3 003	1 963	2 192	2 130	2 642	1 514	..
2.4.2	Actions émises par les non-résidents	905	888	589	740	725	1 217	762	..
2.5	Autres, non classés ailleurs	0	0	1	0	0	0	2	..

Note : Voir les métadonnées détaillées sur : http://metalinks.oecd.org/instinv/20141203/cc4b

Tableau 4. Composition du portefeuille par type d'investisseur

Pourcentage du total des actifs financiers

Pour cent

		2006	2007	2008	2009	2010	2011	2012	2013
	Fonds d'investissement								
2	Actifs financiers	..	..	..	..	..	..	..	..
2.1	Numéraire et dépôts	..	..	..	..	..	..	..	..
2.2	Titres autres qu'actions, non compris les produits financiers dérivés	..	..	..	..	..	..	..	..
2.2.1	Titres à court terme	..	..	..	..	..	..	..	..
2.2.2	Titres à long terme	..	..	..	..	..	..	..	..
2.2.3	Titres émis par les résidents	..	..	..	..	..	..	..	..
2.2.4	Titres émis par les non-résidents	..	..	..	..	..	..	..	..
2.3	Crédits	..	..	..	..	..	..	..	..
2.3.1	Crédits à court terme	..	..	..	..	..	..	..	..
2.3.2	Crédits à long terme	..	..	..	..	..	..	..	..
2.3.3	Crédits accordés aux résidents	..	..	..	..	..	..	..	..
2.3.4	Crédits accordés aux non-résidents	..	..	..	..	..	..	..	..
2.4	Actions et autres participations	..	..	..	..	..	..	..	..
2.4.1	Actions émises par les résidents	..	..	..	..	..	..	..	..
2.4.2	Actions émises par les non-résidents	..	..	..	..	..	..	..	..
2.5	Autres, non classés ailleurs	..	..	..	..	..	..	..	..
	Sociétés d'assurance								
2	Actifs financiers	100.0	100.0	100.0	100.0	100.0	100.0	100.0	..
2.1	Numéraire et dépôts	1.7	1.6	2.4	1.6	2.7	3.7	4.2	..
2.2	Titres autres qu'actions, non compris les produits financiers dérivés	43.1	41.6	48.3	41.6	41.0	37.8	39.6	..
2.2.1	Titres à court terme	9.1	11.2	8.3	4.3	5.5	6.4	5.4	..
2.2.2	Titres à long terme	34.0	30.4	40.0	37.3	35.6	31.4	34.2	..
2.2.3	Titres émis par les résidents	11.5	11.6	14.9	12.4	11.9	12.6	16.4	..
2.2.4	Titres émis par les non-résidents	31.6	29.9	33.4	29.2	29.1	25.2	23.2	..
2.3	Crédits	3.0	3.5	2.6	2.7	3.0	3.2	2.6	..
2.3.1	Crédits à court terme	0.0	0.0	0.0	0.0	0.0	0.0	0.0	..
2.3.2	Crédits à long terme	3.0	3.5	2.6	2.7	3.0	3.2	2.6	..
2.3.3	Crédits accordés aux résidents	3.0	3.5	2.5	2.7	3.0	3.1	2.6	..
2.3.4	Crédits accordés aux non-résidents	0.0	0.0	0.0	0.0	0.0	0.0	0.0	..
2.4	Actions et autres participations	52.1	53.2	45.8	53.9	52.9	54.7	53.0	..
2.4.1	Actions émises par les résidents	35.1	36.8	33.1	35.8	34.4	30.5	32.9	..
2.4.2	Actions émises par les non-résidents	17.0	16.5	12.7	18.2	18.5	24.1	20.2	..
2.5	Autres, non classés ailleurs	0.1	0.1	0.9	0.1	0.3	0.6	0.6	..
	Fonds de pension autonomes								
2	Actifs financiers	100.0	100.0	100.0	100.0	100.0	100.0	100.0	..
2.1	Numéraire et dépôts	2.0	2.5	4.2	9.6	2.3	6.5	4.4	..
2.2	Titres autres qu'actions, non compris les produits financiers dérivés	17.9	17.4	27.7	20.6	20.6	21.5	22.9	..
2.2.1	Titres à court terme	1.6	2.1	5.5	1.4	1.6	2.4	1.5	..
2.2.2	Titres à long terme	16.4	15.3	22.3	19.2	18.9	19.1	21.5	..
2.2.3	Titres émis par les résidents	6.4	7.4	14.2	8.5	8.2	8.8	10.0	..
2.2.4	Titres émis par les non-résidents	11.5	10.0	13.6	12.1	12.3	12.7	12.9	..
2.3	Crédits	13.7	9.9	10.5	11.9	7.3	5.4	7.2	..
2.3.1	Crédits à court terme	0.0	0.0	0.0	0.0	0.0	0.0	0.0	..
2.3.2	Crédits à long terme	13.7	9.9	10.5	11.9	7.3	5.4	7.2	..
2.3.3	Crédits accordés aux résidents	13.7	9.9	10.5	11.9	7.3	5.2	7.0	..
2.3.4	Crédits accordés aux non-résidents	0.0	0.0	0.0	0.0	0.0	0.2	0.2	..
2.4	Actions et autres participations	66.4	70.2	57.6	57.9	69.8	66.6	65.4	..
2.4.1	Actions émises par les résidents	49.2	54.2	44.3	43.3	52.1	45.6	43.5	..
2.4.2	Actions émises par les non-résidents	17.2	16.0	13.3	14.6	17.7	21.0	21.9	..
2.5	Autres, non classés ailleurs	0.0	0.0	0.0	0.0	0.0	0.0	0.1	..

Note : Voir les métadonnées détaillées sur : http://metalinks.oecd.org/instinv/20141203/bbbc

Tableau 1. Actifs financiers des investisseurs institutionnels, 2013

Millions EUR (1999 FRF euro)

			Fonds d'investissement				
		Total	Fonds d'investissement à capital variable (fonds communs de placement)				Fonds d'investissement à capital fixe
			Total	Fonds d'investissement sur le marché monéaire	Autres fonds communs de placement	Total
2	Actifs financiers	1 200 064	1 397 516	324 242	1 073 274	1 775
2.1	Numéraire et dépôts	84 225	84 203	46 812	37 391	22
2.2	Titres autres qu'actions, non compris les produits financiers dérivés	553 059	553 059	237 610	315 449	0
2.2.1	Titres à court terme	199 879	199 879	177 802	22 077	0
2.2.2	Titres à long terme	353 180	353 180	59 808	293 372	0
2.2.3	Titres émis par les résidents	252 165	252 165	143 878	108 287	0
2.2.4	Titres émis par les non-résidents	300 894	300 894	93 732	207 162	0
2.3	Crédits	1 696	1 696	795	901	0
2.3.1	Crédits à court terme	1 696	1 696	795	901	0
2.3.2	Crédits à long terme	0	0	0	0	0
2.3.3	Crédits accordés aux résidents	1 685	1 685	795	890	0
2.3.4	Crédits accordés aux non-résidents	11	11	0	11	0
2.4	Actions et autres participations	441 164	638 941	35 596	603 345	1 450
2.4.1	Actions émises par les résidents	170 957	367 458	34 004	333 454	1 450
2.4.2	Actions émises par les non-résidents	270 207	271 483	1 592	269 891	0
2.5	Autres, non classés ailleurs	119 920	119 617	3 429	116 188	303

			Sociétés d'assurance et fonds de pension autonomes			
		Total	Sociétés d'assurance			Fonds de pension autonomes
			Total	Sociétés d'assurance vie	Sociétés d'assurance non-vie	Total
2	Actifs financiers	2 050 027	2 180 895	1 834 232	346 664	..
2.1	Numéraire et dépôts	29 545	29 545	23 842	5 703	..
2.2	Titres autres qu'actions, non compris les produits financiers dérivés	1 317 115	1 318 722	1 158 328	160 394	..
2.2.1	Titres à court terme	25 403	25 403	24 297	1 107	..
2.2.2	Titres à long terme	1 291 712	1 293 319	1 134 031	159 287	..
2.2.3	Titres émis par les résidents	..	710 811	616 929	93 881	..
2.2.4	Titres émis par les non-résidents	..	607 911	541 398	66 513	..
2.3	Crédits	18 368	36 247	29 251	6 996	..
2.3.1	Crédits à court terme	9 673	10 747	8 673	2 074	..
2.3.2	Crédits à long terme	8 697	25 500	20 578	4 922	..
2.3.3	Crédits accordés aux résidents	17 288	34 531	27 866	6 665	..
2.3.4	Crédits accordés aux non-résidents	1 080	1 716	1 385	331	..
2.4	Actions et autres participations	683 037	683 704	531 882	151 822	..
2.4.1	Actions émises par les résidents	..	599 485	458 531	140 955	..
2.4.2	Actions émises par les non-résidents	..	84 219	73 351	10 868	..
2.5	Autres, non classés ailleurs	1 962	112 678	90 929	21 748	..

Note : Voir les métadonnées détaillées sur : http://metalinks.oecd.org/instinv/20141203/04ac

FRANCE

Tableau 2. Actifs financiers des fonds d'investissement

Millions EUR (1999 FRF euro)

		2006	2007	2008	2009	2010	2011	2012	2013
	Fonds d'investissement								
2	Actifs financiers	..	..	1 120 295	1 263 577	1 260 893	1 132 799	1 192 496	1 200 064
2.1	Numéraire et dépôts	..	..	105 401	91 351	83 370	84 029	87 060	84 225
2.2	Titres autres qu'actions, non compris les produits financiers dérivés	..	..	584 474	632 198	595 774	558 799	590 318	553 059
2.2.1	Titres à court terme	..	..	278 573	303 749	262 527	260 737	267 195	199 879
2.2.2	Titres à long terme	..	..	305 901	328 449	333 247	298 062	323 123	353 180
2.2.3	Titres émis par les résidents	..	..	291 372	289 663	271 543	289 385	291 369	252 165
2.2.4	Titres émis par les non-résidents	..	..	293 102	342 535	324 231	269 414	298 949	300 894
2.3	Crédits	..	..	4 763	3 557	4 694	1 292	716	1 696
2.3.1	Crédits à court terme	..	..	4 763	3 557	4 694	1 292	716	1 696
2.3.2	Crédits à long terme	..	..	0	0	0	0	0	0
2.3.3	Crédits accordés aux résidents	..	..	4 758	3 557	4 693	1 263	704	1 685
2.3.4	Crédits accordés aux non-résidents	..	..	5	0	1	29	12	11
2.4	Actions et autres participations	..	..	312 998	409 402	438 471	363 137	389 148	441 164
2.4.1	Actions émises par les résidents	..	..	148 301	179 582	173 370	143 816	153 516	170 957
2.4.2	Actions émises par les non-résidents	..	..	164 697	229 820	265 101	219 321	235 632	270 207
2.5	Autres, non classés ailleurs	..	..	112 659	127 069	138 584	125 542	125 254	119 920
	Fonds d'investissement à capital variable (fonds communs de placement)								
2	Actifs financiers	..	..	1 344 131	1 491 972	1 478 132	1 324 368	1 397 361	1 397 516
2.1	Numéraire et dépôts	..	..	105 379	91 329	83 348	84 007	87 038	84 203
2.2	Titres autres qu'actions, non compris les produits financiers dérivés	..	..	583 390	631 114	594 690	558 799	590 318	553 059
2.2.1	Titres à court terme	..	..	277 489	302 665	261 443	260 737	267 195	199 879
2.2.2	Titres à long terme	..	..	305 901	328 449	333 247	298 062	323 123	353 180
2.2.3	Titres émis par les résidents	..	..	290 288	288 579	270 459	289 385	291 369	252 165
2.2.4	Titres émis par les non-résidents	..	..	293 102	342 535	324 231	269 414	298 949	300 894
2.3	Crédits	..	..	6 066	4 621	5 736	1 587	1 249	1 696
2.3.1	Crédits à court terme	..	..	6 066	4 621	5 736	1 587	1 249	1 696
2.3.2	Crédits à long terme	..	..	0	0	0	0	0	0
2.3.3	Crédits accordés aux résidents	..	..	6 061	4 621	5 735	1 558	1 237	1 685
2.3.4	Crédits accordés aux non-résidents	..	..	5	0	1	29	12	11
2.4	Actions et autres participations	..	..	536 897	638 142	656 077	554 736	593 805	638 941
2.4.1	Actions émises par les résidents	..	..	372 200	408 322	388 477	332 554	356 480	367 458
2.4.2	Actions émises par les non-résidents	..	..	164 697	229 820	267 600	222 182	237 325	271 483
2.5	Autres, non classés ailleurs	..	..	112 399	126 766	138 281	125 239	124 951	119 617
	Fonds d'investissement sur le marché monéaire								
2	Actifs financiers	..	..	485 434	501 281	413 573	369 345	370 218	324 242
2.1	Numéraire et dépôts	..	..	73 806	56 673	47 050	41 235	40 832	46 812
2.2	Titres autres qu'actions, non compris les produits financiers dérivés	..	..	323 672	348 276	295 507	274 042	277 539	237 610
2.2.1	Titres à court terme	..	..	238 921	275 822	234 549	223 728	236 189	177 802
2.2.2	Titres à long terme	..	..	84 751	72 454	60 958	50 314	41 350	59 808
2.2.3	Titres émis par les résidents	..	..	177 628	179 040	158 216	172 865	173 473	143 878
2.2.4	Titres émis par les non-résidents	..	..	146 044	169 236	137 291	101 177	104 066	93 732
2.3	Crédits	..	..	3 084	2 022	1 048	487	758	795
2.3.1	Crédits à court terme	..	..	3 084	2 022	1 048	487	758	795
2.3.2	Crédits à long terme	..	..	0	0	0	0	0	0
2.3.3	Crédits accordés aux résidents	..	..	3 079	2 022	1 047	487	758	795
2.3.4	Crédits accordés aux non-résidents	..	..	5	0	1	0	0	0
2.4	Actions et autres participations	..	..	82 507	72 531	53 388	38 224	48 547	35 596
2.4.1	Actions émises par les résidents	..	..	80 940	69 007	47 673	34 426	46 489	34 004
2.4.2	Actions émises par les non-résidents	..	..	1 567	3 524	5 715	3 798	2 058	1 592
2.5	Autres, non classés ailleurs	..	..	2 365	21 779	16 580	15 357	2 542	3 429
	Autres fonds communs de placement								
2	Actifs financiers	..	..	858 697	990 691	1 064 559	955 023	1 027 143	1 073 274
2.1	Numéraire et dépôts	..	..	31 573	34 656	36 298	42 772	46 206	37 391
2.2	Titres autres qu'actions, non compris les produits financiers dérivés	..	..	259 718	282 838	299 183	284 757	312 779	315 449
2.2.1	Titres à court terme	..	..	38 568	26 843	26 894	37 009	31 006	22 077
2.2.2	Titres à long terme	..	..	221 150	255 995	272 289	247 748	281 773	293 372
2.2.3	Titres émis par les résidents	..	..	112 660	109 539	112 243	116 520	117 896	108 287
2.2.4	Titres émis par les non-résidents	..	..	147 058	173 299	186 940	168 237	194 883	207 162
2.3	Crédits	..	..	2 982	2 599	4 688	1 100	491	901
2.3.1	Crédits à court terme	..	..	2 982	2 599	4 688	1 100	491	901
2.3.2	Crédits à long terme	..	..	0	0	0	0	0	0
2.3.3	Crédits accordés aux résidents	..	..	2 982	2 599	4 688	1 071	479	890
2.3.4	Crédits accordés aux non-résidents	..	..	0	0	0	29	12	11
2.4	Actions et autres participations	..	..	454 390	565 611	602 689	516 512	545 258	603 345
2.4.1	Actions émises par les résidents	..	..	291 260	339 315	340 804	298 128	309 991	333 454
2.4.2	Actions émises par les non-résidents	..	..	163 130	226 296	261 885	218 384	235 267	269 891
2.5	Autres, non classés ailleurs	..	..	110 034	104 987	121 701	109 882	122 409	116 188

Tableau 2. Actifs financiers des fonds d'investissement *(suite)*

Millions EUR (1999 FRF euro)

		2006	2007	2008	2009	2010	2011	2012	2013
	Fonds d'investissement à capital fixe								
2	Actifs financiers	..	..	1 366	1 409	1 409	1 775	1 775	1 775
2.1	Numéraire et dépôts	..	..	22	22	22	22	22	22
2.2	Titres autres qu'actions, non compris les produits financiers dérivés	..	..	1 084	1 084	1 084	0	0	0
2.2.1	Titres à court terme	..	..	1 084	1 084	1 084	0	0	0
2.2.2	Titres à long terme	..	..	0	0	0	0	0	0
2.2.3	Titres émis par les résidents	..	..	1 084	1 084	1 084	0	0	0
2.2.4	Titres émis par les non-résidents	..	..	0	0	0	0	0	0
2.3	Crédits	..	..	0	0	0	0	0	0
2.3.1	Crédits à court terme	..	..	0	0	0	0	0	0
2.3.2	Crédits à long terme	..	..	0	0	0	0	0	0
2.3.3	Crédits accordés aux résidents	..	..	0	0	0	0	0	0
2.3.4	Crédits accordés aux non-résidents	..	..	0	0	0	0	0	0
2.4	Actions et autres participations	..	..	0	0	0	1 450	1 450	1 450
2.4.1	Actions émises par les résidents	..	..	0	0	0	1 450	1 450	1 450
2.4.2	Actions émises par les non-résidents	..	..	0	0	0	0	0	0
2.5	Autres, non classés ailleurs	..	..	260	303	303	303	303	303

Note : Voir les métadonnées détaillées sur : http://metalinks.oecd.org/instinv/20141203/04ac

FRANCE

Tableau 3. Actifs financiers des sociétés d'assurance et fonds de pension autonomes

Millions EUR (1999 FRF euro)

		2006	2007	2008	2009	2010	2011	2012	2013
	Sociétés d'assurance et fonds de pension autonomes								
2	Actifs financiers	1 464 961	1 562 018	1 492 908	1 665 646	1 796 326	1 766 687	1 965 190	2 050 027
2.1	Numéraire et dépôts	17 524	15 193	16 972	15 624	17 526	19 301	25 409	29 545
2.2	Titres autres qu'actions, non compris les produits financiers dérivés	807 573	857 609	917 403	1 016 865	1 145 256	1 138 162	1 274 476	1 317 115
2.2.1	Titres à court terme	15 985	22 009	22 469	11 111	17 684	36 164	29 890	25 403
2.2.2	Titres à long terme	791 588	835 600	894 934	1 005 754	1 127 572	1 101 998	1 244 586	1 291 712
2.2.3	Titres émis par les résidents	..	..	..	..	..	..	..	..
2.2.4	Titres émis par les non-résidents	..	..	..	..	..	..	..	..
2.3	Crédits	12 929	14 792	15 065	19 529	19 430	17 860	18 568	18 368
2.3.1	Crédits à court terme	6 404	7 336	7 500	11 825	11 413	9 648	10 094	9 673
2.3.2	Crédits à long terme	6 525	7 456	7 565	7 704	8 017	8 212	8 474	8 697
2.3.3	Crédits accordés aux résidents	12 929	14 792	15 054	15 333	15 944	16 353	16 841	17 288
2.3.4	Crédits accordés aux non-résidents	0	0	11	4 196	3 487	1 507	1 729	1 080
2.4	Actions et autres participations	624 743	670 847	536 907	608 944	609 351	583 231	641 146	683 037
2.4.1	Actions émises par les résidents	..	..	..	..	..	..	..	..
2.4.2	Actions émises par les non-résidents	..	..	..	..	..	..	..	..
2.5	Autres, non classés ailleurs	2 192	3 577	6 561	4 684	4 763	8 133	5 591	1 962
	Sociétés d'assurance								
2	Actifs financiers	1 548 381	1 664 855	1 590 785	1 760 267	1 893 927	1 875 416	2 076 859	2 180 895
2.1	Numéraire et dépôts	17 604	15 193	19 578	17 511	17 526	19 301	25 409	29 545
2.2	Titres autres qu'actions, non compris les produits financiers dérivés	809 866	860 213	919 586	1 018 877	1 147 206	1 139 217	1 275 546	1 318 722
2.2.1	Titres à court terme	15 988	22 013	22 470	11 111	17 685	36 164	29 890	25 403
2.2.2	Titres à long terme	793 879	838 200	897 116	1 007 766	1 129 520	1 103 053	1 245 655	1 293 319
2.2.3	Titres émis par les résidents	368 193	393 651	405 161	428 292	525 822	584 616	682 298	710 811
2.2.4	Titres émis par les non-résidents	441 673	466 561	514 425	590 585	621 384	554 601	593 247	607 911
2.3	Crédits	31 916	35 178	37 399	32 597	33 893	37 900	35 524	36 247
2.3.1	Crédits à court terme	11 327	12 343	12 020	9 953	10 646	13 952	10 800	10 747
2.3.2	Crédits à long terme	20 589	22 835	25 379	22 644	23 247	23 949	24 724	25 500
2.3.3	Crédits accordés aux résidents	26 920	30 753	30 428	30 790	32 069	36 006	33 606	34 531
2.3.4	Crédits accordés aux non-résidents	4 996	4 425	6 971	1 307	1 824	1 894	1 918	1 716
2.4	Actions et autres participations	626 537	685 787	538 918	612 297	610 464	584 383	642 191	683 704
2.4.1	Actions émises par les résidents	565 478	622 273	498 417	557 081	551 729	530 027	575 628	599 485
2.4.2	Actions émises par les non-résidents	61 059	63 515	40 501	55 217	58 734	54 355	66 563	84 219
2.5	Autres, non classés ailleurs	62 458	68 485	75 304	78 985	84 839	94 615	98 191	112 678
	Sociétés d'assurance vie								
2	Actifs financiers	1 270 236	1 367 343	1 303 590	1 452 820	1 573 946	1 561 760	1 745 846	1 834 232
2.1	Numéraire et dépôts	13 788	11 900	15 487	13 835	14 178	15 576	20 505	23 842
2.2	Titres autres qu'actions, non compris les produits financiers dérivés	704 872	750 357	795 397	887 773	996 868	992 581	1 115 211	1 158 328
2.2.1	Titres à court terme	13 470	19 269	20 257	9 261	16 079	34 111	28 212	24 297
2.2.2	Titres à long terme	691 402	731 088	775 139	878 512	980 789	958 470	1 087 000	1 134 031
2.2.3	Titres émis par les résidents	307 532	329 403	335 183	359 364	444 329	499 992	586 105	616 929
2.2.4	Titres émis par les non-résidents	397 340	420 955	460 214	528 410	552 539	492 589	529 107	541 398
2.3	Crédits	24 998	27 553	29 583	25 755	27 419	30 585	28 667	29 251
2.3.1	Crédits à court terme	8 872	9 668	9 508	7 864	8 612	11 259	8 715	8 673
2.3.2	Crédits à long terme	16 126	17 885	20 075	17 891	18 807	19 326	19 952	20 578
2.3.3	Crédits accordés aux résidents	21 085	24 087	24 069	24 327	25 944	29 057	27 119	27 866
2.3.4	Crédits accordés aux non-résidents	3 913	3 466	5 514	1 428	1 476	1 528	1 548	1 385
2.4	Actions et autres participations	477 658	523 893	403 557	463 050	466 846	446 665	502 224	531 882
2.4.1	Actions émises par les résidents	427 888	471 846	370 726	416 751	415 386	399 116	444 439	458 531
2.4.2	Actions émises par les non-résidents	49 770	52 046	32 832	46 300	51 459	47 548	57 785	73 351
2.5	Autres, non classés ailleurs	48 920	53 640	59 566	62 406	68 635	76 353	79 239	90 929
	Sociétés d'assurance non-vie								
2	Actifs financiers	278 144	297 512	287 195	307 447	319 980	313 656	331 014	346 664
2.1	Numéraire et dépôts	3 816	3 293	4 092	3 675	3 347	3 725	4 904	5 703
2.2	Titres autres qu'actions, non compris les produits financiers dérivés	104 994	109 855	124 189	131 103	150 337	146 635	160 334	160 394
2.2.1	Titres à court terme	2 518	2 744	2 213	1 850	1 606	2 052	1 678	1 107
2.2.2	Titres à long terme	102 477	107 112	121 977	129 254	148 731	144 583	158 656	159 287
2.2.3	Titres émis par les résidents	60 661	64 248	69 978	68 928	81 493	84 623	96 193	93 881
2.2.4	Titres émis par les non-résidents	44 333	45 607	54 212	62 175	68 845	62 012	64 141	66 513
2.3	Crédits	6 918	7 625	7 816	6 842	6 474	7 315	6 857	6 996
2.3.1	Crédits à court terme	2 455	2 675	2 512	2 089	2 033	2 693	2 085	2 074
2.3.2	Crédits à long terme	4 463	4 949	5 304	4 753	4 440	4 622	4 772	4 922
2.3.3	Crédits accordés aux résidents	5 835	6 666	6 359	6 463	6 125	6 950	6 486	6 665
2.3.4	Crédits accordés aux non-résidents	1 083	959	1 457	379	348	366	370	331
2.4	Actions et autres participations	148 879	161 895	135 361	149 247	143 618	137 718	139 967	151 822
2.4.1	Actions émises par les résidents	137 589	150 427	127 691	140 330	136 343	130 911	131 189	140 955
2.4.2	Actions émises par les non-résidents	11 289	11 468	7 669	8 917	7 275	6 807	8 778	10 868
2.5	Autres, non classés ailleurs	13 538	14 844	15 738	16 579	16 204	18 262	18 952	21 748

Tableau 3. Actifs financiers des sociétés d'assurance et fonds de pension autonomes *(suite)*

Millions EUR (1999 FRF euro)

		2006	2007	2008	2009	2010	2011	2012	2013
	Fonds de pension autonomes								
2	Actifs financiers	..	..	..	..	..	..	..	..
2.1	Numéraire et dépôts	..	..	..	..	..	..	..	..
2.2	Titres autres qu'actions, non compris les produits financiers dérivés	..	..	..	..	..	..	..	..
2.2.1	Titres à court terme	..	..	..	..	..	..	..	..
2.2.2	Titres à long terme	..	..	..	..	..	..	..	..
2.2.3	Titres émis par les résidents	..	..	..	..	..	..	..	..
2.2.4	Titres émis par les non-résidents	..	..	..	..	..	..	..	..
2.3	Crédits	..	..	..	..	..	..	..	..
2.3.1	Crédits à court terme	..	..	..	..	..	..	..	..
2.3.2	Crédits à long terme	..	..	..	..	..	..	..	..
2.3.3	Crédits accordés aux résidents	..	..	..	..	..	..	..	..
2.3.4	Crédits accordés aux non-résidents	..	..	..	..	..	..	..	..
2.4	Actions et autres participations	..	..	..	..	..	..	..	..
2.4.1	Actions émises par les résidents	..	..	..	..	..	..	..	..
2.4.2	Actions émises par les non-résidents	..	..	..	..	..	..	..	..
2.5	Autres, non classés ailleurs	..	..	..	..	..	..	..	..

Note : Voir les métadonnées détaillées sur : http://metalinks.oecd.org/instinv/20141203/04ac

Tableau 4. Composition du portefeuille par type d'investisseur

Pourcentage du total des actifs financiers

Pour cent

		2006	2007	2008	2009	2010	2011	2012	2013
	Fonds d'investissement								
2	Actifs financiers	100.0	100.0	100.0	100.0	100.0	100.0	100.0	100.0
2.1	Numéraire et dépôts	1.0	1.0	0.7	1.3	0.9	1.1	1.3	1.1
2.2	Titres autres qu'actions, non compris les produits financiers dérivés	24.1	25.0	32.6	28.2	26.7	30.0	28.2	25.3
2.2.1	Titres à court terme	6.6	7.1	11.4	6.2	4.2	4.6	3.6	3.2
2.2.2	Titres à long terme	17.5	17.9	21.2	22.0	22.5	25.5	24.7	22.1
2.2.3	Titres émis par les résidents	20.1	21.3	29.0	24.0	22.3	24.5	22.9	19.6
2.2.4	Titres émis par les non-résidents	4.0	3.7	3.6	4.2	4.4	5.5	5.3	5.7
2.3	Crédits	0.6	0.4	0.4	0.5	0.5	0.6	0.6	0.5
2.3.1	Crédits à court terme	..	..	..	..	..	..	..	..
2.3.2	Crédits à long terme	..	..	..	..	..	..	..	..
2.3.3	Crédits accordés aux résidents	..	..	..	..	..	..	..	..
2.3.4	Crédits accordés aux non-résidents	..	..	..	..	..	..	..	..
2.4	Actions et autres participations	70.5	71.3	61.0	66.7	69.0	64.9	64.8	67.8
2.4.1	Actions émises par les résidents	46.5	46.4	42.2	48.0	50.2	48.1	47.2	47.2
2.4.2	Actions émises par les non-résidents	24.0	24.8	18.9	18.8	18.9	16.9	17.6	20.6
2.5	Autres, non classés ailleurs	3.8	2.3	5.2	3.2	2.8	3.4	5.1	5.3
	Sociétés d'assurance								
2	Actifs financiers	100.0	100.0	100.0	100.0	100.0	100.0	100.0	100.0
2.1	Numéraire et dépôts	1.1	1.0	2.0	1.3	1.2	1.2	1.3	1.2
2.2	Titres autres qu'actions, non compris les produits financiers dérivés	41.6	38.6	40.1	40.3	38.9	39.1	37.2	35.9
2.2.1	Titres à court terme	3.5	3.1	3.1	3.3	2.7	2.6	2.4	2.4
2.2.2	Titres à long terme	38.1	35.5	37.0	37.0	36.1	36.5	34.8	33.6
2.2.3	Titres émis par les résidents	41.1	38.3	39.7	39.9	38.5	38.8	36.8	35.5
2.2.4	Titres émis par les non-résidents	0.5	0.3	0.4	0.4	0.3	0.2	0.4	0.5
2.3	Crédits	10.8	11.4	12.5	11.8	11.2	10.8	10.1	9.7
2.3.1	Crédits à court terme	..	..	..	..	..	..	..	..
2.3.2	Crédits à long terme	..	..	..	..	..	..	..	..
2.3.3	Crédits accordés aux résidents	..	..	..	..	..	..	..	..
2.3.4	Crédits accordés aux non-résidents	..	..	..	..	..	..	..	..
2.4	Actions et autres participations	36.6	38.3	31.7	36.0	37.5	34.3	36.1	37.0
2.4.1	Actions émises par les résidents	34.3	34.2	28.0	32.2	33.8	31.6	33.0	33.7
2.4.2	Actions émises par les non-résidents	2.3	4.1	3.7	3.8	3.6	2.7	3.1	3.3
2.5	Autres, non classés ailleurs	9.9	10.8	13.8	10.7	11.3	14.6	15.4	16.1
	Fonds de pension autonomes								
2	Actifs financiers	100.0	100.0	100.0	100.0	100.0	100.0	100.0	100.0
2.1	Numéraire et dépôts	0.9	1.0	0.8	1.9	1.9	2.2	2.1	2.2
2.2	Titres autres qu'actions, non compris les produits financiers dérivés	31.9	35.8	39.0	38.2	36.2	40.6	35.9	33.3
2.2.1	Titres à court terme	2.1	2.4	2.9	1.7	1.0	0.8	0.9	1.0
2.2.2	Titres à long terme	29.8	33.4	36.1	36.5	35.1	39.8	35.0	32.3
2.2.3	Titres émis par les résidents	27.0	29.7	32.4	33.2	31.5	35.6	31.9	29.1
2.2.4	Titres émis par les non-résidents	4.9	6.2	6.5	5.0	4.7	5.0	4.1	4.2
2.3	Crédits	3.3	3.2	5.1	4.9	4.3	3.7	3.7	3.7
2.3.1	Crédits à court terme	..	..	..	..	..	..	..	..
2.3.2	Crédits à long terme	..	..	..	..	..	..	..	..
2.3.3	Crédits accordés aux résidents	..	..	..	..	..	..	..	..
2.3.4	Crédits accordés aux non-résidents	..	..	..	..	..	..	..	..
2.4	Actions et autres participations	55.3	54.0	47.2	50.7	52.5	50.1	50.5	54.4
2.4.1	Actions émises par les résidents	33.0	32.9	29.0	31.9	32.3	29.2	29.3	28.7
2.4.2	Actions émises par les non-résidents	22.3	21.1	18.2	18.7	20.2	20.8	21.2	25.7
2.5	Autres, non classés ailleurs	8.5	6.0	8.0	4.3	5.2	3.5	7.8	6.4

Note : Voir les métadonnées détaillées sur : http://metalinks.oecd.org/instinv/20141203/bbbc

CHILI

Tableau 1. Actifs financiers des investisseurs institutionnels, 2013

Millions CLP

		Total	Fonds d'investissement			
			Fonds d'investissement à capital variable (fonds communs de placement)			Fonds d'investissement à capital fixe
			Total	Fonds d'investissement sur le marché monéaire	Autres fonds communs de placement	Total
2	Actifs financiers	25 836 936	20 515 448	10 398 893	10 116 555	5 321 488
2.1	Numéraire et dépôts	..	..	..	..	..
2.2	Titres autres qu'actions, non compris les produits financiers dérivés	19 205 035	17 714 961	10 177 132	7 537 829	1 490 074
2.2.1	Titres à court terme	..	..	..	..	..
2.2.2	Titres à long terme	..	..	..	..	..
2.2.3	Titres émis par les résidents	..	..	..	..	..
2.2.4	Titres émis par les non-résidents	..	..	..	..	..
2.3	Crédits	..	..	..	..	..
2.3.1	Crédits à court terme	..	..	..	..	..
2.3.2	Crédits à long terme	..	..	..	..	..
2.3.3	Crédits accordés aux résidents	..	..	..	..	..
2.3.4	Crédits accordés aux non-résidents	..	..	..	..	..
2.4	Actions et autres participations	5 451 362	2 530 912	0	2 530 912	2 920 450
2.4.1	Actions émises par les résidents	..	..	..	..	..
2.4.2	Actions émises par les non-résidents	..	..	..	..	..
2.5	Autres, non classés ailleurs	1 180 539	269 576	221 761	47 815	910 963

		Total	Sociétés d'assurance et fonds de pension autonomes			
			Sociétés d'assurance			Fonds de pension autonomes
			Total	Sociétés d'assurance vie	Sociétés d'assurance non-vie	Total
2	Actifs financiers	109 816 623	24 450 038	23 258 761	1 191 277	85 366 585
2.1	Numéraire et dépôts	5 419 912	357 889	202 488	155 401	5 062 023
2.2	Titres autres qu'actions, non compris les produits financiers dérivés	52 142 676	17 152 340	16 324 277	828 062	34 990 336
2.2.1	Titres à court terme	2 248 840	753 938	571 764	182 174	1 494 902
2.2.2	Titres à long terme	49 893 836	16 398 402	15 752 513	645 888	33 495 434
2.2.3	Titres émis par les résidents	..	..	14 148 434	..	34 391 712
2.2.4	Titres émis par les non-résidents	..	..	2 175 844	..	598 624
2.3	Crédits	2 667 290	2 667 290	2 665 091	2 199	..
2.3.1	Crédits à court terme	388 357	388 357	388 357	0	..
2.3.2	Crédits à long terme	2 278 934	2 278 934	2 276 734	2 199	..
2.3.3	Crédits accordés aux résidents	..	..	..	..	..
2.3.4	Crédits accordés aux non-résidents	..	..	..	..	..
2.4	Actions et autres participations	47 822 325	2 440 729	2 392 136	48 593	45 381 596
2.4.1	Actions émises par les résidents	11 574 903	1 690 581	1 650 335	40 246	9 884 322
2.4.2	Actions émises par les non-résidents	36 247 422	750 148	741 801	8 347	35 497 274
2.5	Autres, non classés ailleurs	1 764 420	1 831 789	1 674 770	157 020	-67 369

Note : Voir les métadonnées détaillées sur : http://metalinks.oecd.org/instinv/20141203/c1e5

CHILI

Tableau 2. Actifs financiers des fonds d'investissement

Millions CLP

		2006	2007	2008	2009	2010	2011	2012	2013
	Fonds d'investissement								
2	Actifs financiers	11 489 841	15 242 562	13 782 415	20 489 273	22 512 685	22 096 629	23 366 367	25 836 936
2.1	Numéraire et dépôts	106 899	184 979	137 286	288 319	262 554	..	..	..
2.2	Titres autres qu'actions, non compris les produits financiers dérivés	7 919 696	9 435 678	10 478 630	14 604 327	14 053 242	15 345 176	16 508 495	19 205 035
2.2.1	Titres à court terme	..	..	..	..	..	..	..	..
2.2.2	Titres à long terme	..	..	..	..	..	..	..	..
2.2.3	Titres émis par les résidents	..	..	..	..	..	..	..	..
2.2.4	Titres émis par les non-résidents	..	..	..	..	..	..	..	..
2.3	Crédits	0	0	0	0	0	0	0	..
2.3.1	Crédits à court terme	..	..	..	..	..	..	..	..
2.3.2	Crédits à long terme	..	..	..	..	..	..	..	..
2.3.3	Crédits accordés aux résidents	..	..	..	..	..	..	..	..
2.3.4	Crédits accordés aux non-résidents	..	..	..	..	..	..	..	..
2.4	Actions et autres participations	3 129 962	5 124 862	2 676 113	4 989 292	7 537 014	5 737 988	5 744 570	5 451 362
2.4.1	Actions émises par les résidents	..	..	..	..	..	..	..	..
2.4.2	Actions émises par les non-résidents	..	..	..	..	..	..	..	..
2.5	Autres, non classés ailleurs	333 284	497 043	490 387	606 834	659 875	1 013 465	1 113 303	1 180 539
	Fonds d'investissement à capital variable (fonds communs de placement)								
2	Actifs financiers	9 590 827	12 232 738	11 359 569	17 555 443	18 094 999	17 176 539	18 021 428	20 515 448
2.1	Numéraire et dépôts	81 847	103 175	99 779	253 435	223 140	..	..	..
2.2	Titres autres qu'actions, non compris les produits financiers dérivés	7 631 657	9 081 359	9 823 942	13 950 420	13 137 155	14 214 771	15 184 363	17 714 961
2.2.1	Titres à court terme	6 069 323	7 029 457	7 779 180	11 413 764	9 929 964	..	..	..
2.2.2	Titres à long terme	1 562 334	2 051 901	2 044 762	2 536 656	3 207 191	..	..	..
2.2.3	Titres émis par les résidents	..	..	..	..	..	..	..	..
2.2.4	Titres émis par les non-résidents	..	..	..	..	..	..	..	..
2.3	Crédits	0	0	0	0	0	0	0	..
2.3.1	Crédits à court terme	..	..	..	..	..	..	..	..
2.3.2	Crédits à long terme	..	..	..	..	..	..	..	..
2.3.3	Crédits accordés aux résidents	..	..	..	..	..	..	..	..
2.3.4	Crédits accordés aux non-résidents	..	..	..	..	..	..	..	..
2.4	Actions et autres participations	1 761 265	2 952 608	1 269 919	3 071 388	4 505 197	2 722 059	2 543 098	2 530 912
2.4.1	Actions émises par les résidents	..	..	..	..	..	..	..	..
2.4.2	Actions émises par les non-résidents	..	..	..	..	..	..	..	..
2.5	Autres, non classés ailleurs	116 058	95 596	165 928	280 200	229 508	239 709	293 967	269 576
	Fonds d'investissement sur le marché monéaire								
2	Actifs financiers	4 557 886	5 656 012	6 718 856	10 119 755	8 823 306	9 233 721	9 792 196	10 398 893
2.1	Numéraire et dépôts	24 085	20 604	47 670	158 729	109 225	..	..	..
2.2	Titres autres qu'actions, non compris les produits financiers dérivés	4 506 199	5 610 098	6 559 860	9 739 614	8 559 454	9 103 393	9 531 394	10 177 132
2.2.1	Titres à court terme	4 490 511	5 598 015	6 480 058	9 563 211	8 549 196	..	..	..
2.2.2	Titres à long terme	15 688	12 083	79 802	176 403	10 258	..	..	..
2.2.3	Titres émis par les résidents	..	..	..	..	..	..	..	..
2.2.4	Titres émis par les non-résidents	..	..	..	..	..	..	..	..
2.3	Crédits	0	0	0	0	0	0	0	..
2.3.1	Crédits à court terme	..	..	..	..	..	..	..	..
2.3.2	Crédits à long terme	..	..	..	..	..	..	..	..
2.3.3	Crédits accordés aux résidents	..	..	..	..	..	..	..	..
2.3.4	Crédits accordés aux non-résidents	..	..	..	..	..	..	..	..
2.4	Actions et autres participations	0	0	0	0	0	0	0	0
2.4.1	Actions émises par les résidents	..	..	..	..	..	..	..	..
2.4.2	Actions émises par les non-résidents	..	..	..	..	..	..	..	..
2.5	Autres, non classés ailleurs	27 603	25 310	111 326	221 412	154 627	190 328	260 801	221 761
	Autres fonds communs de placement								
2	Actifs financiers	5 032 941	6 576 725	4 640 713	7 435 689	9 271 693	7 882 818	8 229 232	10 116 555
2.1	Numéraire et dépôts	57 762	82 571	52 110	94 706	113 915	..	..	..
2.2	Titres autres qu'actions, non compris les produits financiers dérivés	3 125 458	3 471 260	3 264 082	4 210 306	4 577 701	5 111 377	5 652 969	7 537 829
2.2.1	Titres à court terme	1 578 812	1 431 442	1 299 122	1 850 553	1 380 768	..	..	..
2.2.2	Titres à long terme	1 546 646	2 039 818	1 964 960	2 360 253	3 196 932	..	..	..
2.2.3	Titres émis par les résidents	..	..	..	..	..	..	..	..
2.2.4	Titres émis par les non-résidents	..	..	..	..	..	..	..	..
2.3	Crédits	0	0	0	0	0	0	0	..
2.3.1	Crédits à court terme	..	..	..	..	..	..	..	..
2.3.2	Crédits à long terme	..	..	..	..	..	..	..	..
2.3.3	Crédits accordés aux résidents	..	..	..	..	..	..	..	..
2.3.4	Crédits accordés aux non-résidents	..	..	..	..	..	..	..	..
2.4	Actions et autres participations	1 761 265	2 952 608	1 269 919	3 071 388	4 505 197	2 722 059	2 543 098	2 530 912
2.4.1	Actions émises par les résidents	..	..	..	..	..	..	..	..
2.4.2	Actions émises par les non-résidents	..	..	..	..	..	..	..	..
2.5	Autres, non classés ailleurs	88 455	70 286	54 601	58 789	74 880	49 382	33 166	47 815

Tableau 4. Composition du portefeuille par type d'investisseur

Pourcentage du total des actifs financiers

Pour cent

		2006	2007	2008	2009	2010	2011	2012	2013
	Fonds d'investissement								
2	Actifs financiers	100.0	100.0	100.0	100.0	100.0	100.0	100.0	..
2.1	Numéraire et dépôts	13.8	17.6	15.7	16.5	14.6	17.7	20.9	..
2.2	Titres autres qu'actions, non compris les produits financiers dérivés	59.8	52.5	59.0	49.4	46.6	43.0	38.6	..
2.2.1	Titres à court terme	11.8	8.3	4.6	11.4	13.9	11.3	2.4	..
2.2.2	Titres à long terme	48.0	44.2	54.3	38.0	32.7	31.8	36.2	..
2.2.3	Titres émis par les résidents	..	..	..	..	..	..	..	..
2.2.4	Titres émis par les non-résidents	..	..	..	..	..	..	..	..
2.3	Crédits	0.0	0.3	2.3	0.6	1.4	3.2	2.7	..
2.3.1	Crédits à court terme	0.0	0.0	1.7	0.1	0.4	0.6	0.3	..
2.3.2	Crédits à long terme	0.0	0.3	0.7	0.6	1.0	2.6	2.4	..
2.3.3	Crédits accordés aux résidents	..	..	..	..	..	..	..	..
2.3.4	Crédits accordés aux non-résidents	..	..	..	..	..	..	..	..
2.4	Actions et autres participations	25.4	28.3	21.4	31.8	35.8	32.7	34.8	..
2.4.1	Actions émises par les résidents	..	..	..	..	..	..	..	..
2.4.2	Actions émises par les non-résidents	..	..	..	..	..	..	..	..
2.5	Autres, non classés ailleurs	1.0	1.2	1.6	1.7	1.7	3.4	3.1	..
	Sociétés d'assurance								
2	Actifs financiers	100.0	100.0	100.0	100.0	100.0	100.0	100.0	..
2.1	Numéraire et dépôts	9.4	10.2	9.3	7.9	7.1	6.6	7.1	..
2.2	Titres autres qu'actions, non compris les produits financiers dérivés	58.0	56.0	57.7	61.1	59.1	58.4	54.3	..
2.2.1	Titres à court terme	0.9	0.8	0.4	0.6	0.2	0.1	1.1	..
2.2.2	Titres à long terme	57.1	55.2	57.3	60.5	58.9	58.3	53.2	..
2.2.3	Titres émis par les résidents	..	..	..	..	..	..	..	..
2.2.4	Titres émis par les non-résidents	..	..	..	..	..	..	..	..
2.3	Crédits	0.6	1.8	0.7	0.2	0.2	0.6	0.7	..
2.3.1	Crédits à court terme	0.0	0.0	0.0	0.0	0.0	0.0	0.0	..
2.3.2	Crédits à long terme	0.6	1.8	0.7	0.2	0.2	0.6	0.7	..
2.3.3	Crédits accordés aux résidents	..	..	..	..	..	..	..	..
2.3.4	Crédits accordés aux non-résidents	..	..	..	..	..	..	..	..
2.4	Actions et autres participations	18.7	16.7	15.6	15.1	17.3	18.6	21.5	..
2.4.1	Actions émises par les résidents	..	..	..	..	..	..	..	..
2.4.2	Actions émises par les non-résidents	..	..	..	..	..	..	..	..
2.5	Autres, non classés ailleurs	13.3	15.3	16.6	15.7	16.3	15.8	16.3	..
	Fonds de pension autonomes								
2	Actifs financiers	100.0	100.0	100.0	100.0	100.0	100.0	100.0	..
2.1	Numéraire et dépôts	6.8	9.9	9.5	11.3	7.3	8.0	9.9	..
2.2	Titres autres qu'actions, non compris les produits financiers dérivés	84.7	77.7	82.1	82.0	85.4	86.8	87.7	..
2.2.1	Titres à court terme	4.9	4.1	3.1	0.6	1.0	0.4	2.8	..
2.2.2	Titres à long terme	79.8	73.7	79.0	81.4	84.4	86.4	85.0	..
2.2.3	Titres émis par les résidents	..	..	..	..	..	..	..	..
2.2.4	Titres émis par les non-résidents	..	..	..	..	..	..	..	..
2.3	Crédits	0.0	0.0	0.0	0.0	0.0	0.0	0.0	..
2.3.1	Crédits à court terme	0.0	0.0	0.0	0.0	0.0	0.0	0.0	..
2.3.2	Crédits à long terme	0.0	0.0	0.0	0.0	0.0	0.0	0.0	..
2.3.3	Crédits accordés aux résidents	..	..	..	..	..	..	..	..
2.3.4	Crédits accordés aux non-résidents	..	..	..	..	..	..	..	..
2.4	Actions et autres participations	7.0	10.7	6.5	5.0	4.7	3.0	1.5	..
2.4.1	Actions émises par les résidents	..	..	..	..	..	..	..	..
2.4.2	Actions émises par les non-résidents	..	..	..	..	..	..	..	..
2.5	Autres, non classés ailleurs	1.4	1.7	2.0	1.7	2.1	2.2	0.9	..

Note : Voir les métadonnées détaillées sur : http://metalinks.oecd.org/instinv/20141203/bbbc

DANEMARK

Tableau 1. Actifs financiers des investisseurs institutionnels, 2013

Millions DKK

		Total	Fonds d'investissement			
			Fonds d'investissement à capital variable (fonds communs de placement)			Fonds d'investissement à capital fixe
			Total	Fonds d'investissement sur le marché monéaire	Autres fonds communs de placement	Total
2	Actifs financiers	1 896 500	1 896 500	..	..	..
2.1	Numéraire et dépôts	60 600	60 600	..	..	..
2.2	Titres autres qu'actions, non compris les produits financiers dérivés	1 051 300	1 051 300	..	..	..
2.2.1	Titres à court terme	..	..	..	..	..
2.2.2	Titres à long terme	..	..	..	..	..
2.2.3	Titres émis par les résidents	..	..	..	..	..
2.2.4	Titres émis par les non-résidents	..	..	..	..	..
2.3	Crédits	0	0	..	..	..
2.3.1	Crédits à court terme	0	0	..	..	..
2.3.2	Crédits à long terme	0	0	..	..	..
2.3.3	Crédits accordés aux résidents	..	..	..	..	..
2.3.4	Crédits accordés aux non-résidents	..	..	..	..	..
2.4	Actions et autres participations	749 800	749 800	..	..	..
2.4.1	Actions émises par les résidents	..	..	..	..	..
2.4.2	Actions émises par les non-résidents	..	..	..	..	..
2.5	Autres, non classés ailleurs	34 800	34 800	..	..	..

		Total	Sociétés d'assurance et fonds de pension autonomes			
			Sociétés d'assurance			Fonds de pension autonomes
			Total	Sociétés d'assurance vie	Sociétés d'assurance non-vie	Total
2	Actifs financiers	3 194 079	1 888 541	1 726 591	161 951	1 305 674
2.1	Numéraire et dépôts	50 844	44 223	38 749	5 474	6 622
2.2	Titres autres qu'actions, non compris les produits financiers dérivés	1 238 627	598 321	518 481	79 840	640 308
2.2.1	Titres à court terme	4 358	2 104	1 823	280	2 255
2.2.2	Titres à long terme	1 234 268	596 217	516 657	79 560	638 053
2.2.3	Titres émis par les résidents	..	..	..	..	..
2.2.4	Titres émis par les non-résidents	..	..	..	..	..
2.3	Crédits	76 370	8 104	5 876	2 228	68 266
2.3.1	Crédits à court terme	75 293	8 097	5 876	2 221	67 197
2.3.2	Crédits à long terme	1 077	8	0	8	1 069
2.3.3	Crédits accordés aux résidents	..	..	..	..	..
2.3.4	Crédits accordés aux non-résidents	..	..	..	..	..
2.4	Actions et autres participations	1 611 304	1 122 593	1 070 449	52 144	488 712
2.4.1	Actions émises par les résidents	..	..	..	..	..
2.4.2	Actions émises par les non-résidents	..	..	..	..	..
2.5	Autres, non classés ailleurs	216 934	115 301	93 036	22 264	101 767

Note : Voir les métadonnées détaillées sur : http://metalinks.oecd.org/instinv/20141203/b353

Tableau 2. Actifs financiers des fonds d'investissement

Millions DKK

		2006	2007	2008	2009	2010	2011	2012	2013
	Fonds d'investissement								
2	Actifs financiers	924 800	1 020 800	772 200	865 500	1 286 900	1 426 900	1 675 600	1 896 500
2.1	Numéraire et dépôts	23 900	29 800	40 800	32 300	34 300	50 500	48 500	60 600
2.2	Titres autres qu'actions, non compris les produits financiers dérivés	431 800	477 900	424 400	487 500	765 200	877 900	995 200	1 051 300
2.2.1	Titres à court terme	..	..	..	..	..	..	..	..
2.2.2	Titres à long terme	..	..	..	..	..	..	..	..
2.2.3	Titres émis par les résidents	..	..	..	..	..	..	..	..
2.2.4	Titres émis par les non-résidents	..	..	..	..	..	..	..	..
2.3	Crédits	0	0	0	0	0	0	0	0
2.3.1	Crédits à court terme	0	0	0	0	0	0	0	0
2.3.2	Crédits à long terme	0	0	0	0	0	0	0	0
2.3.3	Crédits accordés aux résidents	..	..	..	..	..	..	..	..
2.3.4	Crédits accordés aux non-résidents	..	..	..	..	..	..	..	..
2.4	Actions et autres participations	458 200	499 300	288 600	331 000	438 500	481 400	580 100	749 800
2.4.1	Actions émises par les résidents	..	..	..	..	..	..	..	..
2.4.2	Actions émises par les non-résidents	..	..	..	..	..	..	..	..
2.5	Autres, non classés ailleurs	10 900	13 800	18 400	14 700	48 900	17 100	51 800	34 800
	Fonds d'investissement à capital variable (fonds communs de placement)								
2	Actifs financiers	924 800	1 020 800	772 200	865 500	1 286 900	1 426 900	1 675 600	1 896 500
2.1	Numéraire et dépôts	23 900	29 800	40 800	32 300	34 300	50 500	48 500	60 600
2.2	Titres autres qu'actions, non compris les produits financiers dérivés	431 800	477 900	424 400	487 500	765 200	877 900	995 200	1 051 300
2.2.1	Titres à court terme	..	..	..	..	..	..	..	..
2.2.2	Titres à long terme	..	..	..	..	..	..	..	..
2.2.3	Titres émis par les résidents	..	..	..	..	..	..	..	..
2.2.4	Titres émis par les non-résidents	..	..	..	..	..	..	..	..
2.3	Crédits	0	0	0	0	0	0	0	0
2.3.1	Crédits à court terme	0	0	0	0	0	0	0	0
2.3.2	Crédits à long terme	0	0	0	0	0	0	0	0
2.3.3	Crédits accordés aux résidents	..	..	..	..	..	..	..	..
2.3.4	Crédits accordés aux non-résidents	..	..	..	..	..	..	..	..
2.4	Actions et autres participations	458 200	499 300	288 600	331 000	438 500	481 400	580 100	749 800
2.4.1	Actions émises par les résidents	..	..	..	..	..	..	..	..
2.4.2	Actions émises par les non-résidents	..	..	..	..	..	..	..	..
2.5	Autres, non classés ailleurs	10 900	13 800	18 400	14 700	48 900	17 100	51 800	34 800
	Fonds d'investissement sur le marché monéaire								
2	Actifs financiers	..	..	..	..	..	..	..	..
2.1	Numéraire et dépôts	..	..	..	..	..	..	..	..
2.2	Titres autres qu'actions, non compris les produits financiers dérivés	..	..	..	..	..	..	..	..
2.2.1	Titres à court terme	..	..	..	..	..	..	..	..
2.2.2	Titres à long terme	..	..	..	..	..	..	..	..
2.2.3	Titres émis par les résidents	..	..	..	..	..	..	..	..
2.2.4	Titres émis par les non-résidents	..	..	..	..	..	..	..	..
2.3	Crédits	..	..	..	..	..	..	..	..
2.3.1	Crédits à court terme	..	..	..	..	..	..	..	..
2.3.2	Crédits à long terme	..	..	..	..	..	..	..	..
2.3.3	Crédits accordés aux résidents	..	..	..	..	..	..	..	..
2.3.4	Crédits accordés aux non-résidents	..	..	..	..	..	..	..	..
2.4	Actions et autres participations	..	..	..	..	..	..	..	..
2.4.1	Actions émises par les résidents	..	..	..	..	..	..	..	..
2.4.2	Actions émises par les non-résidents	..	..	..	..	..	..	..	..
2.5	Autres, non classés ailleurs	..	..	..	..	..	..	..	..
	Autres fonds communs de placement								
2	Actifs financiers	..	..	..	..	..	..	..	..
2.1	Numéraire et dépôts	..	..	..	..	..	..	..	..
2.2	Titres autres qu'actions, non compris les produits financiers dérivés	..	..	..	..	..	..	..	..
2.2.1	Titres à court terme	..	..	..	..	..	..	..	..
2.2.2	Titres à long terme	..	..	..	..	..	..	..	..
2.2.3	Titres émis par les résidents	..	..	..	..	..	..	..	..
2.2.4	Titres émis par les non-résidents	..	..	..	..	..	..	..	..
2.3	Crédits	..	..	..	..	..	..	..	..
2.3.1	Crédits à court terme	..	..	..	..	..	..	..	..
2.3.2	Crédits à long terme	..	..	..	..	..	..	..	..
2.3.3	Crédits accordés aux résidents	..	..	..	..	..	..	..	..
2.3.4	Crédits accordés aux non-résidents	..	..	..	..	..	..	..	..
2.4	Actions et autres participations	..	..	..	..	..	..	..	..
2.4.1	Actions émises par les résidents	..	..	..	..	..	..	..	..
2.4.2	Actions émises par les non-résidents	..	..	..	..	..	..	..	..
2.5	Autres, non classés ailleurs	..	..	..	..	..	..	..	..

Tableau 4. Composition du portefeuille par type d'investisseur

Pourcentage du total des actifs financiers

Pour cent

		2006	2007	2008	2009	2010	2011	2012	2013
	Fonds d'investissement								
2	Actifs financiers	..	..	..	.	100.0	100.0	100.0	100.0
2.1	Numéraire et dépôts	..	..	..	.	4.7	5.1	9.6	9.0
2.2	Titres autres qu'actions, non compris les produits financiers dérivés	..	..	..	.	11.5	15.1	15.0	11.3
2.2.1	Titres à court terme	..	..	..	.	0.0	0.3	0.0	0.0
2.2.2	Titres à long terme	..	..	..	.	11.5	14.8	15.0	11.3
2.2.3	Titres émis par les résidents	..	..	..	.	0.5	1.1	0.6	0.3
2.2.4	Titres émis par les non-résidents	..	..	..	.	11.0	14.0	14.4	11.0
2.3	Crédits	..	..	..	.	3.5	4.1	2.8	5.1
2.3.1	Crédits à court terme	..	..	..	.	3.3	1.6	0.4	1.1
2.3.2	Crédits à long terme	..	..	..	.	0.2	2.5	2.4	4.0
2.3.3	Crédits accordés aux résidents	..	..	..	.	0.0	2.3	2.1	4.5
2.3.4	Crédits accordés aux non-résidents	..	..	..	.	3.5	1.8	0.6	0.6
2.4	Actions et autres participations	..	..	..	.	78.7	75.2	71.2	72.4
2.4.1	Actions émises par les résidents	..	..	..	.	4.8	8.3	10.6	14.4
2.4.2	Actions émises par les non-résidents	..	..	..	.	73.9	66.9	60.6	58.1
2.5	Autres, non classés ailleurs	..	..	..	.	1.5	0.5	1.5	2.2
	Sociétés d'assurance								
2	Actifs financiers	..	..	..	.	100.0	100.0	100.0	100.0
2.1	Numéraire et dépôts	..	..	..	.	25.9	24.5	27.3	23.6
2.2	Titres autres qu'actions, non compris les produits financiers dérivés	..	..	..	.	31.5	41.1	37.4	38.7
2.2.1	Titres à court terme	..	..	..	.	0.0	0.0	0.0	0.0
2.2.2	Titres à long terme	..	..	..	.	31.5	41.1	37.4	38.7
2.2.3	Titres émis par les résidents	..	..	..	.	0.0	0.0	0.0	0.0
2.2.4	Titres émis par les non-résidents	..	..	..	.	31.5	41.1	37.4	38.7
2.3	Crédits	..	..	..	.	0.2	1.6	0.0	0.0
2.3.1	Crédits à court terme	..	..	..	.	0.0	0.0	0.0	0.0
2.3.2	Crédits à long terme	..	..	..	.	0.2	1.6	0.0	0.0
2.3.3	Crédits accordés aux résidents	..	..	..	.	0.2	1.6	0.0	0.0
2.3.4	Crédits accordés aux non-résidents	..	..	..	.	0.0	0.0	0.0	0.0
2.4	Actions et autres participations	..	..	..	.	38.0	26.0	28.2	30.3
2.4.1	Actions émises par les résidents	..	..	..	.	7.7	8.0	6.7	16.6
2.4.2	Actions émises par les non-résidents	..	..	..	.	30.3	18.0	21.4	13.7
2.5	Autres, non classés ailleurs	..	..	..	.	4.3	6.8	7.1	7.4
	Fonds de pension autonomes								
2	Actifs financiers	..	..	..	.	100.0	100.0	100.0	100.0
2.1	Numéraire et dépôts	..	..	..	.	9.2	15.9	16.0	16.9
2.2	Titres autres qu'actions, non compris les produits financiers dérivés	..	..	..	.	17.0	25.0	24.9	20.6
2.2.1	Titres à court terme	..	..	..	.	0.1	0.2	0.1	0.0
2.2.2	Titres à long terme	..	..	..	.	16.9	24.8	24.8	20.5
2.2.3	Titres émis par les résidents	..	..	..	.	2.0	2.4	3.2	3.0
2.2.4	Titres émis par les non-résidents	..	..	..	.	15.0	22.6	21.7	17.6
2.3	Crédits	..	..	..	.	0.0	0.0	0.0	0.0
2.3.1	Crédits à court terme	..	..	..	.	0.0	0.0	0.0	0.0
2.3.2	Crédits à long terme	..	..	..	.	0.0	0.0	0.0	0.0
2.3.3	Crédits accordés aux résidents	..	..	..	.	0.0	0.0	0.0	0.0
2.3.4	Crédits accordés aux non-résidents	..	..	..	.	0.0	0.0	0.0	0.0
2.4	Actions et autres participations	..	..	..	.	70.0	58.5	59.0	62.4
2.4.1	Actions émises par les résidents	..	..	..	.	4.5	4.8	5.7	6.0
2.4.2	Actions émises par les non-résidents	..	..	..	.	65.5	53.7	53.4	56.5
2.5	Autres, non classés ailleurs	..	..	..	.	3.8	0.7	0.1	0.1

Note : Voir les métadonnées détaillées sur : http://metalinks.oecd.org/instinv/20141203/bbbc

FINLANDE

Tableau 1. Actifs financiers des investisseurs institutionnels, 2012

Millions EUR (1999 FIM euro)

		Total	Fonds d'investissement: Fonds d'investissement à capital variable (fonds communs de placement)			Fonds d'investissement à capital fixe
			Total	Fonds d'investissement sur le marché monéaire	Autres fonds communs de placement	Total
2	Actifs financiers	..	68 831	3 174	65 657	..
2.1	Numéraire et dépôts	..	2 905	293	2 612	..
2.2	Titres autres qu'actions, non compris les produits financiers dérivés	..	28 865	2 844	26 021	..
2.2.1	Titres à court terme	..	2 728	1 015	1 713	..
2.2.2	Titres à long terme	..	26 137	1 829	24 308	..
2.2.3	Titres émis par les résidents	..	4 473	981	3 492	..
2.2.4	Titres émis par les non-résidents	..	24 392	1 863	22 529	..
2.3	Crédits	..	0	0	0	..
2.3.1	Crédits à court terme	..	0	0	0	..
2.3.2	Crédits à long terme	..	0	0	0	..
2.3.3	Crédits accordés aux résidents	..	0	0	0	..
2.3.4	Crédits accordés aux non-résidents	..	0	0	0	..
2.4	Actions et autres participations	..	36 013	12	36 001	..
2.4.1	Actions émises par les résidents	..	11 622	2	11 620	..
2.4.2	Actions émises par les non-résidents	..	24 391	10	24 381	..
2.5	Autres, non classés ailleurs	..	1 048	25	1 023	..

		Total	Sociétés d'assurance et fonds de pension autonomes: Sociétés d'assurance			Fonds de pension autonomes
			Total	Sociétés d'assurance vie	Sociétés d'assurance non-vie	Total
2	Actifs financiers	..	55 467	..	..	3 480
2.1	Numéraire et dépôts	..	2 345	..	..	152
2.2	Titres autres qu'actions, non compris les produits financiers dérivés	..	21 980	..	..	798
2.2.1	Titres à court terme	..	2 991	..	..	51
2.2.2	Titres à long terme	..	18 989	..	..	747
2.2.3	Titres émis par les résidents	..	9 090	..	..	348
2.2.4	Titres émis par les non-résidents	..	12 890	..	..	450
2.3	Crédits	..	1 428	..	..	252
2.3.1	Crédits à court terme	..	0	..	..	0
2.3.2	Crédits à long terme	..	1 428	..	..	252
2.3.3	Crédits accordés aux résidents	..	1 419	..	..	244
2.3.4	Crédits accordés aux non-résidents	..	9	..	..	8
2.4	Actions et autres participations	..	29 406	..	..	2 276
2.4.1	Actions émises par les résidents	..	18 228	..	..	1 514
2.4.2	Actions émises par les non-résidents	..	11 178	..	..	762
2.5	Autres, non classés ailleurs	..	308	..	..	2

Note : Voir les métadonnées détaillées sur : http://metalinks.oecd.org/instinv/20141203/cc4b

FINLANDE

Tableau 2. Actifs financiers des fonds d'investissement

Millions EUR (1999 FIM euro)

		2006	2007	2008	2009	2010	2011	2012	2013
	Fonds d'investissement								
2	Actifs financiers	..	..	..	..	..	..	..	..
2.1	Numéraire et dépôts	..	..	..	..	..	..	..	..
2.2	Titres autres qu'actions, non compris les produits financiers dérivés	..	..	..	..	..	..	..	..
2.2.1	Titres à court terme	..	..	..	..	..	..	..	..
2.2.2	Titres à long terme	..	..	..	..	..	..	..	..
2.2.3	Titres émis par les résidents	..	..	..	..	..	..	..	..
2.2.4	Titres émis par les non-résidents	..	..	..	..	..	..	..	..
2.3	Crédits	..	..	..	..	..	..	..	..
2.3.1	Crédits à court terme	..	..	..	..	..	..	..	..
2.3.2	Crédits à long terme	..	..	..	..	..	..	..	..
2.3.3	Crédits accordés aux résidents	..	..	..	..	..	..	..	..
2.3.4	Crédits accordés aux non-résidents	..	..	..	..	..	..	..	..
2.4	Actions et autres participations	..	..	..	..	..	..	..	..
2.4.1	Actions émises par les résidents	..	..	..	..	..	..	..	..
2.4.2	Actions émises par les non-résidents	..	..	..	..	..	..	..	..
2.5	Autres, non classés ailleurs	..	..	..	..	..	..	..	..
	Fonds d'investissement à capital variable (fonds communs de placement)								
2	Actifs financiers	61 816	67 730	42 294	55 064	63 029	56 785	68 831	..
2.1	Numéraire et dépôts	1 877	2 420	2 032	2 002	2 154	2 383	2 905	..
2.2	Titres autres qu'actions, non compris les produits financiers dérivés	28 616	32 930	24 088	26 023	25 271	25 683	28 865	..
2.2.1	Titres à court terme	6 101	7 462	4 994	2 302	2 719	3 837	2 728	..
2.2.2	Titres à long terme	22 515	25 468	19 094	23 221	22 552	21 846	26 137	..
2.2.3	Titres émis par les résidents	6 814	8 277	4 740	4 158	3 926	4 727	4 473	..
2.2.4	Titres émis par les non-résidents	21 802	24 653	19 348	21 365	21 345	20 956	24 392	..
2.3	Crédits	0	0	0	0	0	0	0	..
2.3.1	Crédits à court terme	0	0	0	0	0	0	0	..
2.3.2	Crédits à long terme	0	0	0	0	0	0	0	..
2.3.3	Crédits accordés aux résidents	0	0	0	0	0	0	0	..
2.3.4	Crédits accordés aux non-résidents	0	0	0	0	0	0	0	..
2.4	Actions et autres participations	31 281	32 200	15 810	27 014	35 217	28 004	36 013	..
2.4.1	Actions émises par les résidents	11 614	12 219	6 718	9 331	11 437	9 403	11 622	..
2.4.2	Actions émises par les non-résidents	19 667	19 981	9 092	17 683	23 780	18 601	24 391	..
2.5	Autres, non classés ailleurs	42	180	364	25	387	715	1 048	..
	Fonds d'investissement sur le marché monéaire								
2	Actifs financiers	16 551	18 782	12 200	11 964	10 448	11 264	3 174	..
2.1	Numéraire et dépôts	317	568	490	328	331	401	293	..
2.2	Titres autres qu'actions, non compris les produits financiers dérivés	16 209	18 197	11 709	11 427	9 932	10 849	2 844	..
2.2.1	Titres à court terme	5 479	6 377	3 962	2 325	2 141	3 537	1 015	..
2.2.2	Titres à long terme	10 730	11 820	7 747	9 102	7 791	7 312	1 829	..
2.2.3	Titres émis par les résidents	5 304	6 197	2 757	2 541	2 567	3 417	981	..
2.2.4	Titres émis par les non-résidents	10 905	12 000	8 952	8 886	7 365	7 432	1 863	..
2.3	Crédits	0	0	0	0	0	0	0	..
2.3.1	Crédits à court terme	0	0	0	0	0	0	0	..
2.3.2	Crédits à long terme	0	0	0	0	0	0	0	..
2.3.3	Crédits accordés aux résidents	0	0	0	0	0	0	0	..
2.3.4	Crédits accordés aux non-résidents	0	0	0	0	0	0	0	..
2.4	Actions et autres participations	22	10	0	209	185	14	12	..
2.4.1	Actions émises par les résidents	19	10	0	209	185	0	2	..
2.4.2	Actions émises par les non-résidents	3	0	0	0	0	14	10	..
2.5	Autres, non classés ailleurs	3	7	1	0	0	0	25	..
	Autres fonds communs de placement								
2	Actifs financiers	45 265	48 948	30 094	43 100	52 581	45 521	65 657	..
2.1	Numéraire et dépôts	1 560	1 852	1 542	1 674	1 823	1 982	2 612	..
2.2	Titres autres qu'actions, non compris les produits financiers dérivés	12 407	14 733	12 379	14 596	15 339	14 834	26 021	..
2.2.1	Titres à court terme	622	1 085	1 032	477	578	300	1 713	..
2.2.2	Titres à long terme	11 785	13 648	11 347	14 119	14 761	14 534	24 308	..
2.2.3	Titres émis par les résidents	1 510	2 080	1 983	1 617	1 359	1 310	3 492	..
2.2.4	Titres émis par les non-résidents	10 897	12 653	10 396	12 979	13 980	13 524	22 529	..
2.3	Crédits	0	0	0	0	0	0	0	..
2.3.1	Crédits à court terme	0	0	0	0	0	0	0	..
2.3.2	Crédits à long terme	0	0	0	0	0	0	0	..
2.3.3	Crédits accordés aux résidents	0	0	0	0	0	0	0	..
2.3.4	Crédits accordés aux non-résidents	0	0	0	0	0	0	0	..
2.4	Actions et autres participations	31 259	32 190	15 810	26 805	35 032	27 990	36 001	..
2.4.1	Actions émises par les résidents	11 595	12 209	6 718	9 122	11 252	9 403	11 620	..
2.4.2	Actions émises par les non-résidents	19 664	19 981	9 092	17 683	23 780	18 587	24 381	..
2.5	Autres, non classés ailleurs	39	173	363	25	387	715	1 023	..

Tableau 4. Composition du portefeuille par type d'investisseur

Pourcentage du total des actifs financiers

Pour cent

		2006	2007	2008	2009	2010	2011	2012	2013
	Fonds d'investissement								
2	Actifs financiers	..	..	100.0	100.0	100.0	100.0	100.0	100.0
2.1	Numéraire et dépôts	..	..	9.4	7.2	6.6	7.4	7.3	7.0
2.2	Titres autres qu'actions, non compris les produits financiers dérivés	..	..	52.2	50.0	47.3	49.3	49.5	46.1
2.2.1	Titres à court terme	..	..	24.9	24.0	20.8	23.0	22.4	16.7
2.2.2	Titres à long terme	..	..	27.3	26.0	26.4	26.3	27.1	29.4
2.2.3	Titres émis par les résidents	..	..	26.0	22.9	21.5	25.5	24.4	21.0
2.2.4	Titres émis par les non-résidents	..	..	26.2	27.1	25.7	23.8	25.1	25.1
2.3	Crédits	..	..	0.4	0.3	0.4	0.1	0.1	0.1
2.3.1	Crédits à court terme	..	..	0.4	0.3	0.4	0.1	0.1	0.1
2.3.2	Crédits à long terme	..	..	0.0	0.0	0.0	0.0	0.0	0.0
2.3.3	Crédits accordés aux résidents	..	..	0.4	0.3	0.4	0.1	0.1	0.1
2.3.4	Crédits accordés aux non-résidents	..	..	0.0	0.0	0.0	0.0	0.0	0.0
2.4	Actions et autres participations	..	..	27.9	32.4	34.8	32.1	32.6	36.8
2.4.1	Actions émises par les résidents	..	..	13.2	14.2	13.7	12.7	12.9	14.2
2.4.2	Actions émises par les non-résidents	..	..	14.7	18.2	21.0	19.4	19.8	22.5
2.5	Autres, non classés ailleurs	..	..	10.1	10.1	11.0	11.1	10.5	10.0
	Sociétés d'assurance								
2	Actifs financiers	100.0	100.0	100.0	100.0	100.0	100.0	100.0	100.0
2.1	Numéraire et dépôts	1.1	0.9	1.2	1.0	0.9	1.0	1.2	1.4
2.2	Titres autres qu'actions, non compris les produits financiers dérivés	52.3	51.7	57.8	57.9	60.6	60.7	61.4	60.5
2.2.1	Titres à court terme	1.0	1.3	1.4	0.6	0.9	1.9	1.4	1.2
2.2.2	Titres à long terme	51.3	50.3	56.4	57.3	59.6	58.8	60.0	59.3
2.2.3	Titres émis par les résidents	23.8	23.6	25.5	24.3	27.8	31.2	32.9	32.6
2.2.4	Titres émis par les non-résidents	28.5	28.0	32.3	33.6	32.8	29.6	28.6	27.9
2.3	Crédits	2.1	2.1	2.4	1.9	1.8	2.0	1.7	1.7
2.3.1	Crédits à court terme	0.7	0.7	0.8	0.6	0.6	0.7	0.5	0.5
2.3.2	Crédits à long terme	1.3	1.4	1.6	1.3	1.2	1.3	1.2	1.2
2.3.3	Crédits accordés aux résidents	1.7	1.8	1.9	1.7	1.7	1.9	1.6	1.6
2.3.4	Crédits accordés aux non-résidents	0.3	0.3	0.4	0.1	0.1	0.1	0.1	0.1
2.4	Actions et autres participations	40.5	41.2	33.9	34.8	32.2	31.2	30.9	31.3
2.4.1	Actions émises par les résidents	36.5	37.4	31.3	31.6	29.1	28.3	27.7	27.5
2.4.2	Actions émises par les non-résidents	3.9	3.8	2.5	3.1	3.1	2.9	3.2	3.9
2.5	Autres, non classés ailleurs	4.0	4.1	4.7	4.5	4.5	5.0	4.7	5.2
	Fonds de pension autonomes								
2	Actifs financiers	..	..	..	..	..	..	..	..
2.1	Numéraire et dépôts	..	..	..	..	..	..	..	..
2.2	Titres autres qu'actions, non compris les produits financiers dérivés	..	..	..	..	..	..	..	..
2.2.1	Titres à court terme	..	..	..	..	..	..	..	..
2.2.2	Titres à long terme	..	..	..	..	..	..	..	..
2.2.3	Titres émis par les résidents	..	..	..	..	..	..	..	..
2.2.4	Titres émis par les non-résidents	..	..	..	..	..	..	..	..
2.3	Crédits	..	..	..	..	..	..	..	..
2.3.1	Crédits à court terme	..	..	..	..	..	..	..	..
2.3.2	Crédits à long terme	..	..	..	..	..	..	..	..
2.3.3	Crédits accordés aux résidents	..	..	..	..	..	..	..	..
2.3.4	Crédits accordés aux non-résidents	..	..	..	..	..	..	..	..
2.4	Actions et autres participations	..	..	..	..	..	..	..	..
2.4.1	Actions émises par les résidents	..	..	..	..	..	..	..	..
2.4.2	Actions émises par les non-résidents	..	..	..	..	..	..	..	..
2.5	Autres, non classés ailleurs	..	..	..	..	..	..	..	..

Note : Voir les métadonnées détaillées sur : http://metalinks.oecd.org/instinv/20141203/bbbc

ALLEMAGNE

Tableau 1. Actifs financiers des investisseurs institutionnels, 2012

Millions EUR (1999 DEM euro)

			Fonds d'investissement			
		Total	Fonds d'investissement à capital variable (fonds communs de placement)			Fonds d'investissement à capital fixe
			Total	Fonds d'investissement sur le marché monéaire	Autres fonds communs de placement	Total
2	Actifs financiers	..	1 339 052	7 824	1 331 228	..
2.1	Numéraire et dépôts	..	128 625	360	128 265	..
2.2	Titres autres qu'actions, non compris les produits financiers dérivés	..	692 974	7 440	685 534	..
2.2.1	Titres à court terme	..	4 331	670	3 661	..
2.2.2	Titres à long terme	..	686 617	4 744	681 873	..
2.2.3	Titres émis par les résidents	..	154 919	4 726	150 193	..
2.2.4	Titres émis par les non-résidents	..	538 055	2 714	535 341	..
2.3	Crédits	..	3 070	24	3 046	..
2.3.1	Crédits à court terme	..	24	24	0	..
2.3.2	Crédits à long terme	..	3 046	0	3 046	..
2.3.3	Crédits accordés aux résidents	..	2 111	24	2 087	..
2.3.4	Crédits accordés aux non-résidents	..	959	0	959	..
2.4	Actions et autres participations	..	514 383	0	514 383	..
2.4.1	Actions émises par les résidents	..	303 347	..	303 347	..
2.4.2	Actions émises par les non-résidents	..	211 036	..	211 036	..
2.5	Autres, non classés ailleurs	..	0	0	0	..

			Sociétés d'assurance et fonds de pension autonomes			
		Total	Sociétés d'assurance			Fonds de pension autonomes
			Total	Sociétés d'assurance vie	Sociétés d'assurance non-vie	Total
2	Actifs financiers	1 950 234	1 670 744	919 476	751 268	402 370
2.1	Numéraire et dépôts	560 302	416 665	265 321	151 344	143 637
2.2	Titres autres qu'actions, non compris les produits financiers dérivés	286 283	241 003	122 625	118 378	45 280
2.2.1	Titres à court terme	3 110	2 618	1 332	1 286	492
2.2.2	Titres à long terme	283 173	238 385	121 293	117 092	44 788
2.2.3	Titres émis par les résidents	54 131	45 569	22 094	23 475	8 562
2.2.4	Titres émis par les non-résidents	232 152	195 434	100 531	94 903	36 718
2.3	Crédits	243 927	264 944	153 582	111 362	25 352
2.3.1	Crédits à court terme	33 836	56 680	9 564	47 116	984
2.3.2	Crédits à long terme	210 091	208 264	144 017	64 247	24 368
2.3.3	Crédits accordés aux résidents	190 961	214 094	138 645	75 449	23 236
2.3.4	Crédits accordés aux non-résidents	52 966	50 850	14 936	35 914	2 116
2.4	Actions et autres participations	806 903	632 043	339 383	292 660	174 860
2.4.1	Actions émises par les résidents	..	..	..	..	..
2.4.2	Actions émises par les non-résidents	..	..	..	..	..
2.5	Autres, non classés ailleurs	52 819	116 089	38 565	77 523	13 241

Note : Voir les métadonnées détaillées sur : http://metalinks.oecd.org/instinv/20141203/324c

Tableau 2. Actifs financiers des fonds d'investissement

Millions EUR (1999 DEM euro)

		2006	2007	2008	2009	2010	2011	2012	2013
	Fonds d'investissement								
2	Actifs financiers	..	..	..	..	..	..	..	..
2.1	Numéraire et dépôts	..	..	..	..	..	..	..	..
2.2	Titres autres qu'actions, non compris les produits financiers dérivés	..	..	..	..	..	..	..	..
2.2.1	Titres à court terme	..	..	..	..	..	..	..	..
2.2.2	Titres à long terme	..	..	..	..	..	..	..	..
2.2.3	Titres émis par les résidents	..	..	..	..	..	..	..	..
2.2.4	Titres émis par les non-résidents	..	..	..	..	..	..	..	..
2.3	Crédits	..	..	..	..	..	..	..	..
2.3.1	Crédits à court terme	..	..	..	..	..	..	..	..
2.3.2	Crédits à long terme	..	..	..	..	..	..	..	..
2.3.3	Crédits accordés aux résidents	..	..	..	..	..	..	..	..
2.3.4	Crédits accordés aux non-résidents	..	..	..	..	..	..	..	..
2.4	Actions et autres participations	..	..	..	..	..	..	..	..
2.4.1	Actions émises par les résidents	..	..	..	..	..	..	..	..
2.4.2	Actions émises par les non-résidents	..	..	..	..	..	..	..	..
2.5	Autres, non classés ailleurs	..	..	..	..	..	..	..	..
	Fonds d'investissement à capital variable (fonds communs de placement)								
2	Actifs financiers	1 061 990	1 083 338	951 696	1 072 021	1 176 610	1 172 077	1 339 052	..
2.1	Numéraire et dépôts	77 082	105 459	142 121	118 227	113 726	131 649	128 625	..
2.2	Titres autres qu'actions, non compris les produits financiers dérivés	502 497	499 011	475 185	562 066	602 568	604 956	692 974	..
2.2.1	Titres à court terme	5 651	12 082	5 579	4 557	6 111	6 686	4 331	..
2.2.2	Titres à long terme	496 846	486 929	469 605	557 420	596 313	598 197	686 617	..
2.2.3	Titres émis par les résidents	185 640	178 260	168 253	162 712	170 870	168 965	154 919	..
2.2.4	Titres émis par les non-résidents	316 857	320 751	306 932	399 354	431 698	435 991	538 055	..
2.3	Crédits	727	721	1 081	1 793	2 028	2 120	3 070	..
2.3.1	Crédits à court terme	20	25	20	0	0	0	24	..
2.3.2	Crédits à long terme	707	696	1 061	1 793	2 028	2 120	3 046	..
2.3.3	Crédits accordés aux résidents	540	466	861	1 728	1 811	1 855	2 111	..
2.3.4	Crédits accordés aux non-résidents	187	255	220	65	217	265	959	..
2.4	Actions et autres participations	481 684	478 147	333 309	389 935	458 288	433 352	514 383	..
2.4.1	Actions émises par les résidents	195 688	214 763	187 803	203 132	242 135	243 159	303 347	..
2.4.2	Actions émises par les non-résidents	285 996	263 384	145 506	186 803	216 153	190 193	211 036	..
2.5	Autres, non classés ailleurs	0	0	0	0	0	0	0	..
	Fonds d'investissement sur le marché monéaire								
2	Actifs financiers	33 349	29 776	17 175	12 260	10 376	6 622	7 824	..
2.1	Numéraire et dépôts	3 260	3 874	4 651	2 805	2 352	622	360	..
2.2	Titres autres qu'actions, non compris les produits financiers dérivés	30 069	25 877	12 504	9 455	8 024	6 000	7 440	..
2.2.1	Titres à court terme	3 963	5 663	1 461	1 031	787	879	670	..
2.2.2	Titres à long terme	26 106	20 214	11 043	8 336	7 093	5 048	4 744	..
2.2.3	Titres émis par les résidents	6 818	4 909	2 991	3 190	3 386	3 203	4 726	..
2.2.4	Titres émis par les non-résidents	23 251	20 968	9 513	6 265	4 638	2 797	2 714	..
2.3	Crédits	20	25	20	0	0	0	24	..
2.3.1	Crédits à court terme	20	25	20	0	0	0	24	..
2.3.2	Crédits à long terme	0	0	0	0	0	0	0	..
2.3.3	Crédits accordés aux résidents	20	25	20	0	0	0	24	..
2.3.4	Crédits accordés aux non-résidents	0	0	0	0	0	0	0	..
2.4	Actions et autres participations	0	0	0	0	0	0	0	..
2.4.1	Actions émises par les résidents	..	..	..	..	..	..	..	..
2.4.2	Actions émises par les non-résidents	..	..	..	..	..	..	..	..
2.5	Autres, non classés ailleurs	0	0	0	0	0	0	0	..
	Autres fonds communs de placement								
2	Actifs financiers	1 028 641	1 053 562	934 521	1 059 761	1 166 234	1 165 455	1 331 228	..
2.1	Numéraire et dépôts	73 822	101 585	137 470	115 422	111 374	131 027	128 265	..
2.2	Titres autres qu'actions, non compris les produits financiers dérivés	472 428	473 134	462 681	552 611	594 544	598 956	685 534	..
2.2.1	Titres à court terme	1 688	6 419	4 118	3 526	5 324	5 807	3 661	..
2.2.2	Titres à long terme	470 740	466 715	458 562	549 084	589 220	593 149	681 873	..
2.2.3	Titres émis par les résidents	178 822	173 351	165 262	159 522	167 484	165 762	150 193	..
2.2.4	Titres émis par les non-résidents	293 606	299 783	297 419	393 089	427 060	433 194	535 341	..
2.3	Crédits	707	696	1 061	1 793	2 028	2 120	3 046	..
2.3.1	Crédits à court terme	0	0	0	0	0	0	0	..
2.3.2	Crédits à long terme	707	696	1 061	1 793	2 028	2 120	3 046	..
2.3.3	Crédits accordés aux résidents	520	441	841	1 728	1 811	1 855	2 087	..
2.3.4	Crédits accordés aux non-résidents	187	255	220	65	217	265	959	..
2.4	Actions et autres participations	481 684	478 147	333 309	389 935	458 288	433 352	514 383	..
2.4.1	Actions émises par les résidents	195 688	214 763	187 803	203 132	242 135	243 159	303 347	..
2.4.2	Actions émises par les non-résidents	285 996	263 384	145 506	186 803	216 153	190 193	211 036	..
2.5	Autres, non classés ailleurs	0	0	0	0	0	0	0	..

Tableau 4. Composition du portefeuille par type d'investisseur

Pourcentage du total des actifs financiers

Pour cent

		2006	2007	2008	2009	2010	2011	2012	2013
	Fonds d'investissement								
2	Actifs financiers	100.0	100.0	100.0	100.0	100.0	100.0	100.0	100.0
2.1	Numéraire et dépôts	23.1	17.2	34.2	27.8	25.1	29.6	31.5	21.4
2.2	Titres autres qu'actions, non compris les produits financiers dérivés	31.8	43.6	34.6	31.6	33.0	33.8	30.1	34.5
2.2.1	Titres à court terme	0.5	13.4	1.7	0.1	1.7	2.1	0.9	10.8
2.2.2	Titres à long terme	31.3	30.2	33.0	31.6	31.3	31.7	29.1	23.7
2.2.3	Titres émis par les résidents	7.8	5.0	8.0	11.1	11.8	8.7	10.2	20.5
2.2.4	Titres émis par les non-résidents	24.0	38.6	26.6	20.6	21.2	25.0	19.8	13.9
2.3	Crédits	0.0	0.0	0.0	0.0	0.0	0.0	0.0	0.0
2.3.1	Crédits à court terme	0.0	0.0	0.0	0.0	0.0	0.0	0.0	0.0
2.3.2	Crédits à long terme	0.0	0.0	0.0	0.0	0.0	0.0	0.0	0.0
2.3.3	Crédits accordés aux résidents	0.0	0.0	0.0	0.0	0.0	0.0	0.0	0.0
2.3.4	Crédits accordés aux non-résidents	0.0	0.0	0.0	0.0	0.0	0.0	0.0	0.0
2.4	Actions et autres participations	41.3	32.3	27.1	37.5	37.0	32.9	35.0	40.9
2.4.1	Actions émises par les résidents	26.3	22.9	19.5	26.0	20.5	16.1	20.2	25.5
2.4.2	Actions émises par les non-résidents	15.0	9.4	7.6	11.5	16.6	16.7	14.8	15.4
2.5	Autres, non classés ailleurs	3.8	6.9	4.2	3.1	4.9	3.8	3.4	3.2

		2006	2007	2008	2009	2010	2011	2012	2013
	Sociétés d'assurance								
2	Actifs financiers	100.0	100.0	100.0	100.0	100.0	100.0	100.0	100.0
2.1	Numéraire et dépôts	12.4	15.0	15.1	14.4	20.2	20.9	19.9	25.3
2.2	Titres autres qu'actions, non compris les produits financiers dérivés	43.2	41.9	44.9	47.8	47.1	47.1	46.9	45.0
2.2.1	Titres à court terme	0.1	0.2	0.1	0.0	0.3	7.6	9.0	5.8
2.2.2	Titres à long terme	43.1	41.6	44.9	47.8	46.8	39.5	37.9	39.2
2.2.3	Titres émis par les résidents	23.8	23.6	25.1	26.7	24.0	19.0	7.3	8.1
2.2.4	Titres émis par les non-résidents	19.4	18.3	19.8	21.1	23.2	28.2	39.6	36.9
2.3	Crédits	0.9	0.8	0.8	0.7	0.7	0.7	1.0	0.9
2.3.1	Crédits à court terme	0.1	0.1	0.1	0.1	0.1	0.1	0.1	0.1
2.3.2	Crédits à long terme	0.8	0.7	0.8	0.6	0.6	0.7	0.9	0.8
2.3.3	Crédits accordés aux résidents	0.9	0.7	0.8	0.7	0.7	0.7	1.0	0.9
2.3.4	Crédits accordés aux non-résidents	0.0	0.0	0.0	0.0	0.0	0.0	0.0	0.0
2.4	Actions et autres participations	26.7	27.5	21.0	20.4	16.6	16.2	18.7	17.6
2.4.1	Actions émises par les résidents	22.8	20.5	14.3	13.9	11.0	8.7	8.4	8.9
2.4.2	Actions émises par les non-résidents	3.9	7.0	6.7	6.4	5.6	7.5	10.3	8.7
2.5	Autres, non classés ailleurs	16.8	14.9	18.1	16.7	15.3	15.0	13.4	11.2

		2006	2007	2008	2009	2010	2011	2012	2013
	Fonds de pension autonomes								
2	Actifs financiers	..	..	..	..	..	..	..	..
2.1	Numéraire et dépôts	..	..	..	..	..	..	..	..
2.2	Titres autres qu'actions, non compris les produits financiers dérivés	..	..	..	..	..	..	..	..
2.2.1	Titres à court terme	..	..	..	..	..	..	..	..
2.2.2	Titres à long terme	..	..	..	..	..	..	..	..
2.2.3	Titres émis par les résidents	..	..	..	..	..	..	..	..
2.2.4	Titres émis par les non-résidents	..	..	..	..	..	..	..	..
2.3	Crédits	..	..	..	..	..	..	..	..
2.3.1	Crédits à court terme	..	..	..	..	..	..	..	..
2.3.2	Crédits à long terme	..	..	..	..	..	..	..	..
2.3.3	Crédits accordés aux résidents	..	..	..	..	..	..	..	..
2.3.4	Crédits accordés aux non-résidents	..	..	..	..	..	..	..	..
2.4	Actions et autres participations	..	..	..	..	..	..	..	..
2.4.1	Actions émises par les résidents	..	..	..	..	..	..	..	..
2.4.2	Actions émises par les non-résidents	..	..	..	..	..	..	..	..
2.5	Autres, non classés ailleurs	..	..	..	..	..	..	..	..

Note : Voir les métadonnées détaillées sur : http://metalinks.oecd.org/instinv/20141203/bbbc

HONGRIE

Tableau 1. Actifs financiers des investisseurs institutionnels, 2013

Millions HUF

		Fonds d'investissement				
		Total	Fonds d'investissement à capital variable (fonds communs de placement)			Fonds d'investissement à capital fixe
			Total	Fonds d'investissement sur le marché monéaire	Autres fonds communs de placement	Total
2	Actifs financiers	4 496 169	4 222 799	1 461 994	2 760 805	273 370
2.1	Numéraire et dépôts	1 996 189	1 819 720	1 044 242	775 479	176 469
2.2	Titres autres qu'actions, non compris les produits financiers dérivés	1 440 693	1 381 131	354 337	1 026 794	59 562
2.2.1	Titres à court terme	..	..	..	..	..
2.2.2	Titres à long terme	..	..	..	..	..
2.2.3	Titres émis par les résidents	1 364 604	1 305 636	353 552	952 084	58 968
2.2.4	Titres émis par les non-résidents	76 089	75 495	785	74 710	594
2.3	Crédits	0	0	0	0	0
2.3.1	Crédits à court terme	0	0	0	0	0
2.3.2	Crédits à long terme	0	0	0	0	0
2.3.3	Crédits accordés aux résidents	0	0	0	0	0
2.3.4	Crédits accordés aux non-résidents	0	0	0	0	0
2.4	Actions et autres participations	776 574	775 690	3 151	772 540	884
2.4.1	Actions émises par les résidents	352 869	352 849	3 151	349 698	20
2.4.2	Actions émises par les non-résidents	423 705	422 842	0	422 842	863
2.5	Autres, non classés ailleurs	282 713	246 258	60 265	185 993	36 456

		Sociétés d'assurance et fonds de pension autonomes				
		Total	Sociétés d'assurance			Fonds de pension autonomes
			Total	Sociétés d'assurance vie	Sociétés d'assurance non-vie	Total
2	Actifs financiers	3 729 510	2 501 374	..	..	1 228 136
2.1	Numéraire et dépôts	207 871	119 017	..	..	88 854
2.2	Titres autres qu'actions, non compris les produits financiers dérivés	2 238 054	1 442 501	..	..	795 553
2.2.1	Titres à court terme	350 031	148 829	..	..	201 202
2.2.2	Titres à long terme	1 888 023	1 293 672	..	..	594 351
2.2.3	Titres émis par les résidents	2 156 209	1 369 081	..	..	787 128
2.2.4	Titres émis par les non-résidents	81 845	73 420	..	..	8 425
2.3	Crédits	7 755	6 150	..	..	1 605
2.3.1	Crédits à court terme	955	955	..	..	0
2.3.2	Crédits à long terme	6 800	5 195	..	..	1 605
2.3.3	Crédits accordés aux résidents	6 800	5 195	..	..	1 605
2.3.4	Crédits accordés aux non-résidents	955	955	..	..	0
2.4	Actions et autres participations	1 127 456	785 362	..	..	342 094
2.4.1	Actions émises par les résidents	595 598	409 308	..	..	186 290
2.4.2	Actions émises par les non-résidents	531 858	376 054	..	..	155 804
2.5	Autres, non classés ailleurs	148 374	148 344	..	..	30

Note : Voir les métadonnées détaillées sur : http://metalinks.oecd.org/instinv/20141203/0a88

HONGRIE

Tableau 2. Actifs financiers des fonds d'investissement

Millions HUF

		2006	2007	2008	2009	2010	2011	2012	2013
	Fonds d'investissement								
2	Actifs financiers	2 449 483	3 334 553	2 425 408	3 030 731	3 722 261	3 089 915	3 267 089	4 496 169
2.1	Numéraire et dépôts	1 013 101	1 259 841	1 146 927	1 299 833	1 408 012	1 558 008	1 677 634	1 996 189
2.2	Titres autres qu'actions, non compris les produits financiers dérivés	700 277	932 610	540 833	701 188	1 055 834	762 857	830 843	1 440 693
2.2.1	Titres à court terme	..	..	..	..	..	..	..	..
2.2.2	Titres à long terme	..	..	..	..	..	..	..	..
2.2.3	Titres émis par les résidents	659 610	889 089	515 613	662 269	1 005 689	724 320	786 967	1 364 604
2.2.4	Titres émis par les non-résidents	40 667	43 521	25 220	38 919	50 145	38 537	43 877	76 089
2.3	Crédits	0	0	0	0	0	0	0	0
2.3.1	Crédits à court terme	0	0	0	0	0	0	0	0
2.3.2	Crédits à long terme	0	0	0	0	0	0	0	0
2.3.3	Crédits accordés aux résidents	0	0	0	0	0	0	0	0
2.3.4	Crédits accordés aux non-résidents	0	0	0	0	0	0	0	0
2.4	Actions et autres participations	633 982	775 328	542 021	827 435	1 158 095	677 087	608 728	776 574
2.4.1	Actions émises par les résidents	379 628	432 772	198 632	210 205	276 442	203 339	211 188	352 869
2.4.2	Actions émises par les non-résidents	254 354	342 555	343 389	617 230	881 653	473 748	397 540	423 705
2.5	Autres, non classés ailleurs	102 123	366 774	195 627	202 275	100 320	91 963	149 884	282 713
	Fonds d'investissement à capital variable (fonds communs de placement)								
2	Actifs financiers	2 190 368	2 916 533	1 946 776	2 728 936	3 472 336	2 858 095	3 017 972	4 222 799
2.1	Numéraire et dépôts	790 990	901 265	710 089	1 049 182	1 204 156	1 366 514	1 494 407	1 819 720
2.2	Titres autres qu'actions, non compris les produits financiers dérivés	694 894	930 319	534 043	696 823	1 052 353	754 119	803 460	1 381 131
2.2.1	Titres à court terme	..	..	..	..	..	..	..	..
2.2.2	Titres à long terme	..	..	..	..	..	..	..	..
2.2.3	Titres émis par les résidents	654 227	886 798	508 929	657 904	1 002 312	716 163	760 222	1 305 636
2.2.4	Titres émis par les non-résidents	40 667	43 521	25 114	38 919	50 041	37 957	43 238	75 495
2.3	Crédits	0	0	0	0	0	0	0	0
2.3.1	Crédits à court terme	0	0	0	0	0	0	0	0
2.3.2	Crédits à long terme	0	0	0	0	0	0	0	0
2.3.3	Crédits accordés aux résidents	0	0	0	0	0	0	0	0
2.3.4	Crédits accordés aux non-résidents	0	0	0	0	0	0	0	0
2.4	Actions et autres participations	633 982	775 328	540 909	827 435	1 158 095	677 087	608 728	775 690
2.4.1	Actions émises par les résidents	379 628	432 772	198 094	210 205	276 442	203 339	211 188	352 849
2.4.2	Actions émises par les non-résidents	254 354	342 555	342 815	617 230	881 653	473 748	397 540	422 842
2.5	Autres, non classés ailleurs	70 502	309 622	161 735	155 496	57 732	60 375	111 377	246 258
	Fonds d'investissement sur le marché monéaire								
2	Actifs financiers	774 118	1 173 119	886 052	1 233 867	1 393 036	1 367 054	1 233 618	1 461 994
2.1	Numéraire et dépôts	499 763	669 366	523 312	839 960	863 934	1 025 047	999 039	1 044 242
2.2	Titres autres qu'actions, non compris les produits financiers dérivés	257 859	330 533	235 865	295 077	505 249	318 725	204 113	354 337
2.2.1	Titres à court terme	..	..	..	..	..	..	..	..
2.2.2	Titres à long terme	..	..	..	..	..	..	..	..
2.2.3	Titres émis par les résidents	243 255	320 098	234 486	289 942	501 541	316 832	203 476	353 552
2.2.4	Titres émis par les non-résidents	14 604	10 435	1 379	5 135	3 707	1 893	637	785
2.3	Crédits	0	0	0	0	0	0	0	0
2.3.1	Crédits à court terme	0	0	0	0	0	0	0	0
2.3.2	Crédits à long terme	0	0	0	0	0	0	0	0
2.3.3	Crédits accordés aux résidents	0	0	0	0	0	0	0	0
2.3.4	Crédits accordés aux non-résidents	0	0	0	0	0	0	0	0
2.4	Actions et autres participations	2 489	1 568	1 327	9 718	7 669	7 342	4 526	3 151
2.4.1	Actions émises par les résidents	2 489	616	1 327	9 718	7 669	7 342	4 526	3 151
2.4.2	Actions émises par les non-résidents	0	951	0	0	0	0	0	0
2.5	Autres, non classés ailleurs	14 007	171 652	125 548	89 112	16 184	15 940	25 940	60 265
	Autres fonds communs de placement								
2	Actifs financiers	1 416 250	1 743 414	1 060 724	1 495 069	2 079 299	1 491 041	1 784 354	2 760 805
2.1	Numéraire et dépôts	291 227	231 899	186 777	209 222	340 222	341 467	495 369	775 479
2.2	Titres autres qu'actions, non compris les produits financiers dérivés	437 035	599 786	298 178	401 746	547 104	435 395	599 347	1 026 794
2.2.1	Titres à court terme	..	..	..	..	..	..	..	..
2.2.2	Titres à long terme	..	..	..	..	..	..	..	..
2.2.3	Titres émis par les résidents	410 972	566 700	274 443	367 962	500 771	399 331	556 747	952 084
2.2.4	Titres émis par les non-résidents	26 063	33 086	23 735	33 784	46 333	36 064	42 600	74 710
2.3	Crédits	0	0	0	0	0	0	0	0
2.3.1	Crédits à court terme	0	0	0	0	0	0	0	0
2.3.2	Crédits à long terme	0	0	0	0	0	0	0	0
2.3.3	Crédits accordés aux résidents	0	0	0	0	0	0	0	0
2.3.4	Crédits accordés aux non-résidents	0	0	0	0	0	0	0	0
2.4	Actions et autres participations	631 493	773 760	539 582	817 717	1 150 426	669 745	604 202	772 540
2.4.1	Actions émises par les résidents	377 139	432 156	196 767	200 487	268 773	195 997	206 662	349 698
2.4.2	Actions émises par les non-résidents	254 354	341 604	342 815	617 230	881 653	473 748	397 540	422 842
2.5	Autres, non classés ailleurs	56 495	137 970	36 187	66 384	41 548	44 434	85 437	185 993

Tableau 4. Composition du portefeuille par type d'investisseur

Pourcentage du total des actifs financiers

Pour cent

		2006	2007	2008	2009	2010	2011	2012	2013
	Fonds d'investissement								
2	Actifs financiers	100.0	100.0	100.0	100.0	100.0	100.0	100.0	100.0
2.1	Numéraire et dépôts	10.3	17.4	8.6	9.4	6.4	12.2	15.1	15.6
2.2	Titres autres qu'actions, non compris les produits financiers dérivés	72.6	70.4	84.1	81.9	83.3	74.7	69.9	63.0
2.2.1	Titres à court terme	..	..	..	..	..	..	..	..
2.2.2	Titres à long terme	..	..	..	..	..	..	..	..
2.2.3	Titres émis par les résidents	70.1	65.7	84.1	81.9	83.1	74.1	68.6	61.8
2.2.4	Titres émis par les non-résidents	2.5	4.6	0.0	0.0	0.2	0.6	1.4	1.2
2.3	Crédits	..	..	..	..	..	..	..	..
2.3.1	Crédits à court terme	..	..	..	..	..	..	..	..
2.3.2	Crédits à long terme	..	..	..	..	..	..	..	..
2.3.3	Crédits accordés aux résidents	..	..	..	..	..	..	..	..
2.3.4	Crédits accordés aux non-résidents	..	..	..	..	..	..	..	..
2.4	Actions et autres participations	16.7	10.5	6.6	8.4	9.9	11.3	14.7	20.9
2.4.1	Actions émises par les résidents	11.7	7.9	2.1	3.2	6.8	7.2	10.0	16.4
2.4.2	Actions émises par les non-résidents	5.0	2.6	4.5	5.2	3.1	4.1	4.7	4.5
2.5	Autres, non classés ailleurs	0.4	1.7	0.8	0.3	0.4	1.8	0.3	0.5
	Sociétés d'assurance								
2	Actifs financiers	100.0	100.0	100.0	100.0	100.0	100.0	100.0	100.0
2.1	Numéraire et dépôts	2.9	4.0	14.1	9.7	7.4	8.0	7.3	6.6
2.2	Titres autres qu'actions, non compris les produits financiers dérivés	8.7	13.5	20.0	35.2	40.2	42.3	42.9	44.2
2.2.1	Titres à court terme	0.0	1.4	0.0	0.3	0.6	0.5	0.4	0.1
2.2.2	Titres à long terme	8.7	12.0	20.0	34.9	39.6	41.7	42.6	44.1
2.2.3	Titres émis par les résidents	8.4	11.5	18.8	34.6	38.2	39.2	40.1	42.0
2.2.4	Titres émis par les non-résidents	0.3	1.9	1.2	0.6	2.0	3.1	2.9	2.2
2.3	Crédits	7.9	6.3	6.9	5.1	3.6	3.1	2.1	1.7
2.3.1	Crédits à court terme	..	..	..	..	..	..	..	..
2.3.2	Crédits à long terme	..	..	..	..	..	..	..	..
2.3.3	Crédits accordés aux résidents	..	..	..	..	..	..	..	..
2.3.4	Crédits accordés aux non-résidents	..	..	..	..	..	..	..	..
2.4	Actions et autres participations	64.0	53.9	35.9	25.2	25.4	27.8	27.0	27.3
2.4.1	Actions émises par les résidents	58.6	46.6	29.2	16.5	18.9	22.7	22.7	23.2
2.4.2	Actions émises par les non-résidents	5.4	7.2	6.7	8.8	6.5	5.1	4.3	4.1
2.5	Autres, non classés ailleurs	16.5	22.4	23.1	24.7	23.4	18.9	20.7	20.1
	Fonds de pension autonomes								
2	Actifs financiers	100.0	100.0	100.0	100.0	100.0	100.0	100.0	100.0
2.1	Numéraire et dépôts	1.0	2.7	10.6	9.2	8.4	7.5	7.0	6.2
2.2	Titres autres qu'actions, non compris les produits financiers dérivés	38.4	40.3	46.7	49.9	54.8	54.9	53.1	51.5
2.2.1	Titres à court terme	..	..	..	..	..	..	..	..
2.2.2	Titres à long terme	..	..	..	..	..	..	..	..
2.2.3	Titres émis par les résidents	37.0	38.8	44.9	48.6	54.0	54.5	52.9	51.3
2.2.4	Titres émis par les non-résidents	1.4	1.5	1.8	1.3	0.8	0.4	0.3	0.2
2.3	Crédits	7.3	7.7	10.3	9.9	9.1	8.4	7.3	6.6
2.3.1	Crédits à court terme	..	..	..	..	..	..	..	..
2.3.2	Crédits à long terme	7.3	7.7	10.3	9.9	9.1	8.4	7.3	6.6
2.3.3	Crédits accordés aux résidents	7.3	7.7	10.3	9.9	9.1	8.4	7.3	6.6
2.3.4	Crédits accordés aux non-résidents	..	..	..	..	..	..	..	..
2.4	Actions et autres participations	53.2	49.3	36.0	34.9	31.6	32.1	33.8	36.5
2.4.1	Actions émises par les résidents	24.9	23.6	8.7	6.2	7.5	10.1	11.0	14.2
2.4.2	Actions émises par les non-résidents	28.3	25.7	27.3	28.8	24.1	22.0	22.8	22.3
2.5	Autres, non classés ailleurs	..	..	-3.6	-4.0	-3.8	-2.9	-1.3	-0.8

Note : Voir les métadonnées détaillées sur : http://metalinks.oecd.org/instinv/20141203/bbbc

IRLANDE

Tableau 1. Actifs financiers des investisseurs institutionnels, 2013

Millions EUR (1999 IEP euro)

			Fonds d'investissement			
		Total	Fonds d'investissement à capital variable (fonds communs de placement)			Fonds d'investissement à capital fixe
			Total	Fonds d'investissement sur le marché monéaire	Autres fonds communs de placement	Total
2	Actifs financiers	..	1 454 758	274 426	1 180 332	..
2.1	Numéraire et dépôts	..	108 139	51 385	56 753	..
2.2	Titres autres qu'actions, non compris les produits financiers dérivés	..	702 321	221 528	480 794	..
2.2.1	Titres à court terme	..	276 538	179 917	96 621	..
2.2.2	Titres à long terme	..	425 783	41 610	384 173	..
2.2.3	Titres émis par les résidents	..	..	..	..	..
2.2.4	Titres émis par les non-résidents	..	..	..	..	..
2.3	Crédits	..	14 687	0	14 688	..
2.3.1	Crédits à court terme	..	5 945	0	5 945	..
2.3.2	Crédits à long terme	..	8 742	0	8 742	..
2.3.3	Crédits accordés aux résidents	..	..	..	..	..
2.3.4	Crédits accordés aux non-résidents	..	..	..	..	..
2.4	Actions et autres participations	..	537 174	970	536 204	..
2.4.1	Actions émises par les résidents	..	..	..	..	..
2.4.2	Actions émises par les non-résidents	..	..	..	..	..
2.5	Autres, non classés ailleurs	..	92 436	543	91 893	..

			Sociétés d'assurance et fonds de pension autonomes			
		Total	Sociétés d'assurance			Fonds de pension autonomes
			Total	Sociétés d'assurance vie	Sociétés d'assurance non-vie	Total
2	Actifs financiers	304 455	..	..	..	..
2.1	Numéraire et dépôts	19 985	..	..	..	..
2.2	Titres autres qu'actions, non compris les produits financiers dérivés	79 811	..	..	..	..
2.2.1	Titres à court terme	8 391	..	..	..	..
2.2.2	Titres à long terme	71 420	..	..	..	..
2.2.3	Titres émis par les résidents	..	..	..	..	..
2.2.4	Titres émis par les non-résidents	..	..	..	..	..
2.3	Crédits	1 325	..	..	..	..
2.3.1	Crédits à court terme	952	..	..	..	..
2.3.2	Crédits à long terme	373	..	..	..	..
2.3.3	Crédits accordés aux résidents	..	..	..	..	..
2.3.4	Crédits accordés aux non-résidents	..	..	..	..	..
2.4	Actions et autres participations	161 033	..	..	..	..
2.4.1	Actions émises par les résidents	..	..	..	..	..
2.4.2	Actions émises par les non-résidents	..	..	..	..	..
2.5	Autres, non classés ailleurs	42 301	..	..	..	..

Note : Voir les métadonnées détaillées sur : http://metalinks.oecd.org/instinv/20141203/2e2a

IRLANDE

Tableau 2. Actifs financiers des fonds d'investissement

Millions EUR (1999 IEP euro)

		2006	2007	2008	2009	2010	2011	2012	2013
	Fonds d'investissement								
2	Actifs financiers	..	..	..	..	..	..	..	..
2.1	Numéraire et dépôts	..	..	..	..	..	..	..	..
2.2	Titres autres qu'actions, non compris les produits financiers dérivés	..	..	..	..	..	..	..	..
2.2.1	Titres à court terme	..	..	..	..	..	..	..	..
2.2.2	Titres à long terme	..	..	..	..	..	..	..	..
2.2.3	Titres émis par les résidents	..	..	..	..	..	..	..	..
2.2.4	Titres émis par les non-résidents	..	..	..	..	..	..	..	..
2.3	Crédits	..	..	..	..	..	..	..	..
2.3.1	Crédits à court terme	..	..	..	..	..	..	..	..
2.3.2	Crédits à long terme	..	..	..	..	..	..	..	..
2.3.3	Crédits accordés aux résidents	..	..	..	..	..	..	..	..
2.3.4	Crédits accordés aux non-résidents	..	..	..	..	..	..	..	..
2.4	Actions et autres participations	..	..	..	..	..	..	..	..
2.4.1	Actions émises par les résidents	..	..	..	..	..	..	..	..
2.4.2	Actions émises par les non-résidents	..	..	..	..	..	..	..	..
2.5	Autres, non classés ailleurs	..	..	..	..	..	..	..	..
	Fonds d'investissement à capital variable (fonds communs de placement)								
2	Actifs financiers	722 862	800 147	667 315	770 586	1 007 268	1 110 901	1 316 685	1 454 758
2.1	Numéraire et dépôts	35 841	62 144	60 335	48 258	71 970	120 405	126 363	108 139
2.2	Titres autres qu'actions, non compris les produits financiers dérivés	384 673	420 279	369 152	430 569	546 222	573 204	676 456	702 321
2.2.1	Titres à court terme	249 060	271 781	198 917	204 955	258 779	257 905	275 097	276 538
2.2.2	Titres à long terme	135 613	148 497	170 234	225 614	287 442	315 299	401 359	425 783
2.2.3	Titres émis par les résidents	..	..	..	..	..	..	..	..
2.2.4	Titres émis par les non-résidents	..	..	..	..	..	..	..	..
2.3	Crédits	1 052	335	435	338	314	16 278	16 898	14 687
2.3.1	Crédits à court terme	51	9	65	61	93	16 240	6 793	5 945
2.3.2	Crédits à long terme	1 001	326	370	278	221	38	10 105	8 742
2.3.3	Crédits accordés aux résidents	..	..	..	..	..	..	..	..
2.3.4	Crédits accordés aux non-résidents	..	..	..	..	..	..	..	..
2.4	Actions et autres participations	289 545	304 621	209 926	262 903	343 347	346 805	422 293	537 174
2.4.1	Actions émises par les résidents	..	..	..	..	..	..	..	..
2.4.2	Actions émises par les non-résidents	..	..	..	..	..	..	..	..
2.5	Autres, non classés ailleurs	11 751	12 768	27 467	28 517	45 416	54 209	74 675	92 436
	Fonds d'investissement sur le marché monéaire								
2	Actifs financiers	275 242	326 170	317 008	310 572	359 265	292 253	298 715	274 426
2.1	Numéraire et dépôts	21 342	51 662	43 706	28 146	46 917	75 514	62 269	51 385
2.2	Titres autres qu'actions, non compris les produits financiers dérivés	252 713	272 124	271 377	280 489	311 145	215 823	235 421	221 528
2.2.1	Titres à court terme	238 939	263 309	192 544	190 310	247 333	179 293	192 812	179 917
2.2.2	Titres à long terme	13 774	8 815	78 832	90 179	63 811	36 530	42 609	41 610
2.2.3	Titres émis par les résidents	..	..	..	..	..	..	..	..
2.2.4	Titres émis par les non-résidents	..	..	..	..	..	..	..	..
2.3	Crédits	0	0	0	0	0	0	0	0
2.3.1	Crédits à court terme	0	0	0	0	0	0	0	0
2.3.2	Crédits à long terme	0	0	0	0	0	0	0	0
2.3.3	Crédits accordés aux résidents	..	..	..	..	..	..	..	..
2.3.4	Crédits accordés aux non-résidents	..	..	..	..	..	..	..	..
2.4	Actions et autres participations	18	965	1 480	1 642	1 005	581	845	970
2.4.1	Actions émises par les résidents	..	..	..	..	..	..	..	..
2.4.2	Actions émises par les non-résidents	..	..	..	..	..	..	..	..
2.5	Autres, non classés ailleurs	1 169	1 419	445	294	199	335	180	543
	Autres fonds communs de placement								
2	Actifs financiers	447 620	473 977	350 307	460 014	648 003	818 648	1 017 970	1 180 332
2.1	Numéraire et dépôts	14 499	10 482	16 629	20 112	25 053	44 891	64 095	56 753
2.2	Titres autres qu'actions, non compris les produits financiers dérivés	131 960	148 155	97 775	150 080	235 077	357 381	441 035	480 794
2.2.1	Titres à court terme	10 121	8 472	6 373	14 645	11 446	78 612	82 285	96 621
2.2.2	Titres à long terme	121 839	139 682	91 402	135 435	223 631	278 769	358 750	384 173
2.2.3	Titres émis par les résidents	..	..	..	..	..	..	..	..
2.2.4	Titres émis par les non-résidents	..	..	..	..	..	..	..	..
2.3	Crédits	1 052	335	435	338	314	16 278	16 898	14 688
2.3.1	Crédits à court terme	51	9	65	61	93	16 240	6 792	5 945
2.3.2	Crédits à long terme	1 001	326	370	278	221	38	10 105	8 742
2.3.3	Crédits accordés aux résidents	..	..	..	..	..	..	..	..
2.3.4	Crédits accordés aux non-résidents	..	..	..	..	..	..	..	..
2.4	Actions et autres participations	289 527	303 656	208 446	261 261	342 342	346 224	421 448	536 204
2.4.1	Actions émises par les résidents	..	..	..	..	..	..	..	..
2.4.2	Actions émises par les non-résidents	..	..	..	..	..	..	..	..
2.5	Autres, non classés ailleurs	10 582	11 349	27 022	28 223	45 217	53 874	74 495	91 893

ALLEMAGNE

Tableau 2. Actifs financiers des fonds d'investissement *(suite)*

Millions EUR (1999 DEM euro)

		2006	2007	2008	2009	2010	2011	2012	2013
	Fonds d'investissement à capital fixe								
2	Actifs financiers	..	..	..	..	..	..	..	..
2.1	Numéraire et dépôts	..	..	..	..	..	..	..	..
2.2	Titres autres qu'actions, non compris les produits financiers dérivés	..	..	..	..	..	..	..	..
2.2.1	Titres à court terme	..	..	..	..	..	..	..	..
2.2.2	Titres à long terme	..	..	..	..	..	..	..	..
2.2.3	Titres émis par les résidents	..	..	..	..	..	..	..	..
2.2.4	Titres émis par les non-résidents	..	..	..	..	..	..	..	..
2.3	Crédits	..	..	..	..	..	..	..	..
2.3.1	Crédits à court terme	..	..	..	..	..	..	..	..
2.3.2	Crédits à long terme	..	..	..	..	..	..	..	..
2.3.3	Crédits accordés aux résidents	..	..	..	..	..	..	..	..
2.3.4	Crédits accordés aux non-résidents	..	..	..	..	..	..	..	..
2.4	Actions et autres participations	..	..	..	..	..	..	..	..
2.4.1	Actions émises par les résidents	..	..	..	..	..	..	..	..
2.4.2	Actions émises par les non-résidents	..	..	..	..	..	..	..	..
2.5	Autres, non classés ailleurs	..	..	..	..	..	..	..	..

Note : Voir les métadonnées détaillées sur : http://metalinks.oecd.org/instinv/20141203/324c

ALLEMAGNE

Tableau 3. Actifs financiers des sociétés d'assurance et fonds de pension autonomes

Millions EUR (1999 DEM euro)

		2006	2007	2008	2009	2010	2011	2012	2013
	Sociétés d'assurance et fonds de pension autonomes								
2	Actifs financiers	1 532 824	1 589 374	1 559 591	1 630 867	1 729 027	1 779 131	1 950 234	..
2.1	Numéraire et dépôts	520 096	558 720	574 664	588 867	570 834	576 221	560 302	..
2.2	Titres autres qu'actions, non compris les produits financiers dérivés	164 276	168 227	175 250	180 179	203 221	219 632	286 283	..
2.2.1	Titres à court terme	1 238	1 942	2 563	1 802	2 626	1 897	3 110	..
2.2.2	Titres à long terme	163 038	166 285	172 687	178 377	200 595	217 735	283 173	..
2.2.3	Titres émis par les résidents	64 194	66 114	59 005	53 807	50 868	52 886	54 131	..
2.2.4	Titres émis par les non-résidents	100 082	102 113	116 245	126 372	152 353	166 746	232 152	..
2.3	Crédits	209 404	200 910	200 515	221 287	233 273	237 295	243 927	..
2.3.1	Crédits à court terme	42 199	25 430	23 848	24 595	27 688	30 043	33 836	..
2.3.2	Crédits à long terme	167 205	175 480	176 667	196 692	205 585	207 252	210 091	..
2.3.3	Crédits accordés aux résidents	156 801	164 354	164 320	182 273	190 583	191 314	190 961	..
2.3.4	Crédits accordés aux non-résidents	52 603	36 556	36 195	39 014	42 690	45 981	52 966	..
2.4	Actions et autres participations	571 262	608 180	555 002	587 617	667 283	694 573	806 903	..
2.4.1	Actions émises par les résidents	..	..	..	..	..	..	..	..
2.4.2	Actions émises par les non-résidents	..	..	..	..	..	..	..	..
2.5	Autres, non classés ailleurs	67 786	53 337	54 160	52 917	54 416	51 410	52 819	..
	Sociétés d'assurance								
2	Actifs financiers	1 403 561	1 428 599	1 382 165	1 414 503	1 485 537	1 516 310	1 670 744	..
2.1	Numéraire et dépôts	405 993	432 542	434 728	438 963	419 945	418 992	416 665	..
2.2	Titres autres qu'actions, non compris les produits financiers dérivés	140 299	143 053	148 136	152 124	173 798	185 029	241 003	..
2.2.1	Titres à court terme	1 057	1 651	2 166	1 521	2 246	1 598	2 618	..
2.2.2	Titres à long terme	139 242	141 402	145 970	150 603	171 552	183 431	238 385	..
2.2.3	Titres émis par les résidents	54 825	56 220	49 876	45 429	43 503	44 554	45 569	..
2.2.4	Titres émis par les non-résidents	85 474	86 833	98 260	106 695	130 295	140 475	195 434	..
2.3	Crédits	240 866	232 432	227 296	242 428	251 725	255 637	264 944	..
2.3.1	Crédits à court terme	69 351	51 202	48 202	47 049	50 365	52 036	56 680	..
2.3.2	Crédits à long terme	171 515	181 230	179 094	195 379	201 360	203 601	208 264	..
2.3.3	Crédits accordés aux résidents	190 558	197 093	192 475	204 977	210 889	211 730	214 094	..
2.3.4	Crédits accordés aux non-résidents	50 308	35 339	34 821	37 451	40 836	43 907	50 850	..
2.4	Actions et autres participations	475 328	498 341	456 025	474 389	530 231	547 342	632 043	..
2.4.1	Actions émises par les résidents	..	..	..	..	..	..	..	..
2.4.2	Actions émises par les non-résidents	..	..	..	..	..	..	..	..
2.5	Autres, non classés ailleurs	141 075	122 231	115 980	106 599	109 837	109 310	116 089	..
	Sociétés d'assurance vie								
2	Actifs financiers	761 320	787 080	751 787	789 545	835 702	838 096	919 476	..
2.1	Numéraire et dépôts	272 581	287 971	285 709	286 343	274 310	267 613	265 321	..
2.2	Titres autres qu'actions, non compris les produits financiers dérivés	67 055	70 729	72 163	74 461	84 332	93 273	122 625	..
2.2.1	Titres à court terme	505	816	1 055	745	1 090	806	1 332	..
2.2.2	Titres à long terme	66 550	69 913	71 108	73 716	83 242	92 467	121 293	..
2.2.3	Titres émis par les résidents	25 893	27 295	23 586	21 709	20 281	21 843	22 094	..
2.2.4	Titres émis par les non-résidents	41 162	43 434	48 577	52 752	64 051	71 430	100 531	..
2.3	Crédits	142 021	135 013	134 578	146 955	153 372	151 894	153 582	..
2.3.1	Crédits à court terme	12 881	5 549	6 252	6 568	8 530	9 148	9 564	..
2.3.2	Crédits à long terme	129 140	129 464	128 327	140 387	144 842	142 745	144 017	..
2.3.3	Crédits accordés aux résidents	125 168	125 404	124 488	135 305	139 369	138 568	138 645	..
2.3.4	Crédits accordés aux non-résidents	16 853	9 609	10 090	11 650	14 003	13 326	14 936	..
2.4	Actions et autres participations	236 052	252 524	220 064	243 784	284 858	287 995	339 383	..
2.4.1	Actions émises par les résidents	..	..	..	..	..	..	..	..
2.4.2	Actions émises par les non-résidents	..	..	..	..	..	..	..	..
2.5	Autres, non classés ailleurs	43 611	40 844	39 274	38 001	38 830	37 321	38 565	..
	Sociétés d'assurance non-vie								
2	Actifs financiers	642 241	641 519	630 378	624 958	649 835	678 214	751 268	..
2.1	Numéraire et dépôts	133 412	144 571	149 019	152 620	145 635	151 379	151 344	..
2.2	Titres autres qu'actions, non compris les produits financiers dérivés	73 244	72 324	75 973	77 663	89 466	91 756	118 378	..
2.2.1	Titres à court terme	552	835	1 111	776	1 156	792	1 286	..
2.2.2	Titres à long terme	72 692	71 489	74 862	76 887	88 310	90 964	117 092	..
2.2.3	Titres émis par les résidents	28 932	28 925	26 290	23 720	23 222	22 711	23 475	..
2.2.4	Titres émis par les non-résidents	44 312	43 399	49 683	53 943	66 244	69 045	94 903	..
2.3	Crédits	98 845	97 419	92 718	95 473	98 353	103 743	111 362	..
2.3.1	Crédits à court terme	56 470	45 653	41 950	40 481	41 835	42 887	47 116	..
2.3.2	Crédits à long terme	42 375	51 766	50 768	54 992	56 518	60 856	64 247	..
2.3.3	Crédits accordés aux résidents	65 390	71 689	67 987	69 672	71 520	73 163	75 449	..
2.3.4	Crédits accordés aux non-résidents	33 455	25 730	24 730	25 802	26 833	30 581	35 914	..
2.4	Actions et autres participations	239 276	245 817	235 961	230 604	245 374	259 347	292 660	..
2.4.1	Actions émises par les résidents	..	..	..	–	..	..	..	..
2.4.2	Actions émises par les non-résidents	..	..	..	–	..	..	..	..
2.5	Autres, non classés ailleurs	97 465	81 387	76 706	68 597	71 007	71 989	77 523	..

Tableau 3. Actifs financiers des sociétés d'assurance et fonds de pension autonomes *(suite)*

Millions EUR (1999 DEM euro)

		2006	2007	2008	2009	2010	2011	2012	2013
	Fonds de pension autonomes								
2	Actifs financiers	263 351	291 496	298 124	325 580	353 494	377 030	402 370	..
2.1	Numéraire et dépôts	114 103	126 178	139 936	149 904	150 889	157 229	143 637	..
2.2	Titres autres qu'actions, non compris les produits financiers dérivés	23 977	25 174	27 114	28 055	29 423	34 603	45 280	..
2.2.1	Titres à court terme	181	291	397	281	380	299	492	..
2.2.2	Titres à long terme	23 796	24 883	26 717	27 774	29 043	34 304	44 788	..
2.2.3	Titres émis par les résidents	9 369	9 894	9 129	8 378	7 365	8 332	8 562	..
2.2.4	Titres émis par les non-résidents	14 608	15 280	17 985	19 677	22 058	26 271	36 718	..
2.3	Crédits	21 191	21 808	21 548	23 395	24 365	25 475	25 352	..
2.3.1	Crédits à court terme	1 650	522	577	576	840	946	984	..
2.3.2	Crédits à long terme	19 541	21 286	20 971	22 819	23 525	24 529	24 368	..
2.3.3	Crédits accordés aux résidents	18 896	20 591	20 174	21 832	22 511	23 401	23 236	..
2.3.4	Crédits accordés aux non-résidents	2 295	1 217	1 374	1 563	1 854	2 074	2 116	..
2.4	Actions et autres participations	95 934	109 839	98 977	113 228	137 052	147 231	174 860	..
2.4.1	Actions émises par les résidents	..	..	..	..	..	..	..	..
2.4.2	Actions émises par les non-résidents	..	..	..	..	..	..	..	..
2.5	Autres, non classés ailleurs	8 146	8 497	10 549	10 998	11 766	12 492	13 241	..

Note : Voir les métadonnées détaillées sur : http://metalinks.oecd.org/instinv/20141203/324c

Tableau 4. Composition du portefeuille par type d'investisseur

Pourcentage du total des actifs financiers

Pour cent

		2006	2007	2008	2009	2010	2011	2012	2013
	Fonds d'investissement								
2	Actifs financiers	..	..	..	..	..	..	..	..
2.1	Numéraire et dépôts	..	..	..	..	..	..	..	..
2.2	Titres autres qu'actions, non compris les produits financiers dérivés	..	..	..	..	..	..	..	..
2.2.1	Titres à court terme	..	..	..	..	..	..	..	..
2.2.2	Titres à long terme	..	..	..	..	..	..	..	..
2.2.3	Titres émis par les résidents	..	..	..	..	..	..	..	..
2.2.4	Titres émis par les non-résidents	..	..	..	..	..	..	..	..
2.3	Crédits	..	..	..	..	..	..	..	..
2.3.1	Crédits à court terme	..	..	..	..	..	..	..	..
2.3.2	Crédits à long terme	..	..	..	..	..	..	..	..
2.3.3	Crédits accordés aux résidents	..	..	..	..	..	..	..	..
2.3.4	Crédits accordés aux non-résidents	..	..	..	..	..	..	..	..
2.4	Actions et autres participations	..	..	..	..	..	..	..	..
2.4.1	Actions émises par les résidents	..	..	..	..	..	..	..	..
2.4.2	Actions émises par les non-résidents	..	..	..	..	..	..	..	..
2.5	Autres, non classés ailleurs	..	..	..	..	..	..	..	..
	Sociétés d'assurance								
2	Actifs financiers	100.0	100.0	100.0	100.0	100.0	100.0	100.0	..
2.1	Numéraire et dépôts	28.9	30.3	31.5	31.0	28.3	27.6	24.9	..
2.2	Titres autres qu'actions, non compris les produits financiers dérivés	10.0	10.0	10.7	10.8	11.7	12.2	14.4	..
2.2.1	Titres à court terme	0.1	0.1	0.2	0.1	0.2	0.1	0.2	..
2.2.2	Titres à long terme	9.9	9.9	10.6	10.6	11.5	12.1	14.3	..
2.2.3	Titres émis par les résidents	3.9	3.9	3.6	3.2	2.9	2.9	2.7	..
2.2.4	Titres émis par les non-résidents	6.1	6.1	7.1	7.5	8.8	9.3	11.7	..
2.3	Crédits	17.2	16.3	16.4	17.1	16.9	16.9	15.9	..
2.3.1	Crédits à court terme	4.9	3.6	3.5	3.3	3.4	3.4	3.4	..
2.3.2	Crédits à long terme	12.2	12.7	13.0	13.8	13.6	13.4	12.5	..
2.3.3	Crédits accordés aux résidents	13.6	13.8	13.9	14.5	14.2	14.0	12.8	..
2.3.4	Crédits accordés aux non-résidents	3.6	2.5	2.5	2.6	2.7	2.9	3.0	..
2.4	Actions et autres participations	33.9	34.9	33.0	33.5	35.7	36.1	37.8	..
2.4.1	Actions émises par les résidents	..	..	..	..	..	..	..	..
2.4.2	Actions émises par les non-résidents	..	..	..	..	..	..	..	..
2.5	Autres, non classés ailleurs	10.1	8.6	8.4	7.5	7.4	7.2	6.9	..
	Fonds de pension autonomes								
2	Actifs financiers	100.0	100.0	100.0	100.0	100.0	100.0	100.0	..
2.1	Numéraire et dépôts	43.3	43.3	46.9	46.0	42.7	41.7	35.7	..
2.2	Titres autres qu'actions, non compris les produits financiers dérivés	9.1	8.6	9.1	8.6	8.3	9.2	11.3	..
2.2.1	Titres à court terme	0.1	0.1	0.1	0.1	0.1	0.1	0.1	..
2.2.2	Titres à long terme	9.0	8.5	9.0	8.5	8.2	9.1	11.1	..
2.2.3	Titres émis par les résidents	3.6	3.4	3.1	2.6	2.1	2.2	2.1	..
2.2.4	Titres émis par les non-résidents	5.5	5.2	6.0	6.0	6.2	7.0	9.1	..
2.3	Crédits	8.0	7.5	7.2	7.2	6.9	6.8	6.3	..
2.3.1	Crédits à court terme	0.6	0.2	0.2	0.2	0.2	0.3	0.2	..
2.3.2	Crédits à long terme	7.4	7.3	7.0	7.0	6.7	6.5	6.1	..
2.3.3	Crédits accordés aux résidents	7.2	7.1	6.8	6.7	6.4	6.2	5.8	..
2.3.4	Crédits accordés aux non-résidents	0.9	0.4	0.5	0.5	0.5	0.6	0.5	..
2.4	Actions et autres participations	36.4	37.7	33.2	34.8	38.8	39.1	43.5	..
2.4.1	Actions émises par les résidents	..	..	..	..	..	..	..	..
2.4.2	Actions émises par les non-résidents	..	..	..	..	..	..	..	..
2.5	Autres, non classés ailleurs	3.1	2.9	3.5	3.4	3.3	3.3	3.3	..

Note : Voir les métadonnées détaillées sur : http://metalinks.oecd.org/instinv/20141203/bbbc

GRÈCE

Tableau 1. Actifs financiers des investisseurs institutionnels, 2013

Millions EUR (2001 GRD euro)

		Total	Fonds d'investissement			
			Fonds d'investissement à capital variable (fonds communs de placement)			Fonds d'investissement à capital fixe
			Total	Fonds d'investissement sur le marché monéaire	Autres fonds communs de placement	Total
2	Actifs financiers	5 132	4 519	720	3 798	613
2.1	Numéraire et dépôts	1 099	729	366	363	371
2.2	Titres autres qu'actions, non compris les produits financiers dérivés	1 770	1 767	347	1 421	2
2.2.1	Titres à court terme	555	555	329	226	0
2.2.2	Titres à long terme	1 214	1 212	18	1 194	2
2.2.3	Titres émis par les résidents	1 054	1 052	329	724	2
2.2.4	Titres émis par les non-résidents	716	715	18	697	1
2.3	Crédits	0	0	0	0	0
2.3.1	Crédits à court terme	0	0	0	0	0
2.3.2	Crédits à long terme	0	0	0	0	0
2.3.3	Crédits accordés aux résidents	0	0	0	0	0
2.3.4	Crédits accordés aux non-résidents	0	0	0	0	0
2.4	Actions et autres participations	2 097	1 892	2	1 890	205
2.4.1	Actions émises par les résidents	1 307	1 235	0	1 235	73
2.4.2	Actions émises par les non-résidents	790	657	2	655	133
2.5	Autres, non classés ailleurs	166	130	6	125	35

		Total	Sociétés d'assurance et fonds de pension autonomes			
			Sociétés d'assurance			Fonds de pension autonomes
			Total	Sociétés d'assurance vie	Sociétés d'assurance non-vie	Total
2	Actifs financiers	14 921	14 921	10 009	4 912	..
2.1	Numéraire et dépôts	3 772	3 772	2 530	1 242	..
2.2	Titres autres qu'actions, non compris les produits financiers dérivés	6 713	6 713	4 503	2 210	..
2.2.1	Titres à court terme	860	860	577	283	..
2.2.2	Titres à long terme	5 854	5 854	3 927	1 927	..
2.2.3	Titres émis par les résidents	1 207	1 207	810	397	..
2.2.4	Titres émis par les non-résidents	5 506	5 506	3 694	1 813	..
2.3	Crédits	132	132	88	43	..
2.3.1	Crédits à court terme	8	8	5	3	..
2.3.2	Crédits à long terme	124	124	83	41	..
2.3.3	Crédits accordés aux résidents	130	130	87	43	..
2.3.4	Crédits accordés aux non-résidents	2	2	1	0	..
2.4	Actions et autres participations	2 628	2 628	1 763	865	..
2.4.1	Actions émises par les résidents	1 331	1 331	893	438	..
2.4.2	Actions émises par les non-résidents	1 297	1 297	870	427	..
2.5	Autres, non classés ailleurs	1 676	1 676	1 125	552	..

Note : Voir les métadonnées détaillées sur : http://metalinks.oecd.org/instinv/20141203/de78

Tableau 2. Actifs financiers des fonds d'investissement

Millions EUR (2001 GRD euro)

		2006	2007	2008	2009	2010	2011	2012	2013
	Fonds d'investissement								
2	Actifs financiers	23 942	22 029	9 038	8 778	6 958	4 397	4 876	5 132
2.1	Numéraire et dépôts	5 533	3 789	3 087	2 442	1 743	1 302	1 537	1 099
2.2	Titres autres qu'actions, non compris les produits financiers dérivés	7 608	9 601	3 129	2 777	2 237	1 484	1 466	1 770
2.2.1	Titres à court terme	126	2 947	149	6	121	91	45	555
2.2.2	Titres à long terme	7 483	6 654	2 979	2 771	2 176	1 394	1 421	1 214
2.2.3	Titres émis par les résidents	1 864	1 106	720	973	820	383	500	1 054
2.2.4	Titres émis par les non-résidents	5 744	8 495	2 408	1 804	1 477	1 101	966	716
2.3	Crédits	0	0	0	0	0	0	0	0
2.3.1	Crédits à court terme	0	0	0	0	0	0	0	0
2.3.2	Crédits à long terme	0	0	0	0	0	0	0	0
2.3.3	Crédits accordés aux résidents	0	0	0	0	0	0	0	0
2.3.4	Crédits accordés aux non-résidents	0	0	0	0	0	0	0	0
2.4	Actions et autres participations	9 891	7 117	2 447	3 291	2 576	1 445	1 708	2 097
2.4.1	Actions émises par les résidents	6 297	5 043	1 760	2 284	1 424	709	987	1 307
2.4.2	Actions émises par les non-résidents	3 595	2 074	687	1 007	1 152	735	721	790
2.5	Autres, non classés ailleurs	909	1 522	375	269	342	165	165	166
	Fonds d'investissement à capital variable (fonds communs de placement)								
2	Actifs financiers	23 367	21 195	8 522	8 230	6 372	4 009	4 413	4 519
2.1	Numéraire et dépôts	5 391	3 442	2 736	2 183	1 431	1 019	1 178	729
2.2	Titres autres qu'actions, non compris les produits financiers dérivés	7 588	9 572	3 108	2 758	2 279	1 475	1 465	1 767
2.2.1	Titres à court terme	126	2 947	144	6	115	90	45	555
2.2.2	Titres à long terme	7 462	6 625	2 963	2 753	2 164	1 385	1 420	1 212
2.2.3	Titres émis par les résidents	1 863	1 104	714	966	810	383	500	1 052
2.2.4	Titres émis par les non-résidents	5 725	8 469	2 393	1 792	1 469	1 093	965	715
2.3	Crédits	0	0	0	0	0	0	0	0
2.3.1	Crédits à court terme	0	0	0	0	0	0	0	0
2.3.2	Crédits à long terme	0	0	0	0	0	0	0	0
2.3.3	Crédits accordés aux résidents	0	0	0	0	0	0	0	0
2.3.4	Crédits accordés aux non-résidents	0	0	0	0	0	0	0	0
2.4	Actions et autres participations	9 580	6 794	2 330	3 040	2 354	1 376	1 638	1 892
2.4.1	Actions émises par les résidents	6 093	4 840	1 689	2 182	1 360	694	969	1 235
2.4.2	Actions émises par les non-résidents	3 487	1 954	641	859	994	682	669	657
2.5	Autres, non classés ailleurs	808	1 387	348	248	249	139	133	130
	Fonds d'investissement sur le marché monéaire								
2	Actifs financiers	5 936	8 033	2 543	1 778	1 184	744	841	720
2.1	Numéraire et dépôts	4 225	2 234	1 905	1 611	1 013	627	773	366
2.2	Titres autres qu'actions, non compris les produits financiers dérivés	1 612	5 236	618	162	167	109	61	347
2.2.1	Titres à court terme	35	2 862	110	2	91	66	26	329
2.2.2	Titres à long terme	1 577	2 374	507	160	76	43	35	18
2.2.3	Titres émis par les résidents	51	32	13	21	92	60	21	329
2.2.4	Titres émis par les non-résidents	1 561	5 205	604	141	75	49	40	18
2.3	Crédits	0	0	0	0	0	0	0	0
2.3.1	Crédits à court terme	0	0	0	0	0	0	0	0
2.3.2	Crédits à long terme	0	0	0	0	0	0	0	0
2.3.3	Crédits accordés aux résidents	0	0	0	0	0	0	0	0
2.3.4	Crédits accordés aux non-résidents	0	0	0	0	0	0	0	0
2.4	Actions et autres participations	8	11	7	0	0	5	2	2
2.4.1	Actions émises par les résidents	0	11	7	0	0	0	0	0
2.4.2	Actions émises par les non-résidents	8	0	0	0	0	5	2	2
2.5	Autres, non classés ailleurs	91	551	12	5	3	4	5	6
	Autres fonds communs de placement								
2	Actifs financiers	17 431	13 162	5 979	6 452	5 189	3 265	3 573	3 798
2.1	Numéraire et dépôts	1 166	1 208	831	573	477	392	405	363
2.2	Titres autres qu'actions, non compris les produits financiers dérivés	5 976	4 336	2 490	2 596	2 112	1 366	1 404	1 421
2.2.1	Titres à court terme	90	85	34	3	23	24	18	226
2.2.2	Titres à long terme	5 885	4 251	2 456	2 593	2 088	1 342	1 385	1 194
2.2.3	Titres émis par les résidents	1 812	1 072	701	945	718	322	479	724
2.2.4	Titres émis par les non-résidents	4 164	3 264	1 789	1 651	1 393	1 044	925	697
2.3	Crédits	0	0	0	0	0	0	0	0
2.3.1	Crédits à court terme	0	0	0	0	0	0	0	0
2.3.2	Crédits à long terme	0	0	0	0	0	0	0	0
2.3.3	Crédits accordés aux résidents	0	0	0	0	0	0	0	0
2.3.4	Crédits accordés aux non-résidents	0	0	0	0	0	0	0	0
2.4	Actions et autres participations	9 572	6 783	2 323	3 040	2 354	1 371	1 636	1 890
2.4.1	Actions émises par les résidents	6 093	4 828	1 682	2 182	1 360	694	969	1 235
2.4.2	Actions émises par les non-résidents	3 480	1 954	641	859	994	678	667	655
2.5	Autres, non classés ailleurs	717	835	336	243	245	135	128	125

GRÈCE

Tableau 2. Actifs financiers des fonds d'investissement *(suite)*

Millions EUR (2001 GRD euro)

		2006	2007	2008	2009	2010	2011	2012	2013
	Fonds d'investissement à capital fixe								
2	Actifs financiers	575	834	516	548	586	388	463	613
2.1	Numéraire et dépôts	142	347	351	259	253	284	359	371
2.2	Titres autres qu'actions, non compris les produits financiers dérivés	20	29	21	18	18	9	1	2
2.2.1	Titres à court terme	0	0	5	0	6	1	1	0
2.2.2	Titres à long terme	20	29	16	18	12	8	1	2
2.2.3	Titres émis par les résidents	1	2	6	7	10	0	0	2
2.2.4	Titres émis par les non-résidents	19	26	15	12	8	9	1	1
2.3	Crédits	0	0	0	0	0	0	0	0
2.3.1	Crédits à court terme	0	0	0	0	0	0	0	0
2.3.2	Crédits à long terme	0	0	0	0	0	0	0	0
2.3.3	Crédits accordés aux résidents	0	0	0	0	0	0	0	0
2.3.4	Crédits accordés aux non-résidents	0	0	0	0	0	0	0	0
2.4	Actions et autres participations	311	323	117	250	222	69	70	205
2.4.1	Actions émises par les résidents	204	203	71	102	64	16	18	73
2.4.2	Actions émises par les non-résidents	107	119	47	148	158	53	52	133
2.5	Autres, non classés ailleurs	101	136	27	20	93	26	33	35

Note : Voir les métadonnées détaillées sur : http://metalinks.oecd.org/instinv/20141203/de78

Tableau 3. Actifs financiers des sociétés d'assurance et fonds de pension autonomes

Millions EUR (2001 GRD euro)

		2006	2007	2008	2009	2010	2011	2012	2013
	Sociétés d'assurance et fonds de pension autonomes								
2	Actifs financiers	11 751	13 205	12 987	13 779	14 023	13 270	14 043	14 921
2.1	Numéraire et dépôts	1 453	1 981	1 956	1 988	2 837	2 771	2 800	3 772
2.2	Titres autres qu'actions, non compris les produits financiers dérivés	5 075	5 526	5 837	6 587	6 605	6 256	6 589	6 713
2.2.1	Titres à court terme	12	33	8	3	36	1 011	1 268	860
2.2.2	Titres à long terme	5 064	5 493	5 829	6 584	6 569	5 244	5 321	5 854
2.2.3	Titres émis par les résidents	2 798	3 111	3 260	3 680	3 359	2 519	1 022	1 207
2.2.4	Titres émis par les non-résidents	2 277	2 415	2 577	2 907	3 247	3 737	5 567	5 506
2.3	Crédits	106	100	108	102	101	97	145	132
2.3.1	Crédits à court terme	12	9	10	12	12	8	16	8
2.3.2	Crédits à long terme	94	91	99	89	89	89	128	124
2.3.3	Crédits accordés aux résidents	102	98	106	100	101	97	145	130
2.3.4	Crédits accordés aux non-résidents	4	2	3	2	0	0	0	2
2.4	Actions et autres participations	3 140	3 629	2 729	2 808	2 331	2 150	2 632	2 628
2.4.1	Actions émises par les résidents	2 677	2 705	1 855	1 922	1 547	1 153	1 185	1 331
2.4.2	Actions émises par les non-résidents	463	924	874	887	783	997	1 447	1 297
2.5	Autres, non classés ailleurs	1 977	1 968	2 357	2 295	2 149	1 996	1 878	1 676
	Sociétés d'assurance								
2	Actifs financiers	11 751	13 205	12 987	13 779	14 023	13 270	14 043	14 921
2.1	Numéraire et dépôts	1 453	1 981	1 956	1 988	2 837	2 771	2 800	3 772
2.2	Titres autres qu'actions, non compris les produits financiers dérivés	5 075	5 526	5 837	6 587	6 605	6 256	6 589	6 713
2.2.1	Titres à court terme	12	33	8	3	36	1 011	1 268	860
2.2.2	Titres à long terme	5 064	5 493	5 829	6 584	6 569	5 244	5 321	5 854
2.2.3	Titres émis par les résidents	2 798	3 111	3 260	3 680	3 359	2 519	1 022	1 207
2.2.4	Titres émis par les non-résidents	2 277	2 415	2 577	2 907	3 247	3 737	5 567	5 506
2.3	Crédits	106	100	108	102	101	97	145	132
2.3.1	Crédits à court terme	12	9	10	12	12	8	16	8
2.3.2	Crédits à long terme	94	91	99	89	89	89	128	124
2.3.3	Crédits accordés aux résidents	102	98	106	100	101	97	145	130
2.3.4	Crédits accordés aux non-résidents	4	2	3	2	0	0	0	2
2.4	Actions et autres participations	3 140	3 629	2 729	2 808	2 331	2 150	2 632	2 628
2.4.1	Actions émises par les résidents	2 677	2 705	1 855	1 922	1 547	1 153	1 185	1 331
2.4.2	Actions émises par les non-résidents	463	924	874	887	783	997	1 447	1 297
2.5	Autres, non classés ailleurs	1 977	1 968	2 357	2 295	2 149	1 996	1 878	1 676
	Sociétés d'assurance vie								
2	Actifs financiers	8 370	9 395	8 963	9 553	9 702	8 972	9 431	10 009
2.1	Numéraire et dépôts	1 035	1 410	1 350	1 382	1 963	1 874	1 880	2 530
2.2	Titres autres qu'actions, non compris les produits financiers dérivés	3 615	3 932	4 028	4 531	4 570	4 230	4 425	4 503
2.2.1	Titres à court terme	8	23	6	2	25	684	851	577
2.2.2	Titres à long terme	3 607	3 909	4 023	4 579	4 545	3 546	3 574	3 927
2.2.3	Titres émis par les résidents	1 993	2 214	2 250	2 560	2 324	1 703	686	810
2.2.4	Titres émis par les non-résidents	1 622	1 718	1 778	2 021	2 246	2 527	3 739	3 694
2.3	Crédits	75	71	75	71	70	66	97	88
2.3.1	Crédits à court terme	8	6	7	9	8	6	11	5
2.3.2	Crédits à long terme	67	65	68	62	61	60	86	83
2.3.3	Crédits accordés aux résidents	73	70	73	70	70	66	97	87
2.3.4	Crédits accordés aux non-résidents	3	1	2	1	0	0	0	1
2.4	Actions et autres participations	2 236	2 582	1 883	1 953	1 613	1 454	1 767	1 763
2.4.1	Actions émises par les résidents	1 906	1 925	1 280	1 337	1 071	779	796	893
2.4.2	Actions émises par les non-résidents	330	658	603	617	542	674	972	870
2.5	Autres, non classés ailleurs	1 408	1 400	1 626	1 596	1 487	1 349	1 261	1 125
	Sociétés d'assurance non-vie								
2	Actifs financiers	3 381	3 810	4 024	4 196	4 320	4 298	4 612	4 912
2.1	Numéraire et dépôts	418	572	606	605	874	898	919	1 242
2.2	Titres autres qu'actions, non compris les produits financiers dérivés	1 460	1 594	1 809	2 006	2 035	2 026	2 164	2 210
2.2.1	Titres à court terme	3	9	3	1	11	328	416	283
2.2.2	Titres à long terme	1 457	1 585	1 806	2 005	2 024	1 699	1 748	1 927
2.2.3	Titres émis par les résidents	805	898	1 010	1 121	1 035	816	336	397
2.2.4	Titres émis par les non-résidents	655	697	798	885	1 000	1 210	1 828	1 813
2.3	Crédits	30	29	34	31	31	31	47	43
2.3.1	Crédits à court terme	3	3	3	4	4	3	5	3
2.3.2	Crédits à long terme	27	26	31	27	27	29	42	41
2.3.3	Crédits accordés aux résidents	29	28	33	30	31	31	47	43
2.3.4	Crédits accordés aux non-résidents	1	1	1	1	0	0	0	0
2.4	Actions et autres participations	903	1 047	846	855	718	696	864	865
2.4.1	Actions émises par les résidents	770	780	575	585	477	373	389	438
2.4.2	Actions émises par les non-résidents	133	267	271	270	241	323	475	427
2.5	Autres, non classés ailleurs	569	568	730	699	662	646	617	552

Tableau 3. Actifs financiers des sociétés d'assurance et fonds de pension autonomes *(suite)*

Millions EUR (2001 GRD euro)

		2006	2007	2008	2009	2010	2011	2012	2013
	Fonds de pension autonomes								
2	Actifs financiers	..	..	..	..	..	..	..	..
2.1	Numéraire et dépôts	..	..	..	..	..	..	..	..
2.2	Titres autres qu'actions, non compris les produits financiers dérivés	..	..	..	..	..	..	..	..
2.2.1	Titres à court terme	..	..	..	..	..	..	..	..
2.2.2	Titres à long terme	..	..	..	..	..	..	..	..
2.2.3	Titres émis par les résidents	..	..	..	..	..	..	..	..
2.2.4	Titres émis par les non-résidents	..	..	..	..	..	..	..	..
2.3	Crédits	..	..	..	..	..	..	..	..
2.3.1	Crédits à court terme	..	..	..	..	..	..	..	..
2.3.2	Crédits à long terme	..	..	..	..	..	..	..	..
2.3.3	Crédits accordés aux résidents	..	..	..	..	..	..	..	..
2.3.4	Crédits accordés aux non-résidents	..	..	..	..	..	..	..	..
2.4	Actions et autres participations	..	..	..	..	..	..	..	..
2.4.1	Actions émises par les résidents	..	..	..	..	..	..	..	..
2.4.2	Actions émises par les non-résidents	..	..	..	..	..	..	..	..
2.5	Autres, non classés ailleurs	..	..	..	..	..	..	..	..

Note : Voir les métadonnées détaillées sur : http://metalinks.oecd.org/instinv/20141203/de78

Tableau 2. Actifs financiers des fonds d'investissement *(suite)*

Millions HUF

		2006	2007	2008	2009	2010	2011	2012	2013
	Fonds d'investissement à capital fixe								
2	Actifs financiers	259 115	418 020	478 632	301 795	249 926	231 820	249 117	273 370
2.1	Numéraire et dépôts	222 111	358 576	436 838	250 651	203 856	191 494	183 227	176 469
2.2	Titres autres qu'actions, non compris les produits financiers dérivés	5 383	2 291	6 790	4 365	3 482	8 738	27 383	59 562
2.2.1	Titres à court terme	..	..	..	..	..	..	..	..
2.2.2	Titres à long terme	..	..	..	..	..	..	..	..
2.2.3	Titres émis par les résidents	5 383	2 291	6 684	4 365	3 377	8 158	26 744	58 968
2.2.4	Titres émis par les non-résidents	0	0	106	0	104	580	639	594
2.3	Crédits	0	0	0	0	0	0	0	0
2.3.1	Crédits à court terme	0	0	0	0	0	0	0	0
2.3.2	Crédits à long terme	0	0	0	0	0	0	0	0
2.3.3	Crédits accordés aux résidents	0	0	0	0	0	0	0	0
2.3.4	Crédits accordés aux non-résidents	0	0	0	0	0	0	0	0
2.4	Actions et autres participations	0	0	1 112	0	0	0	0	884
2.4.1	Actions émises par les résidents	0	0	538	0	0	0	0	20
2.4.2	Actions émises par les non-résidents	0	0	574	0	0	0	0	863
2.5	Autres, non classés ailleurs	31 621	57 153	33 892	46 779	42 588	31 588	38 507	36 456

Note : Voir les métadonnées détaillées sur : http://metalinks.oecd.org/instinv/20141203/0a88

Tableau 3. Actifs financiers des sociétés d'assurance et fonds de pension autonomes

Millions HUF

		2006	2007	2008	2009	2010	2011	2012	2013
	Sociétés d'assurance et fonds de pension autonomes								
2	Actifs financiers	4 320 208	5 046 511	4 801 487	5 901 728	6 509 645	3 463 129	3 606 072	3 729 510
2.1	Numéraire et dépôts	121 664	176 563	221 631	278 375	239 809	210 811	170 518	207 871
2.2	Titres autres qu'actions, non compris les produits financiers dérivés	3 102 227	3 312 514	3 088 709	3 475 654	3 654 838	2 030 279	2 174 370	2 238 054
2.2.1	Titres à court terme	296 700	358 728	172 149	527 005	534 885	296 451	348 786	350 031
2.2.2	Titres à long terme	2 805 527	2 953 786	2 916 560	2 948 649	3 119 953	1 733 828	1 825 584	1 888 023
2.2.3	Titres émis par les résidents	3 064 696	3 246 100	2 918 642	3 280 406	3 505 586	1 928 693	2 080 213	2 156 209
2.2.4	Titres émis par les non-résidents	37 531	66 414	170 067	195 248	149 252	101 586	94 157	81 845
2.3	Crédits	14 492	14 759	31 017	23 977	18 228	16 658	10 449	7 755
2.3.1	Crédits à court terme	1 179	1 155	222	2 282	5 443	5 719	789	955
2.3.2	Crédits à long terme	13 313	13 604	30 795	21 695	12 785	10 939	9 660	6 800
2.3.3	Crédits accordés aux résidents	12 835	11 918	12 284	12 690	11 936	10 268	9 489	6 800
2.3.4	Crédits accordés aux non-résidents	1 657	2 841	18 733	11 287	6 292	6 390	960	955
2.4	Actions et autres participations	945 070	1 403 603	1 300 900	1 961 528	2 416 798	1 056 148	1 090 438	1 127 456
2.4.1	Actions émises par les résidents	611 227	781 735	684 464	1 171 754	1 506 343	574 794	609 167	595 598
2.4.2	Actions émises par les non-résidents	333 843	621 868	616 436	789 774	910 455	481 354	481 271	531 858
2.5	Autres, non classés ailleurs	136 755	139 072	159 230	162 194	179 972	149 233	160 297	148 374
	Sociétés d'assurance								
2	Actifs financiers	1 989 297	2 278 766	2 154 960	2 354 455	2 435 137	2 350 350	2 448 970	2 501 374
2.1	Numéraire et dépôts	51 578	105 787	124 784	170 151	155 843	147 468	107 862	119 017
2.2	Titres autres qu'actions, non compris les produits financiers dérivés	1 390 688	1 479 988	1 457 252	1 366 811	1 281 553	1 314 391	1 426 933	1 442 501
2.2.1	Titres à court terme	166 686	158 135	80 912	174 590	139 010	143 760	184 513	148 829
2.2.2	Titres à long terme	1 224 002	1 321 853	1 376 340	1 192 221	1 142 543	1 170 631	1 242 420	1 293 672
2.2.3	Titres émis par les résidents	1 375 676	1 453 422	1 387 002	1 284 860	1 206 976	1 220 525	1 340 714	1 369 081
2.2.4	Titres émis par les non-résidents	15 012	26 566	70 250	81 951	74 577	93 866	86 219	73 420
2.3	Crédits	13 468	13 521	29 944	22 715	16 571	15 019	8 873	6 150
2.3.1	Crédits à court terme	1 179	1 155	222	2 282	5 443	5 719	789	955
2.3.2	Crédits à long terme	12 289	12 366	29 722	20 433	11 128	9 300	8 084	5 195
2.3.3	Crédits accordés aux résidents	11 811	10 680	11 211	11 428	10 279	8 629	7 913	5 195
2.3.4	Crédits accordés aux non-résidents	1 657	2 841	18 733	11 287	6 292	6 390	960	955
2.4	Actions et autres participations	428 070	573 160	415 375	662 229	801 276	724 312	745 043	785 362
2.4.1	Actions émises par les résidents	254 646	274 884	204 119	375 216	427 264	380 632	412 680	409 308
2.4.2	Actions émises par les non-résidents	173 424	298 276	211 256	287 013	374 012	343 680	332 363	376 054
2.5	Autres, non classés ailleurs	105 493	106 310	127 605	132 549	179 894	149 160	160 259	148 344
	Sociétés d'assurance vie								
2	Actifs financiers	..	..	..	.	..	..	..	..
2.1	Numéraire et dépôts	..	..	..	.	..	..	..	..
2.2	Titres autres qu'actions, non compris les produits financiers dérivés	..	..	..	.	..	..	..	..
2.2.1	Titres à court terme	..	..	..	.	..	..	..	..
2.2.2	Titres à long terme	..	..	..	.	..	..	..	..
2.2.3	Titres émis par les résidents	..	..	..	.	..	..	..	..
2.2.4	Titres émis par les non-résidents	..	..	..	.	..	..	..	..
2.3	Crédits	..	..	..	.	..	..	..	..
2.3.1	Crédits à court terme	..	..	..	.	..	..	..	..
2.3.2	Crédits à long terme	..	..	..	.	..	..	..	..
2.3.3	Crédits accordés aux résidents	..	..	..	.	..	..	..	..
2.3.4	Crédits accordés aux non-résidents	..	..	..	..	..	..	..	..
2.4	Actions et autres participations	..	..	..	..	..	..	..	..
2.4.1	Actions émises par les résidents	..	..	..	..	..	..	..	..
2.4.2	Actions émises par les non-résidents	..	..	..	..	..	..	..	..
2.5	Autres, non classés ailleurs	..	..	..	..	..	..	..	..
	Sociétés d'assurance non-vie								
2	Actifs financiers	..	..	..	..	..	..	..	..
2.1	Numéraire et dépôts	..	..	..	–	..	..	..	..
2.2	Titres autres qu'actions, non compris les produits financiers dérivés	..	..	..	–	..	..	..	..
2.2.1	Titres à court terme	..	..	..	–	..	..	..	..
2.2.2	Titres à long terme	..	..	..	–	..	..	..	..
2.2.3	Titres émis par les résidents	..	..	..	–	..	..	..	..
2.2.4	Titres émis par les non-résidents	..	..	..	–	..	..	..	..
2.3	Crédits	..	..	..	–	..	..	..	..
2.3.1	Crédits à court terme	..	..	..	–	..	..	..	..
2.3.2	Crédits à long terme	..	..	..	–	..	..	..	..
2.3.3	Crédits accordés aux résidents	..	..	..	–	..	..	..	..
2.3.4	Crédits accordés aux non-résidents	..	..	..	–	..	..	..	..
2.4	Actions et autres participations	..	..	..	–	..	..	..	..
2.4.1	Actions émises par les résidents	..	..	..	..	..	..	..	..
2.4.2	Actions émises par les non-résidents	..	..	..	..	..	..	..	..
2.5	Autres, non classés ailleurs	..	..	..	..	..	..	..	..

Tableau 3. Actifs financiers des sociétés d'assurance et fonds de pension autonomes *(suite)*

Millions HUF

		2006	2007	2008	2009	2010	2011	2012	2013
	Fonds de pension autonomes								
2	Actifs financiers	2 330 911	2 767 745	2 646 527	3 547 273	4 074 508	1 112 779	1 157 102	1 228 136
2.1	Numéraire et dépôts	70 086	70 776	96 847	108 224	83 966	63 343	62 656	88 854
2.2	Titres autres qu'actions, non compris les produits financiers dérivés	1 711 539	1 832 526	1 631 457	2 108 843	2 373 285	715 888	747 437	795 553
2.2.1	Titres à court terme	130 014	200 593	91 237	352 415	395 875	152 691	164 273	201 202
2.2.2	Titres à long terme	1 581 525	1 631 933	1 540 220	1 756 428	1 977 410	563 197	583 164	594 351
2.2.3	Titres émis par les résidents	1 689 020	1 792 678	1 531 640	1 995 546	2 298 610	708 168	739 499	787 128
2.2.4	Titres émis par les non-résidents	22 519	39 848	99 817	113 297	74 675	7 720	7 938	8 425
2.3	Crédits	1 024	1 238	1 073	1 262	1 657	1 639	1 576	1 605
2.3.1	Crédits à court terme	0	0	0	0	0	0	0	0
2.3.2	Crédits à long terme	1 024	1 238	1 073	1 262	1 657	1 639	1 576	1 605
2.3.3	Crédits accordés aux résidents	1 024	1 238	1 073	1 262	1 657	1 639	1 576	1 605
2.3.4	Crédits accordés aux non-résidents	0	0	0	0	0	0	0	0
2.4	Actions et autres participations	517 000	830 443	885 525	1 299 299	1 615 522	331 836	345 395	342 094
2.4.1	Actions émises par les résidents	356 581	506 851	480 345	796 538	1 079 079	194 162	196 487	186 290
2.4.2	Actions émises par les non-résidents	160 419	323 592	405 180	502 761	536 443	137 674	148 908	155 804
2.5	Autres, non classés ailleurs	31 262	32 762	31 625	29 645	78	73	38	30

Note : Voir les métadonnées détaillées sur : http://metalinks.oecd.org/instinv/20141203/0a88

Tableau 4. Composition du portefeuille par type d'investisseur

Pourcentage du total des actifs financiers

Pour cent

		2006	2007	2008	2009	2010	2011	2012	2013
	Fonds d'investissement								
2	Actifs financiers	100.0	100.0	100.0	100.0	100.0	100.0	100.0	100.0
2.1	Numéraire et dépôts	41.4	37.8	47.3	42.9	37.8	50.4	51.3	44.4
2.2	Titres autres qu'actions, non compris les produits financiers dérivés	28.6	28.0	22.3	23.1	28.4	24.7	25.4	32.0
2.2.1	Titres à court terme	..	..	..	..	..	..	..	..
2.2.2	Titres à long terme	..	..	..	..	..	..	..	..
2.2.3	Titres émis par les résidents	26.9	26.7	21.3	21.9	27.0	23.4	24.1	30.4
2.2.4	Titres émis par les non-résidents	1.7	1.3	1.0	1.3	1.3	1.2	1.3	1.7
2.3	Crédits	0.0	0.0	0.0	0.0	0.0	0.0	0.0	0.0
2.3.1	Crédits à court terme	0.0	0.0	0.0	0.0	0.0	0.0	0.0	0.0
2.3.2	Crédits à long terme	0.0	0.0	0.0	0.0	0.0	0.0	0.0	0.0
2.3.3	Crédits accordés aux résidents	0.0	0.0	0.0	0.0	0.0	0.0	0.0	0.0
2.3.4	Crédits accordés aux non-résidents	0.0	0.0	0.0	0.0	0.0	0.0	0.0	0.0
2.4	Actions et autres participations	25.9	23.3	22.3	27.3	31.1	21.9	18.6	17.3
2.4.1	Actions émises par les résidents	15.5	13.0	8.2	6.9	7.4	6.6	6.5	7.8
2.4.2	Actions émises par les non-résidents	10.4	10.3	14.2	20.4	23.7	15.3	12.2	9.4
2.5	Autres, non classés ailleurs	4.2	11.0	8.1	6.7	2.7	3.0	4.6	6.3
	Sociétés d'assurance								
2	Actifs financiers	100.0	100.0	100.0	100.0	100.0	100.0	100.0	100.0
2.1	Numéraire et dépôts	2.6	4.6	5.8	7.2	6.4	6.3	4.4	4.8
2.2	Titres autres qu'actions, non compris les produits financiers dérivés	69.9	64.9	67.6	58.1	52.6	55.9	58.3	57.7
2.2.1	Titres à court terme	8.4	6.9	3.8	7.4	5.7	6.1	7.5	5.9
2.2.2	Titres à long terme	61.5	58.0	63.9	50.6	46.9	49.8	50.7	51.7
2.2.3	Titres émis par les résidents	69.2	63.8	64.4	54.6	49.6	51.9	54.7	54.7
2.2.4	Titres émis par les non-résidents	0.8	1.2	3.3	3.5	3.1	4.0	3.5	2.9
2.3	Crédits	0.7	0.6	1.4	1.0	0.7	0.6	0.4	0.2
2.3.1	Crédits à court terme	0.1	0.1	0.0	0.1	0.2	0.2	0.0	0.0
2.3.2	Crédits à long terme	0.6	0.5	1.4	0.9	0.5	0.4	0.3	0.2
2.3.3	Crédits accordés aux résidents	0.6	0.5	0.5	0.5	0.4	0.4	0.3	0.2
2.3.4	Crédits accordés aux non-résidents	0.1	0.1	0.9	0.5	0.3	0.3	0.0	0.0
2.4	Actions et autres participations	21.5	25.2	19.3	28.1	32.9	30.8	30.4	31.4
2.4.1	Actions émises par les résidents	12.8	12.1	9.5	15.9	17.5	16.2	16.9	16.4
2.4.2	Actions émises par les non-résidents	8.7	13.1	9.8	12.2	15.4	14.6	13.6	15.0
2.5	Autres, non classés ailleurs	5.3	4.7	5.9	5.6	7.4	6.3	6.5	5.9
	Fonds de pension autonomes								
2	Actifs financiers	100.0	100.0	100.0	100.0	100.0	100.0	100.0	100.0
2.1	Numéraire et dépôts	3.0	2.6	3.7	3.1	2.1	5.7	5.4	7.2
2.2	Titres autres qu'actions, non compris les produits financiers dérivés	73.4	66.2	61.6	59.4	58.2	64.3	64.6	64.8
2.2.1	Titres à court terme	5.6	7.2	3.4	9.9	9.7	13.7	14.2	16.4
2.2.2	Titres à long terme	67.9	59.0	58.2	49.5	48.5	50.6	50.4	48.4
2.2.3	Titres émis par les résidents	72.5	64.8	57.9	56.3	56.4	63.6	63.9	64.1
2.2.4	Titres émis par les non-résidents	1.0	1.4	3.8	3.2	1.8	0.7	0.7	0.7
2.3	Crédits	0.0	0.0	0.0	0.0	0.0	0.1	0.1	0.1
2.3.1	Crédits à court terme	0.0	0.0	0.0	0.0	0.0	0.0	0.0	0.0
2.3.2	Crédits à long terme	0.0	0.0	0.0	0.0	0.0	0.1	0.1	0.1
2.3.3	Crédits accordés aux résidents	0.0	0.0	0.0	0.0	0.0	0.1	0.1	0.1
2.3.4	Crédits accordés aux non-résidents	0.0	0.0	0.0	0.0	0.0	0.0	0.0	0.0
2.4	Actions et autres participations	22.2	30.0	33.5	36.6	39.6	29.8	29.9	27.9
2.4.1	Actions émises par les résidents	15.3	18.3	18.2	22.5	26.5	17.4	17.0	15.2
2.4.2	Actions émises par les non-résidents	6.9	11.7	15.3	14.2	13.2	12.4	12.9	12.7
2.5	Autres, non classés ailleurs	1.3	1.2	1.2	0.8	0.0	0.0	0.0	0.0

Note : Voir les métadonnées détaillées sur : http://metalinks.oecd.org/instinv/20141203/bbbc

ISLANDE

Tableau 1. Actifs financiers des investisseurs institutionnels, 2013

Millions ISK

		Total	Fonds d'investissement			
			Fonds d'investissement à capital variable (fonds communs de placement)			Fonds d'investissement à capital fixe
			Total	Fonds d'investissement sur le marché monéaire	Autres fonds communs de placement	Total
2	Actifs financiers	617 420	358 150	26 449	..	259 270
2.1	Numéraire et dépôts	96 422	43 260	21 161	..	53 162
2.2	Titres autres qu'actions, non compris les produits financiers dérivés	389 166	221 195	3 798	..	167 971
2.2.1	Titres à court terme	..	..	..	..	..
2.2.2	Titres à long terme	..	..	..	..	..
2.2.3	Titres émis par les résidents	381 659	221 195	3 798	..	160 464
2.2.4	Titres émis par les non-résidents	7 507	0	0	..	7 507
2.3	Crédits	..	..	..	..	..
2.3.1	Crédits à court terme	..	..	..	..	..
2.3.2	Crédits à long terme	..	..	..	..	..
2.3.3	Crédits accordés aux résidents	..	..	..	..	..
2.3.4	Crédits accordés aux non-résidents	..	..	..	..	..
2.4	Actions et autres participations	129 033	91 383	0	..	37 650
2.4.1	Actions émises par les résidents	101 355	81 500	..	..	19 855
2.4.2	Actions émises par les non-résidents	27 678	9 883	..	..	17 796
2.5	Autres, non classés ailleurs	2 800	2 312	1 489	..	487

		Total	Sociétés d'assurance et fonds de pension autonomes			
			Sociétés d'assurance			Fonds de pension autonomes
			Total	Sociétés d'assurance vie	Sociétés d'assurance non-vie	Total
2	Actifs financiers	2 816 217	163 009	..	..	2 653 208
2.1	Numéraire et dépôts	175 522	10 758	..	..	164 764
2.2	Titres autres qu'actions, non compris les produits financiers dérivés	1 438 583	72 049	..	..	1 366 534
2.2.1	Titres à court terme	..	199	..	..	..
2.2.2	Titres à long terme	..	71 850	..	..	..
2.2.3	Titres émis par les résidents	1 430 680	68 390	..	..	1 362 289
2.2.4	Titres émis par les non-résidents	7 903	3 658	..	..	4 245
2.3	Crédits	178 839	2 842	..	..	175 997
2.3.1	Crédits à court terme	..	..	..	..	..
2.3.2	Crédits à long terme	..	..	..	..	175 997
2.3.3	Crédits accordés aux résidents	..	..	..	..	175 997
2.3.4	Crédits accordés aux non-résidents	..	..	..	..	..
2.4	Actions et autres participations	1 012 003	44 514	..	..	967 489
2.4.1	Actions émises par les résidents	413 754	37 806	..	..	375 948
2.4.2	Actions émises par les non-résidents	598 249	6 708	..	..	591 541
2.5	Autres, non classés ailleurs	11 270	32 846	..	..	-21 575

Note : Voir les métadonnées détaillées sur : http://metalinks.oecd.org/instinv/20141203/41bf

ISLANDE

Tableau 2. Actifs financiers des fonds d'investissement

Millions ISK

		2006	2007	2008	2009	2010	2011	2012	2013
	Fonds d'investissement								
2	Actifs financiers	453 903	696 758	212 133	195 242	284 249	513 797	581 586	617 420
2.1	Numéraire et dépôts	46 609	121 115	18 168	18 306	18 087	62 874	87 863	96 422
2.2	Titres autres qu'actions, non compris les produits financiers dérivés	329 368	490 227	178 327	159 973	236 679	383 664	406 596	389 166
2.2.1	Titres à court terme	..	..	..	..	..	..	..	..
2.2.2	Titres à long terme	..	..	..	..	..	..	..	..
2.2.3	Titres émis par les résidents	318 213	458 071	178 327	159 973	236 098	380 542	398 705	381 659
2.2.4	Titres émis par les non-résidents	11 155	32 156	0	0	580	3 122	7 890	7 507
2.3	Crédits	..	..	..	..	..	..	..	..
2.3.1	Crédits à court terme	..	..	..	..	..	..	..	..
2.3.2	Crédits à long terme	..	..	..	..	..	..	..	..
2.3.3	Crédits accordés aux résidents	..	..	..	..	..	..	..	..
2.3.4	Crédits accordés aux non-résidents	..	..	..	..	..	..	..	..
2.4	Actions et autres participations	75 910	73 411	13 946	16 318	28 234	58 147	85 288	129 033
2.4.1	Actions émises par les résidents	53 214	55 028	4 390	6 212	19 428	36 938	58 133	101 355
2.4.2	Actions émises par les non-résidents	22 696	18 383	9 556	10 106	8 806	21 209	27 155	27 678
2.5	Autres, non classés ailleurs	2 016	12 006	1 691	646	1 249	9 111	1 840	2 800
	Fonds d'investissement à capital variable (fonds communs de placement)								
2	Actifs financiers	453 903	696 758	212 133	195 242	284 249	303 689	328 936	358 150
2.1	Numéraire et dépôts	46 609	121 115	18 168	18 306	18 087	25 990	29 024	43 260
2.2	Titres autres qu'actions, non compris les produits financiers dérivés	329 368	490 227	178 327	159 973	236 679	241 578	246 323	221 195
2.2.1	Titres à court terme	..	..	..	..	..	..	..	..
2.2.2	Titres à long terme	..	..	..	..	..	..	..	..
2.2.3	Titres émis par les résidents	318 213	458 071	178 327	159 973	236 098	241 578	246 323	221 195
2.2.4	Titres émis par les non-résidents	11 155	32 156	0	0	580	0	0	0
2.3	Crédits	..	..	..	..	..	..	..	..
2.3.1	Crédits à court terme	..	..	..	..	..	..	..	..
2.3.2	Crédits à long terme	..	..	..	..	..	..	..	..
2.3.3	Crédits accordés aux résidents	..	..	..	..	..	..	..	..
2.3.4	Crédits accordés aux non-résidents	..	..	..	..	..	..	..	..
2.4	Actions et autres participations	75 910	73 411	13 946	16 318	28 234	33 465	52 696	91 383
2.4.1	Actions émises par les résidents	53 214	55 028	4 390	6 212	19 428	25 861	43 700	81 500
2.4.2	Actions émises par les non-résidents	22 696	18 383	9 556	10 106	8 806	7 604	8 996	9 883
2.5	Autres, non classés ailleurs	2 016	12 006	1 691	646	1 249	2 656	893	2 312
	Fonds d'investissement sur le marché monéaire								
2	Actifs financiers	..	..	..	4 731	13 391	18 294	19 624	26 449
2.1	Numéraire et dépôts	..	..	..	2 769	6 138	11 479	14 872	21 161
2.2	Titres autres qu'actions, non compris les produits financiers dérivés	..	..	..	1 960	7 251	6 801	4 715	3 798
2.2.1	Titres à court terme	..	..	..	..	..	..	..	..
2.2.2	Titres à long terme	..	..	..	..	..	..	..	..
2.2.3	Titres émis par les résidents	..	..	..	1 960	7 251	6 801	4 715	3 798
2.2.4	Titres émis par les non-résidents	..	..	..	0	0	0	0	0
2.3	Crédits	..	..	..	..	..	..	..	..
2.3.1	Crédits à court terme	..	..	..	..	..	..	..	..
2.3.2	Crédits à long terme	..	..	..	..	..	..	..	..
2.3.3	Crédits accordés aux résidents	..	..	..	..	..	..	..	..
2.3.4	Crédits accordés aux non-résidents	..	..	..	..	..	..	..	..
2.4	Actions et autres participations	..	..	..	0	0	0	0	0
2.4.1	Actions émises par les résidents	..	..	..	..	..	..	..	..
2.4.2	Actions émises par les non-résidents	..	..	..	..	..	..	..	..
2.5	Autres, non classés ailleurs	..	..	..	1	2	13	37	1 489
	Autres fonds communs de placement								
2	Actifs financiers	..	..	..	..	..	..	..	..
2.1	Numéraire et dépôts	..	..	..	..	..	..	..	..
2.2	Titres autres qu'actions, non compris les produits financiers dérivés	..	..	..	..	..	..	..	..
2.2.1	Titres à court terme	..	..	..	..	..	..	..	..
2.2.2	Titres à long terme	..	..	..	..	..	..	..	..
2.2.3	Titres émis par les résidents	..	..	..	..	..	..	..	..
2.2.4	Titres émis par les non-résidents	..	..	..	..	..	..	..	..
2.3	Crédits	..	..	..	..	..	..	..	..
2.3.1	Crédits à court terme	..	..	..	..	..	..	..	..
2.3.2	Crédits à long terme	..	..	..	..	..	..	..	..
2.3.3	Crédits accordés aux résidents	..	..	..	..	..	..	..	..
2.3.4	Crédits accordés aux non-résidents	..	..	..	..	..	..	..	..
2.4	Actions et autres participations	..	..	..	..	..	..	..	..
2.4.1	Actions émises par les résidents	..	..	..	..	..	..	..	..
2.4.2	Actions émises par les non-résidents	..	..	..	..	..	..	..	..
2.5	Autres, non classés ailleurs	..	..	..	..	..	..	..	..

ISLANDE

Tableau 2. Actifs financiers des fonds d'investissement *(suite)*

Millions ISK

		2006	2007	2008	2009	2010	2011	2012	2013
	Fonds d'investissement à capital fixe								
2	Actifs financiers	..	..	..	..	..	210 108	252 650	259 270
2.1	Numéraire et dépôts	..	..	..	..	..	36 884	58 839	53 162
2.2	Titres autres qu'actions, non compris les produits financiers dérivés	..	..	..	..	..	142 087	160 272	167 971
2.2.1	Titres à court terme	..	..	..	..	..	..	..	..
2.2.2	Titres à long terme	..	..	..	..	..	..	..	..
2.2.3	Titres émis par les résidents	..	..	..	..	..	138 965	152 382	160 464
2.2.4	Titres émis par les non-résidents	..	..	..	..	..	3 122	7 890	7 507
2.3	Crédits	..	..	..	..	..	..	..	..
2.3.1	Crédits à court terme	..	..	..	..	..	..	..	..
2.3.2	Crédits à long terme	..	..	..	..	..	..	..	..
2.3.3	Crédits accordés aux résidents	..	..	..	..	..	..	..	..
2.3.4	Crédits accordés aux non-résidents	..	..	..	..	..	..	..	..
2.4	Actions et autres participations	..	..	..	..	..	24 682	32 592	37 650
2.4.1	Actions émises par les résidents	..	..	..	..	..	11 078	14 433	19 855
2.4.2	Actions émises par les non-résidents	..	..	..	..	..	13 605	18 159	17 796
2.5	Autres, non classés ailleurs	..	..	..	..	..	6 455	947	487

Note : Voir les métadonnées détaillées sur : http://metalinks.oecd.org/instinv/20141203/41bf

ISLANDE

Tableau 3. Actifs financiers des sociétés d'assurance et fonds de pension autonomes

Millions ISK

		2006	2007	2008	2009	2010	2011	2012	2013
	Sociétés d'assurance et fonds de pension autonomes								
2	Actifs financiers	1 659 091	1 843 425	1 709 585	1 890 036	2 033 436	2 234 707	2 538 283	2 816 217
2.1	Numéraire et dépôts	19 879	51 306	186 114	175 035	168 679	168 815	178 767	175 522
2.2	Titres autres qu'actions, non compris les produits financiers dérivés	587 562	700 556	765 693	923 791	1 094 265	1 208 952	1 333 222	1 438 583
2.2.1	Titres à court terme	..	..	..	..	..	..	..	..
2.2.2	Titres à long terme	..	..	..	..	..	..	..	..
2.2.3	Titres émis par les résidents	566 316	673 037	735 910	899 597	1 076 821	1 195 416	1 322 824	1 430 680
2.2.4	Titres émis par les non-résidents	21 247	27 519	29 782	24 094	17 445	13 536	10 399	7 903
2.3	Crédits	122 544	139 586	171 592	181 045	176 800	179 718	178 315	178 839
2.3.1	Crédits à court terme	..	..	..	..	..	..	..	..
2.3.2	Crédits à long terme	..	..	..	..	..	..	..	..
2.3.3	Crédits accordés aux résidents	..	..	..	..	..	..	..	..
2.3.4	Crédits accordés aux non-résidents	..	..	..	..	..	..	..	..
2.4	Actions et autres participations	901 290	916 614	615 022	647 969	633 917	710 263	848 331	1 012 003
2.4.1	Actions émises par les résidents	469 933	471 412	173 355	129 875	168 793	243 298	296 717	413 754
2.4.2	Actions émises par les non-résidents	431 357	445 202	441 667	518 094	465 125	466 965	551 614	598 249
2.5	Autres, non classés ailleurs	27 815	35 363	-28 836	-37 804	-40 226	-33 041	-352	11 270
	Sociétés d'assurance								
2	Actifs financiers	168 668	157 923	120 871	129 004	136 528	143 748	152 898	163 009
2.1	Numéraire et dépôts	4 843	6 342	17 083	12 505	10 035	11 507	11 128	10 758
2.2	Titres autres qu'actions, non compris les produits financiers dérivés	14 645	21 255	24 131	45 459	54 920	60 754	65 643	72 049
2.2.1	Titres à court terme	0	2 281	0	394	862	760	576	199
2.2.2	Titres à long terme	14 645	18 974	24 131	45 065	54 058	59 994	65 067	71 850
2.2.3	Titres émis par les résidents	14 220	18 222	22 675	44 653	52 176	56 355	61 282	68 390
2.2.4	Titres émis par les non-résidents	425	3 032	1 456	807	2 744	4 399	4 361	3 658
2.3	Crédits	13 367	9 878	8 310	6 609	4 911	4 463	3 180	2 842
2.3.1	Crédits à court terme	..	..	..	..	..	..	..	..
2.3.2	Crédits à long terme	..	..	..	..	..	..	..	..
2.3.3	Crédits accordés aux résidents	..	..	..	..	..	..	..	..
2.3.4	Crédits accordés aux non-résidents	..	..	..	..	..	..	..	..
2.4	Actions et autres participations	107 998	85 085	43 376	32 540	34 723	39 904	41 358	44 514
2.4.1	Actions émises par les résidents	98 867	73 655	35 265	21 243	25 869	32 612	34 778	37 806
2.4.2	Actions émises par les non-résidents	9 132	11 430	8 111	11 297	8 854	7 291	6 580	6 708
2.5	Autres, non classés ailleurs	27 815	35 363	27 972	31 890	31 939	27 120	31 589	32 846
	Sociétés d'assurance vie								
2	Actifs financiers	..	..	..	..	..	..	..	..
2.1	Numéraire et dépôts	..	..	..	..	..	..	..	..
2.2	Titres autres qu'actions, non compris les produits financiers dérivés	..	..	..	..	..	..	..	..
2.2.1	Titres à court terme	..	..	..	..	..	..	..	..
2.2.2	Titres à long terme	..	..	..	..	..	..	..	..
2.2.3	Titres émis par les résidents	..	..	..	..	..	..	..	..
2.2.4	Titres émis par les non-résidents	..	..	..	..	..	..	..	..
2.3	Crédits	..	..	..	..	..	..	..	..
2.3.1	Crédits à court terme	..	..	..	..	..	..	..	..
2.3.2	Crédits à long terme	..	..	..	..	..	..	..	..
2.3.3	Crédits accordés aux résidents	..	..	..	..	..	..	..	..
2.3.4	Crédits accordés aux non-résidents	..	..	..	..	..	..	..	..
2.4	Actions et autres participations	..	..	..	..	..	..	..	..
2.4.1	Actions émises par les résidents	..	..	..	..	..	..	..	..
2.4.2	Actions émises par les non-résidents	..	..	..	..	..	..	..	..
2.5	Autres, non classés ailleurs	..	..	..	..	..	..	..	..
	Sociétés d'assurance non-vie								
2	Actifs financiers	..	..	..	..	..	..	..	..
2.1	Numéraire et dépôts	..	..	..	..	..	..	..	..
2.2	Titres autres qu'actions, non compris les produits financiers dérivés	..	..	..	..	..	..	..	..
2.2.1	Titres à court terme	..	..	..	..	..	..	..	..
2.2.2	Titres à long terme	..	..	..	..	..	..	..	..
2.2.3	Titres émis par les résidents	..	..	..	..	..	..	..	..
2.2.4	Titres émis par les non-résidents	..	..	..	..	..	..	..	..
2.3	Crédits	..	..	..	..	..	..	..	..
2.3.1	Crédits à court terme	..	..	..	..	..	..	..	..
2.3.2	Crédits à long terme	..	..	..	..	..	..	..	..
2.3.3	Crédits accordés aux résidents	..	..	..	..	..	..	..	..
2.3.4	Crédits accordés aux non-résidents	..	..	..	..	..	..	..	..
2.4	Actions et autres participations	..	..	..	..	..	..	..	..
2.4.1	Actions émises par les résidents	..	..	..	..	..	..	..	..
2.4.2	Actions émises par les non-résidents	..	..	..	..	..	..	..	..
2.5	Autres, non classés ailleurs	..	..	..	..	..	..	..	..

Tableau 3. Actifs financiers des sociétés d'assurance et fonds de pension autonomes *(suite)*

Millions ISK

		2006	2007	2008	2009	2010	2011	2012	2013
	Fonds de pension autonomes								
2	Actifs financiers	1 490 423	1 685 503	1 588 713	1 761 033	1 896 908	2 090 959	2 385 384	2 653 208
2.1	Numéraire et dépôts	15 037	44 964	169 032	162 529	158 644	157 308	167 638	164 764
2.2	Titres autres qu'actions, non compris les produits financiers dérivés	572 917	679 301	741 561	878 331	1 039 345	1 148 198	1 267 579	1 366 534
2.2.1	Titres à court terme	..	..	..	..	..	..	..	..
2.2.2	Titres à long terme	..	..	..	..	..	..	..	..
2.2.3	Titres émis par les résidents	552 095	654 815	713 235	855 045	1 024 644	1 139 061	1 261 542	1 362 289
2.2.4	Titres émis par les non-résidents	20 822	24 486	28 326	23 287	14 701	9 137	6 037	4 245
2.3	Crédits	109 177	129 708	163 282	174 436	171 889	175 255	175 134	175 997
2.3.1	Crédits à court terme	..	..	..	..	..	..	..	..
2.3.2	Crédits à long terme	109 177	129 708	163 282	174 436	171 889	175 255	175 134	175 997
2.3.3	Crédits accordés aux résidents	109 177	129 708	163 282	174 436	171 889	175 255	175 134	175 997
2.3.4	Crédits accordés aux non-résidents	..	..	..	..	..	..	..	..
2.4	Actions et autres participations	793 292	831 529	571 646	615 430	599 195	670 360	806 974	967 489
2.4.1	Actions émises par les résidents	371 066	397 757	138 091	108 633	142 924	210 686	261 940	375 948
2.4.2	Actions émises par les non-résidents	422 225	433 772	433 556	506 797	456 271	459 674	545 034	591 541
2.5	Autres, non classés ailleurs	..	..	-56 808	-69 694	-72 165	-60 162	-31 941	-21 575

Note : Voir les métadonnées détaillées sur : http://metalinks.oecd.org/instinv/20141203/41bf

Tableau 2. Actifs financiers des fonds d'investissement *(suite)*

Millions EUR (1999 IEP euro)

		2006	2007	2008	2009	2010	2011	2012	2013
	Fonds d'investissement à capital fixe								
2	Actifs financiers	..	..	..	..	..	..	..	..
2.1	Numéraire et dépôts	..	..	..	..	..	..	..	..
2.2	Titres autres qu'actions, non compris les produits financiers dérivés	..	..	..	..	..	..	..	..
2.2.1	Titres à court terme	..	..	..	..	..	..	..	..
2.2.2	Titres à long terme	..	..	..	..	..	..	..	..
2.2.3	Titres émis par les résidents	..	..	..	..	..	..	..	..
2.2.4	Titres émis par les non-résidents	..	..	..	..	..	..	..	..
2.3	Crédits	..	..	..	..	..	..	..	..
2.3.1	Crédits à court terme	..	..	..	..	..	..	..	..
2.3.2	Crédits à long terme	..	..	..	..	..	..	..	..
2.3.3	Crédits accordés aux résidents	..	..	..	..	..	..	..	..
2.3.4	Crédits accordés aux non-résidents	..	..	..	..	..	..	..	..
2.4	Actions et autres participations	..	..	..	..	..	..	..	..
2.4.1	Actions émises par les résidents	..	..	..	..	..	..	..	..
2.4.2	Actions émises par les non-résidents	..	..	..	..	..	..	..	..
2.5	Autres, non classés ailleurs	..	..	..	..	..	..	..	..

Note : Voir les métadonnées détaillées sur : http://metalinks.oecd.org/instinv/20141203/2e2a

IRLANDE

Tableau 3. Actifs financiers des sociétés d'assurance et fonds de pension autonomes

Millions EUR (1999 IEP euro)

		2006	2007	2008	2009	2010	2011	2012	2013
	Sociétés d'assurance et fonds de pension autonomes								
2	Actifs financiers	249 771	259 494	240 482	268 357	295 207	280 246	295 811	304 455
2.1	Numéraire et dépôts	16 732	17 889	22 349	22 261	22 928	23 588	22 720	19 985
2.2	Titres autres qu'actions, non compris les produits financiers dérivés	52 411	58 532	64 053	69 182	73 745	80 233	85 055	79 811
2.2.1	Titres à court terme	2 695	3 830	6 758	6 458	8 249	7 985	8 873	8 391
2.2.2	Titres à long terme	49 716	54 702	57 295	62 724	65 495	72 248	76 182	71 420
2.2.3	Titres émis par les résidents	..	..	..	..	..	..	..	..
2.2.4	Titres émis par les non-résidents	..	..	..	..	..	..	..	..
2.3	Crédits	3 724	2 749	2 720	3 332	3 504	3 678	2 785	1 325
2.3.1	Crédits à court terme	1 299	1 012	1 223	1 270	1 091	792	1 138	952
2.3.2	Crédits à long terme	2 425	1 737	1 497	2 062	2 413	2 886	1 647	373
2.3.3	Crédits accordés aux résidents	..	..	..	..	..	..	..	..
2.3.4	Crédits accordés aux non-résidents	..	..	..	..	..	..	..	..
2.4	Actions et autres participations	136 192	131 579	99 182	120 482	136 193	126 991	140 927	161 033
2.4.1	Actions émises par les résidents	..	..	..	..	..	..	..	..
2.4.2	Actions émises par les non-résidents	..	..	..	..	..	..	..	..
2.5	Autres, non classés ailleurs	40 712	48 745	52 178	53 102	58 837	45 757	44 324	42 301
	Sociétés d'assurance								
2	Actifs financiers	..	..	..	..	..	..	..	..
2.1	Numéraire et dépôts	..	..	..	..	..	..	..	..
2.2	Titres autres qu'actions, non compris les produits financiers dérivés	..	..	..	..	..	..	..	..
2.2.1	Titres à court terme	..	..	..	..	..	..	..	..
2.2.2	Titres à long terme	..	..	..	..	..	..	..	..
2.2.3	Titres émis par les résidents	..	..	..	..	..	..	..	..
2.2.4	Titres émis par les non-résidents	..	..	..	..	..	..	..	..
2.3	Crédits	..	..	..	..	..	..	..	..
2.3.1	Crédits à court terme	..	..	..	..	..	..	..	..
2.3.2	Crédits à long terme	..	..	..	..	..	..	..	..
2.3.3	Crédits accordés aux résidents	..	..	..	..	..	..	..	..
2.3.4	Crédits accordés aux non-résidents	..	..	..	..	..	..	..	..
2.4	Actions et autres participations	..	..	..	..	..	..	..	..
2.4.1	Actions émises par les résidents	..	..	..	..	..	..	..	..
2.4.2	Actions émises par les non-résidents	..	..	..	..	..	..	..	..
2.5	Autres, non classés ailleurs	..	..	..	..	..	..	..	..
	Sociétés d'assurance vie								
2	Actifs financiers	..	..	..	..	..	..	..	..
2.1	Numéraire et dépôts	..	..	..	..	..	..	..	..
2.2	Titres autres qu'actions, non compris les produits financiers dérivés	..	..	..	..	..	..	..	..
2.2.1	Titres à court terme	..	..	..	..	..	..	..	..
2.2.2	Titres à long terme	..	..	..	..	..	..	..	..
2.2.3	Titres émis par les résidents	..	..	..	..	..	..	..	..
2.2.4	Titres émis par les non-résidents	..	..	..	..	..	..	..	..
2.3	Crédits	..	..	..	..	..	..	..	..
2.3.1	Crédits à court terme	..	..	..	..	..	..	..	..
2.3.2	Crédits à long terme	..	..	..	..	..	..	..	..
2.3.3	Crédits accordés aux résidents	..	..	..	..	..	..	..	..
2.3.4	Crédits accordés aux non-résidents	..	..	..	..	..	..	..	..
2.4	Actions et autres participations	..	..	..	..	..	..	..	..
2.4.1	Actions émises par les résidents	..	..	..	..	..	..	..	..
2.4.2	Actions émises par les non-résidents	..	..	..	..	..	..	..	..
2.5	Autres, non classés ailleurs	..	..	..	..	..	..	..	..
	Sociétés d'assurance non-vie								
2	Actifs financiers	..	..	..	..	..	..	..	..
2.1	Numéraire et dépôts	..	..	..	..	..	..	..	..
2.2	Titres autres qu'actions, non compris les produits financiers dérivés	..	..	..	..	..	..	..	..
2.2.1	Titres à court terme	..	..	..	..	..	..	..	..
2.2.2	Titres à long terme	..	..	..	..	..	..	..	..
2.2.3	Titres émis par les résidents	..	..	..	..	..	..	..	..
2.2.4	Titres émis par les non-résidents	..	..	..	..	..	..	..	..
2.3	Crédits	..	..	..	..	..	..	..	..
2.3.1	Crédits à court terme	..	..	..	..	..	..	..	..
2.3.2	Crédits à long terme	..	..	..	..	..	..	..	..
2.3.3	Crédits accordés aux résidents	..	..	..	..	..	..	..	..
2.3.4	Crédits accordés aux non-résidents	..	..	..	..	..	..	..	..
2.4	Actions et autres participations	..	..	..	..	..	..	..	..
2.4.1	Actions émises par les résidents	..	..	..	..	..	..	..	..
2.4.2	Actions émises par les non-résidents	..	..	..	..	..	..	..	..
2.5	Autres, non classés ailleurs	..	..	..	..	..	..	..	..

Tableau 3. Actifs financiers des sociétés d'assurance et fonds de pension autonomes *(suite)*

Millions EUR (1999 IEP euro)

		2006	2007	2008	2009	2010	2011	2012	2013
	Fonds de pension autonomes								
2	Actifs financiers	..	..	..	..	..	..	..	..
2.1	Numéraire et dépôts	..	..	..	..	..	..	..	..
2.2	Titres autres qu'actions, non compris les produits financiers dérivés	..	..	..	..	..	..	..	..
2.2.1	Titres à court terme	..	..	..	..	..	..	..	..
2.2.2	Titres à long terme	..	..	..	..	..	..	..	..
2.2.3	Titres émis par les résidents	..	..	..	..	..	..	..	..
2.2.4	Titres émis par les non-résidents	..	..	..	..	..	..	..	..
2.3	Crédits	..	..	..	..	..	..	..	..
2.3.1	Crédits à court terme	..	..	..	..	..	..	..	..
2.3.2	Crédits à long terme	..	..	..	..	..	..	..	..
2.3.3	Crédits accordés aux résidents	..	..	..	..	..	..	..	..
2.3.4	Crédits accordés aux non-résidents	..	..	..	..	..	..	..	..
2.4	Actions et autres participations	..	..	..	..	..	..	..	..
2.4.1	Actions émises par les résidents	..	..	..	..	..	..	..	..
2.4.2	Actions émises par les non-résidents	..	..	..	..	..	..	..	..
2.5	Autres, non classés ailleurs	..	..	..	..	..	..	..	..

Note : Voir les métadonnées détaillées sur : http://metalinks.oecd.org/instinv/20141203/2e2a

IRLANDE

Les données ne sont pas disponibles pour l'Irlande, pour le :

Tableau 4. Composition du portefeuille par type d'investisseur

Tableau 1. Actifs financiers des investisseurs institutionnels, 2012

Millions ILS

		Total	Fonds d'investissement – Fonds d'investissement à capital variable (fonds communs de placement) – Total	Fonds d'investissement sur le marché monéaire	Autres fonds communs de placement	Fonds d'investissement à capital fixe – Total
2	Actifs financiers	170 099	170 099	35 688	134 411	0
2.1	Numéraire et dépôts	23 524	23 524	16 635	6 889	0
2.2	Titres autres qu'actions, non compris les produits financiers dérivés	134 541	134 541	19 053	115 488	0
2.2.1	Titres à court terme	34 061	34 061	11 695	22 366	0
2.2.2	Titres à long terme	100 480	100 480	7 358	93 122	0
2.2.3	Titres émis par les résidents	128 554	128 554	18 856	109 698	0
2.2.4	Titres émis par les non-résidents	5 987	5 987	197	5 790	0
2.3	Crédits	0	0	0	0	0
2.3.1	Crédits à court terme	0	0	0	0	0
2.3.2	Crédits à long terme	0	0	0	0	0
2.3.3	Crédits accordés aux résidents	0	0	0	0	0
2.3.4	Crédits accordés aux non-résidents	0	0	0	0	0
2.4	Actions et autres participations	12 034	12 034	0	12 034	0
2.4.1	Actions émises par les résidents	7 446	7 446	0	7 446	0
2.4.2	Actions émises par les non-résidents	4 588	4 588	0	4 588	0
2.5	Autres, non classés ailleurs	0	0	0	0	0

		Total	Sociétés d'assurance et fonds de pension autonomes – Sociétés d'assurance – Total	Sociétés d'assurance vie	Sociétés d'assurance non-vie	Fonds de pension autonomes – Total
2	Actifs financiers	708 642	339 642	..	..	368 999
2.1	Numéraire et dépôts	79 208	25 111	..	..	54 098
2.2	Titres autres qu'actions, non compris les produits financiers dérivés	458 485	200 223	..	..	258 263
2.2.1	Titres à court terme	7 070	3 214	..	..	3 857
2.2.2	Titres à long terme	451 415	197 009	..	..	254 406
2.2.3	Titres émis par les résidents	373 012	163 350	..	..	209 661
2.2.4	Titres émis par les non-résidents	85 474	36 872	..	..	48 602
2.3	Crédits	32 272	19 832	..	..	12 440
2.3.1	Crédits à court terme	..	..	..	..	..
2.3.2	Crédits à long terme	..	..	..	..	..
2.3.3	Crédits accordés aux résidents	32 272	19 832	..	..	12 440
2.3.4	Crédits accordés aux non-résidents	0	0	..	..	0
2.4	Actions et autres participations	67 792	41 640	..	..	26 152
2.4.1	Actions émises par les résidents	57 476	36 318	..	..	21 158
2.4.2	Actions émises par les non-résidents	10 317	5 322	..	..	4 994
2.5	Autres, non classés ailleurs	70 884	52 837	..	..	18 047

Note : Voir les métadonnées détaillées sur : http://metalinks.oecd.org/instinv/20141203/dcec
Informations sur les données concernant Israël : http://oe.cd/israel-disclaimer

Tableau 2. Actifs financiers des fonds d'investissement

Millions ILS

		2006	2007	2008	2009	2010	2011	2012	2013
	Fonds d'investissement								
2	Actifs financiers	111 467	120 321	98 099	133 199	156 582	142 353	170 099	..
2.1	Numéraire et dépôts	6 510	7 185	23 194	13 932	14 925	17 173	23 524	..
2.2	Titres autres qu'actions, non compris les produits financiers dérivés	78 087	88 098	68 676	104 510	121 659	112 700	134 541	..
2.2.1	Titres à court terme	16 208	14 012	16 793	23 172	23 611	32 558	34 061	..
2.2.2	Titres à long terme	61 879	74 087	51 884	81 337	98 048	80 142	100 480	..
2.2.3	Titres émis par les résidents	69 482	80 790	64 582	99 606	115 420	108 351	128 554	..
2.2.4	Titres émis par les non-résidents	8 605	7 308	4 094	4 904	6 238	4 349	5 987	..
2.3	Crédits	0	0	0	0	0	0	0	..
2.3.1	Crédits à court terme	0	0	0	0	0	0	0	..
2.3.2	Crédits à long terme	0	0	0	0	0	0	0	..
2.3.3	Crédits accordés aux résidents	0	0	0	0	0	0	0	..
2.3.4	Crédits accordés aux non-résidents	0	0	0	0	0	0	0	..
2.4	Actions et autres participations	26 869	25 038	6 228	14 757	19 998	12 480	12 034	..
2.4.1	Actions émises par les résidents	16 410	16 332	4 152	10 817	14 627	8 432	7 446	..
2.4.2	Actions émises par les non-résidents	10 459	8 706	2 076	3 940	5 371	4 048	4 588	..
2.5	Autres, non classés ailleurs	0	0	0	0	0	0	0	..
	Fonds d'investissement à capital variable (fonds communs de placement)								
2	Actifs financiers	111 467	120 321	98 099	133 199	156 582	142 353	170 099	..
2.1	Numéraire et dépôts	6 510	7 185	23 194	13 932	14 925	17 173	23 524	..
2.2	Titres autres qu'actions, non compris les produits financiers dérivés	78 087	88 098	68 676	104 510	121 659	112 700	134 541	..
2.2.1	Titres à court terme	16 208	14 012	16 793	23 172	23 611	32 558	34 061	..
2.2.2	Titres à long terme	61 879	74 087	51 884	81 337	98 048	80 142	100 480	..
2.2.3	Titres émis par les résidents	69 482	80 790	64 582	99 606	115 420	108 351	128 554	..
2.2.4	Titres émis par les non-résidents	8 605	7 308	4 094	4 904	6 238	4 349	5 987	..
2.3	Crédits	0	0	0	0	0	0	0	..
2.3.1	Crédits à court terme	0	0	0	0	0	0	0	..
2.3.2	Crédits à long terme	0	0	0	0	0	0	0	..
2.3.3	Crédits accordés aux résidents	0	0	0	0	0	0	0	..
2.3.4	Crédits accordés aux non-résidents	0	0	0	0	0	0	0	..
2.4	Actions et autres participations	26 869	25 038	6 228	14 757	19 998	12 480	12 034	..
2.4.1	Actions émises par les résidents	16 410	16 332	4 152	10 817	14 627	8 432	7 446	..
2.4.2	Actions émises par les non-résidents	10 459	8 706	2 076	3 940	5 371	4 048	4 588	..
2.5	Autres, non classés ailleurs	0	0	0	0	0	0	0	..
	Fonds d'investissement sur le marché monéaire								
2	Actifs financiers	..	..	32 605	17 173	18 092	34 086	35 688	..
2.1	Numéraire et dépôts	..	..	18 008	7 108	7 738	12 934	16 635	..
2.2	Titres autres qu'actions, non compris les produits financiers dérivés	..	..	14 598	10 064	10 350	21 151	19 053	..
2.2.1	Titres à court terme	..	..	8 764	6 615	7 076	12 249	11 695	..
2.2.2	Titres à long terme	..	..	5 834	3 449	3 274	8 902	7 358	..
2.2.3	Titres émis par les résidents	..	..	13 389	9 250	9 879	20 714	18 856	..
2.2.4	Titres émis par les non-résidents	..	..	1 209	815	471	437	197	..
2.3	Crédits	..	..	0	0	0	0	0	..
2.3.1	Crédits à court terme	..	..	0	0	0	0	0	..
2.3.2	Crédits à long terme	..	..	0	0	0	0	0	..
2.3.3	Crédits accordés aux résidents	..	..	0	0	0	0	0	..
2.3.4	Crédits accordés aux non-résidents	..	..	0	0	0	0	0	..
2.4	Actions et autres participations	..	..	0	0	4	0	0	..
2.4.1	Actions émises par les résidents	..	..	0	0	4	0	0	..
2.4.2	Actions émises par les non-résidents	..	..	0	0	0	0	0	..
2.5	Autres, non classés ailleurs	..	..	0	0	0	0	0	..
	Autres fonds communs de placement								
2	Actifs financiers	111 467	120 321	65 493	116 027	138 490	108 267	134 411	..
2.1	Numéraire et dépôts	6 510	7 185	5 187	6 824	7 188	4 239	6 889	..
2.2	Titres autres qu'actions, non compris les produits financiers dérivés	78 087	88 098	54 079	94 445	111 308	91 549	115 488	..
2.2.1	Titres à court terme	16 208	14 012	8 029	16 557	16 535	20 309	22 366	..
2.2.2	Titres à long terme	61 879	74 087	46 050	77 888	94 774	71 240	93 122	..
2.2.3	Titres émis par les résidents	69 482	80 790	51 194	90 356	105 541	87 637	109 698	..
2.2.4	Titres émis par les non-résidents	8 605	7 308	2 885	4 089	5 767	3 912	5 790	..
2.3	Crédits	0	0	0	0	0	0	0	..
2.3.1	Crédits à court terme	0	0	0	0	0	0	0	..
2.3.2	Crédits à long terme	0	0	0	0	0	0	0	..
2.3.3	Crédits accordés aux résidents	0	0	0	0	0	0	0	..
2.3.4	Crédits accordés aux non-résidents	0	0	0	0	0	0	0	..
2.4	Actions et autres participations	26 869	25 038	6 228	14 757	19 994	12 480	12 034	..
2.4.1	Actions émises par les résidents	16 410	16 332	4 152	10 817	14 623	8 431	7 446	..
2.4.2	Actions émises par les non-résidents	10 459	8 706	2 076	3 940	5 371	4 048	4 588	..
2.5	Autres, non classés ailleurs	0	0	0	0	0	0	0	..

ISRAËL

Tableau 2. Actifs financiers des fonds d'investissement *(suite)*

Millions ILS

		2006	2007	2008	2009	2010	2011	2012	2013
	Fonds d'investissement à capital fixe								
2	Actifs financiers	0	0	0	0	0	0	0	..
2.1	Numéraire et dépôts	0	0	0	0	0	0	0	..
2.2	Titres autres qu'actions, non compris les produits financiers dérivés	0	0	0	0	0	0	0	..
2.2.1	Titres à court terme	0	0	0	0	0	0	0	..
2.2.2	Titres à long terme	0	0	0	0	0	0	0	..
2.2.3	Titres émis par les résidents	0	0	0	0	0	0	0	..
2.2.4	Titres émis par les non-résidents	0	0	0	0	0	0	0	..
2.3	Crédits	0	0	0	0	0	0	0	..
2.3.1	Crédits à court terme	0	0	0	0	0	0	0	..
2.3.2	Crédits à long terme	0	0	0	0	0	0	0	..
2.3.3	Crédits accordés aux résidents	0	0	0	0	0	0	0	..
2.3.4	Crédits accordés aux non-résidents	0	0	0	0	0	0	0	..
2.4	Actions et autres participations	0	0	0	0	0	0	0	..
2.4.1	Actions émises par les résidents	0	0	0	0	0	0	0	..
2.4.2	Actions émises par les non-résidents	0	0	0	0	0	0	0	..
2.5	Autres, non classés ailleurs	0	0	0	0	0	0	0	..

Note : Voir les métadonnées détaillées sur : http://metalinks.oecd.org/instinv/20141203/dcec
Informations sur les données concernant Israël : http://oe.cd/israel-disclaimer

Tableau 3. Actifs financiers des sociétés d'assurance et fonds de pension autonomes

Millions ILS

		2006	2007	2008	2009	2010	2011	2012	2013
	Sociétés d'assurance et fonds de pension autonomes								
2	Actifs financiers	396 069	410 117	440 387	539 651	601 509	625 820	708 642	..
2.1	Numéraire et dépôts	32 632	30 709	32 897	46 123	61 595	60 232	79 208	..
2.2	Titres autres qu'actions, non compris les produits financiers dérivés	278 546	279 110	315 246	374 564	401 705	420 114	458 485	..
2.2.1	Titres à court terme	5 992	3 801	1 733	6 333	8 759	9 848	7 070	..
2.2.2	Titres à long terme	272 553	275 309	313 513	368 232	392 946	410 266	451 415	..
2.2.3	Titres émis par les résidents	264 351	259 417	293 581	327 058	339 817	349 413	373 012	..
2.2.4	Titres émis par les non-résidents	14 194	19 693	21 664	47 506	61 887	70 700	85 474	..
2.3	Crédits	13 243	13 602	12 910	16 427	18 843	24 815	32 272	..
2.3.1	Crédits à court terme	..	..	..	..	..	..	..	..
2.3.2	Crédits à long terme	..	..	..	..	..	..	..	..
2.3.3	Crédits accordés aux résidents	13 243	13 602	12 910	16 427	18 843	24 815	32 272	..
2.3.4	Crédits accordés aux non-résidents	0	0	0	0	0	0	0	..
2.4	Actions et autres participations	37 002	43 317	26 308	48 608	62 353	55 558	67 792	..
2.4.1	Actions émises par les résidents	33 072	38 458	24 002	43 375	54 392	46 401	57 476	..
2.4.2	Actions émises par les non-résidents	3 929	4 859	2 306	5 233	7 961	9 157	10 317	..
2.5	Autres, non classés ailleurs	34 647	43 379	53 027	53 929	57 014	65 101	70 884	..
	Sociétés d'assurance								
2	Actifs financiers	194 909	214 346	209 009	258 765	290 766	302 010	339 642	..
2.1	Numéraire et dépôts	23 248	22 153	21 522	22 041	22 201	24 361	25 111	..
2.2	Titres autres qu'actions, non compris les produits financiers dérivés	103 165	113 438	119 489	152 572	170 934	175 929	200 223	..
2.2.1	Titres à court terme	2 754	3 211	1 509	4 927	4 047	3 604	3 214	..
2.2.2	Titres à long terme	100 411	110 227	117 979	147 646	166 887	172 325	197 009	..
2.2.3	Titres émis par les résidents	93 118	102 701	110 830	127 749	139 993	143 927	163 350	..
2.2.4	Titres émis par les non-résidents	10 047	10 736	8 658	24 823	30 941	32 002	36 872	..
2.3	Crédits	10 442	11 270	10 692	12 598	13 503	16 885	19 832	..
2.3.1	Crédits à court terme	..	..	..	..	..	..	..	..
2.3.2	Crédits à long terme	..	..	..	..	..	..	..	..
2.3.3	Crédits accordés aux résidents	10 442	11 270	10 692	12 598	13 503	16 885	19 832	..
2.3.4	Crédits accordés aux non-résidents	0	0	0	0	0	0	0	..
2.4	Actions et autres participations	26 478	30 326	17 206	30 170	38 975	34 799	41 640	..
2.4.1	Actions émises par les résidents	23 544	27 004	15 605	26 813	34 177	29 456	36 318	..
2.4.2	Actions émises par les non-résidents	2 934	3 321	1 601	3 357	4 798	5 343	5 322	..
2.5	Autres, non classés ailleurs	31 576	37 160	40 100	41 384	45 154	50 037	52 837	..
	Sociétés d'assurance vie								
2	Actifs financiers	..	..	..	..	..	..	..	..
2.1	Numéraire et dépôts	..	..	..	..	..	..	..	..
2.2	Titres autres qu'actions, non compris les produits financiers dérivés	..	..	..	..	..	..	..	..
2.2.1	Titres à court terme	..	..	..	..	..	..	..	..
2.2.2	Titres à long terme	..	..	..	..	..	..	..	..
2.2.3	Titres émis par les résidents	..	..	..	..	..	..	..	..
2.2.4	Titres émis par les non-résidents	..	..	..	..	..	..	..	..
2.3	Crédits	..	..	..	..	..	..	..	..
2.3.1	Crédits à court terme	..	..	..	..	..	..	..	..
2.3.2	Crédits à long terme	..	..	..	..	..	..	..	..
2.3.3	Crédits accordés aux résidents	..	..	..	..	..	..	..	..
2.3.4	Crédits accordés aux non-résidents	..	..	..	..	..	..	..	..
2.4	Actions et autres participations	..	..	..	..	..	..	..	..
2.4.1	Actions émises par les résidents	..	..	..	..	..	..	..	..
2.4.2	Actions émises par les non-résidents	..	..	..	..	..	..	..	..
2.5	Autres, non classés ailleurs	..	..	..	..	..	..	..	..
	Sociétés d'assurance non-vie								
2	Actifs financiers	..	..	..	..	..	..	..	..
2.1	Numéraire et dépôts	..	..	..	..	..	..	..	..
2.2	Titres autres qu'actions, non compris les produits financiers dérivés	..	..	..	..	..	..	..	..
2.2.1	Titres à court terme	..	..	..	..	..	..	..	..
2.2.2	Titres à long terme	..	..	..	..	..	..	..	..
2.2.3	Titres émis par les résidents	..	..	..	..	..	..	..	..
2.2.4	Titres émis par les non-résidents	..	..	..	..	..	..	..	..
2.3	Crédits	..	..	..	..	..	..	..	..
2.3.1	Crédits à court terme	..	..	..	..	..	..	..	..
2.3.2	Crédits à long terme	..	..	..	..	..	..	..	..
2.3.3	Crédits accordés aux résidents	..	..	..	..	..	..	..	..
2.3.4	Crédits accordés aux non-résidents	..	..	..	..	..	..	..	..
2.4	Actions et autres participations	..	..	..	..	..	..	..	..
2.4.1	Actions émises par les résidents	..	..	..	..	..	..	..	..
2.4.2	Actions émises par les non-résidents	..	..	..	..	..	..	..	..
2.5	Autres, non classés ailleurs	..	..	..	..	..	..	..	..

Tableau 3. Actifs financiers des sociétés d'assurance et fonds de pension autonomes *(suite)*

Millions ILS

		2006	2007	2008	2009	2010	2011	2012	2013
	Fonds de pension autonomes								
2	Actifs financiers	201 160	195 771	231 378	280 886	310 742	323 810	368 999	..
2.1	Numéraire et dépôts	9 384	8 556	11 375	24 082	39 395	35 871	54 098	..
2.2	Titres autres qu'actions, non compris les produits financiers dérivés	175 380	165 672	195 757	221 992	230 771	244 185	258 263	..
2.2.1	Titres à court terme	3 239	590	223	1 406	4 712	6 243	3 857	..
2.2.2	Titres à long terme	172 142	165 082	195 533	220 586	226 059	237 941	254 406	..
2.2.3	Titres émis par les résidents	171 234	156 715	182 751	199 309	199 824	205 486	209 661	..
2.2.4	Titres émis par les non-résidents	4 147	8 957	13 006	22 683	30 947	38 699	48 602	..
2.3	Crédits	2 801	2 332	2 218	3 829	5 339	7 931	12 440	..
2.3.1	Crédits à court terme	..	..	..	..	..	..	..	..
2.3.2	Crédits à long terme	..	..	..	..	..	..	..	..
2.3.3	Crédits accordés aux résidents	2 801	2 332	2 218	3 829	5 339	7 931	12 440	..
2.3.4	Crédits accordés aux non-résidents	0	0	0	0	0	0	0	..
2.4	Actions et autres participations	10 523	12 992	9 102	18 438	23 378	20 759	26 152	..
2.4.1	Actions émises par les résidents	9 528	11 453	8 397	16 562	20 214	16 945	21 158	..
2.4.2	Actions émises par les non-résidents	995	1 538	705	1 876	3 164	3 814	4 994	..
2.5	Autres, non classés ailleurs	3 071	6 220	12 927	12 545	11 860	15 065	18 047	..

Note : Voir les métadonnées détaillées sur : http://metalinks.oecd.org/instinv/20141203/dcec
Informations sur les données concernant Israël : http://oe.cd/israel-disclaimer

Tableau 4. Composition du portefeuille par type d'investisseur

Pourcentage du total des actifs financiers

Pour cent

		2006	2007	2008	2009	2010	2011	2012	2013
	Fonds d'investissement								
2	Actifs financiers	100.0	100.0	100.0	100.0	100.0	100.0	100.0	..
2.1	Numéraire et dépôts	5.8	6.0	23.6	10.5	9.5	12.1	13.8	..
2.2	Titres autres qu'actions, non compris les produits financiers dérivés	70.1	73.2	70.0	78.5	77.7	79.2	79.1	..
2.2.1	Titres à court terme	14.5	11.6	17.1	17.4	15.1	22.9	20.0	..
2.2.2	Titres à long terme	55.5	61.6	52.9	61.1	62.6	56.3	59.1	..
2.2.3	Titres émis par les résidents	62.3	67.1	65.8	74.8	73.7	76.1	75.6	..
2.2.4	Titres émis par les non-résidents	7.7	6.1	4.2	3.7	4.0	3.1	3.5	..
2.3	Crédits	0.0	0.0	0.0	0.0	0.0	0.0	0.0	..
2.3.1	Crédits à court terme	0.0	0.0	0.0	0.0	0.0	0.0	0.0	..
2.3.2	Crédits à long terme	0.0	0.0	0.0	0.0	0.0	0.0	0.0	..
2.3.3	Crédits accordés aux résidents	0.0	0.0	0.0	0.0	0.0	0.0	0.0	..
2.3.4	Crédits accordés aux non-résidents	0.0	0.0	0.0	0.0	0.0	0.0	0.0	..
2.4	Actions et autres participations	24.1	20.8	6.3	11.1	12.8	8.8	7.1	..
2.4.1	Actions émises par les résidents	14.7	13.6	4.2	8.1	9.3	5.9	4.4	..
2.4.2	Actions émises par les non-résidents	9.4	7.2	2.1	3.0	3.4	2.8	2.7	..
2.5	Autres, non classés ailleurs	0.0	0.0	0.0	0.0	0.0	0.0	0.0	..
	Sociétés d'assurance								
2	Actifs financiers	100.0	100.0	100.0	100.0	100.0	100.0	100.0	..
2.1	Numéraire et dépôts	11.9	10.3	10.3	8.5	7.6	8.1	7.4	..
2.2	Titres autres qu'actions, non compris les produits financiers dérivés	52.9	52.9	57.2	59.0	58.8	58.3	59.0	..
2.2.1	Titres à court terme	1.4	1.5	0.7	1.9	1.4	1.2	0.9	..
2.2.2	Titres à long terme	51.5	51.4	56.4	57.1	57.4	57.1	58.0	..
2.2.3	Titres émis par les résidents	47.8	47.9	53.0	49.4	48.1	47.7	48.1	..
2.2.4	Titres émis par les non-résidents	5.2	5.0	4.1	9.6	10.6	10.6	10.9	..
2.3	Crédits	5.4	5.3	5.1	4.9	4.6	5.6	5.8	..
2.3.1	Crédits à court terme	..	..	..	..	..	..	..	..
2.3.2	Crédits à long terme	..	..	..	..	..	..	..	..
2.3.3	Crédits accordés aux résidents	5.4	5.3	5.1	4.9	4.6	5.6	5.8	..
2.3.4	Crédits accordés aux non-résidents	0.0	0.0	0.0	0.0	0.0	0.0	0.0	..
2.4	Actions et autres participations	13.6	14.1	8.2	11.7	13.4	11.5	12.3	..
2.4.1	Actions émises par les résidents	12.1	12.6	7.5	10.4	11.8	9.8	10.7	..
2.4.2	Actions émises par les non-résidents	1.5	1.5	0.8	1.3	1.7	1.8	1.6	..
2.5	Autres, non classés ailleurs	16.2	17.3	19.2	16.0	15.5	16.6	15.6	..
	Fonds de pension autonomes								
2	Actifs financiers	100.0	100.0	100.0	100.0	100.0	100.0	100.0	..
2.1	Numéraire et dépôts	4.7	4.4	4.9	8.6	12.7	11.1	14.7	..
2.2	Titres autres qu'actions, non compris les produits financiers dérivés	87.2	84.6	84.6	79.0	74.3	75.4	70.0	..
2.2.1	Titres à court terme	1.6	0.3	0.1	0.5	1.5	1.9	1.0	..
2.2.2	Titres à long terme	85.6	84.3	84.5	78.5	72.7	73.5	68.9	..
2.2.3	Titres émis par les résidents	85.1	80.1	79.0	71.0	64.3	63.5	56.8	..
2.2.4	Titres émis par les non-résidents	2.1	4.6	5.6	8.1	10.0	12.0	13.2	..
2.3	Crédits	1.4	1.2	1.0	1.4	1.7	2.4	3.4	..
2.3.1	Crédits à court terme	..	..	..	..	..	..	..	..
2.3.2	Crédits à long terme	..	..	..	..	..	..	..	..
2.3.3	Crédits accordés aux résidents	1.4	1.2	1.0	1.4	1.7	2.4	3.4	..
2.3.4	Crédits accordés aux non-résidents	0.0	0.0	0.0	0.0	0.0	0.0	0.0	..
2.4	Actions et autres participations	5.2	6.6	3.9	6.6	7.5	6.4	7.1	..
2.4.1	Actions émises par les résidents	4.7	5.9	3.6	5.9	6.5	5.2	5.7	..
2.4.2	Actions émises par les non-résidents	0.5	0.8	0.3	0.7	1.0	1.2	1.4	..
2.5	Autres, non classés ailleurs	1.5	3.2	5.6	4.5	3.8	4.7	4.9	..

Note : Voir les métadonnées détaillées sur : http://metalinks.oecd.org/instinv/20141203/bbbc
Informations sur les données concernant Israël : http://oe.cd/israel-disclaimer

Tableau 1. Actifs financiers des investisseurs institutionnels, 2012

Millions EUR (1999 ITL euro)

		Total	Fonds d'investissement – Fonds d'investissement à capital variable (fonds communs de placement) – Total	Fonds d'investissement sur le marché monéaire	Autres fonds communs de placement	Fonds d'investissement à capital fixe – Total
2	Actifs financiers	147 677	141 120	9 464	131 656	6 557
2.1	Numéraire et dépôts	17 204	14 764	1 347	13 416	2 440
2.2	Titres autres qu'actions, non compris les produits financiers dérivés	86 372	85 826	7 770	78 055	546
2.2.1	Titres à court terme	13 792	13 514	28	13 486	278
2.2.2	Titres à long terme	72 580	72 312	7 742	64 570	268
2.2.3	Titres émis par les résidents	53 405	52 936	6 791	46 145	469
2.2.4	Titres émis par les non-résidents	32 967	32 890	979	31 910	77
2.3	Crédits	0	0	0	0	0
2.3.1	Crédits à court terme	..	..	..	..	..
2.3.2	Crédits à long terme	..	..	..	..	..
2.3.3	Crédits accordés aux résidents	..	..	..	..	..
2.3.4	Crédits accordés aux non-résidents	..	..	..	..	..
2.4	Actions et autres participations	43 480	40 220	36	40 184	3 260
2.4.1	Actions émises par les résidents	6 590	4 791	0	4 791	1 798
2.4.2	Actions émises par les non-résidents	36 891	35 429	36	35 393	1 462
2.5	Autres, non classés ailleurs	621	310	310	0	310

		Total	Sociétés d'assurance et fonds de pension autonomes – Sociétés d'assurance – Total	Sociétés d'assurance vie	Sociétés d'assurance non-vie	Fonds de pension autonomes – Total
2	Actifs financiers	581 879	548 051	469 602	78 449	33 828
2.1	Numéraire et dépôts	32 457	28 661	22 459	6 202	3 795
2.2	Titres autres qu'actions, non compris les produits financiers dérivés	375 684	363 603	326 057	37 546	12 082
2.2.1	Titres à court terme	5 760	4 887	4 382	505	873
2.2.2	Titres à long terme	369 924	358 716	321 675	37 041	11 208
2.2.3	Titres émis par les résidents	260 578	248 497	222 837	25 660	12 082
2.2.4	Titres émis par les non-résidents	115 106	115 106	103 220	11 886	0
2.3	Crédits	13 504	13 504	12 060	1 444	0
2.3.1	Crédits à court terme	3 290	3 290	2 938	352	..
2.3.2	Crédits à long terme	10 214	10 214	9 122	1 092	..
2.3.3	Crédits accordés aux résidents	10 214	10 214	9 122	1 092	..
2.3.4	Crédits accordés aux non-résidents	3 290	3 290	2 938	352	..
2.4	Actions et autres participations	155 997	138 046	107 057	30 988	17 951
2.4.1	Actions émises par les résidents	59 123	41 172	31 930	9 242	17 951
2.4.2	Actions émises par les non-résidents	96 874	96 874	75 128	21 746	0
2.5	Autres, non classés ailleurs	4 237	4 237	1 969	2 269	0

Note : Voir les métadonnées détaillées sur : http://metalinks.oecd.org/instinv/20141203/5248

ITALIE

Tableau 2. Actifs financiers des fonds d'investissement

Millions EUR (1999 ITL euro)

		2006	2007	2008	2009	2010	2011	2012	2013
	Fonds d'investissement								
2	Actifs financiers	299 911	245 615	208 903	211 638	192 586	153 408	147 677	..
2.1	Numéraire et dépôts	15 155	9 448	18 272	21 320	14 675	16 044	17 204	..
2.2	Titres autres qu'actions, non compris les produits financiers dérivés	200 939	177 434	134 153	134 710	119 357	91 612	86 372	..
2.2.1	Titres à court terme	4 646	4 695	2 135	7 843	5 841	6 299	13 792	..
2.2.2	Titres à long terme	196 293	172 739	132 018	126 867	113 516	85 314	72 580	..
2.2.3	Titres émis par les résidents	114 943	107 148	84 898	84 529	80 368	58 323	53 405	..
2.2.4	Titres émis par les non-résidents	85 996	70 286	49 256	50 182	38 989	33 289	32 967	..
2.3	Crédits	0	0	0	0	0	0	0	..
2.3.1	Crédits à court terme	..	..	..	..	..	..	..	..
2.3.2	Crédits à long terme	..	..	..	..	..	..	..	..
2.3.3	Crédits accordés aux résidents	..	..	..	..	..	..	..	..
2.3.4	Crédits accordés aux non-résidents	..	..	..	..	..	..	..	..
2.4	Actions et autres participations	82 409	57 312	53 182	54 552	57 161	44 946	43 480	..
2.4.1	Actions émises par les résidents	19 275	13 342	10 373	10 115	8 594	6 796	6 590	..
2.4.2	Actions émises par les non-résidents	63 134	43 970	42 809	44 437	48 568	38 150	36 891	..
2.5	Autres, non classés ailleurs	1 408	1 421	3 296	1 057	1 393	806	621	..
	Fonds d'investissement à capital variable (fonds communs de placement)								
2	Actifs financiers	299 911	245 615	201 728	204 112	185 224	146 484	141 120	..
2.1	Numéraire et dépôts	15 155	9 448	16 151	18 339	12 023	13 099	14 764	..
2.2	Titres autres qu'actions, non compris les produits financiers dérivés	200 939	177 434	133 506	134 132	118 559	91 127	85 826	..
2.2.1	Titres à court terme	4 646	4 695	2 077	7 747	5 507	6 237	13 514	..
2.2.2	Titres à long terme	196 293	172 739	131 429	126 385	113 052	84 890	72 312	..
2.2.3	Titres émis par les résidents	114 943	107 148	84 449	84 151	79 801	58 068	52 936	..
2.2.4	Titres émis par les non-résidents	85 996	70 286	49 057	49 981	38 758	33 059	32 890	..
2.3	Crédits	0	0	0	0	0	0	0	..
2.3.1	Crédits à court terme	..	..	..	..	..	..	..	..
2.3.2	Crédits à long terme	..	..	..	..	..	..	..	..
2.3.3	Crédits accordés aux résidents	..	..	..	..	..	..	..	..
2.3.4	Crédits accordés aux non-résidents	..	..	..	..	..	..	..	..
2.4	Actions et autres participations	82 409	57 312	50 422	51 113	53 946	41 854	40 220	..
2.4.1	Actions émises par les résidents	19 275	13 342	8 927	8 339	6 701	4 783	4 791	..
2.4.2	Actions émises par les non-résidents	63 134	43 970	41 496	42 774	47 245	37 072	35 429	..
2.5	Autres, non classés ailleurs	1 408	1 421	1 648	528	696	403	310	..
	Fonds d'investissement sur le marché monéaire								
2	Actifs financiers	77 259	75 462	59 143	55 749	39 360	27 941	9 464	..
2.1	Numéraire et dépôts	11 533	6 909	7 181	9 648	2 666	2 925	1 347	..
2.2	Titres autres qu'actions, non compris les produits financiers dérivés	64 292	67 082	50 183	45 393	35 878	24 485	7 770	..
2.2.1	Titres à court terme	30	0	0	0	0	2	28	..
2.2.2	Titres à long terme	64 262	67 082	50 183	45 393	35 878	24 483	7 742	..
2.2.3	Titres émis par les résidents	51 855	54 124	41 961	37 275	32 518	21 640	6 791	..
2.2.4	Titres émis par les non-résidents	12 437	12 958	8 222	8 118	3 359	2 845	979	..
2.3	Crédits	0	0	0	0	0	0	0	..
2.3.1	Crédits à court terme	..	..	..	..	..	..	..	..
2.3.2	Crédits à long terme	..	..	..	..	..	..	..	..
2.3.3	Crédits accordés aux résidents	..	..	..	..	..	..	..	..
2.3.4	Crédits accordés aux non-résidents	..	..	..	..	..	..	..	..
2.4	Actions et autres participations	26	50	131	180	120	127	36	..
2.4.1	Actions émises par les résidents	0	0	0	0	0	29	0	..
2.4.2	Actions émises par les non-résidents	26	50	131	180	120	98	36	..
2.5	Autres, non classés ailleurs	1 408	1 421	1 648	528	696	403	310	..
	Autres fonds communs de placement								
2	Actifs financiers	222 652	170 153	142 585	148 363	145 864	118 543	131 656	..
2.1	Numéraire et dépôts	3 622	2 539	8 971	8 691	9 356	10 174	13 416	..
2.2	Titres autres qu'actions, non compris les produits financiers dérivés	136 647	110 352	83 323	88 739	82 681	66 642	78 055	..
2.2.1	Titres à court terme	4 616	4 695	2 077	7 747	5 507	6 235	13 486	..
2.2.2	Titres à long terme	132 031	105 657	81 246	80 992	77 174	60 407	64 570	..
2.2.3	Titres émis par les résidents	63 088	53 024	42 488	46 876	47 282	36 428	46 145	..
2.2.4	Titres émis par les non-résidents	73 559	57 328	40 835	41 863	35 399	30 215	31 910	..
2.3	Crédits	0	0	0	0	0	0	0	..
2.3.1	Crédits à court terme	..	..	..	..	..	..	..	..
2.3.2	Crédits à long terme	..	..	..	..	..	..	..	..
2.3.3	Crédits accordés aux résidents	..	..	..	..	..	..	..	..
2.3.4	Crédits accordés aux non-résidents	..	..	..	..	..	..	..	..
2.4	Actions et autres participations	82 383	57 262	50 291	50 933	53 826	41 727	40 184	..
2.4.1	Actions émises par les résidents	19 275	13 342	8 927	8 339	6 701	4 753	4 791	..
2.4.2	Actions émises par les non-résidents	63 108	43 920	41 364	42 594	47 125	36 974	35 393	..
2.5	Autres, non classés ailleurs	0	0	0	0	0	0	0	..

Tableau 2. Actifs financiers des fonds d'investissement *(suite)*

Millions EUR (1999 ITL euro)

		2006	2007	2008	2009	2010	2011	2012	2013
	Fonds d'investissement à capital fixe								
2	Actifs financiers	..	..	7 175	7 526	7 362	6 924	6 557	..
2.1	Numéraire et dépôts	..	..	2 121	2 981	2 652	2 944	2 440	..
2.2	Titres autres qu'actions, non compris les produits financiers dérivés	..	..	647	579	798	485	546	..
2.2.1	Titres à court terme	..	..	58	96	334	61	278	..
2.2.2	Titres à long terme	..	..	589	482	464	424	268	..
2.2.3	Titres émis par les résidents	..	..	449	378	568	256	469	..
2.2.4	Titres émis par les non-résidents	..	..	198	201	230	230	77	..
2.3	Crédits	..	..	0	0	0	0	0	..
2.3.1	Crédits à court terme	..	..	..	..	..	..	..	..
2.3.2	Crédits à long terme	..	..	..	..	..	..	..	..
2.3.3	Crédits accordés aux résidents	..	..	..	..	..	..	..	..
2.3.4	Crédits accordés aux non-résidents	..	..	..	..	..	..	..	..
2.4	Actions et autres participations	..	..	2 760	3 438	3 215	3 092	3 260	..
2.4.1	Actions émises par les résidents	..	..	1 447	1 775	1 893	2 013	1 798	..
2.4.2	Actions émises par les non-résidents	..	..	1 313	1 663	1 322	1 079	1 462	..
2.5	Autres, non classés ailleurs	..	..	1 648	528	696	403	310	..

Note : Voir les métadonnées détaillées sur : http://metalinks.oecd.org/instinv/20141203/5248

Tableau 3. Actifs financiers des sociétés d'assurance et fonds de pension autonomes

Millions EUR (1999 ITL euro)

		2006	2007	2008	2009	2010	2011	2012	2013
	Sociétés d'assurance et fonds de pension autonomes								
2	Actifs financiers	565 181	530 120	503 806	563 680	549 826	540 461	581 879	..
2.1	Numéraire et dépôts	23 507	23 022	26 959	24 484	23 583	25 413	32 457	..
2.2	Titres autres qu'actions, non compris les produits financiers dérivés	329 453	323 809	316 736	363 809	355 990	350 855	375 684	..
2.2.1	Titres à court terme	3 548	2 379	3 167	3 812	4 406	6 294	5 760	..
2.2.2	Titres à long terme	325 906	321 430	313 569	359 996	351 583	344 560	369 924	..
2.2.3	Titres émis par les résidents	191 047	184 666	173 005	204 993	215 087	225 680	260 578	..
2.2.4	Titres émis par les non-résidents	138 406	139 143	143 731	158 816	140 903	125 174	115 106	..
2.3	Crédits	9 658	10 397	13 104	13 500	13 416	13 179	13 504	..
2.3.1	Crédits à court terme	0	0	2 665	2 881	2 609	3 018	3 290	..
2.3.2	Crédits à long terme	9 658	10 397	10 439	10 619	10 807	10 161	10 214	..
2.3.3	Crédits accordés aux résidents	9 658	10 397	10 439	10 619	10 807	10 161	10 214	..
2.3.4	Crédits accordés aux non-résidents	0	0	2 665	2 881	2 609	3 018	3 290	..
2.4	Actions et autres participations	197 961	169 556	143 234	158 102	152 728	146 904	155 997	..
2.4.1	Actions émises par les résidents	99 106	64 104	79 098	78 005	55 590	55 434	59 123	..
2.4.2	Actions émises par les non-résidents	98 855	105 452	64 136	80 097	97 137	91 470	96 874	..
2.5	Autres, non classés ailleurs	4 602	3 337	3 773	3 785	4 108	4 110	4 237	..
	Sociétés d'assurance								
2	Actifs financiers	545 917	507 202	482 603	537 768	519 614	509 520	548 051	..
2.1	Numéraire et dépôts	20 884	19 524	23 086	21 368	19 036	21 677	28 661	..
2.2	Titres autres qu'actions, non compris les produits financiers dérivés	322 604	315 320	308 563	353 844	345 878	340 131	363 603	..
2.2.1	Titres à court terme	3 240	2 020	2 835	3 360	3 768	5 091	4 887	..
2.2.2	Titres à long terme	319 364	313 299	305 728	350 485	342 110	335 040	358 716	..
2.2.3	Titres émis par les résidents	184 198	176 177	164 832	195 029	204 975	214 956	248 497	..
2.2.4	Titres émis par les non-résidents	138 406	139 143	143 731	158 816	140 903	125 174	115 106	..
2.3	Crédits	9 658	10 397	13 104	13 500	13 416	13 179	13 504	..
2.3.1	Crédits à court terme	0	0	2 665	2 881	2 609	3 018	3 290	..
2.3.2	Crédits à long terme	9 658	10 397	10 439	10 619	10 807	10 161	10 214	..
2.3.3	Crédits accordés aux résidents	9 658	10 397	10 439	10 619	10 807	10 161	10 214	..
2.3.4	Crédits accordés aux non-résidents	0	0	2 665	2 881	2 609	3 018	3 290	..
2.4	Actions et autres participations	188 169	158 624	134 077	145 271	137 176	130 423	138 046	..
2.4.1	Actions émises par les résidents	89 314	53 172	69 941	65 174	40 038	38 953	41 172	..
2.4.2	Actions émises par les non-résidents	98 855	105 452	64 136	80 097	97 137	91 470	96 874	..
2.5	Autres, non classés ailleurs	4 602	3 337	3 773	3 785	4 108	4 110	4 237	..
	Sociétés d'assurance vie								
2	Actifs financiers	445 168	418 161	397 948	449 823	443 430	435 162	469 602	..
2.1	Numéraire et dépôts	13 140	13 295	18 562	15 718	13 677	16 340	22 459	..
2.2	Titres autres qu'actions, non compris les produits financiers dérivés	280 538	274 214	269 214	312 616	310 351	305 196	326 057	..
2.2.1	Titres à court terme	2 817	1 757	2 474	2 968	3 381	4 568	4 382	..
2.2.2	Titres à long terme	277 721	272 457	266 741	309 648	306 970	300 628	321 675	..
2.2.3	Titres émis par les résidents	160 179	153 210	143 812	172 305	183 921	192 878	222 837	..
2.2.4	Titres émis par les non-résidents	120 359	121 004	125 402	140 311	126 430	112 318	103 220	..
2.3	Crédits	8 396	9 364	11 815	12 239	12 227	11 743	12 060	..
2.3.1	Crédits à court terme	0	0	2 403	2 612	2 378	2 689	2 938	..
2.3.2	Crédits à long terme	8 396	9 364	9 412	9 627	9 850	9 054	9 122	..
2.3.3	Crédits accordés aux résidents	8 396	9 364	9 412	9 627	9 850	9 054	9 122	..
2.3.4	Crédits accordés aux non-résidents	0	0	2 403	2 612	2 378	2 689	2 938	..
2.4	Actions et autres participations	140 643	119 696	96 543	107 270	104 868	99 519	107 057	..
2.4.1	Actions émises par les résidents	66 756	40 123	50 361	48 126	30 609	29 723	31 930	..
2.4.2	Actions émises par les non-résidents	73 887	79 573	46 182	59 145	74 259	69 796	75 128	..
2.5	Autres, non classés ailleurs	2 450	1 592	1 814	1 979	2 307	2 364	1 969	..
	Sociétés d'assurance non-vie								
2	Actifs financiers	100 749	89 040	84 655	87 945	76 185	74 358	78 449	..
2.1	Numéraire et dépôts	7 744	6 229	4 524	5 650	5 359	5 337	6 202	..
2.2	Titres autres qu'actions, non compris les produits financiers dérivés	42 066	41 105	39 349	41 228	35 527	34 935	37 546	..
2.2.1	Titres à court terme	422	263	362	391	387	523	505	..
2.2.2	Titres à long terme	41 643	40 842	38 987	40 837	35 140	34 412	37 041	..
2.2.3	Titres émis par les résidents	24 018	22 967	21 020	22 724	21 054	22 078	25 660	..
2.2.4	Titres émis par les non-résidents	18 047	18 139	18 329	18 504	14 473	12 857	11 886	..
2.3	Crédits	1 262	1 033	1 289	1 260	1 189	1 436	1 444	..
2.3.1	Crédits à court terme	0	0	262	269	231	329	352	..
2.3.2	Crédits à long terme	1 262	1 033	1 027	991	958	1 107	1 092	..
2.3.3	Crédits accordés aux résidents	1 262	1 033	1 027	991	958	1 107	1 092	..
2.3.4	Crédits accordés aux non-résidents	0	0	262	269	231	329	352	..
2.4	Actions et autres participations	47 526	38 928	37 534	38 000	32 308	30 904	30 988	..
2.4.1	Actions émises par les résidents	22 558	13 049	19 580	17 049	9 430	9 230	9 242	..
2.4.2	Actions émises par les non-résidents	24 968	25 879	17 955	20 952	22 878	21 674	21 746	..
2.5	Autres, non classés ailleurs	2 152	1 745	1 959	1 806	1 802	1 747	2 269	..

ITALIE

Tableau 3. Actifs financiers des sociétés d'assurance et fonds de pension autonomes *(suite)*

Millions EUR (1999 ITL euro)

		2006	2007	2008	2009	2010	2011	2012	2013
	Fonds de pension autonomes								
2	Actifs financiers	19 265	22 919	21 202	25 911	30 211	30 941	33 828	..
2.1	Numéraire et dépôts	2 623	3 498	3 872	3 116	4 547	3 737	3 795	..
2.2	Titres autres qu'actions, non compris les produits financiers dérivés	6 850	8 490	8 173	9 964	10 112	10 724	12 082	..
2.2.1	Titres à court terme	308	359	332	453	639	1 203	873	..
2.2.2	Titres à long terme	6 542	8 131	7 841	9 512	9 473	9 521	11 208	..
2.2.3	Titres émis par les résidents	6 849	8 490	8 173	9 964	10 112	10 724	12 082	..
2.2.4	Titres émis par les non-résidents	0	0	0	0	0	0	0	..
2.3	Crédits	0	0	0	0	0	0	0	..
2.3.1	Crédits à court terme	..	..	..	..	..	..	..	..
2.3.2	Crédits à long terme	..	..	..	..	..	..	..	..
2.3.3	Crédits accordés aux résidents	..	..	..	..	..	..	..	..
2.3.4	Crédits accordés aux non-résidents	..	..	..	..	..	..	..	..
2.4	Actions et autres participations	9 792	10 932	9 157	12 831	15 552	16 481	17 951	..
2.4.1	Actions émises par les résidents	9 792	10 932	9 157	12 831	15 552	16 481	17 951	..
2.4.2	Actions émises par les non-résidents	0	0	0	0	0	0	0	..
2.5	Autres, non classés ailleurs	0	0	0	0	0	0	0	..

Note : Voir les métadonnées détaillées sur : http://metalinks.oecd.org/instinv/20141203/5248

Tableau 4. Composition du portefeuille par type d'investisseur

Pourcentage du total des actifs financiers

Pour cent

		2006	2007	2008	2009	2010	2011	2012	2013
	Fonds d'investissement								
2	Actifs financiers	100.0	100.0	100.0	100.0	100.0	100.0	100.0	..
2.1	Numéraire et dépôts	5.1	3.8	8.7	10.1	7.6	10.5	11.6	..
2.2	Titres autres qu'actions, non compris les produits financiers dérivés	67.0	72.2	64.2	63.7	62.0	59.7	58.5	..
2.2.1	Titres à court terme	1.5	1.9	1.0	3.7	3.0	4.1	9.3	..
2.2.2	Titres à long terme	65.5	70.3	63.2	59.9	58.9	55.6	49.1	..
2.2.3	Titres émis par les résidents	38.3	43.6	40.6	39.9	41.7	38.0	36.2	..
2.2.4	Titres émis par les non-résidents	28.7	28.6	23.6	23.7	20.2	21.7	22.3	..
2.3	Crédits	0.0	0.0	0.0	0.0	0.0	0.0	0.0	..
2.3.1	Crédits à court terme	..	..	..	..	..	..	..	..
2.3.2	Crédits à long terme	..	..	..	..	..	..	..	..
2.3.3	Crédits accordés aux résidents	..	..	..	..	..	..	..	..
2.3.4	Crédits accordés aux non-résidents	..	..	..	..	..	..	..	..
2.4	Actions et autres participations	27.5	23.3	25.5	25.8	29.7	29.3	29.4	..
2.4.1	Actions émises par les résidents	6.4	5.4	5.0	4.8	4.5	4.4	4.5	..
2.4.2	Actions émises par les non-résidents	21.1	17.9	20.5	21.0	25.2	24.9	25.0	..
2.5	Autres, non classés ailleurs	0.5	0.6	1.6	0.5	0.7	0.5	0.4	..
	Sociétés d'assurance								
2	Actifs financiers	100.0	100.0	100.0	100.0	100.0	100.0	100.0	..
2.1	Numéraire et dépôts	3.8	3.8	4.8	4.0	3.7	4.3	5.2	..
2.2	Titres autres qu'actions, non compris les produits financiers dérivés	59.1	62.2	63.9	65.8	66.6	66.8	66.3	..
2.2.1	Titres à court terme	0.6	0.4	0.6	0.6	0.7	1.0	0.9	..
2.2.2	Titres à long terme	58.5	61.8	63.3	65.2	65.8	65.8	65.5	..
2.2.3	Titres émis par les résidents	33.7	34.7	34.2	36.3	39.4	42.2	45.3	..
2.2.4	Titres émis par les non-résidents	25.4	27.4	29.8	29.5	27.1	24.6	21.0	..
2.3	Crédits	1.8	2.0	2.7	2.5	2.6	2.6	2.5	..
2.3.1	Crédits à court terme	0.0	0.0	0.6	0.5	0.5	0.6	0.6	..
2.3.2	Crédits à long terme	1.8	2.0	2.2	2.0	2.1	2.0	1.9	..
2.3.3	Crédits accordés aux résidents	1.8	2.0	2.2	2.0	2.1	2.0	1.9	..
2.3.4	Crédits accordés aux non-résidents	0.0	0.0	0.6	0.5	0.5	0.6	0.6	..
2.4	Actions et autres participations	34.5	31.3	27.8	27.0	26.4	25.6	25.2	..
2.4.1	Actions émises par les résidents	16.4	10.5	14.5	12.[illegible]	7.7	7.6	7.5	..
2.4.2	Actions émises par les non-résidents	18.1	20.8	13.3	14.9	18.7	18.0	17.7	..
2.5	Autres, non classés ailleurs	0.8	0.7	0.8	0.7	0.8	0.8	0.8	..
	Fonds de pension autonomes								
2	Actifs financiers	100.0	100.0	100.0	100.0	100.0	100.0	100.0	..
2.1	Numéraire et dépôts	13.6	15.3	18.3	12.0	15.1	12.1	11.2	..
2.2	Titres autres qu'actions, non compris les produits financiers dérivés	35.6	37.0	38.5	38.5	33.5	34.7	35.7	..
2.2.1	Titres à court terme	1.6	1.6	1.6	1.7	2.1	3.9	2.6	..
2.2.2	Titres à long terme	34.0	35.5	37.0	36.7	31.4	30.8	33.1	..
2.2.3	Titres émis par les résidents	35.6	37.0	38.5	38.5	33.5	34.7	35.7	..
2.2.4	Titres émis par les non-résidents	0.0	0.0	0.0	0.0	0.0	0.0	0.0	..
2.3	Crédits	0.0	0.0	0.0	0.0	0.0	0.0	0.0	..
2.3.1	Crédits à court terme	..	..	..	..	..	..	..	..
2.3.2	Crédits à long terme	..	..	..	..	..	..	..	..
2.3.3	Crédits accordés aux résidents	..	..	..	..	..	..	..	..
2.3.4	Crédits accordés aux non-résidents	..	..	..	..	..	..	..	..
2.4	Actions et autres participations	50.8	47.7	43.2	49.5	51.5	53.3	53.1	..
2.4.1	Actions émises par les résidents	50.8	47.7	43.2	49.5	51.5	53.3	53.1	..
2.4.2	Actions émises par les non-résidents	0.0	0.0	0.0	0.0	0.0	0.0	0.0	..
2.5	Autres, non classés ailleurs	0.0	0.0	0.0	0.0	0.0	0.0	0.0	..

Note : Voir les métadonnées détaillées sur : http://metalinks.oecd.org/instinv/20141203/bbbc

JAPON

Tableau 1. Actifs financiers des investisseurs institutionnels, 2012

Milliards JPY

		Total	Fonds d'investissement			
			Fonds d'investissement à capital variable (fonds communs de placement)			Fonds d'investissement à capital fixe
			Total	Fonds d'investissement sur le marché moneáire	Autres fonds communs de placement	Total
2	Actifs financiers	332 614	..	..	..	..
2.1	Numéraire et dépôts	11 095	..	..	..	..
2.2	Titres autres qu'actions, non compris les produits financiers dérivés	49 727	..	..	..	..
2.2.1	Titres à court terme	..	..	..	..	..
2.2.2	Titres à long terme	..	..	..	..	..
2.2.3	Titres émis par les résidents	..	..	..	..	..
2.2.4	Titres émis par les non-résidents	..	..	..	..	..
2.3	Crédits	141 098	..	..	..	..
2.3.1	Crédits à court terme	..	..	..	..	..
2.3.2	Crédits à long terme	..	..	..	..	..
2.3.3	Crédits accordés aux résidents	..	..	..	..	..
2.3.4	Crédits accordés aux non-résidents	..	..	..	..	..
2.4	Actions et autres participations	38 208	..	..	..	..
2.4.1	Actions émises par les résidents	..	..	..	..	..
2.4.2	Actions émises par les non-résidents	..	..	..	..	..
2.5	Autres, non classés ailleurs	92 486	..	..	..	..

		Total	Sociétés d'assurance et fonds de pension autonomes			
			Sociétés d'assurance			Fonds de pension autonomes
			Total	Sociétés d'assurance vie	Sociétés d'assurance non-vie	Total
2	Actifs financiers	541 157	416 380	386 433	29 948	124 777
2.1	Numéraire et dépôts	11 984	5 066	4 135	930	6 918
2.2	Titres autres qu'actions, non compris les produits financiers dérivés	314 152	269 398	259 872	9 527	44 753
2.2.1	Titres à court terme	..	..	..	..	..
2.2.2	Titres à long terme	..	..	..	..	..
2.2.3	Titres émis par les résidents	..	..	..	..	..
2.2.4	Titres émis par les non-résidents	..	..	..	..	..
2.3	Crédits	53 149	50 470	47 874	2 596	2 679
2.3.1	Crédits à court terme	..	..	..	..	..
2.3.2	Crédits à long terme	..	..	..	..	..
2.3.3	Crédits accordés aux résidents	..	..	..	..	..
2.3.4	Crédits accordés aux non-résidents	..	..	..	..	..
2.4	Actions et autres participations	41 387	27 710	17 495	10 214	13 677
2.4.1	Actions émises par les résidents	..	..	..	..	..
2.4.2	Actions émises par les non-résidents	..	..	..	..	..
2.5	Autres, non classés ailleurs	120 486	63 737	57 057	6 680	56 749

Note : Voir les métadonnées détaillées sur : http://metalinks.oecd.org/instinv/20141203/ac75

Tableau 2. Actifs financiers des fonds d'investissement

Milliards JPY

		2006	2007	2008	2009	2010	2011	2012	2013
	Fonds d'investissement								
2	Actifs financiers	368 773	373 833	296 665	313 023	309 051	311 349	332 614	..
2.1	Numéraire et dépôts	8 872	9 166	9 265	9 391	12 936	10 492	11 095	..
2.2	Titres autres qu'actions, non compris les produits financiers dérivés	35 472	51 911	47 054	51 381	50 112	47 761	49 727	..
2.2.1	Titres à court terme	..	..	..	..	..	..	..	..
2.2.2	Titres à long terme	..	..	..	..	..	..	..	..
2.2.3	Titres émis par les résidents	..	..	..	..	..	..	..	..
2.2.4	Titres émis par les non-résidents	..	..	..	..	..	..	..	..
2.3	Crédits	187 932	189 244	147 144	146 621	135 676	140 346	141 098	..
2.3.1	Crédits à court terme	..	..	..	..	..	..	..	..
2.3.2	Crédits à long terme	..	..	..	..	..	..	..	..
2.3.3	Crédits accordés aux résidents	..	..	..	..	..	..	..	..
2.3.4	Crédits accordés aux non-résidents	..	..	..	..	..	..	..	..
2.4	Actions et autres participations	57 652	38 323	25 064	32 048	30 428	30 811	38 208	..
2.4.1	Actions émises par les résidents	..	..	..	..	..	..	..	..
2.4.2	Actions émises par les non-résidents	..	..	..	..	..	..	..	..
2.5	Autres, non classés ailleurs	78 844	85 189	68 137	73 582	79 899	81 939	92 486	..
	Fonds d'investissement à capital variable (fonds communs de placement)								
2	Actifs financiers	..	..	..	..	..	..	..	..
2.1	Numéraire et dépôts	..	..	..	..	..	..	..	..
2.2	Titres autres qu'actions, non compris les produits financiers dérivés	..	..	..	..	..	..	..	..
2.2.1	Titres à court terme	..	..	..	..	..	..	..	..
2.2.2	Titres à long terme	..	..	..	..	..	..	..	..
2.2.3	Titres émis par les résidents	..	..	..	..	..	..	..	..
2.2.4	Titres émis par les non-résidents	..	..	..	..	..	..	..	..
2.3	Crédits	..	..	..	..	..	..	..	..
2.3.1	Crédits à court terme	..	..	..	..	..	..	..	..
2.3.2	Crédits à long terme	..	..	..	..	..	..	..	..
2.3.3	Crédits accordés aux résidents	..	..	..	..	..	..	..	..
2.3.4	Crédits accordés aux non-résidents	..	..	..	..	..	..	..	..
2.4	Actions et autres participations	..	..	..	..	..	..	..	..
2.4.1	Actions émises par les résidents	..	..	..	..	..	..	..	..
2.4.2	Actions émises par les non-résidents	..	..	..	..	..	..	..	..
2.5	Autres, non classés ailleurs	..	..	..	..	..	..	..	..
	Fonds d'investissement sur le marché monéaire								
2	Actifs financiers	..	..	..	..	..	..	..	..
2.1	Numéraire et dépôts	..	..	..	..	..	..	..	..
2.2	Titres autres qu'actions, non compris les produits financiers dérivés	..	..	..	..	..	..	..	..
2.2.1	Titres à court terme	..	..	..	..	..	..	..	..
2.2.2	Titres à long terme	..	..	..	..	..	..	..	..
2.2.3	Titres émis par les résidents	..	..	..	..	..	..	..	..
2.2.4	Titres émis par les non-résidents	..	..	..	..	..	..	..	..
2.3	Crédits	..	..	..	..	..	..	..	..
2.3.1	Crédits à court terme	..	..	..	..	..	..	..	..
2.3.2	Crédits à long terme	..	..	..	..	..	..	..	..
2.3.3	Crédits accordés aux résidents	..	..	..	..	..	..	..	..
2.3.4	Crédits accordés aux non-résidents	..	..	..	..	..	..	..	..
2.4	Actions et autres participations	..	..	..	..	..	..	..	..
2.4.1	Actions émises par les résidents	..	..	..	..	..	..	..	..
2.4.2	Actions émises par les non-résidents	..	..	..	..	..	..	..	..
2.5	Autres, non classés ailleurs	..	..	..	..	..	..	..	..
	Autres fonds communs de placement								
2	Actifs financiers	..	..	..	..	..	..	..	..
2.1	Numéraire et dépôts	..	..	..	..	..	..	..	..
2.2	Titres autres qu'actions, non compris les produits financiers dérivés	..	..	..	..	..	..	..	..
2.2.1	Titres à court terme	..	..	..	..	..	..	..	..
2.2.2	Titres à long terme	..	..	..	..	..	..	..	..
2.2.3	Titres émis par les résidents	..	..	..	..	..	..	..	..
2.2.4	Titres émis par les non-résidents	..	..	..	..	..	..	..	..
2.3	Crédits	..	..	..	..	..	..	..	..
2.3.1	Crédits à court terme	..	..	..	..	..	..	..	..
2.3.2	Crédits à long terme	..	..	..	..	..	..	..	..
2.3.3	Crédits accordés aux résidents	..	..	..	..	..	..	..	..
2.3.4	Crédits accordés aux non-résidents	..	..	..	..	..	..	..	..
2.4	Actions et autres participations	..	..	..	..	..	..	..	..
2.4.1	Actions émises par les résidents	..	..	..	..	..	..	..	..
2.4.2	Actions émises par les non-résidents	..	..	..	..	..	..	..	..
2.5	Autres, non classés ailleurs	..	..	..	..	..	..	..	..

Tableau 2. Actifs financiers des fonds d'investissement *(suite)*

Milliards JPY

		2006	2007	2008	2009	2010	2011	2012	2013
	Fonds d'investissement à capital fixe								
2	Actifs financiers	..	..	..	..	..	..	..	..
2.1	Numéraire et dépôts	..	..	..	..	..	..	..	..
2.2	Titres autres qu'actions, non compris les produits financiers dérivés	..	..	..	..	..	..	..	..
2.2.1	Titres à court terme	..	..	..	..	..	..	..	..
2.2.2	Titres à long terme	..	..	..	..	..	..	..	..
2.2.3	Titres émis par les résidents	..	..	..	..	..	..	..	..
2.2.4	Titres émis par les non-résidents	..	..	..	..	..	..	..	..
2.3	Crédits	..	..	..	..	..	..	..	..
2.3.1	Crédits à court terme	..	..	..	..	..	..	..	..
2.3.2	Crédits à long terme	..	..	..	..	..	..	..	..
2.3.3	Crédits accordés aux résidents	..	..	..	..	..	..	..	..
2.3.4	Crédits accordés aux non-résidents	..	..	..	..	..	..	..	..
2.4	Actions et autres participations	..	..	..	..	..	..	..	..
2.4.1	Actions émises par les résidents	..	..	..	..	..	..	..	..
2.4.2	Actions émises par les non-résidents	..	..	..	..	..	..	..	..
2.5	Autres, non classés ailleurs	..	..	..	..	..	..	..	..

Note : Voir les métadonnées détaillées sur : http://metalinks.oecd.org/instinv/20141203/ac75

Tableau 3. Actifs financiers des sociétés d'assurance et fonds de pension autonomes

Milliards JPY

		2006	2007	2008	2009	2010	2011	2012	2013
	Sociétés d'assurance et fonds de pension autonomes								
2	Actifs financiers	516 183	497 155	470 485	480 567	492 044	503 168	541 157	..
2.1	Numéraire et dépôts	13 129	14 142	12 309	11 711	12 882	11 195	11 984	..
2.2	Titres autres qu'actions, non compris les produits financiers dérivés	248 190	253 550	249 393	258 177	273 891	291 921	314 152	..
2.2.1	Titres à court terme	..	..	..	..	..	..	..	..
2.2.2	Titres à long terme	..	..	..	..	..	..	..	..
2.2.3	Titres émis par les résidents	..	..	..	..	..	..	..	..
2.2.4	Titres émis par les non-résidents	..	..	..	..	..	..	..	..
2.3	Crédits	71 199	69 061	64 650	58 832	56 282	54 125	53 149	..
2.3.1	Crédits à court terme	..	..	..	..	..	..	..	..
2.3.2	Crédits à long terme	..	..	..	..	..	..	..	..
2.3.3	Crédits accordés aux résidents	..	..	..	..	..	..	..	..
2.3.4	Crédits accordés aux non-résidents	..	..	..	..	..	..	..	..
2.4	Actions et autres participations	77 043	51 109	31 493	41 028	38 175	36 846	41 387	..
2.4.1	Actions émises par les résidents	..	..	..	..	..	..	..	..
2.4.2	Actions émises par les non-résidents	..	..	..	..	..	..	..	..
2.5	Autres, non classés ailleurs	106 622	109 295	112 640	110 818	110 814	109 783	120 486	..
	Sociétés d'assurance								
2	Actifs financiers	387 538	375 282	357 047	364 083	377 863	388 548	416 380	..
2.1	Numéraire et dépôts	5 706	6 552	6 467	6 419	7 166	4 962	5 066	..
2.2	Titres autres qu'actions, non compris les produits financiers dérivés	208 890	212 720	212 899	218 282	236 212	251 579	269 398	..
2.2.1	Titres à court terme	..	..	..	..	..	..	..	..
2.2.2	Titres à long terme	..	..	..	..	..	..	..	..
2.2.3	Titres émis par les résidents	..	..	..	..	..	..	..	..
2.2.4	Titres émis par les non-résidents	..	..	..	..	..	..	..	..
2.3	Crédits	68 118	66 226	61 984	56 142	53 421	52 155	50 470	..
2.3.1	Crédits à court terme	..	..	..	..	..	..	..	..
2.3.2	Crédits à long terme	..	..	..	..	..	..	..	..
2.3.3	Crédits accordés aux résidents	..	..	..	..	..	..	..	..
2.3.4	Crédits accordés aux non-résidents	..	..	..	..	..	..	..	..
2.4	Actions et autres participations	51 881	34 309	21 149	27 711	26 691	24 739	27 710	..
2.4.1	Actions émises par les résidents	..	..	..	..	..	..	..	..
2.4.2	Actions émises par les non-résidents	..	..	..	..	..	..	..	..
2.5	Autres, non classés ailleurs	52 944	55 476	54 549	55 530	54 373	55 155	63 737	..
	Sociétés d'assurance vie								
2	Actifs financiers	349 545	340 343	327 126	332 263	347 111	359 276	386 433	..
2.1	Numéraire et dépôts	4 760	5 650	5 576	5 484	6 261	4 046	4 135	..
2.2	Titres autres qu'actions, non compris les produits financiers dérivés	197 593	201 197	203 359	207 591	226 457	241 493	259 872	..
2.2.1	Titres à court terme	..	..	..	..	..	..	..	..
2.2.2	Titres à long terme	..	..	..	..	..	..	..	..
2.2.3	Titres émis par les résidents	..	..	..	..	..	..	..	..
2.2.4	Titres émis par les non-résidents	..	..	..	..	..	..	..	..
2.3	Crédits	64 800	62 898	58 469	53 221	50 353	49 476	47 874	..
2.3.1	Crédits à court terme	..	..	..	..	..	..	..	..
2.3.2	Crédits à long terme	..	..	..	..	..	..	..	..
2.3.3	Crédits accordés aux résidents	..	..	..	..	..	..	..	..
2.3.4	Crédits accordés aux non-résidents	..	..	..	..	..	..	..	..
2.4	Actions et autres participations	35 774	22 432	12 742	17 749	16 883	15 703	17 495	..
2.4.1	Actions émises par les résidents	..	..	..	..	..	..	..	..
2.4.2	Actions émises par les non-résidents	..	..	..	..	..	..	..	..
2.5	Autres, non classés ailleurs	46 619	48 166	46 981	48 218	47 158	48 587	57 057	..
	Sociétés d'assurance non-vie								
2	Actifs financiers	37 993	34 939	29 921	31 819	30 751	29 073	29 948	..
2.1	Numéraire et dépôts	947	902	891	934	905	916	930	..
2.2	Titres autres qu'actions, non compris les produits financiers dérivés	11 297	11 523	9 540	10 690	9 755	9 746	9 527	..
2.2.1	Titres à court terme	..	..	..	..	..	..	..	..
2.2.2	Titres à long terme	..	..	..	..	..	..	..	..
2.2.3	Titres émis par les résidents	..	..	..	..	..	..	..	..
2.2.4	Titres émis par les non-résidents	..	..	..	..	..	..	..	..
2.3	Crédits	3 318	3 327	3 515	2 921	3 068	2 619	2 596	..
2.3.1	Crédits à court terme	..	..	..	..	..	..	..	..
2.3.2	Crédits à long terme	..	..	..	..	..	..	..	..
2.3.3	Crédits accordés aux résidents	..	..	..	..	..	..	..	..
2.3.4	Crédits accordés aux non-résidents	..	..	..	..	..	..	..	..
2.4	Actions et autres participations	16 106	11 877	8 407	9 962	9 808	9 086	10 214	..
2.4.1	Actions émises par les résidents	..	..	..	..	..	..	..	..
2.4.2	Actions émises par les non-résidents	..	..	..	..	..	..	..	..
2.5	Autres, non classés ailleurs	6 325	7 310	7 567	7 312	7 215	6 607	6 680	..

Tableau 3. Actifs financiers des sociétés d'assurance et fonds de pension autonomes *(suite)*

Milliards JPY

		2006	2007	2008	2009	2010	2011	2012	2013
	Fonds de pension autonomes								
2	Actifs financiers	128 645	121 873	113 438	116 484	114 182	114 820	124 777	..
2.1	Numéraire et dépôts	7 423	7 590	5 842	5 292	5 717	6 233	6 918	..
2.2	Titres autres qu'actions, non compris les produits financiers dérivés	39 300	40 830	36 494	39 896	37 679	40 642	44 753	..
2.2.1	Titres à court terme	..	..	..	..	..	..	..	..
2.2.2	Titres à long terme	..	..	..	..	..	..	..	..
2.2.3	Titres émis par les résidents	..	..	..	..	..	..	..	..
2.2.4	Titres émis par les non-résidents	..	..	..	..	..	..	..	..
2.3	Crédits	3 081	2 835	2 667	2 690	2 861	2 070	2 679	..
2.3.1	Crédits à court terme	..	..	..	..	..	..	..	..
2.3.2	Crédits à long terme	..	..	..	..	..	..	..	..
2.3.3	Crédits accordés aux résidents	..	..	..	..	..	..	..	..
2.3.4	Crédits accordés aux non-résidents	..	..	..	..	..	..	..	..
2.4	Actions et autres participations	25 162	16 800	10 345	13 318	11 484	11 257	13 677	..
2.4.1	Actions émises par les résidents	..	..	..	..	..	..	..	..
2.4.2	Actions émises par les non-résidents	..	..	..	..	..	..	..	..
2.5	Autres, non classés ailleurs	53 679	53 819	58 091	55 289	56 441	54 618	56 749	..

Note : Voir les métadonnées détaillées sur : http://metalinks.oecd.org/instinv/20141203/ac75

JAPON

Tableau 4. Composition du portefeuille par type d'investisseur

Pourcentage du total des actifs financiers

Pour cent

		2006	2007	2008	2009	2010	2011	2012	2013
	Fonds d'investissement								
2	Actifs financiers	100.0	100.0	100.0	100.0	100.0	100.0	100.0	..
2.1	Numéraire et dépôts	2.4	2.5	3.1	3.0	4.2	3.4	3.3	..
2.2	Titres autres qu'actions, non compris les produits financiers dérivés	9.6	13.9	15.9	16.4	16.2	15.3	15.0	..
2.2.1	Titres à court terme	..	..	..	..	..	..	..	..
2.2.2	Titres à long terme	..	..	..	..	..	..	..	..
2.2.3	Titres émis par les résidents	..	..	..	..	..	..	..	..
2.2.4	Titres émis par les non-résidents	..	..	..	..	..	..	..	..
2.3	Crédits	51.0	50.6	49.6	46.8	43.9	45.1	42.4	..
2.3.1	Crédits à court terme	..	..	..	..	..	..	..	..
2.3.2	Crédits à long terme	..	..	..	..	..	..	..	..
2.3.3	Crédits accordés aux résidents	..	..	..	..	..	..	..	..
2.3.4	Crédits accordés aux non-résidents	..	..	..	..	..	..	..	..
2.4	Actions et autres participations	15.6	10.3	8.4	10.2	9.8	9.9	11.5	..
2.4.1	Actions émises par les résidents	..	..	..	..	..	..	..	..
2.4.2	Actions émises par les non-résidents	..	..	..	..	..	..	..	..
2.5	Autres, non classés ailleurs	21.4	22.8	23.0	23.5	25.9	26.3	27.8	..
	Sociétés d'assurance								
2	Actifs financiers	100.0	100.0	100.0	100.0	100.0	100.0	100.0	..
2.1	Numéraire et dépôts	1.5	1.7	1.8	1.8	1.9	1.3	1.2	..
2.2	Titres autres qu'actions, non compris les produits financiers dérivés	53.9	56.7	59.6	60.0	62.5	64.7	64.7	..
2.2.1	Titres à court terme	..	..	..	..	..	..	..	..
2.2.2	Titres à long terme	..	..	..	..	..	..	..	..
2.2.3	Titres émis par les résidents	..	..	..	..	..	..	..	..
2.2.4	Titres émis par les non-résidents	..	..	..	..	..	..	..	..
2.3	Crédits	17.6	17.6	17.4	15.4	14.1	13.4	12.1	..
2.3.1	Crédits à court terme	..	..	..	..	..	..	..	..
2.3.2	Crédits à long terme	..	..	..	..	..	..	..	..
2.3.3	Crédits accordés aux résidents	..	..	..	..	..	..	..	..
2.3.4	Crédits accordés aux non-résidents	..	..	..	..	..	..	..	..
2.4	Actions et autres participations	13.4	9.1	5.9	7.6	7.1	6.4	6.7	..
2.4.1	Actions émises par les résidents	..	..	..	..	..	..	..	..
2.4.2	Actions émises par les non-résidents	..	..	..	..	..	..	..	..
2.5	Autres, non classés ailleurs	13.7	14.8	15.3	15.3	14.4	14.2	15.3	..
	Fonds de pension autonomes								
2	Actifs financiers	100.0	100.0	100.0	100.0	100.0	100.0	100.0	..
2.1	Numéraire et dépôts	5.8	6.2	5.1	4.5	5.0	5.4	5.5	..
2.2	Titres autres qu'actions, non compris les produits financiers dérivés	30.5	33.5	32.2	34.2	33.0	35.4	35.9	..
2.2.1	Titres à court terme	..	..	..	..	..	..	..	..
2.2.2	Titres à long terme	..	..	..	..	..	..	..	..
2.2.3	Titres émis par les résidents	..	..	..	..	..	..	..	..
2.2.4	Titres émis par les non-résidents	..	..	..	..	..	..	..	..
2.3	Crédits	2.4	2.3	2.4	2.3	2.5	1.8	2.1	..
2.3.1	Crédits à court terme	..	..	..	..	..	..	..	..
2.3.2	Crédits à long terme	..	..	..	..	..	..	..	..
2.3.3	Crédits accordés aux résidents	..	..	..	..	..	..	..	..
2.3.4	Crédits accordés aux non-résidents	..	..	..	..	..	..	..	..
2.4	Actions et autres participations	19.6	13.8	9.1	11.4	10.1	9.8	11.0	..
2.4.1	Actions émises par les résidents	..	..	..	..	..	..	..	..
2.4.2	Actions émises par les non-résidents	..	..	..	..	..	..	..	..
2.5	Autres, non classés ailleurs	41.7	44.2	51.2	47.5	49.4	47.6	45.5	..

Note : Voir les métadonnées détaillées sur : http://metalinks.oecd.org/instinv/20141203/bbbc

CORÉE

Tableau 1. Actifs financiers des investisseurs institutionnels, 2011

Milliards KRW

		Fonds d'investissement				
	Total	Fonds d'investissement à capital variable (fonds communs de placement)			Fonds d'investissement à capital fixe
		Total	Fonds d'investissement sur le marché monéaire	Autres fonds communs de placement	Total
2 Actifs financiers	398 139	..	..	..	..
2.1 Numéraire et dépôts	28 789	..	..	..	..
2.2 Titres autres qu'actions, non compris les produits financiers dérivés	198 431	..	..	..	..
2.2.1 Titres à court terme	..	..	..	..	..
2.2.2 Titres à long terme	..	..	..	..	..
2.2.3 Titres émis par les résidents	168 034	..	..	..	..
2.2.4 Titres émis par les non-résidents	30 397	..	..	..	..
2.3 Crédits	14 798	..	..	..	..
2.3.1 Crédits à court terme	..	..	..	..	..
2.3.2 Crédits à long terme	..	..	..	..	..
2.3.3 Crédits accordés aux résidents	14 798	..	..	..	..
2.3.4 Crédits accordés aux non-résidents	..	..	..	..	..
2.4 Actions et autres participations	113 382	..	..	..	..
2.4.1 Actions émises par les résidents	113 382	..	..	..	..
2.4.2 Actions émises par les non-résidents	..	..	..	..	..
2.5 Autres, non classés ailleurs	42 739	..	..	..	..

	Sociétés d'assurance et fonds de pension autonomes				
	Total	Sociétés d'assurance			Fonds de pension autonomes
		Total	Sociétés d'assurance vie	Sociétés d'assurance non-vie	Total
2 Actifs financiers	655 354	603 381	486 224	117 157	51 973
2.1 Numéraire et dépôts	39 380	35 653	23 565	12 088	3 728
2.2 Titres autres qu'actions, non compris les produits financiers dérivés	394 278	370 689	313 179	57 510	23 589
2.2.1 Titres à court terme	..	..	..	..	..
2.2.2 Titres à long terme	..	..	..	..	..
2.2.3 Titres émis par les résidents	381 769	358 181	301 993	56 187	23 589
2.2.4 Titres émis par les non-résidents	12 509	12 509	11 185	1 323	..
2.3 Crédits	117 063	103 077	78 961	24 116	13 986
2.3.1 Crédits à court terme	..	..	..	..	..
2.3.2 Crédits à long terme	..	..	..	..	..
2.3.3 Crédits accordés aux résidents	117 063	103 077	78 961	24 116	13 986
2.3.4 Crédits accordés aux non-résidents	..	..	..	..	..
2.4 Actions et autres participations	52 769	44 864	39 409	5 454	7 905
2.4.1 Actions émises par les résidents	52 769	44 864	39 409	5 454	7 905
2.4.2 Actions émises par les non-résidents	..	..	..	..	..
2.5 Autres, non classés ailleurs	51 864	49 099	31 110	17 989	2 765

Note : Voir les métadonnées détaillées sur : http://metalinks.oecd.org/instinv/20141203/3361

Tableau 2. Actifs financiers des fonds d'investissement

Milliards KRW

		2006	2007	2008	2009	2010	2011	2012	2013
	Fonds d'investissement								
2	Actifs financiers	296 880	399 577	388 978	420 552	423 432	398 139	..	..
2.1	Numéraire et dépôts	37 506	42 326	69 262	43 004	37 246	28 789	..	..
2.2	Titres autres qu'actions, non compris les produits financiers dérivés	140 099	192 189	161 860	206 600	228 015	198 431	..	..
2.2.1	Titres à court terme	..	..	..	..	..	..	..	..
2.2.2	Titres à long terme	..	..	..	..	..	..	..	..
2.2.3	Titres émis par les résidents	123 920	120 693	130 339	157 403	183 810	168 034	..	..
2.2.4	Titres émis par les non-résidents	16 179	71 496	31 521	49 197	44 205	30 397	..	..
2.3	Crédits	8 920	9 868	12 043	2 249	8 567	14 798	..	..
2.3.1	Crédits à court terme	..	..	..	..	..	..	..	..
2.3.2	Crédits à long terme	..	..	..	..	..	..	..	..
2.3.3	Crédits accordés aux résidents	8 920	9 868	12 043	2 249	8 567	14 798	..	..
2.3.4	Crédits accordés aux non-résidents	..	..	..	..	..	..	..	..
2.4	Actions et autres participations	75 317	113 684	96 327	108 587	104 804	113 382	..	..
2.4.1	Actions émises par les résidents	75 317	113 684	96 327	108 587	104 804	113 382	..	..
2.4.2	Actions émises par les non-résidents	..	..	..	..	..	..	..	..
2.5	Autres, non classés ailleurs	35 038	41 511	49 486	60 111	44 800	42 739	..	..
	Fonds d'investissement à capital variable (fonds communs de placement)								
2	Actifs financiers	..	..	..	..	..	..	..	..
2.1	Numéraire et dépôts	..	..	..	..	..	..	..	..
2.2	Titres autres qu'actions, non compris les produits financiers dérivés	..	..	..	..	..	..	..	..
2.2.1	Titres à court terme	..	..	..	..	..	..	..	..
2.2.2	Titres à long terme	..	..	..	..	..	..	..	..
2.2.3	Titres émis par les résidents	..	..	..	..	..	..	..	..
2.2.4	Titres émis par les non-résidents	..	..	..	..	..	..	..	..
2.3	Crédits	..	..	..	..	..	..	..	..
2.3.1	Crédits à court terme	..	..	..	..	..	..	..	..
2.3.2	Crédits à long terme	..	..	..	..	..	..	..	..
2.3.3	Crédits accordés aux résidents	..	..	..	..	..	..	..	..
2.3.4	Crédits accordés aux non-résidents	..	..	..	..	..	..	..	..
2.4	Actions et autres participations	..	..	..	..	..	..	..	..
2.4.1	Actions émises par les résidents	..	..	..	..	..	..	..	..
2.4.2	Actions émises par les non-résidents	..	..	..	..	..	..	..	..
2.5	Autres, non classés ailleurs	..	..	..	..	..	..	..	..
	Fonds d'investissement sur le marché monéaire								
2	Actifs financiers	..	..	..	..	..	..	..	..
2.1	Numéraire et dépôts	..	..	..	..	..	..	..	..
2.2	Titres autres qu'actions, non compris les produits financiers dérivés	..	..	..	..	..	..	..	..
2.2.1	Titres à court terme	..	..	..	..	..	..	..	..
2.2.2	Titres à long terme	..	..	..	..	..	..	..	..
2.2.3	Titres émis par les résidents	..	..	..	..	..	..	..	..
2.2.4	Titres émis par les non-résidents	..	..	..	..	..	..	..	..
2.3	Crédits	..	..	..	..	..	..	..	..
2.3.1	Crédits à court terme	..	..	..	..	..	..	..	..
2.3.2	Crédits à long terme	..	..	..	..	..	..	..	..
2.3.3	Crédits accordés aux résidents	..	..	..	..	..	..	..	..
2.3.4	Crédits accordés aux non-résidents	..	..	..	..	..	..	..	..
2.4	Actions et autres participations	..	..	..	..	..	..	..	..
2.4.1	Actions émises par les résidents	..	..	..	..	..	..	..	..
2.4.2	Actions émises par les non-résidents	..	..	..	..	..	..	..	..
2.5	Autres, non classés ailleurs	..	..	..	..	..	..	..	..
	Autres fonds communs de placement								
2	Actifs financiers	..	..	..	..	..	..	..	..
2.1	Numéraire et dépôts	..	..	..	..	..	..	..	..
2.2	Titres autres qu'actions, non compris les produits financiers dérivés	..	..	..	..	..	..	..	..
2.2.1	Titres à court terme	..	..	..	..	..	..	..	..
2.2.2	Titres à long terme	..	..	..	..	..	..	..	..
2.2.3	Titres émis par les résidents	..	..	..	..	..	..	..	..
2.2.4	Titres émis par les non-résidents	..	..	..	..	..	..	..	..
2.3	Crédits	..	..	..	..	..	..	..	..
2.3.1	Crédits à court terme	..	..	..	..	..	..	..	..
2.3.2	Crédits à long terme	..	..	..	..	..	..	..	..
2.3.3	Crédits accordés aux résidents	..	..	..	..	..	..	..	..
2.3.4	Crédits accordés aux non-résidents	..	..	..	..	..	..	..	..
2.4	Actions et autres participations	..	..	..	..	..	..	..	..
2.4.1	Actions émises par les résidents	..	..	..	..	..	..	..	..
2.4.2	Actions émises par les non-résidents	..	..	..	..	..	..	..	..
2.5	Autres, non classés ailleurs	..	..	..	..	..	..	..	..

Tableau 2. Actifs financiers des fonds d'investissement *(suite)*

Milliards KRW

		2006	2007	2008	2009	2010	2011	2012	2013
	Fonds d'investissement à capital fixe								
2	Actifs financiers	..	..	..	..	..	..	..	..
2.1	Numéraire et dépôts	..	..	..	..	..	..	..	..
2.2	Titres autres qu'actions, non compris les produits financiers dérivés	..	..	..	..	..	..	..	..
2.2.1	Titres à court terme	..	..	..	..	..	..	..	..
2.2.2	Titres à long terme	..	..	..	..	..	..	..	..
2.2.3	Titres émis par les résidents	..	..	..	..	..	..	..	..
2.2.4	Titres émis par les non-résidents	..	..	..	..	..	..	..	..
2.3	Crédits	..	..	..	..	..	..	..	..
2.3.1	Crédits à court terme	..	..	..	..	..	..	..	..
2.3.2	Crédits à long terme	..	..	..	..	..	..	..	..
2.3.3	Crédits accordés aux résidents	..	..	..	..	..	..	..	..
2.3.4	Crédits accordés aux non-résidents	..	..	..	..	..	..	..	..
2.4	Actions et autres participations	..	..	..	..	..	..	..	..
2.4.1	Actions émises par les résidents	..	..	..	..	..	..	..	..
2.4.2	Actions émises par les non-résidents	..	..	..	..	..	..	..	..
2.5	Autres, non classés ailleurs	..	..	..	..	..	..	..	..

Note : Voir les métadonnées détaillées sur : http://metalinks.oecd.org/instinv/20141203/3361

Tableau 3. Actifs financiers des sociétés d'assurance et fonds de pension autonomes

Milliards KRW

		2006	2007	2008	2009	2010	2011	2012	2013
	Sociétés d'assurance et fonds de pension autonomes								
2	Actifs financiers	384 959	433 530	462 192	529 068	596 734	655 354	..	..
2.1	Numéraire et dépôts	21 218	27 480	35 124	32 988	35 298	39 380	..	..
2.2	Titres autres qu'actions, non compris les produits financiers dérivés	218 800	241 167	256 141	296 443	345 531	394 278	..	..
2.2.1	Titres à court terme	..	..	..	..	..	..	..	..
2.2.2	Titres à long terme	..	..	..	..	..	..	..	..
2.2.3	Titres émis par les résidents	202 686	222 170	237 355	281 169	333 820	381 769	..	..
2.2.4	Titres émis par les non-résidents	16 114	18 997	18 785	15 274	11 710	12 509	..	..
2.3	Crédits	76 257	86 216	99 846	102 936	107 999	117 063	..	..
2.3.1	Crédits à court terme	..	..	..	..	..	..	..	..
2.3.2	Crédits à long terme	..	..	..	..	..	..	..	..
2.3.3	Crédits accordés aux résidents	76 257	86 216	99 846	102 936	107 999	117 063	..	..
2.3.4	Crédits accordés aux non-résidents	..	..	..	..	..	..	..	..
2.4	Actions et autres participations	29 988	37 643	32 014	47 038	55 239	52 769	..	..
2.4.1	Actions émises par les résidents	29 988	37 643	32 014	47 038	55 239	52 769	..	..
2.4.2	Actions émises par les non-résidents	..	..	..	..	..	..	..	..
2.5	Autres, non classés ailleurs	38 695	41 024	39 067	49 613	52 666	51 864	..	..
	Sociétés d'assurance								
2	Actifs financiers	349 195	395 260	425 006	485 532	545 893	603 381	..	..
2.1	Numéraire et dépôts	19 576	25 303	33 291	29 806	31 088	35 653	..	..
2.2	Titres autres qu'actions, non compris les produits financiers dérivés	203 744	226 474	241 759	279 614	323 550	370 689	..	..
2.2.1	Titres à court terme	..	..	..	..	..	..	..	..
2.2.2	Titres à long terme	..	..	..	..	..	..	..	..
2.2.3	Titres émis par les résidents	187 629	207 476	222 974	264 339	311 839	358 181	..	..
2.2.4	Titres émis par les non-résidents	16 114	18 997	18 785	15 274	11 710	12 509	..	..
2.3	Crédits	65 547	74 494	87 326	90 674	94 345	103 077	..	..
2.3.1	Crédits à court terme	..	..	..	..	..	..	..	..
2.3.2	Crédits à long terme	..	..	..	..	..	..	..	..
2.3.3	Crédits accordés aux résidents	65 547	74 494	87 326	90 674	94 345	103 077	..	..
2.3.4	Crédits accordés aux non-résidents	..	..	..	..	..	..	..	..
2.4	Actions et autres participations	23 568	29 992	25 407	37 622	47 020	44 864	..	..
2.4.1	Actions émises par les résidents	23 568	29 992	25 407	37 622	47 020	44 864	..	..
2.4.2	Actions émises par les non-résidents	..	..	..	..	..	..	..	..
2.5	Autres, non classés ailleurs	36 761	38 997	37 223	47 816	49 890	49 099	..	..
	Sociétés d'assurance vie								
2	Actifs financiers	295 569	332 939	353 662	401 126	446 954	486 224	..	..
2.1	Numéraire et dépôts	13 140	17 147	24 582	21 361	22 267	23 565	..	..
2.2	Titres autres qu'actions, non compris les produits financiers dérivés	179 401	198 880	210 979	240 762	274 680	313 179	..	..
2.2.1	Titres à court terme	..	..	..	..	..	..	..	..
2.2.2	Titres à long terme	..	..	..	..	..	..	..	..
2.2.3	Titres émis par les résidents	164 805	181 424	193 212	226 628	264 102	301 993	..	..
2.2.4	Titres émis par les non-résidents	14 595	17 456	17 768	14 134	10 578	11 185	..	..
2.3	Crédits	53 960	61 196	71 304	73 392	74 965	78 961	..	..
2.3.1	Crédits à court terme	..	..	..	..	..	..	..	..
2.3.2	Crédits à long terme	..	..	..	..	..	..	..	..
2.3.3	Crédits accordés aux résidents	53 960	61 196	71 304	73 392	74 965	78 961	..	..
2.3.4	Crédits accordés aux non-résidents	..	..	..	..	..	..	..	..
2.4	Actions et autres participations	20 371	26 167	22 128	33 217	41 549	39 409	..	..
2.4.1	Actions émises par les résidents	20 371	26 167	22 128	33 217	41 549	39 409	..	..
2.4.2	Actions émises par les non-résidents	..	..	..	..	..	..	..	..
2.5	Autres, non classés ailleurs	28 696	29 548	24 669	32 395	33 493	31 110	..	..
	Sociétés d'assurance non-vie								
2	Actifs financiers	53 627	62 321	71 343	84 405	98 939	117 157	..	..
2.1	Numéraire et dépôts	6 436	8 156	8 709	8 444	8 821	12 088	..	..
2.2	Titres autres qu'actions, non compris les produits financiers dérivés	24 343	27 593	30 779	38 852	48 870	57 510	..	..
2.2.1	Titres à court terme	..	..	..	..	..	..	..	..
2.2.2	Titres à long terme	..	..	..	..	..	..	..	..
2.2.3	Titres émis par les résidents	22 824	26 052	29 762	37 712	47 737	56 187	..	..
2.2.4	Titres émis par les non-résidents	1 519	1 542	1 018	1 140	1 133	1 323	..	..
2.3	Crédits	11 587	13 298	16 023	17 283	19 380	24 116	..	..
2.3.1	Crédits à court terme	..	..	..	..	..	..	..	..
2.3.2	Crédits à long terme	..	..	..	..	..	..	..	..
2.3.3	Crédits accordés aux résidents	11 587	13 298	16 023	17 283	19 380	24 116	..	..
2.3.4	Crédits accordés aux non-résidents	..	..	..	..	..	..	..	..
2.4	Actions et autres participations	3 196	3 825	3 279	4 405	5 471	5 454	..	..
2.4.1	Actions émises par les résidents	3 196	3 825	3 279	4 405	5 471	5 454	..	..
2.4.2	Actions émises par les non-résidents	..	..	..	..	..	..	..	..
2.5	Autres, non classés ailleurs	8 065	9 449	12 554	15 421	16 397	17 989	..	..

Tableau 3. Actifs financiers des sociétés d'assurance et fonds de pension autonomes *(suite)*

Milliards KRW

		2006	2007	2008	2009	2010	2011	2012	2013
	Fonds de pension autonomes								
2	Actifs financiers	35 764	38 270	37 186	43 537	50 841	51 973	..	..
2.1	Numéraire et dépôts	1 642	2 177	1 833	3 183	4 211	3 728	..	..
2.2	Titres autres qu'actions, non compris les produits financiers dérivés	15 057	14 693	14 382	16 830	21 981	23 589	..	..
2.2.1	Titres à court terme	..	..	..	..	..	..	..	..
2.2.2	Titres à long terme	..	..	..	..	..	..	..	..
2.2.3	Titres émis par les résidents	15 057	14 693	14 382	16 830	21 981	23 589	..	..
2.2.4	Titres émis par les non-résidents	0	0	..	..	..	..	..	..
2.3	Crédits	10 710	11 721	12 520	12 311	13 654	13 986	..	..
2.3.1	Crédits à court terme	..	..	..	..	..	..	..	..
2.3.2	Crédits à long terme	..	..	..	..	..	..	..	..
2.3.3	Crédits accordés aux résidents	10 710	11 721	12 520	12 311	13 654	13 986	..	..
2.3.4	Crédits accordés aux non-résidents	..	..	..	..	..	..	..	..
2.4	Actions et autres participations	6 421	7 651	6 607	9 417	8 219	7 905	..	..
2.4.1	Actions émises par les résidents	6 421	7 651	6 607	9 417	8 219	7 905	..	..
2.4.2	Actions émises par les non-résidents	..	..	..	..	..	..	..	..
2.5	Autres, non classés ailleurs	1 934	2 027	1 844	1 796	2 776	2 765	..	..

Note : Voir les métadonnées détaillées sur : http://metalinks.oecd.org/instinv/20141203/3361

CORÉE

Tableau 4. Composition du portefeuille par type d'investisseur

Pourcentage du total des actifs financiers

Pour cent

		2006	2007	2008	2009	2010	2011	2012	2013
	Fonds d'investissement								
2	Actifs financiers	100.0	100.0	100.0	100.0	100.0	100.0	..	..
2.1	Numéraire et dépôts	12.6	10.6	17.8	10.2	8.8	7.2	..	..
2.2	Titres autres qu'actions, non compris les produits financiers dérivés	47.2	48.1	41.6	49.1	53.8	49.8	..	..
2.2.1	Titres à court terme	..	..	..	..	..	..	..	..
2.2.2	Titres à long terme	..	..	..	..	..	..	..	..
2.2.3	Titres émis par les résidents	41.7	30.2	33.5	37.4	43.4	42.2	..	..
2.2.4	Titres émis par les non-résidents	5.4	17.9	8.1	11.7	10.4	7.6	..	..
2.3	Crédits	3.0	2.5	3.1	0.5	2.0	3.7	..	..
2.3.1	Crédits à court terme	..	..	..	..	..	..	..	..
2.3.2	Crédits à long terme	..	..	..	..	..	..	..	..
2.3.3	Crédits accordés aux résidents	3.0	2.5	3.1	0.5	2.0	3.7	..	..
2.3.4	Crédits accordés aux non-résidents	..	..	..	..	..	..	..	..
2.4	Actions et autres participations	25.4	28.5	24.8	25.8	24.8	23.5	..	..
2.4.1	Actions émises par les résidents	25.4	28.5	24.8	25.8	24.8	23.5	..	..
2.4.2	Actions émises par les non-résidents	..	..	..	..	..	..	..	..
2.5	Autres, non classés ailleurs	11.8	10.4	12.7	14.3	10.6	10.7	..	..
	Sociétés d'assurance								
2	Actifs financiers	100.0	100.0	100.0	100.0	100.0	100.0	..	..
2.1	Numéraire et dépôts	5.6	6.4	7.8	6.1	5.7	5.9	..	..
2.2	Titres autres qu'actions, non compris les produits financiers dérivés	58.3	57.3	56.9	57.6	59.3	61.4	..	..
2.2.1	Titres à court terme	..	..	..	..	..	..	..	..
2.2.2	Titres à long terme	..	..	..	..	..	..	..	..
2.2.3	Titres émis par les résidents	53.7	52.5	52.5	54.4	57.1	59.4	..	..
2.2.4	Titres émis par les non-résidents	4.6	4.8	4.4	3.1	2.1	2.1	..	..
2.3	Crédits	18.8	18.8	20.5	18.7	17.3	17.1	..	..
2.3.1	Crédits à court terme	..	..	..	..	..	..	..	..
2.3.2	Crédits à long terme	..	..	..	..	..	..	..	..
2.3.3	Crédits accordés aux résidents	18.8	18.8	20.5	18.7	17.3	17.1	..	..
2.3.4	Crédits accordés aux non-résidents	..	..	..	..	..	..	..	..
2.4	Actions et autres participations	6.7	7.6	6.0	7.7	8.6	7.4	..	..
2.4.1	Actions émises par les résidents	6.7	7.6	6.0	7.7	8.6	7.4	..	..
2.4.2	Actions émises par les non-résidents	..	..	..	..	..	..	..	..
2.5	Autres, non classés ailleurs	10.5	9.9	8.8	9.8	9.1	3.1	..	..
	Fonds de pension autonomes								
2	Actifs financiers	100.0	100.0	100.0	100.0	100.0	100.0	..	..
2.1	Numéraire et dépôts	4.6	5.7	4.9	7.3	8.3	7.2	..	..
2.2	Titres autres qu'actions, non compris les produits financiers dérivés	42.1	38.4	38.7	38.7	43.2	45.4	..	..
2.2.1	Titres à court terme	..	..	..	..	..	..	..	..
2.2.2	Titres à long terme	..	..	..	..	..	..	..	..
2.2.3	Titres émis par les résidents	42.1	38.4	38.7	38.7	43.2	45.4	..	..
2.2.4	Titres émis par les non-résidents	0.0	0.0	..	..	..	..	..	..
2.3	Crédits	29.9	30.6	33.7	28.3	26.9	25.9	..	..
2.3.1	Crédits à court terme	..	..	..	..	..	..	..	..
2.3.2	Crédits à long terme	..	..	..	..	..	..	..	..
2.3.3	Crédits accordés aux résidents	29.9	30.6	33.7	28.3	26.9	25.9	..	..
2.3.4	Crédits accordés aux non-résidents	..	..	..	..	..	..	..	..
2.4	Actions et autres participations	18.0	20.0	17.8	21.6	16.2	15.2	..	..
2.4.1	Actions émises par les résidents	18.0	20.0	17.8	21.6	16.2	15.2	..	..
2.4.2	Actions émises par les non-résidents	..	..	..	..	..	..	..	..
2.5	Autres, non classés ailleurs	5.4	5.3	5.0	4.1	5.5	5.3	..	..

Note : Voir les métadonnées détaillées sur : http://metalinks.oecd.org/instinv/20141203/bbbc

Tableau 1. Actifs financiers des investisseurs institutionnels, 2013

Millions EUR (1999 LUF euro)

			Fonds d'investissement			
		Total	Fonds d'investissement à capital variable (fonds communs de placement)			Fonds d'investissement à capital fixe
			Total	Fonds d'investissement sur le marché monéaire	Autres fonds communs de placement	Total
2	Actifs financiers	2 916 597	2 901 714	198 793	2 702 921	14 883
2.1	Numéraire et dépôts	228 296	226 008	43 604	182 404	2 288
2.2	Titres autres qu'actions, non compris les produits financiers dérivés	1 203 067	1 201 008	149 345	1 051 664	2 059
2.2.1	Titres à court terme	203 143	203 140	118 810	84 330	3
2.2.2	Titres à long terme	999 924	997 869	30 535	967 334	2 056
2.2.3	Titres émis par les résidents	37 982	37 150	2 246	34 904	832
2.2.4	Titres émis par les non-résidents	1 165 085	1 163 858	147 099	1 016 760	1 226
2.3	Crédits	0	0	0	0	0
2.3.1	Crédits à court terme	0	0	0	0	0
2.3.2	Crédits à long terme	0	0	0	0	0
2.3.3	Crédits accordés aux résidents	0	0	0	0	0
2.3.4	Crédits accordés aux non-résidents	0	0	0	0	0
2.4	Actions et autres participations	1 196 533	1 187 272	3 555	1 183 716	9 262
2.4.1	Actions émises par les résidents	208 874	205 222	3 275	201 947	3 652
2.4.2	Actions émises par les non-résidents	987 659	982 050	280	981 770	5 609
2.5	Autres, non classés ailleurs	288 700	287 425	2 289	285 137	1 274

			Sociétés d'assurance et fonds de pension autonomes			
		Total	Sociétés d'assurance			Fonds de pension autonomes
			Total	Sociétés d'assurance vie	Sociétés d'assurance non-vie	Total
2	Actifs financiers	148 780	147 564	117 599	29 965	1 216
2.1	Numéraire et dépôts	12 885	12 840	9 097	3 742	45
2.2	Titres autres qu'actions, non compris les produits financiers dérivés	40 842	40 261	29 312	10 950	581
2.2.1	Titres à court terme	1 535	1 535	1 118	418	0
2.2.2	Titres à long terme	39 307	38 726	28 194	10 532	581
2.2.3	Titres émis par les résidents	2 503	2 466	1 796	671	36
2.2.4	Titres émis par les non-résidents	38 340	37 795	27 516	10 279	545
2.3	Crédits	2 366	2 365	382	1 983	1
2.3.1	Crédits à court terme	2 232	2 231	300	1 931	1
2.3.2	Crédits à long terme	135	135	82	52	0
2.3.3	Crédits accordés aux résidents	258	257	21	235	1
2.3.4	Crédits accordés aux non-résidents	2 108	2 108	361	1 748	0
2.4	Actions et autres participations	72 406	71 829	62 636	9 193	577
2.4.1	Actions émises par les résidents	39 314	38 960	34 426	4 533	354
2.4.2	Actions émises par les non-résidents	33 092	32 869	28 209	4 660	223
2.5	Autres, non classés ailleurs	20 281	20 269	16 173	4 096	12

Note : Voir les métadonnées détaillées sur : http://metalinks.oecd.org/instinv/20141203/c6f4

Tableau 2. Actifs financiers des fonds d'investissement

Millions EUR (1999 LUF euro)

		2006	2007	2008	2009	2010	2011	2012	2013
	Fonds d'investissement								
2	Actifs financiers	1 902 939	2 166 791	1 739 109	2 008 110	2 390 288	2 349 456	2 647 832	2 916 597
2.1	Numéraire et dépôts	115 775	162 794	234 491	158 239	179 004	215 449	202 614	228 296
2.2	Titres autres qu'actions, non compris les produits financiers dérivés	747 934	797 718	726 847	867 417	980 459	1 000 657	1 174 758	1 203 067
2.2.1	Titres à court terme	147 160	176 945	204 110	244 346	226 757	224 339	209 027	203 143
2.2.2	Titres à long terme	600 773	620 773	522 737	623 071	753 702	776 318	965 731	999 924
2.2.3	Titres émis par les résidents	23 109	28 461	11 833	17 475	20 427	27 379	33 509	37 982
2.2.4	Titres émis par les non-résidents	724 825	769 257	715 014	849 942	960 031	979 277	1 141 248	1 165 085
2.3	Crédits	0	0	0	0	0	0	0	0
2.3.1	Crédits à court terme	0	0	0	0	0	0	0	0
2.3.2	Crédits à long terme	0	0	0	0	0	0	0	0
2.3.3	Crédits accordés aux résidents	0	0	0	0	0	0	0	0
2.3.4	Crédits accordés aux non-résidents	0	0	0	0	0	0	0	0
2.4	Actions et autres participations	954 102	1 126 200	594 648	803 638	998 404	867 741	994 214	1 196 533
2.4.1	Actions émises par les résidents	121 382	153 935	94 171	113 028	143 858	133 018	164 717	208 874
2.4.2	Actions émises par les non-résidents	832 720	972 264	500 477	690 609	854 546	729 722	829 496	987 659
2.5	Autres, non classés ailleurs	85 128	80 079	183 123	178 816	232 421	264 609	276 246	288 700
	Fonds d'investissement à capital variable (fonds communs de placement)								
2	Actifs financiers	1 900 559	2 164 835	1 734 415	2 002 041	2 382 742	2 333 142	2 634 247	2 901 714
2.1	Numéraire et dépôts	115 451	162 601	233 696	157 391	178 303	212 210	199 727	226 008
2.2	Titres autres qu'actions, non compris les produits financiers dérivés	747 923	797 717	726 450	866 524	978 168	998 390	1 172 213	1 201 008
2.2.1	Titres à court terme	147 160	176 945	204 081	244 322	226 755	224 309	208 514	203 140
2.2.2	Titres à long terme	600 762	620 772	522 369	622 202	751 413	774 081	963 700	997 869
2.2.3	Titres émis par les résidents	23 109	28 461	11 832	17 470	20 110	21 261	32 928	37 150
2.2.4	Titres émis par les non-résidents	724 814	769 256	714 618	849 055	958 058	977 129	1 139 285	1 163 858
2.3	Crédits	0	0	0	0	0	0	0	0
2.3.1	Crédits à court terme	0	0	0	0	0	0	0	0
2.3.2	Crédits à long terme	0	0	0	0	0	0	0	0
2.3.3	Crédits accordés aux résidents	0	0	0	0	0	0	0	0
2.3.4	Crédits accordés aux non-résidents	0	0	0	0	0	0	0	0
2.4	Actions et autres participations	952 485	1 124 791	591 678	800 377	994 438	862 291	987 151	1 187 272
2.4.1	Actions émises par les résidents	..	..	93 901	112 255	142 876	135 728	162 690	205 222
2.4.2	Actions émises par les non-résidents	..	..	497 777	688 122	851 562	725 563	824 461	982 050
2.5	Autres, non classés ailleurs	84 700	79 726	182 591	177 749	231 833	265 251	275 156	287 425
	Fonds d'investissement sur le marché monéaire								
2	Actifs financiers	190 242	253 641	340 223	319 372	284 554	302 696	224 286	198 793
2.1	Numéraire et dépôts	22 628	58 833	105 718	54 891	57 410	25 586	52 086	43 604
2.2	Titres autres qu'actions, non compris les produits financiers dérivés	163 952	187 532	228 513	262 240	221 052	219 965	167 631	149 345
2.2.1	Titres à court terme	96 712	117 411	154 710	194 599	160 359	158 932	127 478	118 810
2.2.2	Titres à long terme	67 240	70 121	73 803	67 541	60 693	61 033	40 153	30 535
2.2.3	Titres émis par les résidents	3 523	5 473	2 665	3 094	3 734	3 113	3 686	2 246
2.2.4	Titres émis par les non-résidents	160 429	182 059	225 848	259 146	217 318	216 852	163 945	147 099
2.3	Crédits	0	0	0	0	0	0	0	0
2.3.1	Crédits à court terme	0	0	0	0	0	0	0	0
2.3.2	Crédits à long terme	0	0	0	0	0	0	0	0
2.3.3	Crédits accordés aux résidents	0	0	0	0	0	0	0	0
2.3.4	Crédits accordés aux non-résidents	0	0	0	0	0	0	0	0
2.4	Actions et autres participations	189	537	498	459	783	925	647	3 555
2.4.1	Actions émises par les résidents	188	253	231	210	379	350	211	3 275
2.4.2	Actions émises par les non-résidents	2	284	267	249	403	574	436	280
2.5	Autres, non classés ailleurs	3 473	6 740	5 493	1 783	5 310	6 221	3 922	2 289
	Autres fonds communs de placement								
2	Actifs financiers	1 710 317	1 911 194	1 394 192	1 682 670	2 098 183	2 035 446	2 409 962	2 702 921
2.1	Numéraire et dépôts	92 823	103 769	127 977	102 500	120 893	136 625	147 641	182 404
2.2	Titres autres qu'actions, non compris les produits financiers dérivés	583 971	610 186	497 937	604 285	757 113	778 425	1 004 583	1 051 664
2.2.1	Titres à court terme	50 448	59 534	49 371	49 723	66 393	65 378	81 035	84 330
2.2.2	Titres à long terme	533 523	550 652	448 566	554 562	690 720	713 047	923 547	967 334
2.2.3	Titres émis par les résidents	19 586	22 989	9 167	14 376	16 373	18 148	29 242	34 904
2.2.4	Titres émis par les non-résidents	564 385	587 197	488 770	589 909	740 739	760 277	975 340	1 016 760
2.3	Crédits	0	0	0	0	0	0	0	0
2.3.1	Crédits à court terme	0	0	0	0	0	0	0	0
2.3.2	Crédits à long terme	0	0	0	0	0	0	0	0
2.3.3	Crédits accordés aux résidents	0	0	0	0	0	0	0	0
2.3.4	Crédits accordés aux non-résidents	0	0	0	0	0	0	0	0
2.4	Actions et autres participations	952 296	1 124 254	591 180	799 919	993 655	861 366	986 504	1 183 716
2.4.1	Actions émises par les résidents	..	..	93 670	112 045	142 497	136 378	162 479	201 947
2.4.2	Actions émises par les non-résidents	..	..	497 509	687 873	851 159	724 989	824 025	981 770
2.5	Autres, non classés ailleurs	81 227	72 986	177 098	175 966	226 523	259 031	271 234	285 137

Tableau 2. Actifs financiers des fonds d'investissement *(suite)*

Millions EUR (1999 LUF euro)

		2006	2007	2008	2009	2010	2011	2012	2013
	Fonds d'investissement à capital fixe								
2	Actifs financiers	2 380	1 956	4 694	6 069	7 546	11 314	13 584	14 883
2.1	Numéraire et dépôts	324	193	796	848	702	3 239	2 887	2 288
2.2	Titres autres qu'actions, non compris les produits financiers dérivés	11	1	397	893	2 291	2 267	2 544	2 059
2.2.1	Titres à court terme	0	0	28	24	2	30	513	3
2.2.2	Titres à long terme	11	1	368	868	2 289	2 237	2 031	2 056
2.2.3	Titres émis par les résidents	0	0	1	6	317	118	581	832
2.2.4	Titres émis par les non-résidents	11	1	395	887	1 974	2 149	1 963	1 226
2.3	Crédits	0	0	0	0	0	0	0	0
2.3.1	Crédits à court terme	0	0	0	0	0	0	0	0
2.3.2	Crédits à long terme	0	0	0	0	0	0	0	0
2.3.3	Crédits accordés aux résidents	0	0	0	0	0	0	0	0
2.3.4	Crédits accordés aux non-résidents	0	0	0	0	0	0	0	0
2.4	Actions et autres participations	1 617	1 409	2 970	3 261	3 965	5 450	7 063	9 262
2.4.1	Actions émises par les résidents	..	..	270	773	982	1 290	2 028	3 652
2.4.2	Actions émises par les non-résidents	..	..	2 700	2 487	2 984	4 159	5 035	5 609
2.5	Autres, non classés ailleurs	428	353	532	1 067	588	358	1 090	1 274

Note : Voir les métadonnées détaillées sur : http://metalinks.oecd.org/instinv/20141203/c6f4

Tableau 3. Actifs financiers des sociétés d'assurance et fonds de pension autonomes

Millions EUR (1999 LUF euro)

		2006	2007	2008	2009	2010	2011	2012	2013
	Sociétés d'assurance et fonds de pension autonomes								
2	Actifs financiers	75 133	82 497	81 724	102 048	121 917	123 153	135 052	148 780
2.1	Numéraire et dépôts	5 996	7 073	8 086	9 457	9 385	10 830	11 748	12 885
2.2	Titres autres qu'actions, non compris les produits financiers dérivés	22 690	24 577	25 447	29 815	36 510	37 256	40 096	40 842
2.2.1	Titres à court terme	..	..	720	530	1 424	1 921	2 306	1 535
2.2.2	Titres à long terme	..	..	24 727	29 286	35 086	35 335	37 791	39 307
2.2.3	Titres émis par les résidents	..	..	1 073	1 629	2 270	2 038	2 256	2 503
2.2.4	Titres émis par les non-résidents	..	..	24 374	28 187	34 240	35 217	37 841	38 340
2.3	Crédits	1 042	1 167	1 884	1 504	1 625	1 786	2 076	2 366
2.3.1	Crédits à court terme	1 005	1 124	1 828	1 470	1 593	1 743	1 987	2 232
2.3.2	Crédits à long terme	37	44	56	34	31	43	89	135
2.3.3	Crédits accordés aux résidents	262	383	356	417	268	353	263	258
2.3.4	Crédits accordés aux non-résidents	781	784	1 528	1 086	1 357	1 433	1 813	2 108
2.4	Actions et autres participations	36 800	41 088	36 706	47 335	56 215	55 832	62 269	72 406
2.4.1	Actions émises par les résidents	..	..	20 611	26 957	29 924	30 532	34 616	39 314
2.4.2	Actions émises par les non-résidents	..	..	16 095	20 378	26 291	25 300	27 652	33 092
2.5	Autres, non classés ailleurs	8 604	8 591	9 601	13 937	18 182	17 450	18 864	20 281
	Sociétés d'assurance								
2	Actifs financiers	74 766	82 119	81 334	101 204	121 020	122 184	133 963	147 564
2.1	Numéraire et dépôts	5 986	7 064	8 040	9 200	9 312	10 789	11 707	12 840
2.2	Titres autres qu'actions, non compris les produits financiers dérivés	22 629	24 510	25 388	29 623	36 057	36 752	39 554	40 261
2.2.1	Titres à court terme	..	..	720	530	1 424	1 921	2 306	1 535
2.2.2	Titres à long terme	..	..	24 669	29 093	34 633	34 831	37 249	38 726
2.2.3	Titres émis par les résidents	..	..	1 070	1 618	2 242	2 011	2 225	2 466
2.2.4	Titres émis par les non-résidents	..	..	24 318	28 004	33 815	34 742	37 330	37 795
2.3	Crédits	1 040	1 165	1 880	1 502	1 623	1 784	2 075	2 365
2.3.1	Crédits à court terme	1 003	1 122	1 824	1 469	1 592	1 741	1 986	2 231
2.3.2	Crédits à long terme	37	44	56	34	31	43	89	135
2.3.3	Crédits accordés aux résidents	259	381	352	416	266	351	262	257
2.3.4	Crédits accordés aux non-résidents	781	784	1 528	1 086	1 357	1 433	1 813	2 108
2.4	Actions et autres participations	36 510	40 789	36 430	46 947	55 857	55 425	61 776	71 829
2.4.1	Actions émises par les résidents	..	..	20 442	26 723	29 702	30 275	34 308	38 960
2.4.2	Actions émises par les non-résidents	..	..	15 988	20 224	26 155	25 150	27 468	32 869
2.5	Autres, non classés ailleurs	8 601	8 589	9 596	13 932	18 171	17 434	18 852	20 269
	Sociétés d'assurance vie								
2	Actifs financiers	54 917	60 236	57 090	73 862	93 667	94 606	106 803	117 599
2.1	Numéraire et dépôts	3 493	4 068	5 110	5 961	6 236	7 416	8 198	9 097
2.2	Titres autres qu'actions, non compris les produits financiers dérivés	14 827	15 272	16 429	20 159	25 804	26 468	28 829	29 312
2.2.1	Titres à court terme	..	..	466	360	1 019	1 383	1 680	1 118
2.2.2	Titres à long terme	..	..	15 964	19 799	24 785	25 085	27 149	28 194
2.2.3	Titres émis par les résidents	..	..	693	1 101	1 605	1 448	1 622	1 796
2.2.4	Titres émis par les non-résidents	..	..	15 737	19 058	24 200	25 020	27 208	27 516
2.3	Crédits	124	173	173	207	264	319	350	382
2.3.1	Crédits à court terme	100	144	146	180	240	292	296	300
2.3.2	Crédits à long terme	25	30	27	27	25	27	55	82
2.3.3	Crédits accordés aux résidents	6	9	19	13	16	19	20	21
2.3.4	Crédits accordés aux non-résidents	119	165	153	194	248	299	331	361
2.4	Actions et autres participations	30 733	35 215	29 182	36 987	46 871	46 544	54 409	62 636
2.4.1	Actions émises par les résidents	..	..	16 663	20 622	26 173	26 666	30 739	34 426
2.4.2	Actions émises par les non-résidents	..	..	12 519	16 365	20 697	19 879	23 671	28 209
2.5	Autres, non classés ailleurs	5 740	5 507	6 196	10 547	14 491	13 859	15 016	16 173
	Sociétés d'assurance non-vie								
2	Actifs financiers	19 849	21 883	24 244	27 342	27 353	27 578	27 160	29 965
2.1	Numéraire et dépôts	2 492	2 996	2 930	3 239	3 076	3 373	3 509	3 742
2.2	Titres autres qu'actions, non compris les produits financiers dérivés	7 802	9 239	8 959	9 463	10 253	10 284	10 725	10 950
2.2.1	Titres à court terme	..	..	254	169	405	538	625	418
2.2.2	Titres à long terme	..	..	8 705	9 294	9 848	9 746	10 100	10 532
2.2.3	Titres émis par les résidents	..	..	378	517	638	563	603	671
2.2.4	Titres émis par les non-résidents	..	..	8 581	8 946	9 615	9 721	10 122	10 279
2.3	Crédits	916	992	1 708	1 295	1 359	1 466	1 725	1 983
2.3.1	Crédits à court terme	903	978	1 679	1 289	1 352	1 449	1 690	1 931
2.3.2	Crédits à long terme	13	14	29	6	6	16	34	52
2.3.3	Crédits accordés aux résidents	254	373	333	403	250	332	242	235
2.3.4	Crédits accordés aux non-résidents	662	619	1 375	892	1 108	1 134	1 483	1 748
2.4	Actions et autres participations	5 778	5 575	7 248	9 959	8 986	8 881	7 366	9 193
2.4.1	Actions émises par les résidents	..	..	3 779	6 101	3 529	3 609	3 569	4 533
2.4.2	Actions émises par les non-résidents	..	..	3 469	3 859	5 457	5 271	3 797	4 660
2.5	Autres, non classés ailleurs	2 861	3 082	3 400	3 385	3 680	3 575	3 836	4 096

Tableau 3. Actifs financiers des sociétés d'assurance et fonds de pension autonomes *(suite)*

Millions EUR (1999 LUF euro)

		2006	2007	2008	2009	2010	2011	2012	2013
	Fonds de pension autonomes								
2	Actifs financiers	367	378	390	844	896	969	1 089	1 216
2.1	Numéraire et dépôts	11	9	47	256	73	41	41	45
2.2	Titres autres qu'actions, non compris les produits financiers dérivés	61	66	58	193	453	503	542	581
2.2.1	Titres à court terme	0	0	0	0	0	0	0	0
2.2.2	Titres à long terme	61	66	58	193	453	503	542	581
2.2.3	Titres émis par les résidents	..	..	2	10	28	27	31	36
2.2.4	Titres émis par les non-résidents	..	..	56	182	425	476	511	545
2.3	Crédits	2	2	4	2	2	2	1	1
2.3.1	Crédits à court terme	2	2	4	2	2	2	1	1
2.3.2	Crédits à long terme	0	0	0	0	0	0	0	0
2.3.3	Crédits accordés aux résidents	2	2	4	2	2	2	1	1
2.3.4	Crédits accordés aux non-résidents	0	0	0	0	0	0	0	0
2.4	Actions et autres participations	289	298	276	388	359	407	493	577
2.4.1	Actions émises par les résidents	..	..	169	234	222	257	309	354
2.4.2	Actions émises par les non-résidents	..	..	107	154	137	150	184	223
2.5	Autres, non classés ailleurs	3	2	5	5	11	16	12	12

Note : Voir les métadonnées détaillées sur : http://metalinks.oecd.org/instinv/20141203/c6f4

Tableau 4. Composition du portefeuille par type d'investisseur

Pourcentage du total des actifs financiers

Pour cent

		2006	2007	2008	2009	2010	2011	2012	2013
	Fonds d'investissement								
2	Actifs financiers	100.0	100.0	100.0	100.0	100.0	100.0	100.0	100.0
2.1	Numéraire et dépôts	6.1	7.5	13.5	7.9	7.5	9.2	7.7	7.8
2.2	Titres autres qu'actions, non compris les produits financiers dérivés	39.3	36.8	41.8	43.2	41.0	42.6	44.4	41.2
2.2.1	Titres à court terme	7.7	8.2	11.7	12.2	9.5	9.5	7.9	7.0
2.2.2	Titres à long terme	31.6	28.6	30.1	31.0	31.5	33.0	36.5	34.3
2.2.3	Titres émis par les résidents	1.2	1.3	0.7	0.9	0.9	0.9	1.3	1.3
2.2.4	Titres émis par les non-résidents	38.1	35.5	41.1	42.3	40.2	41.7	43.1	39.9
2.3	Crédits	0.0	0.0	0.0	0.0	0.0	0.0	0.0	0.0
2.3.1	Crédits à court terme	0.0	0.0	0.0	0.0	0.0	0.0	0.0	0.0
2.3.2	Crédits à long terme	0.0	0.0	0.0	0.0	0.0	0.0	0.0	0.0
2.3.3	Crédits accordés aux résidents	0.0	0.0	0.0	0.0	0.0	0.0	0.0	0.0
2.3.4	Crédits accordés aux non-résidents	0.0	0.0	0.0	0.0	0.0	0.0	0.0	0.0
2.4	Actions et autres participations	50.1	52.0	34.2	40.0	41.8	36.9	37.5	41.0
2.4.1	Actions émises par les résidents	6.4	7.1	5.4	5.6	6.0	5.9	6.2	7.2
2.4.2	Actions émises par les non-résidents	43.8	44.9	28.8	34.4	35.8	31.1	31.3	33.9
2.5	Autres, non classés ailleurs	4.5	3.7	10.5	8.9	9.7	11.3	10.4	9.9
	Sociétés d'assurance								
2	Actifs financiers	100.0	100.0	100.0	100.0	100.0	100.0	100.0	100.0
2.1	Numéraire et dépôts	8.0	8.6	9.9	9.1	7.7	8.8	8.7	8.7
2.2	Titres autres qu'actions, non compris les produits financiers dérivés	30.3	29.8	31.2	29.3	29.8	30.1	29.5	27.3
2.2.1	Titres à court terme	..	..	0.9	0.5	1.2	1.6	1.7	1.0
2.2.2	Titres à long terme	..	..	30.3	28.7	28.6	28.5	27.8	26.2
2.2.3	Titres émis par les résidents	..	..	1.3	1.6	1.9	1.6	1.7	1.7
2.2.4	Titres émis par les non-résidents	..	..	29.9	27.7	27.9	28.4	27.9	25.6
2.3	Crédits	1.4	1.4	2.3	1.5	1.3	1.5	1.5	1.6
2.3.1	Crédits à court terme	1.3	1.4	2.2	1.5	1.3	1.4	1.5	1.5
2.3.2	Crédits à long terme	0.1	0.1	0.1	0.0	0.0	0.0	0.1	0.1
2.3.3	Crédits accordés aux résidents	0.3	0.5	0.4	0.4	0.2	0.3	0.2	0.2
2.3.4	Crédits accordés aux non-résidents	1.0	1.0	1.9	1.1	1.1	1.2	1.4	1.4
2.4	Actions et autres participations	48.8	49.7	44.8	46.4	46.2	45.4	46.1	48.7
2.4.1	Actions émises par les résidents	..	..	25.1	26.4	24.5	24.8	25.6	26.4
2.4.2	Actions émises par les non-résidents	..	..	19.7	20.0	21.6	20.6	20.5	22.3
2.5	Autres, non classés ailleurs	11.5	10.5	11.8	13.8	15.0	14.3	14.1	13.7
	Fonds de pension autonomes								
2	Actifs financiers	100.0	100.0	100.0	100.0	100.0	100.0	100.0	100.0
2.1	Numéraire et dépôts	2.9	2.3	12.0	30.4	8.1	4.2	3.8	3.7
2.2	Titres autres qu'actions, non compris les produits financiers dérivés	16.6	17.6	14.9	22.8	50.5	52.0	49.8	47.8
2.2.1	Titres à court terme	0.0	0.0	0.0	0.0	0.0	0.0	0.0	0.0
2.2.2	Titres à long terme	16.6	17.6	14.9	22.8	50.5	52.0	49.8	47.8
2.2.3	Titres émis par les résidents	..	..	0.6	1.2	3.1	2.8	2.8	3.0
2.2.4	Titres émis par les non-résidents	..	..	14.4	21.6	47.4	49.1	46.9	44.8
2.3	Crédits	0.6	0.6	1.0	0.2	0.2	0.2	0.1	0.1
2.3.1	Crédits à court terme	0.6	0.6	1.0	0.2	0.2	0.2	0.1	0.1
2.3.2	Crédits à long terme	0.0	0.0	0.0	0.0	0.0	0.0	0.0	0.0
2.3.3	Crédits accordés aux résidents	0.6	0.6	1.0	0.2	0.2	0.2	0.1	0.1
2.3.4	Crédits accordés aux non-résidents	0.0	0.0	0.0	0.0	0.0	0.0	0.0	0.0
2.4	Actions et autres participations	78.9	78.9	70.7	46.0	40.0	42.0	45.3	47.4
2.4.1	Actions émises par les résidents	..	..	43.4	27.7	24.8	26.5	28.3	29.1
2.4.2	Actions émises par les non-résidents	..	..	27.4	18.3	15.2	15.5	16.9	18.3
2.5	Autres, non classés ailleurs	0.9	0.6	1.3	0.6	1.2	1.6	1.1	1.0

Note : Voir les métadonnées détaillées sur : http://metalinks.oecd.org/instinv/20141203/bbbc

MEXIQUE

Tableau 1. Actifs financiers des investisseurs institutionnels, 2013

Millions MXN

			Fonds d'investissement			
		Total	Fonds d'investissement à capital variable (fonds communs de placement)			Fonds d'investissement à capital fixe
			Total	Fonds d'investissement sur le marché monéaire	Autres fonds communs de placement	Total
2	Actifs financiers	..	..	..	..	..
2.1	Numéraire et dépôts	..	..	..	..	..
2.2	Titres autres qu'actions, non compris les produits financiers dérivés	..	..	..	..	..
2.2.1	Titres à court terme	..	..	..	..	..
2.2.2	Titres à long terme	..	..	..	..	..
2.2.3	Titres émis par les résidents	..	..	..	..	..
2.2.4	Titres émis par les non-résidents	..	..	..	..	..
2.3	Crédits	..	..	..	..	..
2.3.1	Crédits à court terme	..	..	..	..	..
2.3.2	Crédits à long terme	..	..	..	..	..
2.3.3	Crédits accordés aux résidents	..	..	..	..	..
2.3.4	Crédits accordés aux non-résidents	..	..	..	..	..
2.4	Actions et autres participations	..	..	..	..	..
2.4.1	Actions émises par les résidents	..	..	..	..	..
2.4.2	Actions émises par les non-résidents	..	..	..	..	..
2.5	Autres, non classés ailleurs	..	..	..	..	..

			Sociétés d'assurance et fonds de pension autonomes			
		Total	Sociétés d'assurance			Fonds de pension autonomes
			Total	Sociétés d'assurance vie	Sociétés d'assurance non-vie	Total
2	Actifs financiers	..	735 751	..	..	2 370 177
2.1	Numéraire et dépôts	..	2 804	..	..	21 349
2.2	Titres autres qu'actions, non compris les produits financiers dérivés	..	541 542	..	..	1 758 863
2.2.1	Titres à court terme	..	..	..	..	..
2.2.2	Titres à long terme	..	..	..	..	..
2.2.3	Titres émis par les résidents	..	..	..	..	..
2.2.4	Titres émis par les non-résidents	..	..	..	..	..
2.3	Crédits	..	24 303	..	..	..
2.3.1	Crédits à court terme	..	..	..	..	..
2.3.2	Crédits à long terme	..	..	..	..	..
2.3.3	Crédits accordés aux résidents	..	..	..	..	..
2.3.4	Crédits accordés aux non-résidents	..	..	..	..	..
2.4	Actions et autres participations	..	79 384	..	..	537 081
2.4.1	Actions émises par les résidents	..	..	..	..	..
2.4.2	Actions émises par les non-résidents	..	..	..	..	..
2.5	Autres, non classés ailleurs	..	87 718	..	..	52 884

Note : Voir les métadonnées détaillées sur : http://metalinks.oecd.org/instinv/20141203/07e5

MEXIQUE

Tableau 2. Actifs financiers des fonds d'investissement

Millions MXN

		2006	2007	2008	2009	2010	2011	2012	2013
	Fonds d'investissement								
2	Actifs financiers	700 793	854 872	787 442	948 294	1 228 396	..	..	..
2.1	Numéraire et dépôts	0	0	0	0	0	..	..	..
2.2	Titres autres qu'actions, non compris les produits financiers dérivés	605 526	736 903	706 612	822 654	974 330	..	..	..
2.2.1	Titres à court terme	438 535	509 082	508 007	633 261	796 474	..	..	..
2.2.2	Titres à long terme	166 991	227 821	198 605	189 393	177 856	..	..	..
2.2.3	Titres émis par les résidents	..	..	..	..	..	..	..	..
2.2.4	Titres émis par les non-résidents	..	..	..	..	..	..	..	..
2.3	Crédits	0	0	0	0	0	..	..	..
2.3.1	Crédits à court terme	..	..	..	..	..	..	..	..
2.3.2	Crédits à long terme	..	..	..	..	..	..	..	..
2.3.3	Crédits accordés aux résidents	..	..	..	..	..	..	..	..
2.3.4	Crédits accordés aux non-résidents	..	..	..	..	..	..	..	..
2.4	Actions et autres participations	95 267	117 969	80 830	125 640	254 066	..	..	..
2.4.1	Actions émises par les résidents	44 739	83 957	55 515	94 568	222 621	..	..	..
2.4.2	Actions émises par les non-résidents	50 528	34 012	25 315	31 072	31 445	..	..	..
2.5	Autres, non classés ailleurs	0	0	0	0	0	..	..	..
	Fonds d'investissement à capital variable (fonds communs de placement)								
2	Actifs financiers	700 793	854 872	787 442	948 294	1 228 396	..	..	..
2.1	Numéraire et dépôts	0	0	0	0	0	..	..	..
2.2	Titres autres qu'actions, non compris les produits financiers dérivés	605 526	736 903	706 612	822 654	974 330	..	..	..
2.2.1	Titres à court terme	438 535	509 082	508 007	633 261	796 474	..	..	..
2.2.2	Titres à long terme	166 991	227 821	198 605	189 393	177 856	..	..	..
2.2.3	Titres émis par les résidents	..	..	..	..	..	..	..	..
2.2.4	Titres émis par les non-résidents	..	..	..	..	..	..	..	..
2.3	Crédits	0	0	0	0	0	..	..	..
2.3.1	Crédits à court terme	..	..	..	..	..	..	..	..
2.3.2	Crédits à long terme	..	..	..	..	..	..	..	..
2.3.3	Crédits accordés aux résidents	..	..	..	..	..	..	..	..
2.3.4	Crédits accordés aux non-résidents	..	..	..	..	..	..	..	..
2.4	Actions et autres participations	95 267	117 969	80 830	125 640	254 066	..	..	..
2.4.1	Actions émises par les résidents	44 739	83 957	55 515	94 568	222 621	..	..	..
2.4.2	Actions émises par les non-résidents	50 528	34 012	25 315	31 072	31 445	..	..	..
2.5	Autres, non classés ailleurs	0	0	0	0	0	..	..	..
	Fonds d'investissement sur le marché monéaire								
2	Actifs financiers	10 419	3 748	4 706	4 003	1	..	..	..
2.1	Numéraire et dépôts	0	0	0	0	0	..	..	..
2.2	Titres autres qu'actions, non compris les produits financiers dérivés	10 419	3 748	4 706	4 003	1	..	..	..
2.2.1	Titres à court terme	10 419	3 728	4 706	4 003	1	..	..	..
2.2.2	Titres à long terme	0	20	0	0	0	..	..	..
2.2.3	Titres émis par les résidents	..	..	..	..	..	..	..	..
2.2.4	Titres émis par les non-résidents	..	..	..	..	..	..	..	..
2.3	Crédits	0	0	0	0	0	..	..	..
2.3.1	Crédits à court terme	..	..	..	..	..	..	..	..
2.3.2	Crédits à long terme	..	..	..	..	..	..	..	..
2.3.3	Crédits accordés aux résidents	..	..	..	..	..	..	..	..
2.3.4	Crédits accordés aux non-résidents	..	..	..	..	..	..	..	..
2.4	Actions et autres participations	0	0	0	0	0	..	..	..
2.4.1	Actions émises par les résidents	..	..	..	..	..	..	..	..
2.4.2	Actions émises par les non-résidents	..	..	..	..	..	..	..	..
2.5	Autres, non classés ailleurs	0	0	0	0	0	..	..	..
	Autres fonds communs de placement								
2	Actifs financiers	690 374	851 124	782 736	944 291	1 228 395	..	..	..
2.1	Numéraire et dépôts	0	0	0	0	0	..	..	..
2.2	Titres autres qu'actions, non compris les produits financiers dérivés	595 107	733 155	701 906	818 651	974 329	..	..	..
2.2.1	Titres à court terme	428 116	505 354	503 301	629 258	796 473	..	..	..
2.2.2	Titres à long terme	166 991	227 801	198 605	189 393	177 856	..	..	..
2.2.3	Titres émis par les résidents	..	..	..	..	..	..	..	..
2.2.4	Titres émis par les non-résidents	..	..	..	..	..	..	..	..
2.3	Crédits	0	0	0	0	0	..	..	..
2.3.1	Crédits à court terme	..	..	..	..	..	..	..	..
2.3.2	Crédits à long terme	..	..	..	..	..	..	..	..
2.3.3	Crédits accordés aux résidents	..	..	..	..	..	..	..	..
2.3.4	Crédits accordés aux non-résidents	..	..	..	..	..	..	..	..
2.4	Actions et autres participations	95 267	117 969	80 830	125 640	254 066	..	..	..
2.4.1	Actions émises par les résidents	44 739	83 957	55 515	94 568	222 621	..	..	..
2.4.2	Actions émises par les non-résidents	50 528	34 012	25 315	31 072	31 445	..	..	..
2.5	Autres, non classés ailleurs	0	0	0	0	0	..	..	..

Tableau 2. Actifs financiers des fonds d'investissement *(suite)*

Millions MXN

		2006	2007	2008	2009	2010	2011	2012	2013
	Fonds d'investissement à capital fixe								
2	Actifs financiers	..	..	..	..	..	..	..	..
2.1	Numéraire et dépôts	..	..	..	..	..	..	..	..
2.2	Titres autres qu'actions, non compris les produits financiers dérivés	..	..	..	..	..	..	..	..
2.2.1	Titres à court terme	..	..	..	..	..	..	..	..
2.2.2	Titres à long terme	..	..	..	..	..	..	..	..
2.2.3	Titres émis par les résidents	..	..	..	..	..	..	..	..
2.2.4	Titres émis par les non-résidents	..	..	..	..	..	..	..	..
2.3	Crédits	..	..	..	..	..	..	..	..
2.3.1	Crédits à court terme	..	..	..	..	..	..	..	..
2.3.2	Crédits à long terme	..	..	..	..	..	..	..	..
2.3.3	Crédits accordés aux résidents	..	..	..	..	..	..	..	..
2.3.4	Crédits accordés aux non-résidents	..	..	..	..	..	..	..	..
2.4	Actions et autres participations	..	..	..	..	..	..	..	..
2.4.1	Actions émises par les résidents	..	..	..	..	..	..	..	..
2.4.2	Actions émises par les non-résidents	..	..	..	..	..	..	..	..
2.5	Autres, non classés ailleurs	..	..	..	..	..	..	..	..

Note : Voir les métadonnées détaillées sur : http://metalinks.oecd.org/instinv/20141203/07e5

Tableau 3. Actifs financiers des sociétés d'assurance et fonds de pension autonomes

Millions MXN

		2006	2007	2008	2009	2010	2011	2012	2013
	Sociétés d'assurance et fonds de pension autonomes								
2	Actifs financiers	1 039 281	1 222 848	1 343 314	1 596 040	1 887 356	..	..	..
2.1	Numéraire et dépôts	1 292	1 788	2 457	17 436	11 686	..	..	..
2.2	Titres autres qu'actions, non compris les produits financiers dérivés	913 588	1 046 882	1 195 214	1 368 106	1 567 423	..	..	..
2.2.1	Titres à court terme	..	..	..	..	..	..	..	..
2.2.2	Titres à long terme	..	..	..	..	..	..	..	..
2.2.3	Titres émis par les résidents	..	..	..	..	..	..	..	..
2.2.4	Titres émis par les non-résidents	..	..	..	..	..	..	..	..
2.3	Crédits	4 532	5 231	9 119	12 658	15 120	..	..	..
2.3.1	Crédits à court terme	..	..	..	..	..	..	..	..
2.3.2	Crédits à long terme	..	..	..	..	..	..	..	..
2.3.3	Crédits accordés aux résidents	..	..	..	..	..	..	..	..
2.3.4	Crédits accordés aux non-résidents	..	..	..	..	..	..	..	..
2.4	Actions et autres participations	74 180	94 219	90 348	157 883	226 736	..	..	..
2.4.1	Actions émises par les résidents	..	..	..	..	..	..	..	..
2.4.2	Actions émises par les non-résidents	..	..	..	..	..	..	..	..
2.5	Autres, non classés ailleurs	45 689	74 727	46 176	39 957	66 391	..	..	..
	Sociétés d'assurance								
2	Actifs financiers	299 104	351 091	407 592	454 222	513 693	597 554	669 872	735 751
2.1	Numéraire et dépôts	1 291	1 757	2 196	2 786	4 025	2 709	2 677	2 804
2.2	Titres autres qu'actions, non compris les produits financiers dérivés	244 340	285 367	330 831	346 943	380 362	443 178	477 539	541 542
2.2.1	Titres à court terme	..	..	..	..	..	..	..	..
2.2.2	Titres à long terme	..	..	..	..	..	..	..	..
2.2.3	Titres émis par les résidents	..	..	..	..	..	..	..	..
2.2.4	Titres émis par les non-résidents	..	..	..	..	..	..	..	..
2.3	Crédits	4 532	5 231	9 119	12 658	15 120	21 275	21 390	24 303
2.3.1	Crédits à court terme	..	..	..	..	..	..	..	..
2.3.2	Crédits à long terme	..	..	..	..	..	..	..	..
2.3.3	Crédits accordés aux résidents	..	..	..	..	..	..	..	..
2.3.4	Crédits accordés aux non-résidents	..	..	..	..	..	..	..	..
2.4	Actions et autres participations	22 100	26 281	30 138	44 481	54 761	59 252	71 954	79 384
2.4.1	Actions émises par les résidents	..	..	..	..	..	..	..	..
2.4.2	Actions émises par les non-résidents	..	..	..	..	..	..	..	..
2.5	Autres, non classés ailleurs	26 842	32 455	35 308	47 354	59 424	71 139	96 312	87 718
	Sociétés d'assurance vie								
2	Actifs financiers	..	..	..	..	..	..	..	..
2.1	Numéraire et dépôts	..	..	..	..	..	..	..	..
2.2	Titres autres qu'actions, non compris les produits financiers dérivés	..	..	..	..	..	..	..	..
2.2.1	Titres à court terme	..	..	..	..	..	..	..	..
2.2.2	Titres à long terme	..	..	..	..	..	..	..	..
2.2.3	Titres émis par les résidents	..	..	..	..	..	..	..	..
2.2.4	Titres émis par les non-résidents	..	..	..	..	..	..	..	..
2.3	Crédits	..	..	..	..	..	..	..	..
2.3.1	Crédits à court terme	..	..	..	..	..	..	..	..
2.3.2	Crédits à long terme	..	..	..	..	..	..	..	..
2.3.3	Crédits accordés aux résidents	..	..	..	..	..	..	..	..
2.3.4	Crédits accordés aux non-résidents	..	..	..	..	..	..	..	..
2.4	Actions et autres participations	..	..	..	..	..	..	..	..
2.4.1	Actions émises par les résidents	..	..	..	..	..	..	..	..
2.4.2	Actions émises par les non-résidents	..	..	..	..	..	..	..	..
2.5	Autres, non classés ailleurs	..	..	..	..	..	..	..	..
	Sociétés d'assurance non-vie								
2	Actifs financiers	..	..	..	..	..	..	..	..
2.1	Numéraire et dépôts	..	..	..	..	..	..	..	..
2.2	Titres autres qu'actions, non compris les produits financiers dérivés	..	..	..	..	..	..	..	..
2.2.1	Titres à court terme	..	..	..	..	..	..	..	..
2.2.2	Titres à long terme	..	..	..	..	..	..	..	..
2.2.3	Titres émis par les résidents	..	..	..	..	..	..	..	..
2.2.4	Titres émis par les non-résidents	..	..	..	..	..	..	..	..
2.3	Crédits	..	..	..	..	..	..	..	..
2.3.1	Crédits à court terme	..	..	..	..	..	..	..	..
2.3.2	Crédits à long terme	..	..	..	..	..	..	..	..
2.3.3	Crédits accordés aux résidents	..	..	..	..	..	..	..	..
2.3.4	Crédits accordés aux non-résidents	..	..	..	..	..	..	..	..
2.4	Actions et autres participations	..	..	..	..	..	..	..	..
2.4.1	Actions émises par les résidents	..	..	..	..	..	..	..	..
2.4.2	Actions émises par les non-résidents	..	..	..	..	..	..	..	..
2.5	Autres, non classés ailleurs	..	..	..	..	..	..	..	..

MEXIQUE

Tableau 3. Actifs financiers des sociétés d'assurance et fonds de pension autonomes *(suite)*

Millions MXN

		2006	2007	2008	2009	2010	2011	2012	2013
	Fonds de pension autonomes								
2	Actifs financiers	740 176	871 757	935 722	1 141 819	1 373 663	..	2 193 025	2 370 177
2.1	Numéraire et dépôts	1	31	262	14 650	7 661	..	13 377	21 349
2.2	Titres autres qu'actions, non compris les produits financiers dérivés	669 248	761 515	864 383	1 021 163	1 187 061	..	1 688 539	1 758 863
2.2.1	Titres à court terme	145 241	128 971	152 598	149 316	112 968	..	..	..
2.2.2	Titres à long terme	524 007	632 544	711 785	871 847	1 074 093	..	..	..
2.2.3	Titres émis par les résidents	637 669	715 671	811 311	972 020	1 140 339	..	..	..
2.2.4	Titres émis par les non-résidents	31 579	45 845	53 072	49 143	46 722	..	..	..
2.3	Crédits	0	0	0	0	0	..	..	..
2.3.1	Crédits à court terme	..	..	..	..	..	..	..	..
2.3.2	Crédits à long terme	..	..	..	..	..	..	..	..
2.3.3	Crédits accordés aux résidents	..	..	..	..	..	..	..	..
2.3.4	Crédits accordés aux non-résidents	..	..	..	..	..	..	..	..
2.4	Actions et autres participations	52 080	67 938	60 210	113 402	171 975	..	422 698	537 081
2.4.1	Actions émises par les résidents	14 462	32 091	40 961	83 039	101 416	..	..	..
2.4.2	Actions émises par les non-résidents	37 619	35 848	19 249	30 364	70 559	..	..	..
2.5	Autres, non classés ailleurs	18 847	42 273	10 867	-7 397	6 967	..	68 410	52 884

Note : Voir les métadonnées détaillées sur : http://metalinks.oecd.org/instinv/20141203/07e5

Tableau 4. Composition du portefeuille par type d'investisseur

Pourcentage du total des actifs financiers

Pour cent

		2006	2007	2008	2009	2010	2011	2012	2013
	Fonds d'investissement								
2	Actifs financiers	100.0	100.0	100.0	100.0	100.0	..	..	..
2.1	Numéraire et dépôts	0.0	0.0	0.0	0.0	0.0	..	..	..
2.2	Titres autres qu'actions, non compris les produits financiers dérivés	86.4	86.2	89.7	86.8	79.3	..	..	..
2.2.1	Titres à court terme	62.6	59.6	64.5	66.8	64.8	..	..	..
2.2.2	Titres à long terme	23.8	26.6	25.2	20.0	14.5	..	..	..
2.2.3	Titres émis par les résidents	..	..	..	..	..	..	..	..
2.2.4	Titres émis par les non-résidents	..	..	..	..	..	..	..	..
2.3	Crédits	0.0	0.0	0.0	0.0	0.0	..	..	..
2.3.1	Crédits à court terme	..	..	..	..	..	..	..	..
2.3.2	Crédits à long terme	..	..	..	..	..	..	..	..
2.3.3	Crédits accordés aux résidents	..	..	..	..	..	..	..	..
2.3.4	Crédits accordés aux non-résidents	..	..	..	..	..	..	..	..
2.4	Actions et autres participations	13.6	13.8	10.3	13.2	20.7	..	..	..
2.4.1	Actions émises par les résidents	6.4	9.8	7.1	10.0	18.1	..	..	..
2.4.2	Actions émises par les non-résidents	7.2	4.0	3.2	3.3	2.6	..	..	..
2.5	Autres, non classés ailleurs	0.0	0.0	0.0	0.0	0.0	..	..	..
	Sociétés d'assurance								
2	Actifs financiers	100.0	100.0	100.0	100.0	100.0	100.0	100.0	100.0
2.1	Numéraire et dépôts	0.4	0.5	0.5	0.6	0.8	0.5	0.4	0.4
2.2	Titres autres qu'actions, non compris les produits financiers dérivés	81.7	81.3	81.2	76.4	74.0	74.2	71.3	73.6
2.2.1	Titres à court terme	..	..	..	..	..	..	..	..
2.2.2	Titres à long terme	..	..	..	..	..	..	..	..
2.2.3	Titres émis par les résidents	..	..	..	..	..	..	..	..
2.2.4	Titres émis par les non-résidents	..	..	..	..	..	..	..	..
2.3	Crédits	1.5	1.5	2.2	2.8	2.9	3.6	3.2	3.3
2.3.1	Crédits à court terme	..	..	..	..	..	..	..	..
2.3.2	Crédits à long terme	..	..	..	..	..	..	..	..
2.3.3	Crédits accordés aux résidents	..	..	..	..	..	..	..	..
2.3.4	Crédits accordés aux non-résidents	..	..	..	..	..	..	..	..
2.4	Actions et autres participations	7.4	7.5	7.4	9.8	10.7	9.9	10.7	10.8
2.4.1	Actions émises par les résidents	..	..	..	..	..	..	..	..
2.4.2	Actions émises par les non-résidents	..	..	..	..	..	..	..	..
2.5	Autres, non classés ailleurs	9.0	9.2	8.7	10.4	11.6	11.9	14.4	11.9
	Fonds de pension autonomes								
2	Actifs financiers	100.0	100.0	100.0	100.0	100.0	..	100.0	100.0
2.1	Numéraire et dépôts	0.0	0.0	0.0	1.3	0.6	..	0.6	0.9
2.2	Titres autres qu'actions, non compris les produits financiers dérivés	90.4	87.4	92.4	89.4	86.4	..	77.0	74.2
2.2.1	Titres à court terme	19.6	14.8	16.3	13.1	8.2	..	..	..
2.2.2	Titres à long terme	70.8	72.6	76.1	76.4	78.2	..	..	..
2.2.3	Titres émis par les résidents	86.2	82.1	86.7	85.1	83.0	..	..	..
2.2.4	Titres émis par les non-résidents	4.3	5.3	5.7	4.3	3.4	..	..	..
2.3	Crédits	0.0	0.0	0.0	0.0	0.0	..	..	..
2.3.1	Crédits à court terme	..	..	..	..	..	..	..	..
2.3.2	Crédits à long terme	..	..	..	..	..	..	..	..
2.3.3	Crédits accordés aux résidents	..	..	..	..	..	..	..	..
2.3.4	Crédits accordés aux non-résidents	..	..	..	..	..	..	..	..
2.4	Actions et autres participations	7.0	7.8	6.4	9.9	12.5	..	19.3	22.7
2.4.1	Actions émises par les résidents	2.0	3.7	4.4	7.3	7.4	..	..	..
2.4.2	Actions émises par les non-résidents	5.1	4.1	2.1	2.7	5.1	..	..	..
2.5	Autres, non classés ailleurs	2.5	4.8	1.2	-0.6	0.5	..	3.1	2.2

Note : Voir les métadonnées détaillées sur : http://metalinks.oecd.org/instinv/20141203/bbbc

PAYS-BAS

Tableau 1. Actifs financiers des investisseurs institutionnels, 2013

Millions EUR (1999 NLG euro)

		Total	Fonds d'investissement			
			Fonds d'investissement à capital variable (fonds communs de placement)			Fonds d'investissement à capital fixe
			Total	Fonds d'investissement sur le marché moneaire	Autres fonds communs de placement	Total
2	Actifs financiers	455 876	..	..	..	..
2.1	Numéraire et dépôts	4 415	..	..	..	..
2.2	Titres autres qu'actions, non compris les produits financiers dérivés	152 320	..	..	..	..
2.2.1	Titres à court terme	611	..	..	..	..
2.2.2	Titres à long terme	151 709	..	..	..	..
2.2.3	Titres émis par les résidents	11 958	..	..	..	..
2.2.4	Titres émis par les non-résidents	140 362	..	..	..	..
2.3	Crédits	36 091	..	..	..	..
2.3.1	Crédits à court terme	27 479	..	..	..	..
2.3.2	Crédits à long terme	8 612	..	..	..	..
2.3.3	Crédits accordés aux résidents	31 419	..	..	..	..
2.3.4	Crédits accordés aux non-résidents	4 672	..	..	..	..
2.4	Actions et autres participations	262 446	..	..	..	..
2.4.1	Actions émises par les résidents	14 332	..	..	..	..
2.4.2	Actions émises par les non-résidents	248 114	..	..	..	..
2.5	Autres, non classés ailleurs	604	..	..	..	..

		Total	Sociétés d'assurance et fonds de pension autonomes			
			Sociétés d'assurance			Fonds de pension autonomes
			Total	Sociétés d'assurance vie	Sociétés d'assurance non-vie	Total
2	Actifs financiers	1 384 726	425 172	..	..	959 554
2.1	Numéraire et dépôts	39 740	19 581	..	..	20 159
2.2	Titres autres qu'actions, non compris les produits financiers dérivés	448 065	184 651	..	..	263 414
2.2.1	Titres à court terme	8 118	1 538	..	..	6 580
2.2.2	Titres à long terme	439 947	183 113	..	..	256 834
2.2.3	Titres émis par les résidents	130 219	68 428	..	..	61 791
2.2.4	Titres émis par les non-résidents	317 846	116 223	..	..	201 623
2.3	Crédits	115 881	79 877	..	..	36 004
2.3.1	Crédits à court terme	31 115	9 297	..	..	21 818
2.3.2	Crédits à long terme	84 766	70 580	..	..	14 186
2.3.3	Crédits accordés aux résidents	105 744	76 155	..	..	29 589
2.3.4	Crédits accordés aux non-résidents	10 137	3 722	..	..	6 415
2.4	Actions et autres participations	749 487	133 706	..	..	615 781
2.4.1	Actions émises par les résidents	464 977	65 376	..	..	399 601
2.4.2	Actions émises par les non-résidents	284 510	68 330	..	..	216 180
2.5	Autres, non classés ailleurs	31 553	7 357	..	..	24 196

Note : Voir les métadonnées détaillées sur : http://metalinks.oecd.org/instinv/20141203/5c33

Tableau 2. Actifs financiers des fonds d'investissement

Millions EUR (1999 NLG euro)

		2006	2007	2008	2009	2010	2011	2012	2013
	Fonds d'investissement								
2	Actifs financiers	88 197	82 564	61 094	315 238	344 011	358 374	412 414	455 876
2.1	Numéraire et dépôts	2 246	2 619	2 462	14 752	9 056	6 201	5 061	4 415
2.2	Titres autres qu'actions, non compris les produits financiers dérivés	14 469	12 382	12 261	102 519	102 216	115 443	136 270	152 320
2.2.1	Titres à court terme	94	39	127	560	707	977	1 630	611
2.2.2	Titres à long terme	14 375	12 343	12 134	101 959	101 509	114 466	134 640	151 709
2.2.3	Titres émis par les résidents	2 131	1 498	882	7 557	10 104	13 266	12 537	11 958
2.2.4	Titres émis par les non-résidents	12 338	10 884	11 379	94 962	92 112	102 177	123 733	140 362
2.3	Crédits	7 334	7 695	6 948	29 237	22 109	21 011	27 638	36 091
2.3.1	Crédits à court terme	0	0	250	21 713	10 967	16 815	21 334	27 479
2.3.2	Crédits à long terme	7 334	7 695	6 698	7 524	11 142	4 196	6 304	8 612
2.3.3	Crédits accordés aux résidents	7 326	7 684	6 827	28 470	19 074	18 068	23 533	31 419
2.3.4	Crédits accordés aux non-résidents	8	11	121	767	3 035	2 943	4 105	4 672
2.4	Actions et autres participations	63 679	59 226	37 917	169 697	211 385	216 155	241 188	262 446
2.4.1	Actions émises par les résidents	8 830	8 203	5 109	17 439	17 891	14 413	15 748	14 332
2.4.2	Actions émises par les non-résidents	54 849	51 023	32 808	152 258	193 494	201 742	225 440	248 114
2.5	Autres, non classés ailleurs	469	642	1 506	-907	-755	-436	2 257	604
	Fonds d'investissement à capital variable (fonds communs de placement)								
2	Actifs financiers	..	..	..	..	..	..	..	..
2.1	Numéraire et dépôts	..	..	..	..	..	..	..	..
2.2	Titres autres qu'actions, non compris les produits financiers dérivés	..	..	..	..	..	..	..	..
2.2.1	Titres à court terme	..	..	..	..	..	..	..	..
2.2.2	Titres à long terme	..	..	..	..	..	..	..	..
2.2.3	Titres émis par les résidents	..	..	..	..	..	..	..	..
2.2.4	Titres émis par les non-résidents	..	..	..	..	..	..	..	..
2.3	Crédits	..	..	..	..	..	..	..	..
2.3.1	Crédits à court terme	..	..	..	..	..	..	..	..
2.3.2	Crédits à long terme	..	..	..	..	..	..	..	..
2.3.3	Crédits accordés aux résidents	..	..	..	..	..	..	..	..
2.3.4	Crédits accordés aux non-résidents	..	..	..	..	..	..	..	..
2.4	Actions et autres participations	..	..	..	..	..	..	..	..
2.4.1	Actions émises par les résidents	..	..	..	..	..	..	..	..
2.4.2	Actions émises par les non-résidents	..	..	..	..	..	..	..	..
2.5	Autres, non classés ailleurs	..	..	..	..	..	..	..	..
	Fonds d'investissement sur le marché monéaire								
2	Actifs financiers	..	..	..	..	..	..	..	..
2.1	Numéraire et dépôts	..	..	..	..	..	..	..	..
2.2	Titres autres qu'actions, non compris les produits financiers dérivés	..	..	..	..	..	..	..	..
2.2.1	Titres à court terme	..	..	..	..	..	..	..	..
2.2.2	Titres à long terme	..	..	..	..	..	..	..	..
2.2.3	Titres émis par les résidents	..	..	..	..	..	..	..	..
2.2.4	Titres émis par les non-résidents	..	..	..	..	..	..	..	..
2.3	Crédits	..	..	..	..	..	..	..	..
2.3.1	Crédits à court terme	..	..	..	..	..	..	..	..
2.3.2	Crédits à long terme	..	..	..	..	..	..	..	..
2.3.3	Crédits accordés aux résidents	..	..	..	..	..	..	..	..
2.3.4	Crédits accordés aux non-résidents	..	..	..	..	..	..	..	..
2.4	Actions et autres participations	..	..	..	..	..	..	..	..
2.4.1	Actions émises par les résidents	..	..	..	..	..	..	..	..
2.4.2	Actions émises par les non-résidents	..	..	..	..	..	..	..	..
2.5	Autres, non classés ailleurs	..	..	..	..	..	..	..	..
	Autres fonds communs de placement								
2	Actifs financiers	..	..	..	..	..	..	..	..
2.1	Numéraire et dépôts	..	..	..	..	..	..	..	..
2.2	Titres autres qu'actions, non compris les produits financiers dérivés	..	..	..	..	..	..	..	..
2.2.1	Titres à court terme	..	..	..	..	..	..	..	..
2.2.2	Titres à long terme	..	..	..	..	..	..	..	..
2.2.3	Titres émis par les résidents	..	..	..	..	..	..	..	..
2.2.4	Titres émis par les non-résidents	..	..	..	..	..	..	..	..
2.3	Crédits	..	..	..	..	..	..	..	..
2.3.1	Crédits à court terme	..	..	..	..	..	..	..	..
2.3.2	Crédits à long terme	..	..	..	..	..	..	..	..
2.3.3	Crédits accordés aux résidents	..	..	..	..	..	..	..	..
2.3.4	Crédits accordés aux non-résidents	..	..	..	..	..	..	..	..
2.4	Actions et autres participations	..	..	..	..	..	..	..	..
2.4.1	Actions émises par les résidents	..	..	..	..	..	..	..	..
2.4.2	Actions émises par les non-résidents	..	..	..	..	..	..	..	..
2.5	Autres, non classés ailleurs	..	..	..	..	..	..	..	..

PAYS-BAS

Tableau 2. Actifs financiers des fonds d'investissement *(suite)*

Millions EUR (1999 NLG euro)

		2006	2007	2008	2009	2010	2011	2012	2013
	Fonds d'investissement à capital fixe								
2	Actifs financiers	..	..	..	..	..	..	..	..
2.1	Numéraire et dépôts	..	..	..	..	..	..	..	..
2.2	Titres autres qu'actions, non compris les produits financiers dérivés	..	..	..	..	..	..	..	..
2.2.1	Titres à court terme	..	..	..	..	..	..	..	..
2.2.2	Titres à long terme	..	..	..	..	..	..	..	..
2.2.3	Titres émis par les résidents	..	..	..	..	..	..	..	..
2.2.4	Titres émis par les non-résidents	..	..	..	..	..	..	..	..
2.3	Crédits	..	..	..	..	..	..	..	..
2.3.1	Crédits à court terme	..	..	..	..	..	..	..	..
2.3.2	Crédits à long terme	..	..	..	..	..	..	..	..
2.3.3	Crédits accordés aux résidents	..	..	..	..	..	..	..	..
2.3.4	Crédits accordés aux non-résidents	..	..	..	..	..	..	..	..
2.4	Actions et autres participations	..	..	..	..	..	..	..	..
2.4.1	Actions émises par les résidents	..	..	..	..	..	..	..	..
2.4.2	Actions émises par les non-résidents	..	..	..	..	..	..	..	..
2.5	Autres, non classés ailleurs	..	..	..	..	..	..	..	..

Note : Voir les métadonnées détaillées sur : http://metalinks.oecd.org/instinv/20141203/5c33

PAYS-BAS

Tableau 3. Actifs financiers des sociétés d'assurance et fonds de pension autonomes

Millions EUR (1999 NLG euro)

		2006	2007	2008	2009	2010	2011	2012	2013
	Sociétés d'assurance et fonds de pension autonomes								
2	Actifs financiers	1 026 256	1 050 674	948 343	1 037 701	1 140 306	1 222 755	1 379 526	1 384 726
2.1	Numéraire et dépôts	46 321	48 987	54 709	45 034	43 765	45 287	49 076	39 740
2.2	Titres autres qu'actions, non compris les produits financiers dérivés	413 442	427 497	409 459	360 496	370 754	401 676	460 695	448 065
2.2.1	Titres à court terme	3 139	3 207	7 093	7 289	7 228	7 804	12 115	8 118
2.2.2	Titres à long terme	410 303	424 290	402 366	353 207	363 526	393 872	448 580	439 947
2.2.3	Titres émis par les résidents	73 463	78 565	71 401	82 202	95 763	124 096	132 081	130 219
2.2.4	Titres émis par les non-résidents	339 979	348 932	338 058	278 294	274 991	277 580	328 614	317 846
2.3	Crédits	85 023	84 271	102 858	92 079	111 769	116 430	116 610	115 881
2.3.1	Crédits à court terme	12 053	13 643	35 932	25 647	40 329	40 630	38 125	31 115
2.3.2	Crédits à long terme	72 970	70 628	66 926	66 432	71 440	75 800	78 485	84 766
2.3.3	Crédits accordés aux résidents	75 038	78 296	80 595	77 808	102 371	106 582	106 563	105 744
2.3.4	Crédits accordés aux non-résidents	9 985	5 975	22 263	14 271	9 398	9 848	10 047	10 137
2.4	Actions et autres participations	473 327	489 214	337 303	527 858	596 833	601 045	686 334	749 487
2.4.1	Actions émises par les résidents	139 343	116 493	66 964	283 683	332 913	355 048	413 705	464 977
2.4.2	Actions émises par les non-résidents	333 984	372 721	270 339	244 175	263 920	245 997	272 629	284 510
2.5	Autres, non classés ailleurs	8 143	705	44 014	12 234	17 185	58 317	66 811	31 553
	Sociétés d'assurance								
2	Actifs financiers	335 180	349 431	342 326	355 308	387 759	414 879	439 754	425 172
2.1	Numéraire et dépôts	17 463	16 216	24 154	19 777	22 027	27 028	27 110	19 581
2.2	Titres autres qu'actions, non compris les produits financiers dérivés	135 961	147 146	151 813	165 758	173 685	181 796	204 691	184 651
2.2.1	Titres à court terme	1 217	466	1 774	1 567	1 529	1 399	4 230	1 538
2.2.2	Titres à long terme	134 744	146 680	150 039	164 191	172 156	180 397	200 461	183 113
2.2.3	Titres émis par les résidents	39 710	45 999	45 084	54 865	61 206	72 670	73 712	68 428
2.2.4	Titres émis par les non-résidents	96 251	101 147	106 729	110 893	112 479	109 126	130 979	116 223
2.3	Crédits	55 479	55 711	60 562	59 558	66 680	74 888	73 855	79 877
2.3.1	Crédits à court terme	3 740	8 593	14 653	12 119	13 497	15 039	11 178	9 297
2.3.2	Crédits à long terme	51 739	47 118	45 909	47 439	53 183	59 849	62 677	70 580
2.3.3	Crédits accordés aux résidents	54 380	55 205	59 889	58 654	64 545	71 786	70 488	76 155
2.3.4	Crédits accordés aux non-résidents	1 099	506	673	904	2 135	3 102	3 367	3 722
2.4	Actions et autres participations	124 269	129 629	97 530	106 044	119 264	117 205	120 373	133 706
2.4.1	Actions émises par les résidents	87 951	74 810	38 897	39 783	50 506	51 490	54 001	65 376
2.4.2	Actions émises par les non-résidents	36 318	54 819	58 633	66 261	68 758	65 715	66 372	68 330
2.5	Autres, non classés ailleurs	2 008	729	8 267	4 171	6 103	13 962	13 725	7 357
	Sociétés d'assurance vie								
2	Actifs financiers	288 038	303 000	289 881	..	..	..	..	..
2.1	Numéraire et dépôts	14 019	12 935	16 133	..	..	..	..	..
2.2	Titres autres qu'actions, non compris les produits financiers dérivés	110 651	121 566	125 717	..	..	..	..	..
2.2.1	Titres à court terme	1 217	466	296	..	..	..	..	..
2.2.2	Titres à long terme	109 434	121 100	125 421	..	..	..	..	..
2.2.3	Titres émis par les résidents	32 153	39 452	37 287	..	..	..	..	..
2.2.4	Titres émis par les non-résidents	78 498	82 114	88 430	..	..	..	..	..
2.3	Crédits	49 083	50 597	52 935	..	..	..	..	..
2.3.1	Crédits à court terme	2 167	7 066	10 556	..	..	..	..	..
2.3.2	Crédits à long terme	46 916	43 531	42 379	..	..	..	..	..
2.3.3	Crédits accordés aux résidents	48 172	50 219	52 811	..	..	..	..	..
2.3.4	Crédits accordés aux non-résidents	911	378	124	..	..	..	..	..
2.4	Actions et autres participations	112 311	117 197	87 035	..	..	..	..	..
2.4.1	Actions émises par les résidents	79 921	67 953	32 477	..	..	..	..	..
2.4.2	Actions émises par les non-résidents	32 390	49 244	54 558	..	..	..	..	..
2.5	Autres, non classés ailleurs	1 974	705	8 061	..	..	..	..	..
	Sociétés d'assurance non-vie								
2	Actifs financiers	47 142	46 431	52 445	..	..	..	..	..
2.1	Numéraire et dépôts	3 444	3 281	8 021	..	..	..	..	..
2.2	Titres autres qu'actions, non compris les produits financiers dérivés	25 310	25 580	26 096	..	..	..	..	..
2.2.1	Titres à court terme	0	0	1 478	..	..	..	..	..
2.2.2	Titres à long terme	25 310	25 580	24 618	..	..	..	..	..
2.2.3	Titres émis par les résidents	7 557	6 547	7 797	..	..	..	..	..
2.2.4	Titres émis par les non-résidents	17 753	19 033	18 299	..	..	..	..	..
2.3	Crédits	6 396	5 114	7 627	..	..	..	..	..
2.3.1	Crédits à court terme	1 573	1 527	4 097	..	..	..	..	..
2.3.2	Crédits à long terme	4 823	3 587	3 530	..	..	..	..	..
2.3.3	Crédits accordés aux résidents	6 208	4 986	7 078	..	..	..	..	..
2.3.4	Crédits accordés aux non-résidents	188	128	549	..	..	..	..	..
2.4	Actions et autres participations	11 958	12 432	10 495	..	..	..	..	..
2.4.1	Actions émises par les résidents	8 030	6 857	6 420	..	..	..	..	..
2.4.2	Actions émises par les non-résidents	3 928	5 575	4 075	..	..	..	..	..
2.5	Autres, non classés ailleurs	34	24	206	..	..	..	..	..

Tableau 3. Actifs financiers des sociétés d'assurance et fonds de pension autonomes *(suite)*

Millions EUR (1999 NLG euro)

		2006	2007	2008	2009	2010	2011	2012	2013
	Fonds de pension autonomes								
2	Actifs financiers	691 076	701 243	606 017	682 393	752 547	807 876	939 772	959 554
2.1	Numéraire et dépôts	28 858	32 771	30 555	25 257	21 738	18 259	21 966	20 159
2.2	Titres autres qu'actions, non compris les produits financiers dérivés	277 481	280 351	257 646	194 738	197 069	219 880	256 004	263 414
2.2.1	Titres à court terme	1 922	2 741	5 319	5 722	5 699	6 405	7 885	6 580
2.2.2	Titres à long terme	275 559	277 610	252 327	189 016	191 370	213 475	248 119	256 834
2.2.3	Titres émis par les résidents	33 753	32 566	26 317	27 337	34 557	51 426	58 369	61 791
2.2.4	Titres émis par les non-résidents	243 728	247 785	231 329	167 401	162 512	168 454	197 635	201 623
2.3	Crédits	29 544	28 560	42 296	32 521	45 089	41 542	42 755	36 004
2.3.1	Crédits à court terme	8 313	5 050	21 279	13 528	26 832	25 591	26 947	21 818
2.3.2	Crédits à long terme	21 231	23 510	21 017	18 993	18 257	15 951	15 808	14 186
2.3.3	Crédits accordés aux résidents	20 658	23 091	20 706	19 154	37 826	34 796	36 075	29 589
2.3.4	Crédits accordés aux non-résidents	8 886	5 469	21 590	13 367	7 263	6 746	6 680	6 415
2.4	Actions et autres participations	349 058	359 585	239 773	421 814	477 569	483 840	565 961	615 781
2.4.1	Actions émises par les résidents	51 392	41 683	28 067	243 900	282 407	303 558	359 704	399 601
2.4.2	Actions émises par les non-résidents	297 666	317 902	211 706	177 914	195 162	180 282	206 257	216 180
2.5	Autres, non classés ailleurs	6 135	-24	35 747	8 063	11 082	44 355	53 086	24 196

Note : Voir les métadonnées détaillées sur : http://metalinks.oecd.org/instinv/20141203/5c33

Tableau 4. Composition du portefeuille par type d'investisseur

Pourcentage du total des actifs financiers

Pour cent

		2006	2007	2008	2009	2010	2011	2012	2013
	Fonds d'investissement								
2	Actifs financiers	100.0	100.0	100.0	100.0	100.0	100.0	100.0	100.0
2.1	Numéraire et dépôts	2.5	3.2	4.0	4.7	2.6	1.7	1.2	1.0
2.2	Titres autres qu'actions, non compris les produits financiers dérivés	16.4	15.0	20.1	32.5	29.7	32.2	33.0	33.4
2.2.1	Titres à court terme	0.1	0.0	0.2	0.2	0.2	0.3	0.4	0.1
2.2.2	Titres à long terme	16.3	14.9	19.9	32.3	29.5	31.9	32.6	33.3
2.2.3	Titres émis par les résidents	2.4	1.8	1.4	2.4	2.9	3.7	3.0	2.6
2.2.4	Titres émis par les non-résidents	14.0	13.2	18.6	30.1	26.8	28.5	30.0	30.8
2.3	Crédits	8.3	9.3	11.4	9.3	6.4	5.9	6.7	7.9
2.3.1	Crédits à court terme	0.0	0.0	0.4	6.9	3.2	4.7	5.2	6.0
2.3.2	Crédits à long terme	8.3	9.3	11.0	2.4	3.2	1.2	1.5	1.9
2.3.3	Crédits accordés aux résidents	8.3	9.3	11.2	9.0	5.5	5.0	5.7	6.9
2.3.4	Crédits accordés aux non-résidents	0.0	0.0	0.2	0.2	0.9	0.8	1.0	1.0
2.4	Actions et autres participations	72.2	71.7	62.1	53.8	61.4	60.3	58.5	57.6
2.4.1	Actions émises par les résidents	10.0	9.9	8.4	5.5	5.2	4.0	3.8	3.1
2.4.2	Actions émises par les non-résidents	62.2	61.8	53.7	48.3	56.2	56.3	54.7	54.4
2.5	Autres, non classés ailleurs	0.5	0.8	2.5	-0.3	-0.2	-0.1	0.5	0.1
	Sociétés d'assurance								
2	Actifs financiers	100.0	100.0	100.0	100.0	100.0	100.0	100.0	100.0
2.1	Numéraire et dépôts	5.2	4.6	7.1	5.6	5.7	6.5	6.2	4.6
2.2	Titres autres qu'actions, non compris les produits financiers dérivés	40.6	42.1	44.3	46.7	44.8	43.8	46.5	43.4
2.2.1	Titres à court terme	0.4	0.1	0.5	0.4	0.4	0.3	1.0	0.4
2.2.2	Titres à long terme	40.2	42.0	43.8	46.2	44.4	43.5	45.6	43.1
2.2.3	Titres émis par les résidents	11.8	13.2	13.2	15.4	15.8	17.5	16.8	16.1
2.2.4	Titres émis par les non-résidents	28.7	28.9	31.2	31.2	29.0	26.3	29.8	27.3
2.3	Crédits	16.6	15.9	17.7	16.8	17.2	18.1	16.8	18.8
2.3.1	Crédits à court terme	1.1	2.5	4.3	3.4	3.5	3.6	2.5	2.2
2.3.2	Crédits à long terme	15.4	13.5	13.4	13.4	13.7	14.4	14.3	16.6
2.3.3	Crédits accordés aux résidents	16.2	15.8	17.5	16.5	16.6	17.3	16.0	17.9
2.3.4	Crédits accordés aux non-résidents	0.3	0.1	0.2	0.3	0.6	0.7	0.8	0.9
2.4	Actions et autres participations	37.1	37.1	28.5	29.8	30.8	28.3	27.4	31.4
2.4.1	Actions émises par les résidents	26.2	21.4	11.4	11.2	13.0	12.4	12.3	15.4
2.4.2	Actions émises par les non-résidents	10.8	15.7	17.1	18.6	17.7	15.8	15.1	16.1
2.5	Autres, non classés ailleurs	0.6	0.2	2.4	1.2	1.6	3.4	3.1	1.7
	Fonds de pension autonomes								
2	Actifs financiers	100.0	100.0	100.0	100.0	100.0	100.0	100.0	100.0
2.1	Numéraire et dépôts	4.2	4.7	5.0	3.7	2.9	2.3	2.3	2.1
2.2	Titres autres qu'actions, non compris les produits financiers dérivés	40.2	40.0	42.5	28.5	26.2	27.2	27.2	27.5
2.2.1	Titres à court terme	0.3	0.4	0.9	0.8	0.8	0.8	0.8	0.7
2.2.2	Titres à long terme	39.9	39.6	41.6	27.7	25.4	26.4	26.4	26.8
2.2.3	Titres émis par les résidents	4.9	4.6	4.3	4.0	4.6	6.4	6.2	6.4
2.2.4	Titres émis par les non-résidents	35.3	35.3	38.2	24.5	21.6	20.9	21.0	21.0
2.3	Crédits	4.3	4.1	7.0	4.8	6.0	5.1	4.5	3.8
2.3.1	Crédits à court terme	1.2	0.7	3.5	2.0	3.6	3.2	2.9	2.3
2.3.2	Crédits à long terme	3.1	3.4	3.5	2.8	2.4	2.0	1.7	1.5
2.3.3	Crédits accordés aux résidents	3.0	3.3	3.4	2.8	5.0	4.3	3.8	3.1
2.3.4	Crédits accordés aux non-résidents	1.3	0.8	3.6	2.0	1.0	0.8	0.7	0.7
2.4	Actions et autres participations	50.5	51.3	39.6	61.8	63.5	59.9	60.2	64.2
2.4.1	Actions émises par les résidents	7.4	5.9	4.6	35.7	37.5	37.6	38.3	41.6
2.4.2	Actions émises par les non-résidents	43.1	45.3	34.9	26.1	25.9	22.3	21.9	22.5
2.5	Autres, non classés ailleurs	0.9	0.0	5.9	1.2	1.5	5.5	5.6	2.5

Note : Voir les métadonnées détaillées sur : http://metalinks.oecd.org/instinv/20141203/bbbc

NORVÈGE

Tableau 1. Actifs financiers des investisseurs institutionnels, 2013

Millions NOK

		Total	Fonds d'investissement			
			Fonds d'investissement à capital variable (fonds communs de placement)			Fonds d'investissement à capital fixe
			Total	Fonds d'investissement sur le marché monéaire	Autres fonds communs de placement	Total
2	Actifs financiers	..	722 494	92 279	630 215	..
2.1	Numéraire et dépôts	..	32 099	11 014	21 085	..
2.2	Titres autres qu'actions, non compris les produits financiers dérivés	..	245 539	67 280	178 259	..
2.2.1	Titres à court terme	..	21 021	12 896	8 125	..
2.2.2	Titres à long terme	..	224 518	54 384	170 134	..
2.2.3	Titres émis par les résidents	..	158 663	59 780	98 883	..
2.2.4	Titres émis par les non-résidents	..	86 876	7 500	79 376	..
2.3	Crédits	..	0	0	0	..
2.3.1	Crédits à court terme	..	0	0	0	..
2.3.2	Crédits à long terme	..	0	0	0	..
2.3.3	Crédits accordés aux résidents	..	0	0	0	..
2.3.4	Crédits accordés aux non-résidents	..	0	0	0	..
2.4	Actions et autres participations	..	440 217	13 377	426 840	..
2.4.1	Actions émises par les résidents	..	168 633	13 377	155 256	..
2.4.2	Actions émises par les non-résidents	..	271 584	0	271 584	..
2.5	Autres, non classés ailleurs	..	4 639	608	4 031	..

		Total	Sociétés d'assurance et fonds de pension autonomes			
			Sociétés d'assurance			Fonds de pension autonomes
			Total	Sociétés d'assurance vie	Sociétés d'assurance non-vie	Total
2	Actifs financiers	1 526 204	1 288 951	1 083 603	205 348	247 401
2.1	Numéraire et dépôts	54 857	48 033	41 556	6 477	6 824
2.2	Titres autres qu'actions, non compris les produits financiers dérivés	738 135	611 720	524 924	86 796	127 098
2.2.1	Titres à court terme	62 765	51 662	39 832	11 830	11 103
2.2.2	Titres à long terme	675 370	560 058	485 092	74 966	115 995
2.2.3	Titres émis par les résidents	453 961	355 329	293 428	61 901	99 315
2.2.4	Titres émis par les non-résidents	284 174	256 391	231 496	24 895	27 783
2.3	Crédits	66 179	61 927	58 848	3 079	4 264
2.3.1	Crédits à court terme	140	140	140	0	0
2.3.2	Crédits à long terme	66 039	61 787	58 708	3 079	4 264
2.3.3	Crédits accordés aux résidents	57 941	53 689	50 612	3 077	4 264
2.3.4	Crédits accordés aux non-résidents	8 238	8 238	8 236	2	0
2.4	Actions et autres participations	597 064	493 240	446 953	46 287	105 098
2.4.1	Actions émises par les résidents	428 168	370 499	346 863	23 636	58 943
2.4.2	Actions émises par les non-résidents	168 896	122 741	100 090	22 651	46 155
2.5	Autres, non classés ailleurs	69 969	74 031	11 322	62 709	4 117

Note : Voir les métadonnées détaillées sur : http://metalinks.oecd.org/instinv/20141203/ac5a

NORVÈGE

Tableau 2. Actifs financiers des fonds d'investissement

Millions NOK

		2006	2007	2008	2009	2010	2011	2012	2013
	Fonds d'investissement								
2	Actifs financiers	..	..	..	..	..	..	..	..
2.1	Numéraire et dépôts	..	..	..	..	..	..	..	..
2.2	Titres autres qu'actions, non compris les produits financiers dérivés	..	..	..	..	..	..	..	..
2.2.1	Titres à court terme	..	..	..	..	..	..	..	..
2.2.2	Titres à long terme	..	..	..	..	..	..	..	..
2.2.3	Titres émis par les résidents	..	..	..	..	..	..	..	..
2.2.4	Titres émis par les non-résidents	..	..	..	..	..	..	..	..
2.3	Crédits	..	..	..	..	..	..	..	..
2.3.1	Crédits à court terme	..	..	..	..	..	..	..	..
2.3.2	Crédits à long terme	..	..	..	..	..	..	..	..
2.3.3	Crédits accordés aux résidents	..	..	..	..	..	..	..	..
2.3.4	Crédits accordés aux non-résidents	..	..	..	..	..	..	..	..
2.4	Actions et autres participations	..	..	..	..	..	..	..	..
2.4.1	Actions émises par les résidents	..	..	..	..	..	..	..	..
2.4.2	Actions émises par les non-résidents	..	..	..	..	..	..	..	..
2.5	Autres, non classés ailleurs	..	..	..	..	..	..	..	..
	Fonds d'investissement à capital variable (fonds communs de placement)								
2	Actifs financiers	385 194	459 413	320 796	452 666	544 951	529 659	610 222	722 494
2.1	Numéraire et dépôts	11 928	15 638	11 897	22 667	19 925	21 964	25 625	32 099
2.2	Titres autres qu'actions, non compris les produits financiers dérivés	115 184	156 382	143 004	152 299	175 667	205 375	234 068	245 539
2.2.1	Titres à court terme	24 262	37 683	26 834	25 341	31 469	35 997	32 774	21 021
2.2.2	Titres à long terme	90 922	118 699	116 170	126 958	144 198	169 378	201 294	224 518
2.2.3	Titres émis par les résidents	95 426	125 901	110 652	117 904	130 227	145 801	161 839	158 663
2.2.4	Titres émis par les non-résidents	19 758	30 481	32 352	34 395	45 440	59 574	72 229	86 876
2.3	Crédits	0	0	0	0	0	0	0	0
2.3.1	Crédits à court terme	0	0	0	0	0	0	0	0
2.3.2	Crédits à long terme	0	0	0	0	0	0	0	0
2.3.3	Crédits accordés aux résidents	0	0	0	0	0	0	0	0
2.3.4	Crédits accordés aux non-résidents	0	0	0	0	0	0	0	0
2.4	Actions et autres participations	255 319	282 824	161 465	273 295	343 117	298 257	345 884	440 217
2.4.1	Actions émises par les résidents	109 980	120 694	65 916	112 873	139 722	119 123	137 161	168 633
2.4.2	Actions émises par les non-résidents	145 339	162 130	95 549	160 422	203 395	179 134	208 723	271 584
2.5	Autres, non classés ailleurs	2 763	4 569	4 430	4 405	6 242	4 063	4 645	4 639
	Fonds d'investissement sur le marché monéaire								
2	Actifs financiers	87 799	126 300	107 796	111 816	109 163	120 276	96 940	92 279
2.1	Numéraire et dépôts	2 949	6 257	5 117	6 525	6 845	5 494	6 070	11 014
2.2	Titres autres qu'actions, non compris les produits financiers dérivés	72 864	102 093	87 801	89 737	85 875	98 069	76 395	67 280
2.2.1	Titres à court terme	22 576	34 580	25 103	23 643	26 223	25 461	20 510	12 896
2.2.2	Titres à long terme	50 288	67 513	62 698	66 094	59 652	72 608	55 885	54 384
2.2.3	Titres émis par les résidents	68 875	94 733	80 990	82 109	79 634	92 650	73 660	59 780
2.2.4	Titres émis par les non-résidents	3 989	7 360	6 811	7 628	6 241	5 419	2 735	7 500
2.3	Crédits	0	0	0	0	0	0	0	0
2.3.1	Crédits à court terme	0	0	0	0	0	0	0	0
2.3.2	Crédits à long terme	0	0	0	0	0	0	0	0
2.3.3	Crédits accordés aux résidents	0	0	0	0	0	0	0	0
2.3.4	Crédits accordés aux non-résidents	0	0	0	0	0	0	0	0
2.4	Actions et autres participations	11 226	16 625	13 433	14 694	15 488	16 006	13 866	13 377
2.4.1	Actions émises par les résidents	11 226	16 625	13 433	14 694	15 488	16 006	13 866	13 377
2.4.2	Actions émises par les non-résidents	0	0	0	0	0	0	0	0
2.5	Autres, non classés ailleurs	760	1 325	1 445	860	955	707	609	608
	Autres fonds communs de placement								
2	Actifs financiers	297 395	333 113	213 000	340 850	435 788	409 383	513 282	630 215
2.1	Numéraire et dépôts	8 979	9 381	6 780	16 142	13 080	16 470	19 555	21 085
2.2	Titres autres qu'actions, non compris les produits financiers dérivés	42 320	54 289	55 203	62 562	89 792	107 306	157 673	178 259
2.2.1	Titres à court terme	1 686	3 103	1 731	1 698	5 246	10 536	12 264	8 125
2.2.2	Titres à long terme	40 634	51 186	53 472	60 864	84 546	96 770	145 409	170 134
2.2.3	Titres émis par les résidents	26 551	31 168	29 662	35 795	50 593	53 151	88 179	98 883
2.2.4	Titres émis par les non-résidents	15 769	23 121	25 541	26 767	39 199	54 155	69 494	79 376
2.3	Crédits	0	0	0	0	0	0	0	0
2.3.1	Crédits à court terme	0	0	0	0	0	0	0	0
2.3.2	Crédits à long terme	0	0	0	0	0	0	0	0
2.3.3	Crédits accordés aux résidents	0	0	0	0	0	0	0	0
2.3.4	Crédits accordés aux non-résidents	0	0	0	0	0	0	0	0
2.4	Actions et autres participations	244 093	266 199	148 032	258 601	327 629	282 251	332 018	426 840
2.4.1	Actions émises par les résidents	98 754	104 069	52 483	98 179	124 234	103 117	123 295	155 256
2.4.2	Actions émises par les non-résidents	145 339	162 130	95 549	160 422	203 395	179 134	208 723	271 584
2.5	Autres, non classés ailleurs	2 003	3 244	2 985	3 545	5 287	3 356	4 036	4 031

NORVÈGE

Tableau 2. Actifs financiers des fonds d'investissement *(suite)*

Millions NOK

		2006	2007	2008	2009	2010	2011	2012	2013
	Fonds d'investissement à capital fixe								
2	Actifs financiers	..	..	..	..	..	..	..	..
2.1	Numéraire et dépôts	..	..	..	..	..	..	..	..
2.2	Titres autres qu'actions, non compris les produits financiers dérivés	..	..	..	..	..	..	..	..
2.2.1	Titres à court terme	..	..	..	..	..	..	..	..
2.2.2	Titres à long terme	..	..	..	..	..	..	..	..
2.2.3	Titres émis par les résidents	..	..	..	..	..	..	..	..
2.2.4	Titres émis par les non-résidents	..	..	..	..	..	..	..	..
2.3	Crédits	..	..	..	..	..	..	..	..
2.3.1	Crédits à court terme	..	..	..	..	..	..	..	..
2.3.2	Crédits à long terme	..	..	..	..	..	..	..	..
2.3.3	Crédits accordés aux résidents	..	..	..	..	..	..	..	..
2.3.4	Crédits accordés aux non-résidents	..	..	..	..	..	..	..	..
2.4	Actions et autres participations	..	..	..	..	..	..	..	..
2.4.1	Actions émises par les résidents	..	..	..	..	..	..	..	..
2.4.2	Actions émises par les non-résidents	..	..	..	..	..	..	..	..
2.5	Autres, non classés ailleurs	..	..	..	..	..	..	..	..

Note : Voir les métadonnées détaillées sur : http://metalinks.oecd.org/instinv/20141203/ac5a

Tableau 3. Actifs financiers des sociétés d'assurance et fonds de pension autonomes

Millions NOK

		2006	2007	2008	2009	2010	2011	2012	2013
	Sociétés d'assurance et fonds de pension autonomes								
2	Actifs financiers	931 205	1 010 838	1 021 189	1 094 036	1 197 725	1 26[illegible] 112	1 376 910	1 526 204
2.1	Numéraire et dépôts	36 405	48 955	47 061	40 250	39 356	3[illegible] 605	44 295	54 857
2.2	Titres autres qu'actions, non compris les produits financiers dérivés	452 198	442 065	528 427	542 686	550 195	61[illegible] 481	657 438	738 135
2.2.1	Titres à court terme	32 114	32 402	46 375	36 361	44 224	6[illegible] 652	60 693	62 765
2.2.2	Titres à long terme	420 084	409 663	482 052	506 325	505 971	54[illegible] 829	596 745	675 370
2.2.3	Titres émis par les résidents	261 974	244 254	296 868	284 077	302 215	35[illegible] 026	398 569	453 961
2.2.4	Titres émis par les non-résidents	190 224	197 811	231 559	258 609	247 980	26[illegible] 455	258 869	284 174
2.3	Crédits	23 637	30 894	50 198	72 405	55 941	5[illegible] 685	55 500	66 179
2.3.1	Crédits à court terme	2	2	1 649	734	375	375	373	140
2.3.2	Crédits à long terme	23 635	30 891	48 549	71 670	55 565	5[illegible] 310	55 127	66 039
2.3.3	Crédits accordés aux résidents	22 668	23 476	39 004	63 272	47 725	4[illegible] 299	48 668	57 941
2.3.4	Crédits accordés aux non-résidents	969	7 418	11 194	9 133	8 216	[illegible] 386	6 832	8 238
2.4	Actions et autres participations	361 489	418 310	315 165	378 593	484 376	49[illegible] 368	548 913	597 064
2.4.1	Actions émises par les résidents	202 952	260 489	210 020	251 841	336 087	35[illegible] 746	400 821	428 168
2.4.2	Actions émises par les non-résidents	158 537	157 821	105 145	126 752	148 289	13[illegible] 622	148 092	168 896
2.5	Autres, non classés ailleurs	57 476	70 614	80 338	60 102	67 857	6[illegible] 973	70 764	69 969
	Sociétés d'assurance								
2	Actifs financiers	783 637	855 121	875 779	920 168	1 003 419	1 06[illegible] 144	1 157 801	1 288 951
2.1	Numéraire et dépôts	29 097	43 032	39 789	32 610	33 744	3[illegible] 731	38 011	48 033
2.2	Titres autres qu'actions, non compris les produits financiers dérivés	379 805	362 485	437 077	447 088	450 946	50[illegible] 554	542 985	611 720
2.2.1	Titres à court terme	28 298	28 197	42 555	29 430	35 604	4[illegible] 471	50 956	51 662
2.2.2	Titres à long terme	351 507	334 288	394 522	417 658	415 342	45[illegible] 083	492 029	560 058
2.2.3	Titres émis par les résidents	200 435	187 209	230 309	209 602	223 892	26[illegible] 047	307 535	355 329
2.2.4	Titres émis par les non-résidents	179 370	175 276	206 768	237 486	227 054	23[illegible] 507	235 450	256 391
2.3	Crédits	21 088	28 745	47 938	70 277	53 682	43 653	51 241	61 927
2.3.1	Crédits à court terme	2	2	1 649	734	375	375	373	140
2.3.2	Crédits à long terme	21 086	28 742	46 289	69 542	53 306	43 278	50 868	61 787
2.3.3	Crédits accordés aux résidents	20 119	21 327	36 744	61 144	45 466	40 267	44 409	53 689
2.3.4	Crédits accordés aux non-résidents	969	7 418	11 194	9 133	8 216	3 386	6 832	8 238
2.4	Actions et autres participations	299 260	345 304	263 921	305 222	395 728	41[illegible] 240	453 190	493 240
2.4.1	Actions émises par les résidents	162 552	213 213	176 825	206 768	280 845	30[illegible] 272	346 882	370 499
2.4.2	Actions émises par les non-résidents	136 708	132 091	87 096	98 454	114 883	10[illegible] 968	106 308	122 741
2.5	Autres, non classés ailleurs	54 388	75 555	87 053	64 970	69 320	65 966	72 373	74 031
	Sociétés d'assurance vie								
2	Actifs financiers	651 399	700 637	711 289	760 585	836 264	89[illegible] 669	976 057	1 083 603
2.1	Numéraire et dépôts	23 058	35 466	32 335	26 217	27 368	25 707	31 476	41 556
2.2	Titres autres qu'actions, non compris les produits financiers dérivés	324 940	310 678	374 793	386 538	389 103	43[illegible] 286	470 596	524 924
2.2.1	Titres à court terme	18 012	18 318	30 046	14 128	20 986	33 330	36 224	39 832
2.2.2	Titres à long terme	306 928	292 360	344 747	372 410	368 117	40[illegible] 956	434 372	485 092
2.2.3	Titres émis par les résidents	163 034	153 234	188 486	174 676	186 023	22[illegible] 563	259 464	293 428
2.2.4	Titres émis par les non-résidents	161 906	157 444	186 307	211 862	203 080	21[illegible] 723	211 132	231 496
2.3	Crédits	19 781	27 738	47 097	69 641	53 104	4[illegible] 110	50 544	58 848
2.3.1	Crédits à court terme	2	2	1 634	723	373	373	373	140
2.3.2	Crédits à long terme	19 779	27 736	45 463	68 918	52 730	4[illegible] 737	50 171	58 708
2.3.3	Crédits accordés aux résidents	18 893	20 390	35 903	60 511	44 892	[illegible]9 727	43 714	50 612
2.3.4	Crédits accordés aux non-résidents	888	7 348	11 194	9 130	8 212	3 383	6 830	8 236
2.4	Actions et autres participations	265 945	303 790	229 382	267 342	353 905	37[illegible] 667	412 586	446 953
2.4.1	Actions émises par les résidents	147 329	192 612	159 112	184 420	255 916	28[illegible] 284	324 906	346 863
2.4.2	Actions émises par les non-résidents	118 616	111 178	70 270	82 922	97 989	[illegible]2 383	87 680	100 090
2.5	Autres, non classés ailleurs	17 675	22 966	27 683	10 847	12 785	[illegible] 898	10 855	11 322
	Sociétés d'assurance non-vie								
2	Actifs financiers	132 238	154 483	164 489	159 583	167 155	16[illegible] 475	181 744	205 348
2.1	Numéraire et dépôts	6 038	7 567	7 454	6 394	6 376	7 023	6 535	6 477
2.2	Titres autres qu'actions, non compris les produits financiers dérivés	54 865	51 807	62 284	60 550	61 843	[illegible] 268	72 389	86 796
2.2.1	Titres à court terme	10 286	9 879	12 509	15 302	14 618	14 141	14 732	11 830
2.2.2	Titres à long terme	44 579	41 928	49 775	45 248	47 225	51 127	57 657	74 966
2.2.3	Titres émis par les résidents	37 401	33 975	41 823	34 926	37 869	[illegible]1 484	48 071	61 901
2.2.4	Titres émis par les non-résidents	17 464	17 832	20 461	25 624	23 974	23 784	24 318	24 895
2.3	Crédits	1 307	1 007	841	636	578	543	697	3 079
2.3.1	Crédits à court terme	0	0	15	11	2	2	0	0
2.3.2	Crédits à long terme	1 307	1 007	826	624	576	541	697	3 079
2.3.3	Crédits accordés aux résidents	1 226	937	841	633	574	540	695	3 077
2.3.4	Crédits accordés aux non-résidents	81	70	0	3	4	3	2	2
2.4	Actions et autres participations	33 314	41 514	34 540	37 381	41 823	38 572	40 604	46 287
2.4.1	Actions émises par les résidents	15 222	20 601	17 714	22 349	24 929	22 987	21 976	23 636
2.4.2	Actions émises par les non-résidents	18 092	20 913	16 826	15 532	16 894	[illegible]5 585	18 628	22 651
2.5	Autres, non classés ailleurs	36 713	52 589	59 370	54 123	56 535	56 069	61 519	62 709

Tableau 3. Actifs financiers des sociétés d'assurance et fonds de pension autonomes *(suite)*

Millions NOK

		2006	2007	2008	2009	2010	2011	2012	2013
	Fonds de pension autonomes								
2	Actifs financiers	149 746	166 610	157 901	183 878	202 819	207 269	226 844	247 401
2.1	Numéraire et dépôts	7 308	5 923	7 272	7 640	5 612	5 874	6 284	6 824
2.2	Titres autres qu'actions, non compris les produits financiers dérivés	72 471	79 628	91 922	96 405	99 857	113 464	115 153	127 098
2.2.1	Titres à court terme	3 816	4 205	3 820	6 931	8 620	18 181	9 737	11 103
2.2.2	Titres à long terme	68 655	75 423	88 102	89 474	91 237	95 283	105 416	115 995
2.2.3	Titres émis par les résidents	61 617	57 093	67 131	75 282	78 931	89 516	91 734	99 315
2.2.4	Titres émis par les non-résidents	10 854	22 535	24 791	21 123	20 926	23 948	23 419	27 783
2.3	Crédits	2 550	2 150	2 260	2 129	2 259	4 032	4 264	4 264
2.3.1	Crédits à court terme	0	0	0	0	0	0	0	0
2.3.2	Crédits à long terme	2 550	2 150	2 260	2 129	2 259	4 032	4 264	4 264
2.3.3	Crédits accordés aux résidents	2 550	2 150	2 260	2 129	2 259	4 032	4 264	4 264
2.3.4	Crédits accordés aux non-résidents	0	0	0	0	0	0	0	0
2.4	Actions et autres participations	62 876	73 775	51 955	74 057	89 836	80 024	96 630	105 098
2.4.1	Actions émises par les résidents	41 047	48 045	33 906	45 759	56 430	48 370	54 846	58 943
2.4.2	Actions émises par les non-résidents	21 829	25 730	18 049	28 298	33 406	31 654	41 784	46 155
2.5	Autres, non classés ailleurs	4 541	5 134	4 492	3 647	5 255	3 875	4 513	4 117

Note : Voir les métadonnées détaillées sur : http://metalinks.oecd.org/instinv/20141203/ac5a

Tableau 4. Composition du portefeuille par type d'investisseur

Pourcentage du total des actifs financiers

Pour cent

		2006	2007	2008	2009	2010	2011	2012	2013
	Fonds d'investissement								
2	Actifs financiers	..	..	..	..	..	..	..	..
2.1	Numéraire et dépôts	..	..	..	..	..	..	..	..
2.2	Titres autres qu'actions, non compris les produits financiers dérivés	..	..	..	..	..	..	..	..
2.2.1	Titres à court terme	..	..	..	..	..	..	..	..
2.2.2	Titres à long terme	..	..	..	..	..	..	..	..
2.2.3	Titres émis par les résidents	..	..	..	..	..	..	..	..
2.2.4	Titres émis par les non-résidents	..	..	..	..	..	..	..	..
2.3	Crédits	..	..	..	..	..	..	..	..
2.3.1	Crédits à court terme	..	..	..	..	..	..	..	..
2.3.2	Crédits à long terme	..	..	..	..	..	..	..	..
2.3.3	Crédits accordés aux résidents	..	..	..	..	..	..	..	..
2.3.4	Crédits accordés aux non-résidents	..	..	..	..	..	..	..	..
2.4	Actions et autres participations	..	..	..	..	..	..	..	..
2.4.1	Actions émises par les résidents	..	..	..	..	..	..	..	..
2.4.2	Actions émises par les non-résidents	..	..	..	..	..	..	..	..
2.5	Autres, non classés ailleurs	..	..	..	..	..	..	..	..
	Sociétés d'assurance								
2	Actifs financiers	100.0	100.0	100.0	100.0	100.0	100.0	100.0	100.0
2.1	Numéraire et dépôts	3.7	5.0	4.5	3.5	3.4	3.1	3.3	3.7
2.2	Titres autres qu'actions, non compris les produits financiers dérivés	48.5	42.4	49.9	48.6	44.9	47.3	46.9	47.5
2.2.1	Titres à court terme	3.6	3.3	4.9	3.2	3.5	4.5	4.4	4.0
2.2.2	Titres à long terme	44.9	39.1	45.0	45.4	41.4	42.8	42.5	43.5
2.2.3	Titres émis par les résidents	25.6	21.9	26.3	22.8	22.3	25.0	26.6	27.6
2.2.4	Titres émis par les non-résidents	22.9	20.5	23.6	25.8	22.6	22.4	20.3	19.9
2.3	Crédits	2.7	3.4	5.5	7.6	5.3	4.6	4.4	4.8
2.3.1	Crédits à court terme	0.0	0.0	0.2	0.1	0.0	0.0	0.0	0.0
2.3.2	Crédits à long terme	2.7	3.4	5.3	7.6	5.3	4.5	4.4	4.8
2.3.3	Crédits accordés aux résidents	2.6	2.5	4.2	6.6	4.5	3.8	3.8	4.2
2.3.4	Crédits accordés aux non-résidents	0.1	0.9	1.3	1.0	0.8	0.8	0.6	0.6
2.4	Actions et autres participations	38.2	40.4	30.1	33.2	39.4	38.8	39.1	38.3
2.4.1	Actions émises par les résidents	20.7	24.9	20.2	22.5	28.0	28.6	30.0	28.7
2.4.2	Actions émises par les non-résidents	17.4	15.4	9.9	10.7	11.4	10.2	9.2	9.5
2.5	Autres, non classés ailleurs	6.9	8.8	9.9	7.1	6.9	6.2	6.3	5.7
	Fonds de pension autonomes								
2	Actifs financiers	100.0	100.0	100.0	100.0	100.0	100.0	100.0	100.0
2.1	Numéraire et dépôts	4.9	3.6	4.6	4.2	2.8	2.8	2.8	2.8
2.2	Titres autres qu'actions, non compris les produits financiers dérivés	48.4	47.8	58.2	52.4	49.2	54.7	50.8	51.4
2.2.1	Titres à court terme	2.5	2.5	2.4	3.8	4.3	8.8	4.3	4.5
2.2.2	Titres à long terme	45.8	45.3	55.8	48.7	45.0	46.0	46.5	46.9
2.2.3	Titres émis par les résidents	41.1	34.3	42.5	40.9	38.9	43.2	40.4	40.1
2.2.4	Titres émis par les non-résidents	7.2	13.5	15.7	11.5	10.3	11.6	10.3	11.2
2.3	Crédits	1.7	1.3	1.4	1.2	1.1	1.9	1.9	1.7
2.3.1	Crédits à court terme	0.0	0.0	0.0	0.0	0.0	0.0	0.0	0.0
2.3.2	Crédits à long terme	1.7	1.3	1.4	1.2	1.1	1.9	1.9	1.7
2.3.3	Crédits accordés aux résidents	1.7	1.3	1.4	1.2	1.1	1.9	1.9	1.7
2.3.4	Crédits accordés aux non-résidents	0.0	0.0	0.0	0.0	0.0	0.0	0.0	0.0
2.4	Actions et autres participations	42.0	44.3	32.9	40.3	44.3	38.6	42.6	42.5
2.4.1	Actions émises par les résidents	27.4	28.8	21.5	24.9	27.8	23.3	24.2	23.8
2.4.2	Actions émises par les non-résidents	14.6	15.4	11.4	15.4	16.5	15.3	18.4	18.7
2.5	Autres, non classés ailleurs	3.0	3.1	2.8	2.0	2.6	1.9	2.0	1.7

Note : Voir les métadonnées détaillées sur : http://metalinks.oecd.org/instinv/20141203/bbbc

Tableau 1. Actifs financiers des investisseurs institutionnels, 2013

Millions PLN

		Total	Fonds d'investissement – Fonds d'investissement à capital variable (fonds communs de placement) – Total	Fonds d'investissement à capital variable – Fonds d'investissement sur le marché monéaire	Fonds d'investissement à capital variable – Autres fonds communs de placement	Fonds d'investissement à capital fixe – Total
2	Actifs financiers	207 369	130 846	2 813	128 033	76 523
2.1	Numéraire et dépôts	19 567	14 492	1 112	13 380	5 075
2.2	Titres autres qu'actions, non compris les produits financiers dérivés	87 777	70 756	1 690	69 066	17 021
2.2.1	Titres à court terme	4 173	2 062	300	1 762	2 111
2.2.2	Titres à long terme	83 605	68 694	1 391	67 303	14 911
2.2.3	Titres émis par les résidents	82 702	66 731	1 665	65 066	15 971
2.2.4	Titres émis par les non-résidents	5 075	4 024	25	3 999	1 051
2.3	Crédits	895	2	0	2	893
2.3.1	Crédits à court terme	174	2	0	2	172
2.3.2	Crédits à long terme	720	0	0	0	720
2.3.3	Crédits accordés aux résidents	672	2	0	2	670
2.3.4	Crédits accordés aux non-résidents	223	0	0	0	223
2.4	Actions et autres participations	87 714	43 541	0	43 541	44 173
2.4.1	Actions émises par les résidents	65 481	29 390	0	29 390	36 091
2.4.2	Actions émises par les non-résidents	22 232	14 151	0	14 151	8 081
2.5	Autres, non classés ailleurs	11 416	2 056	11	2 045	9 360

		Sociétés d'assurance et fonds de pension autonomes – Total	Sociétés d'assurance – Total	Sociétés d'assurance – Sociétés d'assurance vie	Sociétés d'assurance – Sociétés d'assurance non-vie	Fonds de pension autonomes – Total
2	Actifs financiers	467 485	164 616	..	..	302 869
2.1	Numéraire et dépôts	29 340	12 994	..	..	16 345
2.2	Titres autres qu'actions, non compris les produits financiers dérivés	222 295	62 892	..	..	159 403
2.2.1	Titres à court terme	1 818	13	..	..	1 806
2.2.2	Titres à long terme	220 477	62 879	..	..	157 597
2.2.3	Titres émis par les résidents	219 053	59 775	..	..	159 278
2.2.4	Titres émis par les non-résidents	3 242	3 118	..	..	125
2.3	Crédits	5 115	5 115	..	..	0
2.3.1	Crédits à court terme	4 432	4 432	..	..	0
2.3.2	Crédits à long terme	683	683	..	..	0
2.3.3	Crédits accordés aux résidents	5 115	5 115	..	..	0
2.3.4	Crédits accordés aux non-résidents	0	0	..	..	0
2.4	Actions et autres participations	192 442	66 157	..	..	126 285
2.4.1	Actions émises par les résidents	183 628	61 556	..	..	122 072
2.4.2	Actions émises par les non-résidents	8 813	4 601	..	..	4 212
2.5	Autres, non classés ailleurs	18 293	17 458	..	..	836

Note : Voir les métadonnées détaillées sur : http://metalinks.oecd.org/instinv/20141203/1cb6

Tableau 2. Actifs financiers des fonds d'investissement

Millions PLN

		2006	2007	2008	2009	2010	2011	2012	2013
	Fonds d'investissement								
2	Actifs financiers	102 628	148 964	84 318	104 930	132 057	121 223	153 741	207 369
2.1	Numéraire et dépôts	10 844	9 605	4 802	6 393	7 433	7 869	10 670	19 567
2.2	Titres autres qu'actions, non compris les produits financiers dérivés	42 678	53 599	39 250	40 895	54 700	53 551	66 734	87 777
2.2.1	Titres à court terme	2 704	8 139	3 374	3 743	4 264	3 867	4 050	4 173
2.2.2	Titres à long terme	39 974	45 460	35 876	37 152	50 437	49 684	62 683	83 605
2.2.3	Titres émis par les résidents	..	..	..	..	51 924	50 356	63 136	82 702
2.2.4	Titres émis par les non-résidents	..	..	..	..	2 776	3 196	3 598	5 075
2.3	Crédits	0	0	0	0	317	294	395	895
2.3.1	Crédits à court terme	0	0	0	0	135	89	120	174
2.3.2	Crédits à long terme	0	0	0	0	182	205	275	720
2.3.3	Crédits accordés aux résidents	0	0	0	0	311	287	386	672
2.3.4	Crédits accordés aux non-résidents	0	0	0	0	6	8	9	223
2.4	Actions et autres participations	47 251	77 984	36 389	53 873	67 117	55 011	66 742	87 714
2.4.1	Actions émises par les résidents	..	..	..	..	50 823	43 758	54 332	65 481
2.4.2	Actions émises par les non-résidents	..	..	..	..	16 294	11 254	12 410	22 232
2.5	Autres, non classés ailleurs	1 855	7 776	3 877	3 770	2 489	4 498	9 200	11 416
	Fonds d'investissement à capital variable (fonds communs de placement)								
2	Actifs financiers	95 571	132 472	69 711	86 282	107 361	87 561	104 921	130 846
2.1	Numéraire et dépôts	10 491	7 669	3 576	5 317	6 034	5 440	7 598	14 492
2.2	Titres autres qu'actions, non compris les produits financiers dérivés	40 712	49 388	36 618	38 835	51 610	49 258	61 329	70 756
2.2.1	Titres à court terme	2 621	7 378	1 627	2 235	3 883	3 209	2 491	2 062
2.2.2	Titres à long terme	38 090	42 010	34 991	36 600	47 726	46 049	58 838	68 694
2.2.3	Titres émis par les résidents	..	..	..	..	49 463	46 821	58 848	66 731
2.2.4	Titres émis par les non-résidents	..	..	..	..	2 147	2 437	2 481	4 024
2.3	Crédits	0	0	0	0	0	0	2	2
2.3.1	Crédits à court terme	0	0	0	0	0	0	2	2
2.3.2	Crédits à long terme	0	0	0	0	0	0	0	0
2.3.3	Crédits accordés aux résidents	0	0	0	0	0	0	2	2
2.3.4	Crédits accordés aux non-résidents	0	0	0	0	0	0	0	0
2.4	Actions et autres participations	43 350	68 760	27 319	39 985	48 332	30 948	33 760	43 541
2.4.1	Actions émises par les résidents	..	..	..	..	34 501	21 659	23 279	29 390
2.4.2	Actions émises par les non-résidents	..	..	..	..	13 831	9 289	10 481	14 151
2.5	Autres, non classés ailleurs	1 019	6 655	2 198	2 145	1 386	1 916	2 232	2 056
	Fonds d'investissement sur le marché monéaire								
2	Actifs financiers	..	..	..	..	874	865	887	2 813
2.1	Numéraire et dépôts	..	..	..	..	300	213	433	1 112
2.2	Titres autres qu'actions, non compris les produits financiers dérivés	..	..	..	..	497	630	449	1 690
2.2.1	Titres à court terme	..	..	..	..	106	27	71	300
2.2.2	Titres à long terme	..	..	..	..	391	603	378	1 391
2.2.3	Titres émis par les résidents	..	..	..	..	452	585	424	1 665
2.2.4	Titres émis par les non-résidents	..	..	..	..	45	45	25	25
2.3	Crédits	..	..	..	..	0	0	0	0
2.3.1	Crédits à court terme	..	..	..	..	0	0	0	0
2.3.2	Crédits à long terme	..	..	..	..	0	0	0	0
2.3.3	Crédits accordés aux résidents	..	..	..	..	0	0	0	0
2.3.4	Crédits accordés aux non-résidents	..	..	..	..	0	0	0	0
2.4	Actions et autres participations	..	..	..	..	0	0	0	0
2.4.1	Actions émises par les résidents	..	..	..	..	0	0	0	0
2.4.2	Actions émises par les non-résidents	..	..	..	..	0	0	0	0
2.5	Autres, non classés ailleurs	..	..	..	..	77	22	4	11
	Autres fonds communs de placement								
2	Actifs financiers	..	..	..	..	106 487	86 696	104 034	128 033
2.1	Numéraire et dépôts	..	..	..	..	5 734	5 227	7 165	13 380
2.2	Titres autres qu'actions, non compris les produits financiers dérivés	..	..	..	..	51 113	48 628	60 880	69 066
2.2.1	Titres à court terme	..	..	..	..	3 777	3 182	2 420	1 762
2.2.2	Titres à long terme	..	..	..	..	47 335	45 446	58 460	67 303
2.2.3	Titres émis par les résidents	..	..	..	..	49 011	46 236	58 424	65 066
2.2.4	Titres émis par les non-résidents	..	..	..	..	2 102	2 392	2 456	3 999
2.3	Crédits	..	..	..	..	0	0	2	2
2.3.1	Crédits à court terme	..	..	..	..	0	0	2	2
2.3.2	Crédits à long terme	..	..	..	..	0	0	0	0
2.3.3	Crédits accordés aux résidents	..	..	..	..	0	0	2	2
2.3.4	Crédits accordés aux non-résidents	..	..	..	..	0	0	0	0
2.4	Actions et autres participations	..	..	..	..	48 332	30 948	33 760	43 541
2.4.1	Actions émises par les résidents	..	..	..	..	34 501	21 659	23 279	29 390
2.4.2	Actions émises par les non-résidents	..	..	..	..	13 831	9 289	10 481	14 151
2.5	Autres, non classés ailleurs	..	..	..	..	1 309	1 394	2 228	2 045

POLOGNE

Tableau 2. Actifs financiers des fonds d'investissement *(suite)*

Millions PLN

		2006	2007	2008	2009	2010	2011	2012	2013
	Fonds d'investissement à capital fixe								
2	Actifs financiers	7 056	16 493	14 607	18 648	24 696	33 662	48 820	76 523
2.1	Numéraire et dépôts	353	1 936	1 226	1 076	1 399	2 429	3 072	5 075
2.2	Titres autres qu'actions, non compris les produits financiers dérivés	1 966	4 211	2 632	2 060	3 090	4 293	5 405	17 021
2.2.1	Titres à court terme	83	761	1 747	1 509	381	658	1 559	2 111
2.2.2	Titres à long terme	1 884	3 450	886	552	2 711	3 635	3 845	14 911
2.2.3	Titres émis par les résidents	..	..	..	..	2 461	3 535	4 288	15 971
2.2.4	Titres émis par les non-résidents	..	..	..	..	629	759	1 117	1 051
2.3	Crédits	0	0	0	0	317	294	393	893
2.3.1	Crédits à court terme	0	0	0	0	135	89	118	172
2.3.2	Crédits à long terme	0	0	0	0	182	205	275	720
2.3.3	Crédits accordés aux résidents	..	..	..	..	311	287	384	670
2.3.4	Crédits accordés aux non-résidents	..	..	..	..	6	8	9	223
2.4	Actions et autres participations	3 901	9 224	9 070	13 888	18 785	24 063	32 982	44 173
2.4.1	Actions émises par les résidents	..	..	..	..	16 322	22 099	31 053	36 091
2.4.2	Actions émises par les non-résidents	..	..	..	..	2 463	1 965	1 929	8 081
2.5	Autres, non classés ailleurs	836	1 121	1 679	1 624	1 103	2 582	6 968	9 360

Note : Voir les métadonnées détaillées sur : http://metalinks.oecd.org/instinv/20141203/1cb6

Tableau 3. Actifs financiers des sociétés d'assurance et fonds de pension autonomes

Millions PLN

		2006	2007	2008	2009	2010	2011	2012	2013
	Sociétés d'assurance et fonds de pension autonomes								
2	Actifs financiers	223 352	266 902	275 686	318 628	366 818	372 284	434 169	467 485
2.1	Numéraire et dépôts	8 637	11 933	25 867	21 151	24 360	28 402	36 250	29 340
2.2	Titres autres qu'actions, non compris les produits financiers dérivés	131 233	153 143	175 355	189 359	198 804	211 037	223 590	222 295
2.2.1	Titres à court terme	4 625	4 233	3 789	4 001	3 179	2 604	4 021	1 818
2.2.2	Titres à long terme	126 607	148 910	171 566	185 358	195 625	208 433	219 569	220 477
2.2.3	Titres émis par les résidents	129 401	150 779	172 775	186 901	196 670	208 510	220 683	219 053
2.2.4	Titres émis par les non-résidents	1 832	2 364	2 580	2 458	2 135	2 528	2 907	3 242
2.3	Crédits	5 896	2 813	1 137	914	2 125	2 107	3 410	5 115
2.3.1	Crédits à court terme	5 685	2 620	1 057	829	1 968	1 935	3 206	4 432
2.3.2	Crédits à long terme	211	193	79	85	156	172	204	683
2.3.3	Crédits accordés aux résidents	5 890	2 801	1 107	858	2 093	2 016	3 410	5 115
2.3.4	Crédits accordés aux non-résidents	6	12	30	56	32	92	0	0
2.4	Actions et autres participations	70 526	90 251	62 655	95 243	127 755	115 237	155 137	192 442
2.4.1	Actions émises par les résidents	67 621	86 515	60 134	91 532	122 901	111 019	148 912	183 628
2.4.2	Actions émises par les non-résidents	2 905	3 736	2 521	3 711	4 854	4 217	6 225	8 813
2.5	Autres, non classés ailleurs	7 060	8 761	10 672	11 961	13 774	15 501	15 781	18 293
	Sociétés d'assurance								
2	Actifs financiers	106 297	125 215	135 895	136 755	141 985	143 262	159 976	164 616
2.1	Numéraire et dépôts	5 692	8 107	23 582	16 943	15 374	16 103	16 576	12 994
2.2	Titres autres qu'actions, non compris les produits financiers dérivés	57 733	65 617	69 044	68 179	65 929	66 508	66 380	62 892
2.2.1	Titres à court terme	1 942	857	2 023	2 899	1 164	764	599	13
2.2.2	Titres à long terme	55 792	64 760	67 021	65 280	64 766	65 744	65 780	62 879
2.2.3	Titres émis par les résidents	56 346	64 060	67 037	66 297	64 409	64 521	63 669	59 775
2.2.4	Titres émis par les non-résidents	1 388	1 557	2 007	1 882	1 520	1 987	2 711	3 118
2.3	Crédits	5 896	2 813	1 137	914	2 125	2 107	3 410	5 115
2.3.1	Crédits à court terme	5 685	2 620	1 057	829	1 968	1 935	3 206	4 432
2.3.2	Crédits à long terme	211	193	79	85	156	172	204	683
2.3.3	Crédits accordés aux résidents	5 890	2 801	1 107	858	2 093	2 016	3 410	5 115
2.3.4	Crédits accordés aux non-résidents	6	12	30	56	32	92	0	0
2.4	Actions et autres participations	30 163	40 275	31 648	39 279	45 389	43 821	58 075	66 157
2.4.1	Actions émises par les résidents	28 221	37 457	29 549	36 431	41 552	40 223	54 002	61 556
2.4.2	Actions émises par les non-résidents	1 943	2 818	2 099	2 848	3 837	3 598	4 072	4 601
2.5	Autres, non classés ailleurs	6 812	8 402	10 484	11 441	13 168	14 723	15 536	17 458
	Sociétés d'assurance vie								
2	Actifs financiers	..	..	..	..	..	..	..	..
2.1	Numéraire et dépôts	..	..	..	..	..	..	..	..
2.2	Titres autres qu'actions, non compris les produits financiers dérivés	..	..	..	..	..	..	..	..
2.2.1	Titres à court terme	..	..	..	..	..	..	..	..
2.2.2	Titres à long terme	..	..	..	..	..	..	..	..
2.2.3	Titres émis par les résidents	..	..	..	..	..	..	..	..
2.2.4	Titres émis par les non-résidents	..	..	..	..	..	..	..	..
2.3	Crédits	..	..	..	..	..	..	..	..
2.3.1	Crédits à court terme	..	..	..	..	..	..	..	..
2.3.2	Crédits à long terme	..	..	..	..	..	..	..	..
2.3.3	Crédits accordés aux résidents	..	..	..	..	..	..	..	..
2.3.4	Crédits accordés aux non-résidents	..	..	..	..	..	..	..	..
2.4	Actions et autres participations	..	..	..	..	..	..	..	..
2.4.1	Actions émises par les résidents	..	..	..	..	..	..	..	..
2.4.2	Actions émises par les non-résidents	..	..	..	..	..	..	..	..
2.5	Autres, non classés ailleurs	..	..	..	..	..	..	..	..
	Sociétés d'assurance non-vie								
2	Actifs financiers	..	..	..	..	..	..	..	..
2.1	Numéraire et dépôts	..	..	..	..	..	..	..	..
2.2	Titres autres qu'actions, non compris les produits financiers dérivés	..	..	..	..	..	..	..	..
2.2.1	Titres à court terme	..	..	..	..	..	..	..	..
2.2.2	Titres à long terme	..	..	..	..	..	..	..	..
2.2.3	Titres émis par les résidents	..	..	..	..	..	..	..	..
2.2.4	Titres émis par les non-résidents	..	..	..	..	..	..	..	..
2.3	Crédits	..	..	..	..	..	..	..	..
2.3.1	Crédits à court terme	..	..	..	..	..	..	..	..
2.3.2	Crédits à long terme	..	..	..	..	..	..	..	..
2.3.3	Crédits accordés aux résidents	..	..	..	..	..	..	..	..
2.3.4	Crédits accordés aux non-résidents	..	..	..	..	..	..	..	..
2.4	Actions et autres participations	..	..	..	..	..	..	..	..
2.4.1	Actions émises par les résidents	..	..	..	..	..	..	..	..
2.4.2	Actions émises par les non-résidents	..	..	..	..	..	..	..	..
2.5	Autres, non classés ailleurs	..	..	..	..	..	..	..	..

Tableau 3. Actifs financiers des sociétés d'assurance et fonds de pension autonomes *(suite)*

Millions PLN

		2006	2007	2008	2009	2010	2011	2012	2013
	Fonds de pension autonomes								
2	Actifs financiers	117 055	141 687	139 792	181 873	224 833	229 022	274 193	302 869
2.1	Numéraire et dépôts	2 945	3 826	2 285	4 209	8 986	12 299	19 674	16 345
2.2	Titres autres qu'actions, non compris les produits financiers dérivés	73 499	87 526	106 311	121 181	132 875	144 529	157 211	159 403
2.2.1	Titres à court terme	2 683	3 376	1 765	1 102	2 015	1 840	3 422	1 806
2.2.2	Titres à long terme	70 816	84 150	104 545	120 078	130 860	142 689	153 789	157 597
2.2.3	Titres émis par les résidents	73 055	86 719	105 738	120 604	132 260	143 989	157 014	159 278
2.2.4	Titres émis par les non-résidents	444	807	573	576	615	540	196	125
2.3	Crédits	0	0	0	0	0	0	0	0
2.3.1	Crédits à court terme	0	0	0	0	0	0	0	0
2.3.2	Crédits à long terme	0	0	0	0	0	0	0	0
2.3.3	Crédits accordés aux résidents	0	0	0	0	0	0	0	0
2.3.4	Crédits accordés aux non-résidents	0	0	0	0	0	0	0	0
2.4	Actions et autres participations	40 363	49 976	31 007	55 963	82 366	71 416	97 063	126 285
2.4.1	Actions émises par les résidents	39 400	49 058	30 585	55 101	81 349	70 796	94 909	122 072
2.4.2	Actions émises par les non-résidents	962	918	422	863	1 017	619	2 153	4 212
2.5	Autres, non classés ailleurs	248	359	188	520	606	778	246	836

Note : Voir les métadonnées détaillées sur : http://metalinks.oecd.org/instinv/20141203/1cb6

Tableau 4. Composition du portefeuille par type d'investisseur

Pourcentage du total des actifs financiers

Pour cent

		2006	2007	2008	2009	2010	2011	2012	2013
	Fonds d'investissement								
2	Actifs financiers	100.0	100.0	100.0	100.0	100.0	100.0	100.0	100.0
2.1	Numéraire et dépôts	10.6	6.4	5.7	6.1	5.6	6.5	6.9	9.4
2.2	Titres autres qu'actions, non compris les produits financiers dérivés	41.6	36.0	46.6	39.0	41.4	44.2	43.4	42.3
2.2.1	Titres à court terme	2.6	5.5	4.0	3.6	3.2	3.2	2.6	2.0
2.2.2	Titres à long terme	39.0	30.5	42.5	35.4	38.2	41.0	40.8	40.3
2.2.3	Titres émis par les résidents	..	..	..	..	39.3	41.5	41.1	39.9
2.2.4	Titres émis par les non-résidents	..	..	..	..	2.1	2.6	2.3	2.4
2.3	Crédits	0.0	0.0	0.0	0.0	0.2	0.2	0.3	0.4
2.3.1	Crédits à court terme	0.0	0.0	0.0	0.0	0.1	0.1	0.1	0.1
2.3.2	Crédits à long terme	0.0	0.0	0.0	0.0	0.1	0.2	0.2	0.3
2.3.3	Crédits accordés aux résidents	0.0	0.0	0.0	0.0	0.2	0.2	0.3	0.3
2.3.4	Crédits accordés aux non-résidents	0.0	0.0	0.0	0.0	0.0	0.0	0.0	0.1
2.4	Actions et autres participations	46.0	52.4	43.2	51.3	50.8	45.4	43.4	42.3
2.4.1	Actions émises par les résidents	..	..	..	..	38.5	36.1	35.3	31.6
2.4.2	Actions émises par les non-résidents	..	..	..	..	12.3	9.3	8.1	10.7
2.5	Autres, non classés ailleurs	1.8	5.2	4.6	3.6	1.9	3.7	6.0	5.5
	Sociétés d'assurance								
2	Actifs financiers	100.0	100.0	100.0	100.0	100.0	100.0	100.0	100.0
2.1	Numéraire et dépôts	5.4	6.5	17.4	12.4	10.8	11.2	10.4	7.9
2.2	Titres autres qu'actions, non compris les produits financiers dérivés	54.3	52.4	50.8	49.9	46.4	46.4	41.5	38.2
2.2.1	Titres à court terme	1.8	0.7	1.5	2.1	0.8	0.5	0.4	0.0
2.2.2	Titres à long terme	52.5	51.7	49.3	47.7	45.6	45.9	41.1	38.2
2.2.3	Titres émis par les résidents	53.0	51.2	49.3	48.5	45.4	45.0	39.8	36.3
2.2.4	Titres émis par les non-résidents	1.3	1.2	1.5	1.4	1.1	1.4	1.7	1.9
2.3	Crédits	5.5	2.2	0.8	0.7	1.5	1.5	2.1	3.1
2.3.1	Crédits à court terme	5.3	2.1	0.8	0.6	1.4	1.4	2.0	2.7
2.3.2	Crédits à long terme	0.2	0.2	0.1	0.1	0.1	0.1	0.1	0.4
2.3.3	Crédits accordés aux résidents	5.5	2.2	0.8	0.6	1.5	1.4	2.1	3.1
2.3.4	Crédits accordés aux non-résidents	0.0	0.0	0.0	0.0	0.0	0.1	0.0	0.0
2.4	Actions et autres participations	28.4	32.2	23.3	28.7	32.0	30.6	36.3	40.2
2.4.1	Actions émises par les résidents	26.5	29.9	21.7	26.6	29.3	28.1	33.8	37.4
2.4.2	Actions émises par les non-résidents	1.8	2.3	1.5	2.1	2.7	2.5	2.5	2.8
2.5	Autres, non classés ailleurs	6.4	6.7	7.7	8.4	9.3	10.3	9.7	10.6
	Fonds de pension autonomes								
2	Actifs financiers	100.0	100.0	100.0	100.0	100.0	100.0	100.0	100.0
2.1	Numéraire et dépôts	2.5	2.7	1.6	2.3	4.0	5.4	7.2	5.4
2.2	Titres autres qu'actions, non compris les produits financiers dérivés	62.8	61.8	76.0	66.6	59.1	63.1	57.3	52.6
2.2.1	Titres à court terme	2.3	2.4	1.3	0.6	0.9	0.8	1.2	0.6
2.2.2	Titres à long terme	60.5	59.4	74.8	66.0	58.2	62.3	56.1	52.0
2.2.3	Titres émis par les résidents	62.4	61.2	75.6	66.3	58.8	62.9	57.3	52.6
2.2.4	Titres émis par les non-résidents	0.4	0.6	0.4	0.3	0.3	0.2	0.1	0.0
2.3	Crédits	0.0	0.0	0.0	0.0	0.0	0.0	0.0	0.0
2.3.1	Crédits à court terme	0.0	0.0	0.0	0.0	0.0	0.0	0.0	0.0
2.3.2	Crédits à long terme	0.0	0.0	0.0	0.0	0.0	0.0	0.0	0.0
2.3.3	Crédits accordés aux résidents	0.0	0.0	0.0	0.0	0.0	0.0	0.0	0.0
2.3.4	Crédits accordés aux non-résidents	0.0	0.0	0.0	0.0	0.0	0.0	0.0	0.0
2.4	Actions et autres participations	34.5	35.3	22.2	30.8	36.6	31.2	35.4	41.7
2.4.1	Actions émises par les résidents	33.7	34.6	21.9	30.3	36.2	30.9	34.6	40.3
2.4.2	Actions émises par les non-résidents	0.8	0.6	0.3	0.5	0.5	0.3	0.8	1.4
2.5	Autres, non classés ailleurs	0.2	0.3	0.1	0.3	0.3	0.3	0.1	0.3

Note : Voir les métadonnées détaillées sur : http://metalinks.oecd.org/instinv/20141203/bbbc

PORTUGAL

Tableau 1. Actifs financiers des investisseurs institutionnels, 2013

Millions EUR (1999 PTE euro)

		Total	Fonds d'investissement				
			Fonds d'investissement à capital variable (fonds communs de placement)			Fonds d'investissement à capital fixe	
			Total	Fonds d'investissement sur le marché monéaire	Autres fonds communs de placement	Total	
2	Actifs financiers	14 477	12 296	2 392	9 904	2 766	
2.1	Numéraire et dépôts	4 353	3 413	1 961	1 452	940	
2.2	Titres autres qu'actions, non compris les produits financiers dérivés	6 048	5 308	420	4 888	740	
2.2.1	Titres à court terme	1 348	1 344	289	1 055	4	
2.2.2	Titres à long terme	4 700	3 964	131	3 833	736	
2.2.3	Titres émis par les résidents	2 616	2 368	295	2 073	247	
2.2.4	Titres émis par les non-résidents	3 432	2 939	125	2 814	493	
2.3	Crédits	0	0	0	0	0	
2.3.1	Crédits à court terme	0	0	0	0	0	
2.3.2	Crédits à long terme	0	0	0	0	0	
2.3.3	Crédits accordés aux résidents	0	0	0	0	0	
2.3.4	Crédits accordés aux non-résidents	0	0	0	0	0	
2.4	Actions et autres participations	3 100	3 217	0	3 217	467	
2.4.1	Actions émises par les résidents	740	907	0	907	417	
2.4.2	Actions émises par les non-résidents	2 360	2 310	0	2 310	50	
2.5	Autres, non classés ailleurs	977	358	11	347	619	

		Total	Sociétés d'assurance et fonds de pension autonomes			
			Sociétés d'assurance			Fonds de pension autonomes
			Total	Sociétés d'assurance vie	Sociétés d'assurance non-vie	Total
2	Actifs financiers	73 264	59 514	..	..	14 231
2.1	Numéraire et dépôts	8 343	6 540	..	..	1 803
2.2	Titres autres qu'actions, non compris les produits financiers dérivés	45 968	39 359	..	..	6 717
2.2.1	Titres à court terme	1 663	1 455	..	..	209
2.2.2	Titres à long terme	44 305	37 904	..	..	6 508
2.2.3	Titres émis par les résidents	21 349	19 280	..	..	2 176
2.2.4	Titres émis par les non-résidents	24 619	20 079	..	..	4 541
2.3	Crédits	512	512	..	..	0
2.3.1	Crédits à court terme	18	18	..	..	0
2.3.2	Crédits à long terme	494	494	..	..	0
2.3.3	Crédits accordés aux résidents	92	92	..	..	0
2.3.4	Crédits accordés aux non-résidents	421	420	..	..	0
2.4	Actions et autres participations	11 613	6 228	..	..	5 424
2.4.1	Actions émises par les résidents	5 795	3 511	..	..	2 324
2.4.2	Actions émises par les non-résidents	5 817	2 717	..	..	3 100
2.5	Autres, non classés ailleurs	6 828	6 875	..	..	287

Note : Voir les métadonnées détaillées sur : http://metalinks.oecd.org/instinv/20141203/0ff8

Tableau 2. Actifs financiers des fonds d'investissement

Millions EUR (1999 PTE euro)

		2006	2007	2008	2009	2010	2011	2012	2013
	Fonds d'investissement								
2	Actifs financiers	29 603	27 583	15 739	18 855	15 832	12 205	13 815	14 477
2.1	Numéraire et dépôts	3 259	3 702	2 356	3 414	2 469	1 796	3 023	4 353
2.2	Titres autres qu'actions, non compris les produits financiers dérivés	19 777	16 359	9 217	10 583	8 338	6 371	6 851	6 048
2.2.1	Titres à court terme	2 320	1 129	840	878	663	1 032	1 722	1 348
2.2.2	Titres à long terme	17 457	15 231	8 377	9 705	7 675	5 340	5 129	4 700
2.2.3	Titres émis par les résidents	2 720	2 969	2 295	3 588	2 858	2 689	2 589	2 616
2.2.4	Titres émis par les non-résidents	17 057	13 391	6 923	6 996	5 480	3 682	4 262	3 432
2.3	Crédits	0	0	0	0	0	0	0	0
2.3.1	Crédits à court terme	0	0	0	0	0	0	0	0
2.3.2	Crédits à long terme	0	0	0	0	0	0	0	0
2.3.3	Crédits accordés aux résidents	0	0	0	0	0	0	0	0
2.3.4	Crédits accordés aux non-résidents	0	0	0	0	0	0	0	0
2.4	Actions et autres participations	5 541	6 189	3 173	3 870	4 088	3 037	3 020	3 100
2.4.1	Actions émises par les résidents	1 413	1 702	804	1 134	892	639	745	740
2.4.2	Actions émises par les non-résidents	4 128	4 487	2 370	2 736	3 196	2 399	2 275	2 360
2.5	Autres, non classés ailleurs	1 025	1 332	993	987	937	1 000	921	977
	Fonds d'investissement à capital variable (fonds communs de placement)								
2	Actifs financiers	28 846	25 595	13 936	16 983	13 957	10 921	12 153	12 296
2.1	Numéraire et dépôts	2 779	3 102	1 803	2 814	1 943	1 323	2 542	3 413
2.2	Titres autres qu'actions, non compris les produits financiers dérivés	18 196	14 559	7 939	9 372	7 086	5 693	5 981	5 308
2.2.1	Titres à court terme	2 320	1 129	840	877	663	1 032	1 721	1 344
2.2.2	Titres à long terme	15 876	13 431	7 099	8 495	6 423	4 662	4 261	3 964
2.2.3	Titres émis par les résidents	1 920	1 963	1 485	2 757	2 430	2 538	2 325	2 368
2.2.4	Titres émis par les non-résidents	16 277	12 596	6 454	6 615	4 656	3 155	3 656	2 939
2.3	Crédits	0	0	0	0	0	0	0	0
2.3.1	Crédits à court terme	0	0	0	0	0	0	0	0
2.3.2	Crédits à long terme	0	0	0	0	0	0	0	0
2.3.3	Crédits accordés aux résidents	0	0	0	0	0	0	0	0
2.3.4	Crédits accordés aux non-résidents	0	0	0	0	0	0	0	0
2.4	Actions et autres participations	7 220	7 238	3 723	4 403	4 521	3 399	3 158	3 217
2.4.1	Actions émises par les résidents	3 094	2 753	1 358	1 678	1 342	1 014	897	907
2.4.2	Actions émises par les non-résidents	4 126	4 485	2 365	2 726	3 179	2 385	2 261	2 310
2.5	Autres, non classés ailleurs	651	695	471	394	407	506	471	358
	Fonds d'investissement sur le marché monéaire								
2	Actifs financiers	763	385	15	12	46	65	1 309	2 392
2.1	Numéraire et dépôts	10	66	12	10	32	50	1 227	1 961
2.2	Titres autres qu'actions, non compris les produits financiers dérivés	746	320	3	2	14	15	78	420
2.2.1	Titres à court terme	257	78	3	2	8	15	76	289
2.2.2	Titres à long terme	489	241	0	0	6	0	2	131
2.2.3	Titres émis par les résidents	27	17	3	2	8	13	55	295
2.2.4	Titres émis par les non-résidents	719	303	0	0	5	2	24	125
2.3	Crédits	0	0	0	0	0	0	0	0
2.3.1	Crédits à court terme	0	0	0	0	0	0	0	0
2.3.2	Crédits à long terme	0	0	0	0	0	0	0	0
2.3.3	Crédits accordés aux résidents	0	0	0	0	0	0	0	0
2.3.4	Crédits accordés aux non-résidents	0	0	0	0	0	0	0	0
2.4	Actions et autres participations	1	0	0	0	0	0	0	0
2.4.1	Actions émises par les résidents	0	0	0	0	0	0	0	0
2.4.2	Actions émises par les non-résidents	1	0	0	0	0	0	0	0
2.5	Autres, non classés ailleurs	6	0	0	0	0	0	4	11
	Autres fonds communs de placement								
2	Actifs financiers	28 083	25 209	13 920	16 971	13 911	10 856	10 843	9 904
2.1	Numéraire et dépôts	2 769	3 036	1 791	2 804	1 910	1 274	1 315	1 452
2.2	Titres autres qu'actions, non compris les produits financiers dérivés	17 450	14 239	7 936	9 370	7 072	5 678	5 903	4 888
2.2.1	Titres à court terme	2 063	1 050	837	875	655	1 017	1 644	1 055
2.2.2	Titres à long terme	15 387	13 189	7 099	8 495	6 417	4 662	4 258	3 833
2.2.3	Titres émis par les résidents	1 893	1 947	1 482	2 755	2 422	2 525	2 270	2 073
2.2.4	Titres émis par les non-résidents	15 558	12 293	6 454	6 615	4 651	3 153	3 633	2 814
2.3	Crédits	0	0	0	0	0	0	0	0
2.3.1	Crédits à court terme	0	0	0	0	0	0	0	0
2.3.2	Crédits à long terme	0	0	0	0	0	0	0	0
2.3.3	Crédits accordés aux résidents	0	0	0	0	0	0	0	0
2.3.4	Crédits accordés aux non-résidents	0	0	0	0	0	0	0	0
2.4	Actions et autres participations	7 220	7 238	3 723	4 403	4 521	3 399	3 158	3 217
2.4.1	Actions émises par les résidents	3 094	2 753	1 358	1 678	1 342	1 014	897	907
2.4.2	Actions émises par les non-résidents	4 126	4 485	2 365	2 726	3 179	2 385	2 261	2 310
2.5	Autres, non classés ailleurs	645	695	471	394	407	505	467	347

Tableau 2. Actifs financiers des fonds d'investissement *(suite)*

Millions EUR (1999 PTE euro)

		2006	2007	2008	2009	2010	2011	2012	2013
	Fonds d'investissement à capital fixe								
2	Actifs financiers	2 643	3 296	2 614	2 638	2 561	1 907	2 197	2 766
2.1	Numéraire et dépôts	480	600	553	600	527	473	481	940
2.2	Titres autres qu'actions, non compris les produits financiers dérivés	1 581	1 800	1 278	1 211	1 252	678	870	740
2.2.1	Titres à court terme	0	0	0	1	0	0	1	4
2.2.2	Titres à long terme	1 581	1 800	1 278	1 210	1 252	678	868	736
2.2.3	Titres émis par les résidents	801	1 006	810	830	429	151	264	247
2.2.4	Titres émis par les non-résidents	780	795	469	381	823	527	606	493
2.3	Crédits	0	0	0	0	0	0	0	0
2.3.1	Crédits à court terme	0	0	0	0	0	0	0	0
2.3.2	Crédits à long terme	0	0	0	0	0	0	0	0
2.3.3	Crédits accordés aux résidents	0	0	0	0	0	0	0	0
2.3.4	Crédits accordés aux non-résidents	0	0	0	0	0	0	0	0
2.4	Actions et autres participations	207	258	261	234	253	262	397	467
2.4.1	Actions émises par les résidents	205	256	257	223	236	248	383	417
2.4.2	Actions émises par les non-résidents	2	2	4	11	16	14	14	50
2.5	Autres, non classés ailleurs	374	637	522	593	530	495	450	619

Note : Voir les métadonnées détaillées sur : http://metalinks.oecd.org/instinv/20141203/0ff8

Tableau 3. Actifs financiers des sociétés d'assurance et fonds de pension autonomes

Millions EUR (1999 PTE euro)

		2006	2007	2008	2009	2010	2011	2012	2013
	Sociétés d'assurance et fonds de pension autonomes								
2	Actifs financiers	69 646	75 839	75 871	83 851	83 956	73 769	72 444	73 264
2.1	Numéraire et dépôts	5 372	4 954	8 173	6 654	8 118	8 082	9 144	8 343
2.2	Titres autres qu'actions, non compris les produits financiers dérivés	44 635	48 965	49 130	56 639	56 024	46 370	46 578	45 968
2.2.1	Titres à court terme	856	577	653	520	1 362	1 878	2 210	1 663
2.2.2	Titres à long terme	43 779	48 387	48 477	56 119	54 662	44 493	44 368	44 305
2.2.3	Titres émis par les résidents	9 598	10 556	11 438	13 959	18 521	19 801	21 889	21 349
2.2.4	Titres émis par les non-résidents	35 037	38 408	37 692	42 680	37 503	26 569	24 689	24 619
2.3	Crédits	207	211	357	410	440	467	387	512
2.3.1	Crédits à court terme	18	18	18	18	18	18	18	18
2.3.2	Crédits à long terme	188	193	339	392	422	449	368	494
2.3.3	Crédits accordés aux résidents	105	115	86	83	82	81	68	92
2.3.4	Crédits accordés aux non-résidents	102	96	271	327	358	386	319	421
2.4	Actions et autres participations	17 724	18 436	13 426	14 826	13 738	11 433	9 808	11 613
2.4.1	Actions émises par les résidents	8 488	8 396	7 157	7 936	6 830	6 324	5 249	5 795
2.4.2	Actions émises par les non-résidents	9 236	10 039	6 269	6 840	6 908	5 109	4 559	5 817
2.5	Autres, non classés ailleurs	1 708	3 273	4 785	5 321	5 637	7 416	6 528	6 828
	Sociétés d'assurance								
2	Actifs financiers	50 129	54 804	56 712	63 261	65 803	59 498	59 177	59 514
2.1	Numéraire et dépôts	4 278	3 788	5 333	5 240	5 648	6 308	6 981	6 540
2.2	Titres autres qu'actions, non compris les produits financiers dérivés	37 236	40 684	39 976	45 616	47 197	39 592	39 781	39 359
2.2.1	Titres à court terme	581	530	486	462	1 132	1 334	1 951	1 455
2.2.2	Titres à long terme	36 655	40 154	39 490	45 154	46 065	38 258	37 830	37 904
2.2.3	Titres émis par les résidents	8 274	8 911	9 619	11 608	15 849	17 067	19 655	19 280
2.2.4	Titres émis par les non-résidents	28 962	31 773	30 357	34 008	31 348	22 525	20 126	20 079
2.3	Crédits	206	211	357	410	440	467	386	512
2.3.1	Crédits à court terme	18	18	18	18	18	18	18	18
2.3.2	Crédits à long terme	188	193	339	392	422	449	368	494
2.3.3	Crédits accordés aux résidents	105	115	86	83	82	81	68	92
2.3.4	Crédits accordés aux non-résidents	101	96	271	327	358	386	318	420
2.4	Actions et autres participations	6 577	7 062	6 077	6 624	6 727	5 492	5 266	6 228
2.4.1	Actions émises par les résidents	2 798	3 048	4 002	4 349	3 577	3 430	3 220	3 511
2.4.2	Actions émises par les non-résidents	3 779	4 014	2 075	2 275	3 150	2 062	2 046	2 717
2.5	Autres, non classés ailleurs	1 832	3 059	4 969	5 371	5 791	7 639	6 763	6 875
	Sociétés d'assurance vie								
2	Actifs financiers	..	..	..	..	..	..	..	..
2.1	Numéraire et dépôts	..	..	..	..	..	..	..	..
2.2	Titres autres qu'actions, non compris les produits financiers dérivés	..	..	..	..	..	..	..	..
2.2.1	Titres à court terme	..	..	..	..	..	..	..	..
2.2.2	Titres à long terme	..	..	..	..	..	..	..	..
2.2.3	Titres émis par les résidents	..	..	..	..	..	..	..	..
2.2.4	Titres émis par les non-résidents	..	..	..	..	..	..	..	..
2.3	Crédits	..	..	..	..	..	..	..	..
2.3.1	Crédits à court terme	..	..	..	..	..	..	..	..
2.3.2	Crédits à long terme	..	..	..	..	..	..	..	..
2.3.3	Crédits accordés aux résidents	..	..	..	..	..	..	..	..
2.3.4	Crédits accordés aux non-résidents	..	..	..	..	..	..	..	..
2.4	Actions et autres participations	..	..	..	..	..	..	..	..
2.4.1	Actions émises par les résidents	..	..	..	..	..	..	..	..
2.4.2	Actions émises par les non-résidents	..	..	..	..	..	..	..	..
2.5	Autres, non classés ailleurs	..	..	..	..	..	..	..	..
	Sociétés d'assurance non-vie								
2	Actifs financiers	..	..	..	..	..	..	..	..
2.1	Numéraire et dépôts	..	..	..	..	..	..	..	..
2.2	Titres autres qu'actions, non compris les produits financiers dérivés	..	..	..	..	..	..	..	..
2.2.1	Titres à court terme	..	..	..	..	..	..	..	..
2.2.2	Titres à long terme	..	..	..	..	..	..	..	..
2.2.3	Titres émis par les résidents	..	..	..	..	..	..	..	..
2.2.4	Titres émis par les non-résidents	..	..	..	..	..	..	..	..
2.3	Crédits	..	..	..	..	..	..	..	..
2.3.1	Crédits à court terme	..	..	..	..	..	..	..	..
2.3.2	Crédits à long terme	..	..	..	..	..	..	..	..
2.3.3	Crédits accordés aux résidents	..	..	..	..	..	..	..	..
2.3.4	Crédits accordés aux non-résidents	..	..	..	..	..	..	..	..
2.4	Actions et autres participations	..	..	..	..	..	..	..	..
2.4.1	Actions émises par les résidents	..	..	..	..	..	..	..	..
2.4.2	Actions émises par les non-résidents	..	..	..	..	..	..	..	..
2.5	Autres, non classés ailleurs	..	..	..	..	..	..	..	..

Tableau 3. Actifs financiers des sociétés d'assurance et fonds de pension autonomes *(suite)*

Millions EUR (1999 PTE euro)

		2006	2007	2008	2009	2010	2011	2012	2013
	Fonds de pension autonomes								
2	Actifs financiers	19 849	21 427	19 559	21 051	18 658	14 760	13 751	14 231
2.1	Numéraire et dépôts	1 094	1 167	2 840	1 414	2 469	1 774	2 163	1 803
2.2	Titres autres qu'actions, non compris les produits financiers dérivés	7 417	8 364	9 244	11 136	8 939	6 898	6 904	6 717
2.2.1	Titres à court terme	274	47	167	59	230	544	259	209
2.2.2	Titres à long terme	7 143	8 317	9 077	11 077	8 709	6 354	6 645	6 508
2.2.3	Titres émis par les résidents	1 343	1 728	1 910	2 464	2 785	2 853	2 341	2 176
2.2.4	Titres émis par les non-résidents	6 074	6 636	7 334	8 672	6 154	4 045	4 563	4 541
2.3	Crédits	0	0	0	0	0	0	0	0
2.3.1	Crédits à court terme	0	0	0	0	0	0	0	0
2.3.2	Crédits à long terme	0	0	0	0	0	0	0	0
2.3.3	Crédits accordés aux résidents	0	0	0	0	0	0	0	0
2.3.4	Crédits accordés aux non-résidents	0	0	0	0	0	0	0	0
2.4	Actions et autres participations	11 162	11 382	7 363	8 215	7 053	5 983	4 585	5 424
2.4.1	Actions émises par les résidents	5 704	5 358	3 168	3 650	3 294	2 937	2 070	2 324
2.4.2	Actions émises par les non-résidents	5 458	6 024	4 195	4 565	3 759	3 046	2 515	3 100
2.5	Autres, non classés ailleurs	176	514	112	286	197	105	99	287

Note : Voir les métadonnées détaillées sur : http://metalinks.oecd.org/instinv/20141203/0ff8

PORTUGAL

Tableau 4. Composition du portefeuille par type d'investisseur

Pourcentage du total des actifs financiers

Pour cent

		2006	2007	2008	2009	2010	2011	2012	2013
	Fonds d'investissement								
2	Actifs financiers	100.0	100.0	100.0	100.0	100.0	100.0	100.0	100.0
2.1	Numéraire et dépôts	11.0	13.4	15.0	18.1	15.6	14.7	21.9	30.1
2.2	Titres autres qu'actions, non compris les produits financiers dérivés	66.8	59.3	58.6	56.1	52.7	52.2	49.6	41.8
2.2.1	Titres à court terme	7.8	4.1	5.3	4.7	4.2	8.5	12.5	9.3
2.2.2	Titres à long terme	59.0	55.2	53.2	51.5	48.5	43.8	37.1	32.5
2.2.3	Titres émis par les résidents	9.2	10.8	14.6	19.0	18.1	22.0	18.7	18.1
2.2.4	Titres émis par les non-résidents	57.6	48.5	44.0	37.1	34.6	30.2	30.9	23.7
2.3	Crédits	0.0	0.0	0.0	0.0	0.0	0.0	0.0	0.0
2.3.1	Crédits à court terme	0.0	0.0	0.0	0.0	0.0	0.0	0.0	0.0
2.3.2	Crédits à long terme	0.0	0.0	0.0	0.0	0.0	0.0	0.0	0.0
2.3.3	Crédits accordés aux résidents	0.0	0.0	0.0	0.0	0.0	0.0	0.0	0.0
2.3.4	Crédits accordés aux non-résidents	0.0	0.0	0.0	0.0	0.0	0.0	0.0	0.0
2.4	Actions et autres participations	18.7	22.4	20.2	20.5	25.8	24.9	21.9	21.4
2.4.1	Actions émises par les résidents	4.8	6.2	5.1	6.0	5.6	5.2	5.4	5.1
2.4.2	Actions émises par les non-résidents	13.9	16.3	15.1	14.5	20.2	19.7	16.5	16.3
2.5	Autres, non classés ailleurs	3.5	4.8	6.3	5.2	5.9	8.2	6.7	6.8
	Sociétés d'assurance								
2	Actifs financiers	100.0	100.0	100.0	100.0	100.0	100.0	100.0	100.0
2.1	Numéraire et dépôts	8.5	6.9	9.4	8.3	8.6	10.6	11.8	11.0
2.2	Titres autres qu'actions, non compris les produits financiers dérivés	74.3	74.2	70.5	72.1	71.7	66.5	67.2	66.1
2.2.1	Titres à court terme	1.2	1.0	0.9	0.7	1.7	2.2	3.3	2.4
2.2.2	Titres à long terme	73.1	73.3	69.6	71.4	70.0	64.3	63.9	63.7
2.2.3	Titres émis par les résidents	16.5	16.3	17.0	18.3	24.1	28.7	33.2	32.4
2.2.4	Titres émis par les non-résidents	57.8	58.0	53.5	53.8	47.6	37.9	34.0	33.7
2.3	Crédits	0.4	0.4	0.6	0.6	0.7	0.8	0.7	0.9
2.3.1	Crédits à court terme	0.0	0.0	0.0	0.0	0.0	0.0	0.0	0.0
2.3.2	Crédits à long terme	0.4	0.4	0.6	0.6	0.6	0.8	0.6	0.8
2.3.3	Crédits accordés aux résidents	0.2	0.2	0.2	0.1	0.1	0.1	0.1	0.2
2.3.4	Crédits accordés aux non-résidents	0.2	0.2	0.5	0.5	0.5	0.6	0.5	0.7
2.4	Actions et autres participations	13.1	12.9	10.7	10.5	10.2	9.2	8.9	10.5
2.4.1	Actions émises par les résidents	5.6	5.6	7.1	6.9	5.4	5.8	5.4	5.9
2.4.2	Actions émises par les non-résidents	7.5	7.3	3.7	3.6	4.8	3.5	3.5	4.6
2.5	Autres, non classés ailleurs	3.7	5.6	8.8	8.5	8.8	12.8	11.4	11.6
	Fonds de pension autonomes								
2	Actifs financiers	100.0	100.0	100.0	100.0	100.0	100.0	100.0	100.0
2.1	Numéraire et dépôts	5.5	5.4	14.5	6.7	13.2	12.0	15.7	12.7
2.2	Titres autres qu'actions, non compris les produits financiers dérivés	37.4	39.0	47.3	52.9	47.9	46.7	50.2	47.2
2.2.1	Titres à court terme	1.4	0.2	0.9	0.3	1.2	3.7	1.9	1.5
2.2.2	Titres à long terme	36.0	38.8	46.4	52.6	46.7	43.0	48.3	45.7
2.2.3	Titres émis par les résidents	6.8	8.1	9.8	11.7	14.9	19.3	17.0	15.3
2.2.4	Titres émis par les non-résidents	30.6	31.0	37.5	41.2	33.0	27.4	33.2	31.9
2.3	Crédits	0.0	0.0	0.0	0.0	0.0	0.0	0.0	0.0
2.3.1	Crédits à court terme	0.0	0.0	0.0	0.0	0.0	0.0	0.0	0.0
2.3.2	Crédits à long terme	0.0	0.0	0.0	0.0	0.0	0.0	0.0	0.0
2.3.3	Crédits accordés aux résidents	0.0	0.0	0.0	0.0	0.0	0.0	0.0	0.0
2.3.4	Crédits accordés aux non-résidents	0.0	0.0	0.0	0.0	0.0	0.0	0.0	0.0
2.4	Actions et autres participations	56.2	53.1	37.6	39.0	37.8	40.5	33.3	38.1
2.4.1	Actions émises par les résidents	28.7	25.0	16.2	17.3	17.7	19.9	15.1	16.3
2.4.2	Actions émises par les non-résidents	27.5	28.1	21.4	21.7	20.1	20.6	18.3	21.8
2.5	Autres, non classés ailleurs	0.9	2.4	0.6	1.4	1.1	0.7	0.7	2.0

Note : Voir les métadonnées détaillées sur : http://metalinks.oecd.org/instinv/20141203/bbbc

RÉPUBLIQUE SLOVAQUE

Tableau 1. Actifs financiers des investisseurs institutionnels, 2011

Millions EUR (2009 SKK euro)

			Fonds d'investissement			
			Fonds d'investissement à capital variable (fonds communs de placement)			Fonds d'investissement à capital fixe
		Total	Total	Fonds d'investissement sur le marché monéaire	Autres fonds communs de placement	Total
2	Actifs financiers	3 247	3 247	384	2 863	..
2.1	Numéraire et dépôts	977	977	197	780	..
2.2	Titres autres qu'actions, non compris les produits financiers dérivés	1 467	1 467	186	1 281	..
2.2.1	Titres à court terme	126	126	30	96	..
2.2.2	Titres à long terme	1 341	1 341	156	1 185	..
2.2.3	Titres émis par les résidents	910	910	167	743	..
2.2.4	Titres émis par les non-résidents	557	557	19	538	..
2.3	Crédits	86	86	0	86	..
2.3.1	Crédits à court terme	86	86	..	86	..
2.3.2	Crédits à long terme	0	0	..	0	..
2.3.3	Crédits accordés aux résidents	79	79	..	79	..
2.3.4	Crédits accordés aux non-résidents	7	7	..	7	..
2.4	Actions et autres participations	708	708	0	708	..
2.4.1	Actions émises par les résidents	450	450	0	450	..
2.4.2	Actions émises par les non-résidents	258	258	0	258	..
2.5	Autres, non classés ailleurs	9	9	1	8	..

			Sociétés d'assurance et fonds de pension autonomes			
			Sociétés d'assurance			Fonds de pension autonomes
		Total	Total	Sociétés d'assurance vie	Sociétés d'assurance non-vie	Total
2	Actifs financiers	11 733	5 950	778	21	5 783
2.1	Numéraire et dépôts	1 978	355	30	1	1 623
2.2	Titres autres qu'actions, non compris les produits financiers dérivés	8 062	4 101	415	15	3 961
2.2.1	Titres à court terme	630	38	0	0	592
2.2.2	Titres à long terme	7 432	4 063	415	15	3 369
2.2.3	Titres émis par les résidents	4 270	2 281	268	14	1 989
2.2.4	Titres émis par les non-résidents	3 792	1 820	147	1	1 972
2.3	Crédits	95	95	1	0	0
2.3.1	Crédits à court terme	1	1	1	..	..
2.3.2	Crédits à long terme	94	94	0	..	..
2.3.3	Crédits accordés aux résidents	24	24	1	..	..
2.3.4	Crédits accordés aux non-résidents	70	70	0	..	..
2.4	Actions et autres participations	1 193	995	309	0	198
2.4.1	Actions émises par les résidents	555	467	69	..	88
2.4.2	Actions émises par les non-résidents	638	528	240	0	110
2.5	Autres, non classés ailleurs	404	403	23	5	1

Note : Voir les métadonnées détaillées sur : http://metalinks.oecd.org/instinv/20141203/bbed

RÉPUBLIQUE SLOVAQUE

Tableau 2. Actifs financiers des fonds d'investissement

Millions EUR (2009 SKK euro)

		2006	2007	2008	2009	2010	2011	2012	2013
	Fonds d'investissement								
2	Actifs financiers	3 627	4 484	3 123	3 425	3 805	3 247	..	..
2.1	Numéraire et dépôts	782	1 194	708	977	1 211	977	..	..
2.2	Titres autres qu'actions, non compris les produits financiers dérivés	1 907	2 228	1 874	1 792	1 768	1 467	..	..
2.2.1	Titres à court terme	97	114	58	133	172	126	..	..
2.2.2	Titres à long terme	1 811	2 114	1 816	1 659	1 596	1 341	..	..
2.2.3	Titres émis par les résidents	1 087	1 452	1 336	1 093	1 104	910	..	..
2.2.4	Titres émis par les non-résidents	820	776	539	699	664	557	..	..
2.3	Crédits	0	0	0	0	0	86	..	..
2.3.1	Crédits à court terme	..	..	..	..	..	86	..	..
2.3.2	Crédits à long terme	..	..	..	..	..	0	..	..
2.3.3	Crédits accordés aux résidents	..	..	..	..	..	79	..	..
2.3.4	Crédits accordés aux non-résidents	..	..	..	..	..	7	..	..
2.4	Actions et autres participations	874	1 001	490	652	811	708	..	..
2.4.1	Actions émises par les résidents	258	365	306	314	416	450	..	..
2.4.2	Actions émises par les non-résidents	616	636	183	338	395	258	..	..
2.5	Autres, non classés ailleurs	63	61	52	4	15	9	..	..
	Fonds d'investissement à capital variable (fonds communs de placement)								
2	Actifs financiers	3 595	4 340	2 976	3 425	3 805	3 247	..	..
2.1	Numéraire et dépôts	777	1 134	666	977	1 211	977	..	..
2.2	Titres autres qu'actions, non compris les produits financiers dérivés	1 890	2 197	1 845	1 792	1 768	1 467	..	..
2.2.1	Titres à court terme	97	113	58	133	172	126	..	..
2.2.2	Titres à long terme	1 794	2 084	1 787	1 659	1 596	1 341	..	..
2.2.3	Titres émis par les résidents	1 083	1 434	1 322	1 093	1 104	910	..	..
2.2.4	Titres émis par les non-résidents	807	763	523	699	664	557	..	..
2.3	Crédits	0	0	0	0	0	86	..	..
2.3.1	Crédits à court terme	..	..	..	..	..	86	..	..
2.3.2	Crédits à long terme	..	..	..	..	..	0	..	..
2.3.3	Crédits accordés aux résidents	..	..	..	..	..	79	..	..
2.3.4	Crédits accordés aux non-résidents	..	..	..	..	..	7	..	..
2.4	Actions et autres participations	865	963	416	652	811	708	..	..
2.4.1	Actions émises par les résidents	252	331	246	314	416	450	..	..
2.4.2	Actions émises par les non-résidents	613	632	169	338	395	258	..	..
2.5	Autres, non classés ailleurs	62	46	48	4	15	9	..	..
	Fonds d'investissement sur le marché monéaire								
2	Actifs financiers	1 617	2 136	1 453	1 769	1 756	384	..	..
2.1	Numéraire et dépôts	597	851	358	631	791	197	..	..
2.2	Titres autres qu'actions, non compris les produits financiers dérivés	998	1 260	1 074	1 093	925	186	..	..
2.2.1	Titres à court terme	64	75	29	83	96	30	..	..
2.2.2	Titres à long terme	933	1 185	1 045	1 010	829	156	..	..
2.2.3	Titres émis par les résidents	623	874	814	676	639	167	..	..
2.2.4	Titres émis par les non-résidents	375	386	260	417	286	19	..	..
2.3	Crédits	0	0	0	0	0	0	..	..
2.3.1	Crédits à court terme	..	..	..	..	..	..	..	..
2.3.2	Crédits à long terme	..	..	..	..	..	..	..	..
2.3.3	Crédits accordés aux résidents	..	..	..	..	..	..	..	..
2.3.4	Crédits accordés aux non-résidents	..	..	..	..	..	..	..	..
2.4	Actions et autres participations	0	3	3	43	37	0	..	..
2.4.1	Actions émises par les résidents	0	0	0	0	24	0	..	..
2.4.2	Actions émises par les non-résidents	0	3	3	43	13	0	..	..
2.5	Autres, non classés ailleurs	22	21	17	2	3	1	..	..
	Autres fonds communs de placement								
2	Actifs financiers	1 978	2 205	1 523	1 656	2 049	2 863	..	..
2.1	Numéraire et dépôts	180	283	308	346	420	780	..	..
2.2	Titres autres qu'actions, non compris les produits financiers dérivés	892	937	771	699	843	1 281	..	..
2.2.1	Titres à court terme	32	38	29	50	76	96	..	..
2.2.2	Titres à long terme	860	899	742	649	767	1 185	..	..
2.2.3	Titres émis par les résidents	460	560	508	417	465	743	..	..
2.2.4	Titres émis par les non-résidents	432	377	264	282	378	538	..	..
2.3	Crédits	0	0	0	0	0	86	..	..
2.3.1	Crédits à court terme	..	..	..	..	..	86	..	..
2.3.2	Crédits à long terme	..	..	..	..	..	0	..	..
2.3.3	Crédits accordés aux résidents	..	..	..	..	..	79	..	..
2.3.4	Crédits accordés aux non-résidents	..	..	..	..	..	7	..	..
2.4	Actions et autres participations	865	959	413	609	774	708	..	..
2.4.1	Actions émises par les résidents	252	331	246	314	392	450	..	..
2.4.2	Actions émises par les non-résidents	613	629	166	295	382	258	..	..
2.5	Autres, non classés ailleurs	41	25	31	2	12	8	..	..

RÉPUBLIQUE SLOVAQUE

Tableau 2. Actifs financiers des fonds d'investissement *(suite)*

Millions EUR (2009 SKK euro)

		2006	2007	2008	2009	2010	2011	2012	2013
	Fonds d'investissement à capital fixe								
2	Actifs financiers	32	144	147	..	..	..	..	..
2.1	Numéraire et dépôts	5	60	41	..	..	..	..	..
2.2	Titres autres qu'actions, non compris les produits financiers dérivés	17	31	29	..	..	..	..	..
2.2.1	Titres à court terme	0	1	0	..	..	..	..	..
2.2.2	Titres à long terme	17	30	29	..	..	..	..	..
2.2.3	Titres émis par les résidents	4	18	14	..	..	..	..	..
2.2.4	Titres émis par les non-résidents	13	13	15	..	..	..	..	..
2.3	Crédits	0	0	0	..	..	..	..	..
2.3.1	Crédits à court terme	..	..	..	..	..	..	..	..
2.3.2	Crédits à long terme	..	..	..	..	..	..	..	..
2.3.3	Crédits accordés aux résidents	..	..	..	..	..	..	..	..
2.3.4	Crédits accordés aux non-résidents	..	..	..	..	..	..	..	..
2.4	Actions et autres participations	9	39	74	..	..	..	..	..
2.4.1	Actions émises par les résidents	6	34	60	..	..	..	..	..
2.4.2	Actions émises par les non-résidents	4	4	14	..	..	..	..	..
2.5	Autres, non classés ailleurs	1	14	4	..	..	..	..	..

Note : Voir les métadonnées détaillées sur : http://metalinks.oecd.org/instinv/20141203/bbed

RÉPUBLIQUE SLOVAQUE

Tableau 3. Actifs financiers des sociétés d'assurance et fonds de pension autonomes

Millions EUR (2009 SKK euro)

		2006	2007	2008	2009	2010	2011	2012	2013
	Sociétés d'assurance et fonds de pension autonomes								
2	Actifs financiers	5 178	6 165	8 298	9 339	11 186	11 733	..	..
2.1	Numéraire et dépôts	1 018	985	1 358	1 562	1 670	1 978	..	..
2.2	Titres autres qu'actions, non compris les produits financiers dérivés	3 045	3 593	5 717	6 658	7 508	8 062	..	..
2.2.1	Titres à court terme	26	74	127	1 058	1 069	630	..	..
2.2.2	Titres à long terme	3 019	3 519	5 590	5 600	6 437	7 432	..	..
2.2.3	Titres émis par les résidents	..	..	3 776	3 391	3 727	4 270	..	..
2.2.4	Titres émis par les non-résidents	..	..	1 941	3 267	3 173	3 792	..	..
2.3	Crédits	14	28	78	88	87	95	..	..
2.3.1	Crédits à court terme	..	5	8	7	1	1	..	..
2.3.2	Crédits à long terme	..	23	70	81	86	94	..	..
2.3.3	Crédits accordés aux résidents	..	0	78	27	24	24	..	..
2.3.4	Crédits accordés aux non-résidents	..	0	0	61	63	70	..	..
2.4	Actions et autres participations	717	788	651	580	1 153	1 193	..	..
2.4.1	Actions émises par les résidents	0	0	362	404	505	555	..	..
2.4.2	Actions émises par les non-résidents	0	0	289	176	648	638	..	..
2.5	Autres, non classés ailleurs	385	770	495	451	768	404	..	..
	Sociétés d'assurance								
2	Actifs financiers	4 234	5 324	5 124	5 400	6 012	5 950	..	..
2.1	Numéraire et dépôts	576	634	580	403	411	355	..	..
2.2	Titres autres qu'actions, non compris les produits financiers dérivés	2 690	3 137	3 559	3 935	4 167	4 101	..	..
2.2.1	Titres à court terme	..	45	9	35	10	38	..	..
2.2.2	Titres à long terme	..	3 093	3 549	3 900	4 155	4 063	..	..
2.2.3	Titres émis par les résidents	..	..	2 194	2 311	2 289	2 281	..	..
2.2.4	Titres émis par les non-résidents	..	..	1 365	1 624	1 878	1 820	..	..
2.3	Crédits	14	28	78	88	87	95	..	..
2.3.1	Crédits à court terme	..	5	8	7	1	1	..	..
2.3.2	Crédits à long terme	..	23	70	81	86	94	..	..
2.3.3	Crédits accordés aux résidents	..	..	78	27	24	24	..	..
2.3.4	Crédits accordés aux non-résidents	..	..	0	61	63	70	..	..
2.4	Actions et autres participations	574	756	476	571	919	995	..	..
2.4.1	Actions émises par les résidents	..	..	360	399	423	467	..	..
2.4.2	Actions émises par les non-résidents	..	..	116	172	496	528	..	..
2.5	Autres, non classés ailleurs	380	769	432	403	428	403	..	..
	Sociétés d'assurance vie								
2	Actifs financiers	537	642	472	532	786	778	..	..
2.1	Numéraire et dépôts	33	40	46	46	33	30	..	..
2.2	Titres autres qu'actions, non compris les produits financiers dérivés	264	313	347	388	399	415	..	..
2.2.1	Titres à court terme	..	0	2	4	3	0	..	..
2.2.2	Titres à long terme	..	313	345	384	396	415	..	..
2.2.3	Titres émis par les résidents	..	..	258	254	261	268	..	..
2.2.4	Titres émis par les non-résidents	..	..	89	130	138	147	..	..
2.3	Crédits	1	2	1	1	1	1	..	..
2.3.1	Crédits à court terme	..	0	1	1	1	1	..	..
2.3.2	Crédits à long terme	..	1	0	0	0	0	..	..
2.3.3	Crédits accordés aux résidents	..	..	1	1	1	1	..	..
2.3.4	Crédits accordés aux non-résidents	..	..	0	0	0	0	..	..
2.4	Actions et autres participations	227	260	59	81	331	309	..	..
2.4.1	Actions émises par les résidents	..	..	52	68	71	69	..	..
2.4.2	Actions émises par les non-résidents	..	..	8	13	260	240	..	..
2.5	Autres, non classés ailleurs	13	28	18	16	22	23	..	..
	Sociétés d'assurance non-vie								
2	Actifs financiers	36	62	103	17	19	21	..	..
2.1	Numéraire et dépôts	18	26	69	4	3	1	..	..
2.2	Titres autres qu'actions, non compris les produits financiers dérivés	12	18	23	10	11	15	..	..
2.2.1	Titres à court terme	..	1	1	2	0	0	..	..
2.2.2	Titres à long terme	..	18	21	8	11	15	..	..
2.2.3	Titres émis par les résidents	..	..	22	10	10	14	..	..
2.2.4	Titres émis par les non-résidents	..	..	1	0	-	1	..	..
2.3	Crédits	0	0	0	0	0	0	..	..
2.3.1	Crédits à court terme	..	..	..	..	..	..	..	..
2.3.2	Crédits à long terme	..	..	..	..	..	..	..	..
2.3.3	Crédits accordés aux résidents	..	..	..	..	..	..	..	..
2.3.4	Crédits accordés aux non-résidents	..	..	..	..	..	..	..	..
2.4	Actions et autres participations	0	0	0	0	1	0	..	..
2.4.1	Actions émises par les résidents	..	..	..	..	..	..	..	..
2.4.2	Actions émises par les non-résidents	..	..	0	0	1	0	..	..
2.5	Autres, non classés ailleurs	7	17	11	3	4	5	..	..

Tableau 3. Actifs financiers des sociétés d'assurance et fonds de pension autonomes *(suite)*

Millions EUR (2009 SKK euro)

		2006	2007	2008	2009	2010	2011	2012	2013
	Fonds de pension autonomes								
2	Actifs financiers	944	840	3 174	3 939	5 174	5 783	..	..
2.1	Numéraire et dépôts	442	351	778	1 159	1 259	1 623	..	..
2.2	Titres autres qu'actions, non compris les produits financiers dérivés	355	456	2 158	2 723	3 341	3 961	..	..
2.2.1	Titres à court terme	26	30	118	1 023	1 059	592	..	..
2.2.2	Titres à long terme	329	426	2 040	1 700	2 282	3 369	..	..
2.2.3	Titres émis par les résidents	..	..	1 582	1 080	1 438	1 989	..	..
2.2.4	Titres émis par les non-résidents	..	..	576	1 643	1 295	1 972	..	..
2.3	Crédits	0	0	0	0	0	0	..	..
2.3.1	Crédits à court terme	..	..	..	..	..	..	..	..
2.3.2	Crédits à long terme	..	..	..	..	..	..	..	..
2.3.3	Crédits accordés aux résidents	..	..	..	..	..	..	..	..
2.3.4	Crédits accordés aux non-résidents	..	..	..	..	..	..	..	..
2.4	Actions et autres participations	142	32	175	9	234	198	..	..
2.4.1	Actions émises par les résidents	..	..	2	5	82	88	..	..
2.4.2	Actions émises par les non-résidents	..	..	173	4	152	110	..	..
2.5	Autres, non classés ailleurs	5	1	63	48	340	1	..	..

Note : Voir les métadonnées détaillées sur : http://metalinks.oecd.org/instinv/20141203/bbed

RÉPUBLIQUE SLOVAQUE

Tableau 4. Composition du portefeuille par type d'investisseur

Pourcentage du total des actifs financiers

Pour cent

		2006	2007	2008	2009	2010	2011	2012	2013
	Fonds d'investissement								
2	Actifs financiers	100.0	100.0	100.0	100.0	100.0	100.0	..	..
2.1	Numéraire et dépôts	21.6	26.6	22.7	28.5	31.8	30.1	..	..
2.2	Titres autres qu'actions, non compris les produits financiers dérivés	52.6	49.7	60.0	52.3	46.5	45.2	..	..
2.2.1	Titres à court terme	2.7	2.6	1.9	3.9	4.5	3.9	..	..
2.2.2	Titres à long terme	49.9	47.1	58.1	48.4	42.0	41.3	..	..
2.2.3	Titres émis par les résidents	30.0	32.4	42.8	31.9	29.0	28.0	..	..
2.2.4	Titres émis par les non-résidents	22.6	17.3	17.2	20.4	17.5	17.1	..	..
2.3	Crédits	0.0	0.0	0.0	0.0	0.0	2.6	..	..
2.3.1	Crédits à court terme	..	..	..	..	..	2.6	..	..
2.3.2	Crédits à long terme	..	..	..	..	..	0.0	..	..
2.3.3	Crédits accordés aux résidents	..	..	..	..	..	2.4	..	..
2.3.4	Crédits accordés aux non-résidents	..	..	..	..	..	0.2	..	..
2.4	Actions et autres participations	24.1	22.3	15.7	19.0	21.3	21.8	..	..
2.4.1	Actions émises par les résidents	7.1	8.1	9.8	9.2	10.9	13.9	..	..
2.4.2	Actions émises par les non-résidents	17.0	14.2	5.9	9.9	10.4	7.9	..	..
2.5	Autres, non classés ailleurs	1.7	1.4	1.7	0.1	0.4	0.3	..	..
	Sociétés d'assurance								
2	Actifs financiers	100.0	100.0	100.0	100.0	100.0	100.0	..	..
2.1	Numéraire et dépôts	13.6	11.9	11.3	7.5	6.8	6.0	..	..
2.2	Titres autres qu'actions, non compris les produits financiers dérivés	63.5	58.9	69.4	72.9	69.3	68.9	..	..
2.2.1	Titres à court terme	..	0.8	0.2	0.6	0.2	0.6	..	..
2.2.2	Titres à long terme	..	58.1	69.3	72.2	69.1	68.3	..	..
2.2.3	Titres émis par les résidents	..	..	42.8	42.8	38.1	38.3	..	..
2.2.4	Titres émis par les non-résidents	..	..	26.6	30.1	31.2	30.6	..	..
2.3	Crédits	0.3	0.5	1.5	1.6	1.4	1.6	..	..
2.3.1	Crédits à court terme	..	0.1	0.1	0.1	0.0	0.0	..	..
2.3.2	Crédits à long terme	..	0.4	1.4	1.5	1.4	1.6	..	..
2.3.3	Crédits accordés aux résidents	..	..	1.5	0.5	0.4	0.4	..	..
2.3.4	Crédits accordés aux non-résidents	..	..	0.0	1.1	1.0	1.2	..	..
2.4	Actions et autres participations	13.6	14.2	9.3	10.6	15.3	16.7	..	..
2.4.1	Actions émises par les résidents	..	..	7.0	7.4	7.0	7.8	..	..
2.4.2	Actions émises par les non-résidents	..	..	2.3	3.2	8.3	8.9	..	..
2.5	Autres, non classés ailleurs	9.0	14.4	8.4	7.5	7.1	6.8	..	..
	Fonds de pension autonomes								
2	Actifs financiers	100.0	100.0	100.0	100.0	100.0	100.0	..	..
2.1	Numéraire et dépôts	46.8	41.8	24.5	29.4	24.3	28.1	..	..
2.2	Titres autres qu'actions, non compris les produits financiers dérivés	37.6	54.3	68.0	69.1	64.6	68.5	..	..
2.2.1	Titres à court terme	2.7	3.5	3.7	26.0	20.5	10.2	..	..
2.2.2	Titres à long terme	34.8	50.7	64.3	43.2	44.1	58.3	..	..
2.2.3	Titres émis par les résidents	..	..	49.9	27.4	27.8	34.4	..	..
2.2.4	Titres émis par les non-résidents	..	..	18.1	41.7	25.0	34.1	..	..
2.3	Crédits	0.0	0.0	0.0	0.0	0.0	0.0	..	..
2.3.1	Crédits à court terme	..	..	..	..	..	..	..	..
2.3.2	Crédits à long terme	..	..	..	..	..	..	..	..
2.3.3	Crédits accordés aux résidents	..	..	..	..	..	..	..	..
2.3.4	Crédits accordés aux non-résidents	..	..	..	..	..	..	..	..
2.4	Actions et autres participations	15.1	3.9	5.5	0.2	4.5	3.4	..	..
2.4.1	Actions émises par les résidents	..	..	0.1	0.1	1.6	1.5	..	..
2.4.2	Actions émises par les non-résidents	..	..	5.4	0.1	2.9	1.9	..	..
2.5	Autres, non classés ailleurs	0.5	0.1	2.0	1.2	6.6	0.0	..	..

Note : Voir les métadonnées détaillées sur : http://metalinks.oecd.org/instinv/20141203/bbbc

SLOVÉNIE

Tableau 1. Actifs financiers des investisseurs institutionnels, 2013

Millions EUR (2007 SIT euro)

		Fonds d'investissement				
			Fonds d'investissement à capital variable (fonds communs de placement)			Fonds d'investissement à capital fixe
		Total	Total	Fonds d'investissement sur le marché monéaire	Autres fonds communs de placement	Total
2	Actifs financiers	1 855	1 855	37	1 819	..
2.1	Numéraire et dépôts	110	110	23	87	..
2.2	Titres autres qu'actions, non compris les produits financiers dérivés	220	220	14	206	..
2.2.1	Titres à court terme	19	19	13	6	..
2.2.2	Titres à long terme	202	202	1	201	..
2.2.3	Titres émis par les résidents	55	55	8	47	..
2.2.4	Titres émis par les non-résidents	165	165	6	160	..
2.3	Crédits	..	..	..	..	..
2.3.1	Crédits à court terme	..	..	..	..	..
2.3.2	Crédits à long terme	..	..	..	..	..
2.3.3	Crédits accordés aux résidents	..	..	..	..	..
2.3.4	Crédits accordés aux non-résidents	..	..	..	..	..
2.4	Actions et autres participations	1 516	1 516	..	1 516	..
2.4.1	Actions émises par les résidents	202	202	..	202	..
2.4.2	Actions émises par les non-résidents	1 314	1 314	..	1 314	..
2.5	Autres, non classés ailleurs	9	9	0	9	..

		Sociétés d'assurance et fonds de pension autonomes				
			Sociétés d'assurance			Fonds de pension autonomes
		Total	Total	Sociétés d'assurance vie	Sociétés d'assurance non-vie	Total
2	Actifs financiers	8 614	6 527	..	..	2 087
2.1	Numéraire et dépôts	686	386	..	..	300
2.2	Titres autres qu'actions, non compris les produits financiers dérivés	4 882	3 628	..	..	1 254
2.2.1	Titres à court terme	235	100	..	..	134
2.2.2	Titres à long terme	4 647	3 527	..	..	1 120
2.2.3	Titres émis par les résidents	2 184	1 325	..	..	859
2.2.4	Titres émis par les non-résidents	2 698	2 302	..	..	395
2.3	Crédits	166	112	..	..	54
2.3.1	Crédits à court terme	21	21	..	..	..
2.3.2	Crédits à long terme	145	91	..	..	54
2.3.3	Crédits accordés aux résidents	142	88	..	..	54
2.3.4	Crédits accordés aux non-résidents	24	24	..	..	0
2.4	Actions et autres participations	2 307	1 850	..	..	457
2.4.1	Actions émises par les résidents	1 307	1 190	..	..	117
2.4.2	Actions émises par les non-résidents	1 000	660	..	..	340
2.5	Autres, non classés ailleurs	573	551	..	..	22

Note : Voir les métadonnées détaillées sur : http://metalinks.oecd.org/instinv/20141203/c4af

Tableau 2. Actifs financiers des fonds d'investissement

Millions EUR (2007 SIT euro)

		2006	2007	2008	2009	2010	2011	2012	2013
	Fonds d'investissement								
2	Actifs financiers	2 950	4 151	1 912	2 234	2 289	1 779	1 831	1 855
2.1	Numéraire et dépôts	264	384	201	190	163	130	136	110
2.2	Titres autres qu'actions, non compris les produits financiers dérivés	291	322	223	223	234	229	250	220
2.2.1	Titres à court terme	31	9	2	0	0	0	19	19
2.2.2	Titres à long terme	260	313	221	223	234	229	231	202
2.2.3	Titres émis par les résidents	223	201	134	115	102	83	85	55
2.2.4	Titres émis par les non-résidents	68	121	89	108	132	146	165	165
2.3	Crédits	0	0	0	0	0	0	0	..
2.3.1	Crédits à court terme	..	..	..	..	..	..	..	..
2.3.2	Crédits à long terme	..	..	..	..	..	..	..	..
2.3.3	Crédits accordés aux résidents	..	..	..	..	..	..	..	..
2.3.4	Crédits accordés aux non-résidents	..	..	..	..	..	..	..	..
2.4	Actions et autres participations	2 385	3 433	1 482	1 814	1 881	1 409	1 433	1 516
2.4.1	Actions émises par les résidents	1 311	1 664	664	659	509	339	247	202
2.4.2	Actions émises par les non-résidents	1 074	1 769	818	1 155	1 372	1 071	1 187	1 314
2.5	Autres, non classés ailleurs	9	12	6	7	11	10	12	9
	Fonds d'investissement à capital variable (fonds communs de placement)								
2	Actifs financiers	1 927	2 925	1 513	1 856	2 048	1 810	1 831	1 855
2.1	Numéraire et dépôts	152	293	169	169	140	147	136	110
2.2	Titres autres qu'actions, non compris les produits financiers dérivés	240	247	192	197	222	248	250	220
2.2.1	Titres à court terme	17	9	2	0	0	6	19	19
2.2.2	Titres à long terme	222	238	190	197	222	242	231	202
2.2.3	Titres émis par les résidents	177	145	103	89	90	86	85	55
2.2.4	Titres émis par les non-résidents	63	102	89	108	132	161	165	165
2.3	Crédits	0	0	0	0	0	0	0	..
2.3.1	Crédits à court terme	..	..	..	..	..	..	..	..
2.3.2	Crédits à long terme	..	..	..	..	..	..	..	..
2.3.3	Crédits accordés aux résidents	..	..	..	..	..	..	..	..
2.3.4	Crédits accordés aux non-résidents	..	..	..	..	..	..	..	..
2.4	Actions et autres participations	1 532	2 376	1 148	1 484	1 675	1 407	1 433	1 516
2.4.1	Actions émises par les résidents	608	857	361	365	330	322	247	202
2.4.2	Actions émises par les non-résidents	924	1 519	787	1 119	1 345	1 085	1 187	1 314
2.5	Autres, non classés ailleurs	4	9	5	6	11	9	12	9
	Fonds d'investissement sur le marché monéaire								
2	Actifs financiers	7	11	17	14	12	26	26	37
2.1	Numéraire et dépôts	6	11	17	14	12	20	15	23
2.2	Titres autres qu'actions, non compris les produits financiers dérivés	0	0	0	0	0	6	10	14
2.2.1	Titres à court terme	0	0	0	0	0	5	10	13
2.2.2	Titres à long terme	0	0	0	0	0	1	0	1
2.2.3	Titres émis par les résidents	0	0	0	0	0	1	4	8
2.2.4	Titres émis par les non-résidents	0	0	0	0	0	5	6	6
2.3	Crédits	0	0	0	0	0	0	0	..
2.3.1	Crédits à court terme	..	..	..	..	..	..	..	..
2.3.2	Crédits à long terme	..	..	..	..	..	..	..	..
2.3.3	Crédits accordés aux résidents	..	..	..	..	..	..	..	..
2.3.4	Crédits accordés aux non-résidents	..	..	..	..	..	..	..	..
2.4	Actions et autres participations	0	0	0	0	0	0	0	..
2.4.1	Actions émises par les résidents	..	..	..	..	..	..	..	..
2.4.2	Actions émises par les non-résidents	..	..	..	..	..	..	..	..
2.5	Autres, non classés ailleurs	0	0	0	0	0	0	0	0
	Autres fonds communs de placement								
2	Actifs financiers	1 920	2 914	1 496	1 842	2 036	1 785	1 805	1 819
2.1	Numéraire et dépôts	146	282	152	155	127	127	121	87
2.2	Titres autres qu'actions, non compris les produits financiers dérivés	239	246	191	197	222	242	239	206
2.2.1	Titres à court terme	17	9	2	0	0	1	9	6
2.2.2	Titres à long terme	222	238	190	197	222	241	231	201
2.2.3	Titres émis par les résidents	176	145	103	89	90	86	81	47
2.2.4	Titres émis par les non-résidents	63	102	88	108	132	157	159	160
2.3	Crédits	0	0	0	0	0	0	0	..
2.3.1	Crédits à court terme	..	..	..	..	..	..	..	..
2.3.2	Crédits à long terme	..	..	..	..	..	..	..	..
2.3.3	Crédits accordés aux résidents	..	..	..	..	..	..	..	..
2.3.4	Crédits accordés aux non-résidents	..	..	..	..	..	..	..	..
2.4	Actions et autres participations	1 532	2 376	1 148	1 484	1 675	1 407	1 433	1 516
2.4.1	Actions émises par les résidents	608	857	361	365	330	322	247	202
2.4.2	Actions émises par les non-résidents	924	1 519	787	1 119	1 345	1 085	1 187	1 314
2.5	Autres, non classés ailleurs	4	9	5	6	11	9	12	9

SLOVÉNIE

Tableau 2. Actifs financiers des fonds d'investissement *(suite)*

Millions EUR (2007 SIT euro)

		2006	2007	2008	2009	2010	2011	2012	2013
	Fonds d'investissement à capital fixe								
2	Actifs financiers	1 023	1 226	398	377	240	..	..	..
2.1	Numéraire et dépôts	112	91	33	21	23	..	..	..
2.2	Titres autres qu'actions, non compris les produits financiers dérivés	52	75	31	26	11	..	..	..
2.2.1	Titres à court terme	14	0	0	0	0	..	..	..
2.2.2	Titres à long terme	38	75	31	26	11	..	..	..
2.2.3	Titres émis par les résidents	47	56	31	26	11	..	..	..
2.2.4	Titres émis par les non-résidents	5	19	0	0	0	..	..	..
2.3	Crédits	0	0	0	0	0	..	..	..
2.3.1	Crédits à court terme	..	..	..	..	..	..	..	..
2.3.2	Crédits à long terme	..	..	..	..	..	..	..	..
2.3.3	Crédits accordés aux résidents	..	..	..	..	..	..	..	..
2.3.4	Crédits accordés aux non-résidents	..	..	..	..	..	..	..	..
2.4	Actions et autres participations	854	1 057	334	330	206	..	..	..
2.4.1	Actions émises par les résidents	704	807	303	294	179	..	..	..
2.4.2	Actions émises par les non-résidents	150	250	31	36	27	..	..	..
2.5	Autres, non classés ailleurs	5	3	1	1	0	..	..	..

Note : Voir les métadonnées détaillées sur : http://metalinks.oecd.org/instinv/20141203/c4af

Tableau 3. Actifs financiers des sociétés d'assurance et fonds de pension autonomes

Millions EUR (2007 SIT euro)

		2006	2007	2008	2009	2010	2011	2012	2013
	Sociétés d'assurance et fonds de pension autonomes								
2	Actifs financiers	4 858	5 999	5 908	6 705	7 344	7 539	8 275	8 614
2.1	Numéraire et dépôts	412	529	701	739	967	1 151	950	686
2.2	Titres autres qu'actions, non compris les produits financiers dérivés	2 815	3 186	3 303	3 700	3 938	3 928	4 440	4 882
2.2.1	Titres à court terme	120	71	36	82	8	34	151	235
2.2.2	Titres à long terme	2 695	3 115	3 268	3 618	3 930	3 894	4 289	4 647
2.2.3	Titres émis par les résidents	2 067	1 985	1 948	2 192	2 093	1 919	2 011	2 184
2.2.4	Titres émis par les non-résidents	748	1 201	1 355	1 507	1 844	2 009	2 429	2 698
2.3	Crédits	26	38	54	145	151	196	174	166
2.3.1	Crédits à court terme	9	5	5	5	22	21	18	21
2.3.2	Crédits à long terme	17	32	49	139	129	175	156	145
2.3.3	Crédits accordés aux résidents	25	32	47	127	137	173	148	142
2.3.4	Crédits accordés aux non-résidents	0	6	6	18	14	22	26	24
2.4	Actions et autres participations	1 208	1 824	1 345	1 634	1 830	1 808	2 153	2 307
2.4.1	Actions émises par les résidents	912	1 273	894	1 065	1 113	1 076	1 251	1 307
2.4.2	Actions émises par les non-résidents	296	551	452	569	717	732	902	1 000
2.5	Autres, non classés ailleurs	398	422	505	488	458	457	558	573
	Sociétés d'assurance								
2	Actifs financiers	3 669	4 598	4 479	4 961	5 348	5 324	6 237	6 527
2.1	Numéraire et dépôts	209	242	320	368	490	570	515	386
2.2	Titres autres qu'actions, non compris les produits financiers dérivés	2 106	2 423	2 443	2 601	2 792	2 750	3 288	3 628
2.2.1	Titres à court terme	92	46	26	82	3	10	74	100
2.2.2	Titres à long terme	2 014	2 377	2 417	2 519	2 790	2 739	3 214	3 527
2.2.3	Titres émis par les résidents	1 539	1 497	1 406	1 514	1 418	1 272	1 295	1 325
2.2.4	Titres émis par les non-résidents	568	926	1 038	1 087	1 375	1 478	1 993	2 302
2.3	Crédits	25	37	45	96	105	131	122	112
2.3.1	Crédits à court terme	9	4	3	5	22	21	18	21
2.3.2	Crédits à long terme	16	32	43	91	82	110	104	91
2.3.3	Crédits accordés aux résidents	24	31	39	78	91	109	97	88
2.3.4	Crédits accordés aux non-résidents	0	6	7	18	14	22	26	24
2.4	Actions et autres participations	934	1 476	1 172	1 411	1 508	1 428	1 761	1 850
2.4.1	Actions émises par les résidents	688	1 017	776	934	973	936	1 130	1 190
2.4.2	Actions émises par les non-résidents	246	459	397	477	535	492	631	660
2.5	Autres, non classés ailleurs	395	420	498	484	454	445	550	551
	Sociétés d'assurance vie								
2	Actifs financiers	..	..	..	..	..	..	..	..
2.1	Numéraire et dépôts	..	..	..	..	..	..	..	..
2.2	Titres autres qu'actions, non compris les produits financiers dérivés	..	..	..	..	..	..	..	..
2.2.1	Titres à court terme	..	..	..	..	..	..	..	..
2.2.2	Titres à long terme	..	..	..	..	..	..	..	..
2.2.3	Titres émis par les résidents	..	..	..	..	..	..	..	..
2.2.4	Titres émis par les non-résidents	..	..	..	..	..	..	..	..
2.3	Crédits	..	..	..	..	..	..	..	..
2.3.1	Crédits à court terme	..	..	..	..	..	..	..	..
2.3.2	Crédits à long terme	..	..	..	..	..	..	..	..
2.3.3	Crédits accordés aux résidents	..	..	..	..	..	..	..	..
2.3.4	Crédits accordés aux non-résidents	..	..	..	..	..	..	..	..
2.4	Actions et autres participations	..	..	..	..	..	..	..	..
2.4.1	Actions émises par les résidents	..	..	..	..	..	..	..	..
2.4.2	Actions émises par les non-résidents	..	..	..	..	..	..	..	..
2.5	Autres, non classés ailleurs	..	..	..	..	..	..	..	..
	Sociétés d'assurance non-vie								
2	Actifs financiers	..	..	..	..	..	..	..	..
2.1	Numéraire et dépôts	..	..	..	..	..	..	..	..
2.2	Titres autres qu'actions, non compris les produits financiers dérivés	..	..	..	..	..	..	..	..
2.2.1	Titres à court terme	..	..	..	..	..	..	..	..
2.2.2	Titres à long terme	..	..	..	..	..	..	..	..
2.2.3	Titres émis par les résidents	..	..	..	..	..	..	..	..
2.2.4	Titres émis par les non-résidents	..	..	..	..	..	..	..	..
2.3	Crédits	..	..	..	..	..	..	..	..
2.3.1	Crédits à court terme	..	..	..	..	..	..	..	..
2.3.2	Crédits à long terme	..	..	..	..	..	..	..	..
2.3.3	Crédits accordés aux résidents	..	..	..	..	..	..	..	..
2.3.4	Crédits accordés aux non-résidents	..	..	..	..	..	..	..	..
2.4	Actions et autres participations	..	..	..	..	..	..	..	..
2.4.1	Actions émises par les résidents	..	..	..	..	..	..	..	..
2.4.2	Actions émises par les non-résidents	..	..	..	..	..	..	..	..
2.5	Autres, non classés ailleurs	..	..	..	..	..	..	..	..

Tableau 3. Actifs financiers des sociétés d'assurance et fonds de pension autonomes *(suite)*

Millions EUR (2007 SIT euro)

		2006	2007	2008	2009	2010	2011	2012	2013
	Fonds de pension autonomes								
2	Actifs financiers	1 189	1 401	1 428	1 744	1 996	2 216	2 039	2 087
2.1	Numéraire et dépôts	203	287	380	371	478	580	434	300
2.2	Titres autres qu'actions, non compris les produits financiers dérivés	708	762	860	1 099	1 145	1 179	1 152	1 254
2.2.1	Titres à court terme	28	24	9	0	5	24	77	134
2.2.2	Titres à long terme	680	738	851	1 099	1 140	1 154	1 075	1 120
2.2.3	Titres émis par les résidents	528	488	543	678	676	647	716	859
2.2.4	Titres émis par les non-résidents	180	275	317	421	469	531	436	395
2.3	Crédits	1	1	8	48	47	65	52	54
2.3.1	Crédits à court terme	0	1	2	0	0	0	0	..
2.3.2	Crédits à long terme	1	0	7	48	47	65	52	54
2.3.3	Crédits accordés aux résidents	1	1	9	48	47	65	52	54
2.3.4	Crédits accordés aux non-résidents	0	0	0	0	0	0	0	0
2.4	Actions et autres participations	274	348	173	223	322	380	392	457
2.4.1	Actions émises par les résidents	224	256	118	131	140	140	121	117
2.4.2	Actions émises par les non-résidents	50	92	55	92	182	240	271	340
2.5	Autres, non classés ailleurs	2	2	7	3	4	12	9	22

Note : Voir les métadonnées détaillées sur : http://metalinks.oecd.org/instinv/20141203/c4af

Tableau 4. Composition du portefeuille par type d'investisseur

Pourcentage du total des actifs financiers

Pour cent

		2006	2007	2008	2009	2010	2011	2012	2013
	Fonds d'investissement								
2	Actifs financiers	100.0	100.0	100.0	100.0	100.0	100.0	100.0	100.0
2.1	Numéraire et dépôts	8.9	9.2	10.5	8.5	7.1	7.3	7.4	5.9
2.2	Titres autres qu'actions, non compris les produits financiers dérivés	9.9	7.7	11.6	10.0	10.2	12.9	13.6	11.9
2.2.1	Titres à court terme	1.1	0.2	0.1	0.0	0.0	0.0	1.0	1.0
2.2.2	Titres à long terme	8.8	7.5	11.5	10.0	10.2	12.9	12.6	10.9
2.2.3	Titres émis par les résidents	7.6	4.8	7.0	5.1	4.4	4.7	4.6	3.0
2.2.4	Titres émis par les non-résidents	2.3	2.9	4.6	4.8	5.8	8.2	9.0	8.9
2.3	Crédits	0.0	0.0	0.0	0.0	0.0	0.0	0.0	..
2.3.1	Crédits à court terme	..	..	..	..	..	..	..	..
2.3.2	Crédits à long terme	..	..	..	..	..	..	..	..
2.3.3	Crédits accordés aux résidents	..	..	..	..	..	..	..	..
2.3.4	Crédits accordés aux non-résidents	..	..	..	..	..	..	..	..
2.4	Actions et autres participations	80.9	82.7	77.5	81.2	82.2	79.2	78.3	81.7
2.4.1	Actions émises par les résidents	44.4	40.1	34.7	29.5	22.2	19.0	13.5	10.9
2.4.2	Actions émises par les non-résidents	36.4	42.6	42.8	51.7	59.9	60.2	64.8	70.8
2.5	Autres, non classés ailleurs	0.3	0.3	0.3	0.3	0.5	0.6	0.7	0.5
	Sociétés d'assurance								
2	Actifs financiers	100.0	100.0	100.0	100.0	100.0	100.0	100.0	100.0
2.1	Numéraire et dépôts	5.7	5.3	7.2	7.4	9.2	10.7	8.3	5.9
2.2	Titres autres qu'actions, non compris les produits financiers dérivés	57.4	52.7	54.5	52.4	52.2	51.6	52.7	55.6
2.2.1	Titres à court terme	2.5	1.0	0.6	1.7	0.1	0.2	1.2	1.5
2.2.2	Titres à long terme	54.9	51.7	54.0	50.8	52.2	51.5	51.5	54.0
2.2.3	Titres émis par les résidents	41.9	32.6	31.4	30.5	26.5	23.9	20.8	20.3
2.2.4	Titres émis par les non-résidents	15.5	20.1	23.2	21.9	25.7	27.8	32.0	35.3
2.3	Crédits	0.7	0.8	1.0	1.9	2.0	2.5	2.0	1.7
2.3.1	Crédits à court terme	0.2	0.1	0.1	0.1	0.4	0.4	0.3	0.3
2.3.2	Crédits à long terme	0.4	0.7	0.9	1.3	1.5	2.1	1.7	1.4
2.3.3	Crédits accordés aux résidents	0.7	0.7	0.9	1.5	1.7	2.0	1.6	1.3
2.3.4	Crédits accordés aux non-résidents	0.0	0.1	0.1	0.4	0.3	0.4	0.4	0.4
2.4	Actions et autres participations	25.4	32.1	26.2	28.4	28.2	26.8	28.2	28.3
2.4.1	Actions émises par les résidents	18.7	22.1	17.3	18.8	18.2	17.6	18.1	18.2
2.4.2	Actions émises par les non-résidents	6.7	10.0	8.9	9.6	10.0	9.2	10.1	10.1
2.5	Autres, non classés ailleurs	10.8	9.1	11.1	9.8	8.5	8.4	8.8	8.4
	Fonds de pension autonomes								
2	Actifs financiers	100.0	100.0	100.0	100.0	100.0	100.0	100.0	100.0
2.1	Numéraire et dépôts	17.1	20.5	26.6	21.2	23.9	26.2	21.3	14.4
2.2	Titres autres qu'actions, non compris les produits financiers dérivés	59.6	54.4	60.2	63.0	57.4	53.2	56.5	60.1
2.2.1	Titres à court terme	2.4	1.7	0.7	0.0	0.2	1.1	3.8	6.4
2.2.2	Titres à long terme	57.2	52.7	59.6	63.0	57.1	52.1	52.7	53.7
2.2.3	Titres émis par les résidents	44.4	34.8	38.0	38.9	33.9	29.2	35.1	41.1
2.2.4	Titres émis par les non-résidents	15.2	19.6	22.2	24.1	23.5	24.0	21.4	18.9
2.3	Crédits	0.1	0.1	0.6	2.8	2.3	2.9	2.5	2.6
2.3.1	Crédits à court terme	0.0	0.1	0.1	0.0	0.0	0.0	0.0	..
2.3.2	Crédits à long terme	0.1	0.0	0.5	2.8	2.3	2.9	2.5	2.6
2.3.3	Crédits accordés aux résidents	0.1	0.1	0.6	2.8	2.3	2.9	2.5	2.6
2.3.4	Crédits accordés aux non-résidents	0.0	0.0	0.0	0.0	0.0	0.0	0.0	0.0
2.4	Actions et autres participations	23.1	24.9	12.1	12.8	16.1	17.1	19.2	21.9
2.4.1	Actions émises par les résidents	18.9	18.3	8.3	7.5	7.0	6.3	6.0	5.6
2.4.2	Actions émises par les non-résidents	4.2	6.5	3.8	5.3	9.1	10.8	13.3	16.3
2.5	Autres, non classés ailleurs	0.2	0.1	0.5	0.2	0.2	0.5	0.4	1.0

Note : Voir les métadonnées détaillées sur : http://metalinks.oecd.org/instinv/20141203/bbbc

Tableau 1. Actifs financiers des investisseurs institutionnels, 2013

Millions EUR (1999 ESP euro)

		Total	Fonds d'investissement			
			Fonds d'investissement à capital variable (fonds communs de placement)			Fonds d'investissement à capital fixe
			Total	Fonds d'investissement sur le marché monéaire	Autres fonds communs de placement	Total
2	Actifs financiers	180 485	186 533	8 448	178 086	351
2.1	Numéraire et dépôts	39 500	39 250	2 695	36 555	250
2.2	Titres autres qu'actions, non compris les produits financiers dérivés	98 663	98 662	5 644	93 018	1
2.2.1	Titres à court terme	5 840	5 839	1 739	4 100	1
2.2.2	Titres à long terme	92 823	92 823	3 905	88 918	0
2.2.3	Titres émis par les résidents	86 489	86 488	4 644	81 844	1
2.2.4	Titres émis par les non-résidents	12 174	12 174	1 000	11 174	0
2.3	Crédits	230	230	1	229	0
2.3.1	Crédits à court terme	230	230	1	229	0
2.3.2	Crédits à long terme	0	0	0	0	0
2.3.3	Crédits accordés aux résidents	230	230	1	229	0
2.3.4	Crédits accordés aux non-résidents	0	0	0	0	0
2.4	Actions et autres participations	39 273	45 244	3	45 242	12
2.4.1	Actions émises par les résidents	7 251	13 223	3	13 220	12
2.4.2	Actions émises par les non-résidents	32 022	32 022	0	32 022	0
2.5	Autres, non classés ailleurs	2 819	3 147	104	3 043	88

		Total	Sociétés d'assurance et fonds de pension autonomes			
			Sociétés d'assurance			Fonds de pension autonomes
			Total	Sociétés d'assurance vie	Sociétés d'assurance non-vie	Total
2	Actifs financiers	393 030	276 669	..	..	116 361
2.1	Numéraire et dépôts	63 159	47 481	..	..	15 679
2.2	Titres autres qu'actions, non compris les produits financiers dérivés	234 258	167 494	..	..	66 764
2.2.1	Titres à court terme	6 489	4 392	..	..	2 097
2.2.2	Titres à long terme	227 769	163 102	..	..	64 667
2.2.3	Titres émis par les résidents	160 042	107 622	..	..	52 420
2.2.4	Titres émis par les non-résidents	74 216	59 872	..	..	14 344
2.3	Crédits	6 237	6 219	..	..	18
2.3.1	Crédits à court terme	2 369	2 367	..	..	1
2.3.2	Crédits à long terme	3 868	3 852	..	..	16
2.3.3	Crédits accordés aux résidents	4 688	4 670	..	..	18
2.3.4	Crédits accordés aux non-résidents	1 549	1 549	..	..	0
2.4	Actions et autres participations	50 926	27 100	..	..	23 827
2.4.1	Actions émises par les résidents	27 328	19 459	..	..	7 868
2.4.2	Actions émises par les non-résidents	23 599	7 640	..	..	15 958
2.5	Autres, non classés ailleurs	38 449	28 375	..	..	10 074

Note : Voir les métadonnées détaillées sur : http://metalinks.oecd.org/instinv/20141203/f071

Tableau 2. Actifs financiers des fonds d'investissement

Millions EUR (1999 ESP euro)

		2006	2007	2008	2009	2010	2011	2012	2013
	Fonds d'investissement								
2	Actifs financiers	286 264	270 404	193 325	188 837	163 903	149 994	145 389	180 485
2.1	Numéraire et dépôts	48 122	54 208	56 523	44 570	37 142	28 326	27 387	39 500
2.2	Titres autres qu'actions, non compris les produits financiers dérivés	149 503	144 752	112 054	112 614	92 205	94 285	87 273	98 663
2.2.1	Titres à court terme	37 471	48 623	27 257	17 047	7 756	7 016	5 323	5 840
2.2.2	Titres à long terme	112 033	96 129	84 797	95 567	84 449	87 269	81 950	92 823
2.2.3	Titres émis par les résidents	67 270	76 083	61 313	62 517	62 658	77 121	75 064	86 489
2.2.4	Titres émis par les non-résidents	82 233	68 669	50 742	50 097	29 548	17 164	12 209	12 174
2.3	Crédits	1 595	1 264	1 400	1 199	595	377	266	230
2.3.1	Crédits à court terme	1 595	1 264	1 400	1 199	595	377	266	230
2.3.2	Crédits à long terme	0	0	0	0	0	0	0	0
2.3.3	Crédits accordés aux résidents	1 595	1 264	1 400	1 199	595	377	266	230
2.3.4	Crédits accordés aux non-résidents	0	0	0	0	0	0	0	0
2.4	Actions et autres participations	79 026	62 624	20 157	27 561	31 855	25 595	28 605	39 273
2.4.1	Actions émises par les résidents	20 345	17 689	6 420	7 135	6 152	5 028	4 819	7 251
2.4.2	Actions émises par les non-résidents	58 682	44 935	13 737	20 426	25 703	20 567	23 786	32 022
2.5	Autres, non classés ailleurs	8 017	7 556	3 191	2 893	2 106	1 411	1 857	2 819
	Fonds d'investissement à capital variable (fonds communs de placement)								
2	Actifs financiers	302 607	289 765	204 479	199 505	172 486	156 816	149 790	186 533
2.1	Numéraire et dépôts	46 453	53 114	55 840	44 390	36 967	28 213	27 246	39 250
2.2	Titres autres qu'actions, non compris les produits financiers dérivés	148 586	144 309	111 981	112 597	92 202	94 282	87 273	98 662
2.2.1	Titres à court terme	36 807	48 244	27 226	17 030	7 752	7 013	5 323	5 839
2.2.2	Titres à long terme	111 779	96 066	84 755	95 567	84 449	87 269	81 950	92 823
2.2.3	Titres émis par les résidents	66 353	75 640	61 239	62 513	62 654	77 118	75 064	86 488
2.2.4	Titres émis par les non-résidents	82 233	68 669	50 742	50 084	29 548	17 164	12 209	12 174
2.3	Crédits	1 595	1 264	1 400	1 199	595	377	266	230
2.3.1	Crédits à court terme	1 595	1 264	1 400	1 199	595	377	266	230
2.3.2	Crédits à long terme	0	0	0	0	0	0	0	0
2.3.3	Crédits accordés aux résidents	1 595	1 264	1 400	1 199	595	377	266	230
2.3.4	Crédits accordés aux non-résidents	0	0	0	0	0	0	0	0
2.4	Actions et autres participations	97 377	82 742	31 715	38 165	40 349	32 179	32 795	45 244
2.4.1	Actions émises par les résidents	38 695	37 807	17 978	17 739	14 646	11 613	9 008	13 223
2.4.2	Actions émises par les non-résidents	58 682	44 935	13 737	20 426	25 703	20 567	23 786	32 022
2.5	Autres, non classés ailleurs	8 595	8 336	3 543	3 155	2 374	1 765	2 211	3 147
	Fonds d'investissement sur le marché monéaire								
2	Actifs financiers	107	0	28 263	13 567	8 174	8 071	7 007	8 448
2.1	Numéraire et dépôts	17	0	9 238	5 030	3 952	2 855	1 825	2 695
2.2	Titres autres qu'actions, non compris les produits financiers dérivés	90	0	17 937	8 293	4 071	5 104	5 055	5 644
2.2.1	Titres à court terme	4	0	8 930	3 511	1 551	2 874	2 156	1 739
2.2.2	Titres à long terme	86	0	9 007	4 783	2 517	2 230	2 899	3 905
2.2.3	Titres émis par les résidents	10	0	12 706	5 207	2 723	4 228	3 859	4 644
2.2.4	Titres émis par les non-résidents	80	0	5 231	3 086	1 345	876	1 195	1 000
2.3	Crédits	0	0	2	18	67	10	23	1
2.3.1	Crédits à court terme	0	0	2	18	67	10	23	1
2.3.2	Crédits à long terme	0	0	0	0	0	0	0	0
2.3.3	Crédits accordés aux résidents	0	0	2	18	67	10	23	1
2.3.4	Crédits accordés aux non-résidents	0	0	0	0	0	0	0	0
2.4	Actions et autres participations	0	0	910	0	0	0	1	3
2.4.1	Actions émises par les résidents	0	0	910	0	0	0	1	3
2.4.2	Actions émises par les non-résidents	0	0	0	0	0	0	0	0
2.5	Autres, non classés ailleurs	0	0	176	225	84	102	104	104
	Autres fonds communs de placement								
2	Actifs financiers	302 500	289 765	176 216	185 938	164 312	148 745	142 784	178 086
2.1	Numéraire et dépôts	46 437	53 114	46 601	39 359	33 015	25 358	25 421	36 555
2.2	Titres autres qu'actions, non compris les produits financiers dérivés	148 496	144 309	94 044	104 304	88 131	89 178	82 218	93 018
2.2.1	Titres à court terme	36 803	48 244	18 296	13 519	6 199	4 139	3 167	4 100
2.2.2	Titres à long terme	111 693	96 066	75 748	90 784	81 932	85 039	79 051	88 918
2.2.3	Titres émis par les résidents	66 343	75 640	48 534	57 306	59 929	72 890	71 205	81 844
2.2.4	Titres émis par les non-résidents	82 153	68 669	45 511	46 998	28 202	16 288	11 013	11 174
2.3	Crédits	1 595	1 264	1 398	1 181	528	367	244	229
2.3.1	Crédits à court terme	1 595	1 264	1 398	1 181	528	367	244	229
2.3.2	Crédits à long terme	0	0	0	0	0	0	0	0
2.3.3	Crédits accordés aux résidents	1 595	1 264	1 398	1 181	528	367	244	229
2.3.4	Crédits accordés aux non-résidents	0	0	0	0	0	0	0	0
2.4	Actions et autres participations	97 377	82 742	30 805	38 165	40 349	32 179	32 794	45 242
2.4.1	Actions émises par les résidents	38 695	37 807	17 068	17 739	14 646	11 613	9 008	13 220
2.4.2	Actions émises par les non-résidents	58 682	44 935	13 737	20 426	25 703	20 567	23 786	32 022
2.5	Autres, non classés ailleurs	8 595	8 336	3 367	2 929	2 290	1 663	2 107	3 043

ESPAGNE

Tableau 2. Actifs financiers des fonds d'investissement *(suite)*

Millions EUR (1999 ESP euro)

		2006	2007	2008	2009	2010	2011	2012	2013
	Fonds d'investissement à capital fixe								
2	Actifs financiers	2 761	1 607	820	359	336	179	205	351
2.1	Numéraire et dépôts	1 669	1 094	683	181	175	113	142	250
2.2	Titres autres qu'actions, non compris les produits financiers dérivés	917	443	73	17	4	3	0	1
2.2.1	Titres à court terme	663	379	31	17	4	3	0	1
2.2.2	Titres à long terme	254	64	42	0	0	0	0	0
2.2.3	Titres émis par les résidents	917	443	73	4	4	3	0	1
2.2.4	Titres émis par les non-résidents	0	0	0	13	0	0	0	0
2.3	Crédits	0	0	0	0	0	0	0	0
2.3.1	Crédits à court terme	0	0	0	0	0	0	0	0
2.3.2	Crédits à long terme	0	0	0	0	0	0	0	0
2.3.3	Crédits accordés aux résidents	0	0	0	0	0	0	0	0
2.3.4	Crédits accordés aux non-résidents	0	0	0	0	0	0	0	0
2.4	Actions et autres participations	0	0	0	6	9	0	0	12
2.4.1	Actions émises par les résidents	0	0	0	6	9	0	0	12
2.4.2	Actions émises par les non-résidents	0	0	0	0	0	0	0	0
2.5	Autres, non classés ailleurs	175	70	65	154	148	62	63	88

Note : Voir les métadonnées détaillées sur : http://metalinks.oecd.org/instinv/20141203/f071

ESPAGNE

Tableau 3. Actifs financiers des sociétés d'assurance et fonds de pension autonomes

Millions EUR (1999 ESP euro)

		2006	2007	2008	2009	2010	2011	2012	2013
	Sociétés d'assurance et fonds de pension autonomes								
2	Actifs financiers	323 468	330 552	328 395	344 642	343 925	351 752	366 310	393 030
2.1	Numéraire et dépôts	52 238	58 800	68 697	65 132	65 370	63 969	63 153	63 159
2.2	Titres autres qu'actions, non compris les produits financiers dérivés	172 655	177 306	180 944	199 242	195 207	206 102	215 296	234 258
2.2.1	Titres à court terme	13 643	10 568	6 890	4 697	4 055	8 471	9 159	6 489
2.2.2	Titres à long terme	159 012	166 737	174 054	194 546	191 152	197 631	206 137	227 769
2.2.3	Titres émis par les résidents	71 740	72 204	70 696	86 089	102 965	133 730	146 947	160 042
2.2.4	Titres émis par les non-résidents	100 915	105 102	110 248	113 153	92 242	72 372	68 349	74 216
2.3	Crédits	3 821	3 534	4 471	5 509	7 455	7 704	7 730	6 237
2.3.1	Crédits à court terme	1 842	1 838	2 116	2 317	2 403	2 418	2 369	2 369
2.3.2	Crédits à long terme	1 979	1 697	2 355	3 192	5 052	5 286	5 361	3 868
2.3.3	Crédits accordés aux résidents	3 306	2 774	3 585	4 581	6 169	6 365	6 227	4 688
2.3.4	Crédits accordés aux non-résidents	515	760	886	927	1 285	1 339	1 503	1 549
2.4	Actions et autres participations	60 968	55 854	39 689	43 385	43 468	41 111	43 714	50 926
2.4.1	Actions émises par les résidents	36 288	32 106	24 653	23 076	21 601	22 821	23 165	27 328
2.4.2	Actions émises par les non-résidents	24 680	23 748	15 035	20 309	21 866	18 290	20 549	23 599
2.5	Autres, non classés ailleurs	33 786	35 057	34 595	31 374	32 427	32 866	36 418	38 449
	Sociétés d'assurance								
2	Actifs financiers	223 342	224 436	231 207	239 755	237 651	246 893	257 035	276 669
2.1	Numéraire et dépôts	37 118	42 711	49 509	48 057	47 426	50 504	48 155	47 481
2.2	Titres autres qu'actions, non compris les produits financiers dérivés	123 612	123 614	128 046	139 703	137 628	143 699	154 110	167 494
2.2.1	Titres à court terme	8 759	5 134	2 415	2 180	605	2 562	4 059	4 392
2.2.2	Titres à long terme	114 854	118 480	125 630	137 523	137 023	141 137	150 051	163 102
2.2.3	Titres émis par les résidents	49 221	45 469	45 765	55 550	68 442	88 978	100 193	107 622
2.2.4	Titres émis par les non-résidents	74 392	78 145	82 280	84 158	69 186	54 721	53 917	59 872
2.3	Crédits	3 180	3 010	4 137	5 240	7 301	7 626	7 689	6 219
2.3.1	Crédits à court terme	1 725	1 746	2 052	2 265	2 376	2 405	2 362	2 367
2.3.2	Crédits à long terme	1 455	1 265	2 084	2 975	4 925	5 221	5 327	3 852
2.3.3	Crédits accordés aux résidents	2 665	2 250	3 251	4 313	6 016	6 288	6 186	4 670
2.3.4	Crédits accordés aux non-résidents	515	760	886	927	1 285	1 339	1 503	1 549
2.4	Actions et autres participations	36 140	30 578	24 953	25 239	23 357	23 047	21 831	27 100
2.4.1	Actions émises par les résidents	27 377	22 901	17 463	15 541	14 721	15 829	15 947	19 459
2.4.2	Actions émises par les non-résidents	8 763	7 677	7 490	9 697	8 636	7 218	5 884	7 640
2.5	Autres, non classés ailleurs	23 292	24 523	24 563	21 511	21 938	22 018	25 250	28 375
	Sociétés d'assurance vie								
2	Actifs financiers	..	..	..	..	..	..	..	..
2.1	Numéraire et dépôts	..	..	..	..	..	..	..	..
2.2	Titres autres qu'actions, non compris les produits financiers dérivés	..	..	..	..	..	..	..	..
2.2.1	Titres à court terme	..	..	..	..	..	..	..	..
2.2.2	Titres à long terme	..	..	..	..	..	..	..	..
2.2.3	Titres émis par les résidents	..	..	..	..	..	..	..	..
2.2.4	Titres émis par les non-résidents	..	..	..	..	..	..	..	..
2.3	Crédits	..	..	..	..	..	..	..	..
2.3.1	Crédits à court terme	..	..	..	..	..	..	..	..
2.3.2	Crédits à long terme	..	..	..	..	..	..	..	..
2.3.3	Crédits accordés aux résidents	..	..	..	..	..	..	..	..
2.3.4	Crédits accordés aux non-résidents	..	..	..	..	..	..	..	..
2.4	Actions et autres participations	..	..	..	..	..	..	..	..
2.4.1	Actions émises par les résidents	..	..	..	..	..	..	..	..
2.4.2	Actions émises par les non-résidents	..	..	..	..	..	..	..	..
2.5	Autres, non classés ailleurs	..	..	..	..	..	..	..	..
	Sociétés d'assurance non-vie								
2	Actifs financiers	..	..	..	..	..	..	..	..
2.1	Numéraire et dépôts	..	..	..	..	..	..	..	..
2.2	Titres autres qu'actions, non compris les produits financiers dérivés	..	..	..	..	..	..	..	..
2.2.1	Titres à court terme	..	..	..	..	..	..	..	..
2.2.2	Titres à long terme	..	..	..	..	..	..	..	..
2.2.3	Titres émis par les résidents	..	..	..	..	..	..	..	..
2.2.4	Titres émis par les non-résidents	..	..	..	..	..	..	..	..
2.3	Crédits	..	..	..	..	..	..	..	..
2.3.1	Crédits à court terme	..	..	..	..	..	..	..	..
2.3.2	Crédits à long terme	..	..	..	..	..	..	..	..
2.3.3	Crédits accordés aux résidents	..	..	..	..	..	..	..	..
2.3.4	Crédits accordés aux non-résidents	..	..	..	..	..	..	..	..
2.4	Actions et autres participations	..	..	..	..	..	..	..	..
2.4.1	Actions émises par les résidents	..	..	..	..	..	..	..	..
2.4.2	Actions émises par les non-résidents	..	..	..	..	..	..	..	..
2.5	Autres, non classés ailleurs	..	..	..	..	..	..	..	..

Tableau 3. Actifs financiers des sociétés d'assurance et fonds de pension autonomes *(suite)*

Millions EUR (1999 ESP euro)

		2006	2007	2008	2009	2010	2011	2012	2013
	Fonds de pension autonomes								
2	Actifs financiers	100 126	106 116	97 188	104 887	106 274	104 858	109 275	116 361
2.1	Numéraire et dépôts	15 120	16 090	19 188	17 074	17 943	13 465	14 997	15 679
2.2	Titres autres qu'actions, non compris les produits financiers dérivés	49 043	53 692	52 898	59 534	57 579	62 403	61 186	66 764
2.2.1	Titres à court terme	4 884	5 435	4 475	2 516	3 450	5 909	5 100	2 097
2.2.2	Titres à long terme	44 159	48 257	48 423	57 018	54 129	56 494	56 086	64 667
2.2.3	Titres émis par les résidents	22 520	26 735	24 931	30 539	34 523	44 752	46 754	52 420
2.2.4	Titres émis par les non-résidents	26 523	26 956	27 967	28 995	23 056	17 651	14 432	14 344
2.3	Crédits	641	524	334	269	153	77	40	18
2.3.1	Crédits à court terme	116	92	64	52	27	13	6	1
2.3.2	Crédits à long terme	525	432	271	217	126	65	34	16
2.3.3	Crédits accordés aux résidents	641	524	334	269	153	77	40	18
2.3.4	Crédits accordés aux non-résidents	0	0	0	0	0	0	0	0
2.4	Actions et autres participations	24 828	25 276	14 736	18 147	20 111	18 064	21 883	23 827
2.4.1	Actions émises par les résidents	8 911	9 206	7 190	7 535	6 881	6 992	7 218	7 868
2.4.2	Actions émises par les non-résidents	15 917	16 071	7 546	10 612	13 230	11 072	14 665	15 958
2.5	Autres, non classés ailleurs	10 494	10 534	10 032	9 864	10 488	10 849	11 169	10 074

Note : Voir les métadonnées détaillées sur : http://metalinks.oecd.org/instinv/20141203/f071

Tableau 4. Composition du portefeuille par type d'investisseur

Pourcentage du total des actifs financiers

Pour cent

		2006	2007	2008	2009	2010	2011	2012	2013
	Fonds d'investissement								
2	Actifs financiers	100.0	100.0	100.0	100.0	100.0	100.0	100.0	100.0
2.1	Numéraire et dépôts	16.8	20.0	29.2	23.6	22.7	18.9	18.8	21.9
2.2	Titres autres qu'actions, non compris les produits financiers dérivés	52.2	53.5	58.0	59.6	56.3	62.9	60.0	54.7
2.2.1	Titres à court terme	13.1	18.0	14.1	9.0	4.7	4.7	3.7	3.2
2.2.2	Titres à long terme	39.1	35.6	43.9	50.6	51.5	58.2	56.4	51.4
2.2.3	Titres émis par les résidents	23.5	28.1	31.7	33.1	38.2	51.4	51.6	47.9
2.2.4	Titres émis par les non-résidents	28.7	25.4	26.2	26.5	18.0	11.4	8.4	6.7
2.3	Crédits	0.6	0.5	0.7	0.6	0.4	0.3	0.2	0.1
2.3.1	Crédits à court terme	0.6	0.5	0.7	0.6	0.4	0.3	0.2	0.1
2.3.2	Crédits à long terme	0.0	0.0	0.0	0.0	0.0	0.0	0.0	0.0
2.3.3	Crédits accordés aux résidents	0.6	0.5	0.7	0.6	0.4	0.3	0.2	0.1
2.3.4	Crédits accordés aux non-résidents	0.0	0.0	0.0	0.0	0.0	0.0	0.0	0.0
2.4	Actions et autres participations	27.6	23.2	10.4	14.6	19.4	17.1	19.7	21.8
2.4.1	Actions émises par les résidents	7.1	6.5	3.3	3.8	3.8	3.4	3.3	4.0
2.4.2	Actions émises par les non-résidents	20.5	16.6	7.1	10.8	15.7	13.7	16.4	17.7
2.5	Autres, non classés ailleurs	2.8	2.8	1.7	1.5	1.3	0.9	1.3	1.6
	Sociétés d'assurance								
2	Actifs financiers	100.0	100.0	100.0	100.0	100.0	100.0	100.0	100.0
2.1	Numéraire et dépôts	16.6	19.0	21.4	20.0	20.0	20.5	18.7	17.2
2.2	Titres autres qu'actions, non compris les produits financiers dérivés	55.3	55.1	55.4	58.3	57.9	58.2	60.0	60.5
2.2.1	Titres à court terme	3.9	2.3	1.0	0.9	0.3	1.0	1.6	1.6
2.2.2	Titres à long terme	51.4	52.8	54.3	57.4	57.7	57.2	58.4	59.0
2.2.3	Titres émis par les résidents	22.0	20.3	19.8	23.2	28.8	36.0	39.0	38.9
2.2.4	Titres émis par les non-résidents	33.3	34.8	35.6	35.1	29.1	22.2	21.0	21.6
2.3	Crédits	1.4	1.3	1.8	2.2	3.1	3.1	3.0	2.2
2.3.1	Crédits à court terme	0.8	0.8	0.9	0.9	1.0	1.0	0.9	0.9
2.3.2	Crédits à long terme	0.7	0.6	0.9	1.2	2.1	2.1	2.1	1.4
2.3.3	Crédits accordés aux résidents	1.2	1.0	1.4	1.8	2.5	2.5	2.4	1.7
2.3.4	Crédits accordés aux non-résidents	0.2	0.3	0.4	0.4	0.5	0.5	0.6	0.6
2.4	Actions et autres participations	16.2	13.6	10.8	10.5	9.8	9.3	8.5	9.8
2.4.1	Actions émises par les résidents	12.3	10.2	7.6	6.5	6.2	6.4	6.2	7.0
2.4.2	Actions émises par les non-résidents	3.9	3.4	3.2	4.0	3.6	2.9	2.3	2.8
2.5	Autres, non classés ailleurs	10.4	10.9	10.6	9.0	9.2	8.9	9.8	10.3
	Fonds de pension autonomes								
2	Actifs financiers	100.0	100.0	100.0	100.0	100.0	100.0	100.0	100.0
2.1	Numéraire et dépôts	15.1	15.2	19.7	16.3	16.9	12.8	13.7	13.5
2.2	Titres autres qu'actions, non compris les produits financiers dérivés	49.0	50.6	54.4	56.8	54.2	59.5	56.0	57.4
2.2.1	Titres à court terme	4.9	5.1	4.6	2.4	3.2	5.6	4.7	1.8
2.2.2	Titres à long terme	44.1	45.5	49.8	54.4	50.9	53.9	51.3	55.6
2.2.3	Titres émis par les résidents	22.5	25.2	25.7	29.1	32.5	42.7	42.8	45.0
2.2.4	Titres émis par les non-résidents	26.5	25.4	28.8	27.6	21.7	16.8	13.2	12.3
2.3	Crédits	0.6	0.5	0.3	0.3	0.1	0.1	0.0	0.0
2.3.1	Crédits à court terme	0.1	0.1	0.1	0.0	0.0	0.0	0.0	0.0
2.3.2	Crédits à long terme	0.5	0.4	0.3	0.2	0.1	0.1	0.0	0.0
2.3.3	Crédits accordés aux résidents	0.6	0.5	0.3	0.3	0.1	0.1	0.0	0.0
2.3.4	Crédits accordés aux non-résidents	0.0	0.0	0.0	0.0	0.0	0.0	0.0	0.0
2.4	Actions et autres participations	24.8	23.8	15.2	17.3	18.9	17.2	20.0	20.5
2.4.1	Actions émises par les résidents	8.9	8.7	7.4	7.2	6.5	6.7	6.6	6.8
2.4.2	Actions émises par les non-résidents	15.9	15.1	7.8	10.1	12.4	10.6	13.4	13.7
2.5	Autres, non classés ailleurs	10.5	9.9	10.3	9.4	9.9	10.3	10.2	8.7

Note : Voir les métadonnées détaillées sur : http://metalinks.oecd.org/instinv/20141203/bbbc

SUÈDE

Tableau 1. Actifs financiers des investisseurs institutionnels, 2013

Millions SEK

		Total	Fonds d'investissement			
			Fonds d'investissement à capital variable (fonds communs de placement)			Fonds d'investissement à capital fixe
			Total	Fonds d'investissement sur le marché monéaire	Autres fonds communs de placement	Total
2	Actifs financiers	2 307 071	2 366 593	108 526	2 258 067	..
2.1	Numéraire et dépôts	68 292	68 292	1 523	66 769	..
2.2	Titres autres qu'actions, non compris les produits financiers dérivés	488 594	488 594	103 156	385 438	..
2.2.1	Titres à court terme	34 956	34 956	18 760	16 196	..
2.2.2	Titres à long terme	453 638	453 638	84 396	369 242	..
2.2.3	Titres émis par les résidents	355 683	355 683	95 257	260 426	..
2.2.4	Titres émis par les non-résidents	132 911	132 911	7 899	125 012	..
2.3	Crédits	0	0	0	0	..
2.3.1	Crédits à court terme	0	0	0	0	..
2.3.2	Crédits à long terme	0	0	0	0	..
2.3.3	Crédits accordés aux résidents	0	0	0	0	..
2.3.4	Crédits accordés aux non-résidents	0	0	0	0	..
2.4	Actions et autres participations	1 638 579	1 697 683	3 669	1 694 014	..
2.4.1	Actions émises par les résidents	544 643	603 747	3 669	600 078	..
2.4.2	Actions émises par les non-résidents	1 093 936	1 093 936	0	1 093 936	..
2.5	Autres, non classés ailleurs	111 606	112 024	178	111 846	..

		Total	Sociétés d'assurance et fonds de pension autonomes			
			Sociétés d'assurance			Fonds de pension autonomes
			Total	Sociétés d'assurance vie	Sociétés d'assurance non-vie	Total
2	Actifs financiers	4 102 410	3 391 770	..	..	785 149
2.1	Numéraire et dépôts	126 167	124 540	..	..	1 627
2.2	Titres autres qu'actions, non compris les produits financiers dérivés	1 324 128	1 247 642	..	..	76 486
2.2.1	Titres à court terme	41 619	39 248	..	..	2 371
2.2.2	Titres à long terme	1 282 509	1 208 394	..	..	74 115
2.2.3	Titres émis par les résidents	988 830	912 344	..	..	76 486
2.2.4	Titres émis par les non-résidents	335 298	335 298	..	..	0
2.3	Crédits	79 625	78 609	..	..	1 016
2.3.1	Crédits à court terme	0	0	..	..	0
2.3.2	Crédits à long terme	79 625	78 609	..	..	1 016
2.3.3	Crédits accordés aux résidents	54 134	53 118	..	..	1 016
2.3.4	Crédits accordés aux non-résidents	25 491	25 491	..	..	0
2.4	Actions et autres participations	2 499 880	1 848 442	..	..	704 933
2.4.1	Actions émises par les résidents	1 551 054	1 004 077	..	..	600 472
2.4.2	Actions émises par les non-résidents	948 826	844 365	..	..	104 461
2.5	Autres, non classés ailleurs	72 610	92 537	..	..	1 087

Note : Voir les métadonnées détaillées sur : http://metalinks.oecd.org/instinv/20141203/a6ab

Tableau 2. Actifs financiers des fonds d'investissement

Millions SEK

		2006	2007	2008	2009	2010	2011	2012	2013
	Fonds d'investissement								
2	Actifs financiers	1 442 028	1 544 004	1 085 924	1 509 985	1 767 531	1 602 807	1 839 782	2 307 071
2.1	Numéraire et dépôts	53 349	55 633	51 325	49 042	47 895	56 493	64 448	68 292
2.2	Titres autres qu'actions, non compris les produits financiers dérivés	315 584	320 054	304 846	344 665	370 452	396 512	401 142	488 594
2.2.1	Titres à court terme	77 111	68 331	73 021	45 336	43 499	49 098	39 515	34 956
2.2.2	Titres à long terme	238 473	251 723	231 825	299 329	326 953	347 414	361 627	453 638
2.2.3	Titres émis par les résidents	278 945	276 298	269 775	282 817	316 899	349 143	332 216	355 683
2.2.4	Titres émis par les non-résidents	36 639	43 756	35 071	61 848	53 553	47 369	68 926	132 911
2.3	Crédits	0	0	0	0	0	0	0	0
2.3.1	Crédits à court terme	0	0	0	0	0	0	0	0
2.3.2	Crédits à long terme	0	0	0	0	0	0	0	0
2.3.3	Crédits accordés aux résidents	0	0	0	0	0	0	0	0
2.3.4	Crédits accordés aux non-résidents	0	0	0	0	0	0	0	0
2.4	Actions et autres participations	1 057 275	1 097 706	687 449	1 048 131	1 263 181	1 080 860	1 271 731	1 638 579
2.4.1	Actions émises par les résidents	457 404	418 326	243 507	403 656	501 308	402 385	438 103	544 643
2.4.2	Actions émises par les non-résidents	599 871	679 380	443 942	644 475	761 873	678 475	833 628	1 093 936
2.5	Autres, non classés ailleurs	15 820	70 611	42 304	68 147	86 003	68 942	102 461	111 606
	Fonds d'investissement à capital variable (fonds communs de placement)								
2	Actifs financiers	1 455 350	1 560 749	1 099 578	1 527 845	1 790 567	1 640 445	1 893 240	2 366 593
2.1	Numéraire et dépôts	53 349	55 633	51 325	49 042	47 895	56 493	64 448	68 292
2.2	Titres autres qu'actions, non compris les produits financiers dérivés	315 584	320 054	304 846	344 665	370 452	396 512	401 142	488 594
2.2.1	Titres à court terme	77 111	68 331	73 021	45 336	43 499	49 098	39 515	34 956
2.2.2	Titres à long terme	238 473	251 723	231 825	299 329	326 953	347 414	361 627	453 638
2.2.3	Titres émis par les résidents	278 945	276 298	269 775	282 817	316 899	349 143	332 216	355 683
2.2.4	Titres émis par les non-résidents	36 639	43 756	35 071	61 848	53 553	47 369	68 926	132 911
2.3	Crédits	0	0	0	0	0	0	0	0
2.3.1	Crédits à court terme	0	0	0	0	0	0	0	0
2.3.2	Crédits à long terme	0	0	0	0	0	0	0	0
2.3.3	Crédits accordés aux résidents	0	0	0	0	0	0	0	0
2.3.4	Crédits accordés aux non-résidents	0	0	0	0	0	0	0	0
2.4	Actions et autres participations	1 070 392	1 114 305	700 342	1 065 971	1 286 192	1 118 462	1 325 172	1 697 683
2.4.1	Actions émises par les résidents	470 521	434 925	256 400	421 496	524 319	439 987	491 544	603 747
2.4.2	Actions émises par les non-résidents	599 871	679 380	443 942	644 475	761 873	678 475	833 628	1 093 936
2.5	Autres, non classés ailleurs	16 025	70 757	43 065	68 167	86 028	68 978	102 478	112 024
	Fonds d'investissement sur le marché monéaire								
2	Actifs financiers	79 025	85 973	93 399	70 996	71 707	100 308	90 903	108 526
2.1	Numéraire et dépôts	1 227	1 348	1 848	1 330	1 066	2 235	1 908	1 523
2.2	Titres autres qu'actions, non compris les produits financiers dérivés	73 838	82 841	90 341	69 473	70 214	97 925	86 009	103 156
2.2.1	Titres à court terme	32 650	29 553	39 520	16 851	14 605	27 162	21 882	18 760
2.2.2	Titres à long terme	41 188	53 288	50 821	52 622	55 609	70 763	64 127	84 396
2.2.3	Titres émis par les résidents	66 583	75 187	86 061	66 145	68 323	94 856	81 770	95 257
2.2.4	Titres émis par les non-résidents	7 255	7 654	4 280	3 328	1 891	3 069	4 239	7 899
2.3	Crédits	0	0	0	0	0	0	0	0
2.3.1	Crédits à court terme	0	0	0	0	0	0	0	0
2.3.2	Crédits à long terme	0	0	0	0	0	0	0	0
2.3.3	Crédits accordés aux résidents	0	0	0	0	0	0	0	0
2.3.4	Crédits accordés aux non-résidents	0	0	0	0	0	0	0	0
2.4	Actions et autres participations	3 648	871	882	103	155	39	2 698	3 669
2.4.1	Actions émises par les résidents	3 648	871	882	103	155	39	2 698	3 669
2.4.2	Actions émises par les non-résidents	0	0	0	0	0	0	0	0
2.5	Autres, non classés ailleurs	312	913	328	90	272	109	288	178
	Autres fonds communs de placement								
2	Actifs financiers	1 376 325	1 474 776	1 006 179	1 456 849	1 718 860	1 540 137	1 802 337	2 258 067
2.1	Numéraire et dépôts	52 122	54 285	49 477	47 712	46 829	54 258	62 540	66 769
2.2	Titres autres qu'actions, non compris les produits financiers dérivés	241 746	237 213	214 505	275 192	300 238	298 587	315 133	385 438
2.2.1	Titres à court terme	44 461	38 778	33 501	28 485	28 894	21 936	17 633	16 196
2.2.2	Titres à long terme	197 285	198 435	181 004	246 707	271 344	276 651	297 500	369 242
2.2.3	Titres émis par les résidents	212 362	201 111	183 714	216 672	248 576	254 287	250 446	260 426
2.2.4	Titres émis par les non-résidents	29 384	36 102	30 791	58 520	51 662	44 300	64 687	125 012
2.3	Crédits	0	0	0	0	0	0	0	0
2.3.1	Crédits à court terme	0	0	0	0	0	0	0	0
2.3.2	Crédits à long terme	0	0	0	0	0	0	0	0
2.3.3	Crédits accordés aux résidents	0	0	0	0	0	0	0	0
2.3.4	Crédits accordés aux non-résidents	0	0	0	0	0	0	0	0
2.4	Actions et autres participations	1 066 744	1 113 434	699 460	1 065 868	1 286 037	1 118 423	1 322 474	1 694 014
2.4.1	Actions émises par les résidents	466 873	434 054	255 518	421 393	524 164	439 948	488 846	600 078
2.4.2	Actions émises par les non-résidents	599 871	679 380	443 942	644 475	761 873	678 475	833 628	1 093 936
2.5	Autres, non classés ailleurs	15 713	69 844	42 737	68 077	85 756	68 869	102 190	111 846

Tableau 2. Actifs financiers des fonds d'investissement *(suite)*

Millions SEK

		2006	2007	2008	2009	2010	2011	2012	2013
	Fonds d'investissement à capital fixe								
2	Actifs financiers	..	..	..	..	..	..	..	..
2.1	Numéraire et dépôts	..	..	..	..	..	..	..	..
2.2	Titres autres qu'actions, non compris les produits financiers dérivés	..	..	..	..	..	..	..	..
2.2.1	Titres à court terme	..	..	..	..	..	..	..	..
2.2.2	Titres à long terme	..	..	..	..	..	..	..	..
2.2.3	Titres émis par les résidents	..	..	..	..	..	..	..	..
2.2.4	Titres émis par les non-résidents	..	..	..	..	..	..	..	..
2.3	Crédits	..	..	..	..	..	..	..	..
2.3.1	Crédits à court terme	..	..	..	..	..	..	..	..
2.3.2	Crédits à long terme	..	..	..	..	..	..	..	..
2.3.3	Crédits accordés aux résidents	..	..	..	..	..	..	..	..
2.3.4	Crédits accordés aux non-résidents	..	..	..	..	..	..	..	..
2.4	Actions et autres participations	..	..	..	..	..	..	..	..
2.4.1	Actions émises par les résidents	..	..	..	..	..	..	..	..
2.4.2	Actions émises par les non-résidents	..	..	..	..	..	..	..	..
2.5	Autres, non classés ailleurs	..	..	..	..	..	..	..	..

Note : Voir les métadonnées détaillées sur : http://metalinks.oecd.org/instinv/20141203/a6ab

Tableau 3. Actifs financiers des sociétés d'assurance et fonds de pension autonomes

Millions SEK

		2006	2007	2008	2009	2010	2011	2012	2013
	Sociétés d'assurance et fonds de pension autonomes								
2	Actifs financiers	2 904 716	3 049 778	2 754 129	3 187 305	3 443 205	3 439 252	3 722 011	4 102 410
2.1	Numéraire et dépôts	106 795	112 302	121 801	98 109	117 829	136 065	124 075	126 167
2.2	Titres autres qu'actions, non compris les produits financiers dérivés	1 134 688	1 193 108	1 299 579	1 244 521	1 190 185	1 318 125	1 359 356	1 324 128
2.2.1	Titres à court terme	109 400	112 428	61 533	48 248	29 875	33 004	52 185	41 619
2.2.2	Titres à long terme	1 025 288	1 080 680	1 238 046	1 196 273	1 160 310	1 285 121	1 307 171	1 282 509
2.2.3	Titres émis par les résidents	863 684	881 999	907 198	901 524	858 055	958 876	1 019 839	988 830
2.2.4	Titres émis par les non-résidents	271 004	311 109	392 381	342 997	332 130	359 249	339 517	335 298
2.3	Crédits	46 558	49 026	49 742	54 030	58 898	63 628	71 689	79 625
2.3.1	Crédits à court terme	0	0	0	0	0	0	0	0
2.3.2	Crédits à long terme	46 558	49 026	49 742	54 030	58 898	63 628	71 689	79 625
2.3.3	Crédits accordés aux résidents	43 526	44 405	41 377	44 011	49 264	52 847	58 818	54 134
2.3.4	Crédits accordés aux non-résidents	3 032	4 621	8 365	10 019	9 634	10 781	12 871	25 491
2.4	Actions et autres participations	1 557 913	1 636 053	1 193 553	1 723 972	2 000 658	1 827 272	2 070 295	2 499 880
2.4.1	Actions émises par les résidents	1 030 554	1 059 735	741 607	1 055 839	1 233 487	1 135 020	1 265 142	1 551 054
2.4.2	Actions émises par les non-résidents	527 359	576 318	451 946	668 133	767 171	692 252	805 153	948 826
2.5	Autres, non classés ailleurs	58 762	59 289	89 454	66 623	75 635	94 162	96 596	72 610
	Sociétés d'assurance								
2	Actifs financiers	2 514 205	2 617 575	2 429 233	2 736 251	2 950 129	2 930 267	3 152 534	3 391 770
2.1	Numéraire et dépôts	97 756	100 616	109 886	87 813	115 035	133 127	120 987	124 540
2.2	Titres autres qu'actions, non compris les produits financiers dérivés	1 045 301	1 106 045	1 223 554	1 164 537	1 131 600	1 248 990	1 284 289	1 247 642
2.2.1	Titres à court terme	92 233	95 357	44 879	31 538	28 086	30 893	49 893	39 248
2.2.2	Titres à long terme	953 068	1 010 688	1 178 675	1 132 999	1 103 514	1 218 097	1 234 396	1 208 394
2.2.3	Titres émis par les résidents	774 297	794 936	831 173	821 540	799 470	889 741	944 772	912 344
2.2.4	Titres émis par les non-résidents	271 004	311 109	392 381	342 997	332 130	359 249	339 517	335 298
2.3	Crédits	45 057	47 738	48 873	53 652	58 322	61 984	70 320	78 609
2.3.1	Crédits à court terme	10	1	613	0	0	0	0	0
2.3.2	Crédits à long terme	45 047	47 737	48 260	53 652	58 322	61 984	70 320	78 609
2.3.3	Crédits accordés aux résidents	42 025	43 117	40 508	43 633	48 688	51 203	57 449	53 118
2.3.4	Crédits accordés aux non-résidents	3 032	4 621	8 365	10 019	9 634	10 781	12 871	25 491
2.4	Actions et autres participations	1 252 512	1 285 586	936 433	1 343 186	1 550 922	1 374 155	1 561 907	1 848 442
2.4.1	Actions émises par les résidents	779 602	775 996	529 048	752 693	876 116	754 305	845 554	1 004 077
2.4.2	Actions émises par les non-résidents	472 910	509 590	407 385	590 493	674 806	619 850	716 353	844 365
2.5	Autres, non classés ailleurs	73 579	77 590	110 487	87 063	94 250	112 011	115 031	92 537
	Sociétés d'assurance vie								
2	Actifs financiers	..	..	..	..	..	..	..	..
2.1	Numéraire et dépôts	..	..	..	..	..	..	..	..
2.2	Titres autres qu'actions, non compris les produits financiers dérivés	..	..	..	..	..	..	..	..
2.2.1	Titres à court terme	..	..	..	..	..	..	..	..
2.2.2	Titres à long terme	..	..	..	..	..	..	..	..
2.2.3	Titres émis par les résidents	..	..	..	..	..	..	..	..
2.2.4	Titres émis par les non-résidents	..	..	..	..	..	..	..	..
2.3	Crédits	..	..	..	..	..	..	..	..
2.3.1	Crédits à court terme	..	..	..	..	..	..	..	..
2.3.2	Crédits à long terme	..	..	..	..	..	..	..	..
2.3.3	Crédits accordés aux résidents	..	..	..	..	..	..	..	..
2.3.4	Crédits accordés aux non-résidents	..	..	..	..	..	..	..	..
2.4	Actions et autres participations	..	..	..	..	..	..	..	..
2.4.1	Actions émises par les résidents	..	..	..	..	..	..	..	..
2.4.2	Actions émises par les non-résidents	..	..	..	..	..	..	..	..
2.5	Autres, non classés ailleurs	..	..	..	..	..	..	..	..
	Sociétés d'assurance non-vie								
2	Actifs financiers	..	..	..	..	..	..	..	..
2.1	Numéraire et dépôts	..	..	..	..	..	..	..	..
2.2	Titres autres qu'actions, non compris les produits financiers dérivés	..	..	..	..	..	..	..	..
2.2.1	Titres à court terme	..	..	..	..	..	..	..	..
2.2.2	Titres à long terme	..	..	..	..	..	..	..	..
2.2.3	Titres émis par les résidents	..	..	..	..	..	..	..	..
2.2.4	Titres émis par les non-résidents	..	..	..	..	..	..	..	..
2.3	Crédits	..	..	..	..	..	..	..	..
2.3.1	Crédits à court terme	..	..	..	..	..	..	..	..
2.3.2	Crédits à long terme	..	..	..	..	..	..	..	..
2.3.3	Crédits accordés aux résidents	..	..	..	..	..	..	..	..
2.3.4	Crédits accordés aux non-résidents	..	..	..	..	..	..	..	..
2.4	Actions et autres participations	..	..	..	..	..	..	..	..
2.4.1	Actions émises par les résidents	..	..	..	..	..	..	..	..
2.4.2	Actions émises par les non-résidents	..	..	..	..	..	..	..	..
2.5	Autres, non classés ailleurs	..	..	..	..	..	..	..	..

Tableau 3. Actifs financiers des sociétés d'assurance et fonds de pension autonomes *(suite)*

Millions SEK

		2006	2007	2008	2009	2010	2011	2012	2013
	Fonds de pension autonomes								
2	Actifs financiers	422 329	467 187	362 169	492 235	536 550	547 957	639 326	785 149
2.1	Numéraire et dépôts	9 039	11 686	11 915	10 296	2 794	2 938	3 088	1 627
2.2	Titres autres qu'actions, non compris les produits financiers dérivés	89 387	87 063	76 025	79 984	58 585	69 135	75 067	76 486
2.2.1	Titres à court terme	17 167	17 071	16 654	16 710	1 789	2 111	2 292	2 371
2.2.2	Titres à long terme	72 220	69 992	59 371	63 274	56 796	67 024	72 775	74 115
2.2.3	Titres émis par les résidents	89 387	87 063	76 025	79 984	58 585	69 135	75 067	76 486
2.2.4	Titres émis par les non-résidents	0	0	0	0	0	0	0	0
2.3	Crédits	1 511	1 289	1 482	428	576	1 644	1 369	1 016
2.3.1	Crédits à court terme	0	0	0	0	0	0	0	0
2.3.2	Crédits à long terme	1 511	1 289	1 482	428	576	1 644	1 369	1 016
2.3.3	Crédits accordés aux résidents	1 511	1 289	1 482	428	576	1 644	1 369	1 016
2.3.4	Crédits accordés aux non-résidents	0	0	0	0	0	0	0	0
2.4	Actions et autres participations	321 073	365 731	271 638	400 109	473 592	473 066	558 571	704 933
2.4.1	Actions émises par les résidents	266 624	299 003	227 077	322 469	381 227	400 664	469 771	600 472
2.4.2	Actions émises par les non-résidents	54 449	66 728	44 561	77 640	92 365	72 402	88 800	104 461
2.5	Autres, non classés ailleurs	1 319	1 418	1 109	1 418	1 003	1 174	1 231	1 087

Note : Voir les métadonnées détaillées sur : http://metalinks.oecd.org/instinv/20141203/a6ab

Tableau 4. Composition du portefeuille par type d'investisseur

Pourcentage du total des actifs financiers

Pour cent

		2006	2007	2008	2009	2010	2011	2012	2013
	Fonds d'investissement								
2	Actifs financiers	100.0	100.0	100.0	100.0	100.0	100.0	100.0	100.0
2.1	Numéraire et dépôts	3.7	3.6	4.7	3.2	2.7	3.5	3.5	3.0
2.2	Titres autres qu'actions, non compris les produits financiers dérivés	21.9	20.7	28.1	22.8	21.0	24.7	21.8	21.2
2.2.1	Titres à court terme	5.3	4.4	6.7	3.0	2.5	3.1	2.1	1.5
2.2.2	Titres à long terme	16.5	16.3	21.3	19.8	18.5	21.7	19.7	19.7
2.2.3	Titres émis par les résidents	19.3	17.9	24.8	18.7	17.9	21.8	18.1	15.4
2.2.4	Titres émis par les non-résidents	2.5	2.8	3.2	4.1	3.0	3.0	3.7	5.8
2.3	Crédits	0.0	0.0	0.0	0.0	0.0	0.0	0.0	0.0
2.3.1	Crédits à court terme	0.0	0.0	0.0	0.0	0.0	0.0	0.0	0.0
2.3.2	Crédits à long terme	0.0	0.0	0.0	0.0	0.0	0.0	0.0	0.0
2.3.3	Crédits accordés aux résidents	0.0	0.0	0.0	0.0	0.0	0.0	0.0	0.0
2.3.4	Crédits accordés aux non-résidents	0.0	0.0	0.0	0.0	0.0	0.0	0.0	0.0
2.4	Actions et autres participations	73.3	71.1	63.3	69.4	71.5	67.4	69.1	71.0
2.4.1	Actions émises par les résidents	31.7	27.1	22.4	26.7	28.4	25.1	23.8	23.6
2.4.2	Actions émises par les non-résidents	41.6	44.0	40.9	42.7	43.1	42.3	45.3	47.4
2.5	Autres, non classés ailleurs	1.1	4.6	3.9	4.5	4.9	4.3	5.6	4.8
	Sociétés d'assurance								
2	Actifs financiers	100.0	100.0	100.0	100.0	100.0	100.0	100.0	100.0
2.1	Numéraire et dépôts	3.9	3.8	4.5	3.2	3.9	4.5	3.8	3.7
2.2	Titres autres qu'actions, non compris les produits financiers dérivés	41.6	42.3	50.4	42.6	38.4	42.6	40.7	36.8
2.2.1	Titres à court terme	3.7	3.6	1.8	1.2	1.0	1.1	1.6	1.2
2.2.2	Titres à long terme	37.9	38.6	48.5	41.4	37.4	41.6	39.2	35.6
2.2.3	Titres émis par les résidents	30.8	30.4	34.2	30.0	27.1	30.4	30.0	26.9
2.2.4	Titres émis par les non-résidents	10.8	11.9	16.2	12.5	11.3	12.3	10.8	9.9
2.3	Crédits	1.8	1.8	2.0	2.0	2.0	2.1	2.2	2.3
2.3.1	Crédits à court terme	0.0	0.0	0.0	0.0	0.0	0.0	0.0	0.0
2.3.2	Crédits à long terme	1.8	1.8	2.0	2.0	2.0	2.1	2.2	2.3
2.3.3	Crédits accordés aux résidents	1.7	1.6	1.7	1.6	1.7	1.7	1.8	1.6
2.3.4	Crédits accordés aux non-résidents	0.1	0.2	0.3	0.4	0.3	0.4	0.4	0.8
2.4	Actions et autres participations	49.8	49.1	38.5	49.1	52.6	46.9	49.5	54.5
2.4.1	Actions émises par les résidents	31.0	29.6	21.8	27.5	29.7	25.7	26.8	29.6
2.4.2	Actions émises par les non-résidents	18.8	19.5	16.8	21.6	22.9	21.2	22.7	24.9
2.5	Autres, non classés ailleurs	2.9	3.0	4.5	3.2	3.2	3.8	3.6	2.7
	Fonds de pension autonomes								
2	Actifs financiers	100.0	100.0	100.0	100.0	100.0	100.0	100.0	100.0
2.1	Numéraire et dépôts	2.1	2.5	3.3	2.1	0.5	0.5	0.5	0.2
2.2	Titres autres qu'actions, non compris les produits financiers dérivés	21.2	18.6	21.0	16.2	10.9	12.6	11.7	9.7
2.2.1	Titres à court terme	4.1	3.7	4.6	3.4	0.3	0.4	0.4	0.3
2.2.2	Titres à long terme	17.1	15.0	16.4	12.9	10.6	12.2	11.4	9.4
2.2.3	Titres émis par les résidents	21.2	18.6	21.0	16.2	10.9	12.6	11.7	9.7
2.2.4	Titres émis par les non-résidents	0.0	0.0	0.0	0.0	0.0	0.0	0.0	0.0
2.3	Crédits	0.4	0.3	0.4	0.1	0.1	0.3	0.2	0.1
2.3.1	Crédits à court terme	0.0	0.0	0.0	0.0	0.0	0.0	0.0	0.0
2.3.2	Crédits à long terme	0.4	0.3	0.4	0.1	0.1	0.3	0.2	0.1
2.3.3	Crédits accordés aux résidents	0.4	0.3	0.4	0.1	0.1	0.3	0.2	0.1
2.3.4	Crédits accordés aux non-résidents	0.0	0.0	0.0	0.0	0.0	0.0	0.0	0.0
2.4	Actions et autres participations	76.0	78.3	75.0	81.3	88.3	86.3	87.4	89.8
2.4.1	Actions émises par les résidents	63.1	64.0	62.7	65.5	71.1	73.1	73.5	76.5
2.4.2	Actions émises par les non-résidents	12.9	14.3	12.3	15.8	17.2	13.2	13.9	13.3
2.5	Autres, non classés ailleurs	0.3	0.3	0.3	0.3	0.2	0.2	0.2	0.1

Note : Voir les métadonnées détaillées sur : http://metalinks.oecd.org/instinv/20141203/bbbc

Tableau 1. Actifs financiers des investisseurs institutionnels, 2013

Millions CHF

		Total	Fonds d'investissement			
			Fonds d'investissement à capital variable (fonds communs de placement)			Fonds d'investissement à capital fixe
			Total	Fonds d'investissement sur le marché monéaire	Autres fonds communs de placement	Total
2	Actifs financiers	..	548 383	..	..	..
2.1	Numéraire et dépôts	..	15 899	..	..	..
2.2	Titres autres qu'actions, non compris les produits financiers dérivés	..	281 150	..	..	..
2.2.1	Titres à court terme	..	15 439	..	..	..
2.2.2	Titres à long terme	..	265 711	..	..	..
2.2.3	Titres émis par les résidents	..	85 097	..	..	..
2.2.4	Titres émis par les non-résidents	..	196 053	..	..	..
2.3	Crédits	..	0	..	..	..
2.3.1	Crédits à court terme	..	0	..	..	..
2.3.2	Crédits à long terme	..	0	..	..	..
2.3.3	Crédits accordés aux résidents	..	0	..	..	..
2.3.4	Crédits accordés aux non-résidents	..	0	..	..	..
2.4	Actions et autres participations	..	251 334	..	..	..
2.4.1	Actions émises par les résidents	..	124 063	..	..	..
2.4.2	Actions émises par les non-résidents	..	127 271	..	..	..
2.5	Autres, non classés ailleurs	..	0	..	..	..

		Total	Sociétés d'assurance et fonds de pension autonomes			
			Sociétés d'assurance			Fonds de pension autonomes
			Total	Sociétés d'assurance vie	Sociétés d'assurance non-vie	Total
2	Actifs financiers	1 205 893	550 463	..	..	655 430
2.1	Numéraire et dépôts	80 327	28 970	..	..	51 357
2.2	Titres autres qu'actions, non compris les produits financiers dérivés	322 601	188 201	..	..	134 400
2.2.1	Titres à court terme	12 869	10 392	..	..	2 477
2.2.2	Titres à long terme	309 732	177 809	..	..	131 923
2.2.3	Titres émis par les résidents	122 400	58 149	..	..	64 251
2.2.4	Titres émis par les non-résidents	200 201	130 052	..	..	70 149
2.3	Crédits	63 432	52 922	..	..	10 510
2.3.1	Crédits à court terme	..	..	..	..	..
2.3.2	Crédits à long terme	..	..	..	..	..
2.3.3	Crédits accordés aux résidents	41 690	31 180	..	..	10 510
2.3.4	Crédits accordés aux non-résidents	21 742	21 742	..	..	0
2.4	Actions et autres participations	732 107	280 370	..	..	451 737
2.4.1	Actions émises par les résidents	458 109	105 478	..	..	352 631
2.4.2	Actions émises par les non-résidents	273 998	174 892	..	..	99 106
2.5	Autres, non classés ailleurs	7 426	..	..	..	7 426

Note : Voir les métadonnées détaillées sur : http://metalinks.oecd.org/instinv/20141203/d7c8

Tableau 2. Actifs financiers des fonds d'investissement

Millions CHF

		2006	2007	2008	2009	2010	2011	2012	2013
	Fonds d'investissement								
2	Actifs financiers	..	..	..	..	..	..	..	..
2.1	Numéraire et dépôts	..	..	..	..	..	..	..	..
2.2	Titres autres qu'actions, non compris les produits financiers dérivés	..	..	..	..	..	..	..	..
2.2.1	Titres à court terme	..	..	..	..	..	..	..	..
2.2.2	Titres à long terme	..	..	..	..	..	..	..	..
2.2.3	Titres émis par les résidents	..	..	..	..	..	..	..	..
2.2.4	Titres émis par les non-résidents	..	..	..	..	..	..	..	..
2.3	Crédits	..	..	..	..	..	..	..	..
2.3.1	Crédits à court terme	..	..	..	..	..	..	..	..
2.3.2	Crédits à long terme	..	..	..	..	..	..	..	..
2.3.3	Crédits accordés aux résidents	..	..	..	..	..	..	..	..
2.3.4	Crédits accordés aux non-résidents	..	..	..	..	..	..	..	..
2.4	Actions et autres participations	..	..	..	..	..	..	..	..
2.4.1	Actions émises par les résidents	..	..	..	..	..	..	..	..
2.4.2	Actions émises par les non-résidents	..	..	..	..	..	..	..	..
2.5	Autres, non classés ailleurs	..	..	..	..	..	..	..	..
	Fonds d'investissement à capital variable (fonds communs de placement)								
2	Actifs financiers	373 289	415 707	321 727	388 874	422 397	437 898	489 668	548 383
2.1	Numéraire et dépôts	11 780	13 553	12 479	10 860	11 934	16 499	16 939	15 899
2.2	Titres autres qu'actions, non compris les produits financiers dérivés	166 135	189 941	188 060	217 822	235 611	253 149	268 060	281 150
2.2.1	Titres à court terme	11 606	20 619	29 609	23 583	18 861	18 044	15 648	15 439
2.2.2	Titres à long terme	154 529	169 322	158 451	194 239	216 750	235 105	252 412	265 711
2.2.3	Titres émis par les résidents	48 958	53 571	54 854	63 113	73 225	75 905	81 918	85 097
2.2.4	Titres émis par les non-résidents	117 177	136 370	133 206	154 709	162 386	177 244	186 142	196 053
2.3	Crédits	0	0	0	0	0	0	0	0
2.3.1	Crédits à court terme	0	0	0	0	0	0	0	0
2.3.2	Crédits à long terme	0	0	0	0	0	0	0	0
2.3.3	Crédits accordés aux résidents	0	0	0	0	0	0	0	0
2.3.4	Crédits accordés aux non-résidents	0	0	0	0	0	0	0	0
2.4	Actions et autres participations	195 374	212 213	121 188	160 192	174 852	168 250	204 669	251 334
2.4.1	Actions émises par les résidents	69 870	76 479	57 003	72 465	79 990	78 150	96 565	124 063
2.4.2	Actions émises par les non-résidents	125 504	135 734	64 185	87 727	94 862	90 100	108 104	127 271
2.5	Autres, non classés ailleurs	0	0	0	0	0	0	0	0
	Fonds d'investissement sur le marché moneaire								
2	Actifs financiers	..	..	..	..	..	..	..	..
2.1	Numéraire et dépôts	..	..	..	..	..	..	..	..
2.2	Titres autres qu'actions, non compris les produits financiers dérivés	..	..	..	..	..	..	..	..
2.2.1	Titres à court terme	..	..	..	..	..	..	..	..
2.2.2	Titres à long terme	..	..	..	..	..	..	..	..
2.2.3	Titres émis par les résidents	..	..	..	..	..	..	..	..
2.2.4	Titres émis par les non-résidents	..	..	..	..	..	..	..	..
2.3	Crédits	..	..	..	..	..	..	..	..
2.3.1	Crédits à court terme	..	..	..	..	..	..	..	..
2.3.2	Crédits à long terme	..	..	..	..	..	..	..	..
2.3.3	Crédits accordés aux résidents	..	..	..	..	..	..	..	..
2.3.4	Crédits accordés aux non-résidents	..	..	..	..	..	..	..	..
2.4	Actions et autres participations	..	..	..	..	..	..	..	..
2.4.1	Actions émises par les résidents	..	..	..	..	..	..	..	..
2.4.2	Actions émises par les non-résidents	..	..	..	..	..	..	..	..
2.5	Autres, non classés ailleurs	..	..	..	..	..	..	..	..
	Autres fonds communs de placement								
2	Actifs financiers	..	..	..	..	..	..	..	..
2.1	Numéraire et dépôts	..	..	..	..	..	..	..	..
2.2	Titres autres qu'actions, non compris les produits financiers dérivés	..	..	..	..	..	..	..	..
2.2.1	Titres à court terme	..	..	..	..	..	..	..	..
2.2.2	Titres à long terme	..	..	..	..	..	..	..	..
2.2.3	Titres émis par les résidents	..	..	..	..	..	..	..	..
2.2.4	Titres émis par les non-résidents	..	..	..	..	..	..	..	..
2.3	Crédits	..	..	..	..	..	..	..	..
2.3.1	Crédits à court terme	..	..	..	..	..	..	..	..
2.3.2	Crédits à long terme	..	..	..	..	..	..	..	..
2.3.3	Crédits accordés aux résidents	..	..	..	..	..	..	..	..
2.3.4	Crédits accordés aux non-résidents	..	..	..	..	..	..	..	..
2.4	Actions et autres participations	..	..	..	..	..	..	..	..
2.4.1	Actions émises par les résidents	..	..	..	..	..	..	..	..
2.4.2	Actions émises par les non-résidents	..	..	..	..	..	..	..	..
2.5	Autres, non classés ailleurs	..	..	..	..	..	..	..	..

Tableau 2. Actifs financiers des fonds d'investissement *(suite)*

Millions CHF

		2006	2007	2008	2009	2010	2011	2012	2013
	Fonds d'investissement à capital fixe								
2	Actifs financiers	..	..	..	..	..	..	..	..
2.1	Numéraire et dépôts	..	..	..	..	..	..	..	..
2.2	Titres autres qu'actions, non compris les produits financiers dérivés	..	..	..	..	..	..	..	..
2.2.1	Titres à court terme	..	..	..	..	..	..	..	..
2.2.2	Titres à long terme	..	..	..	..	..	..	..	..
2.2.3	Titres émis par les résidents	..	..	..	..	..	..	..	..
2.2.4	Titres émis par les non-résidents	..	..	..	..	..	..	..	..
2.3	Crédits	..	..	..	..	..	..	..	..
2.3.1	Crédits à court terme	..	..	..	..	..	..	..	..
2.3.2	Crédits à long terme	..	..	..	..	..	..	..	..
2.3.3	Crédits accordés aux résidents	..	..	..	..	..	..	..	..
2.3.4	Crédits accordés aux non-résidents	..	..	..	..	..	..	..	..
2.4	Actions et autres participations	..	..	..	..	..	..	..	..
2.4.1	Actions émises par les résidents	..	..	..	..	..	..	..	..
2.4.2	Actions émises par les non-résidents	..	..	..	..	..	..	..	..
2.5	Autres, non classés ailleurs	..	..	..	..	..	..	..	..

Note : Voir les métadonnées détaillées sur : http://metalinks.oecd.org/instinv/20141203/d7c8

SUISSE

Tableau 3. Actifs financiers des sociétés d'assurance et fonds de pension autonomes

Millions CHF

		2006	2007	2008	2009	2010	2011	2012	2013
	Sociétés d'assurance et fonds de pension autonomes								
2	Actifs financiers	964 266	1 011 359	916 577	1 008 219	1 049 813	1 078 324	1 150 295	1 205 893
2.1	Numéraire et dépôts	67 389	64 674	63 649	64 400	65 026	71 652	77 436	80 327
2.2	Titres autres qu'actions, non compris les produits financiers dérivés	328 273	349 542	341 521	329 472	324 772	327 333	338 110	322 601
2.2.1	Titres à court terme	18 089	19 292	14 879	20 105	17 005	11 076	15 557	12 869
2.2.2	Titres à long terme	310 184	330 250	326 642	309 367	307 767	316 257	322 553	309 732
2.2.3	Titres émis par les résidents	134 717	136 631	136 085	122 189	125 125	121 619	125 245	122 400
2.2.4	Titres émis par les non-résidents	193 556	212 911	205 436	207 283	199 647	205 714	212 865	200 201
2.3	Crédits	68 391	67 515	60 604	63 109	62 012	61 588	61 731	63 432
2.3.1	Crédits à court terme	..	..	..	..	..	..	..	..
2.3.2	Crédits à long terme	..	..	..	..	..	..	..	..
2.3.3	Crédits accordés aux résidents	44 595	40 939	40 408	40 500	40 580	41 101	40 709	41 690
2.3.4	Crédits accordés aux non-résidents	23 796	26 576	20 196	22 609	21 432	20 487	21 022	21 742
2.4	Actions et autres participations	497 355	526 755	436 052	542 446	590 811	608 181	665 592	732 107
2.4.1	Actions émises par les résidents	282 726	318 207	250 397	319 951	364 562	370 654	412 357	458 109
2.4.2	Actions émises par les non-résidents	214 629	208 548	185 655	222 495	226 249	237 527	253 235	273 998
2.5	Autres, non classés ailleurs	2 858	2 873	14 751	8 792	7 192	9 570	7 426	7 426
	Sociétés d'assurance								
2	Actifs financiers	436 447	472 808	436 822	474 006	488 932	511 936	542 900	550 463
2.1	Numéraire et dépôts	29 651	31 000	30 024	29 758	28 957	32 444	33 581	28 970
2.2	Titres autres qu'actions, non compris les produits financiers dérivés	162 578	182 968	187 823	176 539	182 548	186 009	198 874	188 201
2.2.1	Titres à court terme	8 118	5 649	7 921	14 296	10 492	7 081	12 498	10 392
2.2.2	Titres à long terme	154 460	177 319	179 902	162 243	172 056	178 928	186 376	177 809
2.2.3	Titres émis par les résidents	58 591	65 255	64 156	53 311	57 189	56 578	60 025	58 149
2.2.4	Titres émis par les non-résidents	103 987	117 713	123 667	123 228	125 359	129 431	138 849	130 052
2.3	Crédits	50 217	52 696	46 425	49 679	49 591	49 740	51 221	52 922
2.3.1	Crédits à court terme	..	..	..	..	..	..	..	..
2.3.2	Crédits à long terme	..	..	..	..	..	..	..	..
2.3.3	Crédits accordés aux résidents	26 421	26 120	26 229	27 070	28 159	29 353	30 199	31 180
2.3.4	Crédits accordés aux non-résidents	23 796	26 576	20 196	22 609	21 432	20 387	21 022	21 742
2.4	Actions et autres participations	194 001	206 144	172 550	218 030	227 836	243 743	259 224	280 370
2.4.1	Actions émises par les résidents	66 956	88 095	49 407	76 123	86 168	89 052	97 217	105 478
2.4.2	Actions émises par les non-résidents	127 045	118 049	123 143	141 907	141 668	154 691	162 007	174 892
2.5	Autres, non classés ailleurs	0	0	0	0	0	0	0	..
	Sociétés d'assurance vie								
2	Actifs financiers	..	..	..	..	..	..	..	..
2.1	Numéraire et dépôts	..	..	..	..	..	..	..	..
2.2	Titres autres qu'actions, non compris les produits financiers dérivés	..	..	..	..	..	..	..	..
2.2.1	Titres à court terme	..	..	..	..	..	..	..	..
2.2.2	Titres à long terme	..	..	..	..	..	..	..	..
2.2.3	Titres émis par les résidents	..	..	..	..	..	..	..	..
2.2.4	Titres émis par les non-résidents	..	..	..	..	..	..	..	..
2.3	Crédits	..	..	..	..	..	..	..	..
2.3.1	Crédits à court terme	..	..	..	..	..	..	..	..
2.3.2	Crédits à long terme	..	..	..	..	..	..	..	..
2.3.3	Crédits accordés aux résidents	..	..	..	..	..	..	..	..
2.3.4	Crédits accordés aux non-résidents	..	..	..	..	..	..	..	..
2.4	Actions et autres participations	..	..	..	..	..	..	..	..
2.4.1	Actions émises par les résidents	..	..	..	..	..	..	..	..
2.4.2	Actions émises par les non-résidents	..	..	..	..	..	..	..	..
2.5	Autres, non classés ailleurs	..	..	..	..	..	..	..	..
	Sociétés d'assurance non-vie								
2	Actifs financiers	..	..	..	..	..	..	..	..
2.1	Numéraire et dépôts	..	..	..	..	..	..	..	..
2.2	Titres autres qu'actions, non compris les produits financiers dérivés	..	..	..	..	..	..	..	..
2.2.1	Titres à court terme	..	..	..	..	..	..	..	..
2.2.2	Titres à long terme	..	..	..	..	..	..	..	..
2.2.3	Titres émis par les résidents	..	..	..	..	..	..	..	..
2.2.4	Titres émis par les non-résidents	..	..	..	..	..	..	..	..
2.3	Crédits	..	..	..	..	..	..	..	..
2.3.1	Crédits à court terme	..	..	..	..	..	..	..	..
2.3.2	Crédits à long terme	..	..	..	..	..	..	..	..
2.3.3	Crédits accordés aux résidents	..	..	..	..	..	..	..	..
2.3.4	Crédits accordés aux non-résidents	..	..	..	..	..	..	..	..
2.4	Actions et autres participations	..	..	..	..	..	..	..	..
2.4.1	Actions émises par les résidents	..	..	..	..	..	..	..	..
2.4.2	Actions émises par les non-résidents	..	..	..	..	..	..	..	..
2.5	Autres, non classés ailleurs	..	..	..	..	..	..	..	..

Tableau 3. Actifs financiers des sociétés d'assurance et fonds de pension autonomes *(suite)*

Millions CHF

		2006	2007	2008	2009	2010	2011	2012	2013
	Fonds de pension autonomes								
2	Actifs financiers	527 819	538 551	479 755	534 213	560 881	566 388	607 395	655 430
2.1	Numéraire et dépôts	37 738	33 674	33 625	34 642	36 069	39 208	43 855	51 357
2.2	Titres autres qu'actions, non compris les produits financiers dérivés	165 695	166 574	153 698	152 933	142 224	141 324	139 236	134 400
2.2.1	Titres à court terme	9 971	13 643	6 958	5 809	6 513	3 995	3 059	2 477
2.2.2	Titres à long terme	155 724	152 931	146 740	147 124	135 711	137 329	136 177	131 923
2.2.3	Titres émis par les résidents	76 126	71 376	71 929	68 878	67 936	65 041	65 220	64 251
2.2.4	Titres émis par les non-résidents	89 569	95 198	81 769	84 055	74 288	76 283	74 016	70 149
2.3	Crédits	18 174	14 819	14 179	13 430	12 421	11 848	10 510	10 510
2.3.1	Crédits à court terme	..	..	..	..	..	..	..	..
2.3.2	Crédits à long terme	..	..	..	..	..	..	..	..
2.3.3	Crédits accordés aux résidents	18 174	14 819	14 179	13 430	12 421	11 848	10 510	10 510
2.3.4	Crédits accordés aux non-résidents	0	0	0	0	0	0	0	0
2.4	Actions et autres participations	303 354	320 611	263 502	324 416	362 975	364 338	406 368	451 737
2.4.1	Actions émises par les résidents	215 770	230 112	200 990	243 828	278 394	281 402	315 140	352 631
2.4.2	Actions émises par les non-résidents	87 584	90 499	62 512	80 588	84 581	82 936	91 228	99 106
2.5	Autres, non classés ailleurs	2 858	2 873	14 751	8 792	7 192	9 670	7 426	7 426

Note : Voir les métadonnées détaillées sur : http://metalinks.oecd.org/instinv/20141203/d7c8

Tableau 4. Composition du portefeuille par type d'investisseur

Pourcentage du total des actifs financiers

Pour cent

		2006	2007	2008	2009	2010	2011	2012	2013
	Fonds d'investissement								
2	Actifs financiers	..	..	..	..	..	..	..	..
2.1	Numéraire et dépôts	..	..	..	..	..	..	..	..
2.2	Titres autres qu'actions, non compris les produits financiers dérivés	..	..	..	..	..	..	..	..
2.2.1	Titres à court terme	..	..	..	..	..	..	..	..
2.2.2	Titres à long terme	..	..	..	..	..	..	..	..
2.2.3	Titres émis par les résidents	..	..	..	..	..	..	..	..
2.2.4	Titres émis par les non-résidents	..	..	..	..	..	..	..	..
2.3	Crédits	..	..	..	..	..	..	..	..
2.3.1	Crédits à court terme	..	..	..	..	..	..	..	..
2.3.2	Crédits à long terme	..	..	..	..	..	..	..	..
2.3.3	Crédits accordés aux résidents	..	..	..	..	..	..	..	..
2.3.4	Crédits accordés aux non-résidents	..	..	..	..	..	..	..	..
2.4	Actions et autres participations	..	..	..	..	..	..	..	..
2.4.1	Actions émises par les résidents	..	..	..	..	..	..	..	..
2.4.2	Actions émises par les non-résidents	..	..	..	..	..	..	..	..
2.5	Autres, non classés ailleurs	..	..	..	..	..	..	..	..
	Sociétés d'assurance								
2	Actifs financiers	100.0	100.0	100.0	100.0	100.0	100.0	100.0	100.0
2.1	Numéraire et dépôts	6.8	6.6	6.9	6.3	5.9	6.3	6.2	5.3
2.2	Titres autres qu'actions, non compris les produits financiers dérivés	37.3	38.7	43.0	37.2	37.3	36.3	36.6	34.2
2.2.1	Titres à court terme	1.9	1.2	1.8	3.0	2.1	1.4	2.3	1.9
2.2.2	Titres à long terme	35.4	37.5	41.2	34.2	35.2	35.0	34.3	32.3
2.2.3	Titres émis par les résidents	13.4	13.8	14.7	11.2	11.7	11.1	11.1	10.6
2.2.4	Titres émis par les non-résidents	23.8	24.9	28.3	25.0	25.6	25.3	25.6	23.6
2.3	Crédits	11.5	11.1	10.6	10.5	10.1	9.7	9.4	9.6
2.3.1	Crédits à court terme	..	..	..	..	..	..	..	..
2.3.2	Crédits à long terme	..	..	..	..	..	..	..	..
2.3.3	Crédits accordés aux résidents	6.1	5.5	6.0	5.7	5.8	5.7	5.6	5.7
2.3.4	Crédits accordés aux non-résidents	5.5	5.6	4.6	4.8	4.4	4.0	3.9	3.9
2.4	Actions et autres participations	44.5	43.6	39.5	46.0	46.6	47.6	47.7	50.9
2.4.1	Actions émises par les résidents	15.3	18.6	11.3	16.1	17.6	17.4	17.9	19.2
2.4.2	Actions émises par les non-résidents	29.1	25.0	28.2	29.9	29.0	30.2	29.8	31.8
2.5	Autres, non classés ailleurs	0.0	0.0	0.0	0.0	0.0	0.0	0.0	..
	Fonds de pension autonomes								
2	Actifs financiers	100.0	100.0	100.0	100.0	100.0	100.0	100.0	100.0
2.1	Numéraire et dépôts	7.1	6.3	7.0	6.5	6.4	6.9	7.2	7.8
2.2	Titres autres qu'actions, non compris les produits financiers dérivés	31.4	30.9	32.0	28.6	25.4	25.0	22.9	20.5
2.2.1	Titres à court terme	1.9	2.5	1.5	1.1	1.2	0.7	0.5	0.4
2.2.2	Titres à long terme	29.5	28.4	30.6	27.5	24.2	24.2	22.4	20.1
2.2.3	Titres émis par les résidents	14.4	13.3	15.0	12.9	12.1	11.5	10.7	9.8
2.2.4	Titres émis par les non-résidents	17.0	17.7	17.0	15.7	13.2	13.5	12.2	10.7
2.3	Crédits	3.4	2.8	3.0	2.5	2.2	2.1	1.7	1.6
2.3.1	Crédits à court terme	..	..	..	..	-	..	..	..
2.3.2	Crédits à long terme	..	..	..	..	-	..	..	..
2.3.3	Crédits accordés aux résidents	3.4	2.8	3.0	2.5	2.2	2.1	1.7	1.6
2.3.4	Crédits accordés aux non-résidents	0.0	0.0	0.0	0.0	0.0	0.0	0.0	0.0
2.4	Actions et autres participations	57.5	59.5	54.9	60.7	64.7	64.3	66.9	68.9
2.4.1	Actions émises par les résidents	40.9	42.7	41.9	45.6	49.6	49.7	51.9	53.8
2.4.2	Actions émises par les non-résidents	16.6	16.8	13.0	15.1	15.1	14.6	15.0	15.1
2.5	Autres, non classés ailleurs	0.5	0.5	3.1	1.6	1.3	1.7	1.2	1.1

Note : Voir les métadonnées détaillées sur : http://metalinks.oecd.org/instinv/20141203/bbbc

TURQUIE

Tableau 1. Actifs financiers des investisseurs institutionnels, 2012

Millions TRY

		Total	Fonds d'investissement – Fonds d'investissement à capital variable (fonds communs de placement) – Total	Fonds d'investissement sur le marché monéaire	Autres fonds communs de placement	Fonds d'investissement à capital fixe – Total
2	Actifs financiers	32 130	29 688	17 289	12 399	2 442
2.1	Numéraire et dépôts	3 516	2 302	1 967	335	1 214
2.2	Titres autres qu'actions, non compris les produits financiers dérivés	18 270	17 474	15 322	2 152	796
2.2.1	Titres à court terme	15 589	15 322	15 322	0	267
2.2.2	Titres à long terme	2 681	2 152	0	2 152	529
2.2.3	Titres émis par les résidents	18 154	17 358	15 322	2 036	796
2.2.4	Titres émis par les non-résidents	116	116	0	116	0
2.3	Crédits	0	0	0	0	0
2.3.1	Crédits à court terme	..	..	..	..	..
2.3.2	Crédits à long terme	..	..	..	..	..
2.3.3	Crédits accordés aux résidents	..	..	..	..	..
2.3.4	Crédits accordés aux non-résidents	..	..	..	..	..
2.4	Actions et autres participations	1 873	1 468	0	1 468	406
2.4.1	Actions émises par les résidents	1 867	1 461	0	1 461	406
2.4.2	Actions émises par les non-résidents	7	7	0	7	0
2.5	Autres, non classés ailleurs	8 472	8 445	0	8 445	27

		Total	Sociétés d'assurance et fonds de pension autonomes – Sociétés d'assurance – Total	Sociétés d'assurance vie	Sociétés d'assurance non-vie	Fonds de pension autonomes – Total
2	Actifs financiers	31 202	21 232	2 272	18 960	9 970
2.1	Numéraire et dépôts	11 762	8 282	994	7 288	3 480
2.2	Titres autres qu'actions, non compris les produits financiers dérivés	8 976	3 550	358	3 192	5 425
2.2.1	Titres à court terme	8 973	3 549	358	3 191	5 424
2.2.2	Titres à long terme	2	1	0	1	1
2.2.3	Titres émis par les résidents	..	..	..	..	..
2.2.4	Titres émis par les non-résidents	..	..	..	..	..
2.3	Crédits	240	2	2	0	238
2.3.1	Crédits à court terme	96	2	2	0	94
2.3.2	Crédits à long terme	144	0	0	0	144
2.3.3	Crédits accordés aux résidents	..	..	..	..	..
2.3.4	Crédits accordés aux non-résidents	..	..	..	..	..
2.4	Actions et autres participations	1 942	1 579	463	1 116	363
2.4.1	Actions émises par les résidents	..	..	..	..	..
2.4.2	Actions émises par les non-résidents	..	..	..	..	..
2.5	Autres, non classés ailleurs	8 282	7 819	455	7 364	464

Note : Voir les métadonnées détaillées sur : http://metalinks.oecd.org/instinv/20141203/6891

Tableau 2. Actifs financiers des fonds d'investissement

Millions TRY

		2006	2007	2008	2009	2010	2011	2012	2013
	Fonds d'investissement								
2	Actifs financiers	23 812	28 463	24 820	30 889	34 280	30 221	32 130	..
2.1	Numéraire et dépôts	249	802	1 318	1 868	4 745	3 474	3 516	..
2.2	Titres autres qu'actions, non compris les produits financiers dérivés	22 671	26 620	22 824	27 559	26 307	23 936	18 270	..
2.2.1	Titres à court terme	21 155	20 775	19 759	22 138	21 836	22 071	15 589	..
2.2.2	Titres à long terme	1 516	5 846	3 066	5 420	4 472	1 864	2 681	..
2.2.3	Titres émis par les résidents	22 653	26 608	22 814	27 525	26 204	23 836	18 154	..
2.2.4	Titres émis par les non-résidents	18	12	10	34	103	100	116	..
2.3	Crédits	0	0	0	0	0	0	0	..
2.3.1	Crédits à court terme	..	..	..	..	..	..	..	..
2.3.2	Crédits à long terme	..	..	..	..	..	..	..	..
2.3.3	Crédits accordés aux résidents	..	..	..	..	..	..	..	..
2.3.4	Crédits accordés aux non-résidents	..	..	..	..	..	..	..	..
2.4	Actions et autres participations	885	971	550	1 047	1 454	1 [illegible]71	1 873	..
2.4.1	Actions émises par les résidents	885	971	550	1 045	1 449	1 [illegible]67	1 867	..
2.4.2	Actions émises par les non-résidents	0	0	0	2	5	4	7	..
2.5	Autres, non classés ailleurs	6	70	128	415	1 773	1 641	8 472	..
	Fonds d'investissement à capital variable (fonds communs de placement)								
2	Actifs financiers	23 021	26 961	23 747	29 606	30 980	27 051	29 688	..
2.1	Numéraire et dépôts	233	800	1 021	1 504	2 476	2 475	2 302	..
2.2	Titres autres qu'actions, non compris les produits financiers dérivés	22 175	25 427	22 259	26 888	25 624	22 100	17 474	..
2.2.1	Titres à court terme	21 034	20 599	19 505	21 957	21 700	21 700	15 322	..
2.2.2	Titres à long terme	1 141	4 829	2 754	4 931	3 924	400	2 152	..
2.2.3	Titres émis par les résidents	22 157	25 415	22 250	26 856	25 522	22 001	17 358	..
2.2.4	Titres émis par les non-résidents	18	12	9	32	102	99	116	..
2.3	Crédits	0	0	0	0	0	0	0	..
2.3.1	Crédits à court terme	..	..	..	..	..	..	..	..
2.3.2	Crédits à long terme	..	..	..	..	..	..	..	..
2.3.3	Crédits accordés aux résidents	..	..	..	..	..	..	..	..
2.3.4	Crédits accordés aux non-résidents	..	..	..	..	..	..	..	..
2.4	Actions et autres participations	608	668	359	805	1 179	965	1 468	..
2.4.1	Actions émises par les résidents	607	668	359	804	1 174	961	1 461	..
2.4.2	Actions émises par les non-résidents	0	0	0	1	4	4	7	..
2.5	Autres, non classés ailleurs	5	66	108	409	1 702	1 511	8 445	..
	Fonds d'investissement sur le marché monéaire								
2	Actifs financiers	18 816	21 220	20 322	22 943	23 173	20 550	17 289	..
2.1	Numéraire et dépôts	222	768	1 014	1 496	2 401	1 880	1 967	..
2.2	Titres autres qu'actions, non compris les produits financiers dérivés	18 594	20 452	19 308	21 447	20 772	18 670	15 322	..
2.2.1	Titres à court terme	18 594	20 452	19 308	21 447	20 772	18 670	15 322	..
2.2.2	Titres à long terme	0	0	0	0	0	0	0	..
2.2.3	Titres émis par les résidents	18 594	20 452	19 308	21 447	20 772	18 670	15 322	..
2.2.4	Titres émis par les non-résidents	0	0	0	0	0	0	0	..
2.3	Crédits	0	0	0	0	0	0	0	..
2.3.1	Crédits à court terme	..	..	..	..	..	..	..	..
2.3.2	Crédits à long terme	..	..	..	..	..	..	..	..
2.3.3	Crédits accordés aux résidents	..	..	..	..	..	..	..	..
2.3.4	Crédits accordés aux non-résidents	..	..	..	..	..	..	..	..
2.4	Actions et autres participations	0	0	0	0	0	0	0	..
2.4.1	Actions émises par les résidents	0	0	0	0	0	0	0	..
2.4.2	Actions émises par les non-résidents	0	0	0	0	0	0	0	..
2.5	Autres, non classés ailleurs	0	0	0	0	0	0	0	..
	Autres fonds communs de placement								
2	Actifs financiers	4 205	5 741	3 424	6 663	7 807	6 501	12 399	..
2.1	Numéraire et dépôts	11	31	7	8	75	595	335	..
2.2	Titres autres qu'actions, non compris les produits financiers dérivés	3 581	4 976	2 950	5 441	4 852	3 430	2 152	..
2.2.1	Titres à court terme	2 440	147	197	510	928	3 030	0	..
2.2.2	Titres à long terme	1 141	4 829	2 754	4 931	3 924	400	2 152	..
2.2.3	Titres émis par les résidents	3 563	4 964	2 941	5 409	4 750	3 331	2 036	..
2.2.4	Titres émis par les non-résidents	18	12	9	32	102	99	116	..
2.3	Crédits	0	0	0	0	0	0	0	..
2.3.1	Crédits à court terme	..	..	..	..	..	..	..	..
2.3.2	Crédits à long terme	..	..	..	..	..	..	..	..
2.3.3	Crédits accordés aux résidents	..	..	..	..	..	..	..	..
2.3.4	Crédits accordés aux non-résidents	..	..	..	..	..	..	..	..
2.4	Actions et autres participations	608	668	359	805	1 179	965	1 468	..
2.4.1	Actions émises par les résidents	607	668	359	804	1 174	961	1 461	..
2.4.2	Actions émises par les non-résidents	0	0	0	1	4	4	7	..
2.5	Autres, non classés ailleurs	5	66	108	409	1 702	1 511	8 445	..

Tableau 2. Actifs financiers des fonds d'investissement *(suite)*

Millions TRY

		2006	2007	2008	2009	2010	2011	2012	2013
	Fonds d'investissement à capital fixe								
2	Actifs financiers	791	1 502	1 073	1 283	3 300	3 170	2 442	..
2.1	Numéraire et dépôts	16	3	297	364	2 270	999	1 214	..
2.2	Titres autres qu'actions, non compris les produits financiers dérivés	496	1 193	565	670	683	1 836	796	..
2.2.1	Titres à court terme	121	176	253	181	136	371	267	..
2.2.2	Titres à long terme	375	1 017	312	489	548	1 464	529	..
2.2.3	Titres émis par les résidents	496	1 193	565	669	683	1 835	796	..
2.2.4	Titres émis par les non-résidents	0	0	0	1	1	1	0	..
2.3	Crédits	0	0	0	0	0	0	0	..
2.3.1	Crédits à court terme	..	..	..	..	..	..	..	..
2.3.2	Crédits à long terme	..	..	..	..	..	..	..	..
2.3.3	Crédits accordés aux résidents	..	..	..	..	..	..	..	..
2.3.4	Crédits accordés aux non-résidents	..	..	..	..	..	..	..	..
2.4	Actions et autres participations	277	303	191	242	276	205	406	..
2.4.1	Actions émises par les résidents	277	303	191	241	275	205	406	..
2.4.2	Actions émises par les non-résidents	0	0	0	1	1	0	0	..
2.5	Autres, non classés ailleurs	2	4	20	6	71	130	27	..

Note : Voir les métadonnées détaillées sur : http://metalinks.oecd.org/instinv/20141203/6891

Tableau 3. Actifs financiers des sociétés d'assurance et fonds de pension autonomes

Millions TRY

		2006	2007	2008	2009	2010	2011	2012	2013
	Sociétés d'assurance et fonds de pension autonomes								
2	Actifs financiers	13 917	17 363	19 713	22 317	22 881	25 930	31 202	..
2.1	Numéraire et dépôts	2 385	3 176	4 678	4 874	7 125	8 840	11 762	..
2.2	Titres autres qu'actions, non compris les produits financiers dérivés	5 505	6 920	7 726	8 514	8 098	8 130	8 976	..
2.2.1	Titres à court terme	5 503	6 918	7 717	8 503	8 087	8 128	8 973	..
2.2.2	Titres à long terme	2	1	10	11	11	2	2	..
2.2.3	Titres émis par les résidents	..	..	..	..	..	..	..	..
2.2.4	Titres émis par les non-résidents	..	..	..	..	..	..	..	..
2.3	Crédits	77	170	275	234	217	239	240	..
2.3.1	Crédits à court terme	75	169	273	107	78	82	96	..
2.3.2	Crédits à long terme	1	1	1	127	139	157	144	..
2.3.3	Crédits accordés aux résidents	..	..	..	..	..	..	..	..
2.3.4	Crédits accordés aux non-résidents	..	..	..	..	..	..	..	..
2.4	Actions et autres participations	2 685	3 305	2 259	3 469	1 364	1 629	1 942	..
2.4.1	Actions émises par les résidents	..	..	..	..	..	..	..	..
2.4.2	Actions émises par les non-résidents	..	..	..	..	..	..	..	..
2.5	Autres, non classés ailleurs	3 266	3 792	4 775	5 225	6 077	7 092	8 282	..
	Sociétés d'assurance								
2	Actifs financiers	9 862	12 376	14 057	15 905	15 235	16 230	21 232	..
2.1	Numéraire et dépôts	1 929	2 586	3 652	3 592	5 154	5 609	8 282	..
2.2	Titres autres qu'actions, non compris les produits financiers dérivés	2 208	2 931	3 567	3 990	3 324	3 105	3 550	..
2.2.1	Titres à court terme	2 207	2 929	3 566	3 988	3 321	3 104	3 549	..
2.2.2	Titres à long terme	2	1	2	3	3	1	1	..
2.2.3	Titres émis par les résidents	..	..	..	..	..	..	..	..
2.2.4	Titres émis par les non-résidents	..	..	..	..	..	..	..	..
2.3	Crédits	59	68	145	88	11	0	2	..
2.3.1	Crédits à court terme	57	67	143	87	10	0	2	..
2.3.2	Crédits à long terme	1	1	1	1	1	0	0	..
2.3.3	Crédits accordés aux résidents	..	..	..	..	..	..	..	..
2.3.4	Crédits accordés aux non-résidents	..	..	..	..	..	..	..	..
2.4	Actions et autres participations	2 504	3 129	2 119	3 272	1 088	899	1 579	..
2.4.1	Actions émises par les résidents	..	..	..	..	..	..	..	..
2.4.2	Actions émises par les non-résidents	..	..	..	..	..	..	..	..
2.5	Autres, non classés ailleurs	3 161	3 662	4 574	4 963	5 658	6 617	7 819	..
	Sociétés d'assurance vie								
2	Actifs financiers	553	678	828	829	1 027	252	2 272	..
2.1	Numéraire et dépôts	121	117	194	177	278	249	994	..
2.2	Titres autres qu'actions, non compris les produits financiers dérivés	301	378	413	462	470	0	358	..
2.2.1	Titres à court terme	301	378	413	461	469	0	358	..
2.2.2	Titres à long terme	0	0	0	1	1	0	0	..
2.2.3	Titres émis par les résidents	..	..	..	..	..	..	..	..
2.2.4	Titres émis par les non-résidents	..	..	..	..	..	..	..	..
2.3	Crédits	54	65	88	31	11	0	2	..
2.3.1	Crédits à court terme	52	63	86	29	10	0	2	..
2.3.2	Crédits à long terme	1	1	1	1	1	0	0	..
2.3.3	Crédits accordés aux résidents	..	..	..	..	..	..	..	..
2.3.4	Crédits accordés aux non-résidents	..	..	..	..	..	..	..	..
2.4	Actions et autres participations	2	8	3	3	2	0	463	..
2.4.1	Actions émises par les résidents	..	..	..	..	..	..	..	..
2.4.2	Actions émises par les non-résidents	..	..	..	..	..	..	..	..
2.5	Autres, non classés ailleurs	75	110	130	156	266	3	455	..
	Sociétés d'assurance non-vie								
2	Actifs financiers	9 309	11 698	13 229	15 076	14 208	15 978	18 960	..
2.1	Numéraire et dépôts	1 808	2 469	3 458	3 415	4 876	5 360	7 288	..
2.2	Titres autres qu'actions, non compris les produits financiers dérivés	1 908	2 552	3 154	3 528	2 854	3 105	3 192	..
2.2.1	Titres à court terme	1 906	2 551	3 152	3 527	2 853	3 104	3 191	..
2.2.2	Titres à long terme	2	1	2	2	2	1	1	..
2.2.3	Titres émis par les résidents	..	..	..	..	..	..	..	..
2.2.4	Titres émis par les non-résidents	..	..	..	..	..	..	..	..
2.3	Crédits	5	3	57	57	0	0	0	..
2.3.1	Crédits à court terme	5	3	57	57	0	0	0	..
2.3.2	Crédits à long terme	0	0	0	0	0	0	0	..
2.3.3	Crédits accordés aux résidents	..	..	..	..	..	..	..	..
2.3.4	Crédits accordés aux non-résidents	..	..	..	..	..	..	..	..
2.4	Actions et autres participations	2 502	3 121	2 116	3 269	1 085	899	1 116	..
2.4.1	Actions émises par les résidents	..	..	..	..	..	..	..	..
2.4.2	Actions émises par les non-résidents	..	..	..	..	..	..	..	..
2.5	Autres, non classés ailleurs	3 086	3 552	4 444	4 807	5 392	6 614	7 364	..

Tableau 3. Actifs financiers des sociétés d'assurance et fonds de pension autonomes *(suite)*

Millions TRY

		2006	2007	2008	2009	2010	2011	2012	2013
	Fonds de pension autonomes								
2	Actifs financiers	4 056	4 987	5 656	6 412	7 646	9 700	9 970	..
2.1	Numéraire et dépôts	456	590	1 026	1 283	1 971	3 232	3 480	..
2.2	Titres autres qu'actions, non compris les produits financiers dérivés	3 296	3 989	4 159	4 524	4 774	5 026	5 425	..
2.2.1	Titres à court terme	3 296	3 989	4 151	4 516	4 766	5 025	5 424	..
2.2.2	Titres à long terme	0	0	8	8	8	1	1	..
2.2.3	Titres émis par les résidents	..	..	..	..	..	..	..	..
2.2.4	Titres émis par les non-résidents	..	..	..	..	..	..	..	..
2.3	Crédits	18	102	130	146	206	239	238	..
2.3.1	Crédits à court terme	18	102	130	21	67	82	94	..
2.3.2	Crédits à long terme	0	0	0	126	138	157	144	..
2.3.3	Crédits accordés aux résidents	..	..	..	..	..	..	..	..
2.3.4	Crédits accordés aux non-résidents	..	..	..	..	..	..	..	..
2.4	Actions et autres participations	181	176	140	197	276	730	363	..
2.4.1	Actions émises par les résidents	..	..	..	..	..	..	..	..
2.4.2	Actions émises par les non-résidents	..	..	..	..	..	..	..	..
2.5	Autres, non classés ailleurs	105	130	200	262	419	475	464	..

Note : Voir les métadonnées détaillées sur : http://metalinks.oecd.org/instinv/20141203/6891

Tableau 4. Composition du portefeuille par type d'investisseur

Pourcentage du total des actifs financiers

Pour cent

		2006	2007	2008	2009	2010	201	2012	2013
	Fonds d'investissement								
2	Actifs financiers	100.0	100.0	100.0	100.0	100.0	100.0	100.0	..
2.1	Numéraire et dépôts	1.0	2.8	5.3	6.0	13.8	[illegible]	10.9	..
2.2	Titres autres qu'actions, non compris les produits financiers dérivés	95.2	93.5	92.0	89.2	76.7	73.2	56.9	..
2.2.1	Titres à court terme	88.8	73.0	79.6	71.7	63.7	73.0	48.5	..
2.2.2	Titres à long terme	6.4	20.5	12.4	17.5	13.0	3.2	8.3	..
2.2.3	Titres émis par les résidents	95.1	93.5	91.9	89.1	76.4	73.9	56.5	..
2.2.4	Titres émis par les non-résidents	0.1	0.0	0.0	0.1	0.3	0.3	0.4	..
2.3	Crédits	0.0	0.0	0.0	0.0	0.0	0.0	0.0	..
2.3.1	Crédits à court terme	..	..	..	..	..	..	..	..
2.3.2	Crédits à long terme	..	..	..	..	..	..	..	..
2.3.3	Crédits accordés aux résidents	..	..	..	..	..	..	..	..
2.3.4	Crédits accordés aux non-résidents	..	..	..	..	..	..	..	..
2.4	Actions et autres participations	3.7	3.4	2.2	3.4	4.2	3.9	5.8	..
2.4.1	Actions émises par les résidents	3.7	3.4	2.2	3.4	4.2	3.9	5.8	..
2.4.2	Actions émises par les non-résidents	0.0	0.0	0.0	0.0	0.0	0.0	0.0	..
2.5	Autres, non classés ailleurs	0.0	0.2	0.5	1.3	5.2	5.4	26.4	..
	Sociétés d'assurance								
2	Actifs financiers	100.0	100.0	100.0	100.0	100.0	100.0	100.0	..
2.1	Numéraire et dépôts	19.6	20.9	26.0	22.6	33.8	34.6	39.0	..
2.2	Titres autres qu'actions, non compris les produits financiers dérivés	22.4	23.7	25.4	25.1	21.8	9.1	16.7	..
2.2.1	Titres à court terme	22.4	23.7	25.4	25.1	21.8	9.1	16.7	..
2.2.2	Titres à long terme	0.0	0.0	0.0	0.0	0.0	0.0	0.0	..
2.2.3	Titres émis par les résidents	..	..	..	..	..	..	..	..
2.2.4	Titres émis par les non-résidents	..	..	..	..	..	..	..	..
2.3	Crédits	0.6	0.5	1.0	0.6	0.1	0.0	0.0	..
2.3.1	Crédits à court terme	0.6	0.5	1.0	0.5	0.1	0.0	0.0	..
2.3.2	Crédits à long terme	0.0	0.0	0.0	0.0	0.0	0.0	0.0	..
2.3.3	Crédits accordés aux résidents	..	..	..	..	..	..	..	..
2.3.4	Crédits accordés aux non-résidents	..	..	..	..	..	..	..	..
2.4	Actions et autres participations	25.4	25.3	15.1	20.6	7.1	5.5	7.4	..
2.4.1	Actions émises par les résidents	..	..	..	..	..	..	..	..
2.4.2	Actions émises par les non-résidents	..	..	..	..	..	..	..	..
2.5	Autres, non classés ailleurs	32.1	29.6	32.5	31.2	37.1	40.8	36.8	..
	Fonds de pension autonomes								
2	Actifs financiers	100.0	100.0	100.0	100.0	100.0	100.0	100.0	..
2.1	Numéraire et dépôts	11.2	11.8	18.1	20.0	25.8	33.3	34.9	..
2.2	Titres autres qu'actions, non compris les produits financiers dérivés	81.3	80.0	73.5	70.6	62.4	51.8	54.4	..
2.2.1	Titres à court terme	81.3	80.0	73.4	70.4	62.3	51.8	54.4	..
2.2.2	Titres à long terme	0.0	0.0	0.1	0.1	0.1	0.0	0.0	..
2.2.3	Titres émis par les résidents	..	..	..	..	..	..	..	..
2.2.4	Titres émis par les non-résidents	..	..	..	..	..	..	..	..
2.3	Crédits	0.4	2.1	2.3	2.3	2.7	2.5	2.4	..
2.3.1	Crédits à court terme	0.4	2.1	2.3	0.3	0.9	0.8	0.9	..
2.3.2	Crédits à long terme	0.0	0.0	0.0	2.0	1.8	1.6	1.4	..
2.3.3	Crédits accordés aux résidents	..	..	..	..	..	..	..	..
2.3.4	Crédits accordés aux non-résidents	..	..	..	..	..	..	..	..
2.4	Actions et autres participations	4.5	3.5	2.5	3.1	3.6	7.5	3.6	..
2.4.1	Actions émises par les résidents	..	..	..	..	..	..	..	..
2.4.2	Actions émises par les non-résidents	..	..	..	..	..	..	..	..
2.5	Autres, non classés ailleurs	2.6	2.6	3.5	4.1	5.5	4.9	4.7	..

Note : Voir les métadonnées détaillées sur : http://metalinks.oecd.org/instinv/20141203/bbbc

ROYAUME-UNI

Tableau 1. Actifs financiers des investisseurs institutionnels, 2012

Millions GBP

		Total	Fonds d'investissement – Fonds d'investissement à capital variable (fonds communs de placement) – Total	Fonds d'investissement sur le marché moneáire	Autres fonds communs de placement	Fonds d'investissement à capital fixe – Total
2	Actifs financiers	797 456	735 163	..	..	62 293
2.1	Numéraire et dépôts	22 560	20 864	..	..	1 696
2.2	Titres autres qu'actions, non compris les produits financiers dérivés	196 822	193 483	..	..	3 339
2.2.1	Titres à court terme	11 987	11 355	..	..	632
2.2.2	Titres à long terme	184 835	182 128	..	..	2 707
2.2.3	Titres émis par les résidents	111 822	110 073	..	..	1 749
2.2.4	Titres émis par les non-résidents	85 000	83 410	..	..	1 590
2.3	Crédits	..	..	..	..	..
2.3.1	Crédits à court terme	..	..	..	..	..
2.3.2	Crédits à long terme	..	..	..	..	..
2.3.3	Crédits accordés aux résidents	..	..	..	..	..
2.3.4	Crédits accordés aux non-résidents	..	..	..	..	..
2.4	Actions et autres participations	465 059	414 674	..	..	50 385
2.4.1	Actions émises par les résidents	218 596	198 969	..	..	19 627
2.4.2	Actions émises par les non-résidents	246 463	215 705	..	..	30 758
2.5	Autres, non classés ailleurs	113 015	106 142	..	..	6 873

		Sociétés d'assurance et fonds de pension autonomes – Total	Sociétés d'assurance – Total	Sociétés d'assurance vie	Sociétés d'assurance non-vie	Fonds de pension autonomes – Total
2	Actifs financiers	3 049 335	1 476 748	1 353 049	123 699	1 572 587
2.1	Numéraire et dépôts	105 039	66 688	54 062	12 626	38 351
2.2	Titres autres qu'actions, non compris les produits financiers dérivés	976 631	605 181	544 587	60 594	371 450
2.2.1	Titres à court terme	39 178	24 135	18 962	5 173	15 043
2.2.2	Titres à long terme	937 453	581 046	525 625	55 421	356 407
2.2.3	Titres émis par les résidents	697 189	414 350	385 786	28 564	282 839
2.2.4	Titres émis par les non-résidents	279 442	190 831	158 801	32 030	88 611
2.3	Crédits	37 948	36 635	29 928	6 707	1 313
2.3.1	Crédits à court terme	..	..	..	..	..
2.3.2	Crédits à long terme	..	..	..	..	..
2.3.3	Crédits accordés aux résidents	..	..	..	..	..
2.3.4	Crédits accordés aux non-résidents	..	..	..	..	..
2.4	Actions et autres participations	625 218	348 164	336 931	11 233	277 054
2.4.1	Actions émises par les résidents	283 594	171 681	162 949	8 732	111 913
2.4.2	Actions émises par les non-résidents	341 624	176 483	173 982	2 501	165 141
2.5	Autres, non classés ailleurs	1 304 499	420 080	387 541	32 539	884 419

Note : Voir les métadonnées détaillées sur : http://metalinks.oecd.org/instinv/20141203/8933

ROYAUME-UNI

Tableau 2. Actifs financiers des fonds d'investissement

Millions GBP

		2006	2007	2008	2009	2010	2011	2012	2013
	Fonds d'investissement								
2	Actifs financiers	506 027	559 302	477 278	570 365	715 293	691 394	797 456	..
2.1	Numéraire et dépôts	15 019	19 504	20 054	17 223	21 431	21 396	22 560	..
2.2	Titres autres qu'actions, non compris les produits financiers dérivés	98 045	105 312	108 253	122 027	154 280	165 768	196 822	..
2.2.1	Titres à court terme	4 989	5 351	5 918	4 417	7 001	9 259	11 987	..
2.2.2	Titres à long terme	93 056	99 961	102 335	117 610	147 279	156 509	184 835	..
2.2.3	Titres émis par les résidents	67 979	69 899	69 759	70 421	92 854	100 072	111 822	..
2.2.4	Titres émis par les non-résidents	30 066	35 413	38 494	51 606	61 426	65 696	85 000	..
2.3	Crédits	..	..	..	..	..	..	..	..
2.3.1	Crédits à court terme	..	..	..	..	..	..	..	..
2.3.2	Crédits à long terme	..	..	..	..	..	..	..	..
2.3.3	Crédits accordés aux résidents	..	..	..	..	..	..	..	..
2.3.4	Crédits accordés aux non-résidents	..	..	..	..	..	..	..	..
2.4	Actions et autres participations	354 214	382 486	287 258	356 719	449 402	412 860	465 059	..
2.4.1	Actions émises par les résidents	205 146	214 480	155 206	181 991	220 033	196 063	218 596	..
2.4.2	Actions émises par les non-résidents	149 068	168 006	132 052	174 728	229 369	216 797	246 463	..
2.5	Autres, non classés ailleurs	38 749	52 000	61 713	74 396	90 180	91 370	113 015	..
	Fonds d'investissement à capital variable (fonds communs de placement)								
2	Actifs financiers	454 092	500 551	434 947	520 032	657 496	632 331	735 163	..
2.1	Numéraire et dépôts	12 960	17 514	17 819	15 969	20 050	19 677	20 864	..
2.2	Titres autres qu'actions, non compris les produits financiers dérivés	94 861	101 407	104 563	118 767	151 139	162 535	193 483	..
2.2.1	Titres à court terme	4 154	4 609	4 702	3 602	6 600	8 834	11 355	..
2.2.2	Titres à long terme	90 707	96 798	99 861	115 165	144 539	153 701	182 128	..
2.2.3	Titres émis par les résidents	65 638	67 356	67 571	68 869	91 571	98 568	110 073	..
2.2.4	Titres émis par les non-résidents	29 223	34 051	36 992	49 398	59 568	63 967	83 410	..
2.3	Crédits	..	..	..	..	..	..	..	..
2.3.1	Crédits à court terme	..	..	..	..	..	..	..	..
2.3.2	Crédits à long terme	..	..	..	..	..	..	..	..
2.3.3	Crédits accordés aux résidents	..	..	..	..	..	..	..	..
2.3.4	Crédits accordés aux non-résidents	..	..	..	..	..	..	..	..
2.4	Actions et autres participations	310 665	334 667	255 145	315 818	402 373	365 795	414 674	..
2.4.1	Actions émises par les résidents	183 256	192 456	141 478	164 955	202 345	178 081	198 969	..
2.4.2	Actions émises par les non-résidents	127 409	142 211	113 667	150 863	200 028	187 714	215 705	..
2.5	Autres, non classés ailleurs	35 606	46 963	57 420	69 478	83 934	84 324	106 142	..
	Fonds d'investissement sur le marché monéaire								
2	Actifs financiers	..	..	..	..	..	..	..	..
2.1	Numéraire et dépôts	..	..	..	..	..	..	..	..
2.2	Titres autres qu'actions, non compris les produits financiers dérivés	..	..	..	..	..	..	..	..
2.2.1	Titres à court terme	..	..	..	..	..	..	..	..
2.2.2	Titres à long terme	..	..	..	..	..	..	..	..
2.2.3	Titres émis par les résidents	..	..	..	..	..	..	..	..
2.2.4	Titres émis par les non-résidents	..	..	..	..	..	..	..	..
2.3	Crédits	..	..	..	..	..	..	..	..
2.3.1	Crédits à court terme	..	..	..	..	..	..	..	..
2.3.2	Crédits à long terme	..	..	..	..	..	..	..	..
2.3.3	Crédits accordés aux résidents	..	..	..	..	..	..	..	..
2.3.4	Crédits accordés aux non-résidents	..	..	..	..	..	..	..	..
2.4	Actions et autres participations	..	..	..	..	..	..	..	..
2.4.1	Actions émises par les résidents	..	..	..	..	..	..	..	..
2.4.2	Actions émises par les non-résidents	..	..	..	..	..	..	..	..
2.5	Autres, non classés ailleurs	..	..	..	..	..	..	..	..
	Autres fonds communs de placement								
2	Actifs financiers	..	..	..	..	..	..	..	..
2.1	Numéraire et dépôts	..	..	..	..	..	..	..	..
2.2	Titres autres qu'actions, non compris les produits financiers dérivés	..	..	..	..	..	..	..	..
2.2.1	Titres à court terme	..	..	..	..	..	..	..	..
2.2.2	Titres à long terme	..	..	..	..	..	..	..	..
2.2.3	Titres émis par les résidents	..	..	..	..	..	..	..	..
2.2.4	Titres émis par les non-résidents	..	..	..	..	..	..	..	..
2.3	Crédits	..	..	..	..	..	..	..	..
2.3.1	Crédits à court terme	..	..	..	..	..	..	..	..
2.3.2	Crédits à long terme	..	..	..	..	..	..	..	..
2.3.3	Crédits accordés aux résidents	..	..	..	..	..	..	..	..
2.3.4	Crédits accordés aux non-résidents	..	..	..	..	..	..	..	..
2.4	Actions et autres participations	..	..	..	..	..	..	..	..
2.4.1	Actions émises par les résidents	..	..	..	..	..	..	..	..
2.4.2	Actions émises par les non-résidents	..	..	..	..	..	..	..	..
2.5	Autres, non classés ailleurs	..	..	..	..	..	..	..	..

Tableau 2. Actifs financiers des fonds d'investissement *(suite)*

Millions GBP

		2006	2007	2008	2009	2010	2011	2012	2013
	Fonds d'investissement à capital fixe								
2	Actifs financiers	51 935	58 751	42 331	50 333	57 797	59 063	62 293	..
2.1	Numéraire et dépôts	2 059	1 990	2 235	1 254	1 381	1 719	1 696	..
2.2	Titres autres qu'actions, non compris les produits financiers dérivés	3 184	3 905	3 690	3 260	3 141	3 233	3 339	..
2.2.1	Titres à court terme	835	742	1 216	815	401	425	632	..
2.2.2	Titres à long terme	2 349	3 163	2 474	2 445	2 740	2 808	2 707	..
2.2.3	Titres émis par les résidents	2 341	2 543	2 188	1 552	1 283	1 504	1 749	..
2.2.4	Titres émis par les non-résidents	843	1 362	1 502	1 708	1 858	1 729	1 590	..
2.3	Crédits	..	..	..	..	..	..	..	..
2.3.1	Crédits à court terme	..	..	..	..	..	..	..	..
2.3.2	Crédits à long terme	..	..	..	..	..	..	..	..
2.3.3	Crédits accordés aux résidents	..	..	..	..	..	..	..	..
2.3.4	Crédits accordés aux non-résidents	..	..	..	..	..	..	..	..
2.4	Actions et autres participations	43 549	47 819	32 113	40 901	47 029	47 065	50 385	..
2.4.1	Actions émises par les résidents	21 890	22 024	13 728	17 036	17 688	17 982	19 627	..
2.4.2	Actions émises par les non-résidents	21 659	25 795	18 385	23 865	29 341	29 083	30 758	..
2.5	Autres, non classés ailleurs	3 143	5 037	4 293	4 918	6 246	7 046	6 873	..

Note : Voir les métadonnées détaillées sur : http://metalinks.oecd.org/instinv/20141203/8933

Tableau 3. Actifs financiers des sociétés d'assurance et fonds de pension autonomes

Millions GBP

		2006	2007	2008	2009	2010	2011	2012	2013
	Sociétés d'assurance et fonds de pension autonomes								
2	Actifs financiers	2 408 883	2 510 356	2 210 934	2 444 877	2 625 984	2 783 262	3 049 335	..
2.1	Numéraire et dépôts	73 802	93 293	92 367	110 086	96 700	100 182	105 039	..
2.2	Titres autres qu'actions, non compris les produits financiers dérivés	731 834	778 087	792 632	824 686	831 277	919 750	976 631	..
2.2.1	Titres à court terme	58 580	72 829	65 567	45 863	37 921	44 368	39 178	..
2.2.2	Titres à long terme	673 254	705 258	727 065	778 823	793 356	875 382	937 453	..
2.2.3	Titres émis par les résidents	560 984	578 174	560 742	571 948	585 387	666 296	697 189	..
2.2.4	Titres émis par les non-résidents	170 850	199 913	231 890	252 738	245 890	253 454	279 442	..
2.3	Crédits	18 691	17 756	26 415	25 681	28 456	36 254	37 948	..
2.3.1	Crédits à court terme	17 917	16 985	24 866	..	..	..	..	..
2.3.2	Crédits à long terme	774	771	1 549	..	..	..	..	..
2.3.3	Crédits accordés aux résidents	17 521	16 481	23 822	..	..	..	..	..
2.3.4	Crédits accordés aux non-résidents	1 170	1 275	2 593	..	..	..	..	..
2.4	Actions et autres participations	850 465	789 457	573 413	647 718	667 378	591 808	625 218	..
2.4.1	Actions émises par les résidents	518 328	454 709	309 502	336 665	339 378	294 546	283 594	..
2.4.2	Actions émises par les non-résidents	332 137	334 748	263 911	311 053	328 000	297 262	341 624	..
2.5	Autres, non classés ailleurs	734 091	831 763	726 107	836 706	1 002 173	1 135 268	1 304 499	..
	Sociétés d'assurance								
2	Actifs financiers	1 325 237	1 409 710	1 265 074	1 345 572	1 367 072	1 372 234	1 476 748	..
2.1	Numéraire et dépôts	46 563	61 120	67 583	74 467	63 136	64 300	66 688	..
2.2	Titres autres qu'actions, non compris les produits financiers dérivés	508 466	523 629	552 465	560 853	553 509	584 992	605 181	..
2.2.1	Titres à court terme	49 483	58 831	51 505	34 113	23 962	25 030	24 135	..
2.2.2	Titres à long terme	458 983	464 798	500 960	526 740	529 547	559 962	581 046	..
2.2.3	Titres émis par les résidents	392 016	393 680	392 895	384 886	389 154	418 837	414 350	..
2.2.4	Titres émis par les non-résidents	116 450	129 949	159 570	175 967	164 355	166 155	190 831	..
2.3	Crédits	18 649	17 339	25 897	23 913	26 113	34 598	36 635	..
2.3.1	Crédits à court terme	17 875	16 568	24 348	..	..	..	..	..
2.3.2	Crédits à long terme	774	771	1 549	..	..	..	..	..
2.3.3	Crédits accordés aux résidents	17 515	16 469	23 822	..	..	..	..	..
2.3.4	Crédits accordés aux non-résidents	1 134	870	2 075	..	..	..	..	..
2.4	Actions et autres participations	449 014	467 811	335 317	375 431	384 453	333 539	348 164	..
2.4.1	Actions émises par les résidents	309 855	302 661	198 931	219 955	217 496	185 915	171 681	..
2.4.2	Actions émises par les non-résidents	139 159	165 150	136 386	155 476	166 957	147 624	176 483	..
2.5	Autres, non classés ailleurs	302 545	339 811	283 812	310 908	339 861	354 805	420 080	..
	Sociétés d'assurance vie								
2	Actifs financiers	1 199 434	1 289 491	1 131 635	1 221 988	1 263 176	1 266 652	1 353 049	..
2.1	Numéraire et dépôts	35 809	50 781	55 593	60 626	50 868	52 615	54 062	..
2.2	Titres autres qu'actions, non compris les produits financiers dérivés	438 992	461 088	481 090	494 017	505 348	534 376	544 587	..
2.2.1	Titres à court terme	35 347	43 580	37 251	26 117	21 173	21 631	18 962	..
2.2.2	Titres à long terme	403 645	417 508	443 839	467 900	484 175	512 745	525 625	..
2.2.3	Titres émis par les résidents	351 206	352 252	351 131	349 031	363 072	391 990	385 786	..
2.2.4	Titres émis par les non-résidents	87 786	108 836	129 959	144 986	142 276	142 386	158 801	..
2.3	Crédits	15 330	13 655	21 926	19 580	20 960	28 233	29 928	..
2.3.1	Crédits à court terme	14 814	13 050	20 851	..	..	..	..	..
2.3.2	Crédits à long terme	516	605	1 075	..	..	..	..	..
2.3.3	Crédits accordés aux résidents	14 251	13 248	20 174	..	..	..	..	..
2.3.4	Crédits accordés aux non-résidents	1 079	407	1 752	..	..	..	..	..
2.4	Actions et autres participations	436 369	456 904	322 641	363 492	373 187	323 412	336 931	..
2.4.1	Actions émises par les résidents	299 717	293 655	188 430	209 992	207 971	177 480	162 949	..
2.4.2	Actions émises par les non-résidents	136 652	163 249	134 211	153 500	165 216	145 932	173 982	..
2.5	Autres, non classés ailleurs	272 934	307 063	250 385	284 273	312 813	328 016	387 541	..
	Sociétés d'assurance non-vie								
2	Actifs financiers	125 803	120 219	133 439	123 584	103 896	105 582	123 699	..
2.1	Numéraire et dépôts	10 754	10 339	11 990	13 841	12 268	11 685	12 626	..
2.2	Titres autres qu'actions, non compris les produits financiers dérivés	69 474	62 541	71 375	66 836	48 161	50 616	60 594	..
2.2.1	Titres à court terme	14 136	15 251	14 254	7 996	2 789	3 399	5 173	..
2.2.2	Titres à long terme	55 338	47 290	57 121	58 840	45 372	47 217	55 421	..
2.2.3	Titres émis par les résidents	40 810	41 428	41 764	35 855	26 082	26 847	28 564	..
2.2.4	Titres émis par les non-résidents	28 664	21 113	29 611	30 981	22 079	23 769	32 030	..
2.3	Crédits	3 319	3 684	3 971	4 333	5 153	6 365	6 707	..
2.3.1	Crédits à court terme	3 061	3 518	3 497	..	..	..	..	..
2.3.2	Crédits à long terme	258	166	474	..	..	..	..	..
2.3.3	Crédits accordés aux résidents	3 264	3 221	3 648	..	..	..	..	..
2.3.4	Crédits accordés aux non-résidents	55	463	323	..	..	..	..	..
2.4	Actions et autres participations	12 645	10 907	12 676	11 939	11 266	10 127	11 233	..
2.4.1	Actions émises par les résidents	10 138	9 006	10 501	9 963	9 525	8 435	8 732	..
2.4.2	Actions émises par les non-résidents	2 507	1 901	2 175	1 976	1 741	1 692	2 501	..
2.5	Autres, non classés ailleurs	29 611	32 748	33 427	26 635	27 048	26 789	32 539	..

Tableau 3. Actifs financiers des sociétés d'assurance et fonds de pension autonomes *(suite)*

Millions GBP

		2006	2007	2008	2009	2010	2011	2012	2013
	Fonds de pension autonomes								
2	Actifs financiers	1 083 646	1 100 646	945 860	1 099 305	1 258 912	1 411 028	1 572 587	..
2.1	Numéraire et dépôts	27 239	32 173	24 784	35 619	33 564	35 882	38 351	..
2.2	Titres autres qu'actions, non compris les produits financiers dérivés	223 368	254 458	240 167	263 833	277 768	334 758	371 450	..
2.2.1	Titres à court terme	9 097	13 998	14 062	11 750	13 959	19 338	15 043	..
2.2.2	Titres à long terme	214 271	240 460	226 105	252 083	263 809	315 420	356 407	..
2.2.3	Titres émis par les résidents	168 968	184 494	167 847	187 062	196 233	247 459	282 839	..
2.2.4	Titres émis par les non-résidents	54 400	69 964	72 320	76 771	81 535	87 299	88 611	..
2.3	Crédits	42	417	518	1 768	2 343	1 656	1 313	..
2.3.1	Crédits à court terme	42	417	518	..	..	..	..	..
2.3.2	Crédits à long terme	0	0	0	..	..	..	..	..
2.3.3	Crédits accordés aux résidents	6	12	0	..	..	..	..	..
2.3.4	Crédits accordés aux non-résidents	36	405	518	..	..	..	..	..
2.4	Actions et autres participations	401 451	321 646	238 096	272 287	282 925	258 269	277 054	..
2.4.1	Actions émises par les résidents	208 473	152 048	110 571	116 710	121 882	108 631	111 913	..
2.4.2	Actions émises par les non-résidents	192 978	169 598	127 525	155 577	161 043	149 638	165 141	..
2.5	Autres, non classés ailleurs	431 546	491 952	442 295	525 798	662 312	780 463	884 419	..

Note : Voir les métadonnées détaillées sur : http://metalinks.oecd.org/instinv/20141203/8933

Tableau 4. Composition du portefeuille par type d'investisseur

Pourcentage du total des actifs financiers

Pour cent

		2006	2007	2008	2009	2010	2011	2012	2013
	Fonds d'investissement								
2	Actifs financiers	100.0	100.0	100.0	100 0	100.0	100.0	100.0	..
2.1	Numéraire et dépôts	3.0	3.5	4.2	3 0	3.0	3.1	2.8	..
2.2	Titres autres qu'actions, non compris les produits financiers dérivés	19.4	18.8	22.7	21 4	21.6	24.0	24.7	..
2.2.1	Titres à court terme	1.0	1.0	1.2	0 8	1.0	1.3	1.5	..
2.2.2	Titres à long terme	18.4	17.9	21.4	20 6	20.6	22.6	23.2	..
2.2.3	Titres émis par les résidents	13.4	12.5	14.6	12 3	13.0	14.5	14.0	..
2.2.4	Titres émis par les non-résidents	5.9	6.3	8.1	9 0	8.6	9.5	10.7	..
2.3	Crédits	..	..	..	..	..	..	..	..
2.3.1	Crédits à court terme	..	..	..	..	..	..	..	..
2.3.2	Crédits à long terme	..	..	..	..	..	..	..	..
2.3.3	Crédits accordés aux résidents	..	..	..	..	..	..	..	..
2.3.4	Crédits accordés aux non-résidents	..	..	..	..	..	..	..	..
2.4	Actions et autres participations	70.0	68.4	60.2	62 5	62.8	59.7	58.3	..
2.4.1	Actions émises par les résidents	40.5	38.3	32.5	31 9	30.8	28.4	27.4	..
2.4.2	Actions émises par les non-résidents	29.5	30.0	27.7	30 6	32.1	31.4	30.9	..
2.5	Autres, non classés ailleurs	7.7	9.3	12.9	13 0	12.6	13.2	14.2	..
	Sociétés d'assurance								
2	Actifs financiers	100.0	100.0	100.0	100 0	100.0	100.0	100.0	..
2.1	Numéraire et dépôts	3.5	4.3	5.3	5 5	4.6	4.7	4.5	..
2.2	Titres autres qu'actions, non compris les produits financiers dérivés	38.4	37.1	43.7	41 7	40.5	42.6	41.0	..
2.2.1	Titres à court terme	3.7	4.2	4.1	2 5	1.8	1.8	1.6	..
2.2.2	Titres à long terme	34.6	33.0	39.6	39 1	38.7	40.8	39.3	..
2.2.3	Titres émis par les résidents	29.6	27.9	31.1	28 6	28.5	30.5	28.1	..
2.2.4	Titres émis par les non-résidents	8.8	9.2	12.6	13 1	12.0	12.1	12.9	..
2.3	Crédits	1.4	1.2	2.0	1 8	1.9	2.5	2.5	..
2.3.1	Crédits à court terme	1.3	1.2	1.9	..	..	..	..	..
2.3.2	Crédits à long terme	0.1	0.1	0.1	..	..	..	..	..
2.3.3	Crédits accordés aux résidents	1.3	1.2	1.9	..	..	..	..	..
2.3.4	Crédits accordés aux non-résidents	0.1	0.1	0.2	..	..	..	..	..
2.4	Actions et autres participations	33.9	33.2	26.5	27.9	28.1	24.3	23.6	..
2.4.1	Actions émises par les résidents	23.4	21.5	15.7	16.3	15.9	13.5	11.6	..
2.4.2	Actions émises par les non-résidents	10.5	11.7	10.8	11.6	12.2	10.8	12.0	..
2.5	Autres, non classés ailleurs	22.8	24.1	22.4	23.1	24.9	25.9	28.4	..
	Fonds de pension autonomes								
2	Actifs financiers	100.0	100.0	100.0	100.0	100.0	100.0	100.0	..
2.1	Numéraire et dépôts	2.5	2.9	2.6	3.2	2.7	2.5	2.4	..
2.2	Titres autres qu'actions, non compris les produits financiers dérivés	20.6	23.1	25.4	24.0	22.1	23.7	23.6	..
2.2.1	Titres à court terme	0.8	1.3	1.5	1.1	1.1	1.4	1.0	..
2.2.2	Titres à long terme	19.8	21.8	23.9	22.9	21.0	22.4	22.7	..
2.2.3	Titres émis par les résidents	15.6	16.8	17.7	17.0	15.6	17.5	18.0	..
2.2.4	Titres émis par les non-résidents	5.0	6.4	7.6	7.0	6.5	6.2	5.6	..
2.3	Crédits	0.0	0.0	0.1	0.2	0.2	0.1	0.1	..
2.3.1	Crédits à court terme	0.0	0.0	0.1	..	..	..	..	..
2.3.2	Crédits à long terme	0.0	0.0	0.0	..	..	..	..	..
2.3.3	Crédits accordés aux résidents	0.0	0.0	0.0	..	..	..	..	..
2.3.4	Crédits accordés aux non-résidents	0.0	0.0	0.1	..	..	..	..	..
2.4	Actions et autres participations	37.0	29.2	25.2	24.8	22.5	18.3	17.6	..
2.4.1	Actions émises par les résidents	19.2	13.8	11.7	10.6	9.7	7.7	7.1	..
2.4.2	Actions émises par les non-résidents	17.8	15.4	13.5	14.2	12.8	10.6	10.5	..
2.5	Autres, non classés ailleurs	39.8	44.7	46.8	47.8	52.6	55.3	56.2	..

Note : Voir les métadonnées détaillées sur : http://metalinks.oecd.org/instinv/20141203/bbbc

ÉTATS-UNIS

Tableau 1. Actifs financiers des investisseurs institutionnels, 2013

Milliards USD

			Fonds d'investissement				
		Total	Fonds d'investissement à capital variable (fonds communs de placement)			Fonds d'investissement à capital fixe
			Total	Fonds d'investissement sur le marché monéaire	Autres fonds communs de placement	Total
2	Actifs financiers	16 822	15 894	2 678	13 215	929
2.1	Numéraire et dépôts	576	542	542	..	34
2.2	Titres autres qu'actions, non compris les produits financiers dérivés	6 524	6 055	1 612	4 443	468
2.2.1	Titres à court terme	780	780	642	139	..
2.2.2	Titres à long terme	5 743	5 275	970	4 305	468
2.2.3	Titres émis par les résidents	..	..	..	..	..
2.2.4	Titres émis par les non-résidents	..	..	..	..	..
2.3	Crédits	1 193	994	493	501	199
2.3.1	Crédits à court terme	994	994	493	501	..
2.3.2	Crédits à long terme	199	..	..	..	199
2.3.3	Crédits accordés aux résidents	..	..	..	..	..
2.3.4	Crédits accordés aux non-résidents	..	..	..	..	..
2.4	Actions et autres participations	8 394	8 279	0	8 279	114
2.4.1	Actions émises par les résidents	..	..	..	..	..
2.4.2	Actions émises par les non-résidents	..	..	..	..	..
2.5	Autres, non classés ailleurs	136	23	32	-8	113

			Sociétés d'assurance et fonds de pension autonomes			
		Total	Sociétés d'assurance			Fonds de pension autonomes
			Total	Sociétés d'assurance vie	Sociétés d'assurance non-vie	Total
2	Actifs financiers	24 403	7 511	5 977	1 534	16 892
2.1	Numéraire et dépôts	173	77	47	30	96
2.2	Titres autres qu'actions, non compris les produits financiers dérivés	7 442	3 879	2 934	945	3 563
2.2.1	Titres à court terme	171	85	53	32	86
2.2.2	Titres à long terme	7 271	3 794	2 881	914	3 477
2.2.3	Titres émis par les résidents	..	..	2 373	..	..
2.2.4	Titres émis par les non-résidents	..	..	561	..	..
2.3	Crédits	570	535	526	10	35
2.3.1	Crédits à court terme	170	164	162	2	6
2.3.2	Crédits à long terme	399	371	363	8	28
2.3.3	Crédits accordés aux résidents	..	..	..	..	..
2.3.4	Crédits accordés aux non-résidents	..	..	..	..	..
2.4	Actions et autres participations	11 086	2 523	2 069	454	8 563
2.4.1	Actions émises par les résidents	..	..	..	..	..
2.4.2	Actions émises par les non-résidents	..	..	..	..	..
2.5	Autres, non classés ailleurs	5 131	496	401	95	4 635

Note : Voir les métadonnées détaillées sur : http://metalinks.oecd.org/instinv/20141203/2124

ÉTATS-UNIS

Tableau 2. Actifs financiers des fonds d'investissement

Milliards USD

		2006	2007	2008	2009	2010	2011	2012	2013
	Fonds d'investissement								
2	Actifs financiers	10 422	12 098	10 130	11 444	12 161	12 230	14 151	16 822
2.1	Numéraire et dépôts	310	413	508	713	604	493	531	576
2.2	Titres autres qu'actions, non compris les produits financiers dérivés	3 775	4 405	5 113	4 976	5 014	5 498	6 238	6 524
2.2.1	Titres à court terme	779	926	1 149	909	725	688	744	780
2.2.2	Titres à long terme	2 996	3 479	3 964	4 067	4 290	4 810	5 494	5 743
2.2.3	Titres émis par les résidents	..	..	..	..	..	..	..	..
2.2.4	Titres émis par les non-résidents	..	..	..	..	..	..	..	..
2.3	Crédits	710	944	838	755	736	749	978	1 193
2.3.1	Crédits à court terme	574	820	762	709	691	693	913	994
2.3.2	Crédits à long terme	136	123	76	46	45	56	64	199
2.3.3	Crédits accordés aux résidents	..	..	..	..	..	..	..	..
2.3.4	Crédits accordés aux non-résidents	..	..	..	..	..	..	..	..
2.4	Actions et autres participations	5 513	6 196	3 560	4 894	5 714	5 387	6 303	8 394
2.4.1	Actions émises par les résidents	..	..	..	..	..	..	..	..
2.4.2	Actions émises par les non-résidents	..	..	..	..	..	..	..	..
2.5	Autres, non classés ailleurs	113	141	110	107	93	103	102	136
	Fonds d'investissement à capital variable (fonds communs de placement)								
2	Actifs financiers	9 784	11 463	9 676	10 952	11 615	11 556	13 300	15 894
2.1	Numéraire et dépôts	292	396	490	682	579	466	495	542
2.2	Titres autres qu'actions, non compris les produits financiers dérivés	3 473	4 110	4 881	4 714	4 701	5 078	5 688	6 055
2.2.1	Titres à court terme	779	926	1 149	909	725	688	744	780
2.2.2	Titres à long terme	2 695	3 185	3 732	3 805	3 977	4 390	4 944	5 275
2.2.3	Titres émis par les résidents	..	..	..	..	..	..	..	..
2.2.4	Titres émis par les non-résidents	..	..	..	..	..	..	..	..
2.3	Crédits	574	820	762	709	691	693	913	994
2.3.1	Crédits à court terme	574	820	762	709	691	693	913	994
2.3.2	Crédits à long terme	0	0	0	0	0	0	0	..
2.3.3	Crédits accordés aux résidents	..	..	..	..	..	..	..	..
2.3.4	Crédits accordés aux non-résidents	..	..	..	..	..	..	..	..
2.4	Actions et autres participations	5 392	6 051	3 488	4 806	5 617	5 291	6 203	8 279
2.4.1	Actions émises par les résidents	..	..	..	..	..	..	..	..
2.4.2	Actions émises par les non-résidents	..	..	..	..	..	..	..	..
2.5	Autres, non classés ailleurs	54	86	55	42	26	28	1	23
	Fonds d'investissement sur le marché monéaire								
2	Actifs financiers	2 296	3 033	3 757	3 259	2 755	2 643	2 650	2 678
2.1	Numéraire et dépôts	292	396	490	682	579	466	495	542
2.2	Titres autres qu'actions, non compris les produits financiers dérivés	1 570	1 962	2 690	2 070	1 673	1 664	1 581	1 612
2.2.1	Titres à court terme	664	811	1 097	829	629	618	624	642
2.2.2	Titres à long terme	906	1 151	1 593	1 241	1 045	1 046	957	970
2.2.3	Titres émis par les résidents	..	..	..	..	..	..	..	..
2.2.4	Titres émis par les non-résidents	..	..	..	..	..	..	..	..
2.3	Crédits	395	606	542	480	479	491	545	493
2.3.1	Crédits à court terme	395	606	542	480	479	491	545	493
2.3.2	Crédits à long terme	0	0	0	0	0	0	0	..
2.3.3	Crédits accordés aux résidents	..	..	..	..	..	..	..	..
2.3.4	Crédits accordés aux non-résidents	..	..	..	..	..	..	..	..
2.4	Actions et autres participations	0	0	0	0	0	0	0	0
2.4.1	Actions émises par les résidents	..	..	..	..	..	..	..	..
2.4.2	Actions émises par les non-résidents	..	..	..	..	..	..	..	..
2.5	Autres, non classés ailleurs	40	69	35	27	24	23	29	32
	Autres fonds communs de placement								
2	Actifs financiers	7 488	8 430	5 919	7 694	8 860	8 913	10 650	13 215
2.1	Numéraire et dépôts	0	0	0	0	0	0	0	..
2.2	Titres autres qu'actions, non compris les produits financiers dérivés	1 903	2 148	2 191	2 644	3 028	3 415	4 107	4 443
2.2.1	Titres à court terme	115	114	52	80	96	70	120	139
2.2.2	Titres à long terme	1 789	2 034	2 140	2 564	2 932	3 344	3 987	4 305
2.2.3	Titres émis par les résidents	..	..	..	..	..	..	..	..
2.2.4	Titres émis par les non-résidents	..	..	..	..	..	..	..	..
2.3	Crédits	179	215	220	229	212	202	368	501
2.3.1	Crédits à court terme	179	215	220	229	212	202	368	501
2.3.2	Crédits à long terme	0	0	0	0	0	0	0	..
2.3.3	Crédits accordés aux résidents	..	..	..	..	..	..	..	..
2.3.4	Crédits accordés aux non-résidents	..	..	..	..	..	..	..	..
2.4	Actions et autres participations	5 392	6 051	3 488	4 806	5 617	5 291	6 203	8 279
2.4.1	Actions émises par les résidents	..	..	..	..	..	..	..	..
2.4.2	Actions émises par les non-résidents	..	..	..	..	..	..	..	..
2.5	Autres, non classés ailleurs	14	17	20	15	3	6	-27	-8

Tableau 2. Actifs financiers des fonds d'investissement *(suite)*

Milliards USD

		2006	2007	2008	2009	2010	2011	2012	2013
	Fonds d'investissement à capital fixe								
2	Actifs financiers	638	635	453	491	545	674	851	929
2.1	Numéraire et dépôts	18	17	18	31	25	28	35	34
2.2	Titres autres qu'actions, non compris les produits financiers dérivés	302	294	232	262	313	420	550	468
2.2.1	Titres à court terme	0	0	0	0	0	0	0	..
2.2.2	Titres à long terme	302	294	232	262	313	420	550	468
2.2.3	Titres émis par les résidents	..	..	..	..	..	..	..	..
2.2.4	Titres émis par les non-résidents	..	..	..	..	..	..	..	..
2.3	Crédits	136	123	76	46	45	56	64	199
2.3.1	Crédits à court terme	..	..	..	..	..	..	..	..
2.3.2	Crédits à long terme	136	123	76	46	45	56	64	199
2.3.3	Crédits accordés aux résidents	..	..	..	..	..	..	..	..
2.3.4	Crédits accordés aux non-résidents	..	..	..	..	..	..	..	..
2.4	Actions et autres participations	122	145	72	87	97	96	101	114
2.4.1	Actions émises par les résidents	..	..	..	..	..	..	..	..
2.4.2	Actions émises par les non-résidents	..	..	..	..	..	..	..	..
2.5	Autres, non classés ailleurs	60	55	55	65	66	75	100	113

Note : Voir les métadonnées détaillées sur : http://metalinks.oecd.org/instinv/20141203/2124

Tableau 3. Actifs financiers des sociétés d'assurance et fonds de pension autonomes

Milliards USD

		2006	2007	2008	2009	2010	2011	2012	2013
	Sociétés d'assurance et fonds de pension autonomes								
2	Actifs financiers	18 202	19 156	17 922	19 370	21 074	21 633	22 777	24 403
2.1	Numéraire et dépôts	161	185	186	155	168	171	181	173
2.2	Titres autres qu'actions, non compris les produits financiers dérivés	5 742	5 912	5 942	6 158	6 540	6 867	7 138	7 442
2.2.1	Titres à court terme	163	158	167	169	157	156	155	171
2.2.2	Titres à long terme	5 579	5 754	5 775	5 989	6 383	6 711	6 983	7 271
2.2.3	Titres émis par les résidents	..	..	..	..	..	..	..	..
2.2.4	Titres émis par les non-résidents	..	..	..	..	..	..	..	..
2.3	Crédits	499	542	573	528	521	538	551	570
2.3.1	Crédits à court terme	144	159	184	162	161	167	166	170
2.3.2	Crédits à long terme	355	383	389	367	360	371	384	399
2.3.3	Crédits accordés aux résidents	..	..	..	..	..	..	..	..
2.3.4	Crédits accordés aux non-résidents	..	..	..	..	..	..	..	..
2.4	Actions et autres participations	8 628	9 185	6 200	7 644	8 593	8 308	9 200	11 086
2.4.1	Actions émises par les résidents	..	..	..	..	..	..	..	..
2.4.2	Actions émises par les non-résidents	..	..	..	..	..	..	..	..
2.5	Autres, non classés ailleurs	3 171	3 331	5 021	4 885	5 251	5 748	5 708	5 131
	Sociétés d'assurance								
2	Actifs financiers	6 021	6 336	5 820	6 204	6 528	6 720	7 057	7 511
2.1	Numéraire et dépôts	86	101	111	78	84	78	93	77
2.2	Titres autres qu'actions, non compris les produits financiers dérivés	3 211	3 264	3 223	3 438	3 602	3 740	3 801	3 879
2.2.1	Titres à court terme	84	74	88	89	75	70	75	85
2.2.2	Titres à long terme	3 127	3 190	3 134	3 349	3 528	3 670	3 727	3 794
2.2.3	Titres émis par les résidents	..	..	..	..	..	..	..	..
2.2.4	Titres émis par les non-résidents	..	..	..	..	..	..	..	..
2.3	Crédits	444	483	526	486	477	498	511	535
2.3.1	Crédits à court terme	137	152	178	156	155	160	161	164
2.3.2	Crédits à long terme	307	331	347	331	322	337	350	371
2.3.3	Crédits accordés aux résidents	..	..	..	..	..	..	..	..
2.3.4	Crédits accordés aux non-résidents	..	..	..	..	..	..	..	..
2.4	Actions et autres participations	1 911	2 087	1 523	1 793	1 978	1 966	2 185	2 523
2.4.1	Actions émises par les résidents	..	..	..	..	..	..	..	..
2.4.2	Actions émises par les non-résidents	..	..	..	..	..	..	..	..
2.5	Autres, non classés ailleurs	369	400	438	409	387	439	467	496
	Sociétés d'assurance vie								
2	Actifs financiers	4 685	4 950	4 514	4 824	5 168	5 340	5 615	5 977
2.1	Numéraire et dépôts	56	58	83	51	52	54	56	47
2.2	Titres autres qu'actions, non compris les produits financiers dérivés	2 350	2 399	2 374	2 556	2 716	2 819	2 879	2 934
2.2.1	Titres à court terme	33	44	58	64	51	44	53	53
2.2.2	Titres à long terme	2 317	2 355	2 316	2 492	2 665	2 775	2 826	2 881
2.2.3	Titres émis par les résidents	2 023	2 047	2 003	2 121	2 229	2 272	2 336	2 373
2.2.4	Titres émis par les non-résidents	327	352	372	435	487	546	543	561
2.3	Crédits	439	475	516	477	469	491	503	526
2.3.1	Crédits à court terme	135	149	174	151	152	159	159	162
2.3.2	Crédits à long terme	304	326	342	326	317	332	344	363
2.3.3	Crédits accordés aux résidents	..	..	..	..	..	..	..	..
2.3.4	Crédits accordés aux non-résidents	..	..	..	..	..	..	..	..
2.4	Actions et autres participations	1 558	1 702	1 190	1 415	1 628	1 625	1 801	2 069
2.4.1	Actions émises par les résidents	..	..	..	..	..	..	..	..
2.4.2	Actions émises par les non-résidents	..	..	..	..	..	..	..	..
2.5	Autres, non classés ailleurs	282	315	351	326	303	351	375	401
	Sociétés d'assurance non-vie								
2	Actifs financiers	1 336	1 386	1 306	1 380	1 360	1 380	1 442	1 534
2.1	Numéraire et dépôts	30	43	28	28	33	24	36	30
2.2	Titres autres qu'actions, non compris les produits financiers dérivés	861	865	848	882	886	922	922	945
2.2.1	Titres à court terme	51	29	30	26	23	26	21	32
2.2.2	Titres à long terme	810	835	819	857	863	896	901	914
2.2.3	Titres émis par les résidents	..	..	..	..	..	..	..	..
2.2.4	Titres émis par les non-résidents	..	..	..	..	..	..	..	..
2.3	Crédits	5	8	9	9	8	7	7	10
2.3.1	Crédits à court terme	2	4	4	5	4	2	2	2
2.3.2	Crédits à long terme	3	5	5	4	4	5	6	8
2.3.3	Crédits accordés aux résidents	..	..	..	..	..	..	..	..
2.3.4	Crédits accordés aux non-résidents	..	..	..	..	..	..	..	..
2.4	Actions et autres participations	353	385	333	378	350	340	384	454
2.4.1	Actions émises par les résidents	..	..	..	..	..	..	..	..
2.4.2	Actions émises par les non-résidents	..	..	..	..	..	..	..	..
2.5	Autres, non classés ailleurs	87	85	87	83	84	87	92	95

Tableau 3. Actifs financiers des sociétés d'assurance et fonds de pension autonomes *(suite)*

Milliards USD

		2006	2007	2008	2009	2010	2011	2012	2013
	Fonds de pension autonomes								
2	Actifs financiers	12 181	12 820	12 103	13 166	14 545	14 913	15 720	16 892
2.1	Numéraire et dépôts	75	84	76	76	84	94	88	96
2.2	Titres autres qu'actions, non compris les produits financiers dérivés	2 531	2 648	2 719	2 720	2 938	3 127	3 337	3 563
2.2.1	Titres à court terme	79	84	79	80	82	87	80	86
2.2.2	Titres à long terme	2 452	2 564	2 641	2 641	2 856	3 040	3 256	3 477
2.2.3	Titres émis par les résidents	..	..	..	..	..	..	..	..
2.2.4	Titres émis par les non-résidents	..	..	..	..	..	..	..	..
2.3	Crédits	54	59	47	42	44	40	40	35
2.3.1	Crédits à court terme	7	7	6	6	6	6	6	6
2.3.2	Crédits à long terme	48	52	41	36	38	34	34	28
2.3.3	Crédits accordés aux résidents	..	..	..	..	..	..	..	..
2.3.4	Crédits accordés aux non-résidents	..	..	..	..	..	..	..	..
2.4	Actions et autres participations	6 717	7 097	4 677	5 851	6 615	6 343	7 015	8 563
2.4.1	Actions émises par les résidents	..	..	..	..	..	..	..	..
2.4.2	Actions émises par les non-résidents	..	..	..	..	..	..	..	..
2.5	Autres, non classés ailleurs	2 802	2 931	4 584	4 476	4 865	5 310	5 241	4 635

Note : Voir les métadonnées détaillées sur : http://metalinks.oecd.org/instinv/20141203/2124

Tableau 4. Composition du portefeuille par type d'investisseur

Pourcentage du total des actifs financiers

Pour cent

		2006	2007	2008	2009	2010	2011	2012	2013
	Fonds d'investissement								
2	Actifs financiers	100.0	100.0	100.0	100.0	100.0	100.0	100.0	100.0
2.1	Numéraire et dépôts	3.0	3.4	5.0	6.2	5.0	4.0	3.7	3.4
2.2	Titres autres qu'actions, non compris les produits financiers dérivés	36.2	36.4	50.5	43.5	41.2	45.0	44.1	38.8
2.2.1	Titres à court terme	7.5	7.7	11.3	7.9	6.0	5.6	5.3	4.6
2.2.2	Titres à long terme	28.7	28.8	39.1	35.5	35.3	39.3	38.8	34.1
2.2.3	Titres émis par les résidents	..	..	..	..	..	..	..	..
2.2.4	Titres émis par les non-résidents	..	..	..	..	..	..	..	..
2.3	Crédits	6.8	7.8	8.3	6.6	6.1	6.1	6.9	7.1
2.3.1	Crédits à court terme	5.5	6.8	7.5	6.2	5.7	5.7	6.5	5.9
2.3.2	Crédits à long terme	1.3	1.0	0.8	0.4	0.4	0.5	0.5	1.2
2.3.3	Crédits accordés aux résidents	..	..	..	..	..	..	..	..
2.3.4	Crédits accordés aux non-résidents	..	..	..	..	..	..	..	..
2.4	Actions et autres participations	52.9	51.2	35.1	42.8	47.0	44.0	44.5	49.9
2.4.1	Actions émises par les résidents	..	..	..	..	..	..	..	..
2.4.2	Actions émises par les non-résidents	..	..	..	..	..	..	..	..
2.5	Autres, non classés ailleurs	1.1	1.2	1.1	0.9	0.8	0.8	0.7	0.8
	Sociétés d'assurance								
2	Actifs financiers	100.0	100.0	100.0	100.0	100.0	100.0	100.0	100.0
2.1	Numéraire et dépôts	1.4	1.6	1.9	1.3	1.3	1.2	1.3	1.0
2.2	Titres autres qu'actions, non compris les produits financiers dérivés	53.3	51.5	55.4	55.4	55.2	55.7	53.9	51.6
2.2.1	Titres à court terme	1.4	1.2	1.5	1.4	1.1	1.0	1.1	1.1
2.2.2	Titres à long terme	51.9	50.4	53.9	54.0	54.0	54.6	52.8	50.5
2.2.3	Titres émis par les résidents	..	..	..	..	..	..	..	..
2.2.4	Titres émis par les non-résidents	..	..	..	..	..	..	..	..
2.3	Crédits	7.4	7.6	9.0	7.8	7.3	7.4	7.2	7.1
2.3.1	Crédits à court terme	2.3	2.4	3.1	2.5	2.4	2.4	2.3	2.2
2.3.2	Crédits à long terme	5.1	5.2	6.0	5.3	4.9	5.0	5.0	4.9
2.3.3	Crédits accordés aux résidents	..	..	..	..	..	..	..	..
2.3.4	Crédits accordés aux non-résidents	..	..	..	..	..	..	..	..
2.4	Actions et autres participations	31.7	32.9	26.2	28.9	30.3	29.2	31.0	33.6
2.4.1	Actions émises par les résidents	..	..	..	..	..	..	..	..
2.4.2	Actions émises par les non-résidents	..	..	..	..	..	..	..	..
2.5	Autres, non classés ailleurs	6.1	6.3	7.5	6.6	5.9	6.5	6.6	6.6
	Fonds de pension autonomes								
2	Actifs financiers	100.0	100.0	100.0	100.0	100.0	100.0	100.0	100.0
2.1	Numéraire et dépôts	0.6	0.7	0.6	0.6	0.6	0.6	0.6	0.6
2.2	Titres autres qu'actions, non compris les produits financiers dérivés	20.8	20.7	22.5	20.7	20.2	21.0	21.2	21.1
2.2.1	Titres à court terme	0.6	0.7	0.7	0.6	0.6	0.6	0.5	0.5
2.2.2	Titres à long terme	20.1	20.0	21.8	20.1	19.6	20.4	20.7	20.6
2.2.3	Titres émis par les résidents	..	..	..	..	..	..	..	..
2.2.4	Titres émis par les non-résidents	..	..	..	..	..	..	..	..
2.3	Crédits	0.4	0.5	0.4	0.3	0.3	0.3	0.3	0.2
2.3.1	Crédits à court terme	0.1	0.1	0.0	0.0	0.0	0.0	0.0	0.0
2.3.2	Crédits à long terme	0.4	0.4	0.3	0.3	0.3	0.2	0.2	0.2
2.3.3	Crédits accordés aux résidents	..	..	..	..	..	..	..	..
2.3.4	Crédits accordés aux non-résidents	..	..	..	..	..	..	..	..
2.4	Actions et autres participations	55.1	55.4	38.6	44.4	45.5	42.5	44.6	50.7
2.4.1	Actions émises par les résidents	..	..	..	..	..	..	..	..
2.4.2	Actions émises par les non-résidents	..	..	..	..	..	..	..	..
2.5	Autres, non classés ailleurs	23.0	22.9	37.9	34.0	33.4	35.6	33.3	27.4

Note : Voir les métadonnées détaillées sur : http://metalinks.oecd.org/instinv/20141203/bbbc

FÉDÉRATION DE RUSSIE

Tableau 1. Actifs financiers des investisseurs institutionnels, 2013

Millions RUB

		Total	Fonds d'investissement				
			Fonds d'investissement à capital variable (fonds communs de placement)			Fonds d'investissement à capital fixe
			Total	Fonds d'investissement sur le marché monéaire	Autres fonds communs de placement	Total
2	Actifs financiers	1 178 948	125 343	8 849	116 494	1 053 605
2.1	Numéraire et dépôts	233 794	15 317	7 248	8 070	218 476
2.2	Titres autres qu'actions, non compris les produits financiers dérivés	112 612	63 562	991	62 571	49 050
2.2.1	Titres à court terme	..	..	..	..	..
2.2.2	Titres à long terme	..	..	..	..	..
2.2.3	Titres émis par les résidents	93 728	53 359	991	52 367	40 369
2.2.4	Titres émis par les non-résidents	18 884	10 204	0	10 204	8 681
2.3	Crédits	5 573	0	0	0	5 573
2.3.1	Crédits à court terme	..	..	..	..	..
2.3.2	Crédits à long terme	..	..	..	..	..
2.3.3	Crédits accordés aux résidents	5 573	0	0	0	5 573
2.3.4	Crédits accordés aux non-résidents	..	..	..	..	..
2.4	Actions et autres participations	553 341	37 104	0	37 104	516 237
2.4.1	Actions émises par les résidents	523 453	33 071	0	33 071	490 381
2.4.2	Actions émises par les non-résidents	29 888	4 032	0	4 032	25 856
2.5	Autres, non classés ailleurs	273 629	9 360	610	8 750	264 269

		Sociétés d'assurance et fonds de pension autonomes				
		Total	Sociétés d'assurance			Fonds de pension autonomes
			Total	Sociétés d'assurance vie	Sociétés d'assurance non-vie	Total
2	Actifs financiers	3 424 890	1 199 092	..	..	2 225 798
2.1	Numéraire et dépôts	1 116 399	377 029	..	..	739 370
2.2	Titres autres qu'actions, non compris les produits financiers dérivés	1 167 626	303 110	..	..	864 516
2.2.1	Titres à court terme	..	..	..	..	..
2.2.2	Titres à long terme	..	..	..	..	..
2.2.3	Titres émis par les résidents	1 107 362	262 987	..	..	844 375
2.2.4	Titres émis par les non-résidents	60 264	40 123	..	..	20 141
2.3	Crédits	12 145	11 963	..	..	182
2.3.1	Crédits à court terme	..	..	..	..	..
2.3.2	Crédits à long terme	..	..	..	..	..
2.3.3	Crédits accordés aux résidents	7 708	7 526	..	..	182
2.3.4	Crédits accordés aux non-résidents	4 437	4 437	..	..	0
2.4	Actions et autres participations	714 447	137 714	..	..	576 733
2.4.1	Actions émises par les résidents	695 614	129 042	..	..	566 571
2.4.2	Actions émises par les non-résidents	18 833	8 672	..	..	10 161
2.5	Autres, non classés ailleurs	414 272	369 276	..	..	44 996

Note : Voir les métadonnées détaillées sur : http://metalinks.oecd.org/instinv/20141203/19e9

FÉDÉRATION DE RUSSIE

Tableau 2. Actifs financiers des fonds d'investissement

Millions RUB

		2006	2007	2008	2009	2010	2011	2012	2013
	Fonds d'investissement								
2	Actifs financiers	392 446	665 899	470 759	599 906	762 432	841 278	1 004 450	1 178 948
2.1	Numéraire et dépôts	26 755	62 874	56 513	70 599	96 172	105 313	153 160	233 794
2.2	Titres autres qu'actions, non compris les produits financiers dérivés	38 730	57 367	41 232	53 528	48 521	65 362	89 613	112 612
2.2.1	Titres à court terme	..	..	..	..	..	..	..	..
2.2.2	Titres à long terme	..	..	..	..	..	..	..	..
2.2.3	Titres émis par les résidents	38 605	57 365	41 226	53 324	48 403	60 076	76 535	93 728
2.2.4	Titres émis par les non-résidents	125	2	6	204	117	5 286	13 079	18 884
2.3	Crédits	0	0	0	1 743	6 297	6 518	4 485	5 573
2.3.1	Crédits à court terme	..	..	..	..	..	..	..	..
2.3.2	Crédits à long terme	..	..	..	..	..	..	..	..
2.3.3	Crédits accordés aux résidents	0	0	0	1 743	6 297	6 518	4 485	5 573
2.3.4	Crédits accordés aux non-résidents	..	..	..	..	..	..	..	..
2.4	Actions et autres participations	300 460	500 596	287 664	388 050	482 265	499 573	571 058	553 341
2.4.1	Actions émises par les résidents	300 460	500 596	287 664	388 037	481 786	496 558	551 234	523 453
2.4.2	Actions émises par les non-résidents	0	0	0	14	479	3 015	19 824	29 888
2.5	Autres, non classés ailleurs	26 502	45 063	85 350	85 986	129 178	164 511	186 133	273 629
	Fonds d'investissement à capital variable (fonds communs de placement)								
2	Actifs financiers	155 251	189 639	62 081	96 734	121 414	99 846	101 875	125 343
2.1	Numéraire et dépôts	5 425	5 078	5 439	4 132	3 141	3 875	7 073	15 317
2.2	Titres autres qu'actions, non compris les produits financiers dérivés	23 743	28 693	15 820	18 758	23 503	28 001	39 497	63 562
2.2.1	Titres à court terme	..	..	..	..	..	..	..	..
2.2.2	Titres à long terme	..	..	..	..	..	..	..	..
2.2.3	Titres émis par les résidents	23 618	28 691	15 819	18 680	23 443	27 924	34 229	53 359
2.2.4	Titres émis par les non-résidents	125	2	1	78	60	77	5 268	10 204
2.3	Crédits	0	0	0	0	0	0	0	0
2.3.1	Crédits à court terme	..	..	..	..	..	..	..	..
2.3.2	Crédits à long terme	..	..	..	..	..	..	..	..
2.3.3	Crédits accordés aux résidents	0	0	0	0	0	0	0	0
2.3.4	Crédits accordés aux non-résidents	..	..	..	..	..	..	..	..
2.4	Actions et autres participations	119 089	144 306	33 938	67 256	86 613	59 389	47 788	37 104
2.4.1	Actions émises par les résidents	119 089	144 306	33 938	67 242	86 134	57 374	45 249	33 071
2.4.2	Actions émises par les non-résidents	0	0	0	14	479	2 015	2 539	4 032
2.5	Autres, non classés ailleurs	6 994	11 561	6 884	6 588	8 157	8 580	7 517	9 360
	Fonds d'investissement sur le marché monéaire								
2	Actifs financiers	297	404	717	390	901	1 439	1 374	8 849
2.1	Numéraire et dépôts	209	189	341	196	580	674	807	7 248
2.2	Titres autres qu'actions, non compris les produits financiers dérivés	80	104	244	87	243	652	478	991
2.2.1	Titres à court terme	..	..	..	..	..	..	..	..
2.2.2	Titres à long terme	..	..	..	..	..	..	..	..
2.2.3	Titres émis par les résidents	80	104	244	87	243	652	478	991
2.2.4	Titres émis par les non-résidents	0	0	0	0	0	0	0	0
2.3	Crédits	0	0	0	0	0	0	0	0
2.3.1	Crédits à court terme	..	..	..	..	..	..	..	..
2.3.2	Crédits à long terme	..	..	..	..	..	..	..	..
2.3.3	Crédits accordés aux résidents	0	0	0	0	0	0	0	0
2.3.4	Crédits accordés aux non-résidents	..	..	..	..	..	..	..	..
2.4	Actions et autres participations	0	107	80	61	42	24	24	0
2.4.1	Actions émises par les résidents	0	107	80	61	42	24	24	0
2.4.2	Actions émises par les non-résidents	0	0	0	0	0	0	0	0
2.5	Autres, non classés ailleurs	8	4	51	46	33	89	65	610
	Autres fonds communs de placement								
2	Actifs financiers	154 954	189 235	61 365	96 344	120 514	98 407	100 501	116 494
2.1	Numéraire et dépôts	5 216	4 889	5 098	3 936	2 561	3 202	6 266	8 070
2.2	Titres autres qu'actions, non compris les produits financiers dérivés	23 663	28 589	15 576	18 670	23 260	27 350	39 020	62 571
2.2.1	Titres à court terme	..	..	..	..	..	..	..	..
2.2.2	Titres à long terme	..	..	..	..	..	..	..	..
2.2.3	Titres émis par les résidents	23 538	28 587	15 575	18 592	23 200	27 273	33 751	52 367
2.2.4	Titres émis par les non-résidents	125	2	1	78	60	77	5 268	10 204
2.3	Crédits	0	0	0	0	0	0	0	0
2.3.1	Crédits à court terme	..	..	..	..	..	..	..	..
2.3.2	Crédits à long terme	..	..	..	..	..	..	..	..
2.3.3	Crédits accordés aux résidents	0	0	0	0	0	0	0	0
2.3.4	Crédits accordés aux non-résidents	..	..	..	..	..	..	..	..
2.4	Actions et autres participations	119 089	144 200	33 858	67 195	86 571	59 365	47 763	37 104
2.4.1	Actions émises par les résidents	119 089	144 200	33 858	67 181	86 093	57 350	45 224	33 071
2.4.2	Actions émises par les non-résidents	0	0	0	14	479	2 015	2 539	4 032
2.5	Autres, non classés ailleurs	6 986	11 558	6 833	6 543	8 120	8 491	7 452	8 750

Tableau 2. Actifs financiers des fonds d'investissement *(suite)*

Millions RUB

		2006	2007	2008	2009	2010	2011	2012	2013
	Fonds d'investissement à capital fixe								
2	Actifs financiers	237 195	476 260	408 678	503 173	641 018	741 432	902 576	1 053 605
2.1	Numéraire et dépôts	21 330	57 796	51 074	66 467	93 031	101 438	146 088	218 476
2.2	Titres autres qu'actions, non compris les produits financiers dérivés	14 987	28 673	25 412	34 771	25 017	37 361	50 116	49 050
2.2.1	Titres à court terme	..	..	..	..	..	..	..	..
2.2.2	Titres à long terme	..	..	..	..	..	..	..	..
2.2.3	Titres émis par les résidents	14 987	28 673	25 407	34 644	24 960	32 152	42 306	40 369
2.2.4	Titres émis par les non-résidents	0	0	5	126	57	5 209	7 810	8 681
2.3	Crédits	0	0	0	1 743	6 297	6 518	4 485	5 573
2.3.1	Crédits à court terme	..	..	..	..	..	..	..	..
2.3.2	Crédits à long terme	..	..	..	..	..	..	..	..
2.3.3	Crédits accordés aux résidents	0	0	0	1 743	6 297	6 518	4 485	5 573
2.3.4	Crédits accordés aux non-résidents	..	..	..	..	..	..	..	..
2.4	Actions et autres participations	181 370	356 289	253 726	320 794	395 652	440 184	523 271	516 237
2.4.1	Actions émises par les résidents	181 370	356 289	253 726	320 794	395 652	439 184	505 986	490 381
2.4.2	Actions émises par les non-résidents	0	0	0	0	0	1 000	17 285	25 856
2.5	Autres, non classés ailleurs	19 508	33 502	78 466	79 398	121 021	155 931	178 616	264 269

Note : Voir les métadonnées détaillées sur : http://metalinks.oecd.org/instinv/20141203/19e9

Tableau 3. Actifs financiers des sociétés d'assurance et fonds de pension autonomes

Millions RUB

		2006	2007	2008	2009	2010	2011	2012	2013
	Sociétés d'assurance et fonds de pension autonomes								
2	Actifs financiers	1 142 885	1 298 600	1 365 737	1 569 827	1 754 805	2 133 672	2 601 855	3 424 890
2.1	Numéraire et dépôts	200 706	292 588	329 951	426 888	459 955	613 417	842 539	1 116 399
2.2	Titres autres qu'actions, non compris les produits financiers dérivés	288 495	327 594	410 033	446 486	456 295	633 920	775 828	1 167 626
2.2.1	Titres à court terme	..	..	..	..	..	..	..	..
2.2.2	Titres à long terme	..	..	..	..	..	..	..	..
2.2.3	Titres émis par les résidents	284 272	320 708	401 372	441 416	444 567	600 914	742 449	1 107 362
2.2.4	Titres émis par les non-résidents	4 223	6 885	8 660	5 070	11 728	33 006	33 378	60 264
2.3	Crédits	9 539	7 677	18 262	14 593	8 635	15 048	10 524	12 145
2.3.1	Crédits à court terme	..	..	..	..	..	..	..	..
2.3.2	Crédits à long terme	..	..	..	..	..	..	..	..
2.3.3	Crédits accordés aux résidents	9 520	7 277	17 449	14 353	8 388	11 041	8 464	7 708
2.3.4	Crédits accordés aux non-résidents	18	400	813	240	247	4 007	2 060	4 437
2.4	Actions et autres participations	419 250	445 827	331 457	406 619	541 295	570 887	625 053	714 447
2.4.1	Actions émises par les résidents	418 064	444 783	329 870	401 805	538 959	558 102	607 418	695 614
2.4.2	Actions émises par les non-résidents	1 187	1 043	1 587	4 813	2 336	12 785	17 635	18 833
2.5	Autres, non classés ailleurs	224 895	224 914	276 035	275 242	288 625	300 400	347 912	414 272
	Sociétés d'assurance								
2	Actifs financiers	632 247	703 240	793 259	836 355	857 179	940 684	1 056 102	1 199 092
2.1	Numéraire et dépôts	147 851	196 506	222 127	253 326	258 372	323 804	351 372	377 029
2.2	Titres autres qu'actions, non compris les produits financiers dérivés	158 061	197 684	227 435	205 332	200 130	230 489	265 342	303 110
2.2.1	Titres à court terme	..	..	..	..	..	..	..	..
2.2.2	Titres à long terme	..	..	..	..	..	..	..	..
2.2.3	Titres émis par les résidents	153 839	190 862	218 971	200 874	189 183	206 404	242 780	262 987
2.2.4	Titres émis par les non-résidents	4 223	6 822	8 464	4 457	10 947	24 085	22 562	40 123
2.3	Crédits	8 790	6 542	17 148	13 015	7 652	12 897	9 044	11 963
2.3.1	Crédits à court terme	..	..	..	..	..	..	..	..
2.3.2	Crédits à long terme	..	..	..	..	..	..	..	..
2.3.3	Crédits accordés aux résidents	8 771	6 142	16 335	12 776	7 404	8 890	6 984	7 526
2.3.4	Crédits accordés aux non-résidents	18	400	813	240	247	4 007	2 060	4 437
2.4	Actions et autres participations	114 484	91 711	73 036	110 866	116 887	100 385	115 204	137 714
2.4.1	Actions émises par les résidents	113 709	91 001	71 782	106 422	114 625	87 674	97 569	129 042
2.4.2	Actions émises par les non-résidents	775	710	1 253	4 444	2 262	12 711	17 635	8 672
2.5	Autres, non classés ailleurs	203 061	210 796	253 514	253 816	274 139	273 108	315 140	369 276
	Sociétés d'assurance vie								
2	Actifs financiers	..	..	..	..	..	..	..	..
2.1	Numéraire et dépôts	..	..	..	..	..	..	..	..
2.2	Titres autres qu'actions, non compris les produits financiers dérivés	..	..	..	..	..	..	..	..
2.2.1	Titres à court terme	..	..	..	..	..	..	..	..
2.2.2	Titres à long terme	..	..	..	..	..	..	..	..
2.2.3	Titres émis par les résidents	..	..	..	..	..	..	..	..
2.2.4	Titres émis par les non-résidents	..	..	..	..	..	..	..	..
2.3	Crédits	..	..	..	..	..	..	..	..
2.3.1	Crédits à court terme	..	..	..	..	..	..	..	..
2.3.2	Crédits à long terme	..	..	..	..	..	..	..	..
2.3.3	Crédits accordés aux résidents	..	..	..	..	..	..	..	..
2.3.4	Crédits accordés aux non-résidents	..	..	..	..	..	..	..	..
2.4	Actions et autres participations	..	..	..	..	..	..	..	..
2.4.1	Actions émises par les résidents	..	..	..	..	..	..	..	..
2.4.2	Actions émises par les non-résidents	..	..	..	..	..	..	..	..
2.5	Autres, non classés ailleurs	..	..	..	..	..	..	..	..
	Sociétés d'assurance non-vie								
2	Actifs financiers	..	..	..	..	..	..	..	..
2.1	Numéraire et dépôts	..	..	..	..	..	..	..	..
2.2	Titres autres qu'actions, non compris les produits financiers dérivés	..	..	..	..	..	..	..	..
2.2.1	Titres à court terme	..	..	..	..	..	..	..	..
2.2.2	Titres à long terme	..	..	..	..	..	..	..	..
2.2.3	Titres émis par les résidents	..	..	..	..	..	..	..	..
2.2.4	Titres émis par les non-résidents	..	..	..	..	..	..	..	..
2.3	Crédits	..	..	..	..	..	..	..	..
2.3.1	Crédits à court terme	..	..	..	..	..	..	..	..
2.3.2	Crédits à long terme	..	..	..	..	..	..	..	..
2.3.3	Crédits accordés aux résidents	..	..	..	..	..	..	..	..
2.3.4	Crédits accordés aux non-résidents	..	..	..	..	..	..	..	..
2.4	Actions et autres participations	..	..	..	..	..	..	..	..
2.4.1	Actions émises par les résidents	..	..	..	..	..	..	..	..
2.4.2	Actions émises par les non-résidents	..	..	..	..	..	..	..	..
2.5	Autres, non classés ailleurs	..	..	..	..	..	..	..	..

Tableau 3. Actifs financiers des sociétés d'assurance et fonds de pension autonomes *(suite)*

Millions RUB

		2006	2007	2008	2009	2010	2011	2012	2013
	Fonds de pension autonomes								
2	Actifs financiers	510 638	595 360	572 478	733 472	897 626	1 192 988	1 545 753	2 225 798
2.1	Numéraire et dépôts	52 855	96 082	107 824	173 562	201 583	289 612	491 167	739 370
2.2	Titres autres qu'actions, non compris les produits financiers dérivés	130 433	129 909	182 598	241 154	256 165	403 431	510 486	864 516
2.2.1	Titres à court terme	..	..	..	..	..	..	..	..
2.2.2	Titres à long terme	..	..	..	..	..	..	..	..
2.2.3	Titres émis par les résidents	130 433	129 846	182 401	240 542	255 384	394 511	499 669	844 375
2.2.4	Titres émis par les non-résidents	0	63	197	612	781	8 921	10 816	20 141
2.3	Crédits	749	1 135	1 114	1 577	983	2 151	1 480	182
2.3.1	Crédits à court terme	..	..	..	..	..	..	..	..
2.3.2	Crédits à long terme	..	..	..	..	..	..	..	..
2.3.3	Crédits accordés aux résidents	749	1 135	1 114	1 577	983	2 151	1 480	182
2.3.4	Crédits accordés aux non-résidents	0	0	0	0	0	0	0	0
2.4	Actions et autres participations	304 766	354 116	258 421	295 753	424 409	470 502	509 849	576 733
2.4.1	Actions émises par les résidents	304 355	353 783	258 088	295 384	424 334	470 428	509 849	566 571
2.4.2	Actions émises par les non-résidents	411	333	333	369	74	74	0	10 161
2.5	Autres, non classés ailleurs	21 834	14 118	22 521	21 426	14 486	27 291	32 772	44 996

Note : Voir les métadonnées détaillées sur : http://metalinks.oecd.org/instinv/20141203/19e9

Tableau 4. Composition du portefeuille par type d'investisseur

Pourcentage du total des actifs financiers

Pour cent

		2006	2007	2008	2009	2010	2011	2012	2013
	Fonds d'investissement								
2	Actifs financiers	100.0	100.0	100.0	100.0	100.0	100.0	100.0	100.0
2.1	Numéraire et dépôts	6.8	9.4	12.0	11.8	12.6	12.5	15.2	19.8
2.2	Titres autres qu'actions, non compris les produits financiers dérivés	9.9	8.6	8.8	8.9	6.4	7.8	8.9	9.6
2.2.1	Titres à court terme	..	..	..	..	..	..	..	..
2.2.2	Titres à long terme	..	..	..	..	..	..	..	..
2.2.3	Titres émis par les résidents	9.8	8.6	8.8	8.9	6.3	7.1	7.6	8.0
2.2.4	Titres émis par les non-résidents	0.0	0.0	0.0	0.0	0.0	0.6	1.3	1.6
2.3	Crédits	0.0	0.0	0.0	0.3	0.8	0.8	0.4	0.5
2.3.1	Crédits à court terme	..	..	..	..	..	..	..	..
2.3.2	Crédits à long terme	..	..	..	..	..	..	..	..
2.3.3	Crédits accordés aux résidents	0.0	0.0	0.0	0.3	0.8	0.8	0.4	0.5
2.3.4	Crédits accordés aux non-résidents	..	..	..	..	..	..	..	..
2.4	Actions et autres participations	76.6	75.2	61.1	64.7	63.3	59.4	56.9	46.9
2.4.1	Actions émises par les résidents	76.6	75.2	61.1	64.7	63.2	59.0	54.9	44.4
2.4.2	Actions émises par les non-résidents	0.0	0.0	0.0	0.0	0.1	0.4	2.0	2.5
2.5	Autres, non classés ailleurs	6.8	6.8	18.1	14.3	16.9	19.6	18.5	23.2
	Sociétés d'assurance								
2	Actifs financiers	100.0	100.0	100.0	100.0	100.0	100.0	100.0	100.0
2.1	Numéraire et dépôts	23.4	27.9	28.0	30.3	30.1	34.4	33.3	31.4
2.2	Titres autres qu'actions, non compris les produits financiers dérivés	25.0	28.1	28.7	24.6	23.3	24.5	25.1	25.3
2.2.1	Titres à court terme	..	..	..	..	..	..	..	..
2.2.2	Titres à long terme	..	..	..	..	..	..	..	..
2.2.3	Titres émis par les résidents	24.3	27.1	27.6	24.0	22.1	21.9	23.0	21.9
2.2.4	Titres émis par les non-résidents	0.7	1.0	1.1	0.5	1.3	2.6	2.1	3.3
2.3	Crédits	1.4	0.9	2.2	1.6	0.9	1.4	0.9	1.0
2.3.1	Crédits à court terme	..	..	..	..	..	..	..	..
2.3.2	Crédits à long terme	..	..	..	..	..	..	..	..
2.3.3	Crédits accordés aux résidents	1.4	0.9	2.1	1.5	0.9	0.9	0.7	0.6
2.3.4	Crédits accordés aux non-résidents	0.0	0.1	0.1	0.0	0.0	0.4	0.2	0.4
2.4	Actions et autres participations	18.1	13.0	9.2	13.3	13.6	10.7	10.9	11.5
2.4.1	Actions émises par les résidents	18.0	12.9	9.0	12.7	13.4	9.3	9.2	10.8
2.4.2	Actions émises par les non-résidents	0.1	0.1	0.2	0.5	0.3	1.4	1.7	0.7
2.5	Autres, non classés ailleurs	32.1	30.0	32.0	30.3	32.0	29.0	29.8	30.8
	Fonds de pension autonomes								
2	Actifs financiers	100.0	100.0	100.0	100.0	100.0	100.0	100.0	100.0
2.1	Numéraire et dépôts	10.4	16.1	18.8	23.7	22.5	24.3	31.8	33.2
2.2	Titres autres qu'actions, non compris les produits financiers dérivés	25.5	21.8	31.9	32.9	28.5	33.8	33.0	38.8
2.2.1	Titres à court terme	..	..	..	..	..	..	..	..
2.2.2	Titres à long terme	..	..	..	..	..	..	..	..
2.2.3	Titres émis par les résidents	25.5	21.8	31.9	32.8	28.5	33.1	32.3	37.9
2.2.4	Titres émis par les non-résidents	0.0	0.0	0.0	0.1	0.[illegible]	0.7	0.7	0.9
2.3	Crédits	0.1	0.2	0.2	0.2	0.1	0.2	0.1	0.0
2.3.1	Crédits à court terme	..	..	..	..	..	..	..	..
2.3.2	Crédits à long terme	..	..	..	..	..	..	..	..
2.3.3	Crédits accordés aux résidents	0.1	0.2	0.2	0.2	0.1	0.2	0.1	0.0
2.3.4	Crédits accordés aux non-résidents	0.0	0.0	0.0	0.0	0.0	0.0	0.0	0.0
2.4	Actions et autres participations	59.7	59.5	45.1	40.3	47.3	39.4	33.0	25.9
2.4.1	Actions émises par les résidents	59.6	59.4	45.1	40.3	47.3	39.4	33.0	25.5
2.4.2	Actions émises par les non-résidents	0.1	0.1	0.1	0.1	0.0	0.0	0.0	0.5
2.5	Autres, non classés ailleurs	4.3	2.4	3.9	2.9	1.6	2.3	2.1	2.0

Note : Voir les métadonnées détaillées sur : http://metalinks.oecd.org/instinv/20141203/bbbc

ORGANISATION DE COOPÉRATION ET DE DÉVELOPPEMENT ÉCONOMIQUES

L'OCDE est un forum unique en son genre où les gouvernements œuvrent ensemble pour relever les défis économiques, sociaux et environnementaux liés à la mondialisation. À l'avant-garde des efforts engagés pour comprendre les évolutions du monde actuel et les préoccupations qu'elles suscitent, l'OCDE aide les gouvernements à y faire face en menant une réflexion sur des thèmes tels que le gouvernement d'entreprise, l'économie de l'information et la problématique du vieillissement démographique. L'Organisation offre aux gouvernements un cadre leur permettant de confronter leurs expériences en matière d'action publique, de chercher des réponses à des problèmes communs, de recenser les bonnes pratiques et de travailler à la coordination des politiques nationales et internationales.

Les pays membres de l'OCDE sont : l'Allemagne, l'Australie, l'Autriche, la Belgique, le Canada, le Chili, la Corée, le Danemark, l'Espagne, l'Estonie, les États-Unis, la Finlande, la France, la Grèce, la Hongrie, l'Irlande, l'Islande, Israël, l'Italie, le Japon, le Luxembourg, le Mexique, la Norvège, la Nouvelle-Zélande, les Pays-Bas, la Pologne, le Portugal, la République slovaque, la République tchèque, le Royaume-Uni, la Slovénie, la Suède, la Suisse et la Turquie. L'Union européenne participe aux travaux de l'OCDE.

Les Éditions OCDE assurent une large diffusion aux travaux de l'Organisation. Ces derniers comprennent les résultats de l'activité de collecte de statistiques, les travaux de recherche menés sur des questions économiques, sociales et environnementales, ainsi que les conventions, les principes directeurs et les modèles développés par les pays membres.

ÉDITIONS OCDE, 2, rue André-Pascal, 75775 PARIS CEDEX 16
(01 2014 24 2 P) ISBN 978-92-64-22591-6 – 2014-01

www.ingramcontent.com/pod-product-compliance
Lightning Source LLC
Chambersburg PA
CBHW061209240926
51846CB00006B/1164
* 9 7 8 9 2 6 4 2 2 5 9 1 6 *

OECD/G20 Base Erosion and Profit Shifting Project

Harmful Tax Practices - Peer Review Reports on the Exchange of Information on Tax Rulings

INCLUSIVE FRAMEWORK ON BEPS: ACTION 5

OECD
BETTER POLICIES FOR BETTER LIVES

This document, as well as any data and any map included herein, are without prejudice to the status of or sovereignty over any territory, to the delimitation of international frontiers and boundaries and to the name of any territory, city or area.

Please cite this publication as:
OECD (2017), *Harmful Tax Practices - Peer Review Reports on the Exchange of Information on Tax Rulings: Inclusive Framework on BEPS: Action 5*, OECD/G20 Base Erosion and Profit Shifting Project, OECD Publishing, Paris.
http://dx.doi.org/10.1787/9789264285675-en

ISBN 978-92-64-28569-9 (print)
ISBN 978-92-64-28567-5 (PDF)

Series: OECD/G20 Base Erosion and Profit Shifting Project
ISSN 2313-2604 (print)
ISSN 2313-2612 (online)

Photo credits: Cover © ninog-Fotolia.com

Corrigenda to OECD publications may be found on line at: *www.oecd.org/about/publishing/corrigenda.htm*.

Foreword

The integration of national economies and markets has increased substantially in recent years, putting a strain on the international tax rules, which were designed more than a century ago. Weaknesses in the current rules create opportunities for base erosion and profit shifting (BEPS), requiring bold moves by policy makers to restore confidence in the system and ensure that profits are taxed where economic activities take place and value is created.

Following the release of the report *Addressing Base Erosion and Profit Shifting* in February 2013, OECD and G20 countries adopted a 15-point Action Plan to address BEPS in September 2013. The Action Plan identified 15 actions along three key pillars: introducing coherence in the domestic rules that affect cross-border activities, reinforcing substance requirements in the existing international standards, and improving transparency as well as certainty.

After two years of work, measures in response to the 15 actions were delivered to G20 Leaders in Antalya in November 2015. All the different outputs, including those delivered in an interim form in 2014, were consolidated into a comprehensive package. The BEPS package of measures represents the first substantial renovation of the international tax rules in almost a century. Once the new measures become applicable, it is expected that profits will be reported where the economic activities that generate them are carried out and where value is created. BEPS planning strategies that rely on outdated rules or on poorly co-ordinated domestic measures will be rendered ineffective.

Implementation is now the focus of this work. The BEPS package is designed to be implemented via changes in domestic law and practices, and via treaty provisions. With the negotiation for a multilateral instrument (MLI) having been finalised in 2016 to facilitate the implementation of the treaty related measures, 67 countries signed the MLI on 7 June 2017, paving the way for swift implementation of the treaty related measures. OECD and G20 countries also agreed to continue to work together to ensure a consistent and co-ordinated implementation of the BEPS recommendations and to make the project more inclusive. Globalisation requires that global solutions and a global dialogue be established which go beyond OECD and G20 countries.

A better understanding of how the BEPS recommendations are implemented in practice could reduce misunderstandings and disputes between governments. Greater focus on implementation and tax administration should therefore be mutually beneficial to governments and business. Proposed improvements to data and analysis will help support ongoing evaluation of the quantitative impact of BEPS, as well as evaluating the impact of the countermeasures developed under the BEPS Project.

As a result, the OECD established an Inclusive Framework on BEPS, bringing all interested and committed countries and jurisdictions on an equal footing in the Committee on Fiscal Affairs and all its subsidiary bodies. The Inclusive Framework, which already has more than 100 members, will monitor and peer review the implementation of the minimum standards as well as complete the work on standard setting to address BEPS issues. In addition to BEPS Members, other international organisations and regional tax bodies are involved in the work of the Inclusive Framework, which also consults business and the civil society on its different work streams.

Table of contents

Abbreviations and acronyms

AAR	Authority for advanced rulings
ACCI	Associate Chief Counsel International
AFIP	Federal Administration of Public Revenue
APA	Advance pricing arrangement
APMA	Advance pricing mutual agreement
ATCA	Advance Thin Capitalisation Agreement
ATO	Australian Taxation Office
ATR	Advance tax ruling
BEPS	Base erosion and profit shifting
CASD	Competent Authority Services Division
CBDT	Central Board of Direct Taxation
CLO	Central Liaison Officer
CRA	Canada Revenue Agency
DR	Departmental Representative
EOI	Exchange of Information
ETCB	Estonian Tax and Customs Board
EU	European Union
FHTP	Forum on Harmful Tax Practices
FTE	Full time equivalent
FTS	Federal Tax Service of Russia
HMRC	Her Majesty's Revenue and Customs
IP	Intellectual Property
IRS	Internal Revenue Service
ITA	Authority for Technological Innovation
ITAT	International Tax Auditing Team
ITRD	Income Tax Rulings Directorate
JITSIC	Joint International Taskforce on Shared Intelligence and Collaboration
MAP	Mutual Agreement Procedure

NTA	National Tax Agency
NTCA	National Tax and Customs Administration
OECD	Organisation for Economic Co-operation and Development
PBR	Private Binding Rulings
PE	Permanent establishment
RFB	Brazilian Tax Administration
RTB	Regional Taxation Bureau
SAARC	South Asian Association for Regional Co-operation
SAT	State Administration of Taxation (Chinese Tax Administration)
SII	Chilean Tax Authority
TAAA	Tax Administrative Assistance Act
TAAO	Tax Administrative Assistance Ordinance
TIEA	Tax Information Exchange Agreement
ToR	Terms of Reference
UAPA	Unilateral advance pricing agreement
XML	Extensible Markup Language

Executive summary

Context for the exchange of information on tax rulings (the "transparency framework")

The BEPS Action 5 minimum standard on the compulsory spontaneous exchange of information on tax rulings (the "transparency framework") provides tax administrations with timely information on rulings that have been granted to a foreign related party of their resident taxpayer or a permanent establishment, which can be used in conducting risk assessments and which, in the absence of exchange, could give rise to BEPS concerns.

The transparency framework requires spontaneous exchange of information on five categories of taxpayer-specific rulings: (i) rulings relating to certain preferential regimes, (ii) unilateral advance pricing arrangements (APAs) or other cross-border unilateral rulings in respect of transfer pricing, (iii) rulings providing for a downward adjustment of taxable profits, (iv) permanent establishment (PE) rulings; and (v) related party conduit rulings.[1] The requirement to exchange information on the rulings in the above categories includes certain past rulings issued on or after 1 January 2010 as well as future rulings which were issued on or after 1 April 2016. The exchanges occur pursuant to international exchange of information agreements, which ensure taxpayer confidentiality.

The inclusion of the above categories of rulings in the scope of the transparency framework is not intended to suggest that the issuance of such rulings constitutes a preferential regime or a harmful tax practice. In practice, tax rulings can be an effective way to provide certainty to taxpayers and reduce the risk of disputes. Rather, the need for transparency on rulings is that a tax administration's lack of knowledge or information on the tax treatment of a taxpayer in another jurisdiction can impact the transactions or arrangements undertaken with a related taxpayer resident in their own jurisdiction and thus lead to BEPS concerns. The availability of timely and targeted information about such rulings, as agreed in the template in Annex C of the Action 5 Report, *Countering Harmful Tax Practices More Effectively, Taking Into Account Transparency and Substance* (OECD, 2015), will be beneficial in enabling tax authorities to quickly identify risk areas.

Scope of this review

This is the first annual peer review of the transparency framework. It covers 44 jurisdictions, which are all OECD and G20 countries, and the countries that were in the OECD accession process throughout the BEPS project.

The reviews on the implementation of the transparency framework contained in this annual report cover the year 2016. The reviews have been prepared using information from each reviewed jurisdiction, input from peers who received exchanges of information under the transparency framework, and input from the delegates of the Forum on Harmful Tax Practices (FHTP).

Key findings

Key findings from this first peer review include:

- As at 31 December 2016, more than 10 000 tax rulings in the scope of the transparency framework had been issued by the jurisdictions being reviewed. This includes certain past rulings issued between 1 January 2010 and 31 March 2016, as well as future rulings issued between 1 April and 31 December 2016;
- Almost 6 500 exchanges of information took place by 31 December 2016;
- All jurisdictions either had, or have undertaken steps to implement, the necessary legal framework for spontaneous exchange of information on rulings for the year in review;
- 49 recommendations for improvement have been made;
- In a substantial number of cases, the delays in exchanging information were on account of the initial transitional period during the first year of implementation, and in many cases these issues have already been remedied.

A compilation of the recommendations made can be found in the table below.

Next steps

The peer review is an annual process taking place in 2017, 2018, 2019 and 2020. The next annual peer review will include an update from the 44 jurisdictions in this report, and in particular the actions taken to respond to recommendations and an update on statistics on the exchanges of information. In accordance with the agreed methodology, the next annual peer review in 2018 will also include the other members of the Inclusive Framework on BEPS. However, developing countries which requested an additional year to implement the transparency framework will be first reviewed in 2019.

Compilation of recommendations made

Aspect of the implementation of the transparency framework that should be improved	Recommendation for improvement
Argentina	
	No recommendations are made
Australia	
	No recommendations are made
Austria	
It is not certain that information on all potential exchange jurisdictions is always identified for future rulings.	Austria is recommended to continue with its plan to ensure that information on all potential exchange jurisdictions is obtained as part of the ruling process.
No exchanges of information on past or future rulings occurred for the year in review.	Austria is recommended to continue its efforts to overcome the existing technical impediments and to ensure that information on past and future rulings is exchanged as soon as possible.
Belgium	
	No recommendations are made
Brazil	
During the year in review, Brazil conducted an annual search and exchange for future rulings which would not be frequent enough to ensure that rulings are transmitted to counterpart jurisdictions in a timely way. However, as no future rulings were issued in this period there has been no practical impact on the effectiveness of Brazil's implementation of the transparency framework.	No recommendation is made as Brazil has addressed this issue by ensuring that future rulings will be identified after they are issued.

Aspect of the implementation of the transparency framework that should be improved	Recommendation for improvement
Canada	
	No recommendations are made
Chile	
	No recommendations are made
China (People's Republic of)	
The identification of all future rulings has not been completed.	China is recommended to complete the identification of all future rulings as soon as possible.
No exchanges of information on future rulings occurred for the year in review.	China is recommended to ensure that the exchange of information on future rulings occurs as soon as possible, and by no later than three months of after receiving the template from the local in-charge tax authority.
Colombia	
Colombia did not yet have an information-gathering process for the transparency framework for the year in review.	Colombia is recommended to ensure that any future rulings within the scope of the transparency framework and all potential exchange jurisdictions are swiftly identified.
Colombia confirmed that it issued rulings within the scope of the transparency framework only in 2017 and as such no exchange took place in 2016.	Colombia is recommended to ensure the timely exchange of information on rulings in the form required by the transparency framework.
Czech Republic	
The Czech Republic has not applied the timelines for exchanges of information on rulings as set out in the transparency framework to the extent such exchanges are with other EU Member States.	The Czech Republic is recommended to exchange all information on past rulings as soon as possible, and to apply the timelines for future rulings as set out in the transparency framework with respect to all other members of the Inclusive Framework.
Denmark	
Denmark experienced some delays in exchanging information on past rulings.	No recommendation is made because Denmark completed the exchange of all past rulings in February 2017 and this is not a recurring issue.
Estonia	
Estonia does not currently collect information on the ultimate parent company for all future rulings.	Estonia is recommended to amend its rulings practice to require taxpayers to provide information on all potential exchange jurisdictions as part of the ruling process.
Estonia experienced some delays in exchanging information on past rulings and no exchanges of information on future rulings occurred for the year in review.	Estonia is recommended to ensure that the exchange of information on all rulings occurs as soon as possible.
Finland	
Finland did not exchange any information on rulings for the year in review because Finland chose to wait for the creation of the EU central directory platform before completing the templates or exchanging information on rulings as per the timelines set out in the Action 5 report (OECD, 2015).	Finland is recommended to ensure that information on all past and future rulings is exchanged as soon as possible.
France	
France experienced some delays in exchanging information on past rulings.	No recommendation is made because France completed the exchange of all past rulings by mid-February 2017 and this is not a recurring issue.
France did not identify or exchange information on new entrants to the IP regime or taxpayers benefiting from the third category of IP asset.	France is recommended to put in place a mechanism to ensure that it can identify and exchange information on all new entrants to the IP regime as soon as possible, and to identify and exchange information on taxpayers benefiting from the third category of IP asset as soon as possible.
Germany	
Germany experienced some delays in exchanging information on past rulings.	No recommendation is made because Germany completed the exchange of all past rulings by mid-May 2017 and this is not a recurring issue.

Aspect of the implementation of the transparency framework that should be improved	Recommendation for improvement
Greece	
Greece has not applied the timelines for exchanges of information on rulings as set out in the transparency framework.	Greece is recommended to ensure that the information on the past rulings is exchanged as soon as possible and to apply the exchange timelines for future rulings as set out in the transparency framework with respect to all other members of the Inclusive Framework.
Hungary	
It is not certain that the process for identifying all potential exchange jurisdictions, particularly the ultimate parent company, for future rulings will always be obtained.	Hungary is recommended to amend its rulings practice to ensure that information on all potential exchange jurisdictions, particularly the ultimate parent company, is always obtained.
Hungary did not yet have a process for the timely submission of the information to the Competent Authority.	Hungary is recommended to continue its efforts to put in place the internal procedure for the timely submission of information to the Competent Authority.
Hungary experienced significant delays in exchanging information on both past and future rulings.	Hungary is recommended to ensure the speedy exchange of all past and future rulings.
The identification of the new entrants to the IP regime is in progress. However Hungary has not exchanged information on new entrants to the IP regime.	Hungary is recommended to ensure the speedy exchange of information on new entrants to the IP regime.
Iceland	
Iceland did not use either the template contained in Annex C of the Action 5 report (OECD, 2015) or the OECD XML Schema to complete its exchange of information.	Iceland is recommended to exchange information on any future rulings using the form set out in Annex C.
India	
Information on all immediate parent and ultimate parent companies has not been sought for past and future rulings.	India is recommended to apply the "best efforts approach" to identify immediate parent and ultimate parent companies for all relevant past PE rulings and past APAs and to proceed with its plan to amend the process for issuing future rulings to require information on the immediate parent and ultimate parent company, using definitions that are consistent with definitions in accounting or legal provisions in India's domestic law.
India experienced significant delays in providing information to the Competent Authority.	India is recommended to continue to ensure that information is submitted to the Competent Authority without undue delay.
India experienced delays in exchanging information on past rulings.	India is recommended to ensure the speedy exchange of information on all past rulings.
Indonesia	
	No recommendations are made
Ireland	
	No recommendations are made
Israel	
For the year in review, the jurisdictions of residence of related party counterparts to transactions covered by the ruling or which gave rise to income from related parties benefiting from a preferential treatment were not identified.	Israel is recommended to ensure that information on all potential exchange jurisdictions is collected for past rulings.
Israel encountered some delays in the exchange of information on ruling within scope of the transparency framework.	Israel is recommended to ensure the speedy exchange of all past and future rulings.
During the year of review, no information on new entrants to the grandfathered IP regime was exchanged, although this information should be available.	Israel is recommended to ensure that information on new entrants to the grandfathered IP regime is swiftly made available to the Competent Authority for exchange of information.

Aspect of the implementation of the transparency framework that should be improved	Recommendation for improvement
Italy	
Italy experienced some delays in identifying future rulings.	Italy is recommended to ensure that all relevant future rulings are swiftly identified on a going forward basis.
For future rulings (other than APAs), information on all potential exchange jurisdictions is not yet always obtained, especially for ad hoc Patent Box agreements.	Italy is recommended to amend its rulings practices for all future rulings (other than APAs) to ensure that information on all potential exchange jurisdictions is collected.
Italy plans to transmit information on future rulings to the Competent Authority at six monthly intervals each year, which is longer than necessary.	Italy is recommended to reduce the timelines for providing the information on future rulings to the Competent Authority.
Italy has not identified all relevant information on new entrants to the IP regime that obtained benefits with respect to trademarks, although this information for the year 2015 should be available.	Italy is recommended to identify information on all new entrants to the IP regime that obtained benefits with respect to trademarks as soon as possible so as to be in a position to exchange the information.
Japan	
	No recommendations are made
Korea	
Korea does not yet have the necessary legal framework in place for exchanging information on rulings.	Korea is recommended to finalise the amendments to put the domestic legal basis in place to commence exchanges as soon as possible.
For the year in review, Korea had not finalised its mechanism to identify and exchange information on taxpayers benefiting from the third category of assets in the IP regime.	Korea is recommended to continue with its implementation of the legal and administrative framework to ensure taxpayers benefiting from the third category of assets in the IP regime are identified and information is exchanged as soon as possible.
Latvia	
Latvia does not yet have the necessary legal framework in place for exchanging information on rulings.	Latvia is recommended to finalise the amendments to put the domestic legal basis in place and implement all necessary administrative processes to commence exchanges as soon as possible.
Luxembourg	
The information-gathering process is still underway in Luxembourg with respect to past rulings and the classification of these rulings under each category.	Luxembourg is recommended to complete its information-gathering process on past rulings as soon as possible
Luxembourg experienced significant delays in exchanging information on past rulings.	Luxembourg is recommended to continue to ensure that all information on past rulings is exchanged as soon as possible, and to complete the exchange process by the end of 2017.
Luxembourg is continuing to work on assuring identification and exchange on information on all new entrants to the IP regime as soon as possible.	Luxembourg is recommended to continue to work on identifying and exchanging information on all new entrants to the IP regime.
Mexico	
	No recommendations are made
The Netherlands	
The information-gathering process is still underway in the Netherlands with respect to past rulings.	The Netherlands is recommended to complete its information-gathering process on past rulings as soon as possible.
The Netherlands experienced significant delays in exchanging information on past rulings.	The Netherlands is recommended to continue to ensure that all information on past rulings is exchanged as soon as possible, and to fulfil its commitment to complete the exchange of information on past rulings by no later than 31 December 2017.
As information on new entrants to the IP regime will be exchanged in the same manner as for past rulings and for which there are some delays in the completion of the exchange, the exchange of information on all new entrants from 6 February 2015-31 March 2016 has not yet been completed.	The Netherlands is recommended to continue to ensure that all information on past rulings, including rulings on new entrants to the IP regime, is exchanged as soon as possible.
New Zealand	
	No recommendations are made

Aspect of the implementation of the transparency framework that should be improved	Recommendation for improvement
Norway	
	No recommendations are made
Poland	
The process to identify all potential exchange jurisdictions for past and future rulings (other than APAs) is still ongoing.	Poland is recommended to complete the process for identifying all potential exchange jurisdictions for past and future non-APA rulings.
For future rulings (both APAs and other rulings), Poland does not ensure that information on all potential exchange jurisdictions is always collected.	Poland is recommended to amend its rulings practices for all future rulings (APAs and other rulings) to ensure that information on all potential exchange jurisdictions is collected from the taxpayer in the course of issuing the ruling.
Poland did not have a process to complete the necessary information required on relevant rulings in the form of Annex C or the OECD XML Schema.	Poland is recommended to put in place the necessary process to complete the necessary information in the form of Annex C or the OECD XML Schema as soon as possible.
Poland did not have a process to provide the required information on rulings to the Competent Authority without undue delay.	Poland is recommended to put in place the necessary process to make the required information on rulings available to the Competent Authority as soon as possible.
Poland did not have a process to exchange information on rulings within the timelines required by the transparency framework and did not complete any exchanges in 2016.	Poland is recommended to complete all outstanding exchanges of information as soon as possible and put in place a process to meet the exchange timelines on a going forward basis.
Portugal	
Portugal encountered some delays in the exchange of information on rulings within scope of the transparency framework.	Portugal is recommended to ensure the speedy exchange of all past and future rulings.
Russian Federation	
Russia did not exchange information on past rulings within the timelines required by the transparency framework.	Russia is recommended to complete all outstanding exchanges of information as soon as possible and put in place a process to meet the exchange timelines on a going forward basis.
Saudi Arabia	
	No recommendations are made
Slovak Republic	
	No recommendations are made
Slovenia	
For future rulings for the year in review, it is not certain that information on all potential exchange jurisdictions was always obtained.	No recommendation is made as Slovenia has already amended its ruling practice to ensure that this information is provided by the taxpayer.
South Africa	
	No recommendations are made
Spain	
Spain did not appear to apply the best efforts approach to obtain information on potential exchange jurisdictions for past rulings which were preferential regime or PE rulings.	Spain is recommended to apply the best efforts approach for all past rulings, such as by using publicly available information, financial statements, corporate register information or other accessible information.
Spain does not yet collect information on all potential exchange jurisdictions for future rulings which are preferential regimes or PE rulings.	Spain has a public proposal to expand the information that the taxpayer must provide when asking for a ruling, including all the information required to identify potential exchange jurisdictions. Spain is recommended to continue with its proposal to amend its rulings practice for future rulings to require taxpayers to provide information on all potential exchange jurisdictions as part of the ruling process.
Spain transmits information on future rulings to the Competent Authority at six monthly intervals each year, to align with the EU Directive deadlines, which are longer than necessary. It is noted that the approach taken by Spain reflected its understanding at the time that such timelines would be consistent with the terms of reference for the transparency framework.	Spain is recommended to reduce the timelines for providing the information on future rulings to the Competent Authority.

Aspect of the implementation of the transparency framework that should be improved	Recommendation for improvement
Sweden	
For future rulings, Sweden did not obtain information on all potential exchange jurisdictions in all cases.	Sweden is recommended to amend its rulings practice to require taxpayers to provide information on all potential exchange jurisdictions as part of the ruling process.
Switzerland	
	No recommendations are made
Turkey	
No exchanges of information on past rulings occurred for the year in review.	No recommendation is made because Turkey completed the exchange of all past rulings by February 2017 and this is not a recurring issue.
Turkey has not been able to identify and exchange information on new entrants to the grandfathered IP regime.	Turkey is recommended to ensure that information on new entrants to the grandfathered IP regime are swiftly identified and exchanged.
United Kingdom	
The United Kingdom has not exchanged information on new assets of existing taxpayers benefiting from the grandfathered IP regime, as this information was not able to be collected other than in the case of a formal investigation. It is noted that it would not be practicable for the United Kingdom to open a formal investigation solely to obtain this information.	The United Kingdom is recommended to exchange information on new assets of existing taxpayers benefiting from the grandfathered IP regime to the extent that such information does become available in the future.
United States	
	No recommendations are made

Note

1. The Action 5 Report, *Countering Harmful Tax Practices More Effectively, Taking Into Account Transparency and Substance* (OECD, 2015) also provides that additional types of rulings could be added to the scope of the transparency framework in the future, where the FHTP and the Inclusive Framework agree that such a ruling could lead to BEPS concerns in the absence of spontaneous information exchange.

Bibliography

OECD (2015), *Countering Harmful Tax Practices More Effectively, Taking into Account Transparency and Substance, Action 5 – 2015 Final Report*, OECD/G20 Base Erosion and Profit Shifting Project, OECD Publishing, Paris. http://dx.doi.org/10.1787/9789264241190-en.

Chapter 1

The review of the BEPS Action 5 standard on the exchange of information on certain tax rulings

Overview of the peer review on the exchange of information on tax rulings

1. The 2015 Action 5 Report, *Countering Harmful Tax Practices More Effectively, Taking Into Account Transparency and Substance* (Action 5 Report, OECD, 2015) is one of the four BEPS minimum standards. It involves two distinct aspects: a review of certain preferential tax regimes to ensure they are not harmful, and a framework for the exchange of information on tax rulings ("the transparency framework"). Each of the four BEPS minimum standards is subject to peer review in order to ensure timely and accurate implementation and thus safeguard the level playing field. All members of the Inclusive Framework on BEPS commit to implementing the Action 5 minimum standard and to participating in the peer review, on an equal footing. The peer review of the Action 5 minimum standard is undertaken by the Forum on Harmful Tax Practices ("FHTP") and approved by the Inclusive Framework on BEPS.

2. The purpose of a peer review is to ensure the effective and consistent implementation of an agreed standard and to recognise progress made by jurisdictions in this regard. The peer review evaluates the implementation of the standard against an agreed set of criteria. These criteria are set out in terms of reference, which include each of the elements that a jurisdiction needs to demonstrate it has fulfilled in order to show proper implementation of the standard.[1]

3. The peer review has been conducted in accordance with the agreed methodology. The methodology sets out the process for undertaking the peer review, including the process for collecting the relevant data, the preparation and approval of annual reports, the outputs of the review and the follow up process.

4. The terms of reference and agreed methodology do not alter the Action 5 minimum standard. Any terms used in the terms of reference or methodology take their meaning from the language and context of the Action 5 Report (OECD, 2015) and the references therein. Any terms in this report which are not included in the glossary take their meaning from the language and context of the Action 5 Report (OECD, 2015).

Outline of the key aspects assessed in the annual report

5. This annual report contains the findings of the first annual peer review process of jurisdictions' compliance with the transparency framework, conducted over the course of 2017. This first review covers 44 jurisdictions, which are all OECD and G20 countries, and the countries that were in the OECD accession process throughout the BEPS project.

It assesses the implementation of the transparency framework during the 1 January 2016-31 December 2016 period.

6. The reports on each reviewed jurisdiction cover each of the aspects of the terms of reference, which are broken down into four elements. The fifth element applies to jurisdictions which offer IP regimes. These capture the key elements of the transparency framework which are briefly described below.

A. The information-gathering process

7. This involves assessing the processes in place in each of the jurisdictions for identifying past and future rulings that fall within the scope of the transparency framework, and for each of these rulings, identifying the jurisdictions with which the information should be exchanged. With respect to past rulings which do not contain information to identify those jurisdictions for which the tax rulings would be relevant, the jurisdiction issuing the ruling should apply the "best efforts approach" to try to identify this information. The review of the information-gathering process also covers any supervision mechanism that the jurisdiction has in place to ensure that all relevant information is captured adequately.

B. The exchange of information

8. The exchange of information requires the legal and administrative framework to be in place to allow spontaneous exchange of information on the relevant tax rulings and subsequent exchange of the relevant rulings where a valid exchange of information request is received. Information on past rulings was to be spontaneously exchanged by 31 December 2016. Information on future rulings is to be spontaneously exchanged as soon as possible and no later than three months after the date on which the ruling becomes available to the Competent Authority for exchange of information. The exchange of information should occur in the agreed standardised form, either using the template contained in Annex C of the Action 5 Report (OECD, 2015), or the OECD *XML Schema and User Guide* (OECD, 2017).

9. The peer review includes reviewing (i) that there is a sufficient domestic and international legal framework for the exchange information related to rulings; (ii) that the templates for information on rulings being exchanged are complete and in the appropriate form; and (iii) that the systems are in place to ensure that information on rulings is transmitted to the jurisdiction's Competent Authority for exchange of information without undue delay and exchanged with relevant jurisdictions in accordance with the appropriate timelines.

10. The Action 5 Report (OECD, 2015) acknowledged that some jurisdictions may need to put in place the domestic or international legal framework in order to comply with the obligations under Action 5. In such cases the timelines for exchange of information on rulings are subject to a jurisdiction's legal framework.

11. With respect to the international exchange of information, for the 2016 year in review jurisdictions were required to exchange information with other jurisdictions being reviewed for the same year, to the extent that an exchange of information agreement was in force for such exchanges.[2] Some reviewed jurisdictions were also able, although not required, to exchange information on rulings with new members of the Inclusive Framework.

C. Confidentiality of information received

12. Each jurisdiction that exchanges information on rulings under the transparency framework should ensure that the information is kept confidential. The confidentiality aspect is reviewed by making sure that the international information exchange mechanisms being used by the jurisdictions include a confidentiality provision that restricts the use of information on rulings and there is the necessary domestic law and information security practices in place to give effect to such restrictions. Given its expertise in this area, the reviews of confidentiality in connection with the transparency framework defer to the work of the Global Forum on Transparency and Exchange of Information for Tax Purposes in connection with the Standard for Automatic Exchange of Financial Account Information in Tax Matters. The outcomes of that work are not published and no further details of the review of confidentiality are provided in this peer review document.

D. Statistics

13. Each jurisdiction is required to report statistics on the exchange of information under the transparency framework including (i) the total number of spontaneous exchanges sent, (ii) the number of spontaneous exchanges under each category of ruling and (iii) a list of jurisdictions with which the information was exchanged for each type of ruling.

E. Exchange of information on IP regimes

14. The review of the transparency framework also includes a review of the spontaneous exchanges of information which are required to occur in respect of certain features of IP regimes, as set out in the Action 5 "nexus approach". This includes identifying and exchanging information on new entrants benefitting from grandfathered IP regimes (regardless of whether a ruling is provided), taxpayers which benefit from the third category of IP assets, and taxpayers making use of the option to treat the nexus ratio as a rebuttable presumption. This aspect of the review is only relevant for those jurisdictions which offer IP regimes, and the minimum standard does not require any jurisdiction to introduce such a regime.

Jurisdiction's response to their report

15. In addition, jurisdictions had the option to include a response to the report and update on recent developments which occurred after the 2016 year in review. Where included, this reflects the individual jurisdiction's views, and not those of the FHTP or the OECD Secretariat.

Notes

1. Terms of Reference and Methodology for the review as approved by the Inclusive Framework on 20 January 2017 available at www.oecd.org/tax/beps/beps-action-5-harmful-tax-practices-peer-review-transparency-framework.pdf (OECD, 2017a).

2. Where a ruling related only to tax years which were not covered by the relevant exchange of information agreement, no exchange of information would be required to occur in respect of that ruling. No negative inference is drawn in the peer review where an exchange was not permitted to occur because of the absence of, or the tax years covered by, an exchange of information agreement.

Bibliography

OECD (2017a), *BEPS Action 5 on Harmful Tax Practices – Terms of Reference and Methodology for the Conduct of the Peer Reviews of the Action 5 Transparency Framework*, OECD/G20 Base Erosion and Profit Shifting Project, OECD, Paris. www.oecd.org/tax/beps/beps-action-5-harmful-tax-practices-peer-review-transparency-framework.pdf (accessed on 10 November 2017).

OECD (2017b), *Country-by-Country Reporting XML Schema: User Guide for Tax Administrations*, www.oecd.org/tax/beps/country-by-country-reporting-xml-schema-user-guide-for-tax-administrations.pdf (accessed on 10 November 2017).

OECD (2015), *Countering Harmful Tax Practices More Effectively, Taking into Account Transparency and Substance, Action 5 – 2015 Final Report*, OECD/G20 Base Erosion and Profit Shifting Project, OECD Publishing, Paris. http://dx.doi.org/10.1787/9789264241190-en.

Chapter 2

Country profiles

Argentina

Argentina has met all aspects of the terms of reference (ToR) for the year in review and no recommendations are made. Argentina has answered the peer review questionnaire and the follow-up questions asked by the Secretariat in a timely manner.

Argentina can legally issue five types of ruling within the scope of the transparency framework: (1) preferential regime (Promotional Regime for Software Industry); (2) cross-border unilateral APAs and any other cross-border unilateral tax ruling (such as an ATR) covering transfer pricing or the application of transfer pricing principles; (3) cross-border rulings giving a unilateral downward adjustment to the taxpayer's taxable profits in the country giving the ruling; (4) permanent establishment rulings; (5) related party conduit rulings. These rulings are referred to as individual binding consultations. Argentina notes that it does not issue APAs and that although the binding consultation regime does not explicitly exclude any of these categories of issues from its scope, the legal tax framework would not allow for a downward adjustment ruling. Argentina also notes that the preferential regime is not granted by tax ruling and there would not be expected to be any reason for a binding consultation on the interpretation of the regime to be given in practice. In addition, Argentina notes that it is highly unlikely that a conduit ruling would be issued given the structure of Argentina's tax laws which make it unlikely to be a jurisdiction of choice for a taxpayer using such arrangements. A specific unit (the Deputy General Direction for Technical and Legal Tax Matters) within the Argentine tax administration, the Federal Administration of Public Revenues (AFIP), is in charge of providing responses under the binding consultation regime. Responses given by AFIP to these binding consultations are published in anonymised form.[1]

In practice, Argentina issued two past rulings. For the period 1 April 2016-1 February 2017, Argentina issued no future rulings.

As no exchanges of information could occur for the year in review, no peer input was received in respect of information on rulings received from Argentina.

Introduction

1. This peer review covers Argentina's implementation of the BEPS Action 5 transparency framework for the year 2016. The report has four parts, each relating to a key part of the Terms of Reference. Part A looks at the process to gather the required information on all relevant rulings. Part B relates to the legal basis and administrative process for the exchange of information on rulings. Part C reports the required statistics on exchanges under the transparency framework for the year in review. Part D relates to the transparency requirements that apply for certain intellectual property regimes in connection with the Action 5 "nexus approach".

2. Each part is discussed in turn. A summary of recommendations is included at the end of this report.

A. The information-gathering process

3. This section relates to the adequacy of the process used to collect information relating to the tax rulings that are in the scope of the transparency framework, both past and future rulings, as well as the jurisdictions with which information on rulings should be exchanged.

4. The process for identifying past rulings in Argentina is the same as for identifying new rulings.

Past rulings (ToR I.4.1.1, I.4.1.2, I.4.2.1, I.4.2.2)

5. The process for identifying rulings covered by the transparency framework consists first of analysing the information contained in the public repository of anonymised rulings, which are required by law to be published in the tax gazette. These rulings are classified by year of issue, and with reference to the topic and type of tax covered. Officials reviewed all rulings issued from 2010 onwards and read the summary of the ruling. If a ruling did not fall within the scope of the transparency framework, it was disregarded.

6. If a ruling appeared to fall in one of the categories, the full technical report issued by the competent office of AFIP was then analysed in detail to confirm that the ruling was within the scope of the transparency framework, and within the period of validity for past rulings. This process was done by different offices of AFIP, in order to ensure consistency in the results which were later compared and discussed.

7. It was only recently confirmed that two past rulings were within the scope of the transparency framework, once an issue of interpretation of the transparency framework as it applies to Argentina's ruling programme was resolved. Argentina identified the potential exchange jurisdictions for both of the past rulings immediately after this confirmation, as follows. The information provided by the taxpayer and included in the ruling was consulted. Where the information on all potential exchange jurisdictions was not included in the ruling, AFIP used the "best efforts approach" which included consulting other information provided by the taxpayer and this allowed the identification of all potential exchange jurisdictions.

Future rulings (ToR I.4.1.1, I.4.1.2, I.4.2.1)

8. Future rulings are identified as follows. The Deputy General Direction for Technical and Legal Tax Matters (which is responsible for issuing rulings) will alert the Directorate for International Affairs in case a relevant tax ruling is issued. The Directorate for International Affairs will analyse the ruling to verify whether the ruling is within the scope of the transparency framework. In addition, the Directorate for International Affairs will check the public repository of rulings on a quarterly basis to double check that all relevant rulings have been identified. Argentina notes that it intends to modify internal regulations regarding binding consultations to expressly contemplate this process.

9. Argentina notes that if a ruling was in the scope of the transparency framework, the potential exchange jurisdictions would be identified by taking into account the information provided by the taxpayer and included in the ruling. Although the information on all potential exchange jurisdictions is not automatically required from the taxpayer as part of the application for a binding consultation, the regulations governing the binding consultations grant sufficient discretionary powers to AFIP to request that information and these powers would be used in the event a relevant ruling was issued. Argentina also intends to modify its internal regulations to require the taxpayer to provide the relevant information when submitting an application for a binding consultation which could potentially fall within the scope of any of the categories of ruling within the transparency framework.

Review and supervision mechanism (ToR I.4.3)

10. The Directorate for International Affairs is formally in charge of supervising the entire procedure for the transparency framework (both the identification of relevant rulings and the exchange of information when relevant). The Directorate for International Affairs explained the scope of transparency framework to the Deputy General Direction for Technical and Legal Tax Matters and gave guidance on the criteria to identify relevant tax rulings. In addition, Argentina ensures that the information on past rulings was accurately collected as the research procedure described above was repeated by different offices and the results were compared and cross-checked as a review and supervision mechanism.

Conclusion on section A

11. Argentina has a process for identifying the rulings and potential exchange jurisdictions which is appropriate for the small size of the rulings programme in Argentina. Argentina has met all of the terms of reference for the information-gathering process and no recommendations are made.

B. The exchange of information

12. This section relates to how jurisdictions have adequately complied with the obligation to spontaneously exchange information on the tax rulings within the scope of the transparency framework.

Legal basis for spontaneous exchange of information (ToR II.5.1, II.5.2)

13. Argentina has the necessary domestic legal basis to exchange information spontaneously. Argentina notes that there are no legal or practical impediments that prevent the spontaneous exchange information on rulings as contemplated in the Action 5 minimum standard.

14. Argentina has international agreements permitting spontaneous exchange of information, including being a party to the Convention and double tax agreements in force with 16 jurisdictions. In total, this network of agreements covers 100 jurisdictions.[2]

Completion and exchange of templates (ToR II.5.3, II.5.4, II.5.5, II.5.6, II.5.7)

15. The Directorate for International Affairs is responsible for completing the template contained in Annex C in Word form. It would then be submitted to the Competent Authority for exchange of information (the Directorate for International Taxation) within one month of the issuance of the ruling.

16. With respect to the two rulings within the scope of the transparency framework, these were confirmed as being within scope only recently once an issue of interpretation of the transparency framework as it applies to Argentina's ruling programme was resolved. However, with respect to these two rulings, there are no agreements in force which permit spontaneous exchange of information with the relevant jurisdictions for the years concerned. As such, no exchanges were permitted to occur for the year in review and there was no delay in exchange of information in practice.

Conclusion on section B

17. Argentina has the necessary legal framework and administrative process in place for exchanging information on rulings. Argentina has met all of the terms of reference for the exchange of information process and no recommendations are made.

C. Statistics (ToR IV)

18. As there were no exchanges of information on rulings in 2016, no statistics can be reported.

D. Matters related to intellectual property regimes (ToR I.4.1.3)

19. Argentina does not have an intellectual property regime for which transparency requirements were imposed.

Summary of recommendations on implementation of the transparency framework

Aspect of implementation of the transparency framework that should be improved	Recommendation for improvement
	No recommendations are made

Notes

1. Available at http://biblioteca.afip.gob.ar/search/query/BoletinesDGI.aspx and http://biblioteca.afip.gob.ar/estaticos/consultasVinculantes/index.aspx (accessed on 10 November 2017).

2. Parties to the Convention are available here: www.oecd.org/tax/exchange-of-tax-information/convention-on-mutual-administrative-assistance-in-tax-matters.htm. Argentina has in force Double Tax Agreements permitting spontaneous exchange of information with: Australia, Belgium, Bolivia, Brazil, Canada, Chile, Denmark, Finland, France, Italy, Netherlands, Norway, Russia, Spain, Sweden and United Kingdom. In addition, Argentina has agreements permitting spontaneous exchange of information with Aruba, Azerbaijan, Brazil, Ecuador, Italy, Peru and Venezuela.

Bibliography

OECD (2017), *BEPS Action 5 on Harmful Tax Practices – Terms of Reference and Methodology for the Conduct of the Peer Reviews of the Action 5 Transparency Framework*, OECD/G20 Base Erosion and Profit Shifting Project, OECD, Paris. www.oecd.org/tax/beps/beps-action-5-harmful-tax-practices-peer-review-transparency-framework.pdf (accessed on 10 November 2017).

Australia

Australia has met all aspects of the terms of reference (ToR) for the year in review and no recommendations are made. Australia has answered the peer review questionnaire and the follow-up questions asked by the Secretariat in a timely manner.

Australia can legally issue the following four types of rulings within the scope of the transparency framework: (1) preferential regimes (Offshore Banking Unit regime and the Conduit Foreign Income regime); (2) cross-border unilateral advance pricing agreements (APAs) and any other cross-border unilateral tax rulings (such as an advance tax ruling) covering transfer pricing or the application of transfer pricing principles; (3) permanent establishment rulings; and (4) related party conduit rulings. Rulings are issued by different interpretative areas of the Australian Taxation Office (ATO).

In practice, Australia issued 208 Past rulings. For the period 1 April 2016-31 December 2016, Australia issued nine Future rulings. Australia publishes edited anonymised versions of written binding advice in the Register of Private Binding Rulings (PBRs) for all categories (excluding the unilateral APA's which are not published due to privacy reasons).[1]

Peer input received in respect of the exchanges of information on rulings received from Australia from two jurisdictions was positive, noting that information was complete and in the correct format and indicating that co-operation with Australia had been positive. The only concern expressed was that the information on past rulings was received late, by February 2017, instead of by the deadline of 31 December 2016. As noted below in section B, this was a relatively minor delay and which was resolved quickly.

Introduction

1. This peer review covers Australia's implementation of the BEPS Action 5 transparency framework for the year 2016. The report has four parts, each relating to a key part of the Terms of Reference. Part A looks at the process to gather the required information on all relevant rulings. Part B relates to the legal basis and administrative process for the exchange of information on rulings. Part C reports the required statistics on exchanges under the transparency framework for the year in review. Part D relates to the transparency requirements that apply for certain intellectual property regimes in connection with the Action 5 "nexus approach".

2. Each part is discussed in turn. A summary of recommendations is included at the end of this report.

A. The information-gathering process

3. This section relates to the adequacy of the process used to collect information relating to the tax rulings that are in the scope of the transparency framework, both past and future rulings, as well as the jurisdictions with which information on rulings should be exchanged.

4. The process for gathering information about past rulings is explained first, followed by the process for gathering information about future rulings.

Past rulings (ToR I.4.1.1, I.4.1.2, I.4.2.1, I.4.2.2)

5. The ATO has a centralised case management system wherein all rulings issued by different interpretive advice areas of the office are stored. This case management system is supported in some circumstances by other internal systems and it was introduced prior to 1 January 2010. Therefore, all rulings or unilateral advance pricing agreements (UAPAs) issued by the ATO on or after 1 January 2010 are accessible on the case management system. The completeness of the case management system is ensured because before a ruling or UAPA can be finalised and issued, an approval process has to occur through the case management system.

6. The first step involved in identifying the rulings that were issued within the period defined as past rulings was establishing an exhaustive list containing all ATO advice and guidance products. Advice or guidance that was not found to be legally or administratively binding was eliminated. There were three remaining types of advice or guidance issued by the ATO that could be past rulings: (i) UAPAs; (ii) settlements; and (iii) private binding rulings (PBRs).

7. There was a different approach for UAPAs and settlements than there was for PBRs. For UAPAs and settlements, the process was as follows. All APAs and all settlements were identified in the internal case management system. Bilateral and multilateral APAs were removed (as they are out of scope of the Action 5 framework). The case management system is searchable and the search fields in the system for the dates were applied such that UAPAs and settlements which were signed prior to 2010 or which were no longer valid prior to 1 January 2014 were removed. The remaining UAPAs and settlements were manually verified as being entered into on or after 1 January 2010 (and still having application from 1 January 2014) or entered into on or after 1 January 2014 until 31 March 2016. A manual process was used to eliminate any rulings in these categories that were not within the five

categories listed in the Action 5 Report (OECD, 2015). This manual process was chosen because it was feasible on account of the relatively small number of UAPAs and settlements.

8. For PBRs, an automated filtering system was used, which was supplemented with a manual audit. This approach was chosen because of the large number of rulings identified in this category (approximately 30 000). All PBRs were identified from the central case management system and transferred into a data analytics programme. The PBRs were filtered based on the date of issue being after 1 January 2010 and if the ruling was still in effect as at 1 January 2014. A manual sampling process of the PBRs was conducted to ensure the periods identified by the system were accurate.

9. In order to determine if the PBRs were in scope, an automated search process was designed. This involved a meeting of technical staff to determine key words, phrases and legislative references that would likely appear for each of the five categories of rulings. A search was applied using those terms, and a set of PBRs were identified as potentially in scope. These results were manually sampled against rulings known to be both in and out of scope to determine the accuracy and the search process was refined. The search was performed again for all the remaining rulings.

10. The last step was that a statistical sampling of the identified rulings for each category was performed to verify the accuracy of the search results, with a target of having 95% or higher confidence that the results were correct. Refinements were made to the automated search process to ensure a higher percentage of rulings to be classified automatically. The sampling was based on each category of PBRs: (1) preferential regimes and conduit rulings: due to the small number of rulings identified, 100% were sampled and tested for accuracy; (2) permanent establishment rulings: a total of 24% were sampled and tested for accuracy; (3) downward adjustments rulings: a total of 43% of rulings containing key words that could have indicated a downward adjustment were sampled and tested for accuracy to confirm that no such rulings were issued. In total, 32% of PBRs were sampled and tested for accuracy. This statistical sampling of the past PBRs that we identified as being scope (using the methodologies discussed in the report) showed that 98% of the rulings identified were in scope.

11. In order to identify the potential exchange jurisdictions, the rulings themselves were consulted. However, the rulings did not always contain information all potential exchange jurisdictions and the ATO used the "best efforts approach." This involved using a combination of different information sources including a public database of company details, financial statements, agreements signed with the taxpayer and information collected through compliance action, such as case notes and group structures. Australia reports that in most cases it was able to identify all relevant parties, other than a minor number of UAPAs.

Future rulings (ToR I.4.1.1, I.4.1.2, I.4.2.1)

12. In addition to the three types of rulings above (i.e. UAPAs, settlements and PBRs), a fourth category was introduced after 1 April 2016. This is the tailored compliance engagement product. The product provides taxpayers an opportunity to seek early engagement on potential areas of compliance risk and to receive advice on how the ATO views a specific tax risk in relation to a future commercial transaction.

13. Rulings which may be in the scope of the transparency framework are identified at the point that the request for the ruling is received. The client engagement officers are required to obtain information on all potential exchange jurisdictions from the ruling or APA applicant during the course of the engagement. The case officer is then required to input the information into the case management system for all the relevant related parties.

Review and supervision mechanism (ToR I.4.3)

14. The accuracy of the information-gathering process was ensured by designing a comprehensive search process, which was tested and refined. General awareness-raising of the transparency framework was conducted throughout the tax administrations, and tailored training sessions were held to equip the relevant rulings and APAs officers with the tools needed to identify rulings in the scope of the transparency framework. In addition, staff were provided with reference guides. Ongoing support is also being provided to the staff responsible for issuing rulings by a central BEPS team to assist with any issues in determining the scope of the transparency framework and the systems recording process.

Conclusion on section A

15. Australia has met all of the terms of reference for the information-gathering process and no recommendations are made.

B. The exchange of information

16. This section relates to how jurisdictions have adequately complied with the obligation to spontaneously exchange information on the tax rulings within the scope of the transparency framework.

Legal basis for spontaneous exchange of information (ToR II.5.1, II.5.2)

17. Australia has the necessary domestic legal basis to exchange information spontaneously. Australia notes that there are no legal or practical impediments that prevent the spontaneous exchange of information on rulings as contemplated in the Action 5 minimum standard.

18. Australia has international agreements permitting spontaneous exchange of information, including being a party to the Convention and bilateral agreements with 45 jurisdictions. In total, this network of agreements covers 109 jurisdictions.[2]

Completion and exchange of templates (ToR II.5.3, II.5.4, II.5.5, II.5.6, II.5.7)

19. When a ruling is found to be in scope of the framework, the case officer must complete the relevant template within the case management system. The template is in accordance with the OECD *XML Schema and User Guide* (OECD, 2017). The template has a number of "drop-down" lists to reduce the number of input errors. The process for ensuring all relevant information is captured accurately is by an internal template that includes both mandatory and optional fields. The case officer is unable to finalise the template if certain fields have not been completed and will receive an error message. The template along with other information from internal sources is then compiled automatically and the XML Schema is generated. The compiled template requires sign-off by the team or technical leader and is then automatically assigned to the exchange of information unit for international exchange.

20. The timeliness of exchanges is as follows. Note that these statistics reflect the fact that information was only required to be exchanged with OECD/G20 countries, and not with new members of the Inclusive Framework, and that Australia in fact did only exchange information with OECD/G20 countries for the year in question.

Past rulings in the scope of the transparency framework	Number of exchanges transmitted by 31 December 2016	Delayed exchanges		
		Number of exchanges not transmitted by 31 December 2016	Reasons for the delays	Any other comments
	191	103	Please see paragraph 21	Of the post 31 December exchanges, 52 were to occur with new member jurisdictions joining the Inclusive Framework. Australia confirms that rulings in this situation were identified and will be exchanged before the agreed deadline applying to those exchange partners (i.e. by 31 December 2017 or by 31 December 2018).
Future rulings in the scope of the transparency framework	**Number of exchanges transmitted within three months of the information becoming available to the competent authority or immediately after legal impediments have been lifted**	**Delayed exchanges**		
		Number of exchanges transmitted later than three months of the information on rulings becoming available to the competent authority	**Reasons for the delays**	**Any other comments**
	11	N/A	N/A	
Total	**202**	**103**		

Follow-up requests received for exchange of the ruling	Number	Average time to provide response	Number of requests not answered
	1	2 weeks	N/A

21. Australia was aware that for some of their treaty partners there was a risk that the treaty partner would not have their system in place to receive the XML Schemas in the agreed format by 31 December 2016. To ensure both the confidentiality of the information and that the jurisdictions could use the information on rulings in a suitable format, the ATO wrote to jurisdictions with which they had not previously exchanged any information on rulings. Some exchanges were delayed due to receipt of the response occurring after 31 December 2016. Upon receipt of a response, the ATO exchanged the rulings and in some cases sent them in a different format to the XML Schema.

Conclusion on section B

22. Australia has the necessary legal framework and administrative process in place for exchanging information on rulings. There were some delays with respect to past rulings, however the explanation given by Australia indicates that this was on account of seeking to ensure effective co-operation rather than from any difficultly with the process itself. In addition, because approximately half of the exchanges that are counted as being sent after 31 December 2016 are with new members of the Inclusive Framework and with which Australia was not required to exchange before 31 December 2016, these are not considered

to be a deficiency in Australia's implementation of the transparency framework. Australia has met all of the terms of reference for the exchange of information process and no recommendations are made.

C. Statistics (ToR IV)

23. The statistics for the 2016 review are as follows:

Category of ruling	Number of exchanges	Jurisdictions exchanged with
Ruling related to a preferential regime	9	Canada, New Zealand, United Kingdom, United States
Cross-border unilateral advance pricing agreements (APAs) and any other cross-border unilateral tax rulings (such as an advance tax ruling) covering transfer pricing or the application of transfer pricing principles	154	Canada, Finland, India, Italy, Japan, Luxembourg, Netherlands, New Zealand, United Kingdom, United States
Cross-border rulings providing for a unilateral downward adjustment to the taxpayer's taxable profits that is not directly reflected in the taxpayer's financial/commercial accounts	N/A	N/A
Permanent establishment rulings	38	Canada, India, Japan, Netherlands, New Zealand, United Kingdom, United States
Related party conduit rulings	Included in *de minimus*	
De minimis rule	1	N/A
IP regimes: total exchanges on taxpayers benefitting from the third category of IP assets, new entrants benefitting from grandfathered IP regimes; and taxpayers making use of the option to treat the nexus ratio as a rebuttable presumption	N/A	N/A
Total	202	

D. Matters related to intellectual property regimes (ToR I.4.1.3)

24. Australia does not have an intellectual property regime for which transparency requirements were imposed.

Summary of recommendations on implementation of the transparency framework

Aspect of implementation of the transparency framework that should be improved	Recommendation for improvement
	No recommendations are made

Notes

1. Available at: www.ato.gov.au/General/ATO-advice-and-guidance/In-detail/Private-rulings/Register-of-private-binding-rulings/ (accessed on 10 November 2017).

2. Parties to the Convention are available here: www.oecd.org/tax/exchange-of-tax-information/convention-on-mutual-administrative-assistance-in-tax-matters.htm. Australia also has Double Tax Agreements with Argentina, Austria, Belgium, Canada, Chile, China (People's Republic of), Czech Republic, Denmark, Fiji, Finland, France, Germany, Greece, Hungary, India, Indonesia, Ireland, Italy, Japan, Kiribati, Korea, Malaysia, Malta, Mexico, Netherlands, New Zealand, Norway, Papua New Guinea, Philippines, Poland, Romania, Russia, Singapore, Slovak Republic, South Africa, Spain, Sri Lanka, Sweden, Switzerland, Chinese Taipei, Thailand, Turkey, United Kingdom, United States and Viet Nam. The TIEA with Aruba also permits spontaneous exchange of information.

Bibliography

OECD (2017a), *BEPS Action 5 on Harmful Tax Practices – Terms of Reference and Methodology for the Conduct of the Peer Reviews of the Action 5 Transparency Framework*, OECD/G20 Base Erosion and Profit Shifting Project, OECD, Paris. www.oecd.org/tax/beps/beps-action-5-harmful-tax-practices-peer-review-transparency-framework.pdf (accessed on 10 November 2017)

OECD (2017b), *Country-by-Country Reporting XML Schema: User Guide for Tax Administrations*, www.oecd.org/tax/beps/country-by-country-reporting-xml-schema-user-guide-for-tax-administrations.pdf (accessed on 10 November 2017).

OECD (2015), *Countering Harmful Tax Practices More Effectively, Taking into Account Transparency and Substance, Action 5 – 2015 Final Report*, OECD/G20 Base Erosion and Profit Shifting Project, OECD Publishing, Paris. http://dx.doi.org/10.1787/9789264241190-en.

Austria

Austria has met the terms of reference (ToR) for the year in review except that it is not certain that information on all potential exchange jurisdictions is identified for future rulings (ToR I.4.2.1) and it was not able to complete the timely exchange of information on past and future rulings (ToR II.5.6). Austria is recommended to continue with its plan to ensure that information on all potential exchange jurisdictions is obtained as part of the ruling process and to continue its efforts to ensure that information on relevant past and future rulings is exchanged as soon as possible. Austria has answered the peer review questionnaire and the follow-up questions asked by the Secretariat in a timely manner.

Austria can legally issue one type of ruling within the scope of the transparency framework: cross-border unilateral advance pricing agreements (APAs) and any other cross-border unilateral tax rulings (such as an advance tax ruling) covering transfer pricing or the application of transfer pricing principles. These rulings are issued by 39 competent local tax offices.

In practice, Austria has issued 63 past rulings. For the period 1 April 2016-1 February 2017, Austria issued 13 future rulings. These rulings are not published.

As no exchanges were undertaken by Austria, no peer input was received in respect of the exchanges of information on rulings received from Austria.

Note by Turkey: The information in this document with reference to "Cyprus" relates to the southern part of the Island. There is no single authority representing both Turkish and Greek Cypriot people on the Island. Turkey recognises the Turkish Republic of Northern Cyprus (TRNC). Until a lasting and equitable solution is found within the context of the United Nations, Turkey shall preserve its position concerning the "Cyprus issue".

Note by all the European Union Member States of the OECD and the European Union: The Republic of Cyprus is recognised by all members of the United Nations with the exception of Turkey. The information in this document relates to the area under the effective control of the Government of the Republic of Cyprus.

Introduction

1. This peer review covers Austria's implementation of the BEPS Action 5 transparency framework for the year 2016. The report has four parts, each relating to a key part of the Terms of Reference. Part A looks at the process to gather the required information on all relevant rulings. Part B relates to the legal basis and administrative process for the exchange of information on rulings. Part C reports the required statistics on exchanges under the transparency framework for the year in review. Part D relates to the transparency requirements that apply for certain intellectual property regimes in connection with the Action 5 "nexus approach".

2. Each part is discussed in turn. A summary of recommendations is included at the end of this report.

A. The information-gathering process

3. This section relates to the adequacy of the process used to collect information relating to the tax rulings that are in the scope of the transparency framework, being past and new rulings, as well as the jurisdictions with which information on rulings should be exchanged.

4. The process for gathering information about past rulings is explained first, followed by the process for gathering information about future rulings.

Past rulings (ToR I.4.1.1, I.4.1.2, I.4.2.1, I.4.2.2)

5. Each of the 39 competent tax offices had access to a database which recorded all issued rulings. At least two officials in each office were asked to search the records of the office to identify past rulings within the scope of the transparency framework. The responsible officers read each ruling to determine whether it fell into one of the Action 5 categories.

6. Potential exchange jurisdictions were identified on the basis of the information available either in the ruling itself. If the information was not available in the ruling, the "best efforts" approach was used which involved searching information in the concerned taxpayer's file. Austria states that information on all potential exchange jurisdictions was able to be identified for the past rulings.

Future rulings (ToR I.4.1.1, I.4.1.2, I.4.2.1)

7. The information-gathering process on future rulings was carried out by each competent local tax office. All ruling applications are recorded in a database. Instructions from the federal specialist division have been given to the local tax offices as to how the officials issuing rulings should check to determine if a ruling is within the scope of the transparency framework. For any ruling in scope, they are compelled to refer to experts from the federal division without delay to confirm the categorisation of the ruling.

8. Information on potential exchange jurisdictions is identified from the ruling or where necessary from the taxpayer file. Austria notes that applicants for a ruling must provide all facts and circumstances of a case, which would generally be expected to include identifying all relevant jurisdictions, and where all necessary facts and circumstances are not presented, the tax office will make further inquiries. However, it is not certain that the information on all potential exchange jurisdictions would always be obtained on all future rulings in the scope of the transparency framework, such as the identity of the immediate

parent or ultimate parent company if such entities were not party to transactions covered by the APA. Austria further notes that it plans to amend the internal instructions for issuing rulings and train staff on the necessity of collecting all relevant information on potential exchange jurisdictions for the purposes of the transparency framework.

Review and supervision (ToR I.4.3)

9. Training on the transparency framework was provided to all tax offices and experts taking part in the process of identifying the relevant rulings. The heads of the expert team in each local tax office have the responsibility to check the compliance with the instructions from the federal specialist division on the transparency framework. The federal specialist division also reviews the work of the local tax offices including by audits of compliance with the instruction.

Conclusion on section A

10. Austria has met all the terms of reference for the information-gathering process except that it is not certain that information on all potential exchange jurisdictions is always identified for future rulings (ToR I.4.2.1). Austria is recommended to continue with its plan to ensure that information on all potential exchange jurisdictions is obtained as part of the ruling process.

B. The exchange of information

11. This section relates to how jurisdictions have adequately complied with the obligation to spontaneously exchange information on the tax rulings within the scope of the transparency framework.

Legal basis for spontaneous exchange of information (ToR II.5.1, II.5.2)

12. Austria has the necessary domestic legal basis to exchange information spontaneously. Austria notes that there are no legal impediments that prevent the spontaneous exchange of information on rulings as contemplated in the Action 5 minimum standard.

13. Austria has international agreements permitting spontaneous exchange of information, including being a party to the Convention, the Directive 2011/16/EU with all other European Union Member States, and double tax agreements in force in force with 88 jurisdictions. In total, this network of agreements covers 134 jurisdictions.[1]

Completion and exchange of templates (ToR II.5.3, II.5.4, II.5.5, II.5.6, II.5.7)

14. In order to share the required information with other jurisdictions, each competent local office of has to fill in the template contained in Annex C of the 2015 Action 5 report (OECD, 2015). This template is then reviewed by the federal specialist division. Subsequently, the Competent Authority performs an ultimate review by checking the template against the ruling before exchanging the information, which will be exchanged in the OECD XML Schema (OECD, 2017b).

15. Austria intends to ensure that the template is made available to the Competent Authority responsible for exchange of information in a timely way by calling upon each competent tax office to treat these issues as a matter of urgency. The templates are to be transmitted to the Competent Authority electronically.

16. Austria was waiting for the central directory of the European Commission to become available in order to be able to exchange the templates on rulings in the OECD XML Schema (OECD, 2017b). The delivery of the central directory was delayed, and after it became available Austria encountered further delays due to a technical incompatibility between the European Commission directory and the domestic Austrian IT systems. These technical issues are preventing Austria from producing and exchanging the XML files. Austria expects to be able to address this problem by the third quarter of 2017.

17. As a result, the timeliness of exchanges is as follows. Note that these statistics as to the outstanding exchanges reflect the fact that information was only required to be exchanged with OECD/G20 countries, and not with new members of the Inclusive Framework.

Past rulings in the scope of the transparency framework		Delayed exchanges		
	Number of exchanges transmitted by 31 December 2016	Number of exchanges not transmitted by 31 December 2016	Reasons for the delays	Any other comments
	0	63		
Future rulings in the scope of the transparency framework		**Delayed exchanges**		
	Number of exchanges transmitted within three months of the information becoming available to the competent authority or immediately after legal impediments have been lifted	**Number of exchanges transmitted later than three months of the information on rulings becoming available to the competent authority**	**Reasons for the delays**	**Any other comments**
	0	13		
Total	0	76		

Follow-up requests received for exchange of the ruling	Number	Average time to provide response	Number of requests not answered
	0	N/A	NA

Conclusion on section B

18. Austria has the necessary legal framework and administrative process in place for exchanging information on rulings. Austria was not able to complete any exchanges on past or future rulings due to technical impediments in implementing the OECD XML Schema (OECD, 2017b). Austria has met all of the terms of reference for the exchange of information process other than the timely exchange of information on past and future rulings (ToR II.5.6). Austria is recommended to continue its efforts to overcome the existing technical impediments and to ensure that information on past and future rulings is exchanged as soon as possible.

C. Statistics (ToR IV)

19. As there were no exchanges of information for the year of review, no statistical data can be reported.

D. Matters related to intellectual property regimes (ToR I.4.1.3)

20. Austria does not offer an intellectual property regime that is subject to transparency requirements under the Action 5 Report (OECD, 2015).

Summary of recommendations on implementation of the transparency framework

Aspect of implementation of the transparency framework that should be improved	Recommendation for improvement
It is not certain that information on all potential exchange jurisdictions is always identified for future rulings.	Austria is recommended to continue with its plan to ensure that information on all potential exchange jurisdictions is obtained as part of the ruling process.
No exchanges of information on past or future rulings occurred for the year in review.	Austria is recommended to continue its efforts to overcome the existing technical impediments and to ensure that information on past and future rulings is exchanged as soon as possible.

Notes

1. Parties to the Convention are available here: www.oecd.org/tax/exchange-of-tax-information/convention-on-mutual-administrative-assistance-in-tax-matters.htm. Austria also has Double Tax Agreements with Albania, Algeria, Armenia, Australia, Azerbaijan, Bahrain, Barbados, Belarus, Belgium, Belize, Bosnia and Herzegovina, Brazil, Bulgaria, Canada, Chile, China (People's Republic of), Croatia, Cuba, Cyprus, Czech Republic, Denmark, Egypt, Estonia, Finland, Former Yugoslav Republic of Macedonia, France, Georgia, Germany, Greece, Hong Kong (China), Hungary, Iceland, India, Indonesia, Iran, Ireland, Israel, Italy, Japan, Kazakhstan, Korea, Kyrgyzstan, Kuwait, Latvia, Liechtenstein, Lithuania, Luxembourg, Malaysia, Malta, Mexico, Moldova, Mongolia, Montenegro, Morocco, Nepal, Netherlands, New Zealand, Norway, Pakistan, Philippines, Poland, Portugal, Qatar, Romania, Russia, Saint Vincent and the Grenadines, San Marino, Saudi Arabia, Serbia, Singapore, Slovak Republic, Slovenia, South Africa, Spain, Sweden, Switzerland, Chinese Taipei, Tajikistan, Thailand, Turkey, Turkmenistan, Tunisia, Ukraine, United Arab Emirates, United Kingdom, United States, Uzbekistan, Venezuela and Viet Nam.

Bibliography

OECD (2017a), *BEPS Action 5 on Harmful Tax Practices – Terms of Reference and Methodology for the Conduct of the Peer Reviews of the Action 5 Transparency Framework*, OECD/G20 Base Erosion and Profit Shifting Project, OECD, Paris. www.oecd.org/tax/beps/beps-action-5-harmful-tax-practices-peer-review-transparency-framework.pdf (accessed on 10 November 2017).

OECD (2017b), *Country-by-Country Reporting XML Schema: User Guide for Tax Administrations*, www.oecd.org/tax/beps/country-by-country-reporting-xml-schema-user-guide-for-tax-administrations.pdf (accessed on 10 November 2017).

OECD (2015), *Countering Harmful Tax Practices More Effectively, Taking into Account Transparency and Substance, Action 5 – 2015 Final Report*, OECD/G20 Base Erosion and Profit Shifting Project, OECD Publishing, Paris. http://dx.doi.org/10.1787/9789264241190-en.

Belgium

Belgium has met all aspects of the terms of reference (ToR) for the year in review and no recommendations are made. Belgium has answered the peer review questionnaire and the follow-up questions asked by the Secretariat in a timely manner.

Belgium can legally issue the following four types of rulings within the scope of the transparency framework: (1) preferential regimes (patent income deduction, tax shelter regime for maritime exploitation and excess profits); (2) cross-border unilateral advance pricing agreements (APAs) and any other cross-border unilateral tax rulings (such as an advance tax ruling) covering transfer pricing or the application of transfer pricing principles; (3) downward adjustments; and (4) permanent establishment rulings. In Belgium, there are four services that issue rulings within the scope of the transparency framework: the international relations department, five non-resident taxpayers services offices (Brussels, Antwerp, Gent, Liège and Namur), the Ruling Commission and the transfer pricing unit of the tax audit and compliance management office.

In practice, Belgium issued 586 past rulings. For the period 1 April 2016-1 February 2017, Belgium issued 57 future rulings. These rulings are published in an anonymised way.[1]

Peer input was received from nine jurisdictions in respect of the exchanges of information on rulings received from Belgium. The input noted that information was in the correct format, complete and timely. Three peers noted that some information on future rulings was received more than three months after the issuance of the ruling. However, since the standard is that information must be exchanged by three months of receipt of the information by the Belgian Competent Authority for exchange of information rather than within three months of issuance, the peers were unable to comment on whether it was late. One peer noted that the rulings summaries were very helpful.

Introduction

1. This peer review covers Belgium's implementation of the BEPS Action 5 transparency framework for the year 2016. The report has four parts, each relating to a key part of the Terms of Reference. Part A looks at the process to gather the required information on all relevant rulings. Part B relates to the legal basis and administrative process for the exchange of information on rulings. Part C reports the required statistics on exchanges under the transparency framework for the year in review. Part D relates to the transparency requirements that apply for certain intellectual property regimes in connection with the Action 5 "nexus approach".

2. Each part is discussed in turn. A summary of recommendations is included at the end of this report.

A. The information-gathering process

3. This section relates to the adequacy of the process used to collect information relating to the tax rulings that are in the scope of the transparency framework, both past and future rulings, as well as the jurisdictions with which information on rulings should be exchanged.

4. The process for gathering information about past rulings is explained first, followed by the process for gathering information about future rulings.

Past rulings (ToR I.4.1.1, I.4.1.2, I.4.2.1, I.4.2.2)

5. The process for identifying past rulings in each of the four services that issue rulings was as follows.

6. With respect to the international relations department, staff members were instructed to review their own past files to identify any advice or recommendations given that could fall within the time frame for past rulings. All outgoing international correspondence was manually checked. Once the past rulings were identified, they were checked against the definitions of the various ruling categories to determine whether they fell within the scope of the transparency framework. The conclusions were checked and validated by the Head of Service. Two past rulings that fall within the scope of the transparency framework were identified. The ruling was consulted to identify the potential exchange jurisdictions, as the rulings usually included an overview of the group structure and the International Relations department only grants a decision if all related parties for the decision have been clearly identified. As such, the "best efforts approach" was not required to be used.

7. With respect to the five local non-resident taxpayers services offices, staff members were required to review their own files to identify relevant rulings. The rulings identified were all within the permanent establishment category, which reflects that this service deals only with non-residents. In order to identify the potential exchange jurisdictions, the information in the ruling was reviewed. The service also reviewed the information on the file kept by the non-resident taxpayers services. The available information allowed for the head office to be identified. The service was not always able to identify the ultimate parent company and this service did not have access to databases such as Orbis. It is noted that the impact of this should be limited as this service issued only ten past rulings.

8. With respect to the Ruling Commission, staff members performed a systematic review to identify if the rulings were past rulings. Since 2005, the Ruling Commission had a database containing all rulings granted with reference to the applicable legal provisions,

the date of the request, the date the decisions were made and the nature of the decision. Staff consulted the database and undertook a manual review to classify the results in accordance with the relevant categories of rulings. In order to identify the potential exchange jurisdictions, the information in the ruling was reviewed which usually included an overview of the group structure. The staff also reviewed the information on the file kept by the ruling service. If the information on the immediate parent or ultimate parent company was not available in the ruling, the "best efforts approach" was used which included consulting the Orbis database.

9. With respect to the transfer pricing unit, the Tax Audit and Compliance Management Office staff compiled a list of all potentially relevant decisions, which were all the signed agreements and the correction notices that were managed by the transfer pricing unit from 2010 to 2014. Each agent was then requested to check the files that were assigned to them in the past and to confirm the existence or not of a ruling. In this respect, an agreement or correction notice qualifies as a ruling relevant for exchange if (a) the agreement or notice has an impact on the future; (b) it concerns a cross-border transaction; and (c) it was issued to a Belgian taxpayer where the ruling relates to a transaction with a foreign company. For the past ruling from 2015-31 March 3016, each agent checked the rulings that were assigned to him or her using the same approach. In order to identify potential exchange jurisdictions, information in the ruling was reviewed. The transfer pricing unit also reviewed the information on the file. No "best efforts approach" was needed for the transfer pricing unit to identify the relevant jurisdictions with which to exchange information because the information on all potential exchange jurisdictions was available in the file.

Future rulings (ToR I.4.1.1, I.4.1.2, I.4.2.1)

10. The process for identifying future rulings in each of the four services that issue rulings was as follows.

11. With respect to the international relations department, the office will continue to employ a manual approach to monitor the issuance of any rulings that would fall within the scope of the transparency framework. Belgium notes that it is highly unlikely that this office would issue such a ruling.

12. In 2016, the five local non-resident taxpayers' services were centralised into one specialised division based in Brussels. The service only issues rulings relating to PEs and as such all rulings are identified as within the scope of the transparency framework. The process for issuing a ruling has been updated to ensure that any future rulings will only be granted provided all potential exchange jurisdictions are identified according to the Action 5 requirements.

13. Within the Ruling Commission, a standard procedure was set up to identify future rulings and classify them under the relevant categories. First, the taxpayer has to complete a template containing the necessary information when making the request for a ruling (including the identification of all related parties). Second, a case-worker reviews the template. Third, a supervisor reviews it a second time. Fourth, the Board of the Ruling Commission makes its decision on granting the ruling. The ruling is only granted when the information to exchange is collected in an XML file the day the file is put on the agenda of the Board Meetings.

14. Within the transfer pricing unit, for each signed agreement or each registered correction notice, the competent agent has to fill in a template and instruction sheet for exchange of information, which ensures that the ruling is identified as within the scope of the transparency framework at the time it is issued. In this process, the agent has to ensure that all potential exchange jurisdictions are identified.

Review and supervision mechanism (ToR I.4.3)

15. The international relations department provided training to representatives of all the services involved in issuing rulings. The training explained the scope of the transparency framework and the procedure to register the information on the rulings concerned. For all services, in order to ensure the accuracy of the information-gathering process, all staff was briefed during a meeting and all staff were asked to review all of their own files to verify the existence of any rulings. A deadline was given for the verification and the registration of relevant rulings. Each office supervised the process for ensuring the information-gathering process was accurate and staff members were instructed to consult the Head of Service in case of any doubts.

Conclusion on section A

16. Belgium has met all of the terms of reference for the information-gathering process and no recommendations are made.

B. The exchange of information

17. This section relates to how jurisdictions have adequately complied with the obligation to spontaneously exchange information on the tax rulings within the scope of the transparency framework.

Legal basis for spontaneous exchange of information (ToR II.5.1, II.5.2)

18. Belgium has the necessary domestic legal basis to exchange information spontaneously. Belgium notes that there are no legal or practical impediments that prevent the spontaneous exchange of information on rulings as contemplated in the Action 5 minimum standard.

19. Belgium is a party to international agreements permitting spontaneous exchange of information, including the Convention, the Directive 2011/16/EU with all other European Union Member States, and double tax agreements in force with 33 jurisdictions.[2] In total, this network of agreements covers 107 jurisdictions.

Completion and exchange of templates (ToR II.5.3, II.5.4, II.5.5, II.5.6, II.5.7)

20. In order to share the required information with other jurisdictions, the agents responsible for identifying the rulings were required to complete the template and instruction sheet for exchange of information, which was collected by two designated staff members who audited the forms to ensure they were correct and complete. All forms were checked by the Head of Service or designated supervisors. The forms were then converted into XML format via the use of the XML tool, which allows for the registration of rulings and their transcription to the format in accordance with the *OECD XML Schema and User Guide* (OECD, 2017b). This tool includes control and validation rules that prevent the transmission of any incorrect or incomplete information by the Competent Authority. This tool also provides some guidance to the users, who were required to attend specific training sessions.

21. Belgium ensures that the information on rulings is made available to the Competent Authority responsible for international exchange of information in a timely way as follows, which applies to both past and future rulings. With respect to the local non-resident taxpayers services, the information on the rulings issued within the previous three months is sent every quarter to the Belgian Competent Authority. With respect to the rulings service, the template

for future rulings is saved in a computer directory and information on the rulings issued within the previous three months is provided to the Competent Authority every quarter. For the transfer pricing unit, the template and instructions on the rulings issued within the previous three months are provided to the Competent Authority every quarter.

22. Belgium notes that the practice of making the information available to the Competent Authority at quarterly intervals assists in co-ordinating the exchanges from the different offices which issue rulings. Belgium also notes that the first exchange of future rulings took place in December 2016, when the IT application for the international exchange became operational. Due to this, the future rulings issued during the earlier part of 2016 were made available to the Competent Authority later than the usual. This may explain the comments from a small number of peers on the timing of exchanges on future rulings. Belgium notes that at the end of 2017 an automated link will be created between the XML tool and the application used for the international exchange. This will mean that registered rulings will become available for international exchange as soon as they are registered and validated by a supervisor and the absolute maximum time limit for transmission to the Competent Authority would be one month.

23. In order to ensure a harmonised approach, the Competent Authority held meetings, organised training sessions and provided guidelines and clear deadlines to the units issuing rulings on the transparency framework and the use of the XML format. The federal tax administration created a second application designed for gathering all issued rulings in one database and for extracting one outgoing message per partner state containing all relevant information on rulings, in accordance with the *OECD XML Schema User Guide* (OECD, 2017b). This electronic message is sent after a validation by the Competent Authority.

24. The timeliness of exchanges is as follows. Note that Belgium was able to undertake exchanges of information not only with OECD/G20 countries as required, but also with new members that joined the Inclusive Framework in 2016.

Past rulings in the scope of the transparency framework	Number of exchanges transmitted by 31 December 2016	Delayed exchanges		
		Number of exchanges not transmitted by 31 December 2016	Reasons for the delays	Any other comments
	823	246	technical impediments no pre-established transmission channels with some jurisdictions	The exchanges not transmitted by 31/12/2016 were transmitted by 31/01/2017
Future rulings in the scope of the transparency framework	**Number of exchanges transmitted within three months of the information becoming available to the competent authority or immediately after legal impediments have been lifted**	**Delayed exchanges**		
		Number of exchanges transmitted later than three months of the information on rulings becoming available to the competent authority	**Reasons for the delays**	**Any other comments**
	318	0	Not applicable	
Total	1 141	246		

Follow-up requests received for exchange of the ruling	Number	Average time to provide response	Number of requests not answered
	15[3]	5 days	0

25. Belgium provides two types of explanations for the transmission delay:

- technical impediments affecting the XML tool itself or the templates sent to the Competent Authority by the responsible departments. All necessary corrections were made within a month.
- practical impediments where there was no pre-established transmission channel with the Competent Authorities of certain new members of the Inclusive Framework.

Conclusion on section B

26. Belgium has the necessary legal framework and administrative process in place for exchanging information on rulings. Belgium experienced some delays in exchanging information on past rulings. Belgium has taken steps to remedy this issue, and all information on past rulings was exchanged within one month of the deadline. As such, the impact of this delay is minor. Belgium has met all of the terms of reference for the exchange of information process and no recommendations are made.

C. Statistics (ToR IV)

27. The statistics for the 2016 review are as follows:

Category of ruling	Number of exchanges	Jurisdictions exchanged with
Ruling related to a preferential regime	29	Curaçao, Denmark, France, Germany, Ireland, Japan, Mexico, Netherlands, Sweden, United Kingdom and United States
Cross-border unilateral advance pricing agreements (APAs) and any other cross-border unilateral tax rulings (such as an advance tax ruling) covering transfer pricing or the application of transfer pricing principles	991	Argentina, Australia, Austria, Brazil, Bulgaria, Canada, Chile, China (People's Republic of), Colombia, Croatia, Czech Republic, Curaçao, Denmark, Estonia, Finland, France, Georgia, Germany, Greece, Hong Kong (China), Hungary, India, Indonesia, Ireland, Israel, Italy, Japan, Jersey, Korea, Latvia, Lithuania, Luxembourg, Malta, Mauritius, Mexico, Netherlands, New Zealand, Norway, Pakistan, Poland, Portugal, Romania, Russia, Singapore, Slovak Republic, Slovenia, South Africa, Spain, Sri Lanka, Sweden, Turkey, United Kingdom, United States
Cross-border rulings providing for a unilateral downward adjustment to the taxpayer's taxable profits that is not directly reflected in the taxpayer's financial/commercial accounts	Included in de *minimus*	N/A
Permanent establishment rulings	344	Australia, Austria, Bulgaria, Canada, Croatia, Czech Republic, Colombia, Denmark, Estonia, Finland, France, Germany, Greece, Hong Kong (China), Hungary, India, Ireland, Italy, Japan, Latvia, Lithuania, Luxembourg, Mauritius, Mexico, Netherlands, New Zealand, Norway, Poland, Portugal, Romania, Russia, Singapore, Slovak Republic, Slovenia, South Africa, Spain, Sweden, Turkey, United Kingdom, United States
Related party conduit rulings	0	N/A
De *minimis* rule	2	N/A

Category of ruling	Number of exchanges	Jurisdictions exchanged with
IP regimes: total exchanges on taxpayers benefitting from the third category of IP assets, new entrants benefitting from grandfathered IP regimes; and taxpayers making use of the option to treat the nexus ratio as a rebuttable presumption	0	N/A
Total	1 366[4]	

D. Matters related to intellectual property regimes (ToR I.4.1.3)

28. Belgium has an intellectual property regime that is subject to transparency requirements under the Action 5 Report (OECD, 2015) (the Innovation Income Deduction). It states that the identification of the benefitting taxpayers will occur as follows:

- ***New entrants benefiting from the grandfathered IP regime***: Information on new entrants would be available through a ruling or through the tax return, as follows. Rulings granted to new entrants benefitting from the grandfathered IP regime can be easily identified by the Ruling Service through its database. Belgium has identified ten new entrants through rulings after 6 February 2015, however for these rulings there were no potential exchange jurisdictions implicated as the respective Belgian companies did not receive IP income from associated companies situated abroad and these companies had no immediate or ultimate parent company. If rulings are granted in the future and which require exchange under the transparency framework, the identity of those new entrants would be exchanged as is the case for other "past rulings". Where a taxpayer obtains the benefits of the IP regime without obtaining a ruling, the information on new entrants will be available in the tax returns. This will be available and exchanged by the end of 2017 or early 2018 with respect to tax returns filed in 2016, and which will include information on whether the taxpayer was a new entrant after 6 February 2015.
- ***Third category of assets***: not applicable, as this option has not been incorporated in Belgium's IP regime.
- ***Taxpayers making use of the option to treat the nexus ratio as a rebuttable presumption***: these taxpayers will be identified in the annual process of the taxpayer obtaining a yearly ruling allowing them to do so.

Summary of recommendations on implementation of the transparency framework

Aspect of implementation of the transparency framework that should be improved	Recommendation for improvement
	No recommendations are made

Notes

1. Available at: http://ccff02.minfin.fgov.be/KMWeb/browseCategory.do?method=browse&params.selectedCategoryId=840 (accessed on 10 November 2017).

2. Parties to the Convention are available here: www.oecd.org/tax/exchange-of-tax-information/convention-on-mutual-administrative-assistance-in-tax-matters.htm. Belgium also has Double Tax Agreements with: Argentina, Australia, Bangladesh, Brazil, Canada, Chile, China (People's Republic of), Congo, Gabon, Egypt, Georgia, Hong Kong (China), Iceland, India, Indonesia, Israel, Japan, Korea, Mauritius, Mexico, New Zealand, Nigeria, Norway, Pakistan, Russia, San Marino, Senegal, Singapore, South Africa, Sri Lanka, Turkey, Ukraine, United States.

3. Belgium notes that these requests were exclusively questions on the format and the exchange as such, not on the substance of the rulings.

4. There were 1 082 exchanges as defined under footnote 13 of the Terms of Reference. The total of number of exchanges given in this table is higher due to the fact that some exchanges fall under more than one category of ruling.

Bibliography

OECD (2017a), *BEPS Action 5 on Harmful Tax Practices – Terms of Reference and Methodology for the Conduct of the Peer Reviews of the Action 5 Transparency Framework*, OECD/G20 Base Erosion and Profit Shifting Project, OECD, Paris. www.oecd.org/tax/beps/beps-action-5-harmful-tax-practices-peer-review-transparency-framework.pdf (accessed on 10 November 2017).

OECD (2017b), *Country-by-Country Reporting XML Schema: User Guide for Tax Administrations*, www.oecd.org/tax/beps/country-by-country-reporting-xml-schema-user-guide-for-tax-administrations.htm (accessed on 10 November 2017)

OECD (2015), *Countering Harmful Tax Practices More Effectively, Taking into Account Transparency and Substance, Action 5 – 2015 Final Report*, OECD/G20 Base Erosion and Profit Shifting Project, OECD Publishing, Paris. http://dx.doi.org/10.1787/9789264241190-en.

Brazil

Brazil has met all aspects of the terms of reference (ToR) for the year in review except with respect to the timely provision of future rulings to the competent authority (ToR II.5.5). However, as no future rulings were issued in this period there has been no practical impact on the effectiveness of Brazil's implementation of the transparency framework. No recommendation is made as Brazil has addressed this issue by ensuring that future rulings will be identified after they are issued. Brazil has answered the peer review questionnaire and the follow-up questions asked by the Secretariat in a timely manner.

Brazil can legally issue two types of rulings within the scope of the transparency framework: (1) rulings related to a preferential regime (PADIS – Semiconductors Industry) and (2) cross-border unilateral advance pricing agreements (APAs) and any other cross-border unilateral tax rulings (such as an advance tax ruling) covering transfer pricing or the application of transfer pricing principles. Since 2013, rulings are issued by the General Co-ordination of Taxation, an office of the Brazilian Tax Administration (*RFB*). Prior to 2013, ten regional offices were responsible for issuing rulings, together with the General Co-ordination of Taxation which was responsible for issuing rulings related to transfer pricing legislation, and in cases which two or more regional offices had different interpretations of the same tax legislation. The General Co-ordination of Taxation had access to information related to all previous rulings.

In practice, Brazil issued ten past rulings. For the period 1 April 2016-31 December 2016, Brazil did not issue any future rulings. All the rulings issued after 2013 are published on the RFB's website.[1] A summary of rulings issued prior to 2013 was published in the federal gazette.

No peer input was received in respect of the exchanges of information on rulings received from Brazil.

Introduction

1. This peer review covers Brazil's implementation of the BEPS Action 5 transparency framework for the year 2016. The report has four parts, each relating to a key part of the Terms of Reference. Part A looks at the process to gather the required information on all relevant rulings. Part B relates to the legal basis and administrative process for the exchange of information on rulings. Part C reports the required statistics on exchanges under the transparency framework for the year in review. Part D relates to the transparency requirements that apply for certain intellectual property regimes in connection with the Action 5 "nexus approach".

2. Each part is discussed in turn. A summary of recommendations is included at the end of this report.

A. The information-gathering process

3. This section relates to the adequacy of the process used to collect information relating to tax rulings that are in the scope of the transparency framework, both past and future rulings, as well as the jurisdictions with which information on rulings should be exchanged.

4. The process for gathering information about past rulings is explained first, followed by the process for gathering information about future rulings.

Past rulings (ToR I.4.1.1, I.4.1.2, I.4.2.1, I.4.2.2)

5. First, a search was performed on the internal database of RFB where all rulings are stored. Filters were applied in the database to limit the search to rulings relating to income tax and to limit the search to rulings issued in the period from 1 January 2010 to 31 May 2016. Brazil decided to consider 31 May 2016 as the cut-off date for past rulings as there were few rulings within the scope of the transparency framework, and the information was gathered in June 2016. Although the transparency framework requires that future rulings are those issued from 1 April 2016, Brazil's starting date is only slightly different and in Brazil's case appears to have very limited impact on the effective implementation of the transparency framework.

6. When a ruling was found to be in scope of this search, it was separated. In the case of rulings issued 1 January 2010-31 December 2013, the Head of International Tax Division examined it to see if it was about a law that had changed before 2014 in order to determine if the ruling remained valid on 1 January 2014. Each relevant ruling was then individually read by an officer from the International Taxation Division to verify if it was in the scope of the transparency framework.

7. In order to identify the potential exchange jurisdictions, the RFB used the taxpayer description in the ruling request as the first source of information. As information on the relevant related jurisdictions was not mandatory information that taxpayers had to present to the RFB, in most cases it was necessary to apply the "best efforts approach." This involved searches in databases or on publicly available information on the internet to identify relevant information (particularly to identify the name of a multinational enterprise group, name of the related party, or the name of the parent company). If it was not possible to identify the name of the foreign entity in this jurisdiction, Brazil still identified it as a relevant jurisdiction so that information could be sent to that jurisdiction albeit without the name.

Future rulings (ToR I.4.1.1, I.4.1.2, I.4.2.1, I.4.2.2)

8. A similar search was applied for future rulings. In this case, filters were applied in the database to limit the search to rulings relating to income tax and that were issued from 1 June 2016. Each such ruling is manually reviewed to verify whether it is in the scope of the transparency framework. During the year in review, no future rulings were issued.

9. Brazil implemented Normative Instruction No. 1,689/2017 in February 2017 which amends the process for granting rulings. The amendments ensure that all potential exchange jurisdictions are identified in the process of issuing a ruling. This requires taxpayers to submit all information required under the transparency framework, such as to (i) identify the direct and the final controller of the legal entity that requested the rulings, as well as their jurisdictions of domicile; (ii) identify the jurisdictions of residence of all related parties and (iii) identify the resident country for the parent company and its permanent establishments. Although this amendment only commenced from February 2017, meaning there was a technical gap in the collection of information on potential exchange jurisdictions for future rulings issued from 1 April 2016 – February 2017, as no such rulings were issued in this period there is no practical impact on the effectiveness of Brazil's implementation of the transparency framework.

Review and supervision mechanism (ToR I.4.3)

10. The process for ensuring that all relevant information is captured accurately is by way of setting up a revision of every step, from searching the rulings to completing the forms, in order to guarantee that the information to be exchanged is complete as possible. The process is supervised by the Income Tax Co-ordinator, who is responsible for a final review.

Conclusion on section A

11. Information on all potential exchange jurisdictions is collected and best efforts were used for past rulings. Although there were two technical deviations from the transparency framework, these have had little or no impact on the implementation of the standard. Brazil has met all of the terms of reference for the information-gathering process and no recommendations are made.

B. The exchange of information

12. This section relates to how jurisdictions have adequately complied with the obligation to spontaneously exchange information on the tax rulings within the scope of the transparency framework.

Legal basis for spontaneous exchange of information (ToR II.5.1, II.5.2)

13. Brazil has the necessary domestic legal basis to exchange information spontaneously. Brazil notes that there are no legal or practical impediments that prevent the spontaneous exchange of information on rulings as contemplated in the Action 5 minimum standard.

14. Brazil has international agreements permitting spontaneous exchange of information, including being a party to the Multilateral Convention and double tax agreements in force with 33 jurisdictions. In total, this network of agreements covers 105 jurisdictions.[2]

Completion and exchange of templates (ToR II.5.3, II.5.4, II.5.5, II.5.6, II.5.7)

15. In order to share the required information with other jurisdictions, the template contained in Annex C of the 2015 Action 5 Report (OECD, 2015) is prepared in MS Word format, observing the information-gathering process and subsequently it is translated and revised. Three assigned officers in the International Taxation Division fill in the templates, which are then checked by the Head of Division against the text of the actual ruling to ensure accuracy. The template is checked again by the Income Tax Co-ordinator and sent them to the Competent Authority for exchange of information to perform the exchange.

16. Brazil ensures that the ruling summary template is made available to the competent authority for exchange of information in a timely way by ensuring all information on past rulings was posted before 31st December 2016. As there are few rulings to be exchanged, for the year in review Brazil intended to exchange the future rulings on an annual basis. During the peer review process, Brazil realised an annual exchange will not meet the transparency framework. However, as no future rulings had been issued, there was no impact of this on the effectiveness of Brazil's implementation of the transparency framework.

17. The timeliness of exchanges is as follows. Note that Brazil was able to undertake exchanges of information not only with OECD/G20 countries as required, but also with new members that joined the Inclusive Framework in 2016:

Past rulings in the scope of the transparency framework		Delayed exchanges		
	Number of exchanges transmitted by 31 December 2016	Number of exchanges not transmitted by 31 December 2016	Reasons for the delays	Any other comments
	14	0	N/A	N/A
Future rulings in the scope of the transparency framework	**Number of exchanges transmitted within three months of the information becoming available to the competent authority or immediately after legal impediments have been lifted**	**Delayed exchanges**		
		Number of exchanges transmitted later than three months of the information on rulings becoming available to the competent authority	**Reasons for the delays**	**Any other comments**
	N/A	N/A	N/A	N/A
Total	14	0		

Follow-up requests received for exchange of the ruling	Number	Average time to provide response
	N/A	N/A

Conclusion on section B

18. Brazil has the necessary legal framework and administrative process in place for exchanging information on rulings. There were two exchanges with respect to past rulings which did not occur by 31 December 2016; however the explanation given by Brazil indicates that this was due to the lack of exchange of information provision in force. Brazil

has met all of the terms of reference for the exchange of information process except for the timely provision of future rulings to the Competent Authority (ToR II.5.5). However, as no future rulings were issued in the year of review, there has been no practical impact on the effectiveness of Brazil's implementation of the transparency framework. During the peer review process, Brazil realised this annual exchange would not be timely enough to meet the transparency framework. Brazil addressed this issue during the first semester of 2017 when it changed its methodology in order to identify and exchange future rulings after they had been issued. As such no recommendation is made.

C. Statistics (ToR IV)

19. The statistics for the 2016 review are as follows:

Category of ruling	Number of exchanges	Jurisdictions exchanged with
Ruling related to a preferential regime	N/A	N/A
Cross-border unilateral advance pricing agreements (APAs) and any other cross-border unilateral tax rulings (such as an advance tax ruling) covering transfer pricing or the application of transfer pricing principles	14	Argentina, Canada, France, Japan, Netherlands, Spain, United States
Cross-border rulings providing for a unilateral downward adjustment to the taxpayer's taxable profits that is not directly reflected in the taxpayer's financial/commercial accounts	N/A	N/A
Permanent establishment rulings	N/A	N/A
Related party conduit rulings	N/A	N/A
De minimis rule	N/A	N/A
IP regimes: total exchanges on taxpayers benefitting from the third category of IP assets, new entrants benefitting from grandfathered IP regimes; and taxpayers making use of the option to treat the nexus ratio as a rebuttable presumption	N/A	N/A
Total	14	

D. Matters related to intellectual property regimes (ToR I.4.1.3)

20. Brazil does not have an intellectual property regime for which transparency requirements were imposed.

Summary of recommendations on implementation of the transparency framework

Aspect of implementation of the transparency framework that should be improved	Recommendation for improvement
During the year in review, Brazil conducted an annual search and exchange for future rulings which would not be frequent enough to ensure that rulings are transmitted to counterpart jurisdictions in a timely way. However, as no future rulings were issued in this period there has been no practical impact on the effectiveness of Brazil's implementation of the transparency framework.	No recommendation is made as Brazil has addressed this issue by ensuring that future rulings will be identified after they are issued.

Notes

1. Available at: https://idg.receita.fazenda.gov.br/acesso-rapido/legislacao (accessed on 10 November 2017)

2. Parties to the Multilateral Convention are available here: www.oecd.org/tax/exchange-of-tax-information/convention-on-mutual-administrative-assistance-in-tax-matters.htm. Brazil also has Double Tax Agreements with Argentina, Austria, Belgium, Canada, Chile, China (People's Republic of), Czech Republic, Denmark, Equator, Finland, France, Hungary, India, Israel, Italy, Japan, Korea, Luxembourg, Mexico, Norway, Netherlands, Peru, Portugal, Philippines, Slovak Republic, Russia, South Africa, Spain, Sweden, Trinidad and Tobago, Turkey, Ukraine and Venezuela.

Bibliography

OECD (2017), *BEPS Action 5 on Harmful Tax Practices – Terms of Reference and Methodology for the Conduct of the Peer Reviews of the Action 5 Transparency Framework*, OECD/G20 Base Erosion and Profit Shifting Project, OECD, Paris. www.oecd.org/tax/beps/beps-action-5-harmful-tax-practices-peer-review-transparency-framework.pdf (accessed on 10 November 2017).

OECD (2015), *Countering Harmful Tax Practices More Effectively, Taking into Account Transparency and Substance, Action 5 – 2015 Final Report*, OECD/G20 Base Erosion and Profit Shifting Project, OECD Publishing, Paris. http://dx.doi.org/10.1787/9789264241190-en.

Canada

Canada has met all aspects of the terms of reference (ToR) for the year in review and no recommendations are made. Canada has answered the peer review questionnaire and the follow-up questions asked by the Secretariat in a timely manner.

Canada can legally issue the following four types of rulings within the scope of the transparency framework: (1) preferential regimes (life insurance business and international shipping);[1] (2) cross-border unilateral advance pricing agreements (APAs) and any other cross-border unilateral tax rulings (such as an advance tax ruling) covering transfer pricing or the application of transfer pricing principles; (3) permanent establishment rulings; and (4) related party conduit rulings. In Canada, there are two services part of the Canadian tax administration (*Canada Revenue Agency or CRA*) that issue rulings within the scope of the transparency framework: the Competent Authority Services Division (CASD) for APAs, and the Income Tax Rulings Directorate (ITRD) for the other categories.

In practice, Canada issued 12 past rulings. For the period 1 April 2016-1 February 2017, Canada issued two future rulings. With the exception of APAs, Canada's rulings are published in redacted form by third-party publishers, who provide access to the documents to their subscribers and redacted rulings are available from the CRA upon request.

Peer input was received from one jurisdiction in respect of the exchanges of information on rulings received from Canada. The input noted that information was in the correct format, complete and timely. The peer noted that the information received on one future ruling was received more than three months after the issuance of the ruling, however, since the standard requires that the information be exchanged within three months of receipt of the information by the Canadian Competent Authority for exchange of information rather than within three months of issuance, the peer was unable to comment on whether it was late. As noted in section B below, Canada has been able to exchange information in a timely way in almost all cases.

Note by Turkey: The information in this document with reference to "Cyprus" relates to the southern part of the Island. There is no single authority representing both Turkish and Greek Cypriot people on the Island. Turkey recognises the Turkish Republic of Northern Cyprus (TRNC). Until a lasting and equitable solution is found within the context of the United Nations, Turkey shall preserve its position concerning the "Cyprus issue".

Note by all the European Union Member States of the OECD and the European Union: The Republic of Cyprus is recognised by all members of the United Nations with the exception of Turkey. The information in this document relates to the area under the effective control of the Government of the Republic of Cyprus.

Introduction

1. This peer review covers Canada's implementation of the BEPS Action 5 transparency framework for the year 2016. The report has four parts, each relating to a key part of the Terms of Reference. Part A looks at the process to gather the required information on all relevant rulings. Part B relates to the legal basis and administrative process for the exchange of information on tax rulings. Part C reports the required statistics on exchanges under the transparency framework for the year in review. Part D relates to the transparency requirements that apply for certain intellectual property regimes in connection with the Action 5 "nexus approach".

2. Each part is discussed in turn. A summary of recommendations is included at the end of this report.

A. The information-gathering process

3. This section relates to the adequacy of the process used to collect information relating to the tax rulings that are in the scope of the transparency framework, both past and future rulings, as well as the jurisdictions with which information on rulings should be exchanged.

4. The process for gathering information about past rulings is explained first, followed by the process for gathering information about future rulings.

Past rulings (ToR I.4.1.1, I.4.1.2, I.4.2.1, I.4.2.2)

5. For past rulings, both offices responsible for issuing them, namely CASD and ITRD, have an electronic tracking system of all rulings issued. In both offices, an authorised officer queried their respective databases to identify the rulings issued within the relevant timeframe.

6. For APAs, a report was run against CASD's database to extract all APAs that were issued after 1 January 2010, as the database shows the date of validity in the report generated. The list was reviewed manually to individually verify that the unilateral APAs were within the period defined as "past rulings".

7. In order to identify all potential exchange jurisdictions for unilateral APAs, the application for the ruling already included all relevant jurisdictions for which a ruling would be relevant. As such, the "best efforts approach" was not required to be used.

8. To identify the other categories of rulings within the transparency framework, ITRD conducted a similar search of its database. ITRD's database contains the full text of each ruling, which is searchable. In searching the ITRD database, the search parameters used were the issue date of the ruling as well as the keywords and legislative and treaty references indicative of the particular ruling categories. The senior officer conducting the search would then review the contents of the results to verify that they were in fact a ruling within the scope of the transparency framework.

9. In order to identify all potential exchange jurisdictions, the ruling was first consulted. In certain cases the "best efforts approach" was necessary. This consisted of reviewing the taxpayers' submissions that were in the possession of ITRD and if all relevant jurisdictions could not be identified, additional information was sought from the auditing branches of the CRA and from publicly available information (such as the taxpayer's website and the website

of the stock exchange on which the taxpayer was listed). The ITRD was able to identify all potential exchange jurisdictions for all rulings except one, in which they were not able to identify the jurisdiction of the immediate parent or the ultimate parent company. However, they exchanged information with the foreign country of residence and incorporation of the taxpayer.

Future rulings (ToR I.4.1.1, I.4.1.2, I.4.2.1)

10. In order to identify future rulings that are within the scope of the transparency framework, in relation to unilateral APAs, a report is run every month by an officer in CASD to identify any new unilateral APAs that has been issued.

11. In order to identify all potential exchange jurisdictions, all required information is required to be included in the application for the APA. The requirements of the transparency framework have also been communicated to taxpayers who are requesting or considering applying for unilateral APAs to ensure all related parties are identified in the submissions.

12. For other ruling categories, management and staff in ITRD who are responsible for issuing rulings were alerted prior to 1 April 1 2016 about the requirement to identify the relevant rulings. Since ITRD issues a small number of rulings in the scope of the transparency framework, the process was not automated for 2016. Assistance was provided by the senior officer in charge of implementing the transparency framework in the Directorate to ensure that all rulings and jurisdictions were identified.

13. In order to identify all potential exchange jurisdictions for other types of rulings, for future rulings the ruling application process was amended, and the taxpayer is now required to provide the necessary information to identity relevant jurisdictions when requesting the ruling.

Review and supervision mechanism (ToR I.4.3)

14. The process for ensuring that all relevant information is captured accurately varies according to the type of ruling. For unilateral APAs, managers who are responsible for them are aware of the requirements of the transparency framework through internal guidance and training. One of the APA managers is tasked with providing oversight of the process to ensure that the relevant information is captured accurately.

15. For other ruling categories, the senior officer in charge of the implementation of the transparency framework for ITRD reviewed all exchanges. The senior officer is an experienced professional familiar with rulings within the scope of the transparency framework, and several discussions were held with Canada's delegate to the FHTP when commencing implementation of the framework. The search parameters for past rulings created by the senior officer were reviewed by a manager and the director of the international division of ITRD. The senior officer took a cautious approach and where they had any doubt as to whether a particular ruling fell within the transparency framework, the ruling in question was discussed and reviewed with Canada's delegates to the FHTP and Working Party 1.

Conclusion on section A

16. Canada has met all of the terms of reference for the information-gathering process and no recommendations are made.

B. The exchange of information

17. This section relates to how jurisdictions have adequately complied with the obligation to spontaneously exchange information on the tax rulings within the scope of the transparency framework.

Legal basis for spontaneous exchange of information (ToR II.5.1, II.5.2)

18. Canada has the necessary domestic legal basis to exchange information spontaneously under international agreements allowing such exchanges as described in paragraph 19. Canada notes that there are no legal or practical impediments that prevent the spontaneous exchange of information on rulings as contemplated in the Action 5 minimum standard.

19. Canada has international agreements permitting spontaneous exchange of information, including being a party to the Convention, and 94 bilateral agreements. In total, this network of agreements covers at least 134 jurisdictions.[2]

Completion and exchange of templates (ToR II.5.3, II.5.4, II.5.5, II.5.6, II.5.7)

20. The process for sharing the required information with other jurisdictions in the template contained in Annex C of the Action 5 Report (OECD, 2015) in Canada varies according to the type of ruling. For APAs, normal file processing procedures already required the necessary information to be entered into a tracking system, and this information was easily imported into the OECD template.

21. For other categories of rulings, ITRD has prepared a template in Word format based on the *XML Schema and User Guide* (OECD, 2017). For rulings issued in 2016 and earlier, the senior officer in charge of the implementation of the transparency framework completed the template for each ruling.

22. The information in the completed template is entered into an IT system that was developed by the CRA to convert the information into XML format following the OECD *XML Schema and User Guide* (OECD, 2017). The system contains the required validation checks to ensure all mandatory fields are completed accurately. Once validated, the information is then transferred electronically to the Competent Authority for exchange of information. The information is reviewed by an officer and manager of that section before transmission to the relevant jurisdiction.

23. Canada ensures that the ruling summary template is made available to the Competent Authority in a timely way for the APAs as the completed template is provided to the Competent Authority by email. For other rulings, this is ensured by entering the ruling into the IT system, which generates the XML file and a message is sent to the Competent Authority's generic e-mail account. Internal guidance and training has made all officers in charge aware of the deadlines established for the exchanges of information on rulings.

24. The timeliness of exchanges is as follows. Note that Canada was able to undertake exchanges of information not only with OECD/G20 countries as required, but also with new members that joined the Inclusive Framework in 2016.

Past rulings in the scope of the transparency framework	Number of exchanges transmitted by 31 December 2016	Delayed exchanges		
		Number of exchanges not transmitted by 31 December 2016	Reasons for the delays	Any other comments
	18	2	Human error in transmission of the rulings to the EOI Section – these past rulings were from before the automated system was put in place.	N/A
Future rulings in the scope of the transparency framework	**Number of exchanges transmitted within three months of the information becoming available to the competent authority or immediately after legal impediments have been lifted**	**Delayed exchanges**		
		Number of exchanges transmitted later than three months of the information on rulings becoming available to the competent authority	**Reasons for the delays**	**Any other comments**
	2	None	N/A	N/A
Total	20	2		

Follow-up requests received for exchange of the ruling	Number	Average time to provide response	Number of requests not answered
	0	N/A	N/A

25. Canada explains that the transmission delay for two exchanges of information on past rulings related to a human error in the transmission to the Competent Authority. The process has now been adjusted to remedy this issue, and ensure automatic transmission of information to the Competent Authority.

Conclusion on section B

26. Canada has the necessary legal framework and administrative process in place for exchanging information on rulings. Canada experienced some minor delays in exchanging information on past rulings. Canada has taken steps to remedy this issue by implementing an automated system which intends to avoid any further delays. Canada has met all of the terms of reference for the exchange of information process and no recommendations are made.

C. Statistics (ToR IV)

27. The statistics for the 2016 review are as follows:

Category of ruling	Number of exchanges	Jurisdictions exchanged with
Ruling related to a preferential regime	N/A	N/A
Cross-border unilateral advance pricing agreements (APAs) and any other cross-border unilateral tax rulings (such as an advance tax ruling) covering transfer pricing or the application of transfer pricing principles	16	China (People's Republic of), France, Germany, Ireland, Netherlands, Singapore, United Kingdom, United States
Cross-border rulings providing for a unilateral downward adjustment to the taxpayer's taxable profits that is not directly reflected in the taxpayer's financial/commercial accounts	N/A	N/A
Permanent establishment rulings	6	Japan, Sweden, Switzerland, United States
Related party conduit rulings	N/A	N/A
De minimis rule	N/A	N/A
IP regimes: total exchanges on taxpayers benefitting from the third category of IP assets, new entrants benefitting from grandfathered IP regimes; and taxpayers making use of the option to treat the nexus ratio as a rebuttable presumption	N/A	N/A
Total	22	

D. Matters related to intellectual property regimes (ToR I.4.1.3)

28. Canada does not have an intellectual property regime for which transparency requirements were imposed.

Summary of recommendations on implementation of the transparency framework

Aspect of implementation of the transparency framework that should be improved	Recommendation for improvement
	No recommendations are made

Notes

1. The two preferential regimes are not granted by way of a ruling; however it is possible that a ruling could be issued on particular transactions.

2. Parties to the Multilateral Convention are available here: www.oecd.org/tax/exchange-of-tax-information/convention-on-mutual-administrative-assistance-in-tax-matters.htm. Canada also has Double Tax Agreements with Algeria, Argentina, Armenia, Australia, Austria, Azerbaijan, Bangladesh, Barbados, Belgium, Brazil, Bulgaria, Cameroon, Chile, China (People's Republic of), Colombia, Côte d'Ivoire, Croatia, Cyprus, Czech Republic, Denmark, Dominican Republic, Ecuador, Egypt, Estonia, Finland, France, Gabon, Germany, Greece, Guyana, Hong Kong (China), Hungary, Iceland, India, Indonesia, Ireland, Israel, Italy, Jamaica, Japan, Jordan, Kazakhstan, Kenya, Korea, Kuwait, Kyrgyzstan, Latvia, Lithuania, Luxembourg, Malaysia, Malta, Mexico, Moldova, Mongolia, Morocco, Netherlands, New Zealand, Nigeria, Norway, Oman, Pakistan, Papua New Guinea, Peru, Philippines, Poland, Portugal, Romania, Russia, Senegal, Serbia, Singapore, Slovak Republic, Slovenia, South Africa, Spain, Sri Lanka, Sweden, Switzerland, Chinese Taipei, Tanzania, Thailand, Trinidad and Tobago, Tunisia, Turkey, Ukraine, United Arab Emirates, United Kingdom, United States, Uzbekistan, Venezuela, Viet Nam, Zambia and Zimbabwe. The TIEA with Aruba also permits spontaneous exchange of information.

Bibliography

OECD (2017a), *BEPS Action 5 on Harmful Tax Practices – Terms of Reference and Methodology for the Conduct of the Peer Reviews of the Action 5 Transparency Framework*, OECD/G20 Base Erosion and Profit Shifting Project, OECD, Paris. www.oecd.org/tax/beps/beps-action-5-harmful-tax-practices-peer-review-transparency-framework.pdf (accessed on 10 November 2017).

OECD (2017b), *Country-by-Country Reporting XML Schema: User Guide for Tax Administrations*, www.oecd.org/tax/beps/country-by-country-reporting-xml-schema-user-guide-for-tax-administrations.pdf (accessed on 10 November 2017).

OECD (2015), *Countering Harmful Tax Practices More Effectively, Taking into Account Transparency and Substance, Action 5 – 2015 Final Report*, OECD/G20 Base Erosion and Profit Shifting Project, OECD Publishing, Paris. http://dx.doi.org/10.1787/9789264241190-en.

Chile

Chile has met all of the terms of reference (ToR) for the year in review that can be met in the absence of rulings being issued and no recommendations are made. Chile has answered the peer review questionnaire and the follow-up questions asked by the Secretariat in a timely manner.

Chile can legally issue two types of ruling within the scope of the transparency framework: (1) cross-border unilateral advance pricing agreements (APAs) and any other cross-border unilateral tax rulings (such as an advance tax ruling) covering transfer pricing or the application of transfer pricing principles; and (2) related party conduit rulings. There are specific units within the National Directorate of the Chilean Tax Authority (*SII*) that consider each type of ruling requests.

In practice, Chile issued zero past rulings. For the period 1 April 2016-1 February 2017, Chile issued no future rulings either. A few requests for unilateral APAs have been received from taxpayers and those requests are still under consideration by the SII. With respect to related party conduit rulings, the relevant provision giving the SII authority to grant such rulings entered into force on 30 September 2015 and no ruling has been issued so far.

As there were no rulings issued, no exchange of information was required. Therefore no peer input was received in respect of exchanges of information on rulings received from Chile.

Introduction

1. This peer review covers Chile's implementation of the BEPS Action 5 transparency framework for the year 2016. The report has four parts, each relating to a key part of the Terms of Reference. Part A looks at the process to gather the required information on all relevant rulings. Part B relates to the legal basis and administrative process for the exchange of information on rulings. Part C reports the required statistics on exchanges under the transparency framework for the year in review. Part D relates to the transparency requirements that apply for certain intellectual property regimes in connection with the Action 5 "nexus approach".

2. Each part is discussed in turn. A summary of recommendations is included at the end of this report.

A. The information-gathering process

3. This section relates to the adequacy of the process used to collect information relating to the tax rulings that are in the scope of the transparency framework, both past and future rulings, as well as the jurisdictions with which information on rulings should be exchanged.

4. The process for gathering information about past rulings is explained first, followed by the process for gathering information about future rulings.

Past rulings (ToR I.4.1.1, I.4.1.2, I.4.2.1, I.4.2.2)

5. SII's Department of International Legislation (the "Department") is in charge of identifying covered rulings and co-ordinating the implementation process of the transparency framework.

6. First, the Department identified the legal provisions that may result in rulings that were either unilateral APAs or related party conduit rulings.

7. Second, the Department identified the relevant tax officials of SII units in charge of applying those provisions. The application of such provisions is centralised within the SII's National Directorate, and the relevant officials were contacted and informed about the Action 5 transparency framework, as well as about the terms of reference and assessment methodology for the peer review process. The two units in charge of issuing the type of rulings that are covered by the transparency framework were obliged to keep adequate records of their work and confirmed from their records and their experience that no covered ruling had been issued.

8. For both unilateral APAs and related party conduit rulings, the information on all potential exchange jurisdictions is required to be provided by the taxpayer as part of the information necessary to issue the ruling. This includes information on the immediate parent and ultimate parent company. As such, if any such rulings were to be issued, the SII would have the information in the ruling and be able to identify all potential exchange jurisdictions.

Future rulings (ToR I.4.1.1, I.4.1.2, I.4.2.1)

9. In the future if any such rulings are issued, the relevant units and the department have been instructed to keep appropriate records of any covered rulings. The Department of International Legislation will regularly check with the head of the Transfer Pricing Unit

and the head of the Avoidance Analysis Unit about the issuance of any APA or ruling related to conduit arrangements, as appropriate. In addition, the relevant officials are instructed to inform to the Department of International Legislation in the event that any covered ruling is issued.

10. The same process for identifying potential exchange jurisdictions will be used for future rulings as is used for past rulings, as this information is contained in the course of issuing the ruling.

Review and supervision mechanism (ToR I.4.3)

11. The process for ensuring that all relevant information is captured accurately is by way of quality control and oversight of the search process by more experienced professionals with the SII and regular meetings between the personnel involved. An ad hoc implementation group was formed, consisting of officials from the Transfer Pricing Unit, the Avoidance Analysis Unit, the Department of International Legislation and officials in charge of spontaneous exchange of information (also a centralised unit). Direct co-ordination and meetings between the relevant officials were established on a regular basis. Considering that only a small number of APA applications have been received and that it was only possible to issue related party conduct rulings from 1 October 2015, there was little material to be searched.

12. In order to prepare for a greater volume of rulings to be searched in the future, Chile aims to implement working groups specialised on rulings. These groups will be composed of heads of department and technical officers and will facilitate the monitoring of any future rulings which are in the scope of the transparency framework. This procedure will be implemented once a larger number of rulings are issued. Chile also intends to implement an electronic register of rulings to facilitate the review and supervision mechanism.

Conclusion on section A

13. Chile has a process for identifying the rulings and potential exchange jurisdictions which is appropriate for the small size of the rulings programme in Chile. Chile has met all of the terms of reference for the information-gathering process and no recommendations are made.

B. The exchange of information

14. This section relates to how jurisdictions have adequately complied with the obligation to spontaneously exchange information on the tax rulings within the scope of the transparency framework.

Legal basis for spontaneous exchange of information (ToR II.5.1, II.5.2)

15. Chile has the necessary domestic legal basis to exchange information spontaneously. Chile notes that there are no legal or practical impediments that prevent the spontaneous exchange of information on rulings as contemplated in the Action 5 minimum standard.

16. Chile has international agreements permitting spontaneous exchange of information, including being a party to the Convention and double tax agreements in force with 32 jurisdictions. In total, this network of agreements covers 103 jurisdictions.[1]

Completion and exchange of templates (ToR II.5.3, II.5.4, II.5.5, II.5.6, II.5.7)

17. With regard to the process to fill in the ruling summary templates and making them available to the competent authority for exchange of information, the officials from the centralised units in charge of issuing potentially covered rulings were informed of the Action 5 standard and the template in Annex C was explained and circulated to them. The ruling summary templates will be completed by the head of the relevant unit in co-ordination with the Department of International Legislation following the issuance of the ruling. The ad hoc implementation group agreed that the template must be completed as soon as possible following the issuance of the ruling. This is in order to provide the officials in charge of spontaneous exchange of information with the summary as soon as possible, allowing them to ensure that information on rulings can be exchanged within three months of issuance of the ruling.

18. As no rulings within the scope of the transparency framework have been issued in practice, Chile was not required to complete any exchanges of information and there is no data to report on the timeliness of exchanges.

Conclusion on section B

19. Chile has the necessary legal framework and administrative process in place for exchanging information on rulings. Chile has met all of the terms of reference for the exchange of information process that can be met in the absence of rulings being issued and exchanged in practice and no recommendations are made.

C. Statistics (ToR IV)

20. As there were no rulings required to be exchanged by Chile in 2016, no statistics can be reported.

D. Matters related to intellectual property regimes (ToR I.4.1.3)

21. Chile does not have an intellectual property regime for which transparency requirements were imposed.

Summary of recommendations on implementation of the transparency framework

Aspect of implementation of the transparency framework that should be improved	Recommendation for improvement
	No recommendations are made

Note

1. Parties to the Multilateral Convention are available here: www.oecd.org/tax/exchange-of-tax-information/convention-on-mutual-administrative-assistance-in-tax-matters.htm. Chile also has Double Tax Agreements with Argentina, Australia, Austria, Belgium, Brazil, Canada, Colombia, China (People's Republic of), Croatia, Czech Republic, Denmark, Ecuador, France, Ireland, Italy, Japan, Korea, Malaysia, Mexico, Norway, New Zealand, Paraguay, Peru, Poland, Portugal, Russia, Spain, South Africa, Sweden, Switzerland, Thailand and United Kingdom.

Bibliography

OECD (2017), *BEPS Action 5 on Harmful Tax Practices – Terms of Reference and Methodology for the Conduct of the Peer Reviews of the Action 5 Transparency Framework*, OECD/G20 Base Erosion and Profit Shifting Project, OECD, Paris. www.oecd.org/tax/beps/beps-action-5-harmful-tax-practices-peer-review-transparency-framework.pdf (accessed on 10 November 2017)

China (People's Republic of)

The People's Republic of China has taken steps to implement the legal basis for the transparency framework and to commence administrative preparations to ensure that information on future rulings is exchanged. China has answered the peer review questionnaire and the follow-up questions asked by the Secretariat in a timely manner. However, China did not complete the identification or exchange any information on future rulings for the year in review. China has met all of the terms of reference (ToR) for the year in review except for the identification of future rulings (ToR I.4.1.2) and timely exchange of information on future rulings (ToR II.5.6) and China is recommended to complete this as soon as possible.

China can legally issue one type of ruling within the scope of the transparency framework: cross-border unilateral advance pricing agreements (APAs) covering transfer pricing or the application of transfer pricing principles. The local in-charge tax administration offices are responsible for issuing rulings, with relevant consultation with the Chinese tax Administration (SAT). Where an APA involves two or more local offices or both the state tax and local tax bureau, the APA process is organised and co-ordinated by the SAT. These APAs are not published in redacted form.

China did not have the necessary domestic and international legal framework for spontaneous exchange of information on past rulings for the year of review. As such, no exchanges on past rulings are permitted to occur.[1] In relation to future rulings, China is in the process of collecting the data from local in-charge tax administrations on the number of APAs issued and the relevant statistics are not yet available.

As no exchanges could be undertaken under China's legal framework with respect to past rulings, and no exchanges on future rulings have occurred, no peer input was received in respect of the exchanges of information on rulings received from China.

Note by Turkey: The information in this document with reference to "Cyprus" relates to the southern part of the Island. There is no single authority representing both Turkish and Greek Cypriot people on the Island. Turkey recognises the Turkish Republic of Northern Cyprus (TRNC). Until a lasting and equitable solution is found within the context of the United Nations, Turkey shall preserve its position concerning the "Cyprus issue".

Note by all the European Union Member States of the OECD and the European Union: The Republic of Cyprus is recognised by all members of the United Nations with the exception of Turkey. The information in this document relates to the area under the effective control of the Government of the Republic of Cyprus.

Introduction

1. This peer review covers China's implementation of the BEPS Action 5 transparency framework for the year 2016. The report has four parts, each relating to a key part of the Terms of Reference. Part A looks at the process to gather the required information on all relevant rulings. Part B relates to the legal basis and administrative process for the exchange of information on rulings. Part C reports the required statistics on exchanges under the transparency framework for the year in review. Part D relates to the transparency requirements that apply for certain intellectual property regimes in connection with the Action 5 "nexus approach".

2. Each part is discussed in turn. A summary of recommendations is included at the end of this report.

A. The information-gathering process

3. This section relates to the adequacy of the process used to collect information relating to the tax rulings that are in the scope of the transparency framework, both past and future rulings, as well as the jurisdictions with which information on rulings should be exchanged.

Past rulings (ToR I.4.1.1, I.4.1.2, I.4.2.1, I.4.2.2)

4. There is a legal barrier to the exchange of information on rulings on China, which does not allow the exchange of past rulings. The legal framework in China has now been amended to allow exchanges on future rulings (i.e. those issued on or after 1 April 2016).[2] As such, the balance of this report relates only to future rulings.

Future rulings (ToR I.4.1.1, I.4.1.2, I.4.2.1)

5. For the year in review, the information on APAs is collected by the SAT from the local in-charge tax administration offices which have issued the ruling. This work is still underway and as at August 2017, the process was approximately 50% complete. It is noted that SAT has a plan to streamline the information-gathering process for APAs as set out in a legal provision and which will ensure that SAT, which is responsible for the exchange of information under the transparency framework, will be aware of the issuance of any new APAs as soon as it occurs. This will be reviewed in the next annual peer review.

6. In order to identify all potentially relevant jurisdictions with which the information the rulings should be exchanged, this information is taken from the APA request. During the process of submitting an APA application, the taxpayers are requested to provide detailed information about the related parties. Specifically, the taxpayer is required to provide a list consisting of its ultimate parent company, its immediate parent company and related parties with whom it enters into a transaction covered by the APA to the tax administration(s) upon the conclusion of the APA.

Review and supervision mechanism (ToR I.4.3)

7. The accuracy of the information-gathering process is ensured by the legal instruction provided to all local in-charge offices by SAT. This requires that the local in-charge tax authority is in regular contact with the SAT during the process of concluding any future APAs, and that the SAT is notified before an APA can be finalised.

Conclusion on section A

8. For the year in review, China implemented a process to collect information on all future APAs and all potential exchange jurisdictions, and the process includes an oversight mechanism. However, this work is still underway and China was not able to confirm how many future rulings were identified as the process was still ongoing. China has met all of the terms of reference for the information-gathering process other than the identification of all future rulings (ToR I.4.1) and China is recommended to complete the identification of all future rulings as soon as possible.

B. The exchange of information

9. This section relates to how jurisdictions have adequately complied with the obligation to spontaneously exchange information on the tax rulings within the scope of the transparency framework.

Legal basis for spontaneous exchange of information (ToR II.5.1, II.5.2)

10. China has implemented the necessary domestic legal basis to exchange information spontaneously in place. The legal framework in place does not allow the exchange of past rulings but does allow the exchange of information on future rulings, as from 1 April 2016.[3]

11. China has international agreements permitting spontaneous exchange of information, including being a party to the Convention and double tax agreements in force with 102 jurisdictions. In total, this network of agreements covers 141 jurisdictions.[4]

Completion and exchange of templates (ToR II.5.3, II.5.4, II.5.5, II.5.6, II.5.7)

12. For the year in review, the SAT is completing the templates in the form of Annex C after the local in-charge tax administration has submitted the APAs. The templates will then be further reviewed by the Competent Authority before being exchanged. It is noted that SAT has a plan to streamline the completion and exchange of templates, and which will be reviewed in the next annual peer review.

13. There were no exchanges of information on future rulings during the year in review. China is recommended to ensure that the exchange of information on future rulings occurs as soon as possible, and by no later than three months of after receiving the template from the local in-charge tax authority.

Conclusion on section B

14. China has put in place the necessary legal basis for exchanging information on future rulings. China has started putting in place the administrative practices for the completion and exchange of templates on future rulings, but has not completed any exchanges in the year of the review. China has met all of the terms of reference for the exchange of information process other than the timely international exchange of information (ToR II.5.6) and China is recommended to complete the exchanges of information on future rulings as soon as possible.

C. Statistics (ToR IV)

15. As there were no exchanges of information for the year of review, no statistical data can be reported.

D. Matters related to intellectual property regimes (ToR I.4.1.3)

16. China offers an intellectual property regime (reduced rate for high and new tech enterprises), however no transparency requirements were relevant, as follows.

- ***New entrants benefitting from the grandfathered IP regime***: not applicable, as grandfathering is not relevant to the Chinese IP regime.
- ***Third category of IP assets***: not applicable, as this option has not been incorporated in the Chinese IP regime.
- ***Taxpayers making use of the option to treat the nexus ratio as a rebuttable presumption***: not applicable, as this option has not been incorporated in the Chinese IP regime.

Summary of recommendations on implementation of the transparency framework

Aspect of implementation of the transparency framework that should be improved	Recommendation for improvement
The identification of all future rulings has not been completed.	China is recommended to complete the identification of all future rulings as soon as possible.
No exchanges of information on future rulings occurred for the year in review.	China is recommended to ensure that the exchange of information on future rulings occurs as soon as possible, and by no later than three months of after receiving the template from the local in-charge tax authority.

Jurisdiction's response and recent developments

17. China has completed the identification of all future unilateral APAs and all potential exchange jurisdictions. China has collected and reviewed all relevant templates from the local in-charge tax authorities in September 2017 and such information was then exchanged with the relevant jurisdictions in October 2017.

Notes

1. The Action 5 Report (OECD, 2015) notes that jurisdictions which do not currently have the necessary legal framework in place for spontaneous exchange of information on rulings will need to put in place such a framework in order to comply with the obligations under Action 5, but that in such cases the timelines are subject to a country's legal framework.
2. Public Notice on Matters Regarding Enhancing the Administration of Advance Pricing Arrangements (SAT Public Notice [2016] No. 64
3. Public Notice on Matters Regarding Enhancing the Administration of Advance Pricing Arrangements (SAT Public Notice [2016] No. 64

4. Parties to the Convention are available here: www.oecd.org/tax/exchange-of-tax-information/convention-on-mutual-administrative-assistance-in-tax-matters.htm. People's Republic of China also has Double Tax Agreements with Albania, Algeria, Armenia, Australia, Austria, Azerbaijan, Bahrein, Bangladesh, Barbados, Belarus, Belgium, Bosnia and Herzegovina, Botswana, Brazil, Brunei Darussalam, Bulgaria, Cambodia, Canada, Chile, Croatia, Cuba, Cyprus, Czech Republic, Denmark, Ecuador, Egypt, Estonia, Ethiopia, Finland, Former Yugoslav Republic of Macedonia, France, Georgia, Germany, Greece, Hungary, Iceland, India, Indonesia, Iran, Ireland, Israel, Italy, Jamaica, Japan, Kazakhstan, Korea, Kuwait, Kyrgyzstan, Lao People's Democratic Republic, Latvia, Lithuania, Luxembourg, Malaysia, Malta, Mauritius, Mexico, Moldova, Mongolia, Montenegro, Morocco, Nepal, Netherlands, New Zealand, Nigeria, Norway, Oman, Pakistan, Papua New Guinea, Philippines, Poland, Portugal, Qatar, Romania, Russia, Saudi Arabia, Serbia, Seychelles, Singapore, Slovenia, South Africa, Spain, Sri Lanka, Sudan, Sweden, Switzerland, Syria, Tajikistan, Thailand, Trinidad and Tobago, Tunisia, Turkey, Turkmenistan, Uganda, Ukraine, United Arab Emirates, United Kingdom, United States, Uzbekistan, Venezuela, Viet Nam, Zambia and Zimbabwe.

Bibliography

OECD (2017), *BEPS Action 5 on Harmful Tax Practices – Terms of Reference and Methodology for the Conduct of the Peer Reviews of the Action 5 Transparency Framework*, OECD/G20 Base Erosion and Profit Shifting Project, OECD, Paris. www.oecd.org/tax/beps/beps-action-5-harmful-tax-practices-peer-review-transparency-framework.pdf (accessed on 10 November 2017).

OECD (2015), *Countering Harmful Tax Practices More Effectively, Taking into Account Transparency and Substance, Action 5 – 2015 Final Report*, OECD/G20 Base Erosion and Profit Shifting Project, OECD Publishing, Paris. http://dx.doi.org/10.1787/9789264241190-en.

Colombia

Colombia experienced some delay in implementing the transparency framework in 2016, as it was only confirmed in 2017 that Colombia could in fact issue rulings within the scope of the transparency framework. Colombia intends to take steps to quickly exchange the information on the relevant ruling and to put in place a process to ensure any future rulings are exchanged in a timely manner. Colombia is recommended to ensure that any future rulings are swiftly identified (ToR I.4.1.2), and to ensure the timely exchange of information on rulings (ToR II.5.5, II.5.6) in the form required by the transparency framework (ToR II.5.3, II.5.4).

Colombia can legally issue one type of ruling within the scope of the transparency framework: cross-border unilateral advance pricing agreements (APAs) and any other cross-border unilateral tax rulings (such as an advance tax ruling) covering transfer pricing or the application of transfer pricing principles. The International Tax Auditing team (ITAT) is responsible for negotiating APAs and the Tax Commissioner is the Competent Authority responsible to approve APAs requests.

In practice, Colombia issued one past ruling. For the period 1 April 2016-1 February 2017, Colombia did not issue any future rulings. These rulings are not published.

No peer input was received in respect of the exchanges of information on rulings received from Colombia.

Introduction

1. This peer review covers Colombia's implementation of the BEPS Action 5 transparency framework for the year 2016. The report has four parts, each relating to a key part of the Terms of Reference. Part A looks at the process to gather the required information on all relevant rulings. Part B relates to the legal basis and administrative process for the exchange of information on rulings. Part C reports the required statistics on exchanges under the transparency framework for the year in review. Part D relates to the transparency requirements that apply for certain intellectual property regimes in connection with the Action 5 "nexus approach".

2. Each part is discussed in turn. A summary of recommendations is included at the end of this report.

A. The information-gathering process (ToR I.4)

3. This section relates to the adequacy of the process used to collect information relating to the tax rulings that are in the scope of the transparency framework, both past and future rulings, as well as the jurisdictions with which information on rulings should be exchanged.

4. During the year in review, Colombia was not aware that any rulings within the scope of the transparency framework were issued. As such, no information-gathering process was implemented.

5. Since confirming that APAs issued by Colombia are within the scope of the transparency framework, Colombia has been able to identify the relevant ruling and the potential exchange jurisdictions. The ITAT identified all relevant information on the potential exchange jurisdictions from the APA request and its related file. For future rulings, Colombia does not foresee a modification in their information-gathering process.

Conclusion on section A

6. Colombia did not yet have an information-gathering process for the transparency framework for the year in review. Colombia has since been able to identify the relevant past ruling and the potential exchange jurisdictions. Colombia is recommended to ensure that any future rulings within the scope of the transparency framework and all potential exchange jurisdictions are swiftly identified (ToR I.4.1.2).

B. The exchange of information

7. This section relates to how jurisdictions have adequately complied with the obligation to spontaneously exchange information on the tax rulings within the scope of the transparency framework.

Legal basis for spontaneous exchange of information (ToR II.5.1, II.5.2)

8. Colombia has the necessary domestic legal basis to exchange information spontaneously. Colombia notes that there are no legal or practical impediments that prevent the spontaneous exchange of information on rulings as contemplated in the Action 5 minimum standard.

9. Colombia has international agreements permitting spontaneous exchange of information, including being a party to the Convention, and double tax agreements in force with nine jurisdictions. In total, this network of agreements covers 104 jurisdictions[1].

Completion and exchange of templates (ToR II.5.3, II.5.4, II.5.5, II.5.6, II.5.7)

10. Colombia intends to exchange information on the ruling which was identified in 2017. The process for completing the templates in the correct form, making them available to the Competent Authority in a timely way and exchanging the information on rulings will be assessed in the subsequent peer review. Colombia notes that the reason for the delay is it that they were not fully aware that the APA issued was in the scope of the transparency framework, in particular due to the date in which the APA was issued.

Conclusion on section B

11. Colombia has the necessary legal framework and administrative process in place for exchanging information on rulings. Colombia is recommended to ensure the timely exchange of information on rulings (ToR II.5.5, II.5.6) in the form required by the transparency framework (ToR II.5.3, II.5.4).

C. Statistics (ToR IV)

12. As no information on rulings was exchanged in 2016, no statistical data can be reported.

D. Matters related to intellectual property regimes (ToR I.4.1.3)

13. Colombia offers an intellectual property regime (software regime), however no transparency requirements were relevant, as follows.

- ***New entrants benefitting from the grandfathered IP regime***: not applicable, as the Colombian IP regime is being abolished with no grandfathering.
- ***Third category of IP assets***: not applicable, as this option has not been incorporated in the Colombian IP regime.
- ***Taxpayers making use of the option to treat the nexus ratio as a rebuttable presumption***: not applicable, as this option has not been incorporated in the Colombian IP regime.

Summary of recommendations on implementation of the transparency framework

Aspect of implementation of the transparency framework that should be improved	Recommendation for improvement
Colombia did not yet have an information-gathering process for the transparency framework for the year in review.	Colombia is recommended to ensure that any future rulings within the scope of the transparency framework and all potential exchange jurisdictions are swiftly identified.
Colombia confirmed that it issued rulings within the scope of the transparency framework only in 2017 and as such no exchange took place in 2016.	Colombia is recommended to ensure the timely exchange of information on rulings in the form required by the transparency framework.

Notes

1. Parties to the Convention are available here: www.oecd.org/tax/exchange-of-tax-information/convention-on-mutual-administrative-assistance-in-tax-matters.htm. Parties to the Andean Community Agreement are: Bolivia, Colombia, Ecuador, Peru and Venezuela. Colombia also has Double Tax Agreements with: Canada, Chile, Czech Republic, India, Korea, Mexico, Portugal, Spain and Switzerland. In addition, Colombia has agreements permitting spontaneous exchange of information with Barbados and United States.

Bibliography

OECD (2017), *BEPS Action 5 on Harmful Tax Practices – Terms of Reference and Methodology for the Conduct of the Peer Reviews of the Action 5 Transparency Framework*, OECD/G20 Base Erosion and Profit Shifting Project, OECD, Paris. www.oecd.org/tax/beps/beps-action-5-harmful-tax-practices-peer-review-transparency-framework.pdf (accessed on 10 November 2017).

Czech Republic

The Czech Republic has met all aspects of the terms of reference (ToR) for the year in review except for the timely exchange of information on past and future rulings to the extent the exchanges are with other EU Member States (ToR II.5.6). The Czech Republic is recommended to exchange all information on past rulings as soon as possible, and to apply the timelines for future rulings as set out in the transparency framework with respect to all other members of the Inclusive Framework. The Czech Republic has answered the peer review questionnaire and the follow-up questions asked by the Secretariat in a timely manner.

The Czech Republic can legally issue one type of ruling within the scope of the transparency framework: cross-border unilateral advance pricing agreements (APAs) and any other cross-border unilateral tax rulings (such as an advance tax ruling) covering transfer pricing or the application of transfer pricing principles.[1] In the Czech Republic, rulings within the scope of the transparency framework are issued by the General Financial Directorate, with rulings issued to large taxpayers being issued by a special office and other rulings being issued by local tax administrators.

In practice, the Czech Republic has issued 48 past rulings. For the period 1 April 2016-1 February 2017, the Czech Republic issued five future rulings. These rulings are not published.

No peer input was received in respect of exchanges of information on rulings received from the Czech Republic.

Note by Turkey: The information in this document with reference to "Cyprus" relates to the southern part of the Island. There is no single authority representing both Turkish and Greek Cypriot people on the Island. Turkey recognises the Turkish Republic of Northern Cyprus (TRNC). Until a lasting and equitable solution is found within the context of the United Nations, Turkey shall preserve its position concerning the "Cyprus issue".

Note by all the European Union Member States of the OECD and the European Union: The Republic of Cyprus is recognised by all members of the United Nations with the exception of Turkey. The information in this document relates to the area under the effective control of the Government of the Republic of Cyprus.

Introduction

1. This peer review covers the Czech Republic's implementation of the BEPS Action 5 transparency framework for the year 2016. The report has four parts, each relating to a key part of the Terms of Reference. Part A looks at the process to gather the required information on all relevant rulings. Part B relates to the legal basis and administrative process for the exchange of information on rulings. Part C reports the required statistics on exchanges under the transparency framework for the year in review. Part D relates to the transparency requirements that apply for certain intellectual property regimes in connection with the Action 5 "nexus approach".

2. Each part is discussed in turn. A summary of recommendations is included at the end of this report.

A. The information-gathering process

3. This section relates to the adequacy of the process used to collect information relating to the tax rulings that are in the scope of the transparency framework, both past and future rulings, as well as the jurisdictions with which information on rulings should be exchanged.

4. The process for gathering information about past rulings is explained first, followed by the process for gathering information about future rulings.

Past rulings (ToR I.4.1.1, I.4.1.2, I.4.2.1, I.4.2.2)

5. The Czech Republic has a central database recording all cross-border APAs issued since 2006. The database contains unilateral and bilateral APAs. A search was run in the database to identify the unilateral APAs and to identify those which were issued on or from 1 January 2010. Such APAs were manually checked to verify if they fell within the period defined as "past ruling."

6. In order to identify potential exchange jurisdictions, each relevant ruling was reviewed. The ruling application was required to include information on all transactions between the taxpayer and any related party as well as an organisational chart for the group. In addition, the tax administration performed its own check of the accuracy of the information by using publicly available information. As such, the Czech Republic reports that the "best efforts approach" was not required to be used.

Future rulings (ToR I.4.1.1, I.4.1.2, I.4.2.1)

7. A similar process is used to identify future APAs. When a future APA is issued, the official issuing the ruling enters the information in the database. The database is checked by a trained specialist at the Competent Authority for exchange of information who has an online access to the database. The database is checked once a month to identify the unilateral APAs which would be in the scope of the transparency framework.

8. The potential exchange jurisdictions are identified from the information in the ruling and the application. As the ruling application already required information on all potential exchange jurisdictions, no changes to the ruling process were required.

Review and supervision mechanism (ToR I.4.3)

9. In order to ensure all relevant information is captured accurately, a trained specialist is in charge of checking whether all relevant information in the database is correct. The designated specialist is also responsible for performing the exchange of information on rulings under the transparency framework.

Conclusion on section A

10. The Czech Republic has met all of the terms of reference for the information-gathering process and no recommendations are made.

B. The exchange of information

11. This section relates to how jurisdictions have adequately complied with the obligation to spontaneously exchange information on the tax rulings within the scope of the transparency framework.

Legal basis for spontaneous exchange of information (ToR II.5.1, II.5.2)

12. The Czech Republic has the necessary domestic legal basis to exchange information spontaneously. The Czech Republic notes that there are no legal or practical impediments that prevent the spontaneous exchange of information on rulings as contemplated in the Action 5 minimum standard.

13. The Czech Republic is a party to international agreements permitting spontaneous exchange of information, including the Convention, the Directive 2011/16/EU with all other European Union Member States and double tax agreements in force with 88 jurisdictions.[2] In total, this network of agreements covers 100 jurisdictions.

Completion and exchange of templates (ToR II.5.3, II.5.4, II.5.5, II.5.6, II.5.7)

14. In order to share the required information with other jurisdictions, the Czech Republic uses an Excel template in accordance with the OECD *XML Schema and User Guide* (OECD, 2017). The template is filled in by the trained specialist at the Central Liaison Office (CLO) using the information from the database and the text of the ruling. The completed template is reviewed by the head of the Direct Taxes International Co-operation Unit (i.e. the CLO) or his deputy. The templates for past rulings which would be sent to non-EU Member States were completed in the fourth quarter of 2016. The Czech Republic notes that once the EU Central Directory is in place, ruling templates will be filled in using a web application and which are then exported into the XML Schema.

15. As the trained specialist who is responsible for overseeing the information-gathering process and completing the templates is also responsible for exchange of information, this ensures that there is no delay in making the information available to the Competent Authority. The trained specialist can directly access the database containing all information on rulings.

16. The timeliness of exchanges is as follows. Note that these statistics reflect the fact that information was only required to be exchanged with OECD/G20 countries, and not with new members of the Inclusive Framework and the Czech Republic did in fact only exchange information with OECD/G20 countries for the year in question.

Past rulings in the scope of the transparency framework	Number of exchanges transmitted by 31 December 2016	Delayed exchanges		
		Number of exchanges not transmitted by 31 December 2016	Reasons for the delays	Any other comments
	2	64	Applying the EU calendar.	3 additional exchanges only legally possible as of 2017.
Future rulings in the scope of the transparency framework	**Number of exchanges transmitted within three months of the information becoming available to the competent authority or immediately after legal impediments have been lifted**	**Delayed exchanges**		
		Number of exchanges transmitted later than three months of the information on rulings becoming available to the competent authority	**Reasons for the delays**	**Any other comments**
	0	8	Applying the EU calendar.	
Total	2	72		

Follow-up requests received for exchange of the ruling	Number	Average time to provide response	Number of requests not answered
	0	N/A	N/A

17. The Czech Republic notes that most exchanges of information on rulings are likely to be with other EU Member States. The Czech Republic explains that as an EU Member State, it chose to follow the timeframe for exchange of information on rulings set out in the EU Directive to the extent they are with other EU Member States, and to follow the transparency framework timelines to the extent the exchanges are with non-EU Member States. The Czech Republic completed two exchanges of information on past rulings by 31 December 2016 which were the only two exchanges that needed to occur with non-EU Member States. The 64 outstanding exchanges on all past rulings will take place with other EU Member States by the end of 2017. This is one year later than the timeline for the transparency framework. For future rulings, any exchanges which are relevant for non-EU Member States will be exchanged within three months of the ruling being uploaded to the database of APAs referred to in section A (i.e. within three months of the ruling being issued and entered into the database.) Future rulings which are relevant to EU Member States will be sent twice a year within three months following the end of the half of the calendar year during which the ruling was issued.

Conclusion on section B

18. The Czech Republic has the necessary legal framework and administrative process in place for exchanging information on rulings. Information on past rulings which are to be exchanged with EU Member States will be one year late and no information on future rulings was exchanged in 2016 as all such rulings related to EU Member States and will be exchanged in accordance with the EU Directive timelines. The Czech Republic has met all of the terms of reference for the exchange of information process except for the timely

exchange of information on past and future rulings to the extent the exchanges are with other EU Member States (ToR II.5.6). The Czech Republic is recommended to exchange all information on past rulings as soon as possible, and to apply the timelines for future rulings as set out in the transparency framework with respect to all other members of the Inclusive Framework (subject to the terms of the international agreements for exchange of information).

C. Statistics (ToR IV)

19. The statistics for the 2016 review are as follows:

Category of ruling	Number of exchanges	Jurisdictions exchanged with
Ruling related to a preferential regime	N/A	
Cross-border unilateral advance pricing agreements (APAs) and any other cross-border unilateral tax rulings (such as an advance tax ruling) covering transfer pricing or the application of transfer pricing principles	N/A	
Cross-border rulings providing for a unilateral downward adjustment to the taxpayer's taxable profits that is not directly reflected in the taxpayer's financial/commercial accounts	N/A	
Permanent establishment rulings	N/A	
Related party conduit rulings	N/A	
De minimis rule	2	
IP regimes: total exchanges on taxpayers benefitting from the third category of IP assets, new entrants benefitting from grandfathered IP regimes; and taxpayers making use of the option to treat the nexus ratio as a rebuttable presumption	N/A	
Total	2	

D. Matters related to intellectual property regimes (ToR I.4.1.3)

20. The Czech Republic does not have an intellectual property regime for which transparency requirements were imposed.

Summary of recommendations on implementation of the transparency framework

Aspect of implementation of the transparency framework that should be improved	Recommendation for improvement
The Czech Republic has not applied the timelines for exchanges of information on rulings as set out in the transparency framework to the extent such exchanges are with other EU Member States.	The Czech Republic is recommended to exchange all information on past rulings as soon as possible, and to apply the timelines for future rulings as set out in the transparency framework with respect to all other members of the Inclusive Framework.

Notes

1. A PE ruling will be able to be issued as of 1 January 2018.

2. Parties to the Multilateral Convention are available here: www.oecd.org/tax/exchange-of-tax-information/convention-on-mutual-administrative-assistance-in-tax-matters.htm. The Czech Republic also has Double Tax Agreements with Albania, Armenia, Australia, Austria, Bahrain, Barbados, Belarus, Belgium, Bosnia and Herzegovina, Brazil, Bulgaria, Canada, Chile, China (People's Republic of), Colombia, Croatia, Cyprus, Democratic People's Republic of Korea, Denmark, Egypt, Estonia, Ethiopia, Finland, Former Yugoslav Republic of Macedonia, France, Georgia, Germany, Greece, Hong Kong (China), Hungary, Iceland, India, Indonesia, Iran, Ireland, Israel, Italy, Japan, Jordan, Kazakhstan, Korea, Kuwait, Latvia, Lebanon, Liechtenstein, Lithuania, Luxembourg, Malaysia, Malta, Mexico, Moldova, Mongolia, Montenegro, Morocco, Netherlands, New Zealand, Nigeria, Norway, Pakistan, Panama, Philippines, Poland, Portugal, Romania, Russia, Saudi Arabia, Serbia, Singapore, Slovak Republic, Slovenia, South Africa, Spain, Sri Lanka, Sweden, Switzerland, Syria, Tajikistan, Thailand, Tunisia, Turkey, Ukraine, United Arab Emirates, United Kingdom, United States, Uzbekistan, Venezuela and Viet Nam.

Bibliography

OECD (2017a), *BEPS Action 5 on Harmful Tax Practices – Terms of Reference and Methodology for the Conduct of the Peer Reviews of the Action 5 Transparency Framework*, OECD/G20 Base Erosion and Profit Shifting Project, OECD, Paris. www.oecd.org/tax/beps/beps-action-5-harmful-tax-practices-peer-review-transparency-framework.pdf (accessed on 10 November 2017).

OECD (2017b), *Country-by-Country Reporting XML Schema: User Guide for Tax Administrations*, www.oecd.org/tax/beps/country-by-country-reporting-xml-schema-user-guide-for-tax-administrations.pdf (accessed on 10 November 2017).

Denmark

Denmark has met all aspects of the terms of reference (ToR) for the year in review, except for experiencing some delays with respect to the exchange of information on past rulings (ToR II.5.6). Denmark has taken steps to address this issue, and all information on past rulings was exchanged within two months of the deadline. As this is not a recurring issue, no recommendation is made on this point. Denmark has answered the peer review questionnaire and the follow-up questions asked by the Secretariat in a timely manner.

Denmark can legally issue the five following types of rulings within the scope of the transparency framework: (1) preferential regimes (tonnage tax); (2) cross-border unilateral advance pricing agreements (APAs) and any other cross-border unilateral tax rulings (such as an advance tax ruling) covering transfer pricing or the application of transfer pricing principles; (3) downward adjustments; (4) permanent establishment rulings; and (5) conduit rulings. Rulings are issued by the tax administration and, in cases where the matter is of general public interest, by the Tax Assessment Council as referred by the tax administration. Denmark notes that in practice downward adjustments are rarely issued as such rulings are conditional on a corresponding upward adjustment being made in the other jurisdiction.

In practice, Denmark has issued 43 past rulings. For the period 1 April 2016-1 February 2017, Denmark issued seven future rulings. These rulings are published in anonymised form on the tax administration's website when they are deemed of general public interest.[1]

Peer input was received from four jurisdictions in respect of the exchanges of information on rulings received from Denmark. The input was positive and peers noted that information was complete, in the correct format and in generally received in a timely manner. One peer noted that the summary of the ruling provided a good overview.

Note by Turkey: The information in this document with reference to "Cyprus" relates to the southern part of the Island. There is no single authority representing both Turkish and Greek Cypriot people on the Island. Turkey recognises the Turkish Republic of Northern Cyprus (TRNC). Until a lasting and equitable solution is found within the context of the United Nations, Turkey shall preserve its position concerning the "Cyprus issue".

Note by all the European Union Member States of the OECD and the European Union: The Republic of Cyprus is recognised by all members of the United Nations with the exception of Turkey. The information in this document relates to the area under the effective control of the Government of the Republic of Cyprus.

Introduction

1. This peer review covers Denmark's implementation of the BEPS Action 5 transparency framework for the year 2016. The report has four parts, each relating to a key part of the Terms of Reference. Part A looks at the process to gather the required information on all relevant rulings. Part B relates to the legal basis and administrative process for the exchange of information on rulings. Part C reports the required statistics on exchanges under the transparency framework for the year in review. Part D relates to the transparency requirements that apply for certain intellectual property regimes in connection with the Action 5 "nexus approach".

2. Each part is discussed in turn. A summary of recommendations is included at the end of this report.

A. The information-gathering process

3. This section relates to the adequacy of the process used to collect information relating to the tax rulings that are in the scope of the transparency framework, both past and future rulings, as well as the jurisdictions with which information on rulings should be exchanged.

4. The process for gathering information about past rulings is explained first, followed by the process for gathering information about future rulings.

Past rulings (ToR I.4.1.1, I.4.1.2, I.4.2.1, I.4.2.2)

5. With respect to rulings directly issued by the Danish tax administration, all requests for a binding ruling are registered in an electronic filing-system and then assigned either to the tax administration or the Tax Assessment Council. A specific unit was made responsible for identifying past rulings falling within the scope of the transparency framework. The unit personnel searched the electronic filing system by using relevant keywords such as "cross-border" and "permanent establishment." In addition, a manual search was done to verify that the electronic search was correctly identifying the relevant rulings. A manual review of each ruling identified was undertaken to determine if the rulings were within the period defined as "past rulings".

6. In order to identify potential exchange jurisdictions, the same database was consulted as this would normally contain the necessary information to identify relevant parties. It was not necessary to use the "best efforts approach" since all the information was available.

7. With respect to the rulings issued by the Tax Assessment Council, issued rulings were stored within archived summaries of the council's monthly meetings. The physical and electronic archives for the relevant period were manually searched to identify rulings within the categories and time period of the transparency framework.

8. The potential exchange jurisdictions were then identified by going through the ruling itself or through the taxpayer's application. Denmark states that where this did not provide the necessary information, the "best efforts approach" was used to complete the information-gathering process, including by the use of information registered with the tax authorities, financial statements, corporate registry systems and financial databases.

Future rulings (ToR I.4.1.1, I.4.1.2, I.4.2.1)

9. All ruling applications are registered in the database and assigned either to the tax administration or the Tax Assessment Council. For rulings assigned to the tax administration, the employees at the ruling unit write a short descriptive text of the request, and mark the case as relevant for exchange with "OECD exchange" in the electronic filing-system. The employee responsible for processing a request for a binding ruling is advised of the marking in the electronic filing-system when opening the case. When a draft ruling is ready to be sent to the taxpayer, another employee undertakes a review of the ruling to confirm that it is in the scope of the transparency framework. This is checked again when the ruling is issued.

10. For rulings assigned to the Tax Assessment Council, when the request for the ruling is received, the employee responsible for processing the ruling assesses if the ruling is covered by the transparency framework. This is confirmed by a manager before a case is presented to the council, and verified again when the ruling is issued.

11. In order to identify all potential exchange jurisdictions, a similar approach is used as for past rulings. The ruling itself will be consulted, and if the information is not contained in the ruling, the officials will make enquiries using the data available to them, such as corporate registry systems and financial databases. If information is insufficient to identify all potential exchange jurisdictions, the taxpayer applying for the ruling will be asked to provide all necessary information after the binding ruling is issued.

Review and supervision mechanism (ToR I.4.3)

12. Denmark issued and published an instruction specifically to address the transparency framework requirements, and additional internal guidance was provided to the relevant personnel to assist in identifying a ruling as being within the scope. The employees responsible for processing binding rulings are reminded regularly of the obligation to exchange information on binding rulings covered by the transparency framework and are held responsible for making sure that a ruling is exchanged, even if it is not marked correctly in the electronic filing-system.

13. The process in the tax administration for identifying past rulings includes a manual sampling to ensure the results are accurate, as well as the work being quality reviewed by a manager. The process of searching for relevant rulings in the Tax Assessment Council is reviewed by an employee who carries out random checks in the meeting agenda summaries of the Danish Tax Assessment Council. With respect to future rulings, the categorisation of a ruling as being within scope of the transparency framework is verified by three separate officials. In case of doubt, the legal department will be contacted in order to determine if the ruling should be made subject to exchange.

Conclusion on section A

14. Denmark has met all of the terms of reference for the information-gathering process and no recommendations are made.

B. The exchange of information

15. This section relates to how jurisdictions have adequately complied with the obligation to spontaneously exchange information on the tax rulings within the scope of the transparency framework.

Legal basis for spontaneous exchange of information (ToR II.5.1, II.5.2)

16. Denmark has the necessary domestic legal basis to exchange information spontaneously. Denmark notes that there are no legal or practical impediments that prevent the spontaneous exchange of information on rulings as contemplated in the Action 5 minimum standard. Although there is a legal requirement to notify all concerned taxpayers before the exchange of information, Denmark notes that such notification process does not prevent exchange, but implies that exchange of information has to await the time by which it can be expected that the notification is received by the taxpayer.

17. Denmark has international agreements permitting spontaneous exchange of information, including being a party to the Convention, the Directive 2011/16/EU with all other European Union Member States, the Nordic Convention on Assistance in Tax Matters, and double tax agreements in force with 69 jurisdictions. In total, this network of agreements covers 118 jurisdictions.[2]

Completion and exchange of templates (ToR II.5.3, II.5.4, II.5.5, II.5.6, II.5.7)

18. In order to share the required information with other jurisdictions, Denmark uses the template contained in Annex C of the Action 5 report (OECD, 2015). For both past and future rulings, the process is the same. For rulings directly issued by the tax administration, when the ruling is identified as within the scope of the transparency framework, a copy of the ruling is sent to the two appointed staff members who are responsible for filling out the template and making sure that the legal basis is in place and the relevant information is provided. These two employees also check that the ruling is within the scope of the transparency framework. For rulings issued by the Tax Assessment Council, the staff member responsible for identifying whether the ruling is within the scope of the transparency framework then provides the ruling to one other appointed staff member who is responsible for completing the template and making the same verifications.

19. Denmark states that the instruction issued to all relevant staff and the internal guidance ensure that the information on rulings is made available to the Competent Authority for exchange of information in a timely way. For past rulings issued by the Danish tax administration, the templates were all provided to the Competent Authority in one batch in the last two months of 2016 and for past rulings issued by the Tax Assessment Council the templates on past rulings were provided to the Competent Authority as soon as they were completed. For future rulings issued by the tax administration, staff members responsible for completing the templates are requested to do so without any delay. For the rulings issued by the Tax Assessment Council, the information to be exchanged has to be sent to the Competent Authority within 14 days of the monthly meeting at which rulings are issued.

20. The timeliness of exchanges is as follows. Note that Denmark was able to undertake exchanges of information not only with OECD/G20 countries as required, but also with new members that joined the Inclusive Framework in 2016.

Past rulings in the scope of the transparency framework	Number of exchanges transmitted by 31 December 2016	Delayed exchanges		
		Number of exchanges not transmitted by 31 December 2016	Reasons for the delays	Any other comments
	18	32	(See below)	

Future rulings in the scope of the transparency framework	Number of exchanges transmitted within three months of the information becoming available to the competent authority or immediately after legal impediments have been lifted	Delayed exchanges		
		Number of exchanges transmitted later than three months of the information on rulings becoming available to the competent authority	Reasons for the delays	Any other comments
	7	0	N/A	Two exchanges were within three months of issuing of the ruling; Five exchanges were within about four months of the ruling being issued but within three months of the information becoming available to the competent authority.
Total	25	32		

Follow-up requests received for exchange of the ruling	Number	Average time to provide response	Number of requests not answered
	0	N/A	N/A

21. Denmark provides the following explanations for the transmission delay regarding past rulings:

- The searching process for past rulings took longer than expected for rulings given by the Tax Assessment Council, which required the search and review of the archived summaries. This issue will not arise for future rulings.
- An administrative mistake occurred at the level of the Competent Authority and which has now been corrected.
- The legal requirement to notify all concerned taxpayers took time, as many were residing abroad and were difficult to reach at the end of the year. As for future rulings, within 14 days of the ruling application being made, the taxpayer will receive a receipt including a notification of the requirement to exchange of information on binding rulings. Therefore, in the future there should be no exchange delay due to the notification process.
- Uncertainties arose regarding the definition of a permanent establishment or regarding exchange of information with new members of the Inclusive Framework, which were clarified after the deadline.

Conclusion on section B

22. Denmark has the necessary legal framework and administrative process in place for exchanging information on rulings. Denmark experienced some delays in exchanging information on past rulings. Denmark has taken steps to remedy this issue, the effectiveness

of which will be reviewed in the 2018 peer review and all information on past rulings was exchanged within two months of the deadline. Denmark has met all of the terms of reference for the exchange of information process except with respect to some delays in the timeliness of exchanges (ToR II.5.6) and no recommendation is made as this issue has been remedied and is not a recurring issue.

C. Statistics (ToR IV)

23. The statistics for the 2016 review are as follows:

Category of ruling	Number of exchanges	Jurisdictions exchanged with
Ruling related to a preferential regime	0	
Cross-border unilateral advance pricing agreements (APAs) and any other cross-border unilateral tax rulings (such as an advance tax ruling) covering transfer pricing or the application of transfer pricing principles	Included in de *minimus*	
Cross-border rulings providing for a unilateral downward adjustment to the taxpayer's taxable profits that is not directly reflected in the taxpayer's financial/commercial accounts	0	
Permanent establishment rulings	22	Australia, China (People's Republic of), Finland, France, Germany, Lithuania, Luxembourg, Malta, Norway, Poland, Sweden, Switzerland, United Kingdom, United States
Related party conduit rulings	0	
De minimis rule	3	
IP regimes: total exchanges on taxpayers benefitting from the third category of IP assets, new entrants benefitting from grandfathered IP regimes; and taxpayers making use of the option to treat the nexus ratio as a rebuttable presumption	N/A	
Total	25	

D. Matters related to intellectual property regimes (ToR I.4.1.3)

24. Denmark does not offer any intellectual property regime that is subject to transparency requirements under the Action 5 Report (OECD, 2015).

Summary of recommendations on implementation of the transparency framework

Aspect of implementation of the transparency framework that should be improved	Recommendation for improvement
Denmark experienced some delays in exchanging information on past rulings.	No recommendation is made because Denmark completed the exchange of all past rulings in February 2017 and this is not a recurring issue.

Notes

1. Available at www.skat.dk/SKAT.aspx?oID=80859&vID=0 (accessed on 10 November 2017)

2. Parties to the Convention are available here: www.oecd.org/tax/exchange-of-tax-information/convention-on-mutual-administrative-assistance-in-tax-matters.htm. Denmark also has Double Tax Agreements with Argentina, Australia, Austria, Bangladesh, Belarus, Belgium, Brazil,, Bulgaria, Canada, Chile, China (People's Republic of), Croatia, Cyprus, Czech Republic, Egypt, Estonia, Former Yugoslav Republic of Macedonia, Georgia, Germany, Ghana, Greece, Hungary, India, Indonesia, Ireland, Israel, Italy, Jamaica, Japan, Kenya, Korea, Kuwait, Kyrgyzstan, Latvia, Lithuania, Luxembourg, Malaysia, Malta, Mexico, Montenegro, Morocco, Netherlands, New Zealand, Pakistan, Philippines, Poland, Portugal, Romania, Russia, Serbia, Singapore, Slovak Republic, Slovenia, South Africa, Sri Lanka, Switzerland, Chinese Taipei, Tanzania, Thailand, Trinidad and Tobago, Tunisia, Turkey, Uganda, Ukraine, United Kingdom, United States, Venezuela, Viet Nam and Zambia. Denmark also has a Tax Information Exchange Agreement permitting spontaneous exchange of information with Aruba.

Bibliography

OECD (2017), *BEPS Action 5 on Harmful Tax Practices – Terms of Reference and Methodology for the Conduct of the Peer Reviews of the Action 5 Transparency Framework*, OECD/G20 Base Erosion and Profit Shifting Project, OECD, Paris. www.oecd.org/tax/beps/beps-action-5-harmful-tax-practices-peer-review-transparency-framework.pdf (accessed on 10 November 2017).

OECD (2015), *Countering Harmful Tax Practices More Effectively, Taking into Account Transparency and Substance, Action 5 – 2015 Final Report*, OECD/G20 Base Erosion and Profit Shifting Project, OECD Publishing, Paris. http://dx.doi.org/10.1787/9789264241190-en.

Estonia

Estonia has met all of the terms of reference (ToR) for the year in review, except for the identification of all potential exchange jurisdictions for future rulings (ToR I.4.2.1), and the timely exchange of information on past and future rulings (ToR II.5.6). Estonia is recommended to ensure information is obtained on all potential exchange jurisdictions for future rulings and to exchange information on all rulings as soon as possible. Estonia has answered the peer review questionnaire and the follow-up questions asked by the Secretariat in a timely manner.

Estonia can legally issue the following two types of rulings within the scope of the transparency framework: (1) permanent establishment rulings; and (2) related party conduit rulings. In Estonia, the legal department is responsible for preparing the rulings within the scope of the transparency framework in co-operation with the Tax Department of the Tax and Customs Board, which are then signed by the Director General of the Tax and Customs Board.

In practice, Estonia issued 20 past rulings. For the period 1 April 2016-31 December 2016, Estonia issued eight future rulings. Estonia publishes anonymised summaries of tax rulings on the ETCB website.[1]

Peer input was received from one jurisdiction in respect of the exchanges of information on rulings received from Estonia. It was positive, noting that information on two past rulings was received on time and was complete.

Introduction

1. This peer review covers Estonia's implementation of the BEPS Action 5 transparency framework for the year 2016. The report has four parts, each relating to a key part of the Terms of Reference. Part A looks at the process to gather the required information on all relevant rulings. Part B relates to the legal basis and administrative process for the exchange of information on rulings. Part C reports the required statistics on exchanges under the transparency framework for the year in review. Part D relates to the transparency requirements that apply for certain intellectual property regimes in connection with the Action 5 "nexus approach".

2. Each part is discussed in turn. A summary of recommendations is included at the end of this report.

A. The information-gathering process

3. This section relates to the adequacy of the process used to collect information relating to the tax rulings that are in the scope of the transparency framework, both past and future rulings, as well as the jurisdictions with which information on rulings should be exchanged.

4. The process for gathering information about past rulings is explained first, followed by the process for gathering information about future rulings.

Past rulings (ToR I.4.1.1, I.4.1.2, I.4.2.1, I.4.2.2)

5. The ETCB has a centralised electronic data file in which all rulings are registered and saved. This central file was created in 2010 and a separate folder exists for each year in which rulings were issued.

6. One legal department lawyer in the office that grants rulings was instructed to read all advance tax rulings issued since 2010, of which there were approximately 105. In the process of this manual review, the lawyer identified the rulings falling in the scope of the transparency framework. For all rulings contained in the separate annual file for 2010, 2011, 2012 and 2013, the period of validity of the rulings was verified in the process of reading the ruling.

7. In order to identify the potential exchange jurisdictions, the rulings themselves were consulted. This would usually contain information on the related parties. However, the rulings did not always contain information on all potential exchange jurisdictions, particularly the parent company, and the ETCB used the "best efforts approach." This involved using the Estonian commercial register to identify the immediate parent company. Estonia reports that it was generally able to identify all relevant parties to a transaction covered by the ruling and the immediate parent company, but not the ultimate parent company.

Future rulings (ToR I.4.1.1, I.4.1.2, I.4.2.1)

8. Future rulings which may be in the scope of the transparency framework are identified by the department lawyer consulting the centralised electronic data file containing the issued rulings. The lawyer conducts a manual review of each newly issued ruling to determine whether it is within the scope of the transparency framework. This review is conducted once per month.

9. In order to identify potential exchange jurisdictions, the department lawyer will read the information contained in the ruling, and consult the Estonian commercial register if necessary to identify the immediate parent company. As such, information on the ultimate parent company is not always obtained. Estonia notes that the internal guidance on issuing the rulings is being updated so that the information on the ultimate parent company is always provided by the taxpayer in the course of applying for a ruling

Review and supervision mechanism (ToR I.4.3)

10. The accuracy of the information-gathering process is ensured by the chief legal officer being responsible for supervising and approving the outcome of work of the department lawyer that identifies the rulings and the potential exchange jurisdictions. The department lawyer consulted the guidance provided in the Action 5 report (OECD, 2015) in order to undertake the task of identifying the relevant information.

Conclusion on section A

11. Estonia has a process for identifying the past rulings and relevant jurisdictions with which to exchange under the transparency framework which is appropriate for the small size of the rulings programme in Estonia. With respect to future rulings, Estonia is able to quickly identify the rulings in scope but does not currently collect information on the ultimate parent company. Estonia has met all of the terms of reference for the information-gathering process except for identifying all potential exchange jurisdictions for future rulings (ToR I.4.2.1). Estonia is recommended to amend its rulings practice to require taxpayers to provide information on all potential exchange jurisdictions as part of the ruling process.

B. The exchange of information

12. This section relates to how jurisdictions have adequately complied with the obligation to spontaneously exchange information on the tax rulings within the scope of the transparency framework.

Legal basis for spontaneous exchange of information (ToR II.5.1, II.5.2)

13. Estonia has the necessary domestic legal basis to exchange information spontaneously. Estonia notes that there are no legal or practical impediments that prevent the spontaneous exchange of information on rulings as contemplated in the Action 5 minimum standard.

14. Estonia is a party to international agreements permitting spontaneous exchange of information, including the Convention, the Directive 2011/16/EU with all other European Union Member States, and double tax agreements in force with 57 jurisdictions. In total, this network of agreements covers 110 jurisdictions[2].

Completion and exchange of templates (ToR II.5.3, II.5.4, II.5.5, II.5.6, II.5.7)

15. When a ruling is found to be in scope of the framework, the department lawyer responsible for identifying the rulings completes the template for exchange. A word document version of Annex C is used. The template is reviewed by chief legal officer and the template is then provided to the competent authority for exchange of information. The competent authority for exchange of information undertakes a quality control review to ensure that all the information is complete and in the correct form, and it is then exchanged.

16. In order to ensure the templates are provided to the Competent Authority in a timely way, for past rulings the templates were provided in a batch at the end of 2016. For future rulings, the templates will be provided as soon as possible and usually within a month or two of issuing the ruling, depending on the time required for translation.

17. The timeliness of exchanges is as follows. Note that these statistics reflect the fact that information was only required to be exchanged with OECD/G20 countries, and not with new members of the Inclusive Framework, and that Estonia did in fact only exchange information with OECD/G20 countries for the year in question.

Past rulings in the scope of the transparency framework	Number of exchanges transmitted by 31 December 2016	Delayed exchanges		
		Number of exchanges not transmitted by 31 December 2016	Reasons for the delays	Any other comments
	12	9		No
Future rulings in the scope of the transparency framework	Number of exchanges transmitted within three months of the information becoming available to the competent authority or immediately after legal impediments have been lifted	Delayed exchanges		
		Number of exchanges transmitted later than three months of the information on rulings becoming available to the competent authority	Reasons for the delays	Any other comments
	0	3		
Total	12	12		

Follow-up requests received for exchange of the ruling	Number	Average time to provide response	Number of requests not answered
	0	N/A	N/A

18. Estonia experienced some delays for the exchange of information on past rulings, and Estonia did not exchange information on future rulings because the European Commission's Central Directory which facilitates the international exchange of information on rulings was not available. Estonia notes that the Central Directory was open to users as of the end of May 2017 and the information on future rulings was expected to be exchanged shortly thereafter.

Conclusion on section B

19. Estonia has the necessary legal framework and administrative process in place for exchanging information on rulings. Estonia experienced some delays for the exchange of information on past rulings, and no information on future rulings was exchanged on time. This issue is expected to be remedied by mid-2017 and is not expected to cause a problem in the future. Estonia has met all of the terms of reference for the exchange of information process except for the timely exchange of information on past and future rulings (ToR II.5.6) and Estonia is recommended to ensure that information on all outstanding rulings is exchanged as soon as possible.

C. Statistics (ToR IV)

20. The statistics for the 2016 review are as follows:

Category of ruling	Number of exchanges	Jurisdictions exchanged with
Ruling related to a preferential regime	1	Netherlands
Cross-border unilateral advance pricing agreements (APAs) and any other cross-border unilateral tax rulings (such as an advance tax ruling) covering transfer pricing or the application of transfer pricing principles	N/A	N/A
Cross-border rulings providing for a unilateral downward adjustment to the taxpayer's taxable profits that is not directly reflected in the taxpayer's financial/ commercial accounts	N/A	N/A
Permanent establishment rulings	9	Austria, Finland, Ireland, Latvia, Netherlands, Sweden
Related party conduit rulings	14	Canada Denmark, Finland, Germany, Latvia, Luxembourg, Netherlands, Sweden, Switzerland, United States
De minimis rule	N/A	N/A
IP regimes: total exchanges on taxpayers benefitting from the third category of IP assets, new entrants benefitting from grandfathered IP regimes; and taxpayers making use of the option to treat the nexus ratio as a rebuttable presumption	N/A	N/A
Total	24	

D. Matters related to intellectual property regimes (ToR I.4.1.3)

21. Estonia does not have an intellectual property regime for which transparency requirements were imposed.

Summary of recommendations on implementation of the transparency framework

Aspect of implementation of the transparency framework that should be improved	Recommendation for improvement
Estonia does not currently collect information on the ultimate parent company for all future rulings.	Estonia is recommended to amend its rulings practice to require taxpayers to provide information on all potential exchange jurisdictions as part of the ruling process.
Estonia experienced some delays in exchanging information on past rulings and no exchanges of information on future rulings occurred for the year in review.	Estonia is recommended to ensure that the exchange of information on all rulings occurs as soon as possible.

Notes

1. Available at: www.emta.ee/et/ariklient/maksukorraldus-maksude-tasumine/siduvad-eelotsused/siduvate-eelotsuste-kokkuvotted (accessed on 10 November 2017).

2. Parties to the Convention are available here: www.oecd.org/tax/exchange-of-tax-information/convention-on-mutual-administrative-assistance-in-tax-matters.htm. Estonia also has Double Tax Agreements with Albania, Armenia, Azerbaijan, Austria, Bahrein, Belarus, Belgium, Bulgaria, Canada, China (People's Republic of), Croatia, Czech Republic, Denmark, Finland, Former Yugoslav Republic of Macedonia, France, Georgia, Germany, Greece, Hungary, Iceland, India, Ireland, Isle of Man, Israel, Italy, Jersey, Kazakhstan, Korea, Latvia, Lithuania, Luxembourg, Malta, Mexico, Moldova, Netherlands, Norway, Poland, Portugal, Romania, Serbia, Singapore, Slovak Republic, Slovenia, Spain, Sweden, Switzerland, Thailand, Turkmenistan, Ukraine, United Arab Emirates, United Kingdom, United States, Uzbekistan and Viet Nam.

Bibliography

OECD (2017), *BEPS Action 5 on Harmful Tax Practices – Terms of Reference and Methodology for the Conduct of the Peer Reviews of the Action 5 Transparency Framework*, OECD/G20 Base Erosion and Profit Shifting Project, OECD, Paris. www.oecd.org/tax/beps/beps-action-5-harmful-tax-practices-peer-review-transparency-framework.pdf (accessed on 10 November 2017).

OECD (2015), *Countering Harmful Tax Practices More Effectively, Taking into Account Transparency and Substance, Action 5 – 2015 Final Report*, OECD/G20 Base Erosion and Profit Shifting Project, OECD Publishing, Paris. http://dx.doi.org/10.1787/9789264241190-en.

Finland

Finland has met all aspects of the terms of reference (ToR) for the year in review, except the timely exchange of information on past and future rulings (ToR II.5.6). Finland is recommended to ensure that information on all past and future rulings is exchanged as soon as possible. Finland has answered the peer review questionnaire and the follow-up questions asked by the Secretariat in a timely manner.

Finland can legally issue the four following types of rulings within the scope of the transparency framework: (1) preferential regimes (shipping regime); (2) cross-border unilateral advance pricing agreements (APAs) and any other cross-border unilateral tax rulings (such as an advance tax ruling) covering transfer pricing or the application of transfer pricing principles; (3) permanent establishment rulings; and (4) conduit rulings. In Finland, rulings within the scope of the transparency framework are issued mainly by the Corporate Taxation Unit. Rulings are also issued by the Central Tax Board, which is an autonomous body within the tax administration, except for rulings relating to transfer pricing (that can be issued only by the Corporate Taxation Unit). Rulings issued by the Corporate Taxation Unit are issued either nationally by the large taxpayers' office or locally by one of the six regional corporate tax offices.

In practice, Finland has issued 41 past rulings. For the period 1 April 2016-1 February 2017, Finland issued 19 future rulings. Some of these rulings are published on the tax administration's website, at the discretion of the Central Tax Board.[1]

No peer input was received with respect to exchanges under the transparency framework for the year in review.

Note by Turkey: The information in this document with reference to "Cyprus" relates to the southern part of the Island. There is no single authority representing both Turkish and Greek Cypriot people on the Island. Turkey recognises the Turkish Republic of Northern Cyprus (TRNC). Until a lasting and equitable solution is found within the context of the United Nations, Turkey shall preserve its position concerning the "Cyprus issue".

Note by all the European Union Member States of the OECD and the European Union: The Republic of Cyprus is recognised by all members of the United Nations with the exception of Turkey. The information in this document relates to the area under the effective control of the Government of the Republic of Cyprus.

Introduction

1. This peer review covers Finland's implementation of the BEPS Action 5 transparency framework for the year 2016. The report has four parts, each relating to a key part of the Terms of Reference. Part A looks at the process to gather the required information on all relevant rulings. Part B relates to the legal basis and administrative process for the exchange of information on rulings. Part C reports the required statistics on exchanges under the transparency framework for the year in review. Part D relates to the transparency requirements that apply for certain intellectual property regimes in connection with the Action 5 "nexus approach".

2. Each part is discussed in turn. A summary of recommendations is included at the end of this report.

A. The information-gathering process

3. This section relates to the adequacy of the process used to collect information relating to the tax rulings that are in the scope of the transparency framework, both past and future rulings, as well as the jurisdictions with which information on rulings should be exchanged.

4. The process for gathering information about past rulings is explained first, followed by the process for gathering information about future rulings.

Past rulings (ToR I.4.1.1, I.4.1.2, I.4.2.1, I.4.2.2)

5. The Finnish tax administration has an electronic database for all tax documents including rulings, and this database is searchable. The officials in every unit gathered their own rulings from the database. A manual review of each ruling was then undertaken to determine whether a ruling was within one of the categories in the transparency framework. In order to identify whether the ruling fell within the period defined as past rulings, the officials also had to read all the rulings to review the date of issue and validity.

6. The potential exchange jurisdictions were identified by reading the rulings. Finland notes that the ruling applications and the procedure of granting a ruling are very comprehensive and in practice the applications for past rulings included information on related parties to a transaction covered by the ruling, the immediate parent and ultimate parent company. As such, all potential exchange jurisdictions were able to be identified from the ruling application and the "best efforts approach" was not needed to be used.

Future rulings (ToR I.4.1.1, I.4.1.2, I.4.2.1)

7. With respect to future rulings, every unit with authority to issue rulings was made responsible for the identification of rulings that are within the scope of the transparency framework. This occurs in the process of granting a ruling and a checklist has been provided, setting out the five categories of rulings and their meaning.

8. In addition, internal recommendations were made to gather all necessary information from the taxpayers in the course of the issuance process, particularly to ensure information on all potential exchange jurisdictions is always collected during the ruling process.

Review and supervision mechanism (ToR I.4.3)

9. The review and supervision process for ensuring all relevant information is captured accurately is by way of always making at least two staff members responsible for any given ruling falling into the scope of the transparency framework. Furthermore, personnel in charge of the exchange of information process are providing their expertise and training on the transparency framework has been provided to officials in every Corporate Taxation Unit for all those officers who take part in the ruling procedure.

Conclusion on section A

10. Finland has met all of the terms of reference for the information-gathering process and no recommendations are made.

B. The exchange of information

11. This section relates to how jurisdictions have adequately complied with the obligation to spontaneously exchange information on the tax rulings within the scope of the transparency framework.

Legal basis for spontaneous exchange of information (ToR II.5.1, II.5.2)

12. Finland has the necessary domestic legal basis to exchange information spontaneously. Finland notes that there are no legal or practical impediments that prevent the spontaneous exchange of information on rulings as contemplated in the Action 5 minimum standard.

13. Finland is a party to international agreements permitting spontaneous exchange of information, including the Convention, the Directive 2011/16/EU with all other European Union Member States, and double tax agreements in force with 85 jurisdictions.[2] In total, this network of agreements covers 121 jurisdictions.

Completion and exchange of templates (ToR II.5.3, II.5.4, II.5.5, II.5.6, II.5.7)

14. In order to share the required information with other jurisdictions, Finland is creating XML files based on the OECD *XML Schema and User Guide* (OECD, 2017b), by using the central directory platform set up by the European Commission. The central directory was not available until the end of May 2017 and Finland commenced the process of completing the templates for the past rulings after this. With respect to the future rulings, the officers will fill in the information in the central directory within two weeks from the date of the decision (according to the tax administration internal guidance) and international information exchange experts and supervising officers will review and validate them before sending. As all templates are completed in the central directory, this ensures that the templates are immediately available to the Competent Authority once they are completed.

15. The timeliness of exchanges is as follows.

Past rulings in the scope of the transparency framework	Number of exchanges transmitted by 31 December 2016	Delayed exchanges		
		Number of exchanges not transmitted by 31 December 2016	Reasons for the delays	Any other comments
	0	41	Waiting for the availability of the Central directory platform of the EU	
Future rulings in the scope of the transparency framework	**Number of exchanges transmitted within three months of the information becoming available to the competent authority or immediately after legal impediments have been lifted**	**Delayed exchanges**		
		Number of exchanges transmitted later than three months of the information on rulings becoming available to the competent authority	**Reasons for the delays**	**Any other comments**
		18	Waiting for the availability of the Central directory platform of the EU	
Total	0	59		

Follow-up requests received for exchange of the ruling	Number	Average time to provide response	Number of requests not answered
	0	N/A	N/A

Conclusion on section B

16. Finland has the necessary legal framework and administrative process in place for exchanging information on rulings. Finland did not exchange any information on rulings for the year in review because Finland chose to wait for the creation of the EU central directory platform before completing the templates or exchanging information on rulings as per the timelines set out in the Action 5 report (OECD, 2015). This issue is expected to be remedied by the end of 2017 and is not expected to cause a problem in the future. Finland has met all of the terms of reference for the exchange of information process except for the timely exchange of information on future rulings (ToR II.5.6) and Finland is recommended to ensure that information on all past and future rulings is exchanged as soon as possible.

C. Statistics (ToR IV)

17. The statistics for the 2016 review are as follows:

Category of ruling	Number of exchanges	Jurisdictions exchanged with
Ruling related to a preferential regime	0	
Cross-border unilateral advance pricing agreements (APAs) and any other cross-border unilateral tax rulings (such as an advance tax ruling) covering transfer pricing or the application of transfer pricing principles	0	
Cross-border rulings providing for a unilateral downward adjustment to the taxpayer's taxable profits that is not directly reflected in the taxpayer's financial/commercial accounts	N/A	
Permanent establishment rulings	0	
Related party conduit rulings	0	
De minimis rule	N/A	
IP regimes: total exchanges on taxpayers benefitting from the third category of IP assets, new entrants benefitting from grandfathered IP regimes; and taxpayers making use of the option to treat the nexus ratio as a rebuttable presumption	N/A	
Total	0	

D. Matters related to intellectual property regimes (ToR I.4.1.3)

18. Finland does not have an intellectual property regime for which transparency requirements were imposed.

Summary of recommendations on implementation of the transparency framework

Aspect of implementation of the transparency framework that should be improved	Recommendation for improvement
Finland did not exchange any information on rulings for the year in review because Finland chose to wait for the creation of the EU central directory platform before completing the templates or exchanging information on rulings as per the timelines set out in the Action 5 report (OECD, 2015).	Finland is recommended to ensure that information on all past and future rulings is exchanged as soon as possible.

Notes

1. Available at: https://www.vero.fi/syventavat-vero-ohjeet/ennakkoratkaisut/ (accessed on 10 November 2017).

2. Parties to the Convention are available here: www.oecd.org/tax/exchange-of-tax-information/convention-on-mutual-administrative-assistance-in-tax-matters.htm. Finland also has Double Tax Agreements with Argentina, Armenia, Aruba, Australia, Austria, Azerbaijan, Bailiwick of Jersey, Barbados, Belarus, Belgium, Bermuda, Bosnia and Herzegovina, Brazil, British Virgin Islands, Bulgaria, Canada, Cayman Islands, China (People's Republic of), Croatia, Cyprus, Czech Republic, Denmark, Egypt, Estonia, Faroe Islands, Former Yugoslav Republic of Macedonia, France, Georgia, Germany, Greece, Guernsey, Hungary, India, Indonesia, Ireland, Isle of Man, Israel, Italy, Japan, Kazakhstan, Korea, Kosovo, Kyrgyzstan, Latvia, Lebanon, Lithuania, Luxembourg, Malaysia, Malta, Mexico, Moldova, Montenegro, Morocco, Netherlands, Netherlands Antilles, New Zealand, Norway, Pakistan, Philippines, Poland, Portugal, Romania, Russia, Serbia, Singapore, Slovak Republic, Slovenia, South Africa, Spain, Sri Lanka, Sweden, Switzerland, Tajikistan, Tanzania, Thailand, Turkey, Turkmenistan, Ukraine, United Arab Emirates, United Kingdom, United States, Uruguay, Uzbekistan, Viet Nam and Zambia.

Bibliography

OECD (2017a), *BEPS Action 5 on Harmful Tax Practices – Terms of Reference and Methodology for the Conduct of the Peer Reviews of the Action 5 Transparency Framework*, OECD/G20 Base Erosion and Profit Shifting Project, OECD, Paris. www.oecd.org/tax/beps/beps-action-5-harmful-tax-practices-peer-review-transparency-framework.pdf (accessed on 10 November 2017).

OECD (2017b), *Country-by-Country Reporting XML Schema: User Guide for Tax Administrations*, www.oecd.org/tax/beps/country-by-country-reporting-xml-schema-user-guide-for-tax-administrations.pdf (accessed on 10 November 2017).

OECD (2015), *Countering Harmful Tax Practices More Effectively, Taking into Account Transparency and Substance, Action 5 – 2015 Final Report*, OECD/G20 Base Erosion and Profit Shifting Project, OECD Publishing, Paris. http://dx.doi.org/10.1787/9789264241190-en.

France

France has met all aspects of the terms of reference (ToR) for the year in review, except that France was not able to exchange information on any past rulings by the timelines set out in the transparency framework (ToR II.5.6). However, all information on past rulings was exchanged within two months of the deadline and this is not a recurring issue and as such no recommendation is made on this point. France did not identify or exchange information on new entrants to the IP regime or taxpayers benefiting from the third category of IP assets (ToR I.4.1.3). France is recommended to identify and exchange information on all new entrants to the IP regime as soon as possible, and to identify and exchange information on taxpayers benefiting from the third category of IP asset as soon as possible.

France can legally issue the three following types of rulings within the scope of the transparency framework: (1) preferential regimes (shipping regime); (2) cross-border unilateral advance pricing agreements (APAs) and any other cross-border unilateral tax rulings (such as an advance tax ruling) covering transfer pricing or the application of transfer pricing principles; and (3) permanent establishment rulings. Rulings related to preferential regimes are issued by a specialised service in the legal department of the French tax administration. APAs are delivered by a specialised legal and economic expertise department in the legal department of the French tax administration.

In practice, France has issued 45 past rulings falling within the scope of the transparency framework. For the period 1 April 2016-31 December 2016, France issued four future rulings. These rulings are not published.

Peer input was received from three jurisdictions in respect of the exchanges of information on rulings received from France. The input was positive, noting that information was in the correct format and complete. One peer noted that information on past rulings was received by the end of January 2017.

Note by Turkey: The information in this document with reference to "Cyprus" relates to the southern part of the Island. There is no single authority representing both Turkish and Greek Cypriot people on the Island. Turkey recognises the Turkish Republic of Northern Cyprus (TRNC). Until a lasting and equitable solution is found within the context of the United Nations, Turkey shall preserve its position concerning the "Cyprus issue".

Note by all the European Union Member States of the OECD and the European Union: The Republic of Cyprus is recognised by all members of the United Nations with the exception of Turkey. The information in this document relates to the area under the effective control of the Government of the Republic of Cyprus.

Introduction

1. This peer review covers France's implementation of the BEPS Action 5 transparency framework for the year 2016. The report has four parts, each relating to a key part of the Terms of Reference. Part A looks at the process to gather the required information on all relevant rulings. Part B relates to the legal basis and administrative process for the exchange of information on rulings. Part C reports the required statistics on exchanges under the transparency framework for the year in review. Part D relates to the transparency requirements that apply for certain intellectual property regimes in connection with the Action 5 "nexus approach".

2. Each part is discussed in turn. A summary of recommendations is included at the end of this report.

A. The information-gathering process

3. This section relates to the adequacy of the process used to collect information relating to the tax rulings that are in the scope of the transparency framework, both past and new rulings, as well as the jurisdictions with which information on rulings should be exchanged.

4. The process for gathering information about past rulings is explained first, followed by the process for gathering information about future rulings.

Past rulings (ToR I.4.1.1, I.4.1.2, I.4.2.1, I.4.2.2)

5. To identify past rulings, the personnel of the competent tax offices responsible for issuing rulings were instructed by way of an internal circular to search their records for all rulings issued since 1 January 2010. Records of rulings were identified in central electronic databases, which indicated the year of issue and the type of rulings. On the basis of this information, the information required for each of the relevant rulings was obtained by reviewing the paper files available within the relevant departments. Each identified ruling was manually reviewed in order to verify if it was in one of the categories of rulings in the scope of the transparency framework, to verify if the jurisdictions involved in the ruling are in the scope of the exchange of information on rulings and to verify that it was within the period defined as "past rulings".

6. France states that all the necessary information allowing for the identification of related parties was available in the ruling itself. This is because the documents required to process an advance ruling are included in the paper files and these documents contain detailed information about the taxpayer. In the course of issuing the ruling, if the information was not sufficient, the taxpayer would be requested to provide additional information. As such, the "best efforts approach" was generally not required to be used.

Future rulings (ToR I.4.1.1, I.4.1.2, I.4.2.1)

7. In order to identify relevant future rulings, a new internal template designed in accordance with the Annex C was required to be completed as soon as a ruling was issued by each competent office within the tax administration. This template includes information on all potential exchange jurisdictions.

Review and supervision mechanism (ToR I.4.3)

8. The review and supervision process for ensuring all relevant information is captured accurately was by providing the relevant staff with specific guidance issued for the implementation of the transparency framework. This included guidance on the identification of relevant rulings, covering the scope and categorisation of rulings under the transparency framework; the identification of potential exchange jurisdictions; the applicable timelines; and the information to be exchanged.

Conclusion on section A

9. France has met all of the terms of reference for the information-gathering process and no recommendations are made.

B. The exchange of information

10. This section relates to how jurisdictions have adequately complied with the obligation to spontaneously exchange information on the tax rulings within the scope of the transparency framework.

Legal basis for spontaneous exchange of information (ToR II.5.1, II.5.2)

11. France has the necessary domestic legal basis to exchange information spontaneously. France notes that there are no legal or practical impediments that prevent the spontaneous exchange of information on rulings as contemplated in the Action 5 minimum standard.

12. France is a party to international agreements permitting spontaneous exchange of information, including being a party to the Convention, the Directive 2011/16/EU with all other European Union Member States, and double tax agreements in force with 125 jurisdictions.[1] In total, this network of agreements covers 160 jurisdictions.

Completion and exchange of templates (ToR II.5.3, II.5.4, II.5.5, II.5.6, II.5.7)

13. In order to share the required information with other jurisdictions, France developed an internal template in accordance with the one contained in Annex C of the Action 5 report (OECD, 2015). The officials responsible for identifying the rulings completed the internal template for each relevant ruling. The internal form was validated by the head of the relevant service to check the consistency and completeness of the information for each ruling. The form was then sent for review to the Competent Authority for exchange of information. The head of the department in the Competent Authority reviews the template and checks the coherence and completeness of the information before translation and exchange. If any information is missing or inconsistencies are found, the service responsible for the ruling is immediately contacted.

14. France states that the internal guidance provided to all relevant staff ensures that the information on rulings is made available to the Competent Authority responsible for international exchange of information in a timely way. The instruction included a deadline for completing and submitting the templates to the Competent Authority by 31 October 2016 for past rulings and for future rulings a deadline of two months after the ruling is issued.

15. The timeliness of exchanges is as follows. Note that France was able to undertake exchanges of information not only with OECD/G20 countries as required, but also with new members that joined the Inclusive Framework in 2016.

Past rulings in the scope of the transparency framework	Number of exchanges transmitted by 31 December 2016	Delayed exchanges		
		Number of exchanges not transmitted by 31 December 2016	Reasons for the delays	Any other comments
	0	52	First transmission under the new procedure and the novelty of the exercise for the tax administration personnel.	

Future rulings in the scope of the transparency framework	Number of exchanges transmitted within three months of the information becoming available to the competent authority or immediately after legal impediments have been lifted	Delayed exchanges		
		Number of exchanges transmitted later than three months of the information on rulings becoming available to the competent authority	Reasons for the delays	Any other comments
	2	0	N/A	
Total	2	52		

Follow-up requests received for exchange of the ruling	Number	Average time to provide response	Number of requests not answered
	0	N/A	N/A

16. Although four future rulings were issued, information was exchanged with respect to two of these as the other two were issued towards the end of 2016. France notes that information was exchanged in early 2017 and within the timeframes set out in the transparency framework.

Conclusion on section B

17. France has the necessary legal framework and administrative process in place for exchanging information on rulings. France was not able to exchange any information on past rulings by the timelines set out in the transparency framework. However all information on past rulings was exchanged within two months of the deadline and this is not a recurring issue. France has met all of the terms of reference for the exchange of information process except with respect to delays in the timeliness of exchanges (ToR II.5.6), and no recommendation is made as this issue has been remedied and is not a recurring issue.

C. Statistics (ToR IV)

18. The statistics for the 2016 review are as follows.

Category of ruling	Number of exchanges	Jurisdictions exchanged with
Ruling related to a preferential regime	0	N/A
Cross-border unilateral advance pricing agreements (APAs) and any other cross-border unilateral tax rulings (such as an advance tax ruling) covering transfer pricing or the application of transfer pricing principles	0	N/A
Cross-border rulings providing for a unilateral downward adjustment to the taxpayer's taxable profits that is not directly reflected in the taxpayer's financial/commercial accounts	N/A	N/A
Permanent establishment rulings	2	Germany, Ireland
Related party conduit rulings	N/A	N/A
De minimis rule	0	N/A
IP regimes: total exchanges on taxpayers benefitting from the third category of IP assets, new entrants benefitting from grandfathered IP regimes; and taxpayers making use of the option to treat the nexus ratio as a rebuttable presumption	0	N/A
Total	2	

D. Matters related to intellectual property regimes (ToR I.4.1.3)

19. France offers an intellectual property regime (reduced rate for long term capital gains and profits from the licensing of IP rights). The identification of the benefitting taxpayers will occur as follows:

- ***New entrants:*** France should have information available to it on new entrants after 6 February 2015 to the existing IP regime. France has not exchanged information on new entrants to the existing IP regime.
- ***Third category of IP assets:*** France's IP regime provides benefits to income from patentable inventions, which appear to be a type of the "third category of IP asset" described in paragraph 37 of the Action 5 report (OECD, 2015). While France has not implemented all of the requirements associated with this category of IP asset, the transparency requirements described in paragraph 37 would still apply. France does not appear to have identified taxpayers benefiting from the third category of IP asset, or to have exchanged information on these taxpayers.
- ***Taxpayers making use of the option to treat the nexus ratio as a rebuttable presumption:*** As France has not amended its IP regime to conform to the Action 5 "nexus approach". the French IP regime does not offer these benefits.

Summary of recommendations on implementation of the transparency framework

Aspect of implementation of the transparency framework that should be improved	Recommendation for improvement
France experienced some delays in exchanging information on past rulings.	No recommendation is made because France completed the exchange of all past rulings by mid-February 2017 and this is not a recurring issue.
France did not identify or exchange information on new entrants to the IP regime or taxpayers benefiting from the third category of IP asset.	France is recommended to put in place a mechanism to ensure that it can identify and exchange information on all new entrants to the IP regime as soon as possible, and to identify and exchange information on taxpayers benefiting from the third category of IP asset as soon as possible.

Note

1. Parties to the Convention are available here: www.oecd.org/tax/exchange-of-tax-information/convention-on-mutual-administrative-assistance-in-tax-matters.htm. France also has Double Tax Agreements with: Albania, Algeria, Andorra, Argentina, Armenia, Australia, Austria, Azerbaijan, Bahrain, Bangladesh, Belarus, Belgium, Benin, Bolivia, Bosnia and Herzegovina, Botswana, Brazil, Bulgaria, Burkina Faso, Cameroon, Canada, Central African Republic, Chile, China (People's Republic of), Congo, Côte d'Ivoire, Croatia, Cyprus, Czech Republic, Ecuador, Egypt, Estonia, Ethiopia, Finland, Former Yugoslav Republic of Macedonia, French Polynesia, Gabon, Georgia, Germany, Ghana, Greece, Guinea, Hong Kong (China), Hungary, Iceland, India, Indonesia, Iran, Ireland, Israel, Italy, Jamaica, Japan, Jordan, Kazakhstan, Kenya, Korea, Kosovo, Kuwait, Kyrgyzstan, Latvia, Lebanon, Libya, Lithuania, Luxembourg, Madagascar, Malawi, Malaysia, Mali, Malta, Mauritania, Mauritius, Mexico, Monaco, Mongolia, Montenegro, Morocco, Namibia, Netherlands, New Caledonia, New Zealand, Niger, Nigeria, Norway, Oman, Pakistan, Panama, Philippines, Poland, Portugal, Qatar, Quebec, Romania, Russia, Saudi Arabia, Senegal, Serbia, Singapore, Slovak Republic, Slovenia, South Africa, Spain, Sri Lanka, Saint Martin, Saint Pierre and Miquelon, Sweden, Switzerland, Syrian Arab Republic, Chinese Taipei, Thailand, Togo, Trinidad and Tobago, Tunisia, Turkey, Turkmenistan, Ukraine, United Arab Emirates, United Kingdom, United States, Uzbekistan, Venezuela, Viet Nam, Zambia and Zimbabwe.

Bibliography

OECD (2017), *BEPS Action 5 on Harmful Tax Practices – Terms of Reference and Methodology for the Conduct of the Peer Reviews of the Action 5 Transparency Framework*, OECD/G20 Base Erosion and Profit Shifting Project, OECD, Paris. www.oecd.org/tax/beps/beps-action-5-harmful-tax-practices-peer-review-transparency-framework.pdf (accessed on 10 November 2017).

OECD (2015), *Countering Harmful Tax Practices More Effectively, Taking into Account Transparency and Substance, Action 5 – 2015 Final Report*, OECD/G20 Base Erosion and Profit Shifting Project, OECD Publishing, Paris. http://dx.doi.org/10.1787/9789264241190-en.

Germany

Germany has met all aspects of the terms of reference (ToR) for the year in review, except for experiencing some delays with respect to the exchange of information on past rulings (ToR II.5.6). All information on past rulings was exchanged within five months of the deadline. As this is not a recurring issue, no recommendation is made on this point. Germany has answered the peer review questionnaire and the follow-up questions asked by the Secretariat in a timely manner.

Germany can legally issue the following four types of rulings within the scope of the transparency framework: (1) preferential regimes (related to the tonnage tax regime); (2) cross-border unilateral advance pricing agreements (APAs) and any other cross-border unilateral tax rulings (such as an advance tax ruling) covering transfer pricing or the application of transfer pricing principles; (3) permanent establishment rulings; and (4) related party conduit rulings. In Germany, the local tax offices at state level are responsible for issuing rulings within the scope of the transparency framework.

In practice, Germany issued 18 past rulings. For the period 1 April 2016-1 February 2017, Germany issued seven future rulings. These rulings are not published.

No peer input was received in respect of the exchanges of information on rulings received from Germany.

Note by Turkey: The information in this document with reference to "Cyprus" relates to the southern part of the Island. There is no single authority representing both Turkish and Greek Cypriot people on the Island. Turkey recognises the Turkish Republic of Northern Cyprus (TRNC). Until a lasting and equitable solution is found within the context of the United Nations, Turkey shall preserve its position concerning the "Cyprus issue".

Note by all the European Union Member States of the OECD and the European Union: The Republic of Cyprus is recognised by all members of the United Nations with the exception of Turkey. The information in this document relates to the area under the effective control of the Government of the Republic of Cyprus.

Introduction

1. This peer review covers Germany's implementation of the BEPS Action 5 transparency framework for the year 2016. The report has four parts, each relating to a key part of the Terms of Reference. Part A looks at the process to gather the required information on all relevant rulings. Part B relates to the legal basis and administrative process for the exchange of information on rulings. Part C reports the required statistics on exchanges under the transparency framework for the year in review. Part D relates to the transparency requirements that apply for certain intellectual property regimes in connection with the Action 5 "nexus approach".

2. Each part is discussed in turn. A summary of recommendations is included at the end of this report.

A. The information-gathering process

3. This section relates to the adequacy of the process used to collect information relating to the tax rulings that are in the scope of the transparency framework, both past and future rulings, as well as the jurisdictions with which information on rulings should be exchanged.

4. The process for gathering information about past rulings is explained first, followed by the process for gathering information about future rulings.

Past rulings (ToR I.4.1.1, I.4.1.2, I.4.2.1, I.4.2.2)

5. Each local tax office with responsibility for issuing rulings was tasked with identifying the past rulings. As there is no central record of all issued rulings, each local tax office had to check the individual taxpayer files to locate a ruling. These were then filtered by reading each ruling to identify any rulings falling within the scope of the transparency framework. In order to determine if rulings were issued in the period defined as "past rulings" the local office read the relevant ruling.

6. Each local tax office also undertakes the work of identifying the potential exchange jurisdictions. Domestic law requires that the information on all related jurisdictions must be obtained in the process of granting the ruling. The "best efforts" approach has been used, which involved checking the information available in the tax files and the corporate registry system, and staff were required to do so as per the instructions issued to them.

7. Each local tax office submits the completed template on the identified rulings to the Federal Tax Office. The Federal Tax Office reviewed the information received and stored it within its database, which is used in providing international co-operation in tax matters. Each ruling is assigned an "X-key" to quickly identify and retrieve each ruling when needed.

Future rulings (ToR I.4.1.1, I.4.1.2, I.4.2.1)

8. Future rulings which may be in the scope of the transparency framework are identified by the local tax office. In June 2016, an instruction sheet was published by the German Federal Ministry of Finance setting out the process of how to identify rulings within the scope of the transparency framework. The local tax office will check whether a ruling would be within the transparency framework when issuing the tax ruling itself.

9. In order to identify potential exchange jurisdictions, domestic law requires that the information on all related jurisdictions must be obtained in the process of granting the ruling. After issuance of the instruction sheet in July 2016, information on all potential exchange jurisdictions as per the requirements of the transparency framework is part of the information required for granting a ruling and without all such relevant information the ruling would not be valid. Although the definition of future rulings under the transparency framework (and the requirement to collect information on all potential exchange jurisdictions) commenced from 1 April 2016, the slight delay in implementation of this requirement in Germany is relatively minor and would have a limited impact given the small number of future rulings issued. The completed templates on future rulings which are identified as being within the scope of the transparency framework are sent to the Federal Tax Office immediately after the ruling has been issued.

Review and supervision mechanism (ToR I.4.3)

10. Staff members in local tax offices were briefed on the implementation of the new instruction sheets on the transparency framework. Each local tax office supervised the work undertaken by their staff in the information-gathering process. Staff members within the Federal Tax Office are also regularly briefed and trained on new matters to ensure the correct implementation of the transparency framework.

Conclusion on section A

11. Germany has met all of the terms of reference for the information-gathering process and no recommendations are made.

B. The exchange of information

12. This section relates to how jurisdictions have adequately complied with the obligation to spontaneously exchange information on the tax rulings within the scope of the transparency framework.

Legal basis for spontaneous exchange of information (ToR II.5.1, II.5.2)

13. Germany has the necessary domestic legal basis to exchange information spontaneously. Germany notes that there are no legal or practical impediments that prevent the spontaneous exchange of information on rulings as contemplated in the Action 5 minimum standard.

14. Germany is a party to international agreements permitting spontaneous exchange of information, including being a party to the Convention, the Directive 2011/16/EU with all other European Union Member States, and double tax agreements in force with 91 jurisdictions.[1] In total, this network of agreements covers 107 jurisdictions.

Completion and exchange of templates (ToR II.5.3, II.5.4, II.5.5, II.5.6, II.5.7)

15. In order to share the required information with other jurisdictions, the template contained in Annex C of the Action 5 Report (OECD, 2015) is filled in by the local tax officer. For past rulings, this was done in the course of identifying the rulings after the local tax offices received the instruction sheet in July 2016. For future rulings the template is completed immediately after issuing the ruling. The templates are submitted to the Fiscal General Directorate of the Federal State, where the validity and the completeness of the

template is checked. It is then sent to the Competent Authority for exchange of information, where it is checked again before being forwarded to the relevant jurisdiction(s).

16. Germany ensures that the template is made available to the Competent Authority for exchange of information in a timely way by having issued the instruction sheet from the German Ministry of Finance to the local tax offices. For past rulings, the instruction sheet provided that the local tax offices were required to send the information on past rulings to the Federal Tax Office by 31 October 2016 at the latest, and for future rulings to start the procedure of completing the template and sending it immediately after the ruling is issued.

17. The timeliness of exchanges is as follows. Note that these statistics reflect the fact that information was only required to be exchanged with OECD/G20 countries, and not with new members of the Inclusive Framework, and that Germany in fact did only exchange information with OECD/G20 countries for the year in question.

Past rulings in the scope of the transparency framework	Number of exchanges transmitted by 31 December 2016	Delayed exchanges		
		Number of exchanges not transmitted by 31 December 2016	Reasons for the delays	Any other comments
	11	7	In one case, the taxpayer raised objections. In five cases, the Federal Tax Office was responsible for delay. The delays had to do with uncertainties concerning the handling of tax rulings having to be cleared. In one case, the local tax office was responsible for delay.	All the delayed past rulings have been exchanged with the relevant jurisdictions between January 2017 and 15 May 2017.
Future rulings in the scope of the transparency framework	**Number of exchanges transmitted within three months of the information becoming available to the competent authority or immediately after legal impediments have been lifted**	**Delayed exchanges**		
		Number of exchanges transmitted later than three months of the information on rulings becoming available to the competent authority	**Reasons for the delays**	**Any other comments**
	5	0		Two are not yet transmitted, but the current time period is still within three months.
Total	16	7		

Follow-up requests received for exchange of the ruling	Number	Average time to provide response	Number of requests not answered
	0	N/A	0

18. Germany notes that delay for past rulings caused by uncertainties concerning the handling of tax rulings and exchange requirements within the Federal Tax Office are being cleared, because the processing of the tax rulings is being distributed to more officers within the Federal Tax Office.

Conclusion on section B

19. Germany has the necessary legal framework and administrative process in place for exchanging information on rulings. Germany experienced some delays in exchanging information on past rulings. Germany has taken steps to remedy this issue, and all information on past rulings was exchanged between January and mid-May 2017. Germany has met all of the terms of reference for the exchange of information process except with respect to some delays in the timeliness of exchanges (ToR 5.6), and no recommendation is made as this issue has been remedied and is not a recurring issue.

C. Statistics (ToR IV)

20. The statistics for the 2016 review are as follows:

Category of ruling	Number of exchanges	Jurisdictions exchanged with
Ruling related to a preferential regime	0	N/A
Cross-border unilateral advance pricing agreements (APAs) and any other cross-border unilateral tax rulings (such as an advance tax ruling) covering transfer pricing or the application of transfer pricing principles	10	Austria, Luxembourg, Netherlands Romania, Switzerland
Cross-border rulings providing for a unilateral downward adjustment to the taxpayer's taxable profits that is not directly reflected in the taxpayer's financial/commercial accounts	Included in *de minimus*	N/A
Permanent establishment rulings	13	France, Korea, Luxembourg, United Kingdom, United States
Related party conduit rulings	0	N/A
De minimis rule	2	N/A
IP regimes: total exchanges on taxpayers benefitting from the third category of IP assets, new entrants benefitting from grandfathered IP regimes; and taxpayers making use of the option to treat the nexus ratio as a rebuttable presumption	0	N/A
Total	25	

D. Matters related to intellectual property regimes (ToR I.4.1.3)

21. Germany does not have an intellectual property regime for which transparency requirements were imposed.

Summary of recommendations on implementation of the transparency framework

Aspect of implementation of the transparency framework that should be improved	Recommendation for improvement
Germany experienced some delays in exchanging information on past rulings.	No recommendation is made because Germany completed the exchange of all past rulings by mid-May 2017 and this is not a recurring issue.

Note

1. Parties to the Convention are available here: www.oecd.org/tax/exchange-of-tax-information/convention-on-mutual-administrative-assistance-in-tax-matters.htm. Germany also has Double Tax Agreements with Albania, Algeria, Argentina, Armenia, Australia, Austria, Azerbaijan, Bangladesh, Belarus, Belgium, Bolivia, Bosnia-Herzegovina, Bulgaria, Canada, China (People's Republic of), Costa Rica, Cote d'Ivoire, Croatia, Cyprus, Czech Republic, Denmark, Ecuador, Estonia, Egypt, Finland, Former Yugoslav Republic of Macedonia, France, Georgia, Ghana, Greece, Hungary, Iceland, India, Indonesia, Iran, Ireland, Israel, Italy, Jamaica, Japan, Jersey, Kazakhstan, Kenia, Korea, Kosovo, Kuwait, Kyrgyzstan, Latvia, Liberia, Liechtenstein, Lithuania, Luxembourg, Malaysia, Malta, Mauritius, Mexico, Morocco, Mongolia, Montenegro, Namibia, Netherlands, New Zealand, Norway, Pakistan, Philippines, Poland, Portugal, Republic of Moldova, Republic of Zambia, Romania, Russia, Serbia, Singapore, Slovak Republic, Slovenia, Spain, South Africa, Sri Lanka, Sweden, Switzerland, Syrian Arab Republic, Tajikistan, Thailand, Trinidad and Tobago, Tunisia, Turkey, Turkmenistan, United Arab Emirates, United Kingdom, United States, Uruguay, Uzbekistan, Venezuela, Viet Nam and Zimbabwe. Germany has also Tax Information Exchange Agreements in place with Andorra, Anguilla, Antigua and Barbuda, Austria, Bahamas, Bermuda, British Virgin Islands, Cook Islands, Cayman Island, Denmark, Finland, Gibraltar, Grenada, Guernsey, Isle of Man, Italy, Jersey, Liechtenstein, Monaco, Montserrat, Netherlands, San Marino, Sweden, Saint Kitts and Nevis, Saint Lucia, Saint Vincent and Grenadine, Turks and Caicos Islands and United States of America.

Bibliography

OECD (2017), *BEPS Action 5 on Harmful Tax Practices – Terms of Reference and Methodology for the Conduct of the Peer Reviews of the Action 5 Transparency Framework*, OECD/G20 Base Erosion and Profit Shifting Project, OECD, Paris. www.oecd.org/tax/beps/beps-action-5-harmful-tax-practices-peer-review-transparency-framework.pdf (accessed on 10 November 2017).

OECD (2015), *Countering Harmful Tax Practices More Effectively, Taking into Account Transparency and Substance, Action 5 – 2015 Final Report*, OECD/G20 Base Erosion and Profit Shifting Project, OECD Publishing, Paris. http://dx.doi.org/10.1787/9789264241190-en.

Greece

Greece has met all aspects of the terms of reference (ToR) for the year in review, except for the timely exchange of information on rulings (ToR II.5.6). Greece is recommended to ensure that the information on the past ruling is exchanged as soon as possible and to apply the timelines for future rulings as set out in the transparency framework. Greece has answered the peer review questionnaire and the follow-up questions asked by the Secretariat in a timely manner.

Greece can legally issue only one type of ruling within the scope of the transparency framework: cross-border unilateral advance pricing agreements (APAs) and any other cross-border unilateral tax rulings (such as an advance tax ruling) covering transfer pricing or the application of transfer pricing principles. Rulings are issued by a special department within the Audit Directorate of the Independent Authority for Public Revenues.

In practice, Greece has issued one past ruling. For the period 1 April 2016-1 February 2017, Greece issued no future ruling. These rulings are not published.

No peer input was received in respect of exchanges of information on rulings received from Greece.

Note by Turkey: The information in this document with reference to "Cyprus" relates to the southern part of the Island. There is no single authority representing both Turkish and Greek Cypriot people on the Island. Turkey recognises the Turkish Republic of Northern Cyprus (TRNC). Until a lasting and equitable solution is found within the context of the United Nations, Turkey shall preserve its position concerning the "Cyprus issue".

Note by all the European Union Member States of the OECD and the European Union: The Republic of Cyprus is recognised by all members of the United Nations with the exception of Turkey. The information in this document relates to the area under the effective control of the Government of the Republic of Cyprus.

Introduction

1. This peer review covers Greece's implementation of the BEPS Action 5 transparency framework for the year 2016. The report has four parts, each relating to a key part of the Terms of Reference. Part A looks at the process to gather the required information on all relevant rulings. Part B relates to the legal basis and administrative process for the exchange of information on rulings. Part C reports the required statistics on exchanges under the transparency framework for the year in review. Part D relates to the transparency requirements that apply for certain intellectual property regimes in connection with the Action 5 "nexus approach".

2. Each part is discussed in turn. A summary of recommendations is included at the end of this report.

A. The information-gathering process

3. This section relates to the adequacy of the process used to collect information relating to the tax rulings that are in the scope of the transparency framework, both past and new rulings, as well as the jurisdictions with which information on rulings should be exchanged.

4. The process for gathering information about past rulings is explained first, followed by the process for gathering information about future rulings.

Past rulings (ToR I.4.1.1, I.4.1.2, I.4.2.1, I.4.2.2)

5. With respect to APAs, all APAs are issued by one specific department within the tax administration. The Department of Special Tax Audits, which is a unit within the Directorate of Audits of the General Directorate of Tax Administration of the Independent Authority for Public Revenue, was responsible for identifying the past rulings. Information on all APAs was kept centrally in a database which was consulted. As the only APA that has been issued was granted in 2015, it was within the definition of "past rulings". It is noted that Greece has applied a definition of "past rulings" that aligns to the EU Directive rather than the Action 5 definition of past rulings.[1] However, as the only ruling issued by Greece in the scope of the transparency framework was in 2015 and no future rulings have been issued, this definitional difference does not have any impact in practice.

6. The potential exchange jurisdictions were identified from the ruling. The ruling contained the information on the related parties with which the taxpayer entered into a transaction covered by the APA. The ruling also contained information on the immediate parent company and ultimate parent company, and as such the "best efforts approach" was not needed to be used by Greece.

Future rulings (ToR I.4.1.1, I.4.1.2, I.4.2.1)

7. There is a new process when future rulings are issued to quickly flag them as an Action 5 ruling. The person granting a new APA would identify it as relevant for the transparency framework at the time it is issued. Information on all potential exchange jurisdictions is obtained as part of an application for an APA.

Review and supervision mechanism (ToR I.4.3)

8. In order to ensure that all relevant rulings were correctly identified, written instructions on the requirements of the transparency framework were issued by the Directorate of Audits. The Department of Special Tax Audits supervised the work to identify the relevant rulings.

Conclusion on section A

9. Greece has a process for identifying the past rulings and relevant jurisdictions with which to exchange under the transparency framework which is appropriate for the small size of the rulings programme in Greece. Greece has met all of the terms of reference for the information-gathering process and no recommendations are made.

B. The exchange of information

10. This section relates to how jurisdictions have adequately complied with the obligation to spontaneously exchange information on the tax rulings within the scope of the transparency framework.

Legal basis for spontaneous exchange of information (ToR II.5.1, II.5.2)

11. Greece has the necessary domestic legal basis to exchange information spontaneously. Greece notes that there are no legal or practical impediments that prevent the spontaneous exchange of information on rulings as contemplated in the Action 5 minimum standard.

12. Greece has international agreements permitting spontaneous exchange of information, including being a party to the Convention, the Directive 2011/16/EU with all other European Union Member States, and double tax agreements in force with 57 jurisdictions. In total, this network of agreements covers 110 jurisdictions.[2]

Completion and exchange of templates (ToR II.5.3, II.5.4, II.5.5, II.5.6, II.5.7)

13. An authorised officer of the Department of Special Tax Audits will be responsible for completing the templates on the rulings. The completed template will be reviewed by the Head of the Department of Special Tax Audits. The template will be in the form of the OECD XML Schema. The template will then be provided to the Competent Authority for exchange of information promptly and by way of secure email.

14. In respect of the one past ruling in the scope of the transparency framework, Greece has not yet completed the template for the exchange. This is because it is applying the exchange timelines set out in the EU Directive, which require that information on past rulings be exchanged by 31 December 2017, rather than 31 December 2016. In the future, if Greece continues to follow the EU Directive timelines, information on any future rulings would be exchanged at six monthly intervals each year, by 30 September (for rulings issued from 1 January to 30 June) and by 31 March (for rulings issued from 1 July to 31 December).

15. The timeliness of exchanges is as follows. Note that these statistics reflect the fact that information was only required to be exchanged with OECD/G20 countries, and not with new members of the Inclusive Framework, and that Greece in fact did only exchange information with OECD/G20 countries for the year in question.

Past rulings in the scope of the transparency framework	Number of exchanges transmitted by 31 December 2016	Delayed exchanges		
		Number of exchanges not transmitted by 31 December 2016	Reasons for the delays	Any other comments
	0	1	Alignment with EU Directive timelines	

Future rulings in the scope of the transparency framework	Number of exchanges transmitted within three months of the information becoming available to the competent authority or immediately after legal impediments have been lifted	Delayed exchanges		
		Number of exchanges transmitted later than three months of the information on rulings becoming available to the competent authority	Reasons for the delays	Any other comments
	N/A	N/A		
Total	0	1		

Follow-up requests received for exchange of the ruling	Number	Average time to provide response	Number of requests not answered
	0	N/A	N/A

16. Greece notes that the information on the one ruling will be exchanged by 31 December 2017, as per the EU Directive timelines.

Conclusion on section B

17. Greece has the necessary legal framework and administrative process in place for exchanging information on rulings. However, no exchanges on rulings were undertaken in 2016. Greece has met all of the terms of reference for the exchange of information process except the timely exchange of information on past rulings (ToR II.5.6). Greece is recommended to ensure that the information on the past ruling is exchanged as soon as possible and to apply the exchange timelines for future rulings as set out in the transparency framework with respect to all other members of the Inclusive Framework.

C. Statistics

18. The statistics for the 2016 review are as follows:

Category of ruling	Number of exchanges	Jurisdictions exchanged with
Ruling related to a preferential regime	N/A	N/A
Cross-border unilateral advance pricing agreements (APAs) and any other cross-border unilateral tax rulings (such as an advance tax ruling) covering transfer pricing or the application of transfer pricing principles	0	N/A
Cross-border rulings providing for a unilateral downward adjustment to the taxpayer's taxable profits that is not directly reflected in the taxpayer's financial/ commercial accounts	N/A	N/A
Permanent establishment rulings	N/A	N/A

Category of ruling	Number of exchanges	Jurisdictions exchanged with
Related party conduit rulings	N/A	N/A
De minimis rule	N/A	N/A
IP regimes: total exchanges on taxpayers benefitting from the third category of IP assets, new entrants benefitting from grandfathered IP regimes; and taxpayers making use of the option to treat the nexus ratio as a rebuttable presumption	N/A	N/A
Total	0	

D. Matters related to intellectual property regimes

19. Greece does not offer any intellectual property regime that is subject to transparency requirements under the Action 5 Report (OECD, 2015).

Summary of recommendations on implementation of the transparency framework

Aspect of implementation of the transparency framework that should be improved	Recommendation for improvement
Greece has not applied the timelines for exchanges of information on rulings as set out in the transparency framework.	Greece is recommended to ensure that the information on the past rulings is exchanged as soon as possible and to apply the exchange timelines for future rulings as set out in the transparency framework with respect to all other members of the Inclusive Framework.

Notes

1. Under the EU Directive, past rulings are those that were issued, amended or renewed between 1 January 2012 and 31 December 2013 (provided they were still valid on 1 January 2014) and those rulings that were issued, amended or renewed between 1 January 2014 and 31 December 2016.

2. Parties to the Convention are available here: www.oecd.org/tax/exchange-of-tax-information/convention-on-mutual-administrative-assistance-in-tax-matters.htm. Greece also has Double Tax Agreements with: Albania, Armenia, Austria, Azerbaijan, Belgium, Bulgaria, Canada, China (People's Republic of), Croatia, Cyprus, Czech Republic, Denmark, Egypt, Estonia, Finland, France, Georgia, Germany, Hungary, Iceland, India, Ireland, Israel, Italy, Korea, Kuwait, Latvia, Lithuania, Luxembourg, Malta, Mexico, Moldova, Montenegro, Morocco, Netherlands, Norway, Poland, Portugal, Qatar, Romania, Russia, San Marino, Saudi Arabia, Serbia, Slovak Republic, Slovenia, South Africa, Spain, Sweden, Switzerland, Tunisia, Turkey, Ukraine, United Arab Emirates, United Kingdom, United States and Uzbekistan.

Bibliography

OECD (2017), *BEPS Action 5 on Harmful Tax Practices – Terms of Reference and Methodology for the Conduct of the Peer Reviews of the Action 5 Transparency Framework*, OECD/G20 Base Erosion and Profit Shifting Project, OECD, Paris. www.oecd.org/tax/beps/beps-action-5-harmful-tax-practices-peer-review-transparency-framework.pdf (accessed on 10 November 2017).

OECD (2015), *Countering Harmful Tax Practices More Effectively, Taking into Account Transparency and Substance, Action 5 – 2015 Final Report*, OECD/G20 Base Erosion and Profit Shifting Project, OECD Publishing, Paris. http://dx.doi.org/10.1787/9789264241190-en.

Hungary

Hungary has met most of the terms of reference (ToR) for the year in review except for ensuring information on all potential exchange jurisdictions is always obtained for future rulings (ToR I.4.2.1), ensuring information is submitted to the Competent Authority without undue delay (ToR II.5.5), ensuring the timely exchange of information on past and future rulings (ToR II.5.6) and exchanging information on new entrants to the IP regime (ToR I.4.1.3).

Hungary can legally issue the following four types of rulings within the scope of the transparency framework: (1) preferential regimes (IP regime for royalties and capital gains); (2) Cross-border unilateral APAs and any other cross-border unilateral tax ruling (such as an ATR) covering transfer pricing or the application of transfer pricing principle; (3) permanent establishment rulings; and (4) related party conduit rulings. Unilateral APAs are issued by the APA unit in the National Tax and Customs Administration (NTCA) (from 1 April 2016 issued by the Large Taxpayers Directorate of the NTCA) and all other types of rulings are issued by the Ministry for National Economy.

In practice, Hungary issued 91 past rulings within the scope of the transparency framework. For the period 1 April 2016-31 December 2016, Hungary issued 13 future rulings within the scope of the transparency framework. Hungary does not publish its ATRs and APAs.

No peer input was received in respect of the exchanges of information on rulings received from Hungary.

Note by Turkey: The information in this document with reference to "Cyprus" relates to the southern part of the Island. There is no single authority representing both Turkish and Greek Cypriot people on the Island. Turkey recognises the Turkish Republic of Northern Cyprus (TRNC). Until a lasting and equitable solution is found within the context of the United Nations, Turkey shall preserve its position concerning the "Cyprus issue".

Note by all the European Union Member States of the OECD and the European Union: The Republic of Cyprus is recognised by all members of the United Nations with the exception of Turkey. The information in this document relates to the area under the effective control of the Government of the Republic of Cyprus.

Introduction

1. This peer review covers Hungary's implementation of the BEPS Action 5 transparency framework for the year 2016. The report has four parts, each relating to a key part of the Terms of Reference. Part A looks at the process to gather the required information on all relevant rulings. Part B relates to the legal basis and administrative process for the exchange of information on rulings. Part C reports the required statistics on exchanges under the transparency framework for the year in review. Part D relates to the transparency requirements that apply for certain intellectual property regimes in connection with the Action 5 "nexus approach".

2. Each part is discussed in turn. A summary of recommendations is included at the end of this report.

A. The information-gathering process

3. This section relates to the adequacy of the process used to collect information relating to the tax rulings that are in the scope of the transparency framework, both past and future rulings, as well as the jurisdictions with which information on rulings should be exchanged.

4. The process for gathering information about past rulings is explained first, followed by the process for gathering information about future rulings.

Past rulings (ToR I.4.1.1, I.4.1.2, I.4.2.1, I.4.2.2)

5. With respect to APAs, the unit in the NTCA that issues APAs is responsible for identifying the APAs within the scope of the transparency framework. The APA unit has a central record of all issued APAs and this was consulted to identify the issued APAs. The period of validity of the ruling was verified by reading the ruling.

6. In order to identify the potential exchange jurisdictions for the relevant APAs, the information from the application form completed by taxpayers was consulted. The application form requires information on the countries of residence of all related parties with whom the taxpayer enters into transactions that are covered by the APA. This information was then checked by the NTCA using ORBIS or AMADEUS databases. In some cases, the application may also contain the information on the residence country of the ultimate parent company and the immediate parent company. If it did not, the NTCA used the "best efforts approach" which involved sending a request for this information to the taxpayer, and which was then checked by the NTCA in ORBIS or AMADEUS databases. Hungary notes that this process has been successful in identifying the necessary jurisdictions.

7. With respect to all other types of rulings, the Ministry of National Economy keeps a database of all rulings issued. Since the Ministry of National Economy commenced issuing rulings, the practice was for all of them to be sent to the NTCA for the purpose of using them in the course of a possible audit. In the year of review, in the absence of any procedural order the NTCA began to identify and exchange the rulings that fall within the scope of the transparency framework. A unit of the NTCA reviewed each ruling to determine which category it fell into and verified the period of validity of the rulings, in time to meet the EOI deadline of 2016.

8. In order to identify the potential exchange jurisdictions for these rulings, the rulings themselves were consulted. The rulings contained information on the jurisdictions of residence of related parties with which the taxpayer enters into a transaction covered by the ruling and the immediate parent company. This information is checked against information in the NTCA database. Information on the ultimate parent company was not usually

contained in the ruling, and the "best efforts approach" was applied, which involved the NTCA consulting the Company Registry and ORBIS and AMADEUS databases.

Future rulings (ToR I.4.1.1, I.4.1.2, I.4.2.1)

9. With respect to APAs, the APA unit identifies the APA as being within the scope of the transparency framework at the point the APA is issued. A checklist is used to ensure that the official issuing a new APA does identify it as being relevant to the transparency framework. Potential exchange jurisdictions are identified in the same way as for past rulings, being identifying information from the ruling request, writing to the taxpayer and verifying the information from the ORBIS or AMADEUS database.

10. For the year in review, all issued future rulings were recorded on the Ministry of National Economy's database. Every two months, officials sent all the issued rulings to the special unit in the NTCA. As described in paragraph 7, the NTCA identified which rulings were in the scope of the transparency framework. In order to identify potential exchange jurisdictions, the same process is used as for past rulings, which involves consulting information on related parties and immediate parent company as provided in the ruling, and consulting the Company Registry and ORBIS and AMADEUS databases to identify the ultimate parent company. Hungary notes that it was not possible in every case to identify all relevant parties.

Review and supervision mechanism (ToR I.4.3)

11. The Headquarters (Central Management) of NTCA has responsibility for the implementation of the transparency framework as regards the exchange of information, specifically with the Audit Department overseeing the implementation for ATRs and the APA Unit overseeing implementation for APAs. The accuracy of the information-gathering process is ensured by the relevant officials in the APA unit and the Ministry of National Economy being supervised by the head of the relevant unit. In addition, officials participated in meetings at the OECD on the transparency framework, and provided briefing to all relevant officials involved in the information-gathering process.

Conclusion on section A

12. It is not certain that the process for identifying the ultimate parent company for future rulings will always ensure this information is obtained. Hungary has met all of the terms of reference for the information-gathering process except for identifying all potential exchange jurisdictions for future rulings (ToR I.4.2.1). Hungary is recommended to amend its rulings practice to ensure that information on all potential exchange jurisdictions, particularly the ultimate parent company, is always obtained.

B. The exchange of information

13. This section relates to how jurisdictions have adequately complied with the obligation to spontaneously exchange information on the tax rulings within the scope of the transparency framework.

Legal basis for spontaneous exchange of information (ToR II.5.1, II.5.2)

14. Hungary has the necessary domestic legal basis to exchange information spontaneously. Hungary notes that there are no legal or practical impediments that prevent the spontaneous exchange of information on rulings as contemplated in the Action 5 minimum standard.

15. Hungary has international agreements permitting spontaneous exchange of information, including being a party to the Convention, the Directive 2011/16/EU with all other European Union Member States, and double tax agreements in force with 78 jurisdictions. In total, this network of agreements covers 123 jurisdictions.[1]

Completion and exchange of templates (ToR II.5.3, II.5.4, II.5.5, II.5.6, II.5.7)

16. The unit of NTCA which receives the rulings from the Ministry, and the unit which issues APAs are each responsible for completing an excel table for each ruling in scope. The excel table includes all mandatory and optional mandatory fields of the OECD XML Schema. The officer in charge of the exchange of information on rulings reviews the information in the table, translates the parts requiring translation, and in case of questions consults with the unit that completed the table. The officer then imports the information manually into the Annex C template.

17. The excel table will be sent to the Central Liaison Office, which is the competent authority responsible for international exchange. Before sending, the message is reviewed and signed by the Head of the Central Liaison Office. Hungary is still in the process of finalising the procedure and timing for delivering the templates to the Central Liaison Office.

18. The timeliness of exchanges is as follows. Note that these statistics reflect the fact that information was only required to be exchanged with OECD/G20 countries, and not with new members of the Inclusive Framework, and that Hungary did in fact only exchange information with OECD/G20 countries for the year in question.

Past rulings in the scope of the transparency framework		**Delayed exchanges**		
	Number of exchanges transmitted by 31 December 2016	**Number of exchanges not transmitted by 31 December 2016**	**Reasons for the delays**	**Any other comments**
	5	approximately 175	Administrative burden due to number of staff, translation, and manual processing	
Future rulings in the scope of the transparency framework	**Number of exchanges transmitted within three months of the information becoming available to the competent authority or immediately after legal impediments have been lifted**	**Delayed exchanges**		
		Number of exchanges transmitted later than three months of the information on rulings becoming available to the competent authority	**Reasons for the delays**	**Any other comments**
	5	Approximately 20	Administrative burden due to number of staff, translation, manual processing	
Total	10	Approximately 195		

Follow-up requests received for exchange of the ruling	Number	Average time to provide response	Number of requests not answered
	0	N/A	N/A

19. Hungary acknowledges the delays in exchanging information on rulings, which is on account of work still being undertaken to put in place the practical side of the internal procedure for exchanging information on rulings, as well as some delays on account of the time needed to complete and review the summary templates. In order to address this, Hungary will issue an internal procedural regulation fixing deadlines and responsibilities of the officials in the process. This internal regulation was not issued earlier as Hungary was waiting for the European Commission's Central Directory to be operational, as this will impact the details of the regulation. After issuing the internal procedural regulation fixing deadlines and responsibilities of the officials in the process Hungary intends to exchange all outstanding past and future rulings on a retroactive basis.

Conclusion on section B

20. Hungary has the necessary legal framework and administrative process in place for exchanging information on rulings. Hungary experienced significant delays in exchanging both past and future rulings. Hungary has taken steps to remedy this issue, the effectiveness of which will be reviewed in the 2018 peer review. Hungary has met all of the terms of reference for the exchange of information process except for the timely submission of the information to the Competent Authority (ToR II.5.5) and the timely exchange of information on rulings (ToR II.5.6). Hungary is recommended to continue its efforts to put in place the internal procedure for the timely submission of information to the Competent Authority and to ensure the speedy exchange of all past and future rulings.

C. Statistics (ToR IV)

21. The statistics for the 2016 review are as follows:

Category of ruling	Number of exchanges	Jurisdictions exchanged with
Ruling related to a preferential regime	Included in "*de minimis* rule" category	
Cross-border unilateral advance pricing agreements (APAs) and any other cross-border unilateral tax rulings (such as an advance tax ruling) covering transfer pricing or the application of transfer pricing principles	5	Austria, France, Ireland, Netherlands
Cross-border rulings providing for a unilateral downward adjustment to the taxpayer's taxable profits that is not directly reflected in the taxpayer's financial/ commercial accounts	0	N/A
Permanent establishment rulings	Included in "*de minimis* rule" category	
Related party conduit rulings	0	N/A
De minimis rule	5	
IP regimes: total exchanges on taxpayers benefitting from the third category of IP assets, new entrants benefitting from grandfathered IP regimes; and taxpayers making use of the option to treat the nexus ratio as a rebuttable presumption	0	
Total	10	

D. Matters related to intellectual property regimes (ToR I.4.1.3)

22. Hungary offers an intellectual property regime that is subject to transparency requirements under the Action 5 Report (OECD, 2015) (the IP Regime for royalties and capital gains). It states that the identification of the benefitting taxpayers will occur as follows:

- ***New entrants benefitting from the grandfathered IP regime***: Taxpayers that are new entrants to the IP regime can be identified in the tax return. New taxpayers to the IP regime can be selected based on the previous tax returns of the taxpayer. However, new IP assets cannot be identified in the absence of the relevant data in the tax returns. Therefore the identification of the new IP assets requires detailed inspection of each taxpayer benefitting from the IP regime. The first tax returns containing some information on new entrants would be filed after 6 February 2015 and information is intended to be exchanged within one year after the submission of the tax return, according to the relevant legislation. After the identification of new entrants (i.e. both new taxpayers and new IP assets), Hungary will exchange the information on a retroactive basis.
- ***Third category of IP assets***: not applicable, as this option has not been incorporated in the Hungarian IP regime.
- ***Taxpayers making use of the option to treat the nexus ratio as a rebuttable presumption***: not applicable, as this option has not been incorporated in the Hungarian IP regime.

23. Despite the difficulties described above, the identification of the new entrants to the IP regime is in progress. However Hungary has not exchanged information on new entrants to the IP regime. Hungary is recommended to identify and exchange information on all new entrants to the IP regime as soon as possible.

Summary of recommendations on implementation of the transparency framework

Aspect of implementation of the transparency framework that should be improved	Recommendation for improvement
It is not certain that the process for identifying all potential exchange jurisdictions, particularly the ultimate parent company, for future rulings will always be obtained.	Hungary is recommended to amend its rulings practice to ensure that information on all potential exchange jurisdictions, particularly the ultimate parent company, is always obtained.
Hungary did not yet have a process for the timely submission of the information to the Competent Authority.	Hungary is recommended to continue its efforts to put in place the internal procedure for the timely submission of information to the Competent Authority.
Hungary experienced significant delays in exchanging information on both past and future rulings.	Hungary is recommended to ensure the speedy exchange of all past and future rulings.
The identification of the new entrants to the IP regime is in progress. However Hungary has not exchanged information on new entrants to the IP regime.	Hungary is recommended to ensure the speedy exchange of information on new entrants to the IP regime.

Note

1. Parties to the Convention are available here: www.oecd.org/tax/exchange-of-tax-information/convention-on-mutual-administrative-assistance-in-tax-matters.htm. Hungary also has Double Tax Agreements with: Albania, Armenia, Australia, Austria, Azerbaijan, Bahrain, Belarus, Belgium, Bosnia and Herzegovina, Brazil, Bulgaria, Canada, China (People's Republic of), Croatia, Cyprus, Czech Republic, Denmark, Egypt, Estonia, Finland, Former Yugoslav Republic of Macedonia, France, Georgia, Germany, Greece, Hong Kong (China), Iceland, India, Indonesia, Iran, Ireland, Israel, Italy, Japan, Kazakhstan, Korea, Kosovo, Kuwait, Latvia, Liechtenstein, Lithuania, Luxembourg, Malaysia, Malta, Mexico, Moldova, Mongolia, Montenegro, Morocco, Netherlands, Norway, Pakistan, Philippines, Poland, Portugal, Qatar, Romania, Russia, San Marino, Saudi Arabia, Serbia, Singapore, Slovak Republic, Slovenia, South Africa, Spain, Sweden, Switzerland, Chinese Taipei, Thailand, Tunisia, Turkey, Turkmenistan, Ukraine, United Arab Emirates, United Kingdom, United States, Uruguay, Uzbekistan and Viet Nam.

Bibliography

OECD (2017), *BEPS Action 5 on Harmful Tax Practices – Terms of Reference and Methodology for the Conduct of the Peer Reviews of the Action 5 Transparency Framework*, OECD/G20 Base Erosion and Profit Shifting Project, OECD, Paris. www.oecd.org/tax/beps/beps-action-5-harmful-tax-practices-peer-review-transparency-framework.pdf (accessed on 10 November 2017).

OECD (2015), *Countering Harmful Tax Practices More Effectively, Taking into Account Transparency and Substance, Action 5 – 2015 Final Report*, OECD/G20 Base Erosion and Profit Shifting Project, OECD Publishing, Paris. http://dx.doi.org/10.1787/9789264241190-en.

Iceland

Iceland has met all the terms of reference (ToR) for the year in review, except for ensuring that the information is in the form of the template contained in Annex C of the Action 5 Report (OECD, 2015) or the OECD XML Schema and in accordance with the OECD *XML Schema User Guide* (OECD, 2017) (ToR II.5.4). Iceland is recommended to use the template (either Annex C or the XML Schema) for the transparency framework for any information which is exchanged on a going forward basis. Iceland has answered the peer review questionnaire and the follow-up questions asked by the Secretariat in a timely manner.

Iceland can legally issue the two following types of rulings within the scope of the transparency framework: (1) permanent establishment rulings; and (2) conduit rulings. In Iceland, authority to issue rulings is held by around 50 persons within the Directorate of Internal Revenue.

In practice, Iceland has issued 1 past ruling. For the period 1 April 2016–1 February 2017, Iceland did not issue any future rulings. Rulings are published on the tax administration website in anonymised form.[1]

Peer input was received from one jurisdiction in respect of the exchanges of information on rulings received from Iceland. The input noted that information was timely received in the correct format and complete.

Note by Turkey: The information in this document with reference to "Cyprus" relates to the southern part of the Island. There is no single authority representing both Turkish and Greek Cypriot people on the Island. Turkey recognises the Turkish Republic of Northern Cyprus (TRNC). Until a lasting and equitable solution is found within the context of the United Nations, Turkey shall preserve its position concerning the "Cyprus issue".

Note by all the European Union Member States of the OECD and the European Union: The Republic of Cyprus is recognised by all members of the United Nations with the exception of Turkey. The information in this document relates to the area under the effective control of the Government of the Republic of Cyprus.

Introduction

1. This peer review covers Iceland's implementation of the BEPS Action 5 transparency framework for the year 2016. The report has four parts, each relating to a key part of the Terms of Reference. Part A looks at the process to gather the required information on all relevant rulings. Part B relates to the legal basis and administrative process for the exchange of information on rulings. Part C reports the required statistics on exchanges under the transparency framework for the year in review. Part D relates to the transparency requirements that apply for certain intellectual property regimes in connection with the Action 5 "nexus approach".

2. Each part is discussed in turn. A summary of recommendations is included at the end of this report.

A. The information-gathering process

3. This section relates to the adequacy of the process used to collect information relating to the tax rulings that are in the scope of the transparency framework, both past and future rulings, as well as the jurisdictions with which information on rulings should be exchanged.

4. The process for gathering information about past rulings is explained first, followed by the process for gathering information about future rulings.

Past rulings (ToR I.4.1.1, I.4.1.2, I.4.2.1, I.4.2.2)

5. Iceland keeps all rulings on a central database. It is noted that Iceland rarely issues ruling in practice (on average 10-20 per year for all rulings including those outside the scope of the transparency framework). The process for identifying past rulings falling within the scope of the transparency framework was to ask all 50 competent staff members of the Directorate of Internal Revenue to refer to the information on the database. Each of the staff members manually read every ruling which they had issued since 1 January 2010 to determine if it was in the scope of the transparency framework and whether it was within the period defined as "past rulings".

6. This searching method also applied to the identification of all potential exchange jurisdictions. The "best efforts approach" was not required to be used in the case of the one ruling within the transparency framework because the material submitted by the taxpayer contained information on relevant related parties including the immediate parent and ultimate parent company. Iceland notes that the vast majority of Icelandic companies are domestically owned with few of them having international ties.

Future rulings (ToR I.4.1.1, I.4.1.2, I.4.2.1)

7. The process for issuing rulings changed with respect to future rulings. There is now only one person authorised to process ruling requests and to issue rulings, and this person is also the Competent Authority for exchange of information purposes.

8. Due to the limited number of rulings issued per year, the information-gathering process was solely manual and carried out by the person which issues rulings. Rulings are checked at the time of issuance to determine if they are within the scope of the transparency framework. To assist in this process, there is a general checklist used when processing

future rulings which includes guidance for Action 5. Iceland indicates that all future ruling applications require information on related parties and the immediate parent and ultimate parent companies and this is therefore provided by the taxpayer at the time of the ruling request.

Review and supervision (ToR I.4.3)

9. The Director of the Directorate of Internal Revenue communicated the requirements of the transparency framework to all staff. For past rulings, the Competent Authority was responsible for supervising the information-gathering process for past rulings and verifying that all local staff had correctly identified the relevant rulings. With respect to future rulings, the centralisation of the process to issue all rulings and the checklist which contains the requirements of the transparency framework should assist in ensuring that all future rulings are correctly and timely identified.

Conclusion on section A

10. Iceland has a process for identifying the past and future rulings and relevant jurisdictions with which to exchange under the transparency framework which is appropriate for the small size of the rulings programme in Iceland. Iceland has met all of the terms of reference for the information-gathering process and no recommendations are made.

B. The exchange of information

11. This section relates to how jurisdictions have adequately complied with the obligation to spontaneously exchange information on the tax rulings within the scope of the transparency framework.

Legal basis for spontaneous exchange of information (ToR II.5.1, II.5.2)

12. Iceland has the necessary domestic legal basis to exchange information spontaneously. Iceland notes that there are no legal or practical impediments that prevent the spontaneous exchange of information on rulings as contemplated in the Action 5 minimum standard.

13. Iceland is a party to international agreements permitting spontaneous exchange of information, including the Convention, the Nordic Convention with Denmark, Faroe Islands, Finland, Greenland, Norway and Sweden and double tax agreements in force with 37 jurisdictions. In total, this network of agreements covers 92 jurisdictions.[2]

Completion and exchange of templates (ToR II.5.3, II.5.4, II.5.5, II.5.6, II.5.7)

14. As Iceland does not foresee that it will need to exchange information on more than one ruling per year, it has decided not to invest in systems that would exchange information using the OECD XML Schema. However, Iceland also did not use the template contained in Annex C of the Action 5 report in an available form such as Word or Excel. For the period covered by the present peer review, the one ruling that was sent was sent by way of short summary in a letter sent by registered mail.

15. For future rulings, as the person responsible for issuing future rulings is also the Competent Authority for exchange of information, there is no issue of delay in making the information on rulings available. With respect to past rulings, staff members were made

aware of the necessity to inform the Competent Authority of any identified rulings as soon as possible.

16. The timeliness of exchanges is as follows. Note that Iceland did not have to undertake exchanges of information with members other than OECD/G20 countries during the year 2016.

Past rulings in the scope of the transparency framework	Number of exchanges transmitted by 31 December 2016	Delayed exchanges		
		Number of exchanges not transmitted by 31 December 2016	Reasons for the delays	Any other comments
	1	0	N/A	
Future rulings in the scope of the transparency framework	Number of exchanges transmitted within three months of the information becoming available to the competent authority or immediately after legal impediments have been lifted	Delayed exchanges		
		Number of exchanges transmitted later than three months of the information on rulings becoming available to the competent authority	Reasons for the delays	Any other comments
	0	0	N/A	
Total	1	0		

Follow-up requests received for exchange of the ruling	Number	Average time to provide response	Number of requests not answered
	0	N/A	N/A

Conclusion on section B

17. Iceland has the necessary legal framework and administrative process in place for exchanging information on rulings. Iceland has met all of the terms of reference for the exchange of information process except ensuring that the information is in the form of the template contained in Annex C of the 2015 Action 5 Report or the OECD XML Schema and in accordance with the OECD *XML Schema User Guide* (OECD, 2017b) (ToR II.5.4). Iceland is recommended to exchange information on any future rulings using the form set out in Annex C.

C. Statistics (ToR IV)

18. The statistics for the 2016 review are as follows:

Category of ruling	Number of exchanges	Jurisdictions exchanged with
Ruling related to a preferential regime	N/A	N/A
Cross-border unilateral advance pricing agreements (APAs) and any other cross-border unilateral tax rulings (such as an advance tax ruling) covering transfer pricing or the application of transfer pricing principles	N/A	N/A

Category of ruling	Number of exchanges	Jurisdictions exchanged with
Cross-border rulings providing for a unilateral downward adjustment to the taxpayer's taxable profits that is not directly reflected in the taxpayer's financial/commercial accounts	N/A	N/A
Permanent establishment rulings	Included in *de minimus*	N/A
Related party conduit rulings	N/A	N/A
De minimis rule	1	N/A
IP regimes: total exchanges on taxpayers benefitting from the third category of IP assets, new entrants benefitting from grandfathered IP regimes; and taxpayers making use of the option to treat the nexus ratio as a rebuttable presumption	N/A	N/A
Total	1	

D. Matters related to intellectual property regimes (ToR I.4.1.3)

19. Iceland does not have an intellectual property regime for which transparency requirements were imposed.

Summary of recommendations on implementation of the transparency framework

Aspect of implementation of the transparency framework that should be improved	Recommendation for improvement
Iceland did not use either the template contained in Annex C of the Action 5 report (OECD, 2015) or the OECD XML Schema to complete its exchange of information.	Iceland is recommended to exchange information on any future rulings using the form set out in Annex C

Notes

1. Available at: www.rsk.is/fagadilar/bindandi-alit (accessed on 10 November 2017).

2. Parties to the Convention are available here: www.oecd.org/tax/exchange-of-tax-information/convention-on-mutual-administrative-assistance-in-tax-matters.htm. Iceland also has Double Tax Agreements with Albania, Barbados, Belgium, Canada, China (People's Republic of), Croatia, Cyprus, Czech Republic, Estonia, France, Georgia, Germany, Greece, Hungary, India, Ireland, Italy, Korea, Latvia, Liechtenstein, Lithuania, Luxembourg, Malta, Mexico, Netherlands, Poland, Portugal, Romania, Russia, Slovak Republic, Slovenia, Spain, Switzerland, Ukraine, United Kingdom, United States and Viet Nam.

Bibliography

OECD (2017a), *BEPS Action 5 on Harmful Tax Practices – Terms of Reference and Methodology for the Conduct of the Peer Reviews of the Action 5 Transparency Framework*, OECD/G20 Base Erosion and Profit Shifting Project, OECD, Paris. www.oecd.org/tax/beps/beps-action-5-harmful-tax-practices-peer-review-transparency-framework.pdf (accessed on 10 November 2017).

OECD (2017b), *Country-by-Country Reporting XML Schema: User Guide for Tax Administrations*, www.oecd.org/tax/beps/country-by-country-reporting-xml-schema-user-guide-for-tax-administrations.pdf (accessed on 10 November 2017).

OECD (2015), *Countering Harmful Tax Practices More Effectively, Taking into Account Transparency and Substance, Action 5 – 2015 Final Report*, OECD/G20 Base Erosion and Profit Shifting Project, OECD Publishing, Paris. http://dx.doi.org/10.1787/9789264241190-en.

India

India has met the terms of reference (ToR) for the year in review, except for identifying all potential exchange jurisdictions and using the best efforts approach for past rulings (ToR I.4.2.1 and ToR I.4.2.2), the timely provision of information on rulings to the Competent Authority (ToR II.5.5), and the timely exchange of information on past rulings (ToR II.5.6). India has answered the peer review questionnaire and the follow-up questions asked by the Secretariat in a timely manner.

India can legally issue the following two types of rulings within the scope of the transparency framework: (1) cross-border unilateral advance pricing agreements (APAs) and (2) permanent establishment rulings. In India, two offices of the Central Board of Direct Taxation (CBDT) issue APAs and the Authority for Advanced Rulings (AAR) is responsible for issuing PE rulings.

In practice, India issued 69 past rulings. For the period 1 April 2016-1 February 2017, India issued 126 future rulings. India publishes PE rulings,[1] whereas unilateral APA rulings are not published.

Peer input was received from one jurisdiction in respect in respect of the exchanges of information on rulings received from India. The input was positive, noting that information was in the correct format, complete and timely.

Note by Turkey: The information in this document with reference to "Cyprus" relates to the southern part of the Island. There is no single authority representing both Turkish and Greek Cypriot people on the Island. Turkey recognises the Turkish Republic of Northern Cyprus (TRNC). Until a lasting and equitable solution is found within the context of the United Nations, Turkey shall preserve its position concerning the "Cyprus issue".

Note by all the European Union Member States of the OECD and the European Union: The Republic of Cyprus is recognised by all members of the United Nations with the exception of Turkey. The information in this document relates to the area under the effective control of the Government of the Republic of Cyprus.

Introduction

1. This peer review covers India's implementation of the BEPS Action 5 transparency framework for the year 2016. The report has four parts, each relating to a key part of the Terms of Reference. Part A looks at the process to gather the required information on all relevant rulings. Part B relates to the legal basis and administrative process for the exchange of information on rulings. Part C reports the required statistics on exchanges under the transparency framework for the year in review. Part D relates to the transparency requirements that apply for certain intellectual property regimes in connection with the Action 5 "nexus approach".

2. Each part is discussed in turn. A summary of recommendations is included at the end of this report.

A. The information-gathering process

3. This section relates to the adequacy of the process used to collect information relating to the tax rulings that are in the scope of the transparency framework, both past and future rulings, as well as the jurisdictions with which information on rulings should be exchanged.

4. The process for gathering information about past rulings is explained first, followed by the process for gathering information about future rulings.

Past rulings (ToR I.4.1.1, I.4.1.2, I.4.2.1, I.4.2.2)

5. A centralised office of the Central Board of Direct Taxation (CBDT) was established to have responsibility for the implementation of the transparency framework in India. The Competent Authority for exchange of information is also a part of CBDT.

6. In India, all past rulings pertaining to the existence of a PE or attribution of profit to a PE were issued by the AAR office in Delhi. Copies of all rulings issued by the AAR were maintained in case records. The AAR office identified all rulings which had been issued since 1 January 2010 and these were sent to the CBDT. The officers in the CBDT manually scanned the rulings to identify rulings within the scope of the transparency framework and whether they fell within the period defined as "past rulings". The officers determined that the rulings were PE rulings by examining the questions asked by the applicant in the request for the accompanying ruling.

7. Potential exchange jurisdictions were identified from the application for the ruling, which was required to contain such information before a ruling could be granted. The application form to be filled in required the name, address and country of residence of the applicant and as such the residence jurisdiction of the head office or of the PE is identified in the application.

8. In respect of unilateral APAs, these are issued by two designated offices of the CBDT, which keep a record of all such rulings granted in a central database. The database has separate tables for unilateral and bilateral APAs, which allows identifying the unilateral APAs within the scope of the transparency framework. The APAs which were within the period defined as "past rulings" were identified as all APAs entered into until 31 March 2016 were within the scope of the transparency framework since the unilateral APA programme was introduced in 2012 and each ruling is applicable for a period of five years.

9. Related parties which entered into a transaction covered by the APA were identified from the application for the APA, which was required to contain such information before a ruling could be granted.

10. For both PE rulings and APAs, information on the immediate parent and ultimate parent company was not included in the application for the ruling. India notes that these terms are not defined in the Action 5 Report (OECD, 2015) and notes that it approached the Secretariat in May 2016 with a request for guidance from the FHTP on this point. India is recommended to apply the "best efforts approach" to identify immediate parent and ultimate parent companies for all relevant past PE rulings and past APAs, using definitions that are consistent with definitions in accounting or legal provisions in India's domestic law (excluding any immediate parent or ultimate parent companies that have a immaterial shareholding in the entity).

Future rulings (ToR I.4.1.1, I.4.1.2, I.4.2.1)

11. The practice followed for future PE rulings is that when a ruling is issued by the Delhi office of the AAR, the ruling is sent to the same centralised office in the CBDT in addition to the field offices. The departmental representative (DR) posted in AAR checks the rulings to determine if they are PE rulings. The officers in the centralised office in CBDT also monitor the website where the AAR publishes its rulings to double check that all PE rulings have been identified as part of the transparency framework obligations. Potential exchange jurisdictions are identified by the CBDT from information available in the ruling, which would include the information on the residence of the head office, or of the PE, as the case may.

12. In case of a future APA ruling, two designated offices that can issue APAs would identify such rulings from the centralised database. The centralised database is maintained by one of the designated office authorised to enter into APAs. Every time a unilateral APA is signed, the database is updated. As is the case for past APAs, information on related parties which entered a transaction covered by the APA are identified from the application for the APA.

13. With respect to both PE rulings and APAs, India has indicated that it is prepared to amend the application form to require taxpayers to provide information on the immediate parent and ultimate parent, but that it is seeking guidance from the FHTP on the definition of these terms before doing so. Initial discussions were held with the Secretariat in May 2016 on this point. India is recommended to proceed with its plan to amend the process for issuing future rulings to require information on the immediate parent and ultimate parent company, using definitions that are consistent with definitions in accounting or legal provisions in India's domestic law (excluding any immediate parent or ultimate parent companies that have an immaterial shareholding in the entity).

Review and supervision mechanism (ToR I.4.3)

14. The work of the two offices responsible for issuing and identifying PE rulings and unilateral APA rulings is supervised by their respective Joint Secretaries. In addition, with respect to all PE rulings, the CBDT verifies that all such rulings have been identified by reviewing the information on the published rulings on the website. With respect to APAs, as these are issued by the CBDT which is responsible for overall implementation of the transparency framework this allows oversight of all relevant rulings that are in the scope of the transparency framework.

Conclusion on section A

15. Information on all immediate parent and ultimate parent companies has not been sought, owing to a perceived lack of definitional clarity in the Action 5 Report (OECD, 2015). India has met all of the terms of reference for the information-gathering process except for identifying all potential exchange jurisdictions and using the best efforts approach for past rulings (ToR I.4.2.1 and ToR I.4.2.2). India is recommended to apply the "best efforts approach" to identify immediate parent and ultimate parent companies for all relevant past PE rulings and past APAs and to proceed with its plan to amend the process for issuing future rulings to require information on the immediate parent and ultimate parent company, using definitions that are consistent with definitions in accounting or legal provisions in India's domestic law.

B. The exchange of information

16. This section relates to how jurisdictions have adequately complied with the obligation to spontaneously exchange information on the tax rulings within the scope of the transparency framework.

Legal basis for spontaneous exchange of information (ToR II.5.1, II.5.2)

17. India has the necessary domestic legal basis to exchange information spontaneously. India notes that there are no legal or practical impediments that prevent the spontaneous exchange of information on rulings as contemplated in the Action 5 minimum standard.

18. India is a party to international agreements permitting spontaneous exchange of information, including the Convention, double tax agreements in force with 94 jurisdictions and a signatory to the South Asian Association for Regional Co-operation (SAARC) Agreement.[2] In total, this network of agreements covers 141 jurisdictions.

Completion and exchange of templates (ToR II.5.3, II.5.4, II.5.5, II.5.6, II.5.7)

19. In order to share the required information with other jurisdictions, India is using a PDF format, observing the template contained in Annex C of the 2015 Action 5 Report (OECD, 2015) and its guidelines, which were distributed to all the offices responsible for filling out the information required.

20. For past PE rulings, after the centralised office in the CBDT identified the relevant rulings, a designated case officer was notified and requested to complete the Action 5 template. For future PE rulings, departmental representative in the AAR identifies the eligible ruling and prepares the template. For past and future APAs, the case officers were requested to complete the Action 5 template. All completed templates are submitted to the designated offices in CBDT which reviews the template for completeness and accuracy.

21. The designated offices in CBDT submit the final templates to the Competent Authority for exchange of information, which is a team within the CBDT.

22. The timeliness of exchanges is as follows. Note that India was able to undertake exchanges of information not only with OECD/G20 countries as required, but also with new members that joined the Inclusive Framework in 2016:

Past rulings in the scope of the transparency framework	Number of exchanges transmitted by 31 December 2016	Delayed exchanges		
		Number of exchanges not transmitted by 31 December 2016	Reasons for the delays	Any other comments
	4	367	Delayed receipt of templates in the Competent Authority office.	All exchanges on past PE rulings were completed by 7 March 2017. The exchanges on unilateral APAs were expected to be completed soon after March 2017.
Future rulings in the scope of the transparency framework	**Number of exchanges transmitted within three months of the information becoming available to the competent authority or immediately after legal impediments have been lifted**	**Delayed exchanges**		
		Number of exchanges transmitted later than three months of the information on rulings becoming available to the competent authority	**Reasons for the delays**	**Any other comments**
	1	11	Delay is on account of late receipt of template in Competent Authority office.	76 future PE rulings have not yet been communicated to the office of the CA. 369 exchanges of future unilateral APA rulings is yet to be exchanged.
Total	5	378		

Follow-up requests received for exchange of the ruling	Number	Average time to provide response	Number of requests not answered
	N/A	N/A	N/A

23. For past PE rulings, the delay in getting the template to the Competent Authority was remedied and information was exchanged by early March 2017. For future PE rulings, the delay in making the templates available to the Competent Authority's office has been addressed by simplifying the process for identifying future rulings. The requirement of the ruling being identified by the field offices spread throughout the country, preparing the template and sending it to the designated office in CBDT has been further fast tracked by making the departmental representative in the AAR prepare the template as soon as the ruling is issued. This is monitored by the CBDT through a new requirement that the departmental representative in the AAR is responsible for informing the CBDT of all eligible rulings issued each month. New guidelines have been issued which require the template to be sent to the CBDT within 15 days of the end of the month in which the ruling has been issued. Although there is no separate timeline for the CBDT to complete its review of the templates and to submit it to the Competent Authority, India reports that the overall period for the exchange of information on rulings takes an average of three months from the date of receiving the template.

24. In relation to the delayed exchanges of unilateral APA rulings, the CBDT has been in co-ordination with the case officers who are required to prepare the templates and has provided regular instructions and directions to expedite the sending of templates to the CBDT for review and onward transmission for exchange. India reports that this has started showing results and the backlog of delayed past rulings is being reduced.

Conclusion on section B

25. India has the necessary legal framework and administrative process in place for exchanging information on rulings. India experienced significant delays in providing information to the Competent Authority and for exchanging information on past rulings. India experienced a delay with respect to the exchange of information on future rulings in a relatively small number of cases. India has taken steps to remedy this issue. India has met all of the terms of reference for the exchange of information process except for the timely provision of information to the Competent Authority and the timely exchange of information on past rulings (ToR II.5.5 and ToR II.5.6). India is recommended to continue to ensure that information is submitted to the Competent Authority without undue delay.

C. Statistics (ToR IV)

26. The statistics for the 2016 review are as follows:

Category of ruling	Number of exchanges	Jurisdictions exchanged with
Ruling related to a preferential regime	N/A	N/A
Cross-border unilateral advance pricing agreements (APAs) and any other cross-border unilateral tax rulings (such as an advance tax ruling) covering transfer pricing or the application of transfer pricing principles	0	N/A
Cross-border rulings providing for a unilateral downward adjustment to the taxpayer's taxable profits that is not directly reflected in the taxpayer's financial/commercial accounts	N/A	N/A
Permanent establishment rulings	5	China (People's Republic of), Korea, Singapore, United Kingdom
Related party conduit rulings	N/A	N/A
De minimis rule	N/A	N/A
IP regimes: total exchanges on taxpayers benefitting from the third category of IP assets, new entrants benefitting from grandfathered IP regimes; and taxpayers making use of the option to treat the nexus ratio as a rebuttable presumption	N/A	N/A
Total	5	

D. Matters related to intellectual property regimes (ToR I.4.1.3)

27. India offers an intellectual property regime for which transparency requirements were imposed (Tax on Income from Patent regime), however no transparency requirements were relevant, as follows.

- ***New entrants benefitting from the grandfathered IP regime***: not applicable, as the regime is new and comprises no grandfathering clause.

- ***Third category of IP assets***: not applicable, as this option has not been incorporated in the Indian IP regime.
- ***Taxpayers making use of the option to treat the nexus ratio as a rebuttable presumption***: not applicable, as this option has not been incorporated in the Indian IP regime.

Summary of recommendations on implementation of the transparency framework

Aspect of implementation of the transparency framework that should be improved	Recommendation for improvement
Information on all immediate parent and ultimate parent companies has not been sought for past and future rulings.	India is recommended to apply the "best efforts approach" to identify immediate parent and ultimate parent companies for all relevant past PE rulings and past APAs and to proceed with its plan to amend the process for issuing future rulings to require information on the immediate parent and ultimate parent company, using definitions that are consistent with definitions in accounting or legal provisions in India's domestic law.
India experienced significant delays in providing information to the Competent Authority.	India is recommended to continue to ensure that information is submitted to the Competent Authority without undue delay.
India experienced delays in exchanging information on past rulings.	India is recommended to ensure the speedy exchange of information on all past rulings.

Jurisdiction's response and recent developments

28. India has already modified the application form for unilateral APAs to capture the information of ultimate parent company and immediate parent company at the application stage itself. This modification has been done via notification no. 53/2017 dated 16/6/2017.

Notes

1. Available at: www.aarrulings.in (accessed on 10 November 2017).
2. Parties to the Convention are available here: www.oecd.org/tax/exchange-of-tax-information/convention-on-mutual-administrative-assistance-in-tax-matters.htm. Parties to the SAARC Agreement are: Bangladesh, Bhutan, Maldives, Nepal, Pakistan and Sri Lanka. India also has Double Tax Agreements with Albania, Armenia, Australia, Austria, Bangladesh, Belarus, Belgium, Bhutan, Botswana, Brazil, Bulgaria, Canada, China (People's Rep.), Colombia, Croatia, Cyprus, Czech Republic, Denmark, Egypt, Estonia, Ethiopia, Fiji, Finland, Former Yugoslav Republic of Macedonia, France, Georgia, Germany, Greece, Hungary, Iceland, Indonesia, Ireland, Israel, Italy, Japan, Jordan, Kazakhstan, Kenya, Korea, Kuwait, Kyrgyzstan, Latvia, Libya, Lithuania, Luxembourg, Malaysia, Malta, Mauritius, Mexico, Mongolia, Morocco, Montenegro, Mozambique, Myanmar, Namibia, Nepal, Netherlands, New Zealand, Norway, Oman, Philippines, Poland, Portugal, Qatar, Romania, Russia, Saudi Arabia, Serbia, Singapore, Slovak Republic, Slovenia, South Africa, Spain, Sri Lanka, Sudan, Sweden, Switzerland, Syria, Chinese Taipei, Tajikistan, Tanzania, Thailand, Trinidad and Tobago, Turkey, Turkmenistan, Uganda, Ukraine, United Arab Emirates, United Kingdom, United States, Uruguay, Uzbekistan, Viet Nam and Zambia. The SAARC Limited Multilateral Agreement on Avoidance of Double Taxation and Mutual Administrative Assistance in Tax Matters provides for spontaneous exchange of information and was entered into force in India on 19 May 2010 and provides for exchanges with Bangladesh, Bhutan, Maldives, Nepal, Pakistan and Sri Lanka.

Bibliography

OECD (2017), *BEPS Action 5 on Harmful Tax Practices – Terms of Reference and Methodology for the Conduct of the Peer Reviews of the Action 5 Transparency Framework*, OECD/G20 Base Erosion and Profit Shifting Project, OECD, Paris. www.oecd.org/tax/beps/beps-action-5-harmful-tax-practices-peer-review-transparency-framework.pdf (accessed on 10 November 2017).

OECD (2015), *Countering Harmful Tax Practices More Effectively, Taking into Account Transparency and Substance, Action 5 – 2015 Final Report*, OECD/G20 Base Erosion and Profit Shifting Project, OECD Publishing, Paris. http://dx.doi.org/10.1787/9789264241190-en.

Indonesia

Indonesia has met all of the terms of reference (ToR) for the year in review that can be met in the absence of rulings being issued and no recommendations are made.

Indonesia can legally issue one type of ruling within the scope of the transparency framework: cross-border unilateral advance pricing agreements (APAs) and any other cross-border unilateral tax rulings (such as an advance tax ruling) covering transfer pricing or the application of transfer pricing principles. In Indonesia, the Director of Tax Regulation II is authorised to perform preliminary procedures with regard to APAs, which are then issued by Director General of Taxes through a Decree of the Director General of Taxes.

In practice, Indonesia did not issue any past rulings. For the period 1 April 2016-31 December 2016, Indonesia did not issue any future rulings. Rulings are not published. 14 requests for unilateral APAs have been received from taxpayers and those requests are still under consideration by Directorate General of Taxes.

As there were no rulings issued, no exchange of information was required. Therefore no peer input was received in respect of the exchanges of information on rulings received from Indonesia.

Introduction

1. This peer review covers Indonesia's implementation of the BEPS Action 5 transparency framework for the year 2016. The report has four parts, each relating to a key part of the Terms of Reference. Part A looks at the process to gather the required information on all relevant rulings. Part B relates to the legal basis and administrative process for the exchange of information on rulings. Part C reports the required statistics on exchanges under the transparency framework for the year in review. Part D relates to the transparency requirements that apply for certain intellectual property regimes in connection with the Action 5 "nexus approach".

2. Each part is discussed in turn. A summary of recommendations is included at the end of this report.

A. The information-gathering process (ToR I.4)

3. This section relates to the adequacy of the process used to collect information relating to the tax rulings that are in the scope of the transparency framework, both past and future rulings, as well as the jurisdictions with which information on rulings should be exchanged.

4. The process for gathering information about past rulings is explained first, followed by the process for gathering information about future rulings.

Past rulings (ToR I.4.1.1, I.4.1.2, I.4.2.1, I.4.2.2)

5. Unilateral APAs are identified through a specific lodgement process. The unit in charge of issuing APAs is responsible for creating, updating, and retaining records on every application and result of an APA. As there is a centralised system in managing unilateral APAs, the identification process is by the unit in change of APAs examining the relevant records. In practice, it was possible for APAs to be implemented only from April 2015 and no APAs have been issued within the period defined as "past rulings".

Future rulings (ToR I.4.1.1, I.4.1.2, I.4.2.1)

6. Future APAs are identified in the same manner as for past rulings, by the APA unit keeping its records of all APAs. In order to ensure all potential exchange jurisdictions are identified for future rulings, a taxpayer is required to disclose all related parties of the taxpayer which enter a transaction covered by the APA in the APA application. Taxpayers are not required to disclose the jurisdiction of the immediate parent and/or the ultimate parent company in the APA application. From 1 January 2016, this information can be collected from the taxpayer's transfer pricing documentation, if required to be prepared, which includes the taxpayer's group structure.[1] In practice, this would be likely to be the case for taxpayers which were applying for an APA.

Review and supervision mechanism (ToR I.4.3)

7. Officials in the APA unit were made aware of the BEPS action requirements through in-house trainings and dissemination of information on the transparency requirements. Indonesia ensures that all APA officers possess sufficient knowledge in identifying the tax rulings that fall within the scope of the transparency framework and the relevant related parties. The implementation of the transparency framework is supervised directly by the

Deputy Director for Prevention and Settlement of International Taxation Dispute Directorate of International Taxation, Directorate General of Taxes.

Conclusion on section A

8. Indonesia has met all of the terms of reference for the information-gathering process and no recommendations are made.

B. The exchange of information

9. This section relates to how jurisdictions have adequately complied with the obligation to spontaneously exchange information on the tax rulings within the scope of the transparency framework.

Legal basis for spontaneous exchange of information (ToR II.5.1, II.5.2)

10. Indonesia has the necessary domestic legal basis to exchange information spontaneously. Indonesia notes that there are no legal or practical impediments that prevent the spontaneous exchange of information on rulings as contemplated in the Action 5 minimum standard.

11. Indonesia is a party to international agreements permitting spontaneous exchange of information, including the Convention, and double tax agreements in force with 65 jurisdictions.[2] In total, this network of agreements covers 127 jurisdictions.

Completion and exchange of templates (ToR II.5.3, II.5.4, II.5.5, II.5.6, II.5.7)

12. Indonesia has put in place a process to exchange information on rulings in accordance with the form and timelines required by the transparency framework. Once a unilateral APA is concluded in the future, the Sub-Directorate of Prevention and Resolution of International Tax Disputes will be responsible for the unilateral APA and will provide all the necessary information required to complete the template in Annex C. The Competent Authority for exchange of information will complete the template with the information received. The Competent Authority for exchange of information is also Indonesia's Competent Authority responsible for concluding the APAs, which will ensure that information on any future APAs will be immediately available for the exchange of information purposes.

13. As no rulings within the scope of the transparency framework have been issued in practice, Indonesia was not required to complete any exchanges of information and there is no data to report on the timeliness of exchanges.

Conclusion on section B

14. Indonesia has the necessary legal framework and administrative process in place for exchanging information on rulings. Indonesia has met all of the terms of reference for the exchange of information process that can be met in the absence of rulings being issued and exchanged in practice and no recommendations are made.

C. Statistics (ToR IV)

15. As there were no rulings required to be exchanged by Indonesia in 2016, no statistics can be reported.

D. Matters related to intellectual property regimes (ToR I.4.1.3)

16. Indonesia does not have an intellectual property regime for which transparency requirements were imposed.

Summary of recommendations on implementation of the transparency framework

Aspect of implementation of the transparency framework that should be improved	Recommendation for improvement
	No recommendations are made

Notes

1. This documentation is required to be prepared if the taxpayer has related party transactions and (a) annual gross turnover exceeds IDR 50 billion (approximately EUR 3.22 million); (b) if annual related party transactions for tangible goods exceed IDR 20 billion (approximately EUR 1.28 million); (c) if annual related party transactions for services, interest, intangible goods exceed IDR 5 billion (approximately EUR 322 000); or (d) the related party transactions are with parties domiciled in jurisdictions with an income tax rate lower than Indonesia (i.e. lower than 25%).

2. Parties to the Convention are available here: www.oecd.org/tax/exchange-of-tax-information/convention-on-mutual-administrative-assistance-in-tax-matters.htm. Indonesia also has Double Tax Agreements with: Algeria, Armenia, Australia, Austria, Bangladesh, Belgium, Brunei Darussalam, Bulgaria, Canada, China (People's Republic of), Croatia, Czech Republic, Democratic People's Republic of Korea, Denmark, Egypt, Finland, France, Germany, Hong Kong (China), Hungary, India, Iran, Italy, Japan, Jordan, Korea, Kuwait, Laos, Luxembourg, Malaysia, Mexico, Mongolia, Morocco, Netherlands, New Zealand, Norway, Pakistan, Papua New Guinea, Philippines, Poland, Portugal, Qatar, Romania, Russia, Seychelles, Singapore, Slovak Republic, South Africa, Spain, Sri Lanka, Sudan, Suriname, Sweden, Syrian Arab Republic, Chinese Taipei, Thailand, Tunisia, Turkey, Ukraine, United Arab Emirates, United Kingdom, United States, Uzbekistan, Venezuela and Viet Nam.

Bibliography

OECD (2017), *BEPS Action 5 on Harmful Tax Practices – Terms of Reference and Methodology for the Conduct of the Peer Reviews of the Action 5 Transparency Framework*, OECD/G20 Base Erosion and Profit Shifting Project, OECD, Paris. www.oecd.org/tax/beps/beps-action-5-harmful-tax-practices-peer-review-transparency-framework.pdf (accessed on 10 November 2017).

Ireland

Ireland has met all aspects of the terms of reference (ToR) for the year in review and no recommendations are made. Ireland has answered the peer review questionnaire and the follow-up questions asked by the Secretariat in a timely manner.

Ireland can legally issue the three following types of rulings within the scope of the transparency framework: (1) preferential regimes (shipping regime and Knowledge Development Box); (2) cross-border unilateral advance pricing agreements (APAs) and any other cross-border unilateral tax rulings (such as an advance tax ruling) covering transfer pricing or the application of transfer pricing principles; and (3) permanent establishment rulings. In Ireland, different divisions and regions in the Irish tax administration are authorised to issue opinions, which are signed off at a senior level and in most cases after obtaining the input from the Technical Services section.

In practice, Ireland has issued 29 past rulings, including five that fell into more than one category under the BEPS Action 5 report (OECD, 2015). For the period 1 April 2016-1 February 2017, Ireland issued no future rulings. These rulings are not published; however, the Irish tax administration publishes a briefing or guidance note on noticeable issues raised by specific cases.

No peer input was received in respect of the exchanges of information on rulings received from Ireland.

Note by Turkey: The information in this document with reference to "Cyprus" relates to the southern part of the Island. There is no single authority representing both Turkish and Greek Cypriot people on the Island. Turkey recognises the Turkish Republic of Northern Cyprus (TRNC). Until a lasting and equitable solution is found within the context of the United Nations, Turkey shall preserve its position concerning the "Cyprus issue".

Note by all the European Union Member States of the OECD and the European Union: The Republic of Cyprus is recognised by all members of the United Nations with the exception of Turkey. The information in this document relates to the area under the effective control of the Government of the Republic of Cyprus.

Introduction

1. This peer review covers Ireland's implementation of the BEPS Action 5 transparency framework for the year 2016. The report has four parts, each relating to a key part of the Terms of Reference. Part A looks at the process to gather the required information on all relevant rulings. Part B relates to the legal basis and administrative process for the exchange of information on rulings. Part C reports the required statistics on exchanges under the transparency framework for the year in review. Part D relates to the transparency requirements that apply for certain intellectual property regimes in connection with the Action 5 "nexus approach".

2. Each part is discussed in turn. A summary of recommendations is included at the end of this report.

A. The information-gathering process

3. This section relates to the adequacy of the process used to collect information relating to the tax rulings that are in the scope of the transparency framework, both past and future rulings, as well as the jurisdictions with which information on rulings should be exchanged.

4. The process for gathering information about past rulings is explained first, followed by the process for gathering information about future rulings.

Past rulings (ToR I.4.1.1, I.4.1.2, I.4.2.1, I.4.2.2)

5. To identify past rulings, officers in each competent area of the Irish tax administration searched their records. Each area which issues rulings is responsible for maintaining a record of any opinions which they issue. In order to identify the opinions which were within the scope of "past rulings". each area conducted a comprehensive review of their records for the period in question. In order to determine whether a ruling was within one of the categories of the transparency framework, the officers read the ruling.

6. In order to identify the potential exchange jurisdictions, the ruling was read. The rulings did not contain all necessary information and the "best efforts approach" was used. This included a manual search within the tax administration's systems to identify all of a taxpayer's related parties. Where necessary, the officials sought information by contacting the taxpayer itself.

Future rulings (ToR I.4.1.1, I.4.1.2, I.4.2.1)

7. The process set up within the Irish tax administration to gather information on rulings issued as of 1 April 2016 was as follows. A new system was implemented for all future rulings to record them on a centralised system in the tax administration when they are issued and in a standardised format. As part of this recording process, every officer is required to evaluate whether a ruling falls within the scope of the transparency framework at the time it is being issued. Each revenue officer is responsible for identifying the relevant ruling, categorising it in accordance with the transparency framework criteria and recording it as such in the centralised system. The International Tax Division runs monthly reports from this system in order to identify future rulings that are within the scope of the transparency framework.

8. In order to identify all potential exchange jurisdictions, a new procedure was implemented for future rulings whereby the necessary information is obtained from the taxpayer in the request for the ruling itself. A ruling cannot be issued unless all necessary information on potential exchange jurisdictions is provided, including the identification of all relevant related parties and the immediate and ultimate parent companies. This procedure is described in a specific staff manual.

Review and supervision mechanism (ToR I.4.3)

9. The implementation of the transparency framework was co-ordinated by the International Tax Division. This team liaised with the different areas of the tax administration to provide the necessary support and advice in the case of doubt, and also held information sessions and published guidance in a specific staff manual. The manual contained comprehensive instructions for revenue officers involved in the granting of rulings, a specific section on the transparency framework, instructions to the revenue officers for identifying past rulings, instructions on issuing new rulings, and a standardised format to gather the necessary information on rulings within the scope of the transparency framework. In addition, each division/region had a designated senior member of staff who was responsible for ensuring that all relevant rulings were identified and that all relevant timelines were met.

Conclusion on section A

10. Ireland has met all of the terms of reference for the information-gathering process and no recommendations are made.

B. The exchange of information

11. This section relates to how jurisdictions have adequately complied with the obligation to spontaneously exchange information on the tax rulings within the scope of the transparency framework.

Legal basis for spontaneous exchange of information (ToR II.5.1, II.5.2)

12. Ireland has the necessary domestic legal basis to exchange information spontaneously. Ireland notes that there are no legal or practical impediments that prevent the spontaneous exchange of information on rulings as contemplated in the Action 5 minimum standard.

13. Ireland is a party to international agreements permitting spontaneous exchange of information, including the Convention, the Directive 2011/16/EU with all other European Union Member States, and double tax agreements in force with 74 jurisdictions. In total, this network of agreements covers 119 jurisdictions.[1]

Completion and exchange of templates (ToR II.5.3, II.5.4, II.5.5, II.5.6, II.5.7)

14. In order to share the required information with other jurisdictions, Ireland developed an internal template in an excel spreadsheet and which includes all the relevant fields contained in the Annex C template. It is filled out by each revenue officer when a past ruling is identified, or when a future ruling is issued. The exchange of information branch of the International Tax Division is responsible for extracting the information from the internal template and converting it into the form of the template contained in Annex C. This task also involves a quality check of the information initially submitted by the revenue officer

in relation to each ruling to ensure that it was categorised correctly and to ensure that all relevant information had been provided.

15. Ireland ensures that the information on rulings is made available to the Competent Authority responsible for international exchange of information in a timely way thorough the requirements set out in the staff manual. In relation to past rulings, internal timelines were set for when each division/region was required to complete the identification of all past rulings and the completion of the templates, and these were submitted to the Competent Authority in staged batches. For future rulings, the internal template is completed by the revenue officer at the time of issuing the ruling, and these templates are downloaded by the exchange of information office on at least a monthly basis in order to be reviewed and prepared for exchange.

16. The timeliness of exchanges is as follows. Note that Ireland was able to undertake exchanges of information not only with OECD/G20 countries as required, but also with new members that joined the Inclusive Framework in 2016.

Past rulings in the scope of the transparency framework		Delayed exchanges		
	Number of exchanges transmitted by 31 December 2016	Number of exchanges not transmitted by 31 December 2016	Reasons for the delays	Any other comments
	47	0	N/A	
Future rulings in the scope of the transparency framework	Number of exchanges transmitted within three months of the information becoming available to the competent authority or immediately after legal impediments have been lifted	Delayed exchanges		
		Number of exchanges transmitted later than three months of the information on rulings becoming available to the competent authority	Reasons for the delays	Any other comments
	0	0	N/A	
Total	47	0		

Follow-up requests received for exchange of the ruling	Number	Average time to provide response	Number of requests not answered
	0	N/A	N/A

Conclusion on section B

17. Ireland has the necessary legal basis for spontaneous exchange of information, a process for completing the templates in a timely way and has completed all exchanges on time. Ireland has met all of the terms of reference for the exchange of information process and no recommendations are made.

C. Statistics (ToR IV)

18. The statistics for the 2016 review are as follows:

Category of ruling	Number of exchanges	Jurisdictions exchanged with
Ruling related to a preferential regime	16	Germany, Italy, Luxembourg, Netherlands, Singapore, United Kingdom
Cross-border unilateral advance pricing agreements (APAs) and any other cross-border unilateral tax rulings (such as an advance tax ruling) covering transfer pricing or the application of transfer pricing principles	8	Canada, Malta, Netherlands, United States
Cross-border rulings providing for a unilateral downward adjustment to the taxpayer's taxable profits that is not directly reflected in the taxpayer's financial/ commercial accounts	N/A	N/A
Permanent establishment rulings	23	Canada, Germany, Luxembourg, Malta, Netherlands, Singapore, Turkey, United Kingdom, United States
Related party conduit rulings	N/A	N/A
De minimis rule	N/A	N/A
IP regimes: total exchanges on taxpayers benefitting from the third category of IP assets, new entrants benefitting from grandfathered IP regimes; and taxpayers making use of the option to treat the nexus ratio as a rebuttable presumption	0	
Total	47	

D. Matters related to intellectual property regimes (ToR I.4.1.3)

19. Ireland offers an intellectual property regime that is subject to transparency requirements under the Action 5 Report (OECD, 2015) (Knowledge Development Box). It states that the identification of the benefitting taxpayers will occur as follows:

- ***New entrants benefiting from the grandfathered IP regime***: Not applicable, as the regime is new and comprises no grandfathering clause.
- ***Third category of IP assets***: The corporate tax returns have been designed to allow the collection of relevant information. These corporate tax returns will be filed as of mid-2018 at the earliest for this regime. Information will be exchanged with relevant jurisdictions shortly after the submission of those returns.
- ***Taxpayers making use of the option to treat the nexus ratio as a rebuttable presumption***: Not applicable, as this option has not been incorporated in the Irish legislation.

Summary of recommendations on implementation of the transparency framework

Aspect of implementation of the transparency framework that should be improved	Recommendation for improvement
	No recommendations are made

Note

1. Parties to the Convention are available here: www.oecd.org/tax/exchange-of-tax-information/convention-on-mutual-administrative-assistance-in-tax-matters.htm. Australia also has Double Tax Agreements with Albania, Armenia, Australia, Austria, Bahrain, Belarus, Belgium, Bosnia and Herzegovina, Botswana, Bulgaria, Canada, China (People's Republic of), Croatia, Cyprus, Czech Republic, Denmark, Egypt, Estonia, Ethiopia, Finland, Former Yugoslav Republic of Macedonia, France, Georgia, Germany, Greece, Guernsey, Hong Kong (China), Hungary, Iceland, India, Isle of Man, Israel, Italy, Japan, Jersey, Korea, Kuwait, Latvia, Lithuania, Luxembourg, Malaysia, Malta, Mexico, Moldova, Montenegro, Morocco, Netherlands, New Zealand, Norway, Pakistan, Panama, Poland, Portugal, Qatar, Romania, Russia, Saudi Arabia, Serbia, Singapore, Slovak Republic, Slovenia, South Africa, Spain, Sweden, Switzerland, Thailand, Turkey, Ukraine, United Arab Emirates, United Kingdom, United States, Uzbekistan, Viet Nam, Zambia.

Bibliography

OECD (2017), *BEPS Action 5 on Harmful Tax Practices – Terms of Reference and Methodology for the Conduct of the Peer Reviews of the Action 5 Transparency Framework*, OECD/G20 Base Erosion and Profit Shifting Project, OECD, Paris. www.oecd.org/tax/beps/beps-action-5-harmful-tax-practices-peer-review-transparency-framework.pdf (accessed on 10 November 2017).

OECD (2015), *Countering Harmful Tax Practices More Effectively, Taking into Account Transparency and Substance, Action 5 – 2015 Final Report*, OECD/G20 Base Erosion and Profit Shifting Project, OECD Publishing, Paris. http://dx.doi.org/10.1787/9789264241190-en.

Israel

Israel has met all of the terms of reference (ToR) for the year in review other than the identification of certain potential exchange jurisdictions for past rulings (ToR I.4.2.1), the timely exchange of information on past and future rulings (ToR II.5.6) and the exchange of information on new entrants to its IP regime (ToR I.4.1.3). Israel is recommended to ensure that information on all potential exchange jurisdictions is collected for past rulings, ensure the speedy exchange of all past and future rulings as well as the available information on new entrants to the IP regime.

Israel can legally issue all five types of ruling within the scope of the transparency framework: (1) rulings related to a preferential regime; (2) cross-border unilateral advance pricing agreements (APAs) and any other cross-border unilateral tax rulings (such as an advance tax ruling) covering transfer pricing or the application of transfer pricing principles; (3) cross-border rulings giving a unilateral downward adjustment to the taxpayer's taxable profits in the country giving the ruling; (4) permanent establishment rulings; and (5) related party conduit rulings. The Professional Division of the Israel Tax Authority is responsible for issuing rulings, with each department responsible for issuing a different category of ruling.

In practice, Israel issued 79 past rulings. For the period 1 April 2016-1 February 2017, Israel issued five future rulings. Some rulings are published in anonymised form.

Peer input received was received from one jurisdiction in respect of the exchanges of information on rulings received from Israel. The input was positive, noting that information on past rulings had been received and was in the correct format, complete and timely.

Note: The statistical data for Israel are supplied by and under the responsibility of the relevant Israeli authorities. The use of such data by the OECD is without prejudice to the status of the Golan Heights, East Jerusalem and Israeli settlements in the West Bank under the terms of international law.

Introduction

1. This peer review covers Israel's implementation of the BEPS Action 5 transparency framework for the year 2016. The report has four parts, each relating to a key part of the Terms of Reference. Part A looks at the process to gather the required information on all relevant rulings. Part B relates to the legal basis and administrative process for the exchange of information on rulings. Part C reports the required statistics on exchanges under the transparency framework for the year in review. Part D relates to the transparency requirements that apply for certain intellectual property regimes in connection with the Action 5 "nexus approach".

2. Each part is discussed in turn. A summary of recommendations is included at the end of this report.

A. The information-gathering process

3. This section relates to the adequacy of the process used to collect information relating to the tax rulings that are in the scope of the transparency framework, both past and future rulings, as well as the jurisdictions with which information on rulings should be exchanged.

4. The process for gathering information about past rulings is explained first, followed by the process for gathering information about future rulings.

Past rulings (ToR I.4.1.1, I.4.1.2, I.4.2.1, I.4.2.2)

5. The International Tax Division, which is responsible for exchange of information, formally instructed each of the department managers of the Professional Division which is responsible for issuing rulings to identify the rulings in the scope of the transparency framework.

6. The Professional Division made use of a computerised system which centralises, classifies and updates information on all rulings issued. This system has been in use since 2007. The computerised system contains data regarding the rulings periods, taxpayer name, subject and the full version of the ruling. The rulings periods contained on the centralised system allowed the Professional Division to identify whether the rulings were within the time period for "past rulings". Each department of the division was accountable for reviewing the type of ruling that it is responsible for issuing and for identifying whether the type of ruling was one of the categories of rulings in the scope of the transparency framework. In cases in which there were doubts about the classification of a ruling within a specific category, it was necessary to read the whole ruling and determine the relevant category.

7. In order to identify the potential exchange jurisdictions, all department managers were instructed to identify the taxpayer's state of residency, its immediate parent state and the ultimate parent state. In addition, for PE rulings the department managers were instructed to identify the jurisdiction of the head office or the PE (as the case may be), and for conduit rulings department managers were instructed to identify the ultimate beneficial owner of payments made to the conduit. For the year in review, the jurisdictions of residence of related party counterparts to transactions covered by the ruling or which gave rise to income from related parties benefiting from a preferential treatment were not identified.

8. The bulk of the data was included in the ruling papers. Where information on all potential exchange jurisdictions was not contained in the ruling, the "best efforts" approach was used, which involved seeking further information through internet search or where

needed by requesting the taxpayer's representative to provide the taxpayer's group structure. In some cases difficulties were encountered in identifying the names and addresses of the foreign parent companies. In these cases, the Professional Division used the information available to the Israel Tax Authority, including tax research database and public websites.

Future rulings (ToR I.4.1.1, I.4.1.2, I.4.2.1)

9. In order to identify future rulings, the International Tax Division also issued instructions to each of the department managers to classify every future ruling at the point that the ruling is issued. In addition, the department managers were obligated to obtain from the taxpayer the information about the identity of all of the potential exchange jurisdictions as a pre-condition to issue the rulings.

Review and supervision mechanism (ToR I.4.3)

10. The process for ensuring all relevant information is captured accurately involves two steps. First, the department employees are assigned to identify the ruling, and collect the information following the instructions which were issued by the International Tax Division in connection with the transparency framework. Second, the department manager reviewed the data collected by the employee, and is accountable for submitting the correct documents to the EOI department.[2]

Conclusion on section A

11. Most potential exchange jurisdictions with which to exchange under the transparency framework were identified, except for jurisdictions of residence of related parties to a transaction covered by the ruling or which gave rise to income from related parties benefiting from a preferential treatment. Israel has taken steps to remedy this issue, and in 2017 the relevant rulings were re-examined and additional potential exchange jurisdictions were identified. This will be reviewed in the 2018 peer review. Israel has met all of the terms of reference for the information-gathering process except for identifying all potential exchange jurisdictions for past rulings (ToR I.4.2.1) and Israel is recommended to ensure that information on all potential exchange jurisdictions is collected for past rulings.

B. The exchange of information

12. This section relates to how jurisdictions have adequately complied with the obligation to spontaneously exchange of information on the tax rulings within the scope of the transparency framework.

Legal basis for spontaneous exchange of information (ToR II.5.1, II.5.2)

13. Israel has the necessary domestic legal basis to exchange information spontaneously. Israel notes that there are no legal or practical impediments that prevent the spontaneous exchange information on rulings as contemplated in the Action 5 minimum standard.

14. Israel has international agreements permitting spontaneous exchange of information, including being a party to the Convention and double tax agreements in force with 54 jurisdictions.[3] In total, this network of agreements covers 109 jurisdictions.

Completion and exchange of templates (ToR II.5.3, II.5.4, II.5.5, II.5.6, II.5.7)

15. In order to share the required information with other jurisdictions, the template contained in Annex C of the Action 5 Report (OECD, 2015) is used. The department managers of the Professional Division are responsible for submitting the information on the relevant rulings to the EOI department, which is responsible for entering the data into the template. The EOI department's employees examine the data attached to the ruling papers and if necessary, the ruling papers together with the data are returned to the relevant department for clarification and amendments. The Department Manager of the EOI Department supervises the process of completing and finalising the templates.

16. Israel ensures that the ruling summary template is made available to the Competent Authority for exchange of information in a timely way because the EOI Department is responsible for completing the templates. With regard to the rulings that were exchanged in the year of review (both past and future rulings), templates were transferred to the Competent Authority for exchange of information during December 2016 in one batch and sent by the competent authority towards the end of year 2016.

17. The timeliness of exchanges is as follows. Note that these statistics reflect the fact that information was only required to be exchanged with OECD/G20 countries, and not with new members of the Inclusive Framework, and that Israel in fact did only exchange information with OECD/G20 countries for the year in question.

Past rulings in the scope of the transparency framework	Number of exchanges transmitted by 31 December 2016	Delayed exchanges		
		Number of exchanges not transmitted by 31 December 2016	Reasons for the delays	Any other comments
	20	51	Lack of man power; in addition there was reorganisation and the heads of the departments were changed.	Israel refreshed the instructions to the department's managers to capture all potential exchange jurisdictions. Consequently, the department managers identified additional rulings for the exchange of information. The information was exchanged and the table was updated accordingly.
Future rulings in the scope of the transparency framework	**Number of exchanges transmitted within three months of the information becoming available to the competent authority or immediately after legal impediments have been lifted**	**Delayed exchanges**		
		Number of exchanges transmitted later than three months of the information on rulings becoming available to the competent authority	**Reasons for the delays**	**Any other comments**
	1	7	As above for past rulings	
Total	21	58		

Follow-up requests received for exchange of the ruling	Number	Average time to provide response	Number of requests not answered
	0	0	0

18. Israel notes that they promote weekly department meetings, in which the data regarding the amount of the rulings identified, the amount of papers in process and the amount of papers ready for sending are presented to the EOI manager. The purpose of the meeting purpose is to monitor and oversee the exchange process and identify outstanding delays. With regard to the delayed exchanges, templates were transferred to the Competent Authority each quarter of 2017 and sent to the relevant jurisdictions immediately after receipt. The delayed exchanges were completed by the end of the third quarter of 2017.

Conclusion on section B

19. Israel has the necessary legal framework and administrative process in place for exchanging information on rulings. Israel encountered delays in the exchange of information on both past and future rulings within scope of the transparency framework. Israel has met all of the terms of reference for the exchange of information process except for the timely exchange of information on past and future rulings (ToR II.5.6) and Israel is recommended to ensure the speedy exchange of all past and future rulings.

C. Statistics (ToR IV)

20. The statistics for the 2016 review are as follows:

Category of ruling	Number of exchanges	Jurisdictions exchanged with
Ruling related to a preferential regime	N/A	N/A
Cross-border unilateral advance pricing agreements (APAs) and any other cross-border unilateral tax rulings (such as an advance tax ruling) covering transfer pricing or the application of transfer pricing principles	N/A	N/A
Cross-border rulings providing for a unilateral downward adjustment to the taxpayer's taxable profits that is not directly reflected in the taxpayer's financial/commercial accounts	N/A	N/A
Permanent establishment rulings	21	France, Germany, India Ireland, Italy, Japan, Netherlands Switzerland, United Kingdom, United States
Related party conduit rulings	N/A	N/A
De minimis rule	N/A	N/A
IP regimes: total exchanges on taxpayers benefitting from the third category of IP assets, new entrants benefitting from grandfathered IP regimes; and taxpayers making use of the option to treat the nexus ratio as a rebuttable presumption	-	
Total	21	

D. Matters related to intellectual property regimes (ToR I.4.1.3)

21. Israel offers two intellectual property regimes that are subject to transparency requirements under the Action 5 Report (OECD, 2015) (the Preferred Company regime and the Preferred Technological Enterprise regime). It states that the identification of the benefitting taxpayers will occur as follows:

- ***New entrants benefiting from the grandfathered IP regime***: This issue is relevant only for the Preferred Company regime. The benefits under this regime are only granted by way of ruling and new entrants are identified in the ruling process. Up to the end of 2016, there were seven new entrants to the grandfathered IP regime. These were made available to the Competent Authority in September 2017 and exchanged immediately thereafter.
- ***Third category of IP assets***: This issue is relevant only for the Preferred Technology Enterprise regime, which came into effect in 1 January 2017. In Israel, a third category of asset requires certification by the Authority for Technological Innovation (the certifying agency). The ITA receives detailed information regarding the certificates issued by the certifying agency. Information regarding income from assets that were certified for third category assets will also be required in the company's annual returns. The exchange of information on taxpayers benefiting from the third category of IP assets will be reviewed in the 2018 peer review. Israel notes that as soon as the relevant department (ECIL) issues a ruling regarding the third category of IP assets, they will be shared with the Competent Authority for exchange.
- ***Taxpayers making use of the option to treat the nexus ratio as a rebuttable presumption***: Not applicable, as this option has not been incorporated in Israel's IP regime.

22. Israel notes that the department which is responsible for issuing this kind of rulings for the amended regime is well-instructed regarding how to treat and submit the relevant data for EOI purposes. During the year of review, no information on new entrants was exchanged, although this information should be available. Israel is recommended to ensure that information on new entrants is swiftly made available to the Competent Authority for exchange of information.

Summary of recommendations on implementation of the transparency framework

Aspect of implementation of the transparency framework that should be improved	Recommendation for improvement
For the year in review, the jurisdictions of residence of related party counterparts to transactions covered by the ruling or which gave rise to income from related parties benefiting from a preferential treatment were not identified.	Israel is recommended to ensure that information on all potential exchange jurisdictions is collected for past rulings.
Israel encountered some delays in the exchange of information on ruling within scope of the transparency framework.	Israel is recommended to ensure the speedy exchange of all past and future rulings.
During the year of review, no information on new entrants to the grandfathered IP regime was exchanged, although this information should be available.	Israel is recommended to ensure that information on new entrants to the grandfathered IP regime is swiftly made available to the Competent Authority for exchange of information.

Jurisdiction's response and recent developments

23. Israel has taken steps to remedy the first recommendation above. In 2017, the relevant rulings were re-examined and additional potential exchange jurisdictions were identified. The information was then exchanged as relevant. Israel has also taken steps to remedy the third recommendation. In September 2017, information on new entrants to the grandfathered IP regime was transmitted to the Competent Authority and was immediately exchanged with the relevant jurisdictions.

Notes

1. Available at: https://taxes.gov.il/Pages/TaxationDecisions/TaxationDecisions.aspx (accessed on 10 November 2017).

2. The EOI Department is a sub-division of the International Tax Division.

3. Parties to the Convention are available here: www.oecd.org/tax/exchange-of-tax-information/convention-on-mutual-administrative-assistance-in-tax-matters.htm. Israel also has Double Tax Agreements with Austria, Belarus, Belgium, Brazil, Bulgaria, Canada, China (People's Republic of), Chinese Taipei, Croatia, Czech Republic, Denmark, Estonia, Ethiopia, Finland, France, Georgia, Germany, Greece, Hungary, India, Ireland, Italy, Jamaica, Japan, Korea, Latvia, Lithuania, Luxembourg, Malta, Mexico, Moldova, Netherlands, Norway, Panama, Philippines, Poland, Portugal, Romania, Russia, Singapore, Slovak Republic, Slovenia, South Africa, Spain, Sweden, Switzerland, Thailand, Turkey, Ukraine, United Kingdom, United States, Uzbekistan, Viet Nam.

Bibliography

OECD (2017), *BEPS Action 5 on Harmful Tax Practices – Terms of Reference and Methodology for the Conduct of the Peer Reviews of the Action 5 Transparency Framework*, OECD/G20 Base Erosion and Profit Shifting Project, OECD, Paris. www.oecd.org/tax/beps/beps-action-5-harmful-tax-practices-peer-review-transparency-framework.pdf (accessed on 10 November 2017).

OECD (2015), *Countering Harmful Tax Practices More Effectively, Taking into Account Transparency and Substance, Action 5 – 2015 Final Report*, OECD/G20 Base Erosion and Profit Shifting Project, OECD Publishing, Paris. http://dx.doi.org/10.1787/9789264241190-en.

Italy

Italy has met the terms of reference for the year in review except that Italy experienced some delays in identifying future rulings (ToR I.4.1.2), for future rulings (other than APAs), information on all potential exchange jurisdictions is not yet always obtained, especially for ad hoc Patent Box agreements (ToR I.4.2.1), Italy plans to transmit information on future rulings to the Competent Authority at six monthly intervals each year which is longer than necessary (ToR I.5.5), and Italy has not exchanged information on new entrants to the IP regime that obtained benefits with respect to trademarks although this information for the year 2015 should be available (ToR I.4.1.3). Italy is recommended to ensure that all relevant future rulings are swiftly identified on a going forward basis, to ensure that information on all potential exchange jurisdictions is collected in the course of issuing the ruling, to reduce the timelines for providing the information on future rulings to the Competent Authority, and to identify information on all new entrants to the IP regime that obtained benefits with respect to trademarks as soon as possible.

Italy can legally issue the three following types of rulings within the scope of the transparency framework: (1) preferential regimes (International shipping and Patent Box); (2) cross-border unilateral advance pricing agreements (APAs) and any other cross-border unilateral tax rulings (such as an advance tax ruling) covering transfer pricing or the application of transfer pricing principles; and (3) as of May 2016, permanent establishment rulings. Rulings related to preferential regimes (including on Patent Box applications) and permanent establishment rulings are issued by offices within the Central Directorate for Tax Regulations. APAs and Patent Box ad hoc agreements to determine the embedded IP income in accordance with transfer pricing principles are issued by the APA office within the Central Directorate for Tax Assessment.

In practice, Italy has issued 58 past rulings. For the period 1 April 2016-31 December 2016, Italy issued 39 future rulings. Rulings other than APAs and ad hoc Patent Box agreements may be published in anonymised form as a general ruling or "resolution" on the Italian revenue agency website, if they are of general interest.[1]

Peer input was received from five jurisdictions in respect of the exchanges of information on rulings received from Italy. The input was positive, noting that information was complete, in the correct format, and timely.

Note by Turkey: The information in this document with reference to "Cyprus" relates to the southern part of the Island. There is no single authority representing both Turkish and Greek Cypriot people on the Island. Turkey recognises the Turkish Republic of Northern Cyprus (TRNC). Until a lasting and equitable solution is found within the context of the United Nations, Turkey shall preserve its position concerning the "Cyprus issue".

Note by all the European Union Member States of the OECD and the European Union: The Republic of Cyprus is recognised by all members of the United Nations with the exception of Turkey. The information in this document relates to the area under the effective control of the Government of the Republic of Cyprus.

Introduction

1. This peer review covers Italy's implementation of the BEPS Action 5 transparency framework for the year 2016. The report has four parts, each relating to a key part of the Terms of Reference. Part A looks at the process to gather the required information on all relevant rulings. Part B relates to the legal basis and administrative process for the exchange of information on rulings. Part C reports the required statistics on exchanges under the transparency framework for the year in review. Part D relates to the transparency requirements that apply for certain intellectual property regimes in connection with the Action 5 "nexus approach".

2. Each part is discussed in turn. A summary of recommendations is included at the end of this report.

A. The information-gathering process

3. This section relates to the adequacy of the process used to collect information relating to the tax rulings that are in the scope of the transparency framework, both past and new rulings, as well as the jurisdictions with which information on rulings should be exchanged.

4. The process for gathering information about past rulings is explained first, followed by the process for gathering information about future rulings.

Past rulings (ToR I.4.1.1, I.4.1.2, I.4.2.1, I.4.2.2)

5. Italy stores the information on rulings on different databases depending on the category they fall into.

6. With respect to APAs, the process was centralised within the APA office which has a specific database containing all APA information back to 2005, when the first unilateral APA was issued. A search was performed on this database in order to identify the rulings by using the date of issuance as search criteria. Each agreement was reviewed manually to identify the potential exchange jurisdictions. The APA itself identifies all the related parties involved in the transactions covered by the APA, and information on the immediate parent company and the ultimate parent company is part of the documentation requested and gathered during the process of analysis carried out by the APA office. Italy notes that it was able to identify all relevant jurisdictions from the rulings and application documents without having to use the "best efforts approach."

7. With respect to preferential regimes, a specific database contains information on all rulings, going back to 2001 when the ruling procedure was enacted. The database was searched to identify the relevant rulings. In order to locate any shipping regime rulings, the database was searched using the search field for the reference to the relevant provision of the shipping law. This yielded no matching result as regards the shipping regime. As regards the Patent Box and permanent establishment rulings, they were only issued after 1 April 2016 and as such fell outside of the timeframe set for past rulings.

Future rulings (ToR I.4.1.1, I.4.1.2, I.4.2.1)

8. With respect to APAs and the Patent Box ad hoc agreements issued by the same office, the relevant rulings were identified using the existing database. The APA database is updated as soon as a new ruling is issued. In order to identify all potential exchange jurisdictions, the relevant rulings and ruling application documents were manually reviewed and which contained all the necessary information.

9. With respect to preferential regimes, the search through the database was assisted by the implementation of a new "cross border" flag signalling the relevant rulings on which exchange of information was required. In order to verify whether the ruling fell within the transparency framework, the database was searched such as the provision of the relevant law, or free text searches such as "permanent establishment." No shipping rulings were identified for the period. The potential exchange jurisdictions would be identified by looking at all the relevant data provided by the taxpayer who requested the ruling.

10. Five ad hoc agreements on the Patent Box were issued in 2016, however it was not confirmed whether these were in the scope of the transparency framework by the end of 2016 as the APA Office was still examining the agreements in order to identify those which have a cross-border feature. Italy notes that it is still discussing how to identify the potential exchange jurisdictions and collecting the necessary data, since this was not immediately reported in the rulings or in the filings. It is intended that the forthcoming Inter-ministerial Decree implementing the grandfathering legislation should provide specific provisions on the collection of such information, at least for new entrants opting for trademarks.

11. With respect to the newly introduced permanent establishment rulings, one permanent establishment ruling was issued in 2016, but it was also not confirmed as being in the scope of the transparency framework by the end of 2016 because the ruling has been issued by a newly created office and the information was not yet available in the database. Italy notes that this will be remedied at the end of July 2017. The potential exchange jurisdictions would be identified by looking at all the relevant data provided by the taxpayer who requested the ruling.

Review and supervision mechanism (ToR I.4.3)

12. The International Co-operation Office of the Italian Revenue Agency organised meetings with the different offices involved in the process of issuing rulings and provided guidelines to them. The internal procedure of creation, correction and reviewing of the rulings is the responsibility of the two directorates responsible for issuing the ruling. A database supervisor was in charge of co-ordinating all the database activities, from inserting data to searching information in the database.

Conclusion on section A

13. Italy experienced some delays in identifying future rulings other than APAs and information on all potential exchange jurisdictions is not yet always obtained for future rulings, especially for ad hoc Patent Box agreements. Italy has met all of the terms of reference for the information-gathering process except for identifying all relevant future rulings (ToR I.4.1.2) and identifying all potential exchange jurisdictions for future rulings (ToR I.4.2.1). Italy is recommended to ensure that all relevant future rulings are swiftly identified on a going forward basis and to ensure that for all future rulings, information on all potential exchange jurisdictions is collected.

B. The exchange of information

14. This section relates to how jurisdictions have adequately complied with the obligation to spontaneously exchange information on the tax rulings within the scope of the transparency framework.

Legal basis for spontaneous exchange of information (ToR II.5.1, II.5.2)

15. Italy has the necessary domestic legal basis to exchange information spontaneously. Italy notes that there are no legal or practical impediments that prevent the spontaneous exchange information on rulings as contemplated in the Action 5 minimum standard.

16. Italy has international agreements permitting spontaneous exchange of information, including being a party to the Convention, the Directive 2011/16/EU with all other European Union Member States, and double tax agreements in force with 98 jurisdictions. In total, this network of agreements covers 134 jurisdictions.[2]

Completion and exchange of templates (ToR II.5.3, II.5.4, II.5.5, II.5.6, II.5.7)

17. In order to share the required information with other jurisdictions, Italy created an Excel form in accordance with the OECD *XML Schema and User Guide* (OECD, 2017b). This template is filled out by case workers in each competent office of the tax administration. The templates are reviewed by the head of office, before it is sent to the International Co-operation Office which is responsible for exchange of information. For past rulings, the APA office sent all completed templates in bulk at the beginning of December 2016. For future rulings, the templates will be completed and sent to the Competent Authority every six months in order to align with the EU Directive timelines, although these timelines are longer than necessary for the transparency framework. This means that information on future rulings will be exchanged by 30 September (for rulings issued from 1 January to 30 June) and by 31 March (for rulings issued from 1 July to 31 December).

18. The timeliness of exchanges is as follows. Note that Italy was able to undertake exchanges of information not only with OECD/G20 countries as required, but also with new members that joined the Inclusive Framework in 2016.

Past rulings in the scope of the transparency framework		Delayed exchanges		
	Number of exchanges transmitted by 31 December 2016	Number of exchanges not transmitted by 31 December 2016	Reasons for the delays	Any other comments
	184	0	N/A	
Future rulings in the scope of the transparency framework	**Number of exchanges transmitted within three months of the information becoming available to the competent authority or immediately after legal impediments have been lifted**	**Delayed exchanges**		
		Number of exchanges transmitted later than three months of the information on rulings becoming available to the competent authority	**Reasons for the delays**	**Any other comments**
	0	0	N/A	See below
Total	184			

Follow-up requests received for exchange of the ruling	Number	Average time to provide response	Number of requests not answered
	0	N/A	N/A

19. Italy encountered no delays in exchanging information on past rulings. With respect to future rulings, no exchanges were completed during 2016, although relevant future rulings were issued in 2016. However, almost all of these future rulings were issued in

December 2016, and the timely exchange of information on these rulings will be reviewed in the 2018 peer review.

Conclusion on section B

20. Italy has the necessary legal basis for spontaneous exchange of information, a process for completing the templates in a timely way and has completed all exchanges on past rulings on time. Italy did not complete any exchanges on future rulings for the year in review. Italy has met all of the terms of reference for the exchange of information process except for transmitting information on future rulings to the Competent Authority without undue delay (ToR II.5.5). Italy is recommended to reduce the timelines for providing the information on future rulings to the Competent Authority.

C. Statistics (ToR IV)

21. The statistics for the 2016 review are as follows:

Category of ruling	Number of exchanges	Jurisdictions exchanged with
Ruling related to a preferential regime	0	N/A
Cross-border unilateral advance pricing agreements (APAs) and any other cross-border unilateral tax rulings (such as an advance tax ruling) covering transfer pricing or the application of transfer pricing principles	184	Argentina, Austria, Belgium, Brazil, China (People's Republic of), Croatia, Denmark, Czech Republic, Finland, France, Germany, Greece, Hungary, India, Ireland, Japan, Luxembourg, Netherlands, Pakistan, Poland, Portugal, Romania, Russia, Slovenia, Spain, Sweden, Switzerland, Turkey, Ukraine, United Kingdom, United States
Cross-border rulings providing for a unilateral downward adjustment to the taxpayer's taxable profits that is not directly reflected in the taxpayer's financial/ commercial accounts	N/A	N/A
Permanent establishment rulings	0	N/A
Related party conduit rulings	N/A	N/A
De minimis rule	N/A	N/A
IP regimes: total exchanges on taxpayers benefitting from the third category of IP assets, new entrants benefitting from grandfathered IP regimes; and taxpayers making use of the option to treat the nexus ratio as a rebuttable presumption	0	N/A
Total	184	

D. Matters related to intellectual property regimes (ToR I.4.1.3)

22. Italy offers an intellectual property regime that is subject to transparency requirements under the Action 5 Report (OECD, 2015) (Patent Box). It states that the identification of the benefitting taxpayers will occur as follows:

- ***New entrants benefiting from the grandfathered IP regime***: the Italian Patent Box regime was available to taxpayers in the second half of 2015 and as such all the taxpayers who opted for the regime may be considered new entrants to the extent that they benefited from income from trademarks. These taxpayers will be identified as they must enter the regime by way of a specific e-filing. In addition, in some cases, a mandatory ruling is provided for by the law. Italy has not exchanged information on new entrants to the IP regime that benefited from income from trademarks, although this information for the year 2015 should be available. Italy notes that it is still discussing how to identify the potential exchange jurisdictions and collecting the necessary data, since this was not immediately reported in the rulings or in the filings. It is intended that the forthcoming Inter-Ministerial Decree implementing the grandfathering legislation should provide specific provisions on the collection of such information.

- ***Third category of IP assets***: not applicable, as this option has not been incorporated in Italy's IP regime.
- ***Taxpayers making use of the option to treat the nexus ratio as a rebuttable presumption***: not applicable, as this option has not been incorporated in Italy's IP regime.

Summary of recommendations on implementation of the transparency framework

Aspect of implementation of the transparency framework that should be improved	Recommendation for improvement
Italy experienced some delays in identifying future rulings.	Italy is recommended to ensure that all relevant future rulings are swiftly identified on a going forward basis.
For future rulings (other than APAs), information on all potential exchange jurisdictions is not yet always obtained, especially for ad hoc Patent Box agreements.	Italy is recommended to amend its rulings practices for all future rulings (other than APAs) to ensure that information on all potential exchange jurisdictions is collected.
Italy plans to transmit information on future rulings to the Competent Authority at six monthly intervals each year, which is longer than necessary.	Italy is recommended to reduce the timelines for providing the information on future rulings to the Competent Authority.
Italy has not identified all relevant information on new entrants to the IP regime that obtained benefits with respect to trademarks, although this information for the year 2015 should be available.	Italy is recommended to identify information on all new entrants to the IP regime that obtained benefits with respect to trademarks as soon as possible so as to be in a position to exchange the information.

Jurisdiction's response and recent developments

23. Italy does confirm its commitment to the transparency framework and to the spontaneous exchange of information on cross-border rulings in accordance with the timeline agreed in the Report on Action 5 BEPS. It should be taken into account that the spontaneous exchange of information on rulings is a new process and some time is required to stabilise the relevant procedures.

24. In this regard, Italy would like to highlight that all the procedural issues encountered have been promptly addressed, and therefore the delays happened in the past year are now overcome and Italy is able to timely exchange information on rulings with the relevant jurisdictions. In particular, future rulings issued in 2016, mostly at the end of the year, have been exchanged with the relevant jurisdictions.

25. As shown by the above progress, Italy has made a decisive effort to fully comply with the transparency framework requirements, which confirms also its overall commitment to implement Action 5 minimum standard.

Notes

1. Available here: www.agenziaentrate.gov.it/wps/content/nsilib/nsi/documentazione/normativa+e+prassi/risoluzioni (accessed on 10 November 2017).

2. Parties to the Convention are available here: www.oecd.org/tax/exchange-of-tax-information/convention-on-mutual-administrative-assistance-in-tax-matters.htm. Italy also has Double Tax Agreements with: Albania, Algeria, Argentina, Armenia, Australia, Austria, Azerbaijan, Bangladesh, Belarus, Belgium, Bosnia and Herzegovina, Brazil, Bulgaria, Canada, Chile, China (People's Republic of), Congo, Côte d'Ivoire, Croatia, Cyprus, Czech Republic, Denmark, Ecuador, Egypt, Estonia, Ethiopia, Finland, Former Yugoslav Republic of Macedonia, France, Georgia, Germany, Ghana, Greece, Holy See, Hong Kong (China), Hungary, Iceland, India, Indonesia, Ireland, Israel, Japan, Jordan, Kazakhstan, Korea, Kuwait, Kyrgyzstan, Latvia, Lebanon, Lithuania, Luxembourg, Malaysia, Malta, Mauritius, Mexico, Moldova, Montenegro, Morocco, Mozambique, Netherlands, New Zealand, Norway, Oman, Pakistan, Philippines, Poland, Portugal, Qatar, Romania, Russia, San Marino, Saudi Arabia, Senegal, Serbia, Singapore, Slovak Republic, Slovenia, South Africa, Spain, Sri Lanka, Sweden, Switzerland, Syrian Arab Republic, Tajikistan, Tanzania, Thailand, Trinidad and Tobago, Tunisia, Turkey, Uganda, Ukraine, United Arab Emirates, United Kingdom, United States, Uzbekistan, Venezuela, Viet Nam and Zambia.

Bibliography

OECD (2017a), *BEPS Action 5 on Harmful Tax Practices – Terms of Reference and Methodology for the Conduct of the Peer Reviews of the Action 5 Transparency Framework*, OECD/G20 Base Erosion and Profit Shifting Project, OECD, Paris. www.oecd.org/tax/beps/beps-action-5-harmful-tax-practices-peer-review-transparency-framework.pdf (accessed on 10 November 2017).

OECD (2017b), *Country-by-Country Reporting XML Schema: User Guide for Tax Administrations*, www.oecd.org/tax/beps/country-by-country-reporting-xml-schema-user-guide-for-tax-administrations.pdf (accessed on 10 November 2017).

OECD (2015), *Countering Harmful Tax Practices More Effectively, Taking into Account Transparency and Substance, Action 5 – 2015 Final Report*, OECD/G20 Base Erosion and Profit Shifting Project, OECD Publishing, Paris. http://dx.doi.org/10.1787/9789264241190-en.

Japan

Japan has met all aspects of the terms of reference (ToR) for the year in review and no recommendations are made. Japan has answered the peer review questionnaire and the follow-up questions asked by the Secretariat in a timely manner.

Japan can legally issue three types of ruling within the scope of the transparency framework: (1) cross-border unilateral advance pricing agreements (APAs) and any other cross-border unilateral tax rulings (such as an advance tax ruling) covering transfer pricing or the application of transfer pricing principles; (2) PE rulings; and (3) conduit rulings. In Japan, APAs are issued by specific divisions in charge of administration of APAs in each of the 12 Regional Taxation Bureaus of the Japanese tax administration (the National Tax Agency or "NTA").

With respect to PE rulings and conduit rulings, Japan is theoretically able to provide such ruling under the "written reply procedure". This is a procedure to provide a written answer to a taxpayer's inquiry on the tax treatment of its specific transaction by the Rulings and Legal Affairs Divisions in each Regional Taxation Bureau in charge of application of relevant regulations (hereinafter "RTB Rulings Divisions"). However, no written reply procedure within the scope of the transparency framework has been issued in practice.

In practice, Japan issued 45 past rulings. For the period 1 April 2016-1 February 2017, Japan issued ten new rulings. Unilateral APAs are not published, whereas written answers under the Written Reply Procedure are published on the NTA website.[1]

Peer input was received from five jurisdictions in respect of the exchanges of information on rulings received from Japan. The input was positive, noting that the information was complete, in the correct format and received on time. One peer noted that the template did not include a summary of the ruling. Japan confirms that it completes the templates as required by the transparency framework, and has provided additional information to the peer in question to assist in understanding the particular case.

Introduction

1. This peer review covers Japan's implementation of the BEPS Action 5 transparency framework for the year 2016. The report has four parts, each relating to a key part of the Terms of Reference. Part A looks at the process to gather the required information on all relevant rulings. Part B relates to the legal basis and administrative process for the exchange of information on rulings. Part C reports the required statistics on exchanges under the transparency framework for the year in review. Part D relates to the transparency requirements that apply for certain intellectual property regimes in connection with the Action 5 "nexus approach".

2. Each part is discussed in turn. A summary of recommendations is included at the end of this report.

A. The information-gathering process

3. This section relates to the adequacy of the process used to collect information relating to the tax rulings that are in the scope of the transparency framework, both past and future rulings, as well as the jurisdictions with which information on rulings should be exchanged.

4. The process for gathering information about past rulings is explained first, followed by the process for gathering information about future rulings.

Past rulings (ToR I.4.1.1, I.4.1.2, I.4.2.1, I.4.2.2)

5. For past unilateral APA rulings, the Large Enterprise Division in the NTA is in charge of the information-gathering process under the transparency formwork ("NTA APA Division"). The NTA APA Division instructed the divisions in charge of the administration of APAs in each Regional Taxation Bureau ("RTB APA Divisions") to identify the past rulings using the following steps.

6. First, the officials of each RTB APA Division reviewed each taxpayer's APA file. The file includes information such as the taxpayer's name, related jurisdictions, and the issuing date. The officials then made a list of all unilateral APAs which were within the definition of "past rulings".

7. Second, the RTB APA Divisions identified all potential exchange jurisdictions. In order to obtain this information, the APA filed was consulted. APA requests submitted before June 2016 were not required to contain information on immediate parent and ultimate parent company. Japan used the "best efforts approach" which involved the officials searching all information in the APA files including the company profile, financial statements and details of covered transactions. Japan reports that information on all relevant parties was obtained. Third, the RTB APA Divisions submitted the list of all unilateral APAs in scope with all information on potential exchange jurisdictions to the NTA APA Division.

8. For past written reply procedure rulings, the RTB Rulings Divisions provide written answers and publish all of them on the NTA's website. The Office of Rulings and Legal Affairs in the NTA in charge of applying relevant regulations (hereinafter "NTA Ruling Office") read all of the written answers published on the website to determine if there were any rulings within the scope of the transparency framework. No such rulings have been identified.

Future rulings (ToR I.4.1.1, I.4.1.2, I.4.2.1)

9. The process for identifying future APA rulings is substantially the same as for past rulings, whereby the RTB APA Divisions identifies unilateral APA confirmations within the scope of the future rulings from APA files which they manage. The RTB APA divisions report to the NTA division immediately after they have issued a new APA. In June 2016, a requirement was added to the APA ruling application process to require the taxpayer to provide information on all potential exchange jurisdictions including the immediate parent and ultimate parent company.

10. For future rulings issued under the Written Reply Procedure, the NTA Rulings Office instructs the RTB Rulings Divisions to report the publication of all new written answers immediately after such a ruling is issued. The NTA Rulings Office reads all of the written answers to determine if they are within the transparency framework. No such rulings have been identified. If a ruling was issued in the future, the RTB Rulings Divisions Office would obtain information on all potential exchange jurisdictions including the ultimate parent and immediate parent company from the taxpayer according to the administrative guidelines governing the issuance of rulings.

Review and supervision mechanism (ToR I.4.3)

11. With respect to unilateral APAs, the NTA APA Division provided the RTB APA Divisions with written guidance on the procedures to complete all requirements under the transparency framework, and gave training to related officials based on that guidance. The NTA APA Division also answered questions from the RTB APA Divisions. In addition, the NTA APA Division reviewed the rulings identified by the RTB APA Divisions to ensure they were in scope and within the period of either "past ruling" or "future ruling."

12. With respect to the written reply procedure rulings, the NTA Rulings Office itself completed the work on past rulings and for future rulings also checked this against the information reported by the RTB Rulings Divisions. The International Operations Division is in charge of monitoring the implementation of the transparency framework, and the NTA APA Division and the NTA Rulings Office report to this office on the conduct of their work.

Conclusion on section A

13. Japan has met all of the terms of reference for the information-gathering process and no recommendations are made.

B. The exchange of information

14. This section relates to how jurisdictions have adequately complied with the obligation to spontaneously exchange information on the tax rulings within the scope of the transparency framework.

Legal basis for spontaneous exchange of information (ToR II.5.1, II.5.2)

15. Japan has the necessary domestic legal basis to exchange information spontaneously. Japan notes that there are no legal or practical impediments that prevent the spontaneous exchange of information on rulings as contemplated in the Action 5 minimum standard.

16. Japan is a party to international agreements permitting spontaneous exchange of information, including the Convention and double tax agreements in force with 68 jurisdictions. In total, this network of agreements covers 121 jurisdictions.[2]

Completion and exchange of templates (ToR II.5.3, II.5.4, II.5.5, II.5.6, II.5.7)

17. In order to share the required information on APAs with other jurisdictions, the RTB APA Divisions fill in the information required in the template contained in Annex C. In respect of past rulings, the RTB APA Divisions submitted the information to the NTA APA Division by 2 November 2016. In respect of future rulings, the RTB APA Divisions submit the Annex C template no later than eight weeks after the date on which the confirmation of APA is issued.

18. The NTA APA Division checks that the information is filled in appropriately in the Annex C template and performs a high-level check to ensure it is correct and complete. The NTA APA Division submits the Annex C to the Division in charge of EOI of the NTA, with a target of ensuring this is done within two months of the ruling being issued.

19. The timeliness of exchanges is as follows. Note that these statistics reflect the fact that information was only required to be exchanged with OECD/G20 countries, and not with new members of the Inclusive Framework, and that Japan in fact did only exchange information with OECD/G20 countries for the year in question.

Past rulings in the scope of the transparency framework	Number of exchanges transmitted by 31 December 2016	Delayed exchanges		
		Number of exchanges not transmitted by 31 December 2016	Reasons for the delays	Any other comments
	66	0	N/A	N/A
Future rulings in the scope of the transparency framework	**Number of exchanges transmitted within three months of the information becoming available to the competent authority or immediately after legal impediments have been lifted**	**Delayed exchanges**		
		Number of exchanges transmitted later than three months of the information on rulings becoming available to the competent authority	**Reasons for the delays**	**Any other comments**
	27	0	N/A	N/A
Total	93	0		

Follow-up requests received for exchange of the ruling	Number	Average time to provide response	Number of requests not answered
	0	N/A	0

Conclusion on section B

20. Japan has the necessary legal basis for spontaneous exchange of information, a process for completing the templates in a timely way and has completed all exchanges on time. Japan has met all of the terms of reference for the exchange of information process and no recommendations are made.

C. Statistics (ToR IV)

21. The statistics for the 2016 review are as follows:

Category of ruling	Number of exchanges	Jurisdictions exchanged with
Ruling related to a preferential regime	N/A	N/A
Cross-border unilateral advance pricing agreements (APAs) and any other cross-border unilateral tax rulings (such as an advance tax ruling) covering transfer pricing or the application of transfer pricing principles	93	Australia, Belgium, Brazil, Canada, China (People's Republic of), France, Germany, Hungary, India, Ireland, Israel, Italy, Korea, Luxembourg, Netherlands, South Africa, Spain, Sweden, Switzerland, Turkey, United Kingdom, United States
Cross-border rulings providing for a unilateral downward adjustment to the taxpayer's taxable profits that is not directly reflected in the taxpayer's financial/commercial accounts	N/A	N/A
Permanent establishment rulings	N/A	N/A
Related party conduit rulings	N/A	N/A
De minimis rule	N/A	N/A
IP regimes: total exchanges on taxpayers benefitting from the third category of IP assets, new entrants benefitting from grandfathered IP regimes; and taxpayers making use of the option to treat the nexus ratio as a rebuttable presumption	N/A	N/A
Total	93	

D. Matters related to intellectual property regimes (ToR I.4.1.3)

22. Japan does not have an intellectual property regime for which transparency requirements were imposed.

Summary of recommendations on implementation of the transparency framework

Aspect of implementation of the transparency framework that should be improved	Recommendation for improvement
	No recommendations are made

Notes

1. www.nta.go.jp/shiraberu/zeiho-kaishaku/bunshokaito/01.htm (accessed on 10 November 2017).

2. Parties to the Convention are available here: www.oecd.org/tax/exchange-of-tax-information/convention-on-mutual-administrative-assistance-in-tax-matters.htm. Japan also has Double Tax Agreements with Armenia, Australia, Austria, Bangladesh, Belarus, Belgium, Bermuda, Brazil, Brunei Darussalam, Bulgaria, Canada, Chile, China (People's Republic of), Czech Republic, Denmark, Egypt, Fiji, Finland, France, Georgia, Germany, Guernsey, Hong Kong (China), Hungary, India, Indonesia, Ireland, Israel, Italy, Jersey, Kazakhstan, Korea, Kuwait, Kyrgyzstan, Luxembourg, Malaysia, Mexico, Moldova, Netherlands, New Zealand, Norway, Oman, Pakistan, Philippines, Poland, Portugal, Qatar, Romania, Russia, Saudi Arabia, Singapore, Slovak Republic, South Africa, Spain, Sri Lanka, Sweden, Switzerland, Chinese Taipei, Tajikistan, Thailand, Turkey, Turkmenistan, Ukraine, United Kingdom, United States, Uzbekistan, Viet Nam and Zambia.

Bibliography

OECD (2017), *BEPS Action 5 on Harmful Tax Practices – Terms of Reference and Methodology for the Conduct of the Peer Reviews of the Action 5 Transparency Framework*, OECD/G20 Base Erosion and Profit Shifting Project, OECD, Paris. www.oecd.org/tax/beps/beps-action-5-harmful-tax-practices-peer-review-transparency-framework.pdf (accessed on 10 November 2017).

Korea

Korea is taking steps to implement the legal basis for the transparency framework and to complete the administrative work to ensure that information on rulings is exchanged as soon as possible after the new legal basis is in force. Korea has met all of the terms of reference (ToR) for the year in review other than having the domestic legal framework for spontaneous exchange of information on rulings (ToR II.5.1) and that it has not yet finalised it mechanism to identify and exchange information on taxpayers benefiting from the third category of assets in the IP regime (ToR I.4.1.3). Korea is recommended to finalise the amendments to put the domestic legal basis in place to commence exchanges as soon as possible, and to continue with its implementation of the legal and administrative framework to ensure taxpayers benefiting from the third category of assets in the IP regime are identified and information is exchanged as soon as possible.

Korea can legally issue the following type of rulings within the scope of the transparency framework: cross-border unilateral advance pricing agreements (APAs) and any other cross-border unilateral tax rulings (such as an advance tax ruling) covering transfer pricing or the application of transfer pricing principles.[1] Rulings on APAs are issued by the International Taxation Bureau at the Central Office of the National Tax Service.

In practice, Korea issued 45 past rulings. For the period 1 April 2016-1 February 2017, Korea issued one future ruling. These rulings are not published.

Korea did not have the necessary domestic legal basis for spontaneous exchange of information on rulings for the year of review. As such, no exchanges on rulings were permitted to occur.[2] As no exchanges on rulings could be undertaken under Korea's domestic legal framework, no peer input was received in respect of the exchanges of information on rulings received from Korea.

Introduction

1. This peer review covers Korea's implementation of the BEPS Action 5 transparency framework for the year 2016. The report has four parts, each relating to a key part of the Terms of Reference. Part A looks at the process to gather the required information on all relevant rulings. Part B relates to the legal basis and administrative process for the exchange of information on rulings. Part C reports the required statistics on exchanges under the transparency framework for the year in review. Part D relates to the transparency requirements that apply for certain intellectual property regimes in connection with the Action 5 "nexus approach".

2. Each part is discussed in turn. A summary of recommendations is included at the end of this report.

A. The information-gathering process

3. This section relates to the adequacy of the process used to collect information relating to the tax rulings that are in the scope of the transparency framework, both past and future rulings, as well as the jurisdictions with which information on rulings should be exchanged.

4. Korea has commenced the information-gathering process in advance of the legal basis for spontaneously exchanging information on rulings being finalised. The process for gathering information about past rulings is explained first, followed by the process for gathering information about future rulings.

Past rulings (ToR I.4.1.1, I.4.1.2, I.4.2.1, I.4.2.2)

5. With respect to unilateral APAs, these are issued by the International Taxation Bureau at the Central Office of the National Tax Service. All information regarding unilateral APAs that have been issued in the past are stored and managed centrally at this Bureau and recorded on a spreadsheet. The spreadsheet categorises the APAs as bilateral or unilateral and includes the date of issue. The International Taxation Bureau is responsible for identifying from the spreadsheet all unilateral APAs that were issued in the relevant years.

6. In order to identify the potential exchange jurisdictions, Korea consulted the information contained in the request for the APA. Since 1995, the information required to be submitted when a taxpayer requests a unilateral APA ruling has contained the countries of residence of all related parties with whom the taxpayer enters into transactions that are covered by the APA, and the residence country of the ultimate and immediate parent company.

7. Where necessary, if information in the ruling request was unclear, Korea made use of the "best efforts approach" which involved checking other information that had been submitted by the taxpayer, or contacting the taxpayer or their representative.

8. With respect to the advance rulings programme, Korea also took steps to confirm that no rulings within the scope of the transparency framework had been issued. The Collection and Legal Bureau which issues such rulings searched its files, and all issued rulings are stored and managed centrally. As all rulings have a chronological issuance number and are published in anonymised form on the legal database, the records were able to be searched systematically and by provision of law or category of ruling. Korea was able to confirm that no rulings within the scope of the transparency framework have been issued, as was expected to be the case.

Future rulings (ToR I.4.1.1, I.4.1.2, I.4.2.1)

9. To identify future unilateral APAs, the International Taxation Bureau regularly refers to its central spreadsheet which records all unilateral APAs. As was the case for past rulings, information on all potential exchange jurisdictions is required to be provided in the ruling application.

10. Korea also verified that no other future rulings issued under the advance rulings programme were within the scope of the transparency framework. This was conducted by reviewing all such rulings, in the same manner as for past rulings. No rulings within the scope of the transparency framework had been issued between 1 April 2016 and 31 December 2016, as was expected to be the case.

Review and supervision mechanism (ToR I.4.3)

11. Korea notes that the centralisation of the rulings in one place for unilateral APAs, together with the fact that a relatively small number of APAs that had been issued assisted in ensuring that the relevant rulings were identified.

Conclusion on section A

12. Korea has a process for identifying the rulings and potential exchange jurisdictions which is appropriate for the small size of the rulings programme in Korea. Korea has met all of the terms of reference for the information-gathering process and no recommendations are made.

B. The exchange of information

13. This section relates to how jurisdictions have adequately complied with the obligation to spontaneously exchange information on the tax rulings within the scope of the transparency framework.

Legal basis for spontaneous exchange of information (ToR II.5.1, II.5.2)

14. Korea does not have the necessary domestic legal basis to exchange information on unilateral APAs spontaneously. This is because a domestic regulation specifically restricts the tax administration's use of data that is submitted in an application of an APA to (1) review of the APA and (2) follow-up procedures related to the APA.[3] Under Korea's legal system, treaty provisions enabling administrative power such as exchange of information cannot automatically override the legal provision regarding the restrictions on use of APA information. Korea is currently in the process of revising that regulation so that APA information may also be used for exchange of information purposes. Korea anticipates that the new law will take effect in early 2018.

15. Korea has international agreements permitting spontaneous exchange of information, including being a party to the Convention and double tax agreements in force with 93 jurisdictions.[4] In total, this network of agreements covers 136 jurisdictions.

Completion and exchange of templates (ToR II.5.3, II.5.4, II.5.5, II.5.6, II.5.7)

16. Korea will exchange all past and future rulings in bulk once the legal basis is in force. Korea has already identified the number of exchanges that need to be made, and the treaty partners with whom the exchanges shall take place. Korea has also begun filling in the templates in the form of Annex C so that by the time the revised law takes effect, they will be ready to exchange without further delay. With respect to future rulings, Korea will educate its tax officers to ensure that rulings are submitted to the Competent Authority for exchange of information within three months of the ruling being issued.

17. As there is no legal basis for exchange, no data on the timeliness of exchanges can be reported.

Conclusion on section B

18. Korea does not yet have the necessary legal framework in place for exchanging information on rulings. Korea has already taken steps to ensure the administrative practices for the completion and exchange of templates on rulings is in place in advance of the finalisation of the domestic legal framework, which will ensure as speedy an exchange process as possible. Korea has met all of the terms of reference for the exchange of information process other than having the domestic legal framework for spontaneous exchange of information on rulings (ToR I.5.1) and Korea is recommended to finalise the amendments to put the domestic legal basis in place to commence exchanges as soon as possible.

C. Statistics (ToR IV)

19. As there is no legal basis for exchange, no statistical data can be reported.

D. Matters related to intellectual property regimes (ToR I.4.1.3)

20. Korea has an intellectual property regime that is subject to transparency requirements under the Action 5 Report (OECD, 2015) (the Innovation Income Deduction). It states that the identification of the benefitting taxpayers will occur as follows:

- ***New entrants benefiting from the grandfathered IP regime***: as this is a new regime, grandfathering is not relevant.
- ***Third category of assets***: the registration of such assets is required to be registered and managed with the Korea Institute for Advancement of Technology. In addition, a new appendix table under the Ordinance of Ministry of Strategy and Finance has been created to collect information on how many taxpayers enjoy benefits from the third category IP asset and total amount of income generated from such assets. The necessary legal basis was put in place in early 2017 and will be reviewed in the next annual peer review.
- ***Taxpayers making use of the option to treat the nexus ratio as a rebuttable presumption***: not applicable, as this option has not been incorporated in Korea's IP regime.

Summary of recommendations on implementation of the transparency framework

Aspect of implementation of the transparency framework that should be improved	Recommendation for improvement
Korea does not yet have the necessary legal framework in place for exchanging information on rulings.	Korea is recommended to finalise the amendments to put the domestic legal basis in place to commence exchanges as soon as possible.
For the year in review, Korea had not finalised its mechanism to identify and exchange information on taxpayers benefiting from the third category of assets in the IP regime.	Korea is recommended to continue with its implementation of the legal and administrative framework to ensure taxpayers benefiting from the third category of assets in the IP regime are identified and information is exchanged as soon as possible.

Notes

1. Korea notes that although it has an advance rulings programme, binding administrative guidance prevents a taxpayer from requesting, or the authority from granting, advance rulings which would depend on, or involve a determination of, the facts and circumstances (such as a permanent establishment or conduit arrangement). The issuance of these rulings is governed by the binding administrative guidance published by the National Tax Service.

2. The Action 5 Report (OECD, 2015) notes that jurisdictions which do not currently have the necessary legal framework in place for spontaneous exchange of information on rulings will need to put in place such a framework in order to comply with the obligations under Action 5, but that in such cases the timelines are subject to a country's legal framework.

3. Article 9(5) of the Presidential Decree to the Law on the Co-ordination

4. Parties to the Multilateral Convention are available here: www.oecd.org/tax/exchange-of-tax-information/convention-on-mutual-administrative-assistance-in-tax-matters.htm. Korea also has Double Tax Agreements with Albania, Algeria, Australia, Austria, Azerbaijan, Bahrain, Bangladesh, Belarus, Belgium, Brazil, Brunei Darussalam, Bulgaria, Canada, Chile, China (People's Republic of), Colombia, Croatia, Czech Republic, Denmark, Ecuador, Egypt, Estonia, Fiji, Finland, France, Gabon, Georgia, Germany, Greece, Hong Kong (China), Hungary, Iceland, India, Indonesia, Iran, Ireland, Israel, Italy, Japan, Jordan, Kazakhstan, Kenya, Democratic People's Republic of Korea, Kuwait, Kyrgyzstan, Laos, Latvia, Lithuania, Luxembourg, Malaysia, Malta, Mexico, Mongolia, Morocco, Myanmar, Nepal, Netherlands, New Zealand, Norway, Oman, Pakistan, Panama, Papua New Guinea, Peru, Philippines, Poland, Portugal, Qatar, Romania, Russia, Saudi Arabia, Serbia, Singapore, Slovak Republic, Slovenia, South Africa, Spain, Sri Lanka, Sweden, Switzerland, Tajikistan, Thailand, Tunisia, Turkey, Turkmenistan, Ukraine, United Arab Emirates, United Kingdom, United States, Uruguay, Uzbekistan, Venezuela and Viet Nam.

Bibliography

OECD (2017), *BEPS Action 5 on Harmful Tax Practices – Terms of Reference and Methodology for the Conduct of the Peer Reviews of the Action 5 Transparency Framework*, OECD/G20 Base Erosion and Profit Shifting Project, OECD, Paris. www.oecd.org/tax/beps/beps-action-5-harmful-tax-practices-peer-review-transparency-framework.pdf (accessed on 10 November 2017).

OECD (2015), *Countering Harmful Tax Practices More Effectively, Taking into Account Transparency and Substance, Action 5 – 2015 Final Report*, OECD/G20 Base Erosion and Profit Shifting Project, OECD Publishing, Paris. http://dx.doi.org/10.1787/9789264241190-en.

Latvia

Latvia is taking steps to implement the legal basis for the transparency framework and to commence administrative preparations to ensure that information on rulings will be exchanged once the new legal basis is in place. Latvia has met all of the terms of reference (ToR) for the year in review that can be met in the absence of the legal framework for spontaneous exchange of information on rulings (ToR II.5.1) and Latvia is recommended to finalise the amendments to put the domestic legal basis in place and implement all necessary administrative processes to commence exchanges as soon as possible. Latvia has answered the peer review questionnaire and the follow-up questions asked by the Secretariat in a timely manner.

Latvia can legally issue the following three types of rulings within the scope of the transparency framework: (1) preferential regimes (shipping tax regime and regime related with the taxpayers investments in special economic zones and free ports (Special economic zones); (2) cross-border unilateral APAs and any other cross-border unilateral tax ruling (such as an ATR) covering transfer pricing or the application of transfer pricing principles; and (3) permanent establishment rulings. In Latvia, rulings within the transparency framework are issued by the State Revenue Service.

In practice, Latvia issued 59 past rulings. For the period 1 April 2016-31 December 2016, Latvia issued ten future rulings.[1] The summaries of these rulings are published in an anonymised way.[2]

Latvia did not have the necessary domestic and international legal framework for spontaneous exchange of information for the year of review. As such, no exchanges were permitted to occur.[3] As no exchanges could be undertaken under Latvia's domestic legal framework, no peer input was received in respect of the exchanges of information on rulings received from Latvia.

Note by Turkey: The information in this document with reference to "Cyprus" relates to the southern part of the Island. There is no single authority representing both Turkish and Greek Cypriot people on the Island. Turkey recognises the Turkish Republic of Northern Cyprus (TRNC). Until a lasting and equitable solution is found within the context of the United Nations, Turkey shall preserve its position concerning the "Cyprus issue".

Note by all the European Union Member States of the OECD and the European Union: The Republic of Cyprus is recognised by all members of the United Nations with the exception of Turkey. The information in this document relates to the area under the effective control of the Government of the Republic of Cyprus.

Introduction

1. This peer review covers Latvia's implementation of the BEPS Action 5 transparency framework for the year 2016. The report has four parts, each relating to a key part of the Terms of Reference. Part A looks at the process to gather the required information on all relevant rulings. Part B relates to the legal basis and administrative process for the exchange of information on rulings. Part C reports the required statistics on exchanges under the transparency framework for the year in review. Part D relates to the transparency requirements that apply for certain intellectual property regimes in connection with the Action 5 "nexus approach".

2. Each part is discussed in turn. A summary of recommendations is included at the end of this report.

A. The information-gathering process

3. This section relates to the adequacy of the process used to collect information relating to the tax rulings that are in the scope of the transparency framework, both past and future rulings, as well as the jurisdictions with which information on rulings should be exchanged.

4. As Latvia did not have the legal basis to exchange rulings in 2016, this section could not be assessed. It is noted that Latvia completed its peer review questionnaire explaining the preparations being made to identify all relevant rulings and potential exchange jurisdictions in 2017, which includes the following.

5. The State Revenue Service has a centralised system in which all rulings are registered and monitored, being the Latvian Tax Information system. The divisions which are responsible for issuing rulings will be responsible for identifying whether the issued rulings are within the scope of the transparency framework. The divisions have allocated specific personnel who are responsible for consulting their internal registers and identifying past rulings for the purposes of exchanges pursuant to the EU Directive and the same approach is likely to be used for the transparency framework. Future rulings are expected to be identified at the point they are issued.

6. In order to identify the potential exchange jurisdictions, the rulings themselves will be consulted. The rulings should contain information on all potential exchange jurisdictions, including the immediate parent company, the ultimate parent company, and all related parties that enter a transaction covered by the ruling as this is required from the taxpayer in the application pursuant to the Cabinet of Ministers Regulations and Administrative Procedure Law.

Conclusion on section A

7. For the year in review, Latvia did not have the necessary legal framework in place for exchanging information on rulings. This section will be assessed in the subsequent annual peer review. Latvia is encouraged to commence the identification of all relevant rulings and potential exchange jurisdictions in order to ensure that the exchanges of information under the transparency framework can occur as soon as possible after the legal basis is finalised.

B. The exchange of information

8. This section relates to how jurisdictions have adequately complied with the obligation to spontaneously exchange information on the tax rulings within the scope of the transparency framework.

Legal basis for spontaneous exchange of information (ToR II.5.1, II.5.2)

9. Latvia does not have the necessary domestic legal basis to exchange information spontaneously. Latvia notes that an amendment to the Cabinet of Ministers' Regulations concerning spontaneous exchange of information on rulings is currently being drafted. It is planned that the draft amendment will be finished in 2017. Latvia is not yet able to confirm whether the amendment will allow the exchange of information on both past and future rulings.

10. Latvia is part to international agreements permitting spontaneous exchange of information, including the Convention, the Directive 2011/16/EU with all other European Union Member States, and double tax agreements in force with 58 jurisdictions. In total, this network of agreements covers 113 jurisdictions.[4]

Completion and exchange of templates (ToR II.5.3, II.5.4, II.5.5, II.5.6, II.5.7)

11. As the Latvian tax administration does not yet have the legal basis for exchanges, the completion and exchange of templates is not assessed.

12. Latvia notes that the staff dealing with the exchange of information on tax rulings has examined the OECD *XML Schema and User Guide* (OECD, 2017b) and is familiar with the template in Annex C of the Action 5 Report (OECD, 2015). Once the Cabinet of Ministers' Regulation has been amended, internal provisions for the exchange of information on tax rulings within the transparency framework will be drafted and training seminars will be organised if required.

13. As there is no legal basis for exchange, no data on the timeliness of exchanges can be reported.

Conclusion on section B

14. Latvia does not yet have the necessary legal framework in place for exchanging information on rulings. Once this is put in place, Latvia will prepare the internal provisions for the exchanges under the transparency framework. Latvia is recommended to finalise the amendments to put the domestic legal basis in place and implement all necessary administrative processes to commence exchanges as soon as possible. Latvia is encouraged to commence the completion of templates for all relevant rulings in order to ensure that the exchanges of information under the transparency framework can occur as soon as possible after the legal basis is finalised.

C. Statistics (ToR IV)

15. As there is no legal basis for exchange, no statistical data can be reported.

D. Matters related to intellectual property regimes (ToR I.4.1.3)

16. Latvia does not have an intellectual property regime for which transparency requirements were imposed.

Summary of recommendations on implementation of the transparency framework

Aspect of implementation of the transparency framework that should be improved	Recommendation for improvement
Latvia does not yet have the necessary legal framework in place for exchanging information on rulings.	Latvia is recommended to finalise the amendments to put the domestic legal basis in place and implement all necessary administrative processes to commence exchanges as soon as possible.

Notes

1. Of the 69 rulings issued in total, 67 of these rulings were rulings related to a preferential regime which were issued to micro-enterprise taxpayers (a special tax regime in the Republic of Latvia). The aforementioned rulings concern only Latvian enterprises, i.e. other jurisdictions are not concerned.
2. Available at: www.vid.gov.lv/ (accessed on 10 November 2017).
3. The Action 5 Report (OECD, 2015) notes that jurisdictions which do not currently have the necessary legal framework in place for spontaneous exchange of information on rulings will need to put in place such a framework in order to comply with the obligations under Action 5, but that in such cases the timelines are subject to a country's legal framework.
4. Parties to the Convention are available here: www.oecd.org/tax/exchange-of-tax-information/convention-on-mutual-administrative-assistance-in-tax-matters.htm. Latvia also has Double Tax Agreements with Albania, Armenia, Austria, Azerbaijan, Belarus, Belgium, Bulgaria, Canada, China (People's Republic of), Croatia, Cyprus, Czech Republic, Denmark, Estonia, Finland, Former Yugoslav Republic of Macedonia, France, Georgia, Germany, Greece, Hungary, Iceland, India, Ireland, Israel, Italy, Kazakhstan, Korea, Kuwait, Kyrgyzstan, Lithuania, Luxembourg, Malta, Mexico, Moldova, Morocco, Netherlands, Norway, Poland, Portugal, Qatar, Romania, Russia, Serbia, Singapore, Slovak Republic, Slovenia, Spain, Sweden, Switzerland, Tajikistan, Turkey, Turkmenistan, Ukraine, United Arab Emirates, United Kingdom, United States and Uzbekistan.

Bibliography

OECD (2017a), *BEPS Action 5 on Harmful Tax Practices – Terms of Reference and Methodology for the Conduct of the Peer Reviews of the Action 5 Transparency Framework*, OECD/G20 Base Erosion and Profit Shifting Project, OECD, Paris. www.oecd.org/tax/beps/beps-action-5-harmful-tax-practices-peer-review-transparency-framework.pdf (accessed on 10 November 2017).

OECD (2017b), *Country-by-Country Reporting XML Schema: User Guide for Tax Administrations*, www.oecd.org/tax/beps/country-by-country-reporting-xml-schema-user-guide-for-tax-administrations.pdf (accessed on 10 November 2017).

OECD (2015), *Countering Harmful Tax Practices More Effectively, Taking into Account Transparency and Substance, Action 5 – 2015 Final Report*, OECD/G20 Base Erosion and Profit Shifting Project, OECD Publishing, Paris. http://dx.doi.org/10.1787/9789264241190-en.

Luxembourg

Luxembourg has met all aspects of the terms of reference (ToR) for the year in review, except for being able to identify all past rulings within the scope and to classify them in accordance with the relevant categories (ToR I.4.1.1 and ToR I.4.1.2.), meeting the timelines for exchanging information on past rulings (ToR II.5.6) and exchanging available information on new entrants to the IP regime (ToR I.4.1.3). Luxembourg is recommended to ensure that all rulings are identified and information on relevant past rulings and new entrants to the IP regime are exchanged as soon as possible. Luxembourg has answered the peer review questionnaire and the follow-up questions asked by the Secretariat in a timely manner.

Luxembourg can legally issue the following four types of rulings within the scope of the transparency framework: (1) preferential regimes (private asset management company, investment company in risk capital, provision for fluctuations in reinsurance companies, informal capital and partial exemption for income/gains derived from certain IP rights); (2) cross-border unilateral advance pricing agreements (APAs) and any other cross-border unilateral tax rulings (such as an advance tax ruling) covering transfer pricing or the application of transfer pricing principles; (3) unilateral downward adjustments; and (4) permanent establishment rulings. To the extent that conduit rulings are provided, they are already covered under the second category.

In practice, Luxembourg issued 5 600 past rulings. For the period 1 April 2016-31 December 2016, Luxembourg issued 219 future rulings. These rulings are published in a summarised and anonymised form in the annual report of the tax administration.

Peer input was received from 10 jurisdictions in respect of the exchanges of information on rulings received from Luxembourg. The input noted that information was in the correct format and all peers stated that the information received was complete, except one that responded with "N/A". Five peers mentioned exchange delays with respect to past rulings.

Note by Turkey: The information in this document with reference to "Cyprus" relates to the southern part of the Island. There is no single authority representing both Turkish and Greek Cypriot people on the Island. Turkey recognises the Turkish Republic of Northern Cyprus (TRNC). Until a lasting and equitable solution is found within the context of the United Nations, Turkey shall preserve its position concerning the "Cyprus issue".

Note by all the European Union Member States of the OECD and the European Union: The Republic of Cyprus is recognised by all members of the United Nations with the exception of Turkey. The information in this document relates to the area under the effective control of the Government of the Republic of Cyprus.

Introduction

1. This peer review covers Luxembourg's implementation of the BEPS Action 5 transparency framework for the year 2016. The report has four parts, each relating to a key part of the Terms of Reference. Part A looks at the process to gather the required information on all relevant rulings. Part B relates to the legal basis and administrative process for the exchange of information on rulings. Part C reports the required statistics on exchanges under the transparency framework for the year in review. Part D relates to the transparency requirements that apply for certain intellectual property regimes in connection with the Action 5 "nexus approach".

2. Each part is discussed in turn. A summary of recommendations is included at the end of this report.

A. The information-gathering process

3. This section relates to the adequacy of the process used to collect information relating to the tax rulings that are in the scope of the transparency framework, both past and future rulings, as well as potential exchange jurisdictions.

4. The process for gathering information about past rulings is explained first, followed by the process for gathering information about future rulings.

Past rulings (ToR I.4.1.1, I.4.1.2, I.4.2.1, I.4.2.2)

5. The process for issuing tax rulings in Luxembourg was changed with effect from 1 January 2015, and the information-gathering process is therefore different after that period.

6. Rulings granted in response to requests submitted before 1 January 2015 were not centrally registered. As far as corporate taxation is concerned, authority to grant rulings was held by eight corporate tax offices, each of which was responsible for either a specific region in the country or a specific sector (such as large businesses, types of enterprises such as partnerships, or sectors such as insurance, agriculture, financial industry and e-commerce). In practice, a large part of all the rulings were issued by one corporate tax office.

7. In order to identify the rulings within the scope of the transparency framework, each of the heads of the eight corporate tax offices were requested to prepare a list of all the taxpayer specific rulings issued by their office on or after 1 January 2010. The corporate tax office which issued most of the rulings already maintained a database of all rulings since 2007, and the lists were then combined with the information in that database to create one central database listing all issued rulings. The central database comprised the following information: name of the taxpayer; tax identification number of the taxpayer; name of the taxpayer group; keywords describing the subject of the ruling; date of receipt of ruling request; date of acceptance; amount invested (if available); and a link to the relevant documents.

8. The tax administration staff had to go manually through all of the rulings in the database to determine if they were in the scope of the transparency framework. In order to assist in accelerating the identification of past rulings, taxpayers or their advisors were contacted and asked to identify for each relevant ruling whether or not it was in scope. A national template was created by the tax administration in April 2016 in order to meet the requirements of the transparency framework. This template is available for taxpayers or their advisors on the tax administration's website.[1] If the ruling was in scope, the form required the classification into the relevant categories and the verification that the ruling

was within the period defined as "past ruling." The received forms were then reviewed by the tax administration staff to verify if the classification was correct. For rulings where the form was not completed by the taxpayer or advisor, the tax administration staff classified the ruling using information contained in the ruling.

9. The form also included information needed to identify the potential exchange jurisdictions, which assisted in accelerating the information-gathering process, and which is beyond the requirements of the "best efforts" approach. Where information was provided by the taxpayers or their advisors, this information was also reviewed by the tax administration staff to verify if it was complete. Where the form was not completed by the taxpayer or advisor, the task of identifying potential exchange jurisdictions was performed by the Luxembourg tax administration staff using information contained in the ruling request files (including the annexed documents, which usually included a group organisation chart or where relevant contracts with related parties). Of the rulings reviewed by 31 December 2016, all potential exchange jurisdictions were able to be identified from the ruling request file or from the taxpayer.

10. As of 1 January 2015, a new procedure for issuing rulings was introduced with the enactment of paragraph 29A of the General Tax Law. This provided for the creation of a tax ruling commission which assists the competent tax offices with the execution and the uniform application of the tax law. The ruling commission is the gateway for any future ruling and it provides an opinion on each ruling request as far as corporate taxation is concerned. The ruling commission's opinion is transmitted to the head of the competent tax office for execution and the ruling commission's opinion is legally binding on the tax office receiving the request. The final ruling is then issued by the head of the tax office.

11. The process for identifying all past rulings issued on and from 1 January 2015 was as follows. The ruling commission received all ruling requests that were pending as of 1 January 2015. All ruling requests were entered into the central database of the ruling commission. After the delivery of the opinions by the ruling commission the rulings were provided to the relevant competent tax office for execution. The ruling was then recorded in the relevant competent tax office's records as well. The data from the ruling commission's database and the competent tax office records were used for the purposes of the transparency framework to compile the central database listing all past rulings. The process of reviewing that list and identifying potential exchange jurisdictions was the same as for all other past rulings.

Future rulings (ToR I.4.1.1, I.4.1.2, I.4.2.1)

12. All future rulings were issued under the framework of new paragraph 29A of the General Tax Law and with the involvement of the ruling commission.

13. For future rulings, all taxpayers must complete the national template together with the ruling request, and this includes an indication of whether the ruling is in the scope of the transparency framework. Immediately after the delivery of a positive opinion by the ruling commission, the ruling commission reviews the form and makes the decision as to whether the ruling is in the scope of the transparency framework.

14. The new legal framework also sets out the minimum information requirements that must be submitted by the taxpayer in the national template with the ruling request. This includes the name, residence and tax number (if applicable) of the applicant, and other parties concerned (including related parties, immediate parent and ultimate parent company and third parties) and the description of their respective activities. If the template is not submitted, the ruling request will not be considered. This ensures that information on all potential exchange jurisdictions is collected for the purpose of meeting the transparency framework requirements.

Review and supervision (ToR I.4.3)

15. In order to ensure that all past rulings were accurately identified, the task of reviewing the files to prepare the full list of all issued rulings was completed by each of the heads of the eight corporate tax offices. A team of four full time equivalent officers ("FTE team") was made responsible for reviewing all of the templates completed for past rulings. A second review of the templates was undertaken by the project manager in the FTE team, who is also responsible for the overall supervision of the process of gathering and exchanging information in connection with the transparency framework. With respect to future rulings, the supervision role is through the oversight of the ruling commission.

16. Members of the newly created ruling commission were trained on Action 5, together with all other staff involved in the identification and information-gathering process in relation to past rulings.

Conclusion on section A

17. Information on all potential exchange jurisdictions is available for all future rulings and has so far been available in respect of all past rulings. However, as Luxembourg had to search through a large number of past rulings which were not centrally issued, the process for identifying past rulings and for classifying them according to the Action 5 categories is still underway. As at June 2017, 4 615 past rulings had been identified. It is noted that Luxembourg anticipates completing this process by 31 December 2017. Luxembourg has met all the terms of reference for the information-gathering process except for identifying all past rulings in the relevant categories (ToR I.4.1.1 and I.4.1.1.2). Luxembourg is recommended to continue its work to complete its information-gathering process on past rulings as soon as possible.

B. The exchange of information

18. This section relates to how jurisdictions have adequately complied with the obligation to spontaneously exchange information on the tax rulings within the scope of the transparency framework.

Legal basis for spontaneous exchange of information (ToR II.5.1, II.5.2)

19. Luxembourg has the necessary domestic legal basis to exchange information spontaneously. Luxembourg notes that there are no legal or practical impediments that prevent the spontaneous exchange of information on rulings as contemplated in the Action 5 minimum standard.

20. Luxembourg has international agreements permitting spontaneous exchange of information, including being a party to the Convention, the Directive 2011/16/EU with all other European Union Member States, and double tax agreements in force with 71 jurisdictions. In total, this network of agreements covers 108 jurisdictions.[2]

Completion and exchange of templates (ToR II.5.3, II.5.4, II.5.5, II.5.6, II.5.7)

21. In order to ensure that the information to be exchanged is complete and filled in the correct template, the following process was used. For past rulings, the templates were completed in the process of identifying the relevant rulings. Of the 4 615 past rulings identified at June 2017, templates had been completed for 4 474 rulings. The templates were reviewed by the FTE team according to the four-eye principle, whereby the work of

the FTE team was always reviewed by at least one other person. For future rulings, the taxpayer completes the national template as part of the ruling request, and this is reviewed by the ruling commission in the process of considering the ruling request.

22. Luxembourg developed an application allowing the conversion of the national templates into XML files in accordance with the OECD *XML Schema and User Guide* (OECD, 2017b). In the event of a failure of the automatic conversion process, the FTE team steps in to correct the problem.

23. Luxembourg ensures that the information on rulings is made available to the Competent Authority for exchange of information in a timely way by its internal guidelines that apply within the tax administration which were adapted to meet the Action 5 requirements. This requires that for future rulings, after the ruling is issued, the national template has to be communicated to the Competent Authority without delay. The guidelines provide that the Competent Authority has to exchange the information with the relevant jurisdictions within the month of receipt of the national template. For past rulings, the international exchange of information process is still ongoing, due to the large number of rulings to be exchanged upon. Completed templates are provided to the competent authority on an ongoing basis.

24. A team of roughly five persons proceeds to the exchange of information on rulings according to the legal provisions in place. The relevant information is currently exchanged by using an e-form for EU Member states and a national template in PDF format for non-EU members.

25. The timeliness of exchanges, as at 1 February 2017, is as follows. Note that Luxembourg was able to undertake exchanges of information not only with OECD/G20 countries as required, but also with new members that joined the Inclusive Framework in 2016.

Past rulings in the scope of the transparency framework	Number of exchanges transmitted by 31 December 2016	Delayed exchanges		
		Number of exchanges not transmitted by 31 December 2016	Reasons for the delays	Any other comments
	1 171	(Complete data not yet available)	Volume of exchanges and the late availability of the necessary IT solutions due to the delayed documents.	N/A
Future rulings in the scope of the transparency framework	**Number of exchanges transmitted within three months of the information becoming available to the competent authority or immediately after legal impediments have been lifted**	**Delayed exchanges**		
		Number of exchanges transmitted later than three months of the information on rulings becoming available to the competent authority	**Reasons for the delays**	**Any other comments**
	482	0	N/A	N/A
Total	1 653[3]	Not yet available		

Follow-up requests received for exchange of the ruling	Number	Average time to provide response	Number of requests not answered
	3	2 months	0

26. Luxembourg provides two types of explanations for the transmission delay regarding past rulings. This is the large volume of exchanges; and practical IT impediments due to the timing of the availability of the OECD and EU technical specifications. Luxembourg specifies that the work on the creation of the database on past rulings mentioned above under section A began in January 2016 (in other words, this work was not delayed by the technical impediments). The national template was created in April 2016 and revised in June 2016 once the EU functional specifications were available. This issue is not expected to cause delays on a going forward basis and it is noted that Luxembourg has completed the exchanges on all future rulings in a timely manner.

Conclusion on section B

27. Luxembourg has the necessary legal framework and administrative process in place for exchanging information on rulings. Luxembourg experienced significant delays in exchanging information on past rulings mostly due to the administrative burden which stems from the issuance of a large number of rulings within the scope of the transparency framework. Luxembourg has met all of the terms of reference for the exchange of information process other than the timely exchange of information on past rulings (ToR II.5.6). Luxembourg is recommended to continue to ensure that all information on past rulings is exchanged as soon as possible, and to complete the exchange process by the end of 2017.

C. Statistics (ToR IV)

28. The statistics for the 2016 review are as follows:

Category of ruling	Number of exchanges	Jurisdictions exchanged with
Ruling related to a preferential regime	0	N/A
Cross-border unilateral advance pricing agreements (APAs) and any other cross-border unilateral tax rulings (such as an advance tax ruling) covering transfer pricing or the application of transfer pricing principles	509	Australia, Austria, Bahamas, Belgium, Bulgaria, Bermuda, Brazil, British Virgin Islands, Cayman Islands, Canada, China (People's Republic of), Cyprus, Czech Republic, Denmark, Finland, France, Germany, Greece, Guernsey,Hungary, India, Ireland, Italy, Jersey, Japan, Malta, Mexico, Netherlands, Norway, Poland, Portugal, Romania, Russia, Singapore, Slovak Republic, Slovenia, South Africa, Spain, Sweden, Thailand, United Kingdom, United States
Cross-border rulings providing for a unilateral downward adjustment to the taxpayer's taxable profits that is not directly reflected in the taxpayer's financial/commercial accounts	17	Canada, Denmark, France, Germany, Guernsey, Ireland, United States
Permanent establishment rulings	58	Belgium, Canada, France, Germany, Ireland, Italy, Japan, Mexico, Netherlands, Singapore, United Kingdom, United States
Related party conduit rulings	0	N/A
De minimis rule	2	N/A
IP regimes: total exchanges on taxpayers benefitting from the third category of IP assets, new entrants benefitting from grandfathered IP regimes; and taxpayers making use of the option to treat the nexus ratio as a rebuttable presumption	Included in *de minimus*	

Category of ruling	Number of exchanges	Jurisdictions exchanged with
Other types of rulings	1 067	Australia, Austria, Bahrein, Belgium, Bermuda, Brazil, British Virgin Islands, Cayman Islands, Canada, China (People's Republic of), Cyprus, Denmark, Finland, France, Germany, Guernsey, Hungary, Iceland, India, Ireland, Isle of Man, Israel, Italy, Japan, Jersey, Korea, Lithuania, Malaysia, Malta, Mauritius, Mexico, Netherlands, Norway, Panama, Poland, Portugal, Qatar, Czech Republic, Russia, Singapore, Slovak Republic, South Africa, Spain, Sweden United Arab Emirates, United Kingdom, United States
Total	1 653	

D. Matters related to intellectual property regimes (ToR I.4.1.3)

29. Luxembourg offers a grandfathered intellectual property regime that is subject to transparency requirements under the Action 5 Report (OECD, 2015) (partial exemption for income/gains derived from certain IP rights). It states that the identification of the benefitting taxpayers will occur as follows:

- ***New entrants benefiting from the grandfathered IP regime***: the legislation provides the necessary provisions to identify new entrants benefitting from the grandfathered IP regime, by means of a specific line in their tax return. The spontaneous exchange of information then occurs within a year, unless the tax administration obtains the information earlier, in which case this information is exchanged within three months of the tax administration's date of notice. In order to ensure the effectiveness of the exchange of information on rulings, an internal note was addressed to the head of the corporate tax offices.
- ***Third category of IP assets***: not applicable, as the IP regime has been abolished.
- ***Taxpayers making use of the option to treat the nexus ratio as a rebuttable presumption***: not applicable, as the IP regime has been abolished.

30. Luxembourg identified seven new entrants, but only information on two new entrants has been exchanged during the year 2016. Luxembourg is taking steps to address this and is recommended to continue to work on identifying and exchanging information on all new entrants to the IP regime.

Summary of recommendations on implementation of the transparency framework

Aspect of implementation of the transparency framework that should be improved	Recommendation for improvement
The information-gathering process is still underway in Luxembourg with respect to past rulings and the classification of these rulings under each category.	Luxembourg is recommended to complete its information-gathering process on past rulings as soon as possible.
Luxembourg experienced significant delays in exchanging information on past rulings.	Luxembourg is recommended to continue to ensure that all information on past rulings is exchanged as soon as possible, and to complete the exchange process by the end of 2017.
Luxembourg is continuing to work on assuring identification and exchange on information on all new entrants to the IP regime as soon as possible.	Luxembourg is recommended to continue to work on identifying and exchanging information on all new entrants to the IP regime.

Jurisdiction's response and recent developments

31. With respect to new entrants to the grandfathered IP regime, in order to assist the heads of the corporate tax offices in accelerating the information-gathering process, an IT research was launched with the aim to identify all the taxpayers who requested the application of the IP regime in their tax return. These lists were sent to the competent corporate tax offices which were asked to gather the necessary information and to transmit them to the Competent Authority for exchange of information as soon as possible. Luxembourg has provided an update on the number of new entrants identified, which is 17 as at 18 October 2017.

32. As at 18 October 2017, the process to identify all past rulings had been completed. 7 894 exchanges on past rulings had occurred, and 633 exchanges on future rulings had occurred.

Notes

1. Available here: www.impotsdirects.public.lu/fr/formulaires/collectivites.html (accessed on 10 November 2017).
2. Parties to the Convention are available here: www.oecd.org/tax/exchange-of-tax-information/convention-on-mutual-administrative-assistance-in-tax-matters.htm. Luxembourg also has Double Tax Agreements with Armenia, Austria, Azerbaijan, Bahrain, Barbados, Belgium, Brazil, Bulgaria, Canada, China (People's Republic of), Czech Republic, Denmark, Estonia, Finland, Former Yugoslav Republic of Macedonia, France, Georgia, Germany, Greece, Guernsey, Hungary, Iceland, India, Indonesia, Ireland, Isle of Man, Israel, Italy, Japan, Jersey, Kazakhstan, Korea, Latvia, Lao People's Democratic Republic, Liechtenstein, Lithuania, Malaysia, Malta, Mauritius, Mexico, Moldova, Monaco, Morocco, Netherlands, Norway, Panama, Poland, Portugal, Qatar, Romania, Russia, San Marino, Saudi Arabia, Seychelles, Singapore, Slovak Republic, Slovenia, South Africa, Spain, Sri Lanka, Sweden, Switzerland, Chinese Taipei, Tajikistan, Thailand, Trinidad and Tobago, Tunisia, Turkey, United Arab Emirates, United Kingdom, United States, Uzbekistan and Viet Nam.
3. At June 2017, the total number of exchanges is 2 974.

Bibliography

OECD (2017a), *BEPS Action 5 on Harmful Tax Practices – Terms of Reference and Methodology for the Conduct of the Peer Reviews of the Action 5 Transparency Framework*, OECD/G20 Base Erosion and Profit Shifting Project, OECD, Paris. www.oecd.org/tax/beps/beps-action-5-harmful-tax-practices-peer-review-transparency-framework.pdf (accessed on 10 November 2017)

OECD (2017b), *Country-by-Country Reporting XML Schema: User Guide for Tax Administrations*, www.oecd.org/tax/beps/country-by-country-reporting-xml-schema-user-guide-for-tax-administrations.pdf (accessed on 10 November 2017).

OECD (2015), *Countering Harmful Tax Practices More Effectively, Taking into Account Transparency and Substance, Action 5 – 2015 Final Report*, OECD/G20 Base Erosion and Profit Shifting Project, OECD Publishing, Paris. http://dx.doi.org/10.1787/9789264241190-en.

Mexico

Mexico has met all of the terms of reference (ToR) for the year in review and no recommendations are made. Mexico has answered the peer review questionnaire and the follow-up questions asked by the Secretariat in a timely manner.

Mexico can legally issue the following two types of rulings within the scope of the transparency framework: (1) cross-border unilateral advance pricing agreements (APAs) and any other cross-border unilateral tax rulings (such as an advance tax ruling) covering transfer pricing or the application of transfer pricing principles; and (2) permanent establishment rulings. In Mexico, rulings are issued either by the Large Taxpayer's Legal Affairs and Transfer Pricing offices or by the Oil and Gas Legal Affairs office.

In practice, Mexico issued 13 past rulings. For the period 1 April 2016-1 February 2017, Mexico issued one future ruling. In Mexico, rulings (other than APAs) can be published in a redacted summarised form.[1]

No peer input was received in respect of the exchanges of information on rulings received from Mexico.

Introduction

1. This peer review covers Mexico's implementation of the BEPS Action 5 transparency framework for the year 2016. The report has four parts, each relating to a key part of the Terms of Reference. Part A looks at the process to gather the required information on all relevant rulings. Part B relates to the legal basis and administrative process for the exchange of information on rulings. Part C reports the required statistics on exchanges under the transparency framework for the year in review. Part D relates to the transparency requirements that apply for certain intellectual property regimes in connection with the Action 5 "nexus approach".

2. Each part is discussed in turn. A summary of recommendations is included at the end of this report.

A. The information-gathering process

3. This section relates to the adequacy of the process used to collect information relating to the tax rulings that are in the scope of the transparency framework, both past and future rulings, as well as the jurisdictions with which information on rulings should be exchanged.

4. The process for gathering information about past rulings is explained first, followed by the process for gathering information about future rulings.

Past rulings (ToR I.4.1.1, I.4.1.2, I.4.2.1, I.4.2.2)

5. Each office which was in charge of issuing rulings was responsible for identifying the rulings which would fall within the transparency framework. The timeframe for the identification of rulings to be exchanged was internally stated, to ensure that all rulings were identified by 31 December 2016.

6. The APAs were identified from an internal database which is populated each time a request for an APA is received. The databases allow the user to consult information based on different criteria and facilitate the selection of rulings to be exchanged. This internal database contains the following information on APAs: (i) taxpayer's name and fiscal ID; (ii) type of agreement (unilateral, bilateral, MAP); (iii) years covered by the APA; and (iv) counterparty's jurisdiction. All unilateral APAs were identified from this database and filtered according to the date of issue. Each relevant ruling was manually reviewed to verify whether it fell within the date defined as "past rulings".

7. In order to identify the potential exchange jurisdictions, the ruling application file was reviewed. Information on all potential exchange jurisdictions was available in the file for APAs because when filing an APA request, the taxpayer must disclose the information regarding the related parties with transactions covered by the APA, as well as the information regarding its immediate and ultimate parent company.

8. Other rulings were identified by manual review of each file which contained a ruling. As the three offices which can issue rulings are centralised in the Mexican tax administration, the ruling files were located in a central location. Each such ruling identified as being of a type within the scope of the transparency framework was read to verify if they fell within the period defined as "past rulings".

9. In the case of PE rulings, Mexico was able to gather the necessary information on all potential exchange jurisdictions by analysing each case file. Mexico did not have to make

use of the "best efforts approach" as information on the head office or PE, the immediate parent and ultimate parent company was always available in the file.

Future rulings (ToR I.4.1.1, I.4.1.2, I.4.2.1, I.4.2.2)

10. With respect to future APAs, these are identified from the same database. For other rulings, these are identified by the same personnel in the three offices which can issue rulings. Information from the ruling request is manually reviewed by the official receiving the request at the time the request is received to determine if a ruling falls within the scope of the transparency framework, as the information necessary to make this determination is required to be included in the ruling request.

11. In order to ensure all potential exchange jurisdictions are always identified, the Tax Miscellaneous Regulations which govern the ruling application process were modified in 2016 in order to allow tax administration to gather the necessary information. The amended regulation requires that the applicant taxpayers provide information on all relevant related parties as set out in Table 5.1 of the Action 5 Report (OECD, 2015) for the purpose of meeting the exchange under the transparency framework.

Review and supervision mechanism (ToR I.4.3)

12. A person in each of the three offices that issue rulings was appointed to be in charge of the process to identify the relevant rulings. That person was responsible of overseeing the work of the people responsible for identifying rulings from the files, to verify that the rulings were in the scope of the transparency framework and to verify the information on potential exchange jurisdictions. To do so, the supervisor reviewed the ruling files and interviewed team members in charge of searching for information within the files.

Conclusion on section A

13. Mexico has a process for identifying the past rulings and relevant jurisdictions with which to exchange under the transparency framework which is appropriate for the small size of the rulings programme in Mexico. Mexico has met all of the terms of reference for the information-gathering process and no recommendations are made.

B. The exchange of information

14. This section relates to how jurisdictions have adequately complied with the obligation to spontaneously exchange information on the tax rulings within the scope of the transparency framework.

Legal basis for spontaneous exchange of information (ToR II.5.1, II.5.2)

15. Mexico has the necessary domestic legal basis to exchange information spontaneously. Mexico notes that there are no legal or practical impediments that prevent the spontaneous exchange of information on rulings as contemplated in the Action 5 minimum standard.

16. Mexico is party to international agreements permitting spontaneous exchange of information, including the Convention, double tax agreements in force with seven jurisdictions and three Tax Information Exchange Agreements. In total, this network of agreements covers 101 jurisdictions.[2]

Completion and exchange of templates (ToR II.5.3, II.5.4, II.5.5, II.5.6, II.5.7)

17. In order to share the required information with other jurisdictions, the template contained in Annex C of the Action 5 Report (OECD, 2015) was filled in by the officials who had been involved in the identification of the relevant rulings. Once filled in, the supervisor was able to compare it with the file itself, to ensure that the information was reported accurately.

18. Mexico ensures that the ruling summary template is made available to the Competent Authority for exchange of information in a timely way by ensuring they are sent as soon as the template is completed. Mexico is in the process of issuing internal guidelines regarding deadlines to complete the template once the ruling is issued and deadlines to send it to the EOI unit.

19. The timeliness of exchanges is as follows. Note that these statistics reflect the fact that information was only required to be exchanged with OECD/G20 countries, and not with new members of the Inclusive Framework, and that Mexico in fact did only exchange information with OECD/G20 countries for the year in question.

Past rulings in the scope of the transparency framework	Number of exchanges transmitted by 31 December 2016	Delayed exchanges		
		Number of exchanges not transmitted by 31 December 2016	Reasons for the delays	Any other comments
	18	0		
Future rulings in the scope of the transparency framework	**Number of exchanges transmitted within three months of the information becoming available to the competent authority or immediately after legal impediments have been lifted**	**Delayed exchanges**		
		Number of exchanges transmitted later than three months of the information on rulings becoming available to the competent authority	**Reasons for the delays**	**Any other comments**
	3	0		
Total	21	0		

Follow-up requests received for exchange of the ruling	Number	Average time to provide response	Number of requests not answered
	0	N/A	N/A

Conclusion on section B

20. Mexico has the necessary legal framework and administrative process in place for exchanging information on rulings and exchanged all information on rulings on time. Mexico has met all of the terms of reference for the exchange of information process and no recommendations are made.

C. Statistics (ToR IV)

21. The statistics for the 2016 review are as follows:

Category of ruling	Number of exchanges	Jurisdictions exchanged with
Ruling related to a preferential regime	0	0
Cross-border unilateral advance pricing agreements (APAs) and any other cross-border unilateral tax rulings (such as an advance tax ruling) covering transfer pricing or the application of transfer pricing principles	16	Barbados, Canada, Japan, Korea, Luxembourg, Netherlands, Spain, Switzerland, United Kingdom, United States
Cross-border rulings providing for a unilateral downward adjustment to the taxpayer's taxable profits that is not directly reflected in the taxpayer's financial/commercial accounts	0	0
Permanent establishment rulings	Included in *de minimus*	
Related party conduit rulings	0	0
De minimis rule	5	0
IP regimes: total exchanges on taxpayers benefitting from the third category of IP assets, new entrants benefitting from grandfathered IP regimes; and taxpayers making use of the option to treat the nexus ratio as a rebuttable presumption	0	0
Total	21	

D. Matters related to intellectual property regimes (ToR I.4.1.3)

22. Mexico does not have an intellectual property regime for which transparency requirements were imposed.

Summary of recommendations on implementation of the transparency framework

Aspect of implementation of the transparency framework that should be improved	Recommendation for improvement
	No recommendations are made

Notes

1. Available at: www2.sat.gob.mx/sitio_internet/sitio_aplicaciones/Resoluciones_Favorables/ (accessed on 10 November 2017).

2. Parties to the Convention are available here: www.oecd.org/tax/exchange-of-tax-information/convention-on-mutual-administrative-assistance-in-tax-matters.htm. Mexico also has Double Tax Agreements with Austria, Canada, Hong Kong (China), Russia, South Africa, Ukraine and the United States.

   In addition, Mexico has Tax Information Exchange Agreements permitting spontaneous exchange of information with Aruba, Canada and the United States.

Bibliography

OECD (2017), *BEPS Action 5 on Harmful Tax Practices – Terms of Reference and Methodology for the Conduct of the Peer Reviews of the Action 5 Transparency Framework*, OECD/G20 Base Erosion and Profit Shifting Project, OECD, Paris. www.oecd.org/tax/beps/beps-action-5-harmful-tax-practices-peer-review-transparency-framework.pdf (accessed on 10 November 2017).

OECD (2015), *Countering Harmful Tax Practices More Effectively, Taking into Account Transparency and Substance, Action 5 – 2015 Final Report*, OECD/G20 Base Erosion and Profit Shifting Project, OECD Publishing, Paris. http://dx.doi.org/10.1787/9789264241190-en.

The Netherlands

The Netherlands has met all the terms of reference (ToR) for the year in review, except for being able to identify all past rulings within the scope (ToR I.4.1.1.), meeting the timelines for exchanging information on past rulings to the relevant jurisdictions (ToR II.5.6), and identifying and exchanging information on all new entrants to the grandfathered IP regime (ToR I.4.1.3). The Netherlands is recommended to ensure that all past rulings are identified and information on relevant past rulings and new entrants to the grandfathered IP regime is exchanged as soon as possible. The Netherlands has answered the peer review questionnaire and the follow-up questions asked by the Secretariat in a timely manner.

The Netherlands can legally issue the four following types of rulings within the scope of the transparency framework: (1) preferential regimes (Innovation box and international shipping); (2) cross-border unilateral advance pricing agreements (APAs) and any other cross-border unilateral tax rulings (such as an advance tax ruling) covering transfer pricing or the application of transfer pricing principles; (3) downward adjustments; and (4) permanent establishment rulings. To the extent that conduit rulings are provided, in the Netherlands they are already covered under the second category. APAs and advance tax rulings are co-issued by a specialised team based in Rotterdam and the competent local tax inspector. Rulings on preferential regimes are mostly co-issued by specialised teams within the Dutch tax administration and the competent local tax inspector. Certain forms of PE rulings (as well as some rulings that would fall into the APA category) are issued by local tax inspectors throughout the country.

In practice, the Netherlands estimates it has issued approximately 2 000 past rulings within the scope of the transparency framework. For the period 1 April 2016-31 December 2016, the Netherlands estimates that it issued more than 180 future rulings. These rulings are not published, although the general policy approach that is applied to certain type of ruling issues is published.

Peer input was received from ten jurisdictions in respect of the exchanges of information on rulings received from the Netherlands. The input noted that information was in the correct format and all peers but one stated that the information received was complete. Seven peers mentioned exchange delays in relation to past rulings, including in one case with respect to future rulings.

Note by Turkey: The information in this document with reference to "Cyprus" relates to the southern part of the Island. There is no single authority representing both Turkish and Greek Cypriot people on the Island. Turkey recognises the Turkish Republic of Northern Cyprus (TRNC). Until a lasting and equitable solution is found within the context of the United Nations, Turkey shall preserve its position concerning the "Cyprus issue".

Note by all the European Union Member States of the OECD and the European Union: The Republic of Cyprus is recognised by all members of the United Nations with the exception of Turkey. The information in this document relates to the area under the effective control of the Government of the Republic of Cyprus.

Introduction

1. This peer review covers the Netherlands' implementation of the BEPS Action 5 transparency framework for the year 2016. The report has four parts, each relating to a key part of the Terms of Reference. Part A looks at the process to gather the required information on all relevant rulings. Part B relates to the legal basis and administrative process for the exchange of information on rulings. Part C reports the required statistics on exchanges under the transparency framework for the year in review. Part D relates to the transparency requirements that apply for certain intellectual property regimes in connection with the Action 5 "nexus approach".

2. Each part is discussed in turn. A summary of recommendations is included at the end of this report.

A. The information-gathering process

3. This section relates to the adequacy of the process used to collect information relating to the tax rulings that are in the scope of the transparency framework, both past and future rulings, as well as the jurisdictions with which information on rulings should be exchanged.

4. The process for gathering information about past rulings is explained first, followed by the process for gathering information about future rulings.

Past rulings (ToR I.4.1.1, I.4.1.2, I.4.2.1, I.4.2.2)

5. APAs and ATRs are centrally registered in an electronic system which contains all APAs and ATRs dating back to at least 2010. This system was searched in order to identify the rulings within the scope of the transparency framework. The types of ATRs falling within the scope of the transparency framework (i.e. PE rulings) were categorised in the database as such. The system also shows whether the rulings were issued within the period defined as "past rulings". The same process was used to identify past cross-border rulings providing for a downward adjustment of taxable profits, as for past rulings they were regarded as APAs under Dutch legislation.

6. With respect to rulings on preferential regimes and PE rulings (apart from the PE rulings regarded as ATRs and thus centrally issued and kept), the tax inspectors which are located in different offices across the country were instructed to conduct a manual review of the individual taxpayer files in order to identify all relevant rulings. If a ruling is identified, the tax inspector reads it to determine which category of ruling it is and whether it falls within the definition of "past rulings". The Netherlands estimates that tax inspectors, namely the "client co-ordinators" representing over 100 people, needed to search approximately 13 000 files manually to gather the information on past rulings. This work is still in progress.

7. In order to identify the potential exchange jurisdictions, the available information in the taxpayer file was reviewed. The ruling application (which was in the taxpayer file) was always required to include relevant information on the taxpayer's worldwide group structure which generally provided information on the ultimate parent company and immediate parent company. In some cases, the "best efforts approach" was required. The Netherlands notes that in a lot of cases, the draft template was sent to the taxpayer or the tax adviser to ask them to complete any missing information including on the relevant related parties, which is beyond the requirements of the "best efforts" approach.

Future rulings (ToR I.4.1.1, I.4.1.2, I.4.2.1)

8. For the year in review, the process for identifying future rulings is by the officer issuing the ruling completing the template used for exchange of information. This is completed at the point of granting the ruling. The template requires all information necessary to identify the rulings as being in the scope of the transparency framework and information on all potential exchange jurisdictions.

Review and supervision (ToR I.4.3)

9. To assist tax inspectors to identify relevant rulings, information sessions, internal newsletters and internal e-mails were circulated to inform them about the scope and categories of rulings in the transparency framework.

10. For rulings which were not centrally issued (i.e. not issued by the specialised team for APAs and advance tax rulings), a special taskforce was created to recover the past rulings, comprised of managers and specialists of the international exchange of information on rulings. The manual gathering of information by tax inspectors was supervised by local managers and then reviewed at the national level by the task force. In order to ensure that all relevant information is captured accurately, where information was provided by the taxpayer or adviser, this was cross-checked with information in the tax administration's files.

Conclusion on section A

11. Information on all potential exchange jurisdictions is also available in most cases for past rulings, and is collected for all future rulings. However, as the Netherlands had to search through a large number of past rulings which were not centrally issued, the process for identifying some rulings, particularly PE rulings, is still underway. It is noted that the Netherlands has committed to complete this by 31 December 2017 and has communicated to its peers to provide an update on the process. The Netherlands has met all the terms of reference for the information-gathering process except for identifying all past rulings (ToR I.4.1.1). The Netherlands is recommended to complete its information-gathering process on past rulings as soon as possible.

B. The exchange of information

12. This section relates to how jurisdictions have adequately complied with the obligation to spontaneously exchange information on the tax rulings within the scope of the transparency framework.

Legal basis for spontaneous exchange of information (ToR II.5.1, II.5.2)

13. The Netherlands has the necessary domestic legal basis to exchange information spontaneously. The Netherlands notes that there are no legal or practical impediments that prevent the spontaneous exchange of information on rulings as contemplated in the Action 5 minimum standard.

14. The Netherlands is a party to international agreements permitting spontaneous exchange of information, including the Convention, the Directive 2011/16/EU with all other European Union Member States, and double tax agreements in force with 94 jurisdictions. In total, this network of agreements covers 142 jurisdictions.[1]

Completion and exchange of templates (ToR II.5.3, II.5.4, II.5.5, II.5.6, II.5.7)

15. In order to share the required information with other jurisdictions, the Netherlands developed an electronic template in accordance with the OECD *XML Schema and User Guide* (OECD, 2017b). This template is filled out when the relevant rulings are identified. Depending on the case this is done by the taxpayer, the tax adviser or the tax inspector, and then reviewed by the tax inspector, who has the final responsibility for the complete and correct exchange of information on rulings.[2] The filled out templates are centrally collected within the tax administration and then sent to the central liaison office (CLO) responsible for the exchange of information. Before the exchange occurs, the CLO reviews the template and if corrections are needed sends it back to the central contact in the tax administration to request the correction from the local tax inspector.

16. The Netherlands ensures that the information on rulings is made available to this competent authority for exchange of information in a timely way by the periodic transmission of the templates by the central collecting point within the Dutch tax administration to the CLO. In practice, the transmission from the central collecting point to the CLO and subsequently from the CLO to other jurisdictions generally occurs once a month. The central point and the CLO both report to the Ministry of Finance on progress to provide an overview of the whole ruling process.

17. The timeliness of exchanges, as at 1 January 2017, is as follows. Note that the Netherlands was able to undertake exchanges of information not only with OECD/G20 countries as required, but also with new members that joined the Inclusive Framework in 2016 and jurisdictions that are not members of the Inclusive Framework but with which the Netherlands has an exchange of information agreement permitting spontaneous exchange.

Past rulings in the scope of the transparency framework		Delayed exchanges		
	Number of exchanges transmitted by 31 December 2016	Number of exchanges not transmitted by 31 December 2016	Reasons for the delays	Any other comments
	1 142	Not on all past rulings information has been exchanged on time. Because the process to identify all rulings is not complete, information is not yet available on how many exchanges should have been transmitted	1. The Netherlands has a relatively large number of rulings. 2. Not all rulings are centrally issued and registered. 3. Tax inspectors need to go through 13 000 files manually.	During the month of January 2017, another 558 exchanges of templates on past rulings were completed.
Future rulings in the scope of the transparency framework	**Number of exchanges transmitted within three months of the information becoming available to the competent authority or immediately after legal impediments have been lifted**	**Delayed exchanges**		
		Number of exchanges transmitted later than three months of the information on rulings becoming available to the competent authority	**Reasons for the delays**	**Any other comments**
	361	0	N/A	
Total	1 503			

Follow-up requests received for exchange of the ruling	Number	Average time to provide response	Number of requests not answered
	0	N/A	N/A

18. The Netherlands points out that more personnel have been dedicated to the exchange of information on rulings (an increase from 5 full time employees in 2016 to 15-20 full time employees in 2017) and that the assistance of tax advisers is being sought to fill out more templates for past rulings in order to help speed up the process, and has created more guidance on the completion of the templates. The Netherlands is committed to completing the exchange of information on past rulings by the 31 December 2017 and has communicated this to the FHTP and to its exchange of information partners.

Conclusion on section B

19. The Netherlands has the necessary legal framework and administrative process in place for exchanging information on rulings. The Netherlands experienced significant delays in exchanging information on past rulings mostly due to the administrative burden which stems from the issuance of a large number of rulings within the scope of the transparency framework. The Netherlands has met all of the terms of reference for the exchange of information process other than the timely exchange of information on past rulings (ToR II.5.6). The Netherlands is recommended to continue to ensure that all information on past rulings is exchanged as soon as possible, and to fulfil its commitment to complete the exchange of information on past rulings by no later than 31 December 2017.

C. Statistics (ToR IV)

20. The statistics for the 2016 review are as follows:

Category of ruling	Number of exchanges	Jurisdictions exchanged with
Rulings related to a preferential regime	581	Argentina, Australia, Austria, Belgium, Brazil, British Virgin Islands, Bulgaria, Canada, China (People's Republic of), Colombia, Costa Rica, Croatia, Cyprus, Czech Republic, Denmark, Egypt, Estonia, Finland, France, Georgia, Germany, Ghana, Greece, Hong Kong (China), Hungary, Iceland, India, Indonesia, Ireland, Israel, Italy, Japan, Jersey, Jordan, Kazakhstan, Korea, Latvia, Lithuania, Luxembourg, Malaysia, Malta, Mauritius, Mexico, Morocco, New Zealand, Nigeria, Norway, Panama, Philippines, Poland, Portugal, Romania, Russia, Saudi Arabia, Seychelles, Singapore, Slovak Republic, Slovenia, South Africa, Spain, Sri Lanka, Sweden, Switzerland, Chinese Taipei, Thailand, Turkey, Ukraine, United Arab Emirates, United Kingdom, United States, Viet Nam
Cross-border unilateral advance pricing agreements (APAs) and any other cross-border unilateral tax rulings (such as an advance tax ruling) covering transfer pricing or the application of transfer pricing principles	901[3]	Argentina, Australia, Austria, Barbados, Belgium, Belize, Bermuda, Bosnia and Herzegovina, Brazil, British Virgin Islands, Bulgaria, Canada, Cayman Islands, China (People's Republic of), Colombia, Costa Rica, Croatia, Curaçao, Cyprus, Czech Republic, Denmark, Egypt, Estonia, Finland, France, Georgia, Germany, Ghana, Gibraltar, Greece, Guernsey, Hong Kong (China), Hungary, Iceland, India, Indonesia, Ireland, Israel, Italy, Japan, Jersey, Jordan, Kazakhstan, Korea, Latvia, Lithuania, Luxembourg, Malaysia, Malta, Mauritius, Mexico, Morocco, New Zealand, Norway, Pakistan, Panama, Philippines, Poland, Portugal, Romania, Russia, Saudi Arabia, Serbia, Singapore, Slovak Republic, Slovenia, South Africa, Spain, Sri Lanka, Sweden, Switzerland, Chinese Taipei, Thailand, Turkey, Ukraine, United Arab Emirates, United Kingdom, United States, Venezuela, Vietnam, Zimbabwe

Category of ruling	Number of exchanges	Jurisdictions exchanged with
Cross-border rulings providing for a unilateral downward adjustment to the taxpayer's taxable profits that is not directly reflected in the taxpayer's financial/commercial accounts	These rulings were exchanged as APAs but as from 1 July 2017 they will be exchanged as downward adjustment rulings	
Permanent establishment rulings	21	Canada, China (People's Republic of), Curaçao, Ireland, Korea, Luxembourg, Mexico, Romania, Saint Martin, Switzerland, United Kingdom, United States
Related party conduit rulings	N/A	
De minimis rule	N/A	
IP regimes: total exchanges on taxpayers benefitting from the third category of IP assets, new entrants benefitting from grandfathered IP regimes; and taxpayers making use of the option to treat the nexus ratio as a rebuttable presumption	Included in the category of rulings related to a preferential regime[4]	
Total	1 503	

D. Matters related to intellectual property regimes (ToR I.4.1.3)

21. The Netherlands offers an intellectual property regime that is subject to transparency requirements under the Action 5 Report (OECD, 2015) (the new innovation box). It states that the identification of the benefitting taxpayers will occur as follows:

- ***New entrants benefiting from the grandfathered IP regime***: as the Netherlands' IP regime was in nearly all cases offered by way of ruling, new entrants will be identified using the approach described above for preferential regimes which are past rulings.
- ***Third category of IP assets***: as the new innovation box took effect from 1 January 2017 and is applied to newly developed IP assets as from 1 July 2016, the transparency requirements will be reviewed in the subsequent peer review.
- ***Taxpayers making use of the option to treat the nexus ratio as a rebuttable presumption***: not relevant, as this option has not been incorporated in the Dutch legislation.

22. As information on new entrants to the IP regime will be exchanged in the same manner as for past rulings and for which there are some delays in the completion of the exchange, the exchange of information on all new entrants from 6 February 2015-31 March 2016 may not yet have been completed. The Netherlands is recommended to continue to ensure that all information on past rulings, including rulings on new entrants to the IP regime, is exchanged as soon as possible.

Summary of recommendations on implementation of the transparency framework

Aspect of implementation of the transparency framework that should be improved	Recommendation for improvement
The information-gathering process is still underway in the Netherlands with respect to past rulings.	The Netherlands is recommended to complete its information-gathering process on past rulings as soon as possible.
The Netherlands experienced significant delays in exchanging information on past rulings.	The Netherlands is recommended to continue to ensure that all information on past rulings is exchanged as soon as possible, and to fulfil its commitment to complete the exchange of information on past rulings by no later than 31 December 2017.
As information on new entrants to the IP regime will be exchanged in the same manner as for past rulings and for which there are some delays in the completion of the exchange, the exchange of information on all new entrants from 6 February 2015-31 March 2016 has not yet been completed.	The Netherlands is recommended to continue to ensure that all information on past rulings, including rulings on new entrants to the IP regime, is exchanged as soon as possible.

Jurisdiction's response and recent developments

23. The identification of all past rulings has been completed by the end of September 2017. At that date, exchanges on 1 885 past rulings have been completed. Exchanges of information on the approximately 50 rulings remaining will be completed before the end of 2017.

Notes

1. Parties to the Convention are available here: www.oecd.org/tax/exchange-of-tax-information/convention-on-mutual-administrative-assistance-in-tax-matters.htm. The Netherlands also has Double Tax Agreements with Albania, Argentina, Armenia, Australia, Austria, Azerbaijan, Bahrain, Bangladesh, Barbados, Belarus, Belgium, Bermuda, Bosnia and Herzegovina, Brazil, Bulgaria, Canada, China (People's Republic of), Croatia, Curaçao, Czech Republic, Denmark, Egypt, Estonia, Ethiopia, Finland, Former Yugoslav Republic of Macedonia, France, Georgia, Germany, Ghana, Greece, Hong Kong (China), Hungary, Iceland, India, Indonesia, Ireland, Israel, Italy, Japan, Jordan, Kazakhstan, Kenya, Korea, Kuwait, Latvia, Lithuania, Luxembourg,, Malawi, Malaysia, Malta, Mexico, Moldova, Montenegro, Morocco, New Zealand, Nigeria, Norway, Oman, Pakistan, Panama, Philippines, Poland, Portugal, Qatar, Romania, Russia, Saint Martin, Saudi Arabia, Serbia, Singapore, Slovak Republic, Slovenia, South Africa, Spain, Sri Lanka, Suriname, Sweden, Switzerland, Chinese Taipei, Tajikistan, Thailand, Tunisia, Turkey, Uganda, Ukraine, United Arab Emirates, United Kingdom, United States, Uzbekistan, Venezuela, Viet Nam, Zambia and Zimbabwe.

2. For past rulings, with respect to the centralised APAs and advance tax rulings, in most cases the large tax advisory firms were first asked to fill out the template; otherwise the task was completed by the tax administration. For future rulings, for the year in review, the template was filled out by the officer issuing the ruling.

3. The Netherlands specifies that this number includes the exchange of a few templates that have been exchanged erroneously under the code for downward adjustments and related party conduit rulings. The Netherlands has taken measures to prevent such errors and states that they should be avoided as from 1 July 2017.

4. The Netherlands indicates that its information system does not allow for a split between sub-categories within rulings related to a preferential regime.

Bibliography

OECD (2017a), *BEPS Action 5 on Harmful Tax Practices – Terms of Reference and Methodology for the Conduct of the Peer Reviews of the Action 5 Transparency Framework*, OECD/G20 Base Erosion and Profit Shifting Project, OECD, Paris. www.oecd.org/tax/beps/beps-action-5-harmful-tax-practices-peer-review-transparency-framework.pdf (accessed on 10 November 2017).

OECD (2017b), *Country-by-Country Reporting XML Schema: User Guide for Tax Administrations*, www.oecd.org/tax/beps/country-by-country-reporting-xml-schema-user-guide-for-tax-administrations.pdf (accessed on 10 November 2017).

OECD (2015), *Countering Harmful Tax Practices More Effectively, Taking into Account Transparency and Substance, Action 5 – 2015 Final Report*, OECD/G20 Base Erosion and Profit Shifting Project, OECD Publishing, Paris. http://dx.doi.org/10.1787/9789264241190-en.

New Zealand

New Zealand has met all the aspects of the terms of reference (ToR) for the year in review and no recommendations are made. New Zealand has answered the peer review questionnaire and the follow-up questions asked by the Secretariat in a timely manner.

New Zealand can legally issue the following three types of rulings within the scope of the transparency framework: (1) cross-border unilateral advance pricing agreements (APAs) and any other cross-border unilateral tax rulings (such as an advance tax ruling) covering transfer pricing or the application of transfer pricing principles; (2) permanent establishment rulings; and (3) related party conduit rulings. In New Zealand, rulings are issued by three different interpretative areas of the Inland Revenue: APAs are issued by Specialist Advice; private binding rulings other than APAs are issued by Taxpayer Rulings Unit; and indicative views are issued by Investigations.

In practice, New Zealand issued 69 past rulings. For the period 1 April 2016-1 February 2017, New Zealand issued 14 future rulings. These rulings are not published.

Peer input received was received from four jurisdictions in respect of the exchanges of information on rulings received from New Zealand. It was positive, noting that information was timely, complete and in the correct format, and that the summary provided a good overview of the ruling.

Introduction

1. This peer review covers New Zealand's implementation of the BEPS Action 5 transparency framework for the year 2016. The report has four parts, each relating to a key part of the Terms of Reference. Part A looks at the process to gather the required information on all relevant rulings. Part B relates to the legal basis and administrative process for the exchange of information on rulings. Part C reports the required statistics on exchanges under the transparency framework for the year in review. Part D relates to the transparency requirements that apply for certain intellectual property regimes in connection with the Action 5 "nexus approach".

2. Each part is discussed in turn. A summary of recommendations is included at the end of this report.

A. The information-gathering process

3. This section relates to the adequacy of the process used to collect information relating to the tax rulings that are in the scope of the transparency framework, both past and future rulings, as well as the jurisdictions with which information on rulings should be exchanged.

4. The process for gathering information about past rulings is explained first, followed by the process for gathering information about future rulings.

Past rulings (ToR I.4.1.1, I.4.1.2, I.4.2.1, I.4.2.2)

5. Inland Revenue maintains three databases of all completed rulings. Senior officers in the three areas with competency to issue rulings reviewed the database to identify rulings that could be in the scope of the transparency framework and that were issued within the period defined as "past rulings". The databases listed all rulings issued since 2010. Senior officers searched these records by the issue date, and then examined each ruling individually for the covered period. Senior offices also consulted the associated files containing the ruling to confirm whether it was in scope.

6. In order to identify the potential exchange jurisdictions, each ruling was examined individually. In a small number of unilateral APAs where the transactional net margin method was used, the relevant jurisdictions were not noted on the ruling and the "best efforts approach" was used. This involved examining the background working papers, and consulting the principal advisors from the transfer pricing team assigned to the taxpayer to ensure accurate identification of relevant jurisdictions. This allowed the identification of potential exchange jurisdictions in all cases.

Future rulings (ToR I.4.1.1, I.4.1.2, I.4.2.1)

7. The process of issuing each of the three types of rulings was amended. In respect of APAs, the principal advisors for transfer pricing are required to complete an exchange template that mirrors the requirements of the transparency framework. The template is immediately submitted to the International Revenue Strategy unit as a new mandatory step in finalising a unilateral APA. In addition, in respect of the types of APAs where information on all potential exchange jurisdictions was not previously collected, namely APAs using the transactional net margin method, the principal advisors from transfer pricing are now required to identify relevant jurisdictions prior to the finalisation of APAs.

8. For private binding rulings, the debrief and file closure checklists have been amended to include the criteria to verify if there are obligations to exchange information on the ruling, and if so, requiring immediate submission with any relevant rulings to the International Revenue Strategy unit. For indicative views, any rulings classified as "international" are submitted immediately to the International Revenue Strategy unit for determination as to whether they are within the transparency framework. As information on potential exchange jurisdictions was already collected in the course of issuing these two types of rulings, no further amendments to the process were required.

Review and supervision mechanism (ToR I.4.3)

9. The International Revenue Strategy unit, which is responsible for exchanges of information with tax treaty partners, took overall responsibility and engaged with the three areas of Inland Revenue that issue rulings. All copies of APAs, private binding rulings and indicative views which were possibly within the transparency framework criteria for exchange are submitted to International Revenue Strategy for review to check whether they fall within the transparency framework. This examination is followed by review by a Senior Advisor.

Conclusion on section A

10. New Zealand has met all of the terms of reference for the information-gathering process and no recommendations are made.

B. The exchange of information

11. This section relates to how jurisdictions have adequately complied with the obligation to spontaneously exchange information on the tax rulings within the scope of the transparency framework.

Legal basis for spontaneous exchange of information (ToR II.5.1, II.5.2)

12. New Zealand has the necessary domestic legal basis to exchange information spontaneously. New Zealand notes that there are no legal or practical impediments that prevent the spontaneous exchange of information on rulings as contemplated in the Action 5 minimum standard.

13. New Zealand is a party to international agreements permitting spontaneous exchange of information, including the Convention and double tax agreements in force with 39 jurisdictions. In total, this network of agreements covers 108 jurisdictions.[1]

Completion and exchange of templates (ToR II.5.3, II.5.4, II.5.5, II.5.6, II.5.7)

14. For past rulings, the process of accurately completing the exchange template was as follows. In respect of APAs the exchange template was prepared by the senior APA case worker. This template was then submitted to a senior advisor in the International Revenue Strategy unit for review before the ultimate sign-off by either the manager of the Strategy and Intelligence or of the International Revenue Strategy units. In respect of private binding rulings and indicative views, a senior advisor in the International Revenue Strategy unit was responsible for preparing the exchange template. This was followed by review and sign-off by either the manager of the Strategy and Intelligence or of the International Revenue

Strategy units. In all cases, the template is based on the OECD *XML Schema and User Guide* (OECD, 2017).

15. For future rulings, when a ruling is issued which is in scope of the framework, the case officer must complete the relevant template at the time the ruling is finalised. The template is based on the OECD *XML Schema and User Guide* (OECD, 2017b). This is then also reviewed by the Senior Advisor in the International Revenue Strategy for review before the ultimate sign-off by either the manager of the Strategy and Intelligence or of the International Revenue Strategy units.

16. The process for ensuring all relevant information on past rulings was provided to the Competent Authority in a timely way was that a process was put in place which ensured that the majority of the referrals from the three impacted units were received in bulk by the International Revenue Strategy unit in November 2015, with the templates being completed by June 2016 and exchanged by 30 September 2016. For future rulings, personnel involved with all relevant rulings were trained on the need for immediate referral of information on rulings to the International Revenue Strategy unit on finalisation of any covered ruling.

17. The timeliness of exchanges is as follows. Note that New Zealand was able to undertake exchanges of information not only with OECD/G20 countries as required, but also with new members that joined the Inclusive Framework in 2016.

Past rulings in the scope of the transparency framework	Number of exchanges transmitted by 31 December 2016	Delayed exchanges		
		Number of exchanges not transmitted by 31 December 2016	Reasons for the delays	Any other comments
	139	0	N/A	N/A
Future rulings in the scope of the transparency framework	**Number of exchanges transmitted within three months of the information becoming available to the competent authority or immediately after legal impediments have been lifted**	**Delayed exchanges**		
		Number of exchanges transmitted later than three months of the information on rulings becoming available to the competent authority	**Reasons for the delays**	**Any other comments**
	25	0	N/A	N/A
Total	164	0		

Follow-up requests received for exchange of the ruling	Number	Average time to provide response	Number of requests not answered
	0	N/A	N/A

Conclusion on section B

18. New Zealand has the necessary legal basis for spontaneous exchange of information, a process for completing the templates in a timely way and has completed all exchanges on time. New Zealand has met all of the terms of reference for the exchange of information process and no recommendations are made.

C. Statistics (ToR IV)

19. The statistics for the 2016 review are as follows:

Category of ruling	Number of exchanges	Jurisdictions exchanged with
Ruling related to a preferential regime	N/A	N/A
Cross-border unilateral advance pricing agreements (APAs) and any other cross-border unilateral tax rulings (such as an advance tax ruling) covering transfer pricing or the application of transfer pricing principles	160	Australia, Belgium, Canada, Chile, China (People's Republic of), Denmark, Finland, Germany, Guernsey, Hungary, India, Ireland, Italy, Japan, Korea Luxembourg, Netherlands, Norway, Philippines, Singapore, Sweden, Switzerland, United Kingdom, United States.
Cross-border rulings providing for a unilateral downward adjustment to the taxpayer's taxable profits that is not directly reflected in the taxpayer's financial/commercial accounts	N/A	N/A
Permanent establishment rulings	Included in *de minimus*	N/A
Related party conduit rulings	Included in *de minimus*	N/A
De minimis rule	4	N/A
IP regimes: total exchanges on taxpayers benefitting from the third category of IP assets, new entrants benefitting from grandfathered IP regimes; and taxpayers making use of the option to treat the nexus ratio as a rebuttable presumption	N/A	N/A
Total	164	

D. Matters related to intellectual property regimes (ToR I.4.1.3)

20. New Zealand does not have an intellectual property regime for which transparency requirements were imposed.

Summary of recommendations on implementation of the transparency framework

Aspect of implementation of the transparency framework that should be improved	Recommendation for improvement
	No recommendations are made

Note

1. Parties to the Convention are available here: www.oecd.org/tax/exchange-of-tax-information/convention-on-mutual-administrative-assistance-in-tax-matters.htm. New Zealand also has Double Tax Agreements with Australia, Austria, Belgium, Canada, Chile, China (People's Republic of), Czech Republic, Denmark, Fiji, Finland, France, Germany, India, Indonesia, Ireland, Italy, Japan, Korea, Malaysia, Mexico, Netherlands, Norway, Papua New Guinea, Philippines, Poland, Russia, Samoa, Singapore, South Africa, Spain, Sweden, Switzerland, Chinese Taipei, Thailand, Turkey, United Arab Emirates, United Kingdom, United States and Viet Nam.

Bibliography

OECD (2017a), *BEPS Action 5 on Harmful Tax Practices – Terms of Reference and Methodology for the Conduct of the Peer Reviews of the Action 5 Transparency Framework*, OECD/G20 Base Erosion and Profit Shifting Project, OECD, Paris. www.oecd.org/tax/beps/beps-action-5-harmful-tax-practices-peer-review-transparency-framework.pdf (accessed on 10 November 2017).

OECD (2017b), *Country-by-Country Reporting XML Schema: User Guide for Tax Administrations*, www.oecd.org/tax/beps/country-by-country-reporting-xml-schema-user-guide-for-tax-administrations.pdf (accessed on 10 November 2017).

Norway

Norway has met all of the terms of reference (ToR) for the year in review and no recommendations are made. Norway has answered the peer review questionnaire and the follow-up questions asked by the Secretariat in a timely manner.

Norway can legally issue the following two types of rulings within the scope of the transparency framework: (1) preferential regimes (international shipping regime); and (2) cross-border unilateral APAs and any other cross-border unilateral tax rulings (such as an advance tax ruling) covering transfer pricing or the application of transfer pricing principles, which apply only for companies liable to tax under the Petroleum Tax Act. In Norway, rulings on the preferential regime are issued by the Central Tax Office for Large Enterprises and rulings on unilateral tax rulings covering transfer pricing in relation to transactions involving liquid natural gas are issued by the Petroleum Taxation Office. The Directorate of Taxes can also issue rulings involving complex tax questions and tax matters of interest to the broader public or related to tax principles.

In practice, Norway issued one past ruling. For the period 1 April 2016-1 February 2017, Norway did not issue any new rulings. These rulings are not published.

No peer input was received in respect of the exchanges of information on rulings received from Norway.

Note by Turkey: The information in this document with reference to "Cyprus" relates to the southern part of the Island. There is no single authority representing both Turkish and Greek Cypriot people on the Island. Turkey recognises the Turkish Republic of Northern Cyprus (TRNC). Until a lasting and equitable solution is found within the context of the United Nations, Turkey shall preserve its position concerning the "Cyprus issue".

Note by all the European Union Member States of the OECD and the European Union: The Republic of Cyprus is recognised by all members of the United Nations with the exception of Turkey. The information in this document relates to the area under the effective control of the Government of the Republic of Cyprus.

Introduction

1. This peer review covers Norway's implementation of the BEPS Action 5 transparency framework for the year 2016. The report has four parts, each relating to a key part of the Terms of Reference. Part A looks at the process to gather the required information on all relevant rulings. Part B relates to the legal basis and administrative process for the exchange of information on rulings. Part C reports the required statistics on exchanges under the transparency framework for the year in review. Part D relates to the transparency requirements that apply for certain intellectual property regimes in connection with the Action 5 "nexus approach".

2. Each part is discussed in turn. A summary of recommendations is included at the end of this report.

A. The information-gathering process

3. This section relates to the adequacy of the process used to collect information relating to the tax rulings that are in the scope of the transparency framework, both past and future rulings, as well as the jurisdictions with which information on rulings should be exchanged.

4. The process for gathering information about past rulings is explained first, followed by the process for gathering information about future rulings.

Past rulings (ToR I.4.1.1, I.4.1.2, I.4.2.1, I.4.2.2)

5. The Norwegian Directorate of Taxes is responsible for the implementation of the transparency framework. The Directorate of Taxes first clarified with the Norwegian Ministry of Finance which rulings issued by Norwegian tax authorities are covered by the transparency framework.

6. The Directorate of Taxes then formally instructed the relevant tax authority entities which had competency to issue rulings (namely the Central Tax Office for Large Enterprises, the Petroleum Taxation Office and the Central Office for Foreign Tax Affairs) to identify the rulings which had been issued. The former two offices first searched for rulings within the period of validity for "past rulings". This search was conducted by performing digital searches in document archive systems in addition to manual review of all hard copies of rulings. This process identified one ruling issued by the Petroleum Taxation Office and a number of rulings issued by the Central Tax Office for Large Enterprises in relation to the shipping tax regime. The Central Office for Foreign Tax Affairs confirmed that it could not issue any rulings which could be in the scope of the transparency framework as the documents provided to taxpayers were not given in response to a request from a taxpayer and they were not binding. The rulings identified were forwarded to the Directorate of Taxes for consideration.

7. The Directorate of Taxes reviewed each ruling to determine whether they were within the scope of the transparency framework. With respect to the shipping tax regime, all of the past rulings related to wholly domestic issues and transactions and none concerned cross border matters. The one ruling issued by the Petroleum Taxation Office was determined to be in scope.

8. In order to identify the potential exchange jurisdictions, the Directorate of Taxes reviewed the ruling, which contained information on the parties to the transaction covered by the ruling. The ruling did not contain information on all potential exchange jurisdictions

and the "best efforts approach" was used. This involved identifying information on all related companies in the group by consulting the information on the company's public website. All information on potential exchange jurisdictions was identified.

9. In addition to the above, rulings issued by the Directorate of Taxes concerning were also reviewed. The review was performed by officials others than those involved in the issuing of the ruling. The conclusion was that none of these rulings were within the scope of the transparency framework.

Future rulings (ToR I.4.1.1, I.4.1.2, I.4.2.1)

10. Future rulings which may be in the scope of the transparency framework are identified by a formal instruction being issued to the offices issuing rulings relating to preferential regimes and cross-border unilateral rulings in respect of transfer pricing to identify and transmit all relevant rulings to the Directorate of Taxes. This is required to occur as soon as possible after finalisation of the ruling. This formal instruction has been sent to all concerned entities within the tax authority and published on the internal website.

11. In order to identify potential exchange jurisdictions for future rulings, the Ministry of Finance amended the Tax Administration Act and the Tax Administration Regulation which govern the issuance of a tax ruling. These amendments require the taxpayer applying for a tax ruling to provide, as a condition of receiving a ruling, information about the residence country of all related parties and the residence country of the ultimate parent company and the immediate parent company. This information is also verified against information in the possession of the Directorate of Taxes.

Review and supervision mechanism (ToR I.4.3)

12. The Directorate of Taxes has conducted a review process in order to identify and assess rulings that could potentially fall within the scope of the transparency framework. Only one ruling was identified to be within the scope of the transparency framework during this review process.

Conclusion on section A

13. Norway has met all of the terms of reference for the information-gathering process and no recommendations are made.

B. The exchange of information

14. This section relates to how jurisdictions have adequately complied with the obligation to spontaneously exchange information on the tax rulings within the scope of the transparency framework.

Legal basis for spontaneous exchange of information (ToR II.5.1, II.5.2)

15. Norway has the necessary domestic legal basis to exchange information spontaneously. Norway notes that there are no legal or practical impediments that prevent the spontaneous exchange of information on rulings as contemplated in the Action 5 minimum standard.

16. Norway is party to international agreements permitting spontaneous exchange of information, including being a party to the Convention, the Nordic Convention on Assistance

in Tax Matters, and double tax agreements in force with 93 jurisdictions.[1] In total, this network of agreements covers 128 jurisdictions.

Completion and exchange of templates (ToR II.5.3, II.5.4, II.5.5, II.5.6, II.5.7)

17. In order to share the required information with other jurisdictions, the template contained in Annex C of the Action 5 Report (OECD, 2015) is filled in by the Central Office for Large Enterprises and the Petroleum Taxation Office after confirming the ruling is in scope of the transparency framework. The completed template is provided to the Legal Department in the Directorate of Taxes, together with a copy of the relevant ruling. The Legal Department performs a quality check of the information submitted.

18. Norway ensures that the ruling summary template is made available to the Competent Authority for exchange of information in a timely way because the individuals acting as Competent Authority are part of the Legal Department. The competent authority reviews the template and checks the information before submitting the template for international exchange.

19. The timeliness of exchanges is as follows. Note that these statistics reflect the fact that information was only required to be exchanged with OECD/G20 countries, and not with new members of the Inclusive Framework, and that Norway in fact did only exchange information with OECD/G20 countries for the year in question.

Past rulings in the scope of the transparency framework	Number of exchanges transmitted by 31 December 2016	Delayed exchanges		
		Number of exchanges not transmitted by 31 December 2016	Reasons for the delays	Any other comments
	1	0	N/A	
Future rulings in the scope of the transparency framework	**Number of exchanges transmitted within three months of the information becoming available to the competent authority or immediately after legal impediments have been lifted**	**Delayed exchanges**		
		Number of exchanges transmitted later than three months of the information on rulings becoming available to the competent authority	**Reasons for the delays**	**Any other comments**
	N/A	N/A	N/A	
Total	1	0		

Follow-up requests received for exchange of the ruling	Number	Average time to provide response	Number of requests not answered
	0	N/A	0

Conclusion on section B

20. Norway has the necessary legal framework and administrative process in place for exchanging information on rulings. Norway has timely exchanged the ruling within scope of the transparency framework. Norway has met all of the terms of reference for the exchange of information process and no recommendations are made.

C. Statistics (ToR IV)

21. The statistics for the 2016 review are as follows:

Category of ruling	Number of exchanges	Jurisdictions exchanged with
Ruling related to a preferential regime	N/A	N/A
Cross-border unilateral advance pricing agreements (APAs) and any other cross-border unilateral tax rulings (such as an advance tax ruling) covering transfer pricing or the application of transfer pricing principles	Included in *de minimus*	N/A
Cross-border rulings providing for a unilateral downward adjustment to the taxpayer's taxable profits that is not directly reflected in the taxpayer's financial/ commercial accounts	N/A	N/A
Permanent establishment rulings	N/A	N/A
Related party conduit rulings	N/A	N/A
De minimis rule	1	N/A
IP regimes: total exchanges on taxpayers benefitting from the third category of IP assets, new entrants benefitting from grandfathered IP regimes; and taxpayers making use of the option to treat the nexus ratio as a rebuttable presumption	N/A	N/A
Total	1	

D. Matters related to intellectual property regimes (ToR I.4.1.3)

22. Norway does not have an intellectual property regime for which transparency requirements were imposed.

Summary of recommendations on implementation of the transparency framework

Aspect of implementation of the transparency framework that should be improved	Recommendation for improvement
	No recommendations are made

Note

1. Parties to the Convention are available here: www.oecd.org/tax/exchange-of-tax-information/convention-on-mutual-administrative-assistance-in-tax-matters.htm. Parties to the Nordic Convention on Assistance in Tax Matters are Denmark, Faroe Islands, Finland, Iceland and Sweden. Norway also has Double Tax Agreements with Albania, Argentina, Aruba, Australia, Austria, Azerbaijan, Bangladesh, Barbados, Belarus, Belgium, Benin, Bermuda, Bosnia and Herzegovina, Brazil, British Virgin Islands, Bulgaria, Canada, Cayman Islands, Chile, China (People's Republic of), Côte d'Ivoire, Croatia, Cyprus, Czech Republic, Egypt, Estonia, Former Yugoslav Republic of Macedonia, France, Gambia, Georgia, Germany, Greece, Greenland, Guernsey, Hungary, India, Indonesia, Ireland, Isle of Man, Israel, Italy, Jamaica, Japan, Jersey, Kazakhstan, Kenya, Korea, Latvia, Lithuania, Luxembourg, Malawi, Malaysia, Malta, Mexico, Morocco, Nepal, Netherlands, New Zealand, Pakistan, Philippines, Poland, Portugal, Qatar, Romania, Russia, Senegal, Serbia, Sierra Leone, Singapore, Slovak Republic, Slovenia, South Africa, Spain, Sri Lanka, Switzerland, Tanzania, Thailand, Trinidad and Tobago, Tunisia, Turkey, Turkmenistan, Uganda, Ukraine, United Kingdom, United States, Venezuela, Viet Nam, Zambia and Zimbabwe.

Bibliography

OECD (2017), *BEPS Action 5 on Harmful Tax Practices – Terms of Reference and Methodology for the Conduct of the Peer Reviews of the Action 5 Transparency Framework*, OECD/G20 Base Erosion and Profit Shifting Project, OECD, Paris. www.oecd.org/tax/beps/beps-action-5-harmful-tax-practices-peer-review-transparency-framework.pdf (accessed on 10 November 2017).

OECD (2015), *Countering Harmful Tax Practices More Effectively, Taking into Account Transparency and Substance, Action 5 – 2015 Final Report*, OECD/G20 Base Erosion and Profit Shifting Project, OECD Publishing, Paris. http://dx.doi.org/10.1787/9789264241190-en.

Poland

Poland has not met the terms of reference (ToR) with respect to identifying all past rulings and future rulings and all potential exchange jurisdictions (ToR I.4.1.1, I.4.1.2, I.4.2.1, I.4.2.2), or the completion and timely exchange of information on rulings (ToR II.5.3, II.5.4, II.5.5, II.5.6, II.5.7) for the year in review. Poland is recommended to complete the process of identifying all past rulings and future rulings and potential exchange jurisdictions, and to put in place the necessary process to complete the necessary information and exchange all information on rulings as soon as possible. Poland has answered the peer review questionnaire and the follow-up questions asked by the Secretariat in a timely manner.

Poland can legally issue the four following types of rulings within the scope of the transparency framework: (1) cross-border unilateral tax rulings (such as an advance tax ruling) covering transfer pricing or the application of transfer pricing principles; (2) unilateral downward adjustments; (3) permanent establishment rulings; and (4) related party conduit rulings. In Poland, rulings were issued by the authorised directors of Tax Chambers in five local offices in Bydgoszcz, Katowice, Lodz, Poznan and Warsaw.

In practice, Poland has identified 19 past rulings. For the period 1 April 2016-1 February 2017, Poland has identified six new rulings. Rulings other than APAs are published in anonymised form.[1]

No peer input was received in respect of the exchanges of information on rulings received from Poland.

Note by Turkey: The information in this document with reference to "Cyprus" relates to the southern part of the Island. There is no single authority representing both Turkish and Greek Cypriot people on the Island. Turkey recognises the Turkish Republic of Northern Cyprus (TRNC). Until a lasting and equitable solution is found within the context of the United Nations, Turkey shall preserve its position concerning the "Cyprus issue".

Note by all the European Union Member States of the OECD and the European Union: The Republic of Cyprus is recognised by all members of the United Nations with the exception of Turkey. The information in this document relates to the area under the effective control of the Government of the Republic of Cyprus.

Introduction

1. This peer review covers Poland's implementation of the BEPS Action 5 transparency framework for the year 2016. The report has four parts, each relating to a key part of the Terms of Reference. Part A looks at the process to gather the required information on all relevant rulings. Part B relates to the legal basis and administrative process for the exchange of information on rulings. Part C reports the required statistics on exchanges under the transparency framework for the year in review. Part D relates to the transparency requirements that apply for certain intellectual property regimes in connection with the Action 5 "nexus approach".

2. Each part is discussed in turn. A summary of recommendations is included at the end of this report.

A. The information-gathering process

3. This section relates to the adequacy of the process used to collect information relating to the tax rulings that are in the scope of the transparency framework, both past and future rulings, as well as the jurisdictions with which information on rulings should be exchanged.

4. The process for gathering information about past rulings is explained first, followed by the process for gathering information about future rulings.

Past rulings (ToR I.4.1.1, I.4.1.2, I.4.2.1, I.4.2.2)

5. With respect to APAs, all APAs are issued by a separate unit in the Ministry of Finance. All rulings issued by this unit were unilateral APAs within the scope of the transparency framework. The APA unit then classified APAs as "past" or "future" rulings using their databases, registries and statistics. In order to identify potential exchange jurisdiction, the APAs were read. Where all necessary information was not provided in the APA application, the "best efforts approach" was used, which involved searching the trade register and/or Orbis database was used to identify the immediate parent company, and Orbis database was used to identify the ultimate parent company.

6. With respect to rulings other than APAs, the officials in the National Revenue Administration which are authorised to issue rulings in the five local offices undertook preliminary steps in the third quarter of 2016 to detect relevant cross border rulings. All rulings which were issued before 2017 were reviewed manually to identify whether they were in the scope of the transparency framework. This included identifying rulings which might have international impact (i.e. global, wider than European Union) and those which may be relevant under the EU's Directive for the exchange of information on rulings (i.e. those relevant to EU Member States only). The process to identify all potential exchange jurisdictions is still ongoing and information on the need to use the "best efforts approach" is not yet available.

Future rulings (ToR I.4.1.1, I.4.1.2, I.4.2.1)

7. With respect to APAs, the same process is used as for past rulings. The APA unit will identify a future APA from its databases which contain information on all issued APAs. The potential exchange jurisdictions will be identified from the APA itself, or from the trade register and/or Orbis database. In case of any doubts concerning potential exchange jurisdictions, members of the APA unit may ask the taxpayer for clarification and further

explanations concerning entities engaged in the transaction covered by APA application. No formal changes to the process of granting future APAs has been made to ensure that all potential exchange jurisdictions are identified at the point of issuing the ruling.

8. With respect to rulings other than APAs, new rulings are immediately screened at the point when they are issued to determine whether they are in the scope of the transparency framework. The process to identify all potential exchange jurisdictions is still ongoing within the Ministry of Finance/National Fiscal Administration.

Review and supervision mechanism (ToR I.4.3)

9. The APA unit has a small number of employees, and Poland notes that all APA unit members are familiar with the requirements of the transparency framework. The officials in the APA unit are subject to ongoing supervision and monitoring in respect of all APA cases, particularly with regard to the requirements concerning the transparency framework. With respect to other rulings, the officials responsible for identifying relevant rulings were assisted with internal guidelines on the requirements for selecting the relevant rulings. In case of doubts as to classification of rulings, the officials received advice from experts in the Ministry of Finance.

Conclusion on section A

10. Poland has been able to identify past APAs and has identified potential exchange jurisdictions including using the best efforts approach. Poland can identify future APAs, but it is not certain that all potential exchange jurisdictions are always identified (ToR I.4.2.2). With respect to rulings other than APAs, the process to identify all potential exchange jurisdictions is still ongoing (ToR 1.4.2.2). Poland is recommended to complete the process for identifying all potential exchange jurisdictions for past and future non-APA rulings. Poland is recommended to amend its rulings practices for all future rulings (APAs and other rulings) to ensure information on all potential exchange jurisdictions is collected in the course of issuing the ruling.

B. The exchange of information

11. This section relates to how jurisdictions have adequately complied with the obligation to spontaneously exchange information on the tax rulings within the scope of the transparency framework.

Legal basis for spontaneous exchange of information (ToR II.5.1, II.5.2)

12. Poland has the necessary domestic legal basis to exchange information spontaneously. Poland notes that there are no legal or practical impediments that prevent the spontaneous exchange of information on rulings as contemplated in the Action 5 minimum standard.

13. Poland is a party to international agreements permitting spontaneous exchange of information, including being a party to the Convention, the Directive 2011/16/EU with all other European Union Member States, and double tax agreements in force with 84 jurisdictions.[2] In total, this network of agreements covers 125 jurisdictions.

Completion and exchange of templates (ToR II.5.3, II.5.4, II.5.5, II.5.6, II.5.7)

14. Poland is still in the process of developing a process to complete the templates on relevant rulings, to make them available to the Competent Authority for exchange of information, and to exchange them with relevant jurisdictions.

15. As at 1 February 2017, Poland had not undertaken any exchanges of information.

Conclusion on section B

16. Poland has the necessary legal basis to undertake spontaneous exchange of information. Poland has not met the terms of reference to complete the necessary information required on relevant rulings in the form of Annex C or the XML Schema (ToR II.5.3 and II.5.4), to provide them to the Competent Authority without undue delay (ToR II.5.5) or to exchange them within the timelines required by the transparency framework (ToR II.5.6) and as such no follow-up requests could have been made to Poland (ToR II.5.7). Poland is recommended to put in place the necessary process to prepare the information and exchange all information on rulings as soon as possible.

C. Statistics (ToR IV)

17. The statistics for the 2016 review are as follows:

Category of ruling	Number of exchanges	Jurisdictions exchanged with
Ruling related to a preferential regime	N/A	N/A
Cross-border unilateral advance pricing agreements (APAs) and any other cross-border unilateral tax rulings (such as an advance tax ruling) covering transfer pricing or the application of transfer pricing principles	0	N/A
Cross-border rulings providing for a unilateral downward adjustment to the taxpayer's taxable profits that is not directly reflected in the taxpayer's financial/ commercial accounts	N/A	N/A
Permanent establishment rulings	N/A	N/A
Related party conduit rulings	N/A	N/A
De minimis rule	N/A	N/A
IP regimes: total exchanges on taxpayers benefitting from the third category of IP assets, new entrants benefitting from grandfathered IP regimes; and taxpayers making use of the option to treat the nexus ratio as a rebuttable presumption	N/A	N/A
Total	0	

D. Matters related to intellectual property regimes (ToR I.4.1.3)

18. Poland does not have an intellectual property regime for which transparency requirements were imposed.

Summary of recommendations on implementation of the transparency framework

Aspect of implementation of the transparency framework that should be improved	Recommendation for improvement
The process to identify all potential exchange jurisdictions for past and future rulings (other than APAs) is still ongoing.	Poland is recommended to complete the process for identifying all potential exchange jurisdictions for past and future non-APA rulings.
For future rulings (both APAs and other rulings), Poland does not ensure that information on all potential exchange jurisdictions is always collected.	Poland is recommended to amend its rulings practices for all future rulings (APAs and other rulings) to ensure that information on all potential exchange jurisdictions is collected from the taxpayer in the course of issuing the ruling.
Poland did not have a process to complete the necessary information required on relevant rulings in the form of Annex C or the OECD XML Schema.	Poland is recommended to put in place the necessary process to complete the necessary information in the form of Annex C or the OECD XML Schema as soon as possible.
Poland did not have a process to provide the required information on rulings to the Competent Authority without undue delay.	Poland is recommended to put in place the necessary process to make the required information on rulings available to the Competent Authority as soon as possible.
Poland did not have a process to exchange information on rulings within the timelines required by the transparency framework and did not complete any exchanges in 2016.	Poland is recommended to complete all outstanding exchanges of information as soon as possible and put in place a process to meet the exchange timelines on a going forward basis.

Jurisdiction's response and recent developments

19. In 2017 there were numerous changes made in the Polish exchange of tax information system, including juridical framework for realising such exchange as well as technical issues connected to it.

20. First, Act of 9th of March 2017 on tax information exchange with other countries (Polish Journal of Laws of 2017 item 648) was adopted. Second, the practice as regards APAs was verified with the view to identifying jurisdictions covered by the exchange of APA rulings (recommendations no. 1 and 2).

21. Third, Poland undertook necessary effort in order to identify all advanced cross-border rulings that are subject to be exchanged under the BEPS Action 5. The Ministry of Finance was supervising the process of selection, ensuring relevant substantial assistance. National administrative procedures in the above mentioned area were developed and implemented in order to fulfil the Polish obligations stemming from transparency framework (recommendations no. 4 and 5).

Notes

1. Available at http://sip.mf.gov.pl/ (accessed on 10 November 2017).

2. Parties to the Convention are available here: www.oecd.org/tax/exchange-of-tax-information/convention-on-mutual-administrative-assistance-in-tax-matters.htm. Poland also has Double Tax Agreements with Albania, Armenia, Australia, Austria, Azerbaijan, Bangladesh, Belarus, Belgium, Bosnia and Herzegovina, Bulgaria, Canada, Chile, China (People's Republic of), Croatia, Cyprus, Czech Republic, Denmark, Egypt, Estonia, Finland, Former Yugoslav Republic of Macedonia, France, Georgia, Germany, Greece, Guernsey, Hungary, Iceland, India, Indonesia, Iran, Ireland, Isle of Man, Israel, Italy, Japan, Jersey, Jordan, Kazakhstan, Korea, Kuwait, Kyrgyzstan, Latvia, Lebanon, Lithuania, Luxembourg, Malaysia, Malta, Mexico, Moldova, Mongolia, Montenegro Morocco, Netherlands, New Zealand, Norway, Pakistan, Philippines, Portugal, Qatar, Romania, Russia, Saudi Arabia, Serbia, Singapore, Slovak Republic, Slovenia, South Africa, Spain, Sri Lanka, Sweden, Switzerland, Syrian Arab Republic, Chinese Taipei, Tajikistan, Thailand, Tunisia, Turkey, Ukraine, United Arab Emirates, United Kingdom, United States, Uzbekistan, Viet Nam and Zimbabwe.

Bibliography

OECD (2017a), *BEPS Action 5 on Harmful Tax Practices – Terms of Reference and Methodology for the Conduct of the Peer Reviews of the Action 5 Transparency Framework*, OECD/G20 Base Erosion and Profit Shifting Project, OECD, Paris. www.oecd.org/tax/beps/beps-action-5-harmful-tax-practices-peer-review-transparency-framework.pdf (accessed on 10 November 2017).

OECD (2017b), *Country-by-Country Reporting XML Schema: User Guide for Tax Administrations*, www.oecd.org/tax/beps/country-by-country-reporting-xml-schema-user-guide-for-tax-administrations.pdf (accessed on 10 November 2017).

Portugal

Portugal has met all of the terms of reference (ToR) for the year in review other than the timely exchange of information on rulings (ToR II.5.6). Portugal is recommended to ensure the speedy exchange of all past and future rulings. Portugal has answered the peer review questionnaire and the follow-up questions asked by the Secretariat in a timely manner.

Portugal can legally issue the following two types of rulings within the scope of the transparency framework: (1) cross-border unilateral APAs and any other cross-border unilateral tax ruling (such as an ATR) covering transfer pricing or the application of transfer pricing principles; and (2) permanent establishment rulings. In Portugal, the Large Taxpayers Office is responsible for issuing APAs and the Corporate Income Tax Office (IRC Directorate) is responsible for issuing the other categories of rulings.

In practice, Portugal issued 24 past rulings. For the period 1 April 2016-1 February 2017, Portugal issued two future rulings. Rulings other than APAs are published in anonymised form.[1]

Peer input was received from two jurisdictions in respect of in respect of the exchanges of information on rulings received from Portugal. This input was positive, noting that information was complete, in the correct format, and on time.

Note by Turkey: The information in this document with reference to "Cyprus" relates to the southern part of the Island. There is no single authority representing both Turkish and Greek Cypriot people on the Island. Turkey recognises the Turkish Republic of Northern Cyprus (TRNC). Until a lasting and equitable solution is found within the context of the United Nations, Turkey shall preserve its position concerning the "Cyprus issue".

Note by all the European Union Member States of the OECD and the European Union: The Republic of Cyprus is recognised by all members of the United Nations with the exception of Turkey. The information in this document relates to the area under the effective control of the Government of the Republic of Cyprus.

Introduction

1. This peer review covers Portugal's implementation of the BEPS Action 5 transparency framework for the year 2016. The report has four parts, each relating to a key part of the Terms of Reference. Part A looks at the process to gather the required information on all relevant rulings. Part B relates to the legal basis and administrative process for the exchange of information on rulings. Part C reports the required statistics on exchanges under the transparency framework for the year in review. Part D relates to the transparency requirements that apply for certain intellectual property regimes in connection with the Action 5 "nexus approach".

2. Each part is discussed in turn. A summary of recommendations is included at the end of this report.

A. The information-gathering process

3. This section relates to the adequacy of the process used to collect information relating to the tax rulings that are in the scope of the transparency framework, both past and future rulings, as well as the jurisdictions with which information on rulings should be exchanged.

4. The process for gathering information about past rulings is explained first, followed by the process for gathering information about future rulings.

Past rulings (ToR I.4.1.1, I.4.1.2, I.4.2.1, I.4.2.2)

5. With respect to APAs, the Large Taxpayers Office which was responsible issuing the rulings has a database containing a summary of relevant information regarding completed APAs. The information gathered in the database involves not only a summary of the terms and conditions of the APA, but also information regarding the date of issuance and the date of termination of the agreement. This allowed the identification of rulings which were within the period defined as "past rulings".

6. In order to identify all potential exchange jurisdictions, the information was already available either in the APA itself, or on the APA file as taxpayers were required to submit information on the related parties with which the covered transactions will occur as well as a full description of the structure of the group. The "best efforts approach" was not required as information on all potential exchange jurisdictions was contained in the ruling.

7. With respect to PE rulings, the Corporate Income Tax Office (IRC Directorate) has a file organised by subjects/articles of the tax law, and which are organised in chronological order of decision. This file covers all of the rulings issued since 2010. The information-gathering process was using an initial search which was designed by the officials involved in issuing the rulings, with the assistance of the Centre for Fiscal and Customs Studies. A manual search was then conducted on the results to read all the rulings to detect the occurrence of transactions with non-residents. Of those rulings, the description of the facts in the ruling and all the data available to the tax authority concerning the taxpayer and the transactions covered by the ruling was read to determine if the ruling was within one of the transparency framework categories, and to verify that it was within the definition of "past rulings".

8. In order to identify potential exchange jurisdictions for PE rulings, the taxpayer's application for the ruling was consulted, as the application is required to include the identification of all the entities involved in the transaction or issues covered by the ruling as well as information on the immediate parent company. Although it was not mandatory for the taxpayer to include information on the ultimate parent company in the ruling application,

Portugal reports that information on all potential exchange jurisdictions was contained in the particular past rulings which were identified for the transparency framework. As such, the "best efforts approach" was not required to be used.

Future rulings (ToR I.4.1.1, I.4.1.2, I.4.2.1)

9. The methodology used in the identification of past rulings is followed with some adaptations with regard to future rulings. With respect to APAs, the Large Taxpayers Office made some changes in the negotiation process in order to allow immediate identification of APAs that are within the scope of the transparency framework. As the APA applications were already required to include information on all potential exchange jurisdictions, no further changes were required.

10. With respect to PE rulings, a mechanism was established to ensure a monthly update and review of all the rulings issued in order to capture any ruling that may be covered by one of the transparency framework categories. In order to identify potential exchange jurisdictions, the ruling applications were already required to include information on most of the potential exchange jurisdictions, and if any information was missing, Portugal would approach the taxpayer to collect this information before the ruling is issued. It is noted that Portugal has modified the legal framework for issuing rulings to ensure that all information on potential exchange jurisdictions is collected, and this was effective from 1 January 2017.

Review and supervision mechanism (ToR I.4.3)

11. A review process is in place for APAs whereby the information gathered by the tax officials is reviewed by the team co-ordinator in order to verify accuracy and completeness. The review process for PE rulings is verified by the Director and the Deputy General-Director reviewing the information gathered by the officials. In addition, a briefing was given to all officials involved in the collection of information for the transparency framework, to ensure awareness of the requirements to identify all relevant rulings.

Conclusion on section A

12. Portugal has met all of the terms of reference for the information-gathering process and no recommendations are made.

B. The exchange of information

13. This section relates to how jurisdictions have adequately complied with the obligation to spontaneously exchange information on the tax rulings within the scope of the transparency framework.

Legal basis for spontaneous exchange of information (ToR II.5.1, II.5.2)

14. Portugal has the necessary domestic legal basis to exchange information spontaneously. Portugal notes that there are no legal or practical impediments that prevent the spontaneous exchange of information on rulings as contemplated in the Action 5 minimum standard.

15. Portugal is a party to international agreements permitting spontaneous exchange of information, including the Convention, the Directive 2011/16/EU with all other European Union Member States, and double tax agreements in force with 68 jurisdictions.[2] In total, this network of agreements covers 117 jurisdictions.

Completion and exchange of templates (ToR II.5.3, II.5.4, II.5.5, II.5.6, II.5.7)

16. In order to share the required information with other jurisdictions, the template contained in Annex C is used in a paper form, which is filled in by officials in the Large Taxpayers Office and CIT Directorate who are responsible for identifying the relevant rulings.[3] The form is revised by the team co-ordinator in order to verify its accurateness and completeness. For past and future rulings, when the team co-ordinator reviews the template it also compares the text of the ruling with the information on the template. After revision, the form is sent by the responsible offices to the Competent Authority responsible for international exchange of information.

17. Portugal ensures that the ruling summary template is made available to the competent authority for exchange of information in a timely way as follows. The templates on past rulings were sent to the Competent Authority in a batch before the end of 2016. The templates on future APA rulings are completed at the time the ruling is issued and are sent to the Competent Authority not later than one month after the APA is in force. The templates on other future rulings are completed on a monthly basis and immediately sent to the Competent Authority.

18. The timeliness of exchanges is as follows. Note that these statistics reflect the fact that Portugal was able to undertake exchanges of information not only with OECD/G20 countries as required, but also with new members that joined the Inclusive Framework in 2016.

		Delayed exchanges		
Past rulings in the scope of the transparency framework	Number of exchanges transmitted by 31 December 2016	Number of exchanges not transmitted by 31 December 2016	Reasons for the delays	Any other comments
	10	14		
Future rulings in the scope of the transparency framework	Number of exchanges transmitted within three months of the information becoming available to the competent authority or immediately after legal impediments have been lifted	Delayed exchanges: Number of exchanges transmitted later than three months of the information on rulings becoming available to the competent authority	Reasons for the delays	Any other comments
	0	2		
Total	10	16		

Follow-up requests received for exchange of the ruling	Number	Average time to provide response	Number of requests not answered
	0	N/A	0

19. Portugal explains that delays occurred because of difficulties with the allocation of resources in the tax authority for the implementation of the transparency framework. Portugal notes that it is working on an IT application that will contain a signalling and alert mechanism in order to have a more automatic procedure for identifying and exchange the information of the relevant rulings, which should assist in reducing delays.

Conclusion on section B

20. Portugal has the necessary legal framework and administrative process in place for exchanging information on rulings. Portugal encountered some delays in the exchange of information on both past and future rulings within scope of the transparency framework. Portugal has met all of the terms of reference for the exchange of information process except for the timely exchange of information on past and future rulings (ToR II.5.6) and Portugal is recommended to ensure the speedy exchange of all past and future rulings.

C. Statistics (ToR IV)

21. The statistics for the 2016 review are as follows:

Category of ruling	Number of exchanges	Jurisdictions exchanged with
Ruling related to a preferential regime	N/A	N/A
Cross-border unilateral advance pricing agreements (APAs) and any other cross-border unilateral tax rulings (such as an advance tax ruling) covering transfer pricing or the application of transfer pricing principles	10	Ireland, Korea, Netherlands, Spain, Sweden, United Kingdom
Cross-border rulings providing for a unilateral downward adjustment to the taxpayer's taxable profits that is not directly reflected in the taxpayer's financial/ commercial accounts	N/A	N/A
Permanent establishment rulings	0	N/A
Related party conduit rulings	N/A	N/A
De minimis rule	N/A	N/A
IP regimes: total exchanges on taxpayers benefitting from the third category of IP assets, new entrants benefitting from grandfathered IP regimes; and taxpayers making use of the option to treat the nexus ratio as a rebuttable presumption	0	
Total	10	

D. Matters related to intellectual property regimes (ToR I.4.1.3)

22. Portugal offers an intellectual property regime that is subject to transparency requirements under the Action 5 Report (OECD, 2015) (Partial exemption for income from patents and other industrial property rights). It states that the identification of the benefitting taxpayers will occur as follows:

- ***New entrants benefitting from the grandfathered IP regime***: the spontaneous exchange of information for new taxpayers entering the regime after 6 February 2015 is identified in the tax returns relating to the 2015 tax year, which were first filed in June 2016. Additional information will be gathered from the tax administration's databases or by direct contact with taxpayers involved if needed. Portugal is also considering adjusting the corporate income tax return in order to streamline the identification of new entrants that are benefiting from the grandfathered IP regime. Portugal notes that it was not possible for new IP assets that were acquired directly or indirectly from related parties after 1 January 2016 to benefit from the regime and as such there is no spontaneous exchange of information required on this aspect.
- ***Third category of IP assets***: not applicable, as this option has not been incorporated in the Portuguese IP regime.

- ***Taxpayers making use of the option to treat the nexus ratio as a rebuttable presumption***: not applicable, as this option has not been incorporated in the Portuguese IP regime.

23. In practice, no exchange of information on new entrants was required for the year in review because in all cases the ultimate parent companies were all Portuguese residents; and the immediate parent companies (if different) were all Portuguese residents; and all of IP income received by the new entrants was received from either unrelated parties, or from related parties which were all resident in Portugal.

Summary of recommendations on implementation of the transparency framework

Aspect of implementation of the transparency framework that should be improved	Recommendation for improvement
Portugal encountered some delays in the exchange of information on rulings within scope of the transparency framework.	Portugal is recommended to ensure the speedy exchange of all past and future rulings.

Notes

1. Available at http://info.portaldasfinancas.gov.pt/pt/informacao_fiscal/informacoes_vinculativas (accessed on 10 November 2017).
2. Parties to the Convention are available here: www.oecd.org/tax/exchange-of-tax-information/convention-on-mutual-administrative-assistance-in-tax-matters.htm. Portugal also has Double Tax Agreements with Algeria, Andorra, Austria, Bahrain, Belgium, Brazil, Bulgaria, Canada, Cabo Verde, Chile, China (People's Republic of), Colombia, Croatia, Cuba, Cyprus, Czech Republic, Denmark, Estonia, Ethiopia, Finland, France, Georgia, Germany, Greece, Guinea-Bissau, Hong Kong (China), Hungary, Iceland, India, Indonesia, Ireland, Israel, Italy, Japan, Korea, Kuwait, Latvia, Lithuania, Luxembourg, Macau (China), Malta, Mexico, Moldova, Morocco, Mozambique, Netherlands, Norway, Pakistan, Panama, Peru, Poland, Qatar, Romania, Russia, San Marino, Saudi Arabia, Senegal, Singapore, Slovak Republic, Slovenia, South Africa, Spain, Sweden, Switzerland, Tunisia, Turkey, Ukraine, United Arab Emirates, United Kingdom, United States, Uruguay, Venezuela and Viet Nam.
3. The process to implement the use the OECD XML Schema is underway for use in the future.

Bibliography

OECD (2017), *BEPS Action 5 on Harmful Tax Practices – Terms of Reference and Methodology for the Conduct of the Peer Reviews of the Action 5 Transparency Framework*, OECD/G20 Base Erosion and Profit Shifting Project, OECD, Paris. www.oecd.org/tax/beps/beps-action-5-harmful-tax-practices-peer-review-transparency-framework.pdf (accessed on 10 November 2017).

OECD (2015), *Countering Harmful Tax Practices More Effectively, Taking into Account Transparency and Substance, Action 5 – 2015 Final Report*, OECD/G20 Base Erosion and Profit Shifting Project, OECD Publishing, Paris. http://dx.doi.org/10.1787/9789264241190-en.

Russian Federation

Russia has met all aspects of the terms of reference (ToR) for the year in review, except the timely exchange of information on past rulings (ToR II.5.6). Russia is recommended to complete all outstanding exchanges of information as soon as possible and put in place a process to meet the exchange timelines on a going forward basis. Russia has answered the peer review questionnaire and the follow-up questions asked by the Secretariat in a timely manner.

Russia can legally issue the following five types of rulings within the scope of the transparency framework: (1) preferential regimes (special economic/industry zones); (2) cross-border unilateral advance pricing agreements (APAs) and any other cross-border unilateral tax rulings (such as an advance tax ruling) covering transfer pricing or the application of transfer pricing principles; (3) cross-border rulings giving a unilateral downward adjustment to the taxpayer's taxable profits in the country giving the ruling; (4) permanent establishment rulings; and (5) related party conduit rulings. Rulings other than APAs are known as a "motivated opinions." Motivated opinions were introduced on 1 May 2016, and therefore are only relevant as future rulings. APAs are issued by a centralised office of the Federal Tax Service of Russia (FTS) and motivated opinions are drafted by the nine large taxpayers' offices and for the year in review would be considered and finalised by the Directorate for Desk Audits at the Central Office.

In practice, Russia issued two past rulings. For the period 1 April 2016-1 February 2017, Russia did not issue any future rulings. These rulings are not published.

As no exchanges were undertaken by Russia, no peer input was received in respect of the exchanges of information on rulings received from Russia.

Note by Turkey: The information in this document with reference to "Cyprus" relates to the southern part of the Island. There is no single authority representing both Turkish and Greek Cypriot people on the Island. Turkey recognises the Turkish Republic of Northern Cyprus (TRNC). Until a lasting and equitable solution is found within the context of the United Nations, Turkey shall preserve its position concerning the "Cyprus issue".

Note by all the European Union Member States of the OECD and the European Union: The Republic of Cyprus is recognised by all members of the United Nations with the exception of Turkey. The information in this document relates to the area under the effective control of the Government of the Republic of Cyprus.

Introduction

1. This peer review covers Russia's implementation of the BEPS Action 5 transparency framework for the year 2016. The report has four parts, each relating to a key part of the Terms of Reference. Part A looks at the process to gather the required information on all relevant rulings. Part B relates to the legal basis and administrative process for the exchange of information on rulings. Part C reports the required statistics on exchanges under the transparency framework for the year in review. Part D relates to the transparency requirements that apply for certain intellectual property regimes in connection with the Action 5 "nexus approach".

2. Each part is discussed in turn. A summary of recommendations is included at the end of this report.

A. The information-gathering process

3. This section relates to the adequacy of the process used to collect information relating to the tax rulings that are in the scope of the transparency framework, both past and new rulings, as well as the jurisdictions with which information on rulings should be exchanged.

4. The process for gathering information about past rulings is explained first, followed by the process for gathering information about future rulings. For the year in review, the process was a temporary process put in place by a letter from the Deputy Commissioner to the Desk Audit Directorate and Transfer Pricing Directorate in the central office instructing them on the information-gathering process. This is pending the finalisation of a special order for the transparency framework.

Past rulings (ToR I.4.1.1, I.4.1.2, I.4.2.1, I.4.2.2)

5. In order to identify the rulings within the scope of the transparency framework, the central office of FTS which issues APAs reviewed all the files manually. The period of validity of the rulings was verified in the process of reading the ruling to determine if it was within the period defined as "past rulings". Of the two APAs issued, one was no longer valid at 1 January 2014 and as such information on that ruling was not required to be exchanged.

6. In order to identify the potential exchange jurisdictions, information was first sought from the rulings file. The rulings file contains information on jurisdictions of residence of related parties with which the taxpayer enters into a transaction. Russia used the "best efforts" approach to identify information about the immediate parent and ultimate parent company. This involved searching the companies register to identify information about the immediate parent company. Russian legal entities are also obliged under anti-money laundering law to identify their ultimate parent company and this information was available to the tax administration, and for large taxpayers this information is also usually available on the tax file. Russia confirms information on all potential exchange jurisdictions was identified for the one APA subject to the transparency framework.

Future rulings (ToR I.4.1.1, I.4.1.2, I.4.2.1)

7. With respect to APAs, the process for identifying future rulings is also conducted by way of manual review of all APA files by the central office of the FTS, as instructed by the letter from the Deputy Commissioner. In order to identify all potential exchange jurisdictions, the information would be requested from taxpayers during the decision

process, and officials can also verify the identity of the relevant related parties using internal and commercial databases.

8. With respect to motivated opinions, special guidance issued by the FTS requires that a request for a motivated opinion received by the large taxpayer office should be provided to the Directorate for Desk Audits at the Central Office. The Directorate for Desk Audits considers and finalises such rulings, and this would include verifying if the ruling was in the scope of the transparency framework. No such rulings were granted during the year in review. In order to ensure that information on all potential exchange jurisdictions is obtained, taxpayers who request a motivated opinion are obliged to provide all necessary information to the tax authority. In addition, any missing information can be requested from the applicant taxpayer in the course of the decision process, and this information can be verified from internal and commercial databases. Russia notes that only taxpayers which are part of the co-operative compliance programme ("Tax Monitoring") are eligible to apply for a motivated opinion, and this provides additional assurance that all necessary information is, or can be, made available to the tax authority.

Review and supervision mechanism (ToR I.4.3)

9. The review and supervision process for ensuring all relevant information is captured accurately is ensured by the central office of the FTS. The staff in the FTS receives training on a yearly basis, in order to ensure that they are aware of new developments including the transparency framework.

Conclusion on section A

10. Russia has a process for identifying the rulings and potential exchange jurisdictions which is appropriate for the small size of the rulings programme in Russia. Russia has met all of the terms of reference for the information-gathering process and no recommendations are made.

B. The exchange of information

11. This section relates to how jurisdictions have adequately complied with the obligation to spontaneously exchange of information on the tax rulings within the scope of the transparency framework.

Legal basis for spontaneous exchange of information (ToR II.5.1, II.5.2)

12. Russia has the necessary domestic legal basis to exchange information spontaneously. Russia notes that there are no legal or practical impediments that prevent the spontaneous exchange information on rulings as contemplated in the Action 5 minimum standard.

13. Russia has international agreements permitting spontaneous exchange of information, including being a party to the Convention and double tax agreements in force with 83 jurisdictions. In total, this network of agreements covers 129 jurisdictions.[1]

Completion and exchange of templates (ToR II.5.3, II.5.4, II.5.5, II.5.6, II.5.7)

14. Russia has put in place a temporary process to ensure that the required information should be completed in the form of the template contained in Annex C. This was put in place by way of the letter from the Deputy Commissioner to the Desk Audit Directorate and Transfer Pricing Directorate in the central office instructing that the information on relevant rulings should be provided to the Competent Authority for exchange of information (the International Directorate) in the form that is consistent with the template. In practice, the Transfer Pricing Directorate did provide information on the one relevant past APA in the required form.

15. Departments which are responsible for issuing rulings report to the Competent Authority for exchange of information with respect to any relevant rulings. Russia considers that this ensures that the information on rulings is made available to the Competent Authority responsible for international exchange of information in a timely way.

16. No exchanges of information took place as of 1 February 2017. Russia notes that the reason for the delay is it is taking considerable time to manually review rulings and to perform extra verifications on the files for the first exchange. Russia notes that it intends to perform the exchanges as soon as the files are ready.

Conclusion on section B

17. Russia has the necessary legal framework and administrative process in place for exchanging information on rulings. Russia has met all of the terms of reference for the exchange of information process except that Russia has not completed any exchanges (ToR II.5.6). Russia is recommended to complete all outstanding exchanges of information as soon as possible and put in place a process to meet the exchange timelines on a going forward basis.

C. Statistics (ToR IV)

18. As no exchanges of information on rulings were undertaken by Russia in 2016, no statistics can be reported.

D. Matters related to intellectual property regimes

19. Russia does not have an intellectual property regime for which transparency requirements were imposed.

Summary of recommendations on implementation of the transparency framework

Aspect of implementation of the transparency framework that should be improved	Recommendation for improvement
Russia did not exchange information on past rulings within the timelines required by the transparency framework.	Russia is recommended to complete all outstanding exchanges of information as soon as possible and put in place a process to meet the exchange timelines on a going forward basis.

Note

1. Parties to the Convention are available here: www.oecd.org/tax/exchange-of-tax-information/convention-on-mutual-administrative-assistance-in-tax-matters.htm. Russia has Double Tax Agreements with: Albania, Algeria, Argentina, Armenia, Australia, Austria, Azerbaijan, Belarus, Belgium, Botswana, Bulgaria, Canada, Chile, China, Croatia, Cuba, Cyprus, Czech Republic, Democratic People's Republic of Korea, Denmark, Egypt, Finland, Former Yugoslav Republic of Macedonia, France, Georgia, Germany, Greece, Hungary, Iceland, India, Indonesia, Iran, Ireland, Israel, Italy, Japan, Kazakhstan, Korea, Kuwait, Kyrgyzstan, Latvia, Lebanon, Lithuania, Luxembourg, Malaysia, Mali, Malta, Morocco, Mexico, Moldova, Mongolia, Montenegro, Namibia, Netherlands, New Zealand, Nigeria, Norway, Philippines, Poland, Portugal, Qatar, Romania, Saudi Arabia, Serbia, Singapore, Slovak Republic, Slovenia, South Africa, Spain, Sri Lanka, Sweden, Syria, Tajikistan, Thailand, Turkey, Turkmenia, Ukraine, United Arab Emirates, United Kingdom, United States, Uzbekistan, Venezuela, Viet Nam.

Bibliography

OECD (2017), *BEPS Action 5 on Harmful Tax Practices – Terms of Reference and Methodology for the Conduct of the Peer Reviews of the Action 5 Transparency Framework*, OECD/G20 Base Erosion and Profit Shifting Project, OECD, Paris. www.oecd.org/tax/beps/beps-action-5-harmful-tax-practices-peer-review-transparency-framework.pdf (accessed on 10 November 2017).

Saudi Arabia

Saudi Arabia has met all aspects of the terms of reference (ToR) that can be met given that no rulings are issued and no recommendations are made.

Saudi Arabia does not issue any type of ruling within the scope of the transparency framework. Theoretically, there is no impediment for Saudi Arabia to issue rulings, but in practice Saudi Arabia does not issue any rulings.

As no rulings are issued, no exchanges were required under the transparency framework and no peer input was received in respect of the exchanges of information on rulings received from Saudi Arabia.

Introduction

1. This peer review covers Saudi Arabia's implementation of the BEPS Action 5 transparency framework for the year 2016. The report has four parts, each relating to a key part of the Terms of Reference. Part A looks at the process to gather the required information on all relevant rulings. Part B relates to the legal basis and administrative process for the exchange of information on rulings. Part C reports the required statistics on exchanges under the transparency framework for the year in review. Part D relates to the transparency requirements that apply for certain intellectual property regimes in connection with the Action 5 "nexus approach".

2. Each part is discussed in turn. A summary of recommendations is included at the end of this report.

A. The information-gathering process

3. As no rulings are issued, this section is not assessed.

B. The exchange of information

4. As no rulings are issued, this section is not assessed.

C. Statistics (ToR IV)

5. As no rulings are issued, no statistical data can be reported.

D. Matters related to intellectual property regimes (ToR I.4.1.3)

6. Saudi Arabia does not have an intellectual property regime for which transparency requirements were imposed.

Summary of recommendations on implementation of the transparency framework

Aspect of implementation of the transparency framework that should be improved	Recommendation for improvement
	No recommendations are made.

Bibliography

OECD (2017), *BEPS Action 5 on Harmful Tax Practices – Terms of Reference and Methodology for the Conduct of the Peer Reviews of the Action 5 Transparency Framework*, OECD/G20 Base Erosion and Profit Shifting Project, OECD, Paris. www.oecd.org/tax/beps/beps-action-5-harmful-tax-practices-peer-review-transparency-framework.pdf (accessed on 10 November 2017).

Slovak Republic

The Slovak Republic has met all of the terms of reference (ToR) for the year in review and no recommendations are made. The Slovak Republic has answered the peer review questionnaire and the follow-up questions asked by the Secretariat in a timely manner.

The Slovak Republic can legally issue the following two types of rulings within the scope of the transparency framework: (1) cross-border unilateral APAs and any other cross-border unilateral tax ruling (such as an ATR) covering transfer pricing or the application of transfer pricing principles; and (2) permanent establishment rulings. In the Slovak Republic, rulings are issued by eight regional tax offices and one tax office for selected taxpayers.

In practice, the Slovak Republic issued one past ruling. For the period 1 April 2016-1 February 2017, the Slovak Republic issued two future rulings. Rulings are not published.

No peer input was received in respect of the exchanges of information on rulings received from the Slovak Republic.

Note by Turkey: The information in this document with reference to "Cyprus" relates to the southern part of the Island. There is no single authority representing both Turkish and Greek Cypriot people on the Island. Turkey recognises the Turkish Republic of Northern Cyprus (TRNC). Until a lasting and equitable solution is found within the context of the United Nations, Turkey shall preserve its position concerning the "Cyprus issue".

Note by all the European Union Member States of the OECD and the European Union: The Republic of Cyprus is recognised by all members of the United Nations with the exception of Turkey. The information in this document relates to the area under the effective control of the Government of the Republic of Cyprus.

Introduction

1. This peer review covers the Slovak Republic's implementation of the BEPS Action 5 transparency framework for the year 2016. The report has four parts, each relating to a key part of the Terms of Reference. Part A looks at the process to gather the required information on all relevant rulings. Part B relates to the legal basis and administrative process for the exchange of information on rulings. Part C reports the required statistics on exchanges under the transparency framework for the year in review. Part D relates to the transparency requirements that apply for certain intellectual property regimes in connection with the Action 5 "nexus approach".

2. Each part is discussed in turn. A summary of recommendations is included at the end of this report.

A. The information-gathering process

3. This section relates to the adequacy of the process used to collect information relating to the tax rulings that are in the scope of the transparency framework, both past and future rulings, as well as the jurisdictions with which information on rulings should be exchanged.

4. The process for gathering information about past rulings is explained first, followed by the process for gathering information about future rulings.

Past rulings (ToR I.4.1.1, I.4.1.2, I.4.2.1, I.4.2.2)

5. In order to identify past rulings in the scope of the transparency framework, a database of all tax rulings was created. The tax office personnel searched the database and then manually reviewed the content of each ruling request and any attachments in order to determine if the ruling was in scope and within the period defined as "past ruling."

6. In order to identify potential exchange jurisdictions, the ruling itself was first consulted. Rulings would contain information on relevant related parties to a transaction covered by the ruling as well as the immediate parent and ultimate parent company, as required by domestic legislation. As such, all potential exchange jurisdictions were able to be identified and the "best efforts approach" was not required.

Future rulings (ToR I.4.1.1, I.4.1.2, I.4.2.1)

7. The procedure for identifying future rulings is that any office that issued a future tax ruling was obliged to fill in an internal e-form containing substantial information on the ruling at the time the ruling was issued. This e-form included identification of the ruling as being within the scope of the transparency framework.

8. In order to identify potential exchange jurisdictions for future rulings, the text of the ruling is consulted, as for past rulings. Since the Slovak Republic confirms that information on all potential exchange jurisdictions was already required as part of the ruling process, no changes to the process for granting a ruling was needed.

Review and supervision mechanism (ToR I.4.3)

9. The adequacy of the information-gathering process was ensured by providing training to all relevant officials on the new requirements. The training usually includes an examination or other verification of the training material. In addition, compliance with the new standard can be subject to internal audit.

Conclusion on section A

10. The Slovak Republic has a process for identifying the rulings and potential exchange jurisdictions which is appropriate for the small size of the rulings programme in the Slovak Republic. The Slovak Republic has met all of the terms of reference for the information-gathering process and no recommendations are made.

B. The exchange of information

11. This section relates to how jurisdictions have adequately complied with the obligation to spontaneously exchange of information on the tax rulings within the scope of the transparency framework.

Legal basis for spontaneous exchange of information (ToR II.5.1, II.5.2)

12. The Slovak Republic has the necessary domestic legal basis to exchange information spontaneously. The Slovak Republic notes that there are no legal or practical impediments that prevent the spontaneous exchange of information on rulings as contemplated in the Action 5 minimum standard.

13. The Slovak Republic has international agreements permitting spontaneous exchange of information, including being a party to the Convention, the Directive 2011/16/EU with all other European Union Member States, and double tax agreements in force with 64 jurisdictions.[1] In total, this network of agreements covers 104 jurisdictions.

Completion and exchange of templates (ToR II.5.3, II.5.4, II.5.5, II.5.6, II.5.7)

14. In order to share the required information with other jurisdictions, the template contained in Annex C of the Action 5 Report (OECD, 2015) was completed by the relevant local tax officers responsible for identifying the rulings which are in scope. The officers fill out the form both in word and draft XML formats. The completed forms are submitted to the Competent Authority for exchange of information and are subsequently translated into English. The Slovak Republic ensures that the completed forms are made available to the Competent Authority in a timely way for future rulings by issuing guidelines which require the person issuing the ruling to inform the Competent Authority not later than three weeks from date of issuance of the new ruling. The Competent Authority always checks the form and signal possible irregularities to the tax office which issued the ruling.

15. The timeliness of exchanges is as follows. Note that these statistics reflect the fact that information was only required to be exchanged with OECD/G20 countries, and not with new members of the Inclusive Framework, and that the Slovak Republic did in fact only exchange information with OECD/G20 countries for the year in question.

Past rulings in the scope of the transparency framework		Delayed exchanges		
	Number of exchanges transmitted by 31 December 2016	Number of exchanges not transmitted by 31 December 2016	Reasons for the delays	Any other comments
	1	0	N/A	

Future rulings in the scope of the transparency framework		Delayed exchanges		
	Number of exchanges transmitted within three months of the information becoming available to the competent authority or immediately after legal impediments have been lifted	Number of exchanges transmitted later than three months of the information on rulings becoming available to the competent authority	Reasons for the delays	Any other comments
	1[2]	0	N/A	
Total	2	0		

Follow-up requests received for exchange of the ruling	Number	Average time to provide response	Number of requests not answered
	0	N/A	0

Conclusion on section B

16. The Slovak Republic has the necessary legal framework and administrative process in place for exchanging information on rulings. The Slovak Republic has timely exchanged all rulings within scope of the transparency framework. The Slovak Republic has met all of the terms of reference for the exchange of information process and no recommendations are made.

C. Statistics (ToR IV)

17. The statistics for the 2016 review are as follows.

Category of ruling	Number of exchanges	Jurisdictions exchanged with
Ruling related to a preferential regime	N/A	N/A
Cross-border unilateral advance pricing agreements (APAs) and any other cross-border unilateral tax rulings (such as an advance tax ruling) covering transfer pricing or the application of transfer pricing principles	N/A	
Cross-border rulings providing for a unilateral downward adjustment to the taxpayer's taxable profits that is not directly reflected in the taxpayer's financial/commercial accounts	Included in *de minimus*	N/A
Permanent establishment rulings	Included in *de minimus*	N/A
Related party conduit rulings	N/A	N/A
De minimis rule	2	N/A
IP regimes: total exchanges on taxpayers benefitting from the third category of IP assets, new entrants benefitting from grandfathered IP regimes; and taxpayers making use of the option to treat the nexus ratio as a rebuttable presumption	N/A	N/A
Total	2	

D. Matters related to intellectual property regimes (ToR I.4.1.3)

18. The Slovak Republic does not have an intellectual property regime for which transparency requirements were imposed.

Summary of recommendations on implementation of the transparency framework

Aspect of implementation of the transparency framework that should be improved	Recommendation for improvement
	No recommendations are made

Notes

1. Parties to the Convention are available here: www.oecd.org/tax/exchange-of-tax-information/convention-on-mutual-administrative-assistance-in-tax-matters.htm. Slovak Republic also has Double Tax Agreements with Australia, Austria, Belarus, Belgium, Bosnia and Herzegovina, Brazil, Bulgaria, Canada, China (People's Republic of), Croatia, Cyprus, Czech Republic, Denmark, Estonia, Finland, Former Yugoslav Republic of Macedonia, France, Georgia, Germany, Greece, Hungary, Iceland, India, Indonesia, Ireland, Israel, Italy, Japan, Kazakhstan, Korea, Kuwait, Latvia, Libya, Lithuania, Luxembourg, Malaysia, Malta, Mexico, Moldova, Montenegro, Netherlands, Nigeria, Norway, Poland, Portugal, Romania, Russia, Serbia, Singapore, Slovenia, South Africa, Spain, Sri Lanka, Sweden, Switzerland, Syrian Arab Republic, Tunisia, Turkey, Turkmenistan, Ukraine, United Kingdom, United States, Uzbekistan and Viet Nam.
2. The other future APA issued in 2016 was transmitted in March 2017, which was within three months of the ruling becoming available to the Competent Authority.

Bibliography

OECD (2017), *BEPS Action 5 on Harmful Tax Practices – Terms of Reference and Methodology for the Conduct of the Peer Reviews of the Action 5 Transparency Framework*, OECD/G20 Base Erosion and Profit Shifting Project, OECD, Paris. www.oecd.org/tax/beps/beps-action-5-harmful-tax-practices-peer-review-transparency-framework.pdf (accessed on 10 November 2017).

OECD (2015), *Countering Harmful Tax Practices More Effectively, Taking into Account Transparency and Substance, Action 5 – 2015 Final Report*, OECD/G20 Base Erosion and Profit Shifting Project, OECD Publishing, Paris. http://dx.doi.org/10.1787/9789264241190-en.

Slovenia

Slovenia has met all of the terms of reference (ToR) for the year in review except for ensuring information on all potential exchange jurisdictions for future rulings is always obtained (ToR I.4.2.1). However, no recommendations are made as Slovenia has already remedied this issue. Slovenia has answered the peer review questionnaire and the follow-up questions asked by the Secretariat in a timely manner.

Slovenia can legally issue the following two types of rulings within the scope of the transparency framework: (1) permanent establishment rulings; and (2) related party conduit rulings.[1] In Slovenia, rulings are issued by different financial offices, namely the General Financial Office, Special Financial Office and Regional Financial Offices.

In practice, Slovenia issued eight past rulings. For the period 1 April 2016-1 February 2017, Slovenia did not issue any future rulings. Rulings are not published.

No peer input was received in respect of the exchanges of information on rulings received from Slovenia.

Note by Turkey: The information in this document with reference to "Cyprus" relates to the southern part of the Island. There is no single authority representing both Turkish and Greek Cypriot people on the Island. Turkey recognises the Turkish Republic of Northern Cyprus (TRNC). Until a lasting and equitable solution is found within the context of the United Nations, Turkey shall preserve its position concerning the "Cyprus issue".

Note by all the European Union Member States of the OECD and the European Union: The Republic of Cyprus is recognised by all members of the United Nations with the exception of Turkey. The information in this document relates to the area under the effective control of the Government of the Republic of Cyprus.

Introduction

1. This peer review covers Slovenia's implementation of the BEPS Action 5 transparency framework for the year 2016. The report has four parts, each relating to a key part of the Terms of Reference. Part A looks at the process to gather the required information on all relevant rulings. Part B relates to the legal basis and administrative process for the exchange of information on rulings. Part C reports the required statistics on exchanges under the transparency framework for the year in review. Part D relates to the transparency requirements that apply for certain intellectual property regimes in connection with the Action 5 "nexus approach".

2. Each part is discussed in turn. A summary of recommendations is included at the end of this report.

A. The information-gathering process

3. This section relates to the adequacy of the process used to collect information relating to the tax rulings that are in the scope of the transparency framework, both past and future rulings, as well as the jurisdictions with which information on rulings should be exchanged.

4. The process for gathering information about past rulings is explained first, followed by the process for gathering information about future rulings.

Past rulings (ToR I.4.1.1, I.4.1.2, I.4.2.1, I.4.2.2)

5. In April 2016 the General Financial Office issued an instruction for the local financial offices which issue rulings. The instruction described the process for gathering past rulings. Each financial office manually checked a centralised database which is where all documents of the Financial Administration are registered. The search of the database was for the past rulings issued in the period 2010-16 using different criteria such as type of transactions and transaction with a foreign jurisdiction. Individual taxpayer files were also searched. In order to identify the category of the ruling and whether it was within the scope of the transparency framework, the office had to read the content of the ruling. All identified past rulings were then sent to the General Financial Office for a final review to verify that they were within the period of "past rulings" and were in the scope of the transparency framework.

6. In order to identify potential exchange jurisdictions, the ruling itself was first consulted. Rulings would normally contain information on relevant related parties to a transaction covered by the ruling. Where a ruling did not contain sufficient information to enable identification of all potential exchange jurisdictions, the "best efforts approach" was used. This involved the Financial Administration checking the information that it has in its possession, such as the taxpayer register and information from the Court Register and the Central Population Register. Slovenia notes that in most cases this allowed for the identification of all potential exchange jurisdictions.

Future rulings (ToR I.4.1.1, I.4.1.2, I.4.2.1)

7. For the year in review, the procedure of identification is the same as described for past rulings. All identified future rulings are sent to the General Financial Office for a final review to verify that they are within the scope of the transparency framework.

8. In order to identify potential exchange jurisdictions for future rulings, the text of the ruling is consulted, as per the process used for past rulings. For the year in review, if information on all potential exchange jurisdictions was not contained in the ruling, the information in the possession of the Financial Administration was consulted, such as the taxpayer register and information from the Court Register and the Central Population Register. This may not ensure that information on all potential exchange jurisdictions is always obtained. However, it is noted that from 1 January 2017, Slovenia has already amended its ruling practice to require all information on potential exchange jurisdictions from the taxpayer.

Review and supervision mechanism (ToR I.4.3)

9. The General Financial Office which is responsible for a uniform interpretation of tax legislation has informed responsible financial offices about the obligation to report information under the transparency framework. Instructions were issued and meetings were held with the heads of responsible units in order to ensure that all relevant information on tax rulings would be captured accurately. In addition, the General Financial Office performs a second review of the identified rulings to ensure that they are within the scope of the transparency framework.

Conclusion on section A

10. For future rulings for the year in review, it is not certain that information on all potential exchange jurisdictions was always obtained. Slovenia has already amended its ruling practice to ensure that this information is provided by the taxpayer. Slovenia has met all of the terms of reference for the information-gathering process except for identifying all potential exchange jurisdictions (ToR I.4.2.1), however no recommendations are made as this issue has already been remedied from 1 January 2017.

B. The exchange of information

11. This section relates to how jurisdictions have adequately complied with the obligation to spontaneously exchange information on the tax rulings within the scope of the transparency framework.

Legal basis for spontaneous exchange of information (ToR II.5.1, II.5.2)

12. Slovenia has the necessary domestic legal basis to exchange information spontaneously. Slovenia notes that there are no legal or practical impediments that prevent the spontaneous exchange of information on rulings as contemplated in the Action 5 minimum standard.

13. Slovenia is a party to international agreements permitting spontaneous exchange of information, including being a party to the Convention, the Directive 2011/16/EU with all other European Union Member States, and double tax agreements in force with 58 jurisdictions.[2] In total, this network of agreements covers 115 jurisdictions.

Completion and exchange of templates (ToR II.5.3, II.5.4, II.5.5, II.5.6, II.5.7)

14. In order to share the required information with other jurisdictions, the template contained in Annex C of the Action 5 Report (OECD, 2015) was completed by the General Financial Office. The content of each template was reviewed by the exchange of information

personnel to ensure it was complete. In order to provide the completed templates to the Competent Authority, a manual process is used to check that information has been submitted in a timely manner. Templates were provided to the Competent Authority in a week or two after the General Financial Office received the past rulings from local financial offices, or accessed the information on future rulings from the intranet.

15. The timeliness of exchanges is as follows. Note that these statistics reflect the fact that information was only required to be exchanged with OECD/G20 countries, and not with new members of the Inclusive Framework, and that Slovenia did in fact only exchange information with OECD/G20 countries for the year in question.

Past rulings in the scope of the transparency framework		Delayed exchanges		
	Number of exchanges transmitted by 31 December 2016	Number of exchanges not transmitted by 31 December 2016	Reasons for the delays	Any other comments
	8	0	N/A	
Future rulings in the scope of the transparency framework		**Delayed exchanges**		
	Number of exchanges transmitted within three months of the information becoming available to the competent authority or immediately after legal impediments have been lifted	**Number of exchanges transmitted later than three months of the information on rulings becoming available to the competent authority**	**Reasons for the delays**	**Any other comments**
	N/A	N/A		
Total	8	N/A		

Follow-up requests received for exchange of the ruling	Number	Average time to provide response	Number of requests not answered
	0	N/A	0

Conclusion on section B

16. Slovenia has the necessary legal framework and administrative process in place for exchanging information on rulings. Slovenia has timely exchanged all rulings within scope of the transparency framework. Slovenia has met all of the terms of reference for the exchange of information process and no recommendations are made.

C. Statistics (ToR IV)

17. The statistics for the 2016 review are as follows:

Category of ruling	Number of exchanges	Jurisdictions exchanged with
Ruling related to a preferential regime	N/A	N/A
Cross-border unilateral advance pricing agreements (APAs) and any other cross-border unilateral tax rulings (such as an advance tax ruling) covering transfer pricing or the application of transfer pricing principles	N/A	N/A

Category of ruling	Number of exchanges	Jurisdictions exchanged with
Cross-border rulings providing for a unilateral downward adjustment to the taxpayer's taxable profits that is not directly reflected in the taxpayer's financial/commercial accounts	N/A	N/A
Permanent establishment rulings	8	Austria, Bulgaria, Canada, Czech Republic, Germany, Italy, Switzerland
Related party conduit rulings	N/A	N/A
De minimis rule	N/A	N/A
IP regimes: total exchanges on taxpayers benefitting from the third category of IP assets, new entrants benefitting from grandfathered IP regimes; and taxpayers making use of the option to treat the nexus ratio as a rebuttable presumption	N/A	N/A
Total	8	

D. Matters related to intellectual property regimes (ToR I.4.1.3)

18. Slovenia does not have an intellectual property regime for which transparency requirements were imposed.

Summary of recommendations on implementation of the transparency framework

Aspect of implementation of the transparency framework that should be improved	Recommendation for improvement
For future rulings for the year in review, it is not certain that information on all potential exchange jurisdictions was always obtained.	No recommendation is made as Slovenia has already amended its ruling practice to ensure that this information is provided by the taxpayer.

Notes

1. On January 1 2017 Slovenia has introduced an APA programme. As this is after the 2016 period of review, this is outside the scope of this peer review and the transparency framework as it relates to the APAs will be reviewed in the 2018 peer review.

2. Parties to the Convention are available here: www.oecd.org/tax/exchange-of-tax-information/convention-on-mutual-administrative-assistance-in-tax-matters.htm. Slovenia also has Double Tax Agreements with Albania, Armenia, Austria, Azerbaijan, Belgium, Belarus, Bosnia and Herzegovina, Bulgaria, Canada, China (People's Republic of), Croatia, Cyprus, Czech Republic, Denmark, Estonia, Finland, Former Yugoslav Republic of Macedonia, France, Georgia, Germany, Greece, Hungary, Iceland, India, Iran, Ireland, Isle Of Man, Israel, Italy, Korea, Kosovo, Kuwait, Latvia, Lithuania, Luxembourg, Malta, Moldova, Netherlands, Norway, Poland, Portugal, Qatar, Romania, Russia, Serbia, Montenegro, Singapore, Slovak Republic, Spain, Sweden, Switzerland, Thailand, Turkey, Ukraine, United Arab Emirates, United Kingdom, United States and Uzbekistan.

Bibliography

OECD (2017), *BEPS Action 5 on Harmful Tax Practices – Terms of Reference and Methodology for the Conduct of the Peer Reviews of the Action 5 Transparency Framework*, OECD/G20 Base Erosion and Profit Shifting Project, OECD, Paris. www.oecd.org/tax/beps/beps-action-5-harmful-tax-practices-peer-review-transparency-framework.pdf (accessed on 10 November 2017).

OECD (2015), *Countering Harmful Tax Practices More Effectively, Taking into Account Transparency and Substance, Action 5 – 2015 Final Report*, OECD/G20 Base Erosion and Profit Shifting Project, OECD Publishing, Paris. http://dx.doi.org/10.1787/9789264241190-en.

South Africa

South Africa has met all aspects of the terms of reference (ToR) for the year in review and no recommendations are made. South Africa has answered the peer review questionnaire and the follow-up questions asked by the Secretariat in a timely manner.

South Africa can legally issue only one type of ruling within the scope of the transparency framework: rulings on preferential regimes (related to the tonnage tax regime and headquarters regime). In South Africa, rulings are issued by the rulings division, a centralised department within the legal advisory division of South Africa's Tax Administration.

In practice, South Africa issued one past ruling. For the period 1 April 2016-1 February 2017, South Africa has issued no future rulings. Anonymised copies of rulings are published on South Africa's Tax Administration website.[1]

No exchange of information was required for the year in review as the relevant ruling related only to an Inclusive Framework jurisdiction for which exchange is required to occur in 2017. Therefore no peer input was received in respect of the exchanges of information on rulings received from South Africa.

Note by Turkey: The information in this document with reference to "Cyprus" relates to the southern part of the Island. There is no single authority representing both Turkish and Greek Cypriot people on the Island. Turkey recognises the Turkish Republic of Northern Cyprus (TRNC). Until a lasting and equitable solution is found within the context of the United Nations, Turkey shall preserve its position concerning the "Cyprus issue".

Note by all the European Union Member States of the OECD and the European Union: The Republic of Cyprus is recognised by all members of the United Nations with the exception of Turkey. The information in this document relates to the area under the effective control of the Government of the Republic of Cyprus.

Introduction

1. This peer review covers South Africa's implementation of the BEPS Action 5 transparency framework for the year 2016. The report has four parts, each relating to a key part of the Terms of Reference. Part A looks at the process to gather the required information on all relevant rulings. Part B relates to the legal basis and administrative process for the exchange of information on rulings. Part C reports the required statistics on exchanges under the transparency framework for the year in review. Part D relates to the transparency requirements that apply for certain intellectual property regimes in connection with the Action 5 "nexus approach".

2. Each part is discussed in turn. A summary of recommendations is included at the end of this report.

A. The information-gathering process

3. This section relates to the adequacy of the process used to collect information relating to the tax rulings that are in the scope of the transparency framework, both past and future rulings, as well as the jurisdictions with which information on rulings should be exchanged.

4. The process for gathering information about past rulings is explained first, followed by the process for gathering information about future rulings.

Past rulings (ToR I.4.1.1, I.4.1.2, I.4.2.1, I.4.2.2)

5. In South Africa, ruling requests are received and processed by the Advance Tax Rulings Unit which is within the legal advisory division. A database of all issued rulings is kept by the Unit. The Unit was consulted in order to establish whether or not any rulings had been issued since 1 January 2010. As the only type of ruling which is within the scope of the transparency framework is rulings on a preferential regime, these were identifiable from the database that contains all rulings.

6. In order to identify potential exchange jurisdictions, the past rulings which were on preferential regimes were read. The relevant ruling contained information on all potential exchange jurisdictions, including the immediate and ultimate parent company. The "best efforts approach" was not necessary as information on all potential exchange jurisdictions was part of the ruling application.

Future rulings (ToR I.4.1.1, I.4.1.2, I.4.2.1)

7. The Advance Tax Rulings Unit is also responsible for identifying any future rulings for exchange purposes. South Africa has updated its ruling procedure to require the responsible manager to verify and sign off as to whether a ruling falls within the scope of the transparency framework before finalising a ruling. This ensures that any future rulings will be identified in a timely manner. Rulings will therefore be identified as and when the request is received.

8. The same process for identifying potential exchange jurisdictions will be used for future rulings as is used for past rulings. South Africa has confirmed that it will ensure that information on all potential exchange jurisdictions, including the immediate and ultimate parent, is part of the ruling application for all future rulings.

Review and supervision mechanism (ToR I.4.3)

9. South Africa notes that the accuracy of the information-gathering process is ensured because the Advance Tax Rulings Unit has the responsibility for issuing the rulings as well as reviewing and capturing the information for the purposes of the transparency framework. Their work is then reviewed by senior management.

Conclusion on section A

10. South Africa has a process for identifying the rulings and potential exchange jurisdictions which is appropriate for the small size of the rulings programme in South Africa. South Africa has met all of the terms of reference for the information-gathering process and no recommendations are made.

B. The exchange of information

11. This section relates to how jurisdictions have adequately complied with the obligation to spontaneously exchange information on the tax rulings within the scope of the transparency framework.

Legal basis for spontaneous exchange of information (ToR II.5.1, II.5.2)

12. South Africa has the necessary domestic legal basis to exchange information spontaneously. South Africa notes that there are no legal or practical impediments that prevent the spontaneous exchange of information on rulings as contemplated in the Action 5 minimum standard.

13. South Africa is a party to international agreements permitting spontaneous exchange of information, including the Convention and double tax agreements in force with 65 jurisdictions. In total, this network of agreements covers 114 jurisdictions.[2]

Completion and exchange of templates (ToR II.5.3, II.5.4, II.5.5, II.5.6, II.5.7)

14. In order to share the required information with other jurisdictions, the template contained in Annex C of the Action 5 Report (OECD, 2015) would be filled in by the Advance Tax Rulings Unit personnel. The completed templates would then be reviewed by senior management. Senior management would then forward the completed template to the Competent Authority for exchange of information. A review is undertaken by the Competent Authority prior to the actual exchange of information. The ruling template will be completed simultaneously while the unit is preparing the ruling for publishing, that is, 90 business days after issuing the ruling.

15. In the case of the one ruling which was identified as being in the scope of the transparency framework, the only potential exchange jurisdiction was not an OECD or G20 member. As per the timelines agreed for the transparency framework, South Africa was not required to complete any exchanges of information for the year in review. South Africa notes that information on the ruling will be exchanged with the new member of the Inclusive Framework as a matter of urgency.

Conclusion on section B

16. South Africa has the necessary legal framework and administrative process in place for exchanging information on rulings. South Africa has met all of the terms of reference for the exchange of information process that can be met in the absence of exchange of information being required in practice and no recommendations are made.

C. Statistics (ToR IV)

17. As there were no rulings required to be exchanged by South Africa in 2016, no statistics can be reported.

D. Matters related to intellectual property regimes (ToR I.4.1.3)

18. South Africa does not have an intellectual property regime for which transparency requirements were imposed.

Summary of recommendations on implementation of the transparency framework

Aspect of implementation of the transparency framework that should be improved	Recommendation for improvement
	No recommendations are made

Notes

1. Available at: www.sars.gov.za (accessed on 10 November 2017).

2. Parties to the Multilateral Convention are available here: www.oecd.org/tax/exchange-of-tax-information/convention-on-mutual-administrative-assistance-in-tax-matters.htm. South Africa also has Double Tax Agreements with Algeria, Australia, Austria, Belarus, Belgium, Botswana, Brazil, Bulgaria, Canada, Chile, China (People's Republic of), Croatia, Cyprus, Czech Republic, Democratic Republic of the Congo, Denmark, Egypt, Ethiopia, Finland, France, Ghana, Greece, Hong Kong (China), Hungary, India, Indonesia, Iran, Ireland, Italy, Japan, Kenya, Korea, Lesotho, Luxembourg, Malaysia, Malta, Mauritius, Mexico, Mozambique, Namibia, Netherlands, New Zealand, Nigeria, Norway, Oman, Pakistan, Poland, Portugal, Qatar, Rwanda, Saudi Arabia, Seychelles, Singapore, Slovak Republic, Spain, Swaziland, Sweden, Tanzania, Turkey, Uganda, Ukraine, United Arab Emirates, United Kingdom, United States and Zimbabwe.

Bibliography

OECD (2017), *BEPS Action 5 on Harmful Tax Practices – Terms of Reference and Methodology for the Conduct of the Peer Reviews of the Action 5 Transparency Framework*, OECD/G20 Base Erosion and Profit Shifting Project, OECD, Paris. www.oecd.org/tax/beps/beps-action-5-harmful-tax-practices-peer-review-transparency-framework.pdf (accessed on 10 November 2017).

OECD (2015), *Countering Harmful Tax Practices More Effectively, Taking into Account Transparency and Substance, Action 5 – 2015 Final Report*, OECD/G20 Base Erosion and Profit Shifting Project, OECD Publishing, Paris. http://dx.doi.org/10.1787/9789264241190-en.

Spain

Spain has met all aspects of the terms of reference (ToR) for the year in review, except for applying the "best efforts" approach to identify potential exchange jurisdictions for certain past rulings (ToR I.4.2.2), identifying all potential exchange jurisdictions for certain future rulings (ToR I.4.2.1), and the timelines by which information on rulings is provided to the Competent Authority for exchange of information (ToR II.5.5). Spain is recommended to apply the best efforts approach for all past rulings, to continue with its proposal to amend its rulings practice for all future rulings to require taxpayers to provide information on all potential exchange jurisdictions as part of the ruling process, and to reduce the timelines for providing the information to the Competent Authority. Spain has answered the peer review questionnaire and the follow-up questions asked by the Secretariat in a timely manner.

Spain can legally issue the three following types of rulings within the scope of the transparency framework: (1) preferential regimes (partial exemption for income from certain intangible assets, shipping regime); (2) cross-border unilateral advance pricing agreements (APAs) and any other cross-border unilateral tax rulings (such as an advance tax ruling) covering transfer pricing or the application of transfer pricing principles; and (3) permanent establishment rulings. Depending on the type of ruling, such decisions are made/co-ordinated either by two national offices: the General Directorate for Taxation (Ministry of Finance) and the International Taxation Office (Spanish Tax Agency) or by one of four subnational offices in Basque Country and Navarra.

In practice, Spain has issued 146 past rulings. For the period 1 April 2016-31 December 2016, Spain issued 28 future rulings. Rulings which are not APAs are published in anonymised form.[1]

Peer input was received from seven jurisdictions in respect of the exchanges of information on rulings received from Spain. The input noted that information was in the correct format. Several peers noted that information on past rulings was received on time but one peer noted that three exchanges on past rulings were received after 31 December 2016. No peers had received information on future rulings. One peer also commented that in their view the summaries of the ruling in the exchanges received from Spain were not sufficient to identify the outcome of the ruling.

Note by Turkey: The information in this document with reference to "Cyprus" relates to the southern part of the Island. There is no single authority representing both Turkish and Greek Cypriot people on the Island. Turkey recognises the Turkish Republic of Northern Cyprus (TRNC). Until a lasting and equitable solution is found within the context of the United Nations, Turkey shall preserve its position concerning the "Cyprus issue".

Note by all the European Union Member States of the OECD and the European Union: The Republic of Cyprus is recognised by all members of the United Nations with the exception of Turkey. The information in this document relates to the area under the effective control of the Government of the Republic of Cyprus.

Introduction

1. This peer review covers Spain's implementation of the BEPS Action 5 transparency framework for the year 2016. The report has four parts, each relating to a key part of the Terms of Reference. Part A looks at the process to gather the required information on all relevant rulings. Part B relates to the legal basis and administrative process for the exchange of information on rulings. Part C reports the required statistics on exchanges under the transparency framework for the year in review. Part D relates to the transparency requirements that apply for certain intellectual property regimes in connection with the Action 5 "nexus approach".

2. Each part is discussed in turn. A summary of recommendations is included at the end of this report.

A. The information-gathering process

3. This section relates to the adequacy of the process used to collect information relating to the tax rulings that are in the scope of the transparency framework, both past and future rulings, as well as the jurisdictions with which information on rulings should be exchanged.

4. The process for gathering information about past rulings is explained first, followed by the process for gathering information about future rulings.

Past rulings (ToR I.4.1.1, I.4.1.2, I.4.2.1, I.4.2.2)

5. Each office in charge of issuing rulings maintained a list of all rulings issued. This list included the name of the taxpayer and the period of validity of the ruling. In order to identify whether the rulings in the list were in one of the categories of rulings in the scope of the transparency framework, each office undertook a manual review of each ruling which was located in the taxpayer file. They then determined if the ruling was a cross-border ruling or a wholly domestic ruling.

6. In order to identify all potential exchange jurisdictions, the offices responsible for identifying the rulings manually read all of the tax rulings covered by the transparency framework. Spain states that the "best efforts approach" was used to gather information that was not mentioned in the rulings themselves. In the case of APAs, this consisted of searching for the parent company in Orbis database. For PE rulings and rulings on preferential regimes, Spain generally relied only on the information in the ruling and did not take additional steps to identify the immediate parent and ultimate parent company.

Future rulings (ToR I.4.1.1, I.4.1.2, I.4.2.1)

7. The information-gathering process for future rulings continued to be undertaken by each competent tax office issuing rulings. For future rulings, all officials are required to identify whether the ruling being issued is in the scope of the transparency framework and whether they are cross-border rulings.

8. In order to ensure that potential exchange jurisdictions were identified for such rulings, the Spanish Tax Agency started ensuring that all such related parties were identified. For APAs, the process of issuing the ruling has been adapted to require that the official issuing the ruling must collect information on all potential exchange jurisdictions, including the immediate parent and ultimate parent company, and this information is included in the APA itself. In relation to the other rulings, Spain has proposed an amendment to the relevant regulations which would require that information on all potential exchange jurisdictions be provided by the taxpayer when applying for a ruling.

Review and supervision mechanism (ToR I.4.3)

9. The review and supervision process for ensuring all relevant information is captured accurately is as follows. Three co-ordination meetings were held among all competent national and subnational tax offices as well as the Competent Authority for exchange of information and IT teams involved in the implementation of the transparency framework. This was undertaken to explain the requirements of the transparency framework and facilitate the operational aspects of implementation such translating into the XML Schema.

10. There was also an internal review of the information-gathering process within each tax office issuing rulings. This was done by having three persons involved in the process of identifying rulings and potential exchange jurisdictions, whereby one person was responsible for identifying the rulings, one of them extracting the relevant data and at least one person responsible for supervising the work undertaken.

Conclusion on section A

11. Spain has met all the terms of reference except for applying the best efforts approach to obtain information on potential exchange jurisdictions for past rulings which were preferential regime or PE rulings (ToR I.4.2.2) and Spain does not yet collect information on all potential exchange jurisdictions for future rulings which are preferential regimes or PE rulings (ToR I.4.2.1). Spain is recommended to apply the best efforts approach for past rulings, such as by using publicly available information, financial statements, corporate register information or other accessible information. Spain is recommended to continue with its proposal to amend its rulings practice for all future rulings to require taxpayers to provide information on all potential exchange jurisdictions as part of the ruling process.

B. The exchange of information

12. This section relates to how jurisdictions have adequately complied with the obligation to spontaneously exchange information on the tax rulings within the scope of the transparency framework.

Legal basis for spontaneous exchange of information (ToR II.5.1, II.5.2)

13. Spain has the necessary domestic legal basis to exchange information spontaneously. Spain notes that there are no legal or practical impediments that prevent the spontaneous exchange of information on rulings as contemplated in the Action 5 minimum standard.

14. Spain has international agreements permitting spontaneous exchange of information, including being a party to the Convention, the Directive 2011/16/EU with all other European Union Member States, and double tax agreements in force with 92 jurisdictions.[2] In total, this network of agreements covers 129 jurisdictions.

Completion and exchange of templates (ToR II.5.3, II.5.4, II.5.5, II.5.6, II.5.7)

15. In order to share the required information with other jurisdictions, Spain developed an IT tool in accordance with the OECD *XML Schema and User Guide* (OECD, 2017b). A template is first filled out and then converted into an XML document. For past rulings, the templates were completed by "ad hoc" appointed officers. For future rulings, templates were completed by the officers who issue the ruling. The document is checked for validity and completeness by the IT team in charge of generating the XML documents before the

information is actually exchanged. In addition, in some cases a substantive review was undertaken by the offices issuing the rulings and the IT Department.

16. The Competent Authority for exchange of information is provided with an encrypted e-mail containing the XML files to be exchanged. For past rulings, this was provided to the Competent Authority before 31 December 2016. For future rulings issued from 1 April 2016 to 31 December 2016, the XML files were provided to the Competent Authority by 31 March 2017. Spain plans that on a going forward basis, it will provide the XML files to the Competent Authority at six monthly intervals each year so that the Competent Authority can exchange by 30 September (for rulings issued from 1 January to 30 June) and by 31 March (for rulings issued from 1 July to 31 December). This was chosen to align with the timelines set out in the EU Directive, although these timelines are longer than necessary for the transparency framework.

17. The timeliness of exchanges is as follows. Note that Spain was able to undertake exchanges of information not only with OECD/G20 countries as required, but also with new members that joined the Inclusive Framework in 2016.

Past rulings in the scope of the transparency framework	Number of exchanges transmitted by 31 December 2016	Delayed exchanges		
		Number of exchanges not transmitted by 31 December 2016	Reasons for the delays	Any other comments
	241	64	1. Work burden and novelty of new exchanges. 2. Some templates not received in time by the EOI office.	Information on the delayed past rulings was exchanged by 24 February 2017
Future rulings in the scope of the transparency framework	**Number of exchanges transmitted within three months of the information becoming available to the competent authority or immediately after legal impediments have been lifted**	**Delayed exchanges**		
		Number of exchanges transmitted later than three months of the information on rulings becoming available to the competent authority	**Reasons for the delays**	**Any other comments**
	0	0	Application of the EU DAC 3 deadlines	69 exchanges on future rulings issued in 2016 were transmitted in March-April 2017, which was within three months of being made available to the Competent Authority
Total[3]	241	64		

Follow-up requests received for exchange of the ruling	Number	Average time to provide response	Number of requests not answered
	0	N/A	N/A

18. Spain explains the delays that have occurred in the transmission of exchanges regarding past rulings because there was a learning curve for adapting to the new standard, and a scarcity of human resources. These issues have been resolved as the officials have gained more experience, and all information on past rulings was exchanged by 24 February 2017, which is a relatively short delay and which is not a recurring issue. With respect to future rulings,

Spain decided to abide by the EU Directive deadlines, meaning that the exchanges regarding rulings issued between 1 April 2016 and 31 December 2016 were due to occur before April 2017, and in practice they were all exchanged by 6 April 2017. To assist in aligning with the transparency framework requirements, Spain will provide the information on future rulings to the Competent Authority at six monthly intervals, just before the EU exchange deadlines, meaning that the exchanges occur within three months of being provided to the Competent Authority as required by the transparency framework.

Conclusion on section B

19. Spain has the necessary legal framework and administrative process in place for exchanging information on rulings. Spain experienced some delays with respect to past rulings. Spain has taken steps to remedy the issue and all information on past rulings was exchanged within a short period of 31 December 2016. However, no exchanges on future rulings were undertaken in 2016 because the timing for providing information on such rulings to the Competent Authority was arranged to align with the EU Directive deadlines. Spain has met all of the terms of reference for the exchange of information process except for the timelines by which information on future rulings is provided to the Competent Authority (ToR II.5.5). Spain is recommended to reduce the timelines for providing the information on future rulings to the Competent Authority.

C. Statistics (ToR IV)

20. The statistics for the 2016 review are as follows:[4]

Category of ruling	Number of exchanges	Jurisdictions exchanged with
Ruling related to a preferential regime	36	Brazil, China (People's Republic of), Czech Republic, France, Germany, Hungary, India, Korea, Mexico, Poland, Portugal, Sweden, Turkey, United Kingdom, United States.
Cross-border unilateral advance pricing agreements (APAs) and any other cross-border unilateral tax rulings (such as an advance tax ruling) covering transfer pricing or the application of transfer pricing principles	218	Argentina, Austria, Australia, Belgium, Bulgaria, Brazil, Canada, Chile, China (People's Republic of), Croatia, Czech Republic, Germany, Denmark, Finland, France, Greece, Hungary, India, Indonesia, Ireland, Israel, Italy, Japan, Korea, Lithuania, Luxembourg, Mexico, Netherlands, Norway, Poland, Portugal, Romania, Russia, Sweden, Slovakia, South Africa, Turkey, Ukraine, United Kingdom, United States, Uruguay
Cross-border rulings providing for a unilateral downward adjustment to the taxpayer's taxable profits that is not directly reflected in the taxpayer's financial/ commercial accounts	N/A	N/A
Permanent establishment rulings	51	Andorra, Belgium, Brazil, Chile, Colombia, Denmark, Finland, France, Germany India, Indonesia, Italy, Japan, Netherlands, Norway, Portugal, Sweden, Turkey, United Kingdom, United States, Uruguay.
Related party conduit rulings	N/A	N/A
De minimis rule	N/A	N/A
IP regimes: total exchanges on taxpayers benefitting from the third category of IP assets, new entrants benefitting from grandfathered IP regimes; and taxpayers making use of the option to treat the nexus ratio as a rebuttable presumption	Information not available on 31 December 2016; see paragraph 24 for details	N/A
Total	305	

D. Matters related to intellectual property regimes (ToR I.4.1.3)

21. Spain offers three intellectual property regimes that are subject to transparency requirements under the Action 5 Report (OECD, 2015) (IP regime; IP regime Navarra, IP regime Basque Country). It states that the identification of the benefitting taxpayers will occur as follows:

- ***New entrants benefitting from the grandfathered IP regime***: specific provisions were included in the corporate income tax returns as of 2016, which apply starting with the 2015 tax period. Specific provisions for the subnational regimes were also included in their 2016 corporate income tax returns. The first tax returns were filed by 25 July 2016 for taxpayers on a calendar year. Spain completed eight exchanges of information on new entrants for the year 2015 in May 2017. Information from taxpayers which use a non-calendar year for tax purposes and file their return later will be exchanged in the next year. Spain plans to send information on new entrants on an annual basis. A new tax form was adopted in August 2017 in order to include, among other items, information about new entrants benefiting from the grandfathered IP regime. This tax return will be submitted by taxpayers using the calendar year by the end of November. Therefore, as soon as information on new entrants for tax year 2016 is submitted and reviewed by the Tax Agency, it will be sent on an annual basis.
- ***Third category of IP assets***: not applicable, as this option has not been incorporated in any of the three Spanish IP regimes.
- ***Taxpayers making use of the option to treat the nexus ratio as a rebuttable presumption***: not applicable, as this option has not been incorporated in any of the three Spanish IP regimes.

22. The Action 5 Report (OECD, 2015) requires that information on new entrants be exchanged no later than the earlier of (i) three months after the date on which the information becomes available to the Competent Authority of the jurisdiction providing benefits under the IP regime (and jurisdictions should put in place appropriate systems to ensure that this information is transmitted to the competent authority without undue delay), or (ii) one year after the tax return was filed with the jurisdiction providing benefits under the IP regime. Although Spain was able to exchange within one year after the tax return was filed, Spain is encouraged to put in place a system to ensure the Competent Authority receives information on new entrants to the IP regime without undue delay and that information be exchanged no later than three months after such information is available to the Competent Authority.

Summary of recommendations on implementation of the transparency framework

Aspect of implementation of the transparency framework that should be improved	Recommendation for improvement
Spain did not appear to apply the best efforts approach to obtain information on potential exchange jurisdictions for past rulings which were preferential regime or PE rulings.	Spain is recommended to apply the best efforts approach for all past rulings, such as by using publicly available information, financial statements, corporate register information or other accessible information.
Spain does not yet collect information on all potential exchange jurisdictions for future rulings which are preferential regimes or PE rulings.	Spain has a public proposal to expand the information that the taxpayer must provide when asking for a ruling, including all the information required to identify potential exchange jurisdictions. Spain is recommended to continue with its proposal to amend its rulings practice for future rulings to require taxpayers to provide information on all potential exchange jurisdictions as part of the ruling process.

Aspect of implementation of the transparency framework that should be improved	Recommendation for improvement
Spain transmits information on future rulings to the Competent Authority at six monthly intervals each year, to align with the EU Directive deadlines, which are longer than necessary. It is noted that the approach taken by Spain reflected its understanding at the time that such timelines would be consistent with the terms of reference for the transparency framework.	Spain is recommended to reduce the timelines for providing the information on future rulings to the Competent Authority.

Notes

1. For rulings issued by the General Directorate of Taxation, available at http://petete.minhafp.gob.es/consultas/ (accessed on 10 November 2017).

2. Parties to the Convention are available here: www.oecd.org/tax/exchange-of-tax-information/convention-on-mutual-administrative-assistance-in-tax-matters.htm. Spain also has Double Tax Agreements with: Spain has Double Tax Agreements with Albania, Algeria, Andorra, Argentina, Armenia, Australia, Austria, Barbados, Belarus, Belgium, Bolivia, Bosnia and Herzegovina, Brazil, Bulgaria, Canada, Chile, China (People's Republic of), Colombia, Costa Rica, Croatia, Cuba, Cyprus, Czech Republic, Dominican Republic, Ecuador, Egypt, El Salvador, Estonia, Finland, Former Yugoslav Republic of Macedonia, France, Georgia, Germany, Greece, Hong Kong (China), Hungary, Iceland, India, Indonesia, Iran, Ireland, Israel, Italy, Jamaica, Japan, Kazakhstan, Korea, Kuwait, Kyrgyzstan, Latvia, Lithuania, Luxembourg, Malaysia, Malta, Mexico, Moldova, Morocco, Netherlands, New Zealand, Nigeria, Norway, Oman, Pakistan, Panama, Philippines, Poland, Portugal, Romania, Russia, Saudi Arabia, Senegal, Serbia, Singapore, Slovak Republic, Slovenia, South Africa, Sweden, Switzerland, Tajikistan, Thailand, Trinidad and Tobago, Tunisia, Turkey, Turkmenistan, Ukraine, United Arab Emirates, United Kingdom, United States, Uruguay, Uzbekistan, Venezuela and Viet Nam.

3. Spain notes that these figures reflect the number of exchanges as at 20 April, on account of a transitional issue with regard to calculating exchanges and which will not be a recurring issue.

4. Spain notes that these figures reflect the number of exchanges as at 20 April.

Bibliography

OECD (2017a), *BEPS Action 5 on Harmful Tax Practices – Terms of Reference and Methodology for the Conduct of the Peer Reviews of the Action 5 Transparency Framework*, OECD/G20 Base Erosion and Profit Shifting Project, OECD, Paris. www.oecd.org/tax/beps/beps-action-5-harmful-tax-practices-peer-review-transparency-framework.pdf (accessed on 10 November 2017).

OECD (2017b), *Country-by-Country Reporting XML Schema: User Guide for Tax Administrations*, www.oecd.org/tax/beps/country-by-country-reporting-xml-schema-user-guide-for-tax-administrations.pdf (accessed on 10 November 2017).

OECD (2015), *Countering Harmful Tax Practices More Effectively, Taking into Account Transparency and Substance, Action 5 – 2015 Final Report*, OECD/G20 Base Erosion and Profit Shifting Project, OECD Publishing, Paris. http://dx.doi.org/10.1787/9789264241190-en.

Sweden

Sweden has met all of the terms of reference (ToR) for the year in review except for identifying all potential exchange jurisdictions for future rulings (ToR I.4.2.1). Sweden has answered the peer review questionnaire and the follow-up questions asked by the Secretariat in a timely manner.

Sweden can legally issue the following three types of rulings within the scope of the transparency framework: (1) rulings related to a preferential regime (shipping regime); (2) permanent establishment rulings; and (3) related party conduit rulings.[1] In Sweden, rulings are issued by the National Board of Advance Tax Rulings, as well as by the Swedish Tax Agency.

In practice, Sweden issued 24 past rulings. For the period 1 April 2016-1 February 2017, Sweden issued five future rulings. Some of these rulings are published in anonymised form.[2]

Peer input was received from two jurisdictions in respect of the exchanges of information on rulings received from Sweden. It was positive; noting that information was complete and in the correct format, and that the summary provided a very good overview. One peer noted that some information on past rulings was received in February 2017, after the deadline of 31 December 2016. As noted below in section B, this was a relatively minor delay and was resolved quickly.

Introduction

1. This peer review covers Sweden's implementation of the BEPS Action 5 transparency framework for the year 2016. The report has four parts, each relating to a key part of the Terms of Reference. Part A looks at the process to gather the required information on all relevant rulings. Part B relates to the legal basis and administrative process for the exchange of information on rulings. Part C reports the required statistics on exchanges under the transparency framework for the year in review. Part D relates to the transparency requirements that apply for certain intellectual property regimes in connection with the Action 5 "nexus approach".

2. Each part is discussed in turn. A summary of recommendations is included at the end of this report.

A. The information-gathering process

3. This section relates to the adequacy of the process used to collect information relating to the tax rulings that are in the scope of the transparency framework, both past and future rulings, as well as the jurisdictions with which information on rulings should be exchanged.

4. The process for gathering information about past rulings is explained first, followed by the process for gathering information about future rulings.

Past rulings (ToR I.4.1.1, I.4.1.2, I.4.2.1, I.4.2.2)

5. A dedicated work group was formed to identify the relevant past rulings. The work group was led by a small group of experienced officers in the Large Taxpayers Department, and included officers from the Legal Department and the Competent Authority for exchange of information. The work group conducted its search for relevant rulings according to the date of issue, which was possible because all rulings are registered with a specific case number based on the date they were issued. The Legal Department of the tax administration was responsible for identifying the rulings it had issued and rulings issued by the National Board of Advance Tax Rulings. The Large Taxpayers' Department was responsible for identifying the rulings it had issued as well as any other possible rulings issued by another office of the Swedish Tax Agency.

6. The officers, supported by the work group, then manually reviewed all answers previously provided to taxpayers to see if the answer was a "ruling" under the transparency framework. If so, the officers read the ruling, categorised it and determined if it was within the period defined as a "past ruling."

7. In order to identify potential exchange jurisdictions, the information in the ruling was consulted. Sweden reports that for past rulings, the information on all relevant parties would not necessarily be included. Sweden used the "best efforts approach," which involved searching information submitted by the taxpayer, information from registers and records held by the Swedish tax administration, and searches on the internet.

Future rulings (ToR I.4.1.1, I.4.1.2, I.4.2.1)

8. Future rulings which may be in the scope of the transparency framework are identified by using the same process which was devised by the dedicated work group. In addition, the tax administration drafted a brochure, short manuals and checklists for the tax

administration personnel in order to help them determine whether or not a ruling is in the scope of the transparency framework at the point when a ruling is issued.

9. In addition, a new category of ruling was introduced on 20 October 2016 (related to a preferential regime, namely the tonnage tax) and as such fall within the definition of future ruling. These rulings are handled at the Large Taxpayers Office in Gothenburg and registered in a certain way which makes them readily identifiable. The tax officials working with tonnage tax cases are provided the same manuals and information as other tax officials in order to identify and determine the tax rulings within scope. In addition, one tax officer has been specially appointed to be responsible for the tonnage tax cases. No rulings on tonnage tax were issued before 31 December 2016.

10. In order to identify potential exchange jurisdictions for future rulings, the text of the ruling was consulted. As above, rulings do not necessarily contain information on all potential exchange jurisdictions. Sweden notes that it is considering introducing a change to the rulings practice to obtain this information in the future.

Review and supervision mechanism (ToR I.4.3)

11. All concerned tax offices were made aware of the requirements of the transparency framework and how they related to the Swedish context. In addition, the formation of the working group with the relevant expertise assisted in ensuring that all relevant rulings were accurately identified.

Conclusion on section A

12. Sweden has met all of the terms of reference for the information-gathering process except for identifying all potential exchange jurisdictions for future rulings (ToR I.4.2.1). Sweden is recommended to amend its rulings practice to require taxpayers to provide that information as part of the ruling process.

B. The exchange of information

13. This section relates to how jurisdictions have adequately complied with the obligation to spontaneously exchange information on the tax rulings within the scope of the transparency framework.

Legal basis for spontaneous exchange of information (ToR II.5.1, II.5.2)

14. Sweden has the necessary domestic legal basis to exchange information spontaneously. Sweden notes that there are no legal or practical impediments that prevent the spontaneous exchange of information on rulings as contemplated in the Action 5 minimum standard.

15. Sweden is a party to international agreements permitting spontaneous exchange of information, including the Convention, the Directive 2011/16/EU with all other European Union Member States, the Nordic Convention on Assistance in Tax Matters, and double tax agreements in force with 54 jurisdictions.[3] In total, this network of agreements covers 105 jurisdictions.

Completion and exchange of templates (ToR II.5.3, II.5.4, II.5.5, II.5.6, II.5.7)

16. In order to share the required information with other jurisdictions, the template contained in Annex C of the Action 5 Report (OECD, 2015) is filled in by experienced tax officers. The template is then reviewed by two other experienced officers to ensure that the information was correct and understandable. The review included comparing the template to the text of the relevant ruling.

17. Sweden ensures that the ruling summary template is made available to the Competent Authority for exchange of information in a timely way for past rulings by conducting the whole process through the work group, which included the Competent Authority for exchange of information. The templates were provided to the Competent Authority in one batch once the process for completing the templates was functioning well. For future rulings, the work group is currently reviewing the process to ensure that an appropriate system to transmit the rulings to the Competent Authority is put in place, with the intention that template be completed at the time the ruling is issued and immediately provided to the Competent Authority.

18. The timeliness of exchanges is as follows. Note that these statistics reflect the fact that information was only required to be exchanged with OECD/G20 countries, and not with new members of the Inclusive Framework, and that Sweden in fact did only exchange information with OECD/G20 countries for the year in question.

Past rulings in the scope of the transparency framework	Number of exchanges transmitted by 31 December 2016	Delayed exchanges		
		Number of exchanges not transmitted by 31 December 2016	Reasons for the delays	Any other comments
	22	4	A mistake in the process, caused by human error.	The mistake was discovered and the information was sent on 1 February 2017.
Future rulings in the scope of the transparency framework	**Number of exchanges transmitted within three months of the information becoming available to the competent authority or immediately after legal impediments have been lifted**	**Delayed exchanges**		
		Number of exchanges transmitted later than three months of the information on rulings becoming available to the competent authority	**Reasons for the delays**	**Any other comments**
	3	1	Difficulties in identifying the ruling.	
Total	25	5		

Follow-up requests received for exchange of the ruling	Number	Average time to provide response	Number of requests not answered
	0	N/A	0

19. Sweden notes that it is currently reviewing the procedures to ensure that the information will be exchanged in a timely manner in the future. In order to achieve this, educational seminars are planned, as well as plans to provide additional information in the staff manuals and educational material.

Conclusion on section B

20. Sweden has the necessary legal framework and administrative process in place for exchanging information on rulings. Sweden has timely exchanged the information on rulings within scope of the transparency framework, with a small number of delays which were swiftly remedied. Sweden has met all of the terms of reference for the exchange of information process and no recommendations are made.

C. Statistics (ToR IV)

21. The statistics for the 2016 review are as follows:

Category of ruling	Number of exchanges	Jurisdictions exchanged with
Ruling related to a preferential regime	0	N/A
Cross-border unilateral advance pricing agreements (APAs) and any other cross-border unilateral tax rulings (such as an advance tax ruling) covering transfer pricing or the application of transfer pricing principles	N/A	N/A
Cross-border rulings providing for a unilateral downward adjustment to the taxpayer's taxable profits that is not directly reflected in the taxpayer's financial/ commercial accounts	N/A	N/A
Permanent establishment rulings	0	
Related party conduit rulings	25	Belgium, Finland, Germany, Latvia, Luxembourg, Netherlands, Poland, Spain, United Kingdom
De minimis rule	N/A	N/A
IP regimes: total exchanges on taxpayers benefitting from the third category of IP assets, new entrants benefitting from grandfathered IP regimes; and taxpayers making use of the option to treat the nexus ratio as a rebuttable presumption	N/A	N/A
Total	25	

D. Matters related to intellectual property regimes (ToR I.4.1.3)

22. Sweden does not have an intellectual property regime for which transparency requirements were imposed.

Summary of recommendations on implementation of the transparency framework

Aspect of implementation of the transparency framework that should be improved	Recommendation for improvement
For future rulings, Sweden did not obtain information on all potential exchange jurisdictions in all cases.	Sweden is recommended to amend its rulings practice to require taxpayers to provide information on all potential exchange jurisdictions as part of the ruling process.

Notes

1. In October 2016, Sweden introduced new tonnage taxation rules. However, no ruling on tonnage taxation were issued up until 31 December 2016.
2. Available at www.skatterattsnamnden.se (accessed on 10 November 2017).
3. Parties to the Convention are available here: www.oecd.org/tax/exchange-of-tax-information/convention-on-mutual-administrative-assistance-in-tax-matters.htm. Parties to the Nordic Convention on Assistance in Tax Matters are Denmark, Faroe Islands, Finland, Iceland and Sweden. Sweden also has Double Tax Agreements with Argentina, Australia, Austria, Belgium, Brazil, Bulgaria, Canada, Chile, China (People's Republic of), Croatia, Czech Republic, Egypt, Estonia, France, Georgia, Germany, Greece, Hungary, India, Indonesia, Ireland, Israel, Italy, Jamaica, Japan, Kazakhstan, Kenya, Korea, Latvia, Lithuania, Luxembourg, Malta, Mauritius, Mexico, Netherlands, New Zealand, Nigeria, Pakistan, Poland, Portugal, Romania, Russia, Saudi Arabia, Singapore, Slovak Republic, Slovenia, South Africa, Spain, Sri Lanka, Switzerland, Turkey, Ukraine, United Kingdom and United States.

Bibliography

OECD (2017), *BEPS Action 5 on Harmful Tax Practices – Terms of Reference and Methodology for the Conduct of the Peer Reviews of the Action 5 Transparency Framework*, OECD/G20 Base Erosion and Profit Shifting Project, OECD, Paris. www.oecd.org/tax/beps/beps-action-5-harmful-tax-practices-peer-review-transparency-framework.pdf (accessed on 10 November 2017).

OECD (2015), *Countering Harmful Tax Practices More Effectively, Taking into Account Transparency and Substance, Action 5 – 2015 Final Report*, OECD/G20 Base Erosion and Profit Shifting Project, OECD Publishing, Paris. http://dx.doi.org/10.1787/9789264241190-en.

Switzerland

Switzerland has taken steps to implement the legal basis for the transparency framework and to commence administrative preparations to ensure that information on rulings is exchanged pursuant to the new legal basis. Switzerland has met all of the terms of reference (ToR) for the year in review that can be met in the absence of the legal framework for spontaneous exchange of information on rulings and no recommendations are made. Switzerland has answered the peer review questionnaire and the follow-up questions asked by the Secretariat in a timely manner.

Swiss tax authorities can legally issue the following four types of rulings within the scope of the transparency framework: (1) preferential regimes (auxiliary company regime (previously referred to as domiciliary company regime), mixed company regime, commissionaire ruling regime, holding company regime (cantonal level), licence box (Canton of Nidwalden only); (2) cross-border unilateral APAs and any other cross-border unilateral tax ruling (such as an ATR) covering transfer pricing or the application of transfer pricing principles; (3) permanent establishment rulings and (4) related party conduit rulings. In Switzerland, rulings are issued by the cantonal and federal tax authorities.

In practice, Switzerland did not have the necessary domestic and international legal framework for spontaneous exchange of information for the year of review. As such, no exchanges were permitted to occur.[1] The domestic legal framework for spontaneous exchange of information entered into force Switzerland on 1 January 2017, as did the Convention.[2] In accordance with that legal framework, exchange of information on rulings will commence from 1 January 2018. This will include rulings issued since 1 January 2010, provided that they are in effect when the international legal framework becomes applicable on 1 January 2018. Switzerland has undertaken administrative and organisational preparations to be ready to exchange information pursuant to the new legal framework.

As no exchanges could be undertaken under Switzerland's legal framework, no peer input was received in respect of the exchanges of information on rulings received from Switzerland.

Introduction

1. This peer review covers Switzerland's implementation of the BEPS Action 5 transparency framework for the year 2016. The report has four parts, each relating to a key part of the Terms of Reference. Part A looks at the process to gather the required information on all relevant rulings. Part B relates to the legal basis and administrative process for the exchange of information on rulings. Part C reports the required statistics on exchanges under the transparency framework for the year in review. Part D relates to the transparency requirements that apply for certain intellectual property regimes in connection with the Action 5 "nexus approach".

2. Each part is discussed in turn. A summary of recommendations is included at the end of this report.

A. The information-gathering process

3. This section relates to the adequacy of the process used to collect information relating to the tax rulings that are in the scope of the transparency framework, both past and future rulings, as well as the jurisdictions with which information on rulings should be exchanged.

4. As Switzerland did not have the legal basis to exchange rulings in 2016, this section could not be assessed. It is noted that Switzerland completed its peer review questionnaire explaining the progress that has been made to identify all relevant rulings and potential exchange jurisdictions in 2017, which includes the following.

5. Each of the cantonal and federal tax authorities is responsible for identifying rulings for which spontaneous exchange of information is required. Pursuant to the Tax Administrative Assistance Ordinance (TAAO), these authorities have created an organisational structure to jointly implement spontaneous exchange of information on tax rulings. Each authority is required to designate an administrative unit which acts as a point of contact for the Competent Authority for exchange of information and which ensures the conduct of the spontaneous exchange within its authority.

6. The cantonal and federal tax authorities have begun identifying their relevant rulings. With respect to past rulings, in many cases internal groups staffed with legal, audit and IT personnel were set up to launch and steer the identification process in their tax authority. Past rulings are being inventoried and the relevant information for spontaneous exchange is being gathered.

7. Potential exchange jurisdictions are being identified from ruling and other information available to the authorities, and several cantons have submitted the Annex C template to taxpayers for completion.

8. Swiss law already requires rulings issued on or after 1 January 2017 to be checked whenever they are in the scope of the transparency framework, and information on all potential exchange jurisdictions has to be provided to the Competent Authority. However, they only may be exchanged as future rulings if still in force on 1 January 2018.

Conclusion on section A

9. For the year in review, Switzerland did not have the necessary legal framework in place for exchanging information on rulings. It is noted that Switzerland has already started identifying all relevant rulings and potential exchange jurisdictions, which is supported by

an organisational structure to facilitate the implementation of this process. Switzerland has met all of the terms of reference for the exchange of information process that can be met in the absence of the domestic legal framework and no recommendations are made.

B. The exchange of information

10. This section relates to how jurisdictions have adequately complied with the obligation to spontaneously exchange information on the tax rulings within the scope of the transparency framework.

Legal basis for spontaneous exchange of information (ToR II.5.1, II.5.2)

11. Switzerland did not have the necessary domestic legal basis to exchange information spontaneously. The domestic legal basis has been amended, with the revisions to the Tax Administrative Assistance Act and the Tax Administrative Assistance Ordinance entering into force on 1 January 2017 and which allow for spontaneous exchanges from 1 January 2018.

12. Switzerland's international agreement permitting spontaneous exchange of information is the Convention.[3]

Completion and exchange of templates (ToR II.5.3, II.5.4, II.5.5, II.5.6, II.5.7)

13. As Switzerland has not yet started the exchange of information, this section could not be assessed for the year in review. It is noted that Switzerland completed its peer review questionnaire explaining the progress that has been made to implement the exchange process, which includes the following.

14. The Swiss federal tax authority has developed an IT tool to simplify the information-gathering process. This tool allows taxpayers to enter the required information for past rulings, which is checked and, if necessary, corrected or completed by the responsible tax authority prior to forwarding the information to the Competent Authority for exchange of information. Information on past rulings is to be submitted by 30 September 2018 and information on future rulings must be submitted within 60 days of issuing a ruling. The Competent Authority will conduct a final check before sending the information. A similar system is being developed for future rulings.

Conclusion on section B

15. For the year in review, Switzerland did not have the necessary legal framework in place for exchanging information on rulings. It is noted that Switzerland has already started putting in place the administrative practices for the completion and exchange of templates on rulings. Switzerland has met all of the terms of reference for the exchange of information process that can be met in the absence of the domestic legal framework and no recommendations are made.

C. Statistics (ToR IV)

16. As there is no legal basis for exchange, no statistical data can be reported.

D. Matters related to intellectual property regimes (ToR I.4.1.3)

17. Switzerland has an intellectual property regime that is subject to transparency requirements under the Action 5 Report (OECD, 2015) (the Nidwalden Patent Box). It states that the identification of the benefitting taxpayers will occur as follows:

- ***New entrants benefitting from the grandfathered IP regime***: any entrants are being identified during tax assessment. It is noted that no spontaneous exchanges can occur on account of the lack of the international legal basis to do so, although information can be exchanged as of 1 January 2018. As per 1 March 2017, no new entrants which would have triggered a spontaneous exchange have been identified.
- ***Third category of IP assets***: not applicable, as there is no provision in the regime allowing this benefit.
- ***Taxpayers making use of the option to treat the nexus ratio as a rebuttable presumption***: not applicable, as there is no provision in the regime allowing this benefit.

Summary of recommendations on implementation of the transparency framework

Aspect of implementation of the transparency framework that should be improved	Recommendation for improvement
	No recommendations are made

Notes

1. The Action 5 Report (OECD, 2015) notes that jurisdictions which do not currently have the necessary legal framework in place for spontaneous exchange of information on rulings will need to put in place such a framework in order to comply with the obligations under Action 5, but that in such cases the timelines are subject to a country's legal framework.
2. Tax Administrative Assistance Act (TAAA) and the Tax Administrative Assistance Ordinance (TAAO), which are underpinned by an explanatory document to the TAAO published by the State Secretariat for International Financial Affairs.
3. Parties to the Convention are available here: www.oecd.org/tax/exchange-of-tax-information/convention-on-mutual-administrative-assistance-in-tax-matters.htm.

Bibliography

OECD (2017), *BEPS Action 5 on Harmful Tax Practices – Terms of Reference and Methodology for the Conduct of the Peer Reviews of the Action 5 Transparency Framework*, OECD/G20 Base Erosion and Profit Shifting Project, OECD, Paris. www.oecd.org/tax/beps/beps-action-5-harmful-tax-practices-peer-review-transparency-framework.pdf (accessed on 10 November 2017).

OECD (2015), *Countering Harmful Tax Practices More Effectively, Taking into Account Transparency and Substance, Action 5 – 2015 Final Report*, OECD/G20 Base Erosion and Profit Shifting Project, OECD Publishing, Paris. http://dx.doi.org/10.1787/9789264241190-en.

Turkey

Turkey has met all aspects of the terms of reference (ToR) for the year in review except for completing exchanges on past rulings in a timely way (ToR II.5.6) and identifying and exchanging information on new entrants to the grandfathered IP regime (ToR I.4.1.3). However, all information on past rulings was exchanged within two months of the deadline and this is not a recurring issue and as such no recommendation is made on this point. Turkey is recommended to ensure that information on new entrants to the grandfathered IP regimes are swiftly identified and exchanged.

Turkey can legally issue the one type of ruling within the scope of the transparency framework: cross-border unilateral advance pricing agreements (APAs) and any other cross-border unilateral tax rulings (such as an advance tax ruling) covering transfer pricing or the application of transfer pricing principles. Turkey notes that they are able to issue "written comments" to taxpayers on specific provisions in the tax law, but these are not binding on the tax administration or the taxpayer, and as such they are outside the scope of the transparency framework.[1] In Turkey, unilateral APAs are issued by the transfer pricing unit in the headquarters of the Turkish Revenue Administration.

In practice, Turkey issued three past rulings. For the period 1 April 2016-1 February 2017, Turkey did not issue any future rulings. The rulings are not published.

As no exchanges on rulings occurred for the year in review, no peer input was received in respect of the exchanges of information on rulings received from Turkey.

Note by Turkey: The information in this document with reference to "Cyprus" relates to the southern part of the Island. There is no single authority representing both Turkish and Greek Cypriot people on the Island. Turkey recognises the Turkish Republic of Northern Cyprus (TRNC). Until a lasting and equitable solution is found within the context of the United Nations, Turkey shall preserve its position concerning the "Cyprus issue".

Note by all the European Union Member States of the OECD and the European Union: The Republic of Cyprus is recognised by all members of the United Nations with the exception of Turkey. The information in this document relates to the area under the effective control of the Government of the Republic of Cyprus.

Introduction

1. This peer review covers Turkey's implementation of the BEPS Action 5 transparency framework for the year 2016. The report has four parts, each relating to a key part of the Terms of Reference. Part A looks at the process to gather the required information on all relevant rulings. Part B relates to the legal basis and administrative process for the exchange of information on rulings. Part C reports the required statistics on exchanges under the transparency framework for the year in review. Part D relates to the transparency requirements that apply for certain intellectual property regimes in connection with the Action 5 "nexus approach".

2. Each part is discussed in turn. A summary of recommendations is included at the end of this report.

A. The information-gathering process

3. This section relates to the adequacy of the process used to collect information relating to the tax rulings that are in the scope of the transparency framework, both past and new rulings, as well as the jurisdictions with which information on rulings should be exchanged.

4. The process for gathering information about past rulings is explained first, followed by the process for gathering information about future rulings.

Past rulings (ToR I.4.1.1, I.4.1.2, I.4.2.1, I.4.2.2)

5. All unilateral APAs are issued by the transfer pricing unit in the headquarters of the Turkish Revenue Administration. The officials in the unit were required to identify the APAs which had been issued since 2010 and they are in charge of the information-gathering process. With regard to identifying past rulings, the process was as follows.

6. In order to determine if the APA was in the scope of the transparency framework, the officials reviewed each unilateral APA, which included verifying the issue date to determine if it was within the period of validity for past rulings.

7. The process for identifying the potential exchange jurisdictions consisted of reviewing the relevant APAs. The APA file contained sufficient information (e.g. the taxpayer's name, tax identification number, ultimate parent company, immediate parent company, and all related parties which entered a transaction covered by the APA) and as such the "best efforts approach" was not required to be used.

Future rulings (ToR I.4.1.1, I.4.1.2, I.4.2.1)

8. Future APA rulings are identified by the Transfer Pricing Unit in the same way as for past rulings. After April 2016, all officials in the unit checked and reviewed each unilateral APA file to determine if they were within the scope of the transparency framework.

9. As was the case for past rulings, the APA file contains sufficient information (e.g. taxpayer's name, tax identification number, ultimate parent company, immediate parent company, and all related parties which entered a transaction covered by the APA) to enable identification of all potential exchange jurisdictions.

Review and supervision mechanism (ToR I.4.3)

10. The process for ensuring all relevant information is captured accurately involves the Head of Group supervising and reviewing the data collected by the officials in the transfer pricing unit. The officials are held accountable for identifying and submitting the correct documents.

Conclusion on section A

11. Turkey has a process for identifying the rulings and relevant jurisdictions with which to exchange under the transparency framework, which is appropriate for the small size of the rulings programme in Turkey. Turkey has met all the terms of reference for the information-gathering process and no recommendations are made.

B. The exchange of information

12. This section relates to how jurisdictions have adequately complied with the obligation to spontaneously exchange of information on the tax rulings within the scope of the transparency framework.

Legal basis for spontaneous exchange of information (ToR II.5.1, II.5.2)

13. Turkey has the necessary domestic legal basis to exchange information spontaneously. Turkey notes that there are no legal or practical impediments that prevent the spontaneous exchange information on rulings as contemplated in the Action 5 minimum standard.

14. Turkey has double tax agreements in force with 83 jurisdictions which permit spontaneous exchange of information.[2] In addition, Turkey has signed the Convention and it was ratified by the Turkish Parliament on 20 May 2017. Turkey expects that the process to Convention entry into force will be completed soon.

Completion and exchange of templates (ToR II.5.3, II.5.4, II.5.5, II.5.6, II.5.7)

15. In order to share the required information with other jurisdictions, the process is as follows. With respect to past and future APA rulings, the officials in the Transfer Pricing Unit filled out the template in the form of Annex C. The transfer pricing unit then sent the Annex C template to the Competent Authority which exchanges the information with the relevant jurisdictions in accordance with the double tax agreement.

16. The timeliness of exchanges is as follows. Note that the table reflects the numbers of exchanges of information not only with OECD/G20 countries as required, but also with new members of the Inclusive Framework.

Past rulings in the scope of the transparency framework	Number of exchanges transmitted by 31 December 2016	Delayed exchanges		
		Number of exchanges not transmitted by 31 December 2016	Reasons for the delays	Any other comments
	0	4	Procedural problems	All information on past rulings was exchanged by February 2017

Future rulings in the scope of the transparency framework	Number of exchanges transmitted within three months of the information becoming available to the competent authority or immediately after legal impediments have been lifted	Delayed exchanges		
		Number of exchanges transmitted later than three months of the information on rulings becoming available to the competent authority	Reasons for the delays	Any other comments
	0	0	N/A	N/A
Total	0	4		

Follow-up requests received for exchange of the ruling	Number	Average time to provide response	Number of requests not answered
	N/A	N/A	N/A

Conclusion on section B

17. Turkey has the necessary legal basis for spontaneous exchange of information, and a process for completing the templates in the required form. Turkey did not exchange any information on past rulings for the year in review. However all information on past rulings was exchanged within two months of the deadline and this is not a recurring issue. Turkey has met all of the terms of reference for the exchange of information process except with respect to delays in the timeliness of exchanges (ToR II.5.6), and no recommendation is made as this issue has been remedied and is not a recurring issue.

C. Statistics (ToR IV)

18. The statistics for the 2016 review are as follows:

Category of ruling	Number of exchanges	Jurisdictions exchanged with
Ruling related to a preferential regime	N/A	N/A
Cross-border unilateral advance pricing agreements (APAs) and any other cross-border unilateral tax rulings (such as an advance tax ruling) covering transfer pricing or the application of transfer pricing principles	0	
Cross-border rulings providing for a unilateral downward adjustment to the taxpayer's taxable profits that is not directly reflected in the taxpayer's financial/commercial accounts	N/A	N/A
Permanent establishment rulings	N/A	N/A
Related party conduit rulings	N/A	N/A
De minimis rule	N/A	N/A
IP regimes: total exchanges on taxpayers benefitting from the third category of IP assets, new entrants benefitting from grandfathered IP regimes; and taxpayers making use of the option to treat the nexus ratio as a rebuttable presumption	0	
Total	0	

D. Matters related to intellectual property regimes (ToR I.4.1.3)

19. Turkey has two intellectual property regimes that are subject to transparency requirements under the Action 5 Report(OECD, 2015). These are the Technology Development Zone Regime (which is being amended) and the Corporate Tax Law Provision 5/B Regime. It states that the identification of the benefitting taxpayers will occur as follows:

Technology Development Zone Regime

20. Turkey has not yet been able to identify and exchange information on new entrants to the grandfathered IP regime (ToR I.4.1.3). Turkey notes that it is making best efforts to amend the regime, including with respect to transparency on new entrants.

Corporate Tax Law Provision 5/B Regime

- ***New entrants***: as this is a new IP regime rather than a grandfathered IP regime, transparency on new entrants was not required.
- ***Third category of assets***: this regime does not grant benefits to the third category of assets.
- ***Rebuttable presumption***: the regime does not allow the rebuttable presumption.

Summary of recommendations on implementation of the transparency framework

Aspect of implementation of the transparency framework that should be improved	Recommendation for improvement
No exchanges of information on past rulings occurred for the year in review.	No recommendation is made because Turkey completed the exchange of all past rulings by February 2017 and this is not a recurring issue.
Turkey has not been able to identify and exchange information on new entrants to the grandfathered IP regime.	Turkey is recommended to ensure that information on new entrants to the grandfathered IP regime are swiftly identified and exchanged.

Notes

1. The written comments are made available in anonymised form at www.gib.gov.tr (accessed on 10 November 2017).

2. Albania, Algeria, Australia, Austria, Azerbaijan, Bahrain, Bangladesh, Belarus, Belgium, Bosnia and Herzegovina, Brazil, Bulgaria, Canada, China (People's Republic of), Croatia, Czech Republic, Denmark, Egypt, Estonia, Ethiopia, Finland, France, Former Yugoslav Republic of Macedonia, Georgia, Germany, Greece, Hungary, India, Indonesia, Iran, Ireland, Israel, Italy, Japan, Jordan, Kazakhstan, Kyrgyzstan, Korea, Kosovo, Kuwait, Latvia, Lebanon, Lithuania, Luxembourg, Malaysia, Malta, Mexico, Moldova, Mongolia, Montenegro, Morocco, Netherlands, New Zealand, Norway, Pakistan, Poland, Portugal, Qatar, Romania, Russia, Saudi Arabia, Serbia, Singapore, Slovak Republic, Slovenia, Spain, Sudan, Sweden, Switzerland, Syria, Thailand, Tajikistan, the Philippines, South Africa, Tunisia, Turkish Republic of Northern Cyprus, Turkmenistan, Ukraine, Oman, United Arab Emirates, United Kingdom, United States, Uzbekistan and Yemen. This list was provided by Turkey and its reproduction here is without prejudice to the status of the listed territories under international law.

Bibliography

OECD (2017), *BEPS Action 5 on Harmful Tax Practices – Terms of Reference and Methodology for the Conduct of the Peer Reviews of the Action 5 Transparency Framework*, OECD/G20 Base Erosion and Profit Shifting Project, OECD, Paris. www.oecd.org/tax/beps/beps-action-5-harmful-tax-practices-peer-review-transparency-framework.pdf (accessed on 10 November 2017).

OECD (2015), *Countering Harmful Tax Practices More Effectively, Taking into Account Transparency and Substance, Action 5 – 2015 Final Report*, OECD/G20 Base Erosion and Profit Shifting Project, OECD Publishing, Paris. http://dx.doi.org/10.1787/9789264241190-en.

United Kingdom

The United Kingdom has met all aspects of the terms of reference (ToR) for the year in review except that new assets of existing taxpayers benefiting from the grandfathered IP regime was not collected and therefore not exchanged (ToR I.4.1.3). As it is not practicable for the United Kingdom to obtain this information, the United Kingdom is recommended to exchange information on new assets of existing taxpayers benefiting from the grandfathered IP regime to the extent that such information becomes available in the future. The United Kingdom has answered the peer review questionnaire and the follow-up questions asked by the Secretariat in a timely manner.

The United Kingdom can legally issue the following three types of rulings within the scope of the transparency framework: (1) preferential regimes (patent box and shipping); (2) cross-border unilateral advance pricing agreements (APAs) and any other cross-border unilateral tax rulings (such as an advance tax ruling) covering transfer pricing or the application of transfer pricing principles; and (3) permanent establishment rulings. Rulings on preferential regimes are issued by specialist team in the tax administration (HMRC). Rulings on APAs are issued by a Delegated Competent Authority in HMRC's Head Office Transfer Pricing Team, and rulings which are Advanced Thin Capitalisation Agreements (a form of unilateral APA for financing issues) are generally signed by a HMRC International Tax Specialist or a Customer Relationship Manager in the field office, normally in the Large Business team. PE Rulings are issued by the Tax Specialist who has reviewed the application, whether on a Customer Team, one of HMRC's Specialist Units or Head Office Functions.

In practice, the United Kingdom issued around 600 past rulings. For the period 1 April 2016-31 December 2016, the United Kingdom issued 71 new rulings. Rulings are not published.

Peer input was received from nine jurisdictions in respect of exchanges of information received from the United Kingdom. The input was positive, noting that information was complete, in the correct format and timely.

Note by Turkey: The information in this document with reference to "Cyprus" relates to the southern part of the Island. There is no single authority representing both Turkish and Greek Cypriot people on the Island. Turkey recognises the Turkish Republic of Northern Cyprus (TRNC). Until a lasting and equitable solution is found within the context of the United Nations, Turkey shall preserve its position concerning the "Cyprus issue".

Note by all the European Union Member States of the OECD and the European Union: The Republic of Cyprus is recognised by all members of the United Nations with the exception of Turkey. The information in this document relates to the area under the effective control of the Government of the Republic of Cyprus.

Introduction

1. This peer review covers the United Kingdom's implementation of the BEPS Action 5 transparency framework for the year 2016. The report has four parts, each relating to a key part of the Terms of Reference. Part A looks at the process to gather the required information on all relevant rulings. Part B relates to the legal basis and administrative process for the exchange of information on rulings. Part C reports the required statistics on exchanges under the transparency framework for the year in review. Part D relates to the transparency requirements that apply for certain intellectual property regimes in connection with the Action 5 "nexus approach".

2. Each part is discussed in turn. A summary of recommendations is included at the end of this report.

A. The information-gathering process

3. This section relates to the adequacy of the process used to collect information relating to the tax rulings that are in the scope of the transparency framework, both past and new rulings, as well as the jurisdictions with which information on rulings should be exchanged.

4. The process for gathering information about past rulings is explained first, followed by the process for gathering information about future rulings.

Past rulings (ToR I.4.1.1, I.4.1.2, I.4.2.1, I.4.2.2)

5. All APAs were recorded on a central database, which was created prior to 2010. In addition, a specific transfer pricing database has been used since 2009 which includes all APAs and ATCAs and which is accessible to the Large Business team. The database was searched to identify all APAs and ATCAs. The period of validity of the rulings was also verified from information in the database.

6. Rulings related to preferential regimes and to permanent establishments were identified by the relevant specialist teams who searched their records. The Large Business team searched their electronic files, with reference to spreadsheets recording all rulings if this was kept. In Head Office, both electronic files and paper files were searched for rulings. The period of validity of the rulings was manually verified, although in most cases there was no time limit for the validity of the PE rulings.

7. In order to identify all potential exchange jurisdictions, the information in the ruling was first consulted. When necessary, the "best efforts approach" was used. This involved going through the application or through the correspondence with the applicant, or by using the personal knowledge of the Customer Relationship Manager for the Group, if one had been appointed.

Future rulings (ToR I.4.1.1, I.4.1.2, I.4.2.1)

8. Relevant future rulings are identified at the point at which they are issued. In order to do this, HMRC's information systems were adapted for rulings which mean that a case is flagged as relevant for the transparency framework when it is entered on the information system. The case cannot be closed until the relevant officer confirms that the ruling has been sent for exchange.

9. In order to identify all potential exchange jurisdictions, HMRC amended its guidance on rulings. This new guidance ensures that a ruling is not issued by HMRC unless the necessary information is provided by the taxpayer.

Review and supervision mechanism (ToR I.4.3)

10. In order to ensure that the information-gathering process was effective, the United Kingdom created a national project team to manage the process. The information-gathering process was developed by a national project team, and which was reviewed and agreed by the Large Business Senior Management Team, including the Director of the Large Business Directorate. The national project team provided written instructions to all operational areas which may have issued rulings, published material in internal publications and held regular conference calls to discuss progress and share lessons learned. All Customer Relationship Managers in Large Business had to personally confirm that the records for their groups had been searched.

11. In addition, a guidance manual for rulings was developed for staff and for the public.[1] Specialist training was also provided to staff to ensure they identified rulings correctly.

Conclusion on section A

12. The United Kingdom has met all of the terms of reference for the information-gathering process and no recommendations are made.

B. The exchange of information

13. This section relates to how jurisdictions have adequately complied with the obligation to spontaneously exchange information on the tax rulings within the scope of the transparency framework.

Legal basis for spontaneous exchange of information (ToR II.5.1, II.5.2)

14. The United Kingdom has the necessary domestic legal basis to exchange information spontaneously. The United Kingdom notes that there are no legal or practical impediments that prevent the spontaneous exchange information on rulings as contemplated in the Action 5 minimum standard.

15. The United Kingdom has international agreements permitting spontaneous exchange of information, including being a party to the Convention, the Directive 2011/16/EU with all other European Union Member States, double tax agreements in force with 121 jurisdictions and TIEAs with six jurisdictions. In total, this network of agreements covers 157 jurisdictions.[2]

Completion and exchange of templates (ToR II.5.3, II.5.4, II.5.5, II.5.6, II.5.7)

16. In order to share the required information with other jurisdictions, a template very similar to that contained in Annex C of the Action 5 Report (OECD, 2015) is used, which also accommodates the exchanges under the EU Directive. The template is completed by a case-worker. This process is supervised to ensure all relevant information is captured accurately, using two or three levels of review depending on the business size of the relevant taxpayer. The template is reviewed by the relevant Customer Relationship Manager (if the taxpayer is in the Large Business office), and a final review by the Competent Authority within the Joint International Taskforce on Shared Intelligence and Collaboration (JITSIC) EOI team.

17. The United Kingdom ensures that the template is made available to the competent authority for exchange of information in a timely way by adapting its administrative procedure for future rulings so that a rulings case cannot be closed until there is confirmation that the template has been submitted to the Competent Authority for exchange. For past rulings, the completed templates were provided to the Competent Authority as they were completed over the course of 2016.

18. The timeliness of exchanges is as follows. Note that the United Kingdom was able to undertake exchanges of information not only with OECD/G20 countries as required, but also with new members that joined the Inclusive Framework at 20 October 2016.

Past rulings in the scope of the transparency framework	Number of exchanges transmitted by 31 December 2016	Delayed exchanges: Number of exchanges not transmitted by 31 December 2016	Delayed exchanges: Reasons for the delays	Delayed exchanges: Any other comments
	579	20	See below	These 20 cases were exchanged by March 2017.
Future rulings in the scope of the transparency framework	**Number of exchanges transmitted within three months of the information becoming available to the competent authority or immediately after legal impediments have been lifted**	**Delayed exchanges: Number of exchanges transmitted later than three months of the information on rulings becoming available to the competent authority**	**Delayed exchanges: Reasons for the delays**	**Delayed exchanges: Any other comments**
	61	0		
Total	640	20		

Follow-up requests received for exchange of the ruling	Number	Average time to provide response	Number of requests not answered
	1	107 days – NB with agreement of the requesting Competent Authority, the UK did not exchange the ruling but more relevant information that had to be sourced.	0

19. The United Kingdom notes that there were a small number of rulings identified later in the process because they had been misfiled. As soon as such rulings were identified as being within the scope of the transparency framework, they were prepared for exchange. As any further exchanges come to light they are also being exchanged.

Conclusion on section B

20. The United Kingdom has the necessary legal basis for spontaneous exchange of information, a process for completing the templates in a timely way and has completed most exchanges on time. The United Kingdom encountered a relatively small delay on account of misfiled rulings, and which is being remedied as such cases are identified. The United Kingdom has met all of the terms of reference for the exchange of information process and no recommendations are made.

C. Statistics (ToR IV)

21. The statistics for the 2016 review are as follows:

Category of ruling	Number of exchanges	Jurisdictions exchanged with
Ruling related to a preferential regime	Included in *de minimus*	
Cross-border unilateral advance pricing agreements (APAs) and any other cross-border unilateral tax rulings (such as an advance tax ruling) covering transfer pricing or the application of transfer pricing principles	411	Australia, Austria, Belgium, Bulgaria, Canada, Chile, China (People's Republic of), Czech Republic, Denmark, Estonia, Finland, France, Germany, Greece, Guernsey, Hong Kong (China), Hungary, India, Indonesia, Ireland, Italy, Japan, Jersey, Latvia, Lithuania, Luxembourg, Malta, Mexico, Netherlands, New Zealand, Norway, Poland, Portugal, Romania, Russia, Singapore, Slovak Republic, South Africa, South Korea, Spain, Sweden, Switzerland, Turkey, United States
Cross-border rulings providing for a unilateral downward adjustment to the taxpayer's taxable profits that is not directly reflected in the taxpayer's financial/commercial accounts	N/A	N/A
Permanent establishment rulings	223	Australia, Austria, Belgium, Canada, China, Denmark, Estonia, Finland, France, Germany, Guernsey, Hong Kong (China), Ireland, Isle of Man, Israel, Italy, Jersey, Luxembourg, Malta, Netherlands, New Zealand, Norway, Poland, Portugal, Singapore, South Africa, Spain, Sweden, Switzerland, United States
Related party conduit rulings	N/A	N/A
De minimis rule	4	
IP regimes: total exchanges on taxpayers benefitting from the third category of IP assets, new entrants benefitting from grandfathered IP regimes; and taxpayers making use of the option to treat the nexus ratio as a rebuttable presumption	2	
Total	640	

D. Matters related to intellectual property regimes (ToR I.4.1.3)

22. The United Kingdom offers an intellectual property regime that is subject to transparency requirements under the Action 5 Report (OECD, 2015) (the Patent Box). It states that the identification of the benefitting taxpayers will occur as follows:

- ***New entrants benefitting from the grandfathered IP regime***: New entrants benefitting from the grandfathered patent box are identified as claimants benefitting from the grandfathered IP regime from February 2015 onwards were required to submit an election into the Patent Box for an earlier period. However, new assets of existing claimants benefitting from the grandfathered IP regime cannot be identified as the Patent Box regime did not previously require any specific identification of qualifying IP assets when electing into it, HMRC did not require specific notification of these acquisitions, and acquisitions are not identifiable in the taxpayer's accounts. The United Kingdom considered alternative ways to obtain data on existing companies who obtained new IP assets during this time, however this will not be possible without opening a formal investigation into each company. It is noted that it would not be practicable for the United Kingdom to open a formal investigation solely to obtain this information. The United Kingdom notes that it is ensuring that income from new assets does not enter into the grandfathered IP regime after 30 June 2016 and there are provisions to restrict this from occurring.

- ***Third category of IP assets***: Not applicable, as this option has not been incorporated in the United Kingdom IP regime.
- ***Taxpayers making use of the option to treat the nexus ratio as a rebuttable presumption***: It is possible for taxpayers to treat the nexus ratio as a rebuttable presumption. Such taxpayers are identified because in order to use the rebuttable presumption, the taxpayer must make an election to do when they submit the tax return. These tax returns will be filed for the first time in 2017 and information on such taxpayers will be exchanged thereafter.

Summary of recommendations on implementation of the transparency framework

Aspect of implementation of the transparency framework that should be improved	Recommendation for improvement
The United Kingdom has not exchanged information on new assets of existing taxpayers benefiting from the grandfathered IP regime, as this information was not able to be collected other than in the case of a formal investigation. It is noted that it would not be practicable for the United Kingdom to open a formal investigation solely to obtain this information.	The United Kingdom is recommended to exchange information on new assets of existing taxpayers benefiting from the grandfathered IP regime to the extent that such information does become available in the future.

Notes

1. Available at www.gov.uk/hmrc-internal-manuals/international-exchange-of-information/ieim510000 (accessed on 10 November 2017).

2. Parties to the Convention are available here: www.oecd.org/tax/exchange-of-tax-information/convention-on-mutual-administrative-assistance-in-tax-matters.htm. The United Kingdom also has Double Tax Agreements with: Albania, Algeria, Antigua and Barbuda, Argentina, Armenia, Australia, Azerbaijan, Bahrain, Bangladesh, Barbados, Belarus, Belize, Bolivia, Bosnia and Herzegovina, Botswana, British Virgin Islands, Brunei, Bulgaria, Cayman Islands, Chile, China (People's Republic of), Colombia, Côte d'Ivoire, Croatia, Cyprus, Czech Republic, Denmark, Egypt, Estonia, Ethiopia, Falkland Islands, Faroe Islands, Fiji, Finland, Former Yugoslav Republic of Macedonia, Gambia, Georgia, Ghana, Greece, Grenada, Guernsey, Guyana, Hong Kong (China), Hungary, Iceland, India, Indonesia, Ireland, Isle of Man, Israel, Jamaica, Japan, Jersey, Jordan, Kazakhstan, Kenya, Kiribati, Korea, Kosovo, Kuwait, Latvia, Lesotho, Libya, Lithuania, Malawi, Malaysia, Malta, Mauritius, Mexico, Moldova, Mongolia, Montenegro, Montserrat, Morocco, Myanmar, Namibia, New Zealand, Nigeria, Norway, Oman, Pakistan, Panama, Papua New Guinea, Philippines, Poland, Portugal, Qatar, Romania, Russia, Saudi Arabia, Senegal, Serbia, Sierra Leone, Singapore, Slovak Republic, Slovenia, Solomon Islands, South Africa, Spain, Sri Lanka, Saint Kitts and Nevis, Sudan, Swaziland, Chinese Taipei, Tajikistan, Thailand, Trinidad and Tobago, Tunisia, Turkey, Turkmenistan, Tuvalu, Uganda, Ukraine, United Arab Emirates, United States, Uruguay, Uzbekistan, Venezuela, Viet Nam, Zambia and Zimbabwe. The TIEAs with Anguilla, British Virgin Islands, Gibraltar, Guernsey, Jersey and Turks and Caicos Islands also permit spontaneous exchange of information.

Bibliography

OECD (2017), *BEPS Action 5 on Harmful Tax Practices – Terms of Reference and Methodology for the Conduct of the Peer Reviews of the Action 5 Transparency Framework*, OECD/G20 Base Erosion and Profit Shifting Project, OECD, Paris. www.oecd.org/tax/beps/beps-action-5-harmful-tax-practices-peer-review-transparency-framework.pdf (accessed on 10 November 2017).

OECD (2015), *Countering Harmful Tax Practices More Effectively, Taking into Account Transparency and Substance, Action 5 – 2015 Final Report*, OECD/G20 Base Erosion and Profit Shifting Project, OECD Publishing, Paris. http://dx.doi.org/10.1787/9789264241190-en.

United States

The United States has met all aspects of the terms of reference (ToR) for the year in review and no recommendations are made. The United States has answered the peer review questionnaire and the follow-up questions asked by the Secretariat in a timely manner.

The United States can legally issue the following three types of rulings within the scope of the transparency framework: (1) cross-border unilateral advance pricing agreements (APAs) and any other cross-border unilateral tax rulings (such as an advance tax ruling) covering transfer pricing or the application of transfer pricing principles; (2) permanent establishment rulings; and (3) related party conduit rulings. In the United States, APAs are issued by a specific office, the IRS's Advance Pricing Mutual Agreement (APMA) programme. The other types of rulings are issued by the IRS's Office of Associate Chief Counsel, with specific offices dedicated to international issues, financial institutions and products, partnerships and special industries, corporate, and tax exempt and governmental entities. The United States notes that PE rulings and related party conduit rulings are not ordinarily issued unless there are unique and compelling circumstances.

In practice, the United States issued 114 past rulings. For the period 1 April 2016-31 December 2016, the United States issued 21 future rulings, templates for three of which were required to be exchanged before 1 January 2017. These rulings were not published, although other types of rulings can be published.

Peer input was received from ten jurisdictions in respect of the exchanges of information on rulings received from the United States. The peer input was positive, noting that information was in the correct format, complete, timely and one peer noted that the summary provided a good overview of the ruling.

Note by Turkey: The information in this document with reference to "Cyprus" relates to the southern part of the Island. There is no single authority representing both Turkish and Greek Cypriot people on the Island. Turkey recognises the Turkish Republic of Northern Cyprus (TRNC). Until a lasting and equitable solution is found within the context of the United Nations, Turkey shall preserve its position concerning the "Cyprus issue".

Note by all the European Union Member States of the OECD and the European Union: The Republic of Cyprus is recognised by all members of the United Nations with the exception of Turkey. The information in this document relates to the area under the effective control of the Government of the Republic of Cyprus.

Introduction

1. This peer review covers the United States' implementation of the BEPS Action 5 transparency framework for the year 2016. The report has four parts, each relating to a key part of the Terms of Reference. Part A looks at the process to gather the required information on all relevant rulings. Part B relates to the legal basis and administrative process for the exchange of information on rulings. Part C reports the required statistics on exchanges under the transparency framework for the year in review. Part D relates to the transparency requirements that apply for certain intellectual property regimes in connection with the Action 5 "nexus approach".

2. Each part is discussed in turn. A summary of recommendations is included at the end of this report.

A. The information-gathering process

3. This section relates to the adequacy of the process used to collect information relating to the tax rulings that are in the scope of the transparency framework, both past and future rulings, as well as the jurisdictions with which information on rulings should be exchanged.

4. The process for gathering information about past rulings is explained first, followed by the process for gathering information about future rulings.

Past rulings (ToR I.4.1.1, I.4.1.2, I.4.2.1, I.4.2.2)

5. For unilateral APAs, a centralised recording procedure exists, which includes all records of completed APAs since the start of the IRS's Advance Pricing Mutual Agreement (APMA) programme. When APMA issues a unilateral APA, an executed copy of the agreement is sent electronically to the APMA Case Intake Coordinator. This person catalogues the execution date of the unilateral APA within APMA's case inventory management system. In order to identify the past rulings, the APMA Case Intake Coordinator went through the APA case inventory management system to prepare a list of unilateral APAs executed during the applicable time period. APAs are not published.

6. In order to identify all potential exchange jurisdictions, the APMA Case Intake Coordinator and personnel within the Exchange of Information (EOI) office read each unilateral APA itself. Where needed, the "best efforts approach" was used. This involved searching other available information, such as financial statements and lists of corporate subsidiaries.

7. With respect to the two other categories of rulings that can be issued, the IRS's Office of Associate Chief Counsel International (ACCI) contacted the highest level of the relevant branches responsible for specific topics, such as the treaties branch which would deal with all PE issues, and the cross-border financial products branch which handles conduit issues. Each branch conducted a search of records relating to its own office, including a manual search of physical records and an electronic search. The electronic search was possible because all private letter rulings since 1999 were required to be published in redacted form. These were identified using a legal research database, filtering according to the date of issuance and using search terms such as "permanent establishment" or "conduit." No such rulings were identified.

8. The Office of ACCI also contacted other relevant offices which are responsible for issuing rulings in their respective areas (financial institutions and products, partnerships and special industries, corporate, and tax exempt and governmental entities). Although

these offices are not dedicated to international issues, it was possible that they may have issued a ruling involving cross-border issues. No such rulings were identified.

Future rulings (ToR I.4.1.1, I.4.1.2, I.4.2.1)

9. APAs which are future rulings are also identified by the APMA Case Intake Coordinator using the APA case inventory management system. In 2016 the centralised administration process applicable to unilateral APAs was amended to ensure all potential exchange jurisdictions are identified. Each responsible APMA team leader has been instructed to obtain and document the identities of all related parties to the taxpayer, including by asking the taxpayer for this information in the course of evaluating the taxpayer's request for an APA. This is followed by a review by the APMA director prior to signature of the APA. These procedures are set out in guidelines for APMA staff.

10. With respect to other types of future rulings, a formal centralised identification process was put into place to identify all potentially relevant cross-border rulings within the scope of the transparency framework. Every Associate Chief Counsel office that is authorised to issue a legal ruling must complete a processing check-sheet when finalising a ruling. Instructions were added to the processing check-sheet so that if the ruling is a cross-border ruling, it must be verified whether the ruling falls within one of the transparency framework categories. If so, a box is checked and the ruling will be referred to the Special Counsel for ACCI for confirmation. If the ruling is covered by the transparency framework, this person is also responsible for ensuring that information on all potential exchange jurisdictions is obtained.

Review and supervision mechanism (ToR I.4.3)

11. In order to ensure that all relevant rulings were identified, a specific communication plan was conducted by ACCI with all other manager attorneys in the relevant branches that can issue rulings. ACCI also held a training session for the groups outside of ACCI to educate the attorneys from other offices on the transparency framework.

12. The process for searching for past APAs was co-ordinated by the APMA Case Intake Coordinator, who was overseen by the APMA Director. The process of searching for other rulings was conducted and managed by one of the Special Counsels for ACCI.

Conclusion on section A

13. The United States has met all of the terms of reference for the information-gathering process and no recommendations are made.

B. The exchange of information

14. This section relates to how jurisdictions have adequately complied with the obligation to spontaneously exchange information on the tax rulings within the scope of the transparency framework.

Legal basis for spontaneous exchange of information (ToR II.5.1, II.5.2)

15. The United States has the necessary domestic legal basis to exchange information spontaneously. The United States notes that there are no legal or practical impediments that prevent the spontaneous exchange of information on rulings as contemplated in the Action 5 minimum standard.

16. The United States is a party to international agreements permitting spontaneous exchange of information, including the Convention, double tax agreements in force and Tax Information Exchange Agreements. In total, this network of agreements covers 64 jurisdictions that were members of the Inclusive Framework as of 31 December 2016.[1]

Completion and exchange of templates (ToR II.5.3, II.5.4, II.5.5, II.5.6, II.5.7)

17. In order to share the required information with other jurisdictions, the template contained in Annex C of the Action 5 Report (OECD, 2015) is prepared by the APMA team leader when the unilateral APA is being finalised, and the template is reviewed by the APMA Director together with the final draft of the APA. For other types of rulings, if issued in the future, the Office of ACCI would complete the template. Once templates are completed, they are sent to EOI office personnel for review, including by comparing the template against the APA (or other ruling) and verifying the existence of exchange of information agreements with the identified potential exchange jurisdictions. A second review is undertaken by an EOI manager, including by comparing the template against the APA (or other ruling), and a final review is undertaken for approval of the exchange. The template is then uploaded into the EOI inventory management system and signed and sent to the relevant jurisdictions.

18. The United States ensures that the template is made available to the Competent Authority for exchange of information in a timely way by organising an electronic transmission between APMA (or ACCI if the situation occurs) and EOI personnel once the ruling is executed. For past rulings, the templates were submitted by APMA to the EOI office on a rolling basis beginning in mid-October 2016. For future rulings, the process of finalising the issuance of the ruling includes a process for ensuring the template is provided to the EOI personnel. Instructions on the process of completing the exchange have been issued, which includes a checklist of relevant issues and a template exchange letter.

19. The timeliness of exchanges is as follows. Note that the United States was able to undertake exchanges of information not only with OECD/G20 countries as required, but also with new members that joined the Inclusive Framework in 2016.

		Delayed exchanges		
Past rulings in the scope of the transparency framework	**Number of exchanges transmitted by 31 December 2016**	**Number of exchanges not transmitted by 31 December 2016**	**Reasons for the delays**	**Any other comments**
	364	0		
		Delayed exchanges		
Future rulings in the scope of the transparency framework	**Number of exchanges transmitted within three months of the information becoming available to the competent authority or immediately after legal impediments have been lifted**	**Number of exchanges transmitted later than three months of the information on rulings becoming available to the competent authority**	**Reasons for the delays**	**Any other comments**
	13	0		13 of these exchanges were made later than three months of the issuance of the unilateral APA, although within three months of the APAs being presented to the EOI office.
Total	377	0		

Follow-up requests received for exchange of the ruling	Number	Average time to provide response	Number of requests not answered
	0		

20. Although no exchanges were later than required by the transparency framework, the United States notes that the APMA and EOI offices together have clarified that their expectation is that the exchange of information on future unilateral APAs will occur within three months of the unilateral APA being issued. The APMA and EOI offices instituted joint procedures to adhere to this expectation, including monitoring the timeliness of exchanges. All exchanges of future rulings made in 2017 have since been made within three months of the execution date of the unilateral APA by APMA.

Conclusion on section B

21. The United States has the necessary legal basis for spontaneous exchange of information, a process for completing the templates in a timely way and has completed all exchanges on time. The United States has met all of the terms of reference for the exchange of information process and no recommendations are made.

C. Statistics (ToR IV)

22. The statistics for the 2016 review are as follows:

Category of ruling	Number of exchanges	Jurisdictions exchanged with
Ruling related to a preferential regime	0	N/A
Cross-border unilateral advance pricing agreements (APAs) and any other cross-border unilateral tax rulings (such as an advance tax ruling) covering transfer pricing or the application of transfer pricing principles	377	Australia, Austria, Bangladesh, Belgium, Brazil, Canada, China (People's Republic of), Colombia, Costa Rica, Croatia, Czech Republic, Denmark, Egypt, Estonia, Finland, France, Georgia Germany, Greece, Hungary, Iceland, India, Indonesia, Ireland, Israel, Italy, Japan, Jersey, Korea, Latvia, Lithuania, Luxembourg, Mexico, Netherlands, New Zealand, Norway, Panama, Peru, Poland, Portugal, Romania, Russia, Slovak Republic, Slovenia, South Africa, Spain, Sri Lanka, Sweden, Switzerland, Turkey, United Kingdom
Cross-border rulings providing for a unilateral downward adjustment to the taxpayer's taxable profits that is not directly reflected in the taxpayer's financial/commercial accounts	0	N/A
Permanent establishment rulings	Included in *de minimus* rule	N/A
Related party conduit rulings	0	N/A
De minimis rule	3	N/A
IP regimes: total exchanges on taxpayers benefitting from the third category of IP assets, new entrants benefitting from grandfathered IP regimes; and taxpayers making use of the option to treat the nexus ratio as a rebuttable presumption	0	N/A
Total	377[2]	

D. Matters related to intellectual property regimes (ToR I.4.1.3)

23. The United States does not have an intellectual property regime for which transparency requirements were imposed.

Summary of recommendations on implementation of the transparency framework

Aspect of implementation of the transparency framework that should be improved	Recommendation for improvement
	No recommendations are made

Notes

1. Parties to the Convention are available here: www.oecd.org/tax/exchange-of-tax-information/convention-on-mutual-administrative-assistance-in-tax-matters.htm. In addition, the United States has agreements permitting spontaneous exchange of information with Aruba, Australia, Austria, Bangladesh, Belgium, Bermuda, Brazil, Canada, China (People's Republic of), Colombia, Costa Rica, Croatia, Curaçao, Czech Republic, Denmark, Egypt, Estonia, Finland, France, Georgia, Germany, Greece, Guernsey, Hungary, Iceland, India, Indonesia, Ireland, Isle of Man, Israel, Italy, Jamaica, Japan, Jersey, Kazakhstan, Korea, Latvia, Liechtenstein, Lithuania, Luxembourg, Malta, Mauritius, Mexico, Monaco, Netherlands, New Zealand, Norway, Pakistan, Panama, Peru, Poland, Portugal, Romania, Russia, Slovak Republic, Slovenia, South Africa, Spain, Sri Lanka, Sweden, Switzerland, Turkey, Ukraine and United Kingdom.

2. The United States explained that three PE rulings templates identified in the question 23 table above relate to unilateral APAs and were exchanged on combined templates that identified two categories of rulings. Because these were included on combined templates, we have excluded the PE rulings from the total to avoid double counting.

Bibliography

OECD (2017), *BEPS Action 5 on Harmful Tax Practices – Terms of Reference and Methodology for the Conduct of the Peer Reviews of the Action 5 Transparency Framework*, OECD/G20 Base Erosion and Profit Shifting Project, OECD, Paris. www.oecd.org/tax/beps/beps-action-5-harmful-tax-practices-peer-review-transparency-framework.pdf (accessed on 10 November 2017).

OECD (2015), *Countering Harmful Tax Practices More Effectively, Taking into Account Transparency and Substance, Action 5 – 2015 Final Report*, OECD/G20 Base Erosion and Profit Shifting Project, OECD Publishing, Paris. http://dx.doi.org/10.1787/9789264241190-en.

Annex A

Glossary

For the purposes of this peer review, these terms have the following meanings:

1. "**best efforts approach**" means the efforts undertaken by tax administrations to obtain information on the potential exchange jurisdictions in relation to past rulings, where such information was not included in the ruling itself. The best efforts approach does not require the tax administration to contact the taxpayer to obtain this information;
2. "**Competent Authority**" means for each respective jurisdiction, the persons and authorities which are responsible for exchanging the information on rulings;
3. "**confidentiality**" means a legal right that both the jurisdiction exchanging information and its taxpayers have to expect that information exchanged pursuant to the transparency framework is protected and used only for authorised purposes and disclosed only to authorised persons. All treaties and exchange of information instruments should contain provisions regarding the obligation to keep information exchanged confidential;
4. "**Convention**" means the multilateral Convention on Mutual Administrative Assistance in Tax Matters developed by the OECD and Council Of Europe;
5. "**de minimus rule**" applies for those jurisdictions which conducted fewer than five exchanges of information on rulings in a specific category, whereby they have to list in section D of the report (Statistics) only the number of exchanges in that category and not the jurisdictions with which the information on rulings was exchanged;
6. "**future ruling**" means, for jurisdictions which are reviewed in this annual report, a ruling which was issued on or after 1 April 2016;[1]
7. "**grandfathered IP regime**" means an IP regime which was not consistent with the nexus approach and is treated as abolished, but where certain existing taxpayers in the regime can continue to receive benefits under that regime for a certain period of time
8. "**international agreement**" means exchange of information agreements which permit spontaneous exchange of information. This includes, but is not limited to, the Convention (in the circumstances enumerated in Article 7 thereof); double tax conventions based on Article 26 of the OECD Model Tax Convention on Income and on Capital or Article 26 of the United Nations Model Double Taxation Convention, and regional agreements such as the Council Directive 2011/16/EU on administrative co-operation in the field of taxation between European Union member states. A Tax Information Exchange Agreement (TIEA) that is based on the 2002 OECD Model will permit spontaneous exchange of information only if it includes Article 5B contained in the 2015 Protocol, or otherwise explicitly provides for spontaneous exchange of information;

9. “**IP regime**” means preferential regimes offering tax benefits in respect of income from intellectual property;

10. “**new entrants**” means for the purposes of grandfathered IP regimes, new taxpayers that more recently entered the regime for the first time as well as IP assets which were more recently brought into the regime but were owned by taxpayers already benefitting from the regime. For the purposes of the transparency requirements for jurisdictions reviewed in this annual report, new entrants were generally those taxpayers or assets that entered the regime between 6 February 2015 and 30 June 2016;

11. “**nexus approach**” means the requirements set out in Chapter 4 of the Action 5 Report (OECD, 2015) in respect of IP regimes;

12. “**number of exchanges**” means the number of exchanges of information on rulings, counted as the number of jurisdictions that are sent the information on a ruling as opposed to the number of rulings which were the subject of the exchanges. For example, if information on one ruling is sent to three jurisdictions, then this counts as three exchanges;

13. “**past ruling**” means, for jurisdictions which are reviewed in this annual report, a ruling which was issued either on or after 1 January 2010 and was still in effect as at 1 January 2014; or on or after 1 January 2014 but before 1 April 2016;[2]

14. “**peer input**” means feedback provided by other FHTP members on their experience with a jurisdiction. Peers invited to provide input are those which have the legal framework in place for spontaneous exchange of information with the jurisdiction and which received information exchanges under the transparency framework from the jurisdiction. The peer input was collected by way of a questionnaire seeking feedback on issues such as the completeness, format and timeliness of exchanges. It is noted that for future rulings, the peer providing input should know the date of issuance of the ruling but would not know when the information on the ruling became available to the Competent Authority, and as such could not opine on whether exchanges on future rulings were late. However, if peers reported consistently long time lags between the issuance of future rulings and the exchanges of information, this would give cause to consider the issue more closely.

15. “**potential exchange jurisdictions**” means the jurisdictions with which information on rulings is to be exchanged as set out in Table 5.1 of the Action 5 Report (OECD, 2015), which are (i) jurisdictions of residence of related parties with which the taxpayer enters into a transaction covered by the ruling, or which gives rise to income from related parties benefiting from a preferential treatment; (ii) the jurisdiction of residence of the immediate parent of the taxpayer; (iii) the jurisdiction of residence of the ultimate parent of the taxpayer; (iv) for PE rulings, the jurisdiction of the head office or of the PE, as the case may be; (v) for related party conduit rulings, the jurisdiction of residence of the ultimate beneficial owner of the payment;

16. “**preferential regime**” means a regime that applies a preferential tax treatment to certain types of income or activities. Under the transparency framework, there is an obligation to spontaneously exchange information on cross-border taxpayer-specific rulings related to regimes that (i) are within the scope of the work of Forum on Harmful Tax Practices (as described in chapter 3 of the Action 5 Report (OECD, 2015)); (ii) are preferential; and (iii) meet the low or no effective tax rate factor. Preferential regimes which meet these conditions are thus within the scope of the transparency framework irrespective of whether the regime is determined to have any harmful features;

17. "**rebuttable presumption**" means an optional feature of IP regimes, whereby taxpayers have the ability to prove that more income should be permitted to benefit from the IP regime in exceptional circumstances where taxpayers that have undertaken substantial qualifying research and development activity in developing a qualifying IP asset or product can establish that the application of the nexus fraction leads to an outcome where the level of income eligible for a preferential IP regime is not commensurate with the level of their research and development activity, as described in paragraphs 67-69 of the Action 5 Report (OECD, 2015);

18. "**ruling**" means any advice, information or undertaking provided by a tax authority to a specific taxpayer or group of taxpayers concerning their tax situation and on which they are entitled to rely;

19. "**rulings within the scope of the transparency framework**" means the five types of taxpayer-specific rulings described in paragraphs 95-119 of the Action 5 Report (OECD, 2015), which are (1) rulings related to preferential regimes; (2) cross-border unilateral advance pricing agreements (APAs) and any other cross-border unilateral tax ruling (such as an advance tax ruling (ATR)) covering transfer pricing or the application of transfer pricing principles; (3) cross-border rulings giving a unilateral downward adjustment to the taxpayer's taxable profits in the country giving the ruling; (4) permanent establishment rulings; and (5) related party conduit rulings;

20. "**third category of IP assets**" means an optional feature of IP regimes, whereby income from certain IP assets may benefit from the IP regime if they share features of patents and are certified as such in a transparent certification process by a competent government agency that is independent from the tax administration, and provided that the taxpayer does not exceed certain revenue thresholds, as described in paragraph 37 of the Action 5 Report (OECD, 2015).

Notes

1. See 2015 Action 5 Report (OECD, 2015), footnote 11 and 13 of Chapter 5.
2. See 2015 Action 5 Report (OECD, 2015), footnote 11 and 13 of Chapter 5.

Bibliography

OECD (2015), *Countering Harmful Tax Practices More Effectively, Taking into Account Transparency and Substance, Action 5 – 2015 Final Report*, OECD/G20 Base Erosion and Profit Shifting Project, OECD Publishing, Paris. http://dx.doi.org/10.1787/9789264241190-en.

ORGANISATION FOR ECONOMIC CO-OPERATION AND DEVELOPMENT

The OECD is a unique forum where governments work together to address the economic, social and environmental challenges of globalisation. The OECD is also at the forefront of efforts to understand and to help governments respond to new developments and concerns, such as corporate governance, the information economy and the challenges of an ageing population. The Organisation provides a setting where governments can compare policy experiences, seek answers to common problems, identify good practice and work to co-ordinate domestic and international policies.

The OECD member countries are: Australia, Austria, Belgium, Canada, Chile, the Czech Republic, Denmark, Estonia, Finland, France, Germany, Greece, Hungary, Iceland, Ireland, Israel, Italy, Japan, Korea, Latvia, Luxembourg, Mexico, the Netherlands, New Zealand, Norway, Poland, Portugal, the Slovak Republic, Slovenia, Spain, Sweden, Switzerland, Turkey, the United Kingdom and the United States. The European Union takes part in the work of the OECD.

OECD Publishing disseminates widely the results of the Organisation's statistics gathering and research on economic, social and environmental issues, as well as the conventions, guidelines and standards agreed by its members.

OECD PUBLISHING, 2, rue André-Pascal, 75775 PARIS CEDEX 16
(23 2017 39 1 P) ISBN 978-92-64-28569-9 – 2017

www.ingramcontent.com/pod-product-compliance
Lightning Source LLC
Chambersburg PA
CBHW061202240926
51846CB00006B/1089
* 9 7 8 9 2 6 4 2 8 5 6 9 9 *